北京市法学会
市级法学研究课题
成果汇编
2017—2018

北京市法学会　主编

中国政法大学出版社

2019·北京

图书在版编目（ＣＩＰ）数据

北京市法学会市级法学研究课题成果汇编. 2017—2018 /北京市法学会主编.—北京：中国政法大学出版社，2019.12
　ISBN 978-7-5620- 9385-5

　Ⅰ.①北⋯　Ⅱ.①北⋯　Ⅲ.①法学－文集　Ⅳ.①D90-53

中国版本图书馆CIP数据核字(2019)第300358号

出 版 者　　中国政法大学出版社

地　　址　　北京市海淀区西土城路 25 号

邮寄地址　　北京 100088 信箱 8034 分箱　邮编 100088

网　　址　　http://www.cuplpress.com (网络实名：中国政法大学出版社)

电　　话　　010-58908289(编辑部) 58908334(邮购部)

承　　印　　保定市中画美凯印刷有限公司

开　　本　　720mm×960mm　1/16

印　　张　　43

字　　数　　820 千字

版　　次　　2019 年 12 月第 1 版

印　　次　　2019 年 12 月第 1 次印刷

定　　价　　129.00 元

前言

Preface

　　北京市法学会组织实施的法学研究课题，是经中共北京市委政法委批准设立的市级法学科研项目，由市财政提供必要的经费支持。主要分为重点课题、一般课题和青年课题核心成果，研究期限为一年。市法学会在广泛征集选题建议的基础上，围绕当年首都中心工作、首都法治建设、首都政法工作中的重点、难点、热点问题确定课题指南并报市委政法委批准，通过招标和委托方式确定课题主持人。课题组按照课题计划完成研究任务，向市法学会提交研究成果。市法学会邀请相关领域专家对课题成果进行评审，通过评审验收的予以结项。市法学会对课题结项成果汇编结集。

　　本书汇编了2017—2018年度市级法学研究课题结项成果共40篇，包括重点课题10篇（立项10篇，结项10篇，其中1篇为双立项课题，1篇为涉密课题），一般课题20篇（立项20篇，结项19篇，其中1篇为双立项课题，1篇延期结项），青年课题10篇（立项10篇，结项10篇）。鉴于篇幅限制，青年课题主要为核心成果摘要。上述成果涉及立法、执法、司法、法治社会建设等各个领域，旨在为首都法治实践提供法学理论支持，为领导决策提供参考依据，为从事法学研究的各界人士搭建交流平台，为法治建设发挥积极作用。

　　课题成果具有三个鲜明特征：一是政治性。始终坚持正确的政治方向，在开展课题研究中，以习近平新时代中国特色社会主义思想为指导，吸收人类文明优秀成果，紧密结合首都法治建设实际，走中国特色社会主义法治道路。二是实践性。选题来源于法治实践，以问题为导向，研究首都法治建设中面临的问题，破解难题，提出对策建议，服务首都法治实践。三是前瞻性。通过研究具体问题，解剖麻雀，提炼出共性问题，阐明法理，为首都法治建设的长远发展提供法学理论支持。

借此机会，对课题主持人和课题组成员的辛勤劳动表示衷心的感谢！对支持、帮助课题组的研究组织、相关单位表示衷心的感谢！对关心支持市法学会工作的各有关部门和人员表示衷心的感谢！

由于时间、精力、能力等方面的限制，本书的编写难免会出现问题，请读者批评指正。

北京市法学会

2019 年 12 月

Contents

━━━━━━ 第二篇 一般课题 ━━━━━━

附　录　青年课题核心成果

第一篇

重点课题

 # 北京城市副中心建设法治保障问题研究

陈立如*

北京城市副中心产生的原因在于北京中心城区承载功能过于饱和，在周边发展次级节点迫在眉睫。北京城市副中心是新要素的集聚地，对周边区域发展发挥重要作用，其法治保障应基于副中心建设要求的行政办公、商务服务、文化旅游、科技创新主导功能和其他城市综合功能的现实因素，同时考虑到通州运河历史文化底蕴。现实因素不仅存在于副中心建设的表面，还潜藏于副中心建设的深层，有的因素暂时没有发现，或者发现了还没有理解通透。因此，需要通过副中心建设的鲜活个例不断挖掘潜藏深层的现实因素，根据现实因素提供副中心建设的法治保障。

北京城市副中心建设法治保障不是临时性、阶段性的保障，而是能够经得起长期历史检验的保障，是追求历史一致性和历史延续性的保障。副中心建设的重要性、紧迫性、复杂性以及副中心的快速发展产生的法治需求与法律的滞后性之间存在矛盾，有些法律甚至与副中心建设规划的具体要求不一致。现实进路是副中心建设法治保障的一个"切入点"，但不能止步于此，需要考量副中心建设的未来进路，开展前瞻性、预判性研究，进而更好地提供法治保障。未来，北京城市副中心将与雄安新区共同作为北京的新两翼，带动京津冀城市群发展，疏解和承接非首都功能。副中心建设的法治保障应遵循疏解非首都功能和聚焦城市未来进路，考虑副中心的建设规划及未来发展趋势。

第一章　北京城市副中心法治建设的现实需求

一、北京城市副中心建设的法治需求

（一）应对"风险社会"挑战的法治需求

现代风险的最大特征就是不确定性和难以预测性，各类风险因素的跨界性、

---

* 课题主持人：陈立如，北京市通州区人民法院党组书记、院长。立项编号：BLS（2017）A001。结项等级：优秀。

关联性、穿透性日益突出。副中心建设是中央作出的重大战略决策，举世瞩目、社会关注，风险源点多面广，管控化解难度大，迫切需要坚持问题导向，针对突出风险隐患，加强法律、法规、政策的完善衔接，切实增强应对风险的系统性、整体性、协同性。

（二）应对跨地域矛盾汇聚挑战的法治需求

随着副中心建设推进，副中心极易成为相关违法犯罪的策源地和发生地，到副中心上访聚集、携众施压往往成为特殊利益群体的重要选择。迫切需要打击治理跨区域乃至全国性违法犯罪，完善跨区域司法协作，加强群体性事件应急处置等措施，进一步完善法律、法规、政策，切实增强维护副中心良好社会秩序的能力。

（三）应对超强社会流动性挑战的法治需求

副中心建设是一座大型城市架构的再造，是人流、物流、资金流、信息流的重新布局，尤其是人口的大规模集中对副中心城乡社会治理造成复杂影响。迫切需要通过法治建设，解决好流动人口"半市民化状态"和农村地区向城市转型等重大问题，进一步强化基层治理功能。

（四）应对人民日益增长美好生活需要挑战的法治需求

随着副中心建设的推进，人口结构、职业结构、消费方式等都会发生重大变化。辖区居民对健康、环保、安全等需求会有更高的要求，食品安全感、医疗安全感、环境安全感成为影响总体安全感的重要因素；民主意识、法治意识、权利意识、社会参与意识日益增强，更加重视主观感受的满足和自身价值的实现。迫切要求通过法治建设，提升民生需求标准，拓宽人民参与治理渠道，维护好人民群众的知情权、表达权、参与权、监督权，让人民群众获得更多安全感、幸福感。

二、北京城市副中心建设法治供给的不足

（一）立法层面

1. 政策与立法的冲突

城市副中心建设中，拆迁拆违、环境保护、产业调整、治理拥堵等涉及人口、环境、交通、住房、资源等诸多领域的政策规范，与现行法律存在不协调不同步的情形，在执行过程中导致行政违法事件频发，侵害了相关当事人的合法权益。2014年以来，多个涉北京城市副中心重点工程的上马和"疏解整治促提升"专项行动的深入推进，带来了大规模的拆迁腾退项目，不断加快的城市化建设进程导致行政诉讼案件激增，呈逐年递增趋势。（见图1）

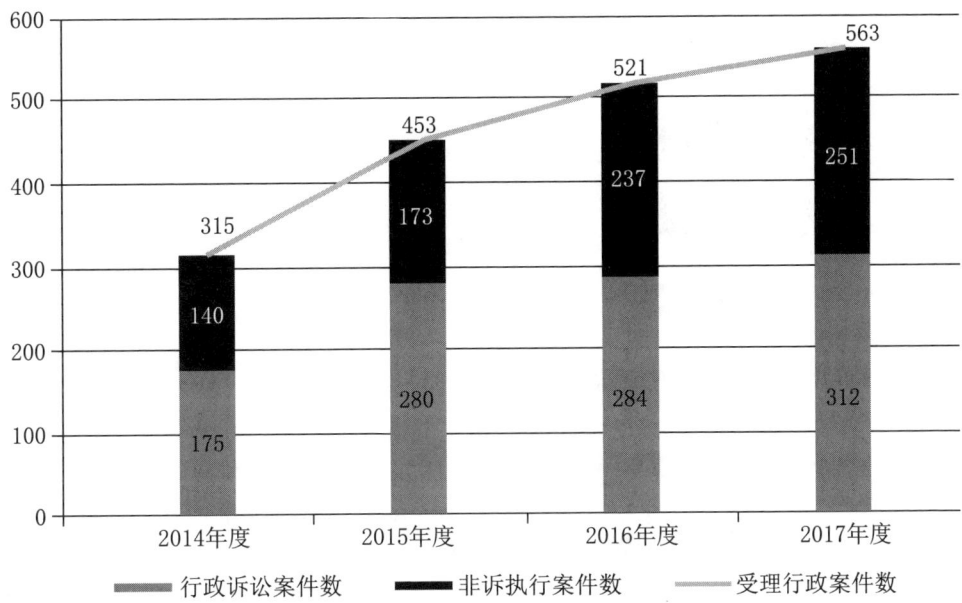

图1 2014—2017年度通州区法院受理行政案件情况

2. 地方立法不健全乃至空白

目前，《北京市城市副中心建设管理办法》尚处于调研论证阶段[1]，缺少北京城市副中心建设的综合立法。城市副中心建设不可避免地涉及城市和农村房屋拆迁拆违等社会矛盾集中领域，立法的滞后难以保证拆迁主体依法拆迁，难以保障被拆迁人的合法权益。

（二）依法行政层面

1. 依法行政理念淡薄

重实体、轻程序的问题仍普遍存在。重行政速度、轻民生保障的现象在个别领域依然突出。重末端处置、轻源头治理导致矛盾积压升级。重结果处理、轻释法析理滋生行政"任性"。

2. 执法规范度有待提升

（1）执法行为不规范。根据对2016年和2017年的统计分析，由于乡镇政府执法行为的不规范，导致其行政诉讼案件量所占比重远高于其他重点涉诉单位。（见图2）

---

[1] 《北京市人大常委会2018年立法工作计划》，2018年2月26日北京市十五届人大常委会第二次主任会议通过。

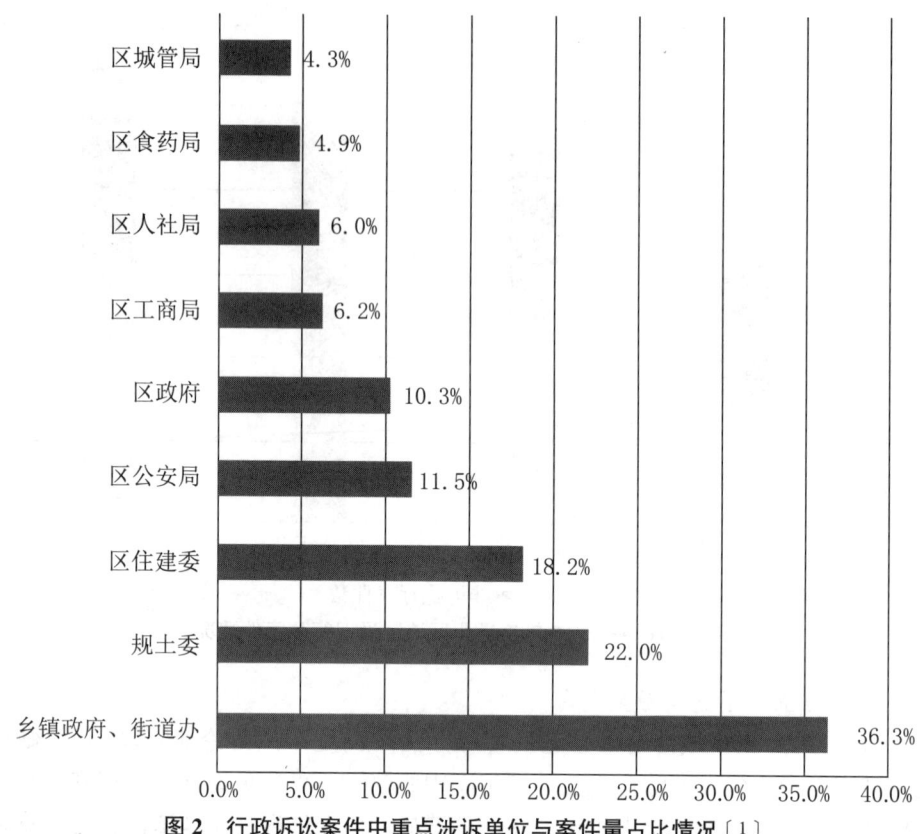

图2　行政诉讼案件中重点涉诉单位与案件量占比情况〔1〕

（2）拆违程序不规范。一是拆违前的程序违法。部分乡镇政府未待法定期限届满即直接作出强制拆除决定。二是拆违程序存在瑕疵。在拆违过程中，存在乡镇政府未进行公告、未通知相对人到场、未制作财物清单、未摄影摄像、未办理提存、未通知当事人清理建筑残值等情况。

（3）拆除决定不规范。拆违过程中，乡镇政府多采用固定化的格式文本制作限期拆除决定书以及强制拆除决定书，格式简单导致遗漏重要权利告知信息。

（三）司法实务层面

通州法院2013年新收各类案件同比增长1.93%，2014年新收各类案件同比增长7.88%，2015年新收各类案件同比增长36.13%，2016年，通州法院新收各类案件60 078件，同比增长60.58%。（见图3）

---

〔1〕　其中区政府为被告的复议双被告案件，存在计数重复的情况。

不足

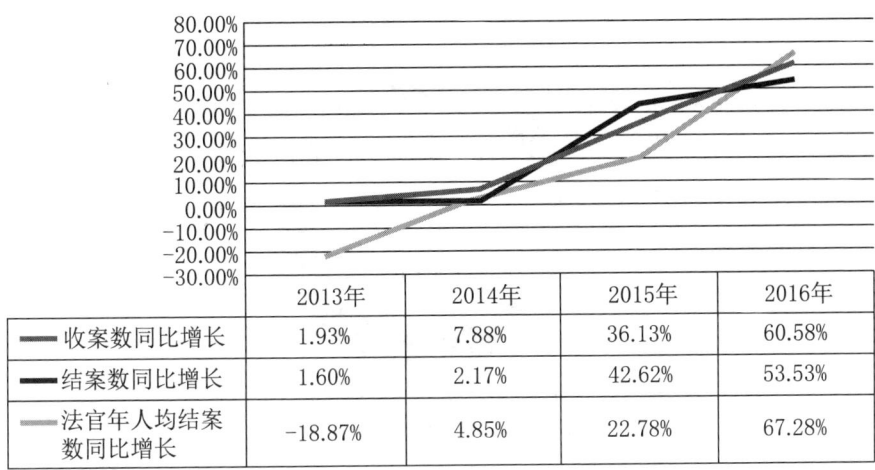

	2013年	2014年	2015年	2016年
——收案数同比增长	1.93%	7.88%	36.13%	60.58%
——结案数同比增长	1.60%	2.17%	42.62%	53.53%
——法官年人均结案数同比增长	-18.87%	4.85%	22.78%	67.28%

图 3　通州法院 2013—2016 年案件增长情况

1. 当前涉副中心建设类型案件带来的司法实务挑战

（1）"拆"——拆迁拆违。

因拆迁引发的民事案件：

第一，以获得拆迁利益为目的传统农村房屋确权类纠纷增多。此类案件在 2016 年出现井喷式增长，原因为 2016 年是北京城市副中心的明确之年，一部分农村居民或其近亲属为了拆迁利益或者从"煤改电"工程中获益，诉至法院要求确认某宅基地房屋中的一间或数间归其所有。第二，腾退案件，该类案件主要发生在被拆迁相关权利人之间，相关案由为土地租赁合同纠纷、房屋租赁合同纠纷、农村土地承包合同纠纷。

因拆迁引发的行政案件：

如图 4 所示，2016 年、2017 年的两年间，疏解整治类、拆除违法建筑类、拆迁类行政案件在涉城市副中心行政诉讼案件中占比排名分列前三。在实践中，拆迁引发行政诉讼的原因主要是被拆迁人与拆迁人就拆迁安置补偿方案不能达成一致意见。拆迁引发行政诉讼主要分为两类：一类是对住建委作出的裁决不服，请求撤销住建委作出的裁决；另一类是通过请求撤销房屋拆迁许可证、建设用地规划许可证进而表达对拆迁安置补偿方案、裁决或者拆迁行为的不满。

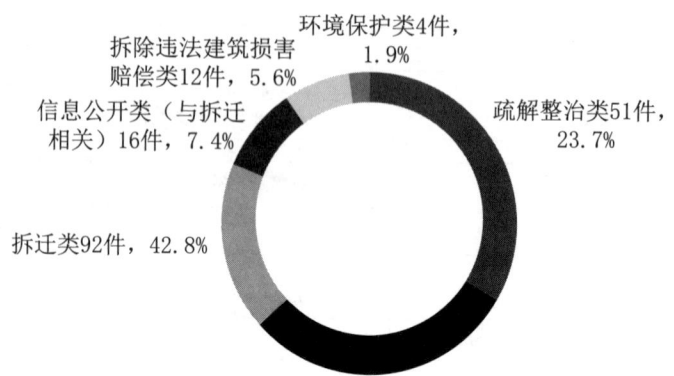

图4　涉城市副中心行政诉讼案件类型

因拆迁引发的执行案件：

因拆迁引发的执行案件主要体现在腾退案件上。具体而言，分为以下几种情况：一是住建委向人民法院申请执行的行政非诉审查类案件；二是拆迁人申请法院强制执行的民事案件；三是承租人或承包人拒不履行生效裁判文书的腾退房屋土地义务而产生的执行案件。

（2）"建"——建设建造。

从副中心法院受理的该类案件来看，一般集中于民事诉讼案件，主要有以下四类纠纷：一是发包方、承包方、实际施工人之间的建设工程合同纠纷；二是承包方与农民工之间的劳务（雇佣）合同纠纷；三是承包方与工程管理人员等劳动者之间的劳动争议纠纷；四是工程建设过程中引发的物件损害责任纠纷等侵权纠纷。

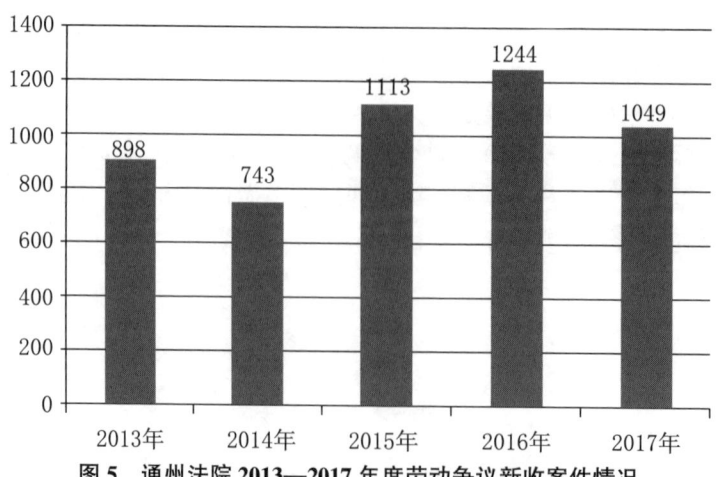

图5　通州法院2013—2017年度劳动争议新收案件情况

（3）"治"——疏解整治。

清退整治工作引发的民事案件：

因清退整治工作引发的民事案件主要有两类：一是在拆除违法建设、清退整治工作中，出租人与符合清理条件的企业、违法建设的承租人之间因索要租金、经济损失或拒绝腾退而引发的房屋租赁合同纠纷、土地租赁合同纠纷等民事案件；二是在清退整治工作中，因"散乱污"企业被清退而引发的劳动争议案件。

清退整治工作引发的行政案件：

一是行政相对人对行政机关作出的强制拆除通知书、限期清退通知书等具体行政行为不服而提起的行政诉讼；二行政机关对相对人的违法建设进行强制拆除或查封，相对人针对行政机关的拆除或查封行为不服而提起的行政诉讼；三是北京市规划和国土资源管理委员会出具行政处罚决定书后，行政相对人对该行政处罚决定书不服提起的行政诉讼以及相关行政机关向法院申请强制执行的行政非诉审查案件。

（4）"稳"——维护稳定。

民事诉讼中的群体性诉讼成为风险集聚点，化解难度大。如有开发商存在违法违规行为，商品房预售工作被叫停后大批买受人诉开发商引发的商品房预售合同纠纷。

商事案件涉及利益重大，当事人对立情绪严重，矛盾突出。涉企业商事纠纷中涉及商业习惯、交易惯例、产品属性、技术工艺等具体问题，对专业知识要求较高。公司类诉讼内外法律关系相互交织，相关主体利益冲突明显。以通州区法院为例，案件调撤难度逐年加大。（见图6）

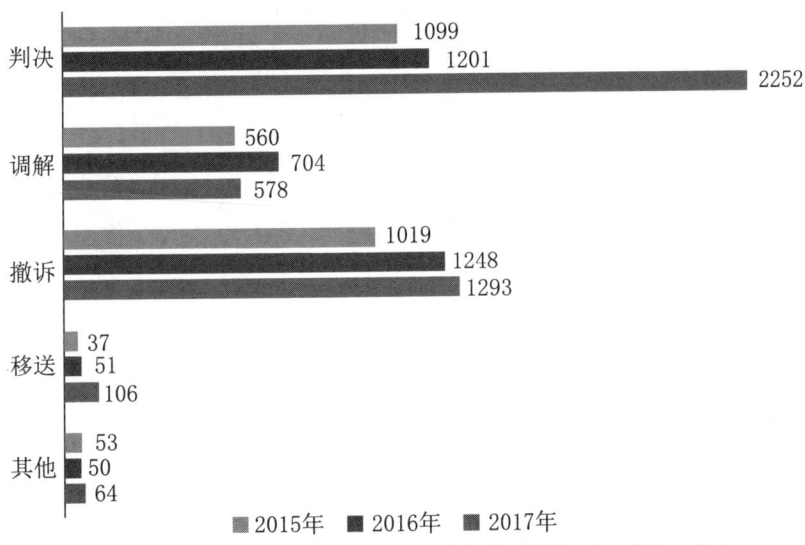

图6 2015—2017年涉企业案件结案方式对比情况（单位：件）

行政诉讼中的群体性诉讼，主要表现为多名原告针对同一具体行政行为提起行政诉讼，诉讼请求往往也完全相同，常见于某一具体行政行为所指向的特定的群体对该行政行为不服而引发的行政诉讼。

刑事诉讼中的群体性诉讼，主要体现在非法吸收公众存款、集资诈骗等案件，该类犯罪涉及的投资人数众多，辐射面广，追赃难度大，导致群体上访现象频发，有些投资人会采取过激乃至极端行为，严重影响社会和谐稳定和城市副中心建设。

2. 涉副中心建设案件类型的前瞻判断

（1）行政案件的预期新类型案件。随着市级行政机关的迁入，涉及行政审判领域将从过去的住房、土地、公安、卫生、食药等传统行政管理领域，扩大延伸到金融监管、环境保护、科技管理等新型行政管理领域。案件类型将主要集中于信息公开、投诉举报、行政复议等。

（2）民事案件的预期新类型案件。随着城市副中心高端商务区的建立，许多高新企业将涌入副中心，金融纠纷、票据纠纷、股权纠纷将激增，汽车金融、委托理财、融资租赁及知识产权项下案件都将成为审理的重点。此外，高新企业涌入也必将带来新类型的劳动争议纠纷。而随着城市副中心文化产业旅游区域的建成，也将引发大量的旅游合同纠纷及户外娱乐过程中引发的生命权、健康权、身体权纠纷。

（3）刑事案件的预期新类型案件。非法吸收公共存款、非法集资、贷款诈骗、票据诈骗将成为刑事审判的审理重点。随着各大市级机关入通挂牌办公，涉及市级机关处级以下工作人员的职务犯罪案件将由通州法院管辖，部分市级机关处级以上领导干部的职务犯罪也可能由通州法院专属管辖。

（4）执行案件的预期新类型案件。一是因涉众案件的增多，多个申请人申请同一被执行人履行义务的群体性执行案件将随之增多；二是随着部分国有企业、高新技术企业的迁入及相关经济活动的频繁开展，上述企业作为被执行人的案件将大幅增加，该类主体不履行判决义务将给执行工作造成一定阻力。

三、北京城市副中心法治保障的重点难点

（一）以法治思维加强和改进党在副中心建设中的领导

党的领导是中国特色社会主义最本质的特征，是社会主义法治最根本的保证。旗帜鲜明地坚持党的领导是形成强有力的北京城市副中心法治保障体系的重要前提。党的领导是治国理政的基本方式，党的领导必须以法治方式体现，只有坚持党领导立法、保证执法、支持司法、带头守法，把党的领导贯彻到北京城市副中心建设的全过程中，才能保证北京城市副中心规划建设以及建成后的运营都沿着法治化正确轨道前进。

（二）以营造法治生活为核心繁荣法治文化

法治是一种社会生活方式，与百姓生活不可分离。在社会层面，北京城市副中心应当弘扬法治文化中的平等精神，打破特权意识和等级观念，激发整个社会的活力。在个人层面，应当通过培育法治信念，使每一个公民尤其是领导干部信仰法治、坚守法治，切实养成尊法学法守法用法的习惯，提高运用法治思维法治方式正确处理问题的能力。[1]

（三）充分发挥法治在北京城市副中心建设中的保障作用

要充分发挥法治在北京城市副中心建设中的保障作用，必须认真梳理副中心建设过程中涉及的制度障碍和立法需求，充分利用地方立法权，开展科学民主立法，构建城市副中心的法规体系，为北京城市副中心建设提供立法保障。

（四）增强法治需求预测预判

自 2018 年 11 月开始，市级机关将陆续启动搬迁，根据属地管辖原则，目前分散在东城、西城、朝阳、海淀等各区法院的涉及市级行政机关的行政案件将由通州法院集中管辖。这将对通州法院行政审判提出严峻的挑战。对于这一全新的课题，需要加大专业行政审判领域的法官培养力度，提升相应审判能力。此外，在信访领域，通州法院需要与区政府、区公安分局等各相关部门通力合作，形成完善的信访接待、处置机制，确保信访工作有序进行，既能解决人民群众合法合理诉求，又能保障市级机关有序运行。

（五）处理好规划建设与法治保障的关系

城市规划建设是政府调控城市空间资源的重要手段，而法治又是政府行政执法必须遵守的规则。市场经济下利益主体的多元化和平等性，使得规划建设和实施必须实现法治化，以保障规划的科学性、权威性和严肃性。一方面，规划建设需要法治保障。规划建设只有按照法律规定的程序进行编制，才能保证其本身的科学性、权威性、严肃性，才能以法律的强制性保障其顺利实施。另一方面，法治保障是规划建设的应有之义。规划建设北京城市副中心，是国家大事，具有重大而深远的意义，需要对各项工程建设和土地利用进行统一协调安排，因此，规划建设同样属于行政行为，要确保规划本身的科学合理，就必须实现合法性这一前提。

---

[1] 付子堂：《形成有力的法治保障体系》，载《求是》2015 年第 8 期。

第二章 北京城市副中心建设法治保障的理论基础

一、"四个全面"理论与副中心法治保障

1. "四个全面"战略布局对副中心法治保障提供方法论支持

"四个全面"战略布局环环相扣，不可偏废，必须从全局角度把握。这也为北京城市副中心法治保障提供了重要的方法论上的遵循。正如习近平总书记在十八届四中全会《中共中央关于全面推进依法治国若干重大问题的决定》的说明中指出："围绕中国特色社会主义事业总体布局，体现推进各领域改革发展对提高法治水平的要求，而不是就法治论法治"。副中心法治保障不能就法治谈法治，必须纳入到"四个全面"的战略布局上来。副中心的法治保障目标不能止步于助推"全面依法治国"层面，更要统一到"全面建成小康"的主攻目标上，同时必须处理好法治保障与深化改革、从严治党之间的关系。法治保障不能特立独行，不能"单打独斗"，须跳出立法、执法、司法、守法、法律监督、普法的"法律过程论"，必须多维度、多视角、多方位推进。[1]

2. "四个全面"战略布局对副中心法治保障提供实践指南

全面建成小康社会，需要全面深化改革。副中心法治保障要充分运用法治思维引领、推动和保障全面深化改革的顺利进行。副中心法治保障必须服务于副中心改革发展大局，必须全面提高经济、政治、文化、社会、生态等法治化水平。

3. "四个全面"战略布局要求实现重点领域重点突破

在当前情况下，立法质量、法治经济、法治政府、法治权力等是我国法治建设需要重点关注的领域。第一，让立法的质量过硬。法律是治国之重器，良法是善治之前提。第二，让法治经济腾飞。市场经济必须遵循契约精神，因此在本质上就是一种法治经济。副中心应在维护契约、明晰产权、保护产权、统一市场、公平竞争、平等交换等方面树立标杆。第三，建设法治政府。为建设法治政府，副中心应严厉整治有法不依、执法不严、违法不究甚至以权压法、权钱交易、徇私枉法等问题。第四，对司法权力的监督和限制。要坚守司法公正，以公开促公正，以公正促规范，筑牢依法治国的最后一道防线。

二、法治城市建设理论与副中心法治保障

法治城市建设最重要的就是实现"良法善治"。首先，要有"良法"。2017年9月27日，中共中央国务院对《北京城市总体规划（2016—2035年）》作出批复，总体规划已经成为首都发展的法定蓝图，其中有很多内容涉及副中心建

---

[1] 吴传毅：《"四个全面"战略布局下的法治中国建设》，载《行政论坛》2016年第4期。

设，是副中心建设中的法律指南。副中心法治城市建设并不缺少基础法律法规支撑。但从特殊性上看，在市、区级层面，目前，北京市人大及其常委会正在加紧开展北京城市副中心综合立法工作，尚在调研及草案制定环节，统一立法尚未形成，法治建设的精准性不足。

其次，是"善治"。习近平总书记在北京考察时指出："北京城市规划应该给百姓多留一点绿地和空间。""城市规划建设做得好不好，最终要用人民群众满意度来衡量。""坚持人民城市为人民，以北京市民最关心的问题为导向，以解决人口过多、交通拥堵、房价高涨、大气污染等问题为突破口，提出解决问题的综合方略。"习总书记的要求为副中心"善治"之路指明了道路，"善治"就要坚持以人民为中心，城市治理要体察民情、体验民生和体恤民隐；要解决交通拥堵、房价高涨等问题，城市治理要公正执法、惩恶扬善和敢于担当；要用人民的满意度衡量，则要求包容大度、开放吸纳和倾听民意。

三、"社会转型"理论与副中心法治保障

规划阶段。高标准编制规划、高效率腾退拆迁、大力度清退落后产能是该阶段的三个重点，即"一张白纸绘蓝图"阶段。在这个过程中，规划的编制、实施要上升到法律层面，维护北京城市副中心总体规划及控制性规划的严肃性、权威性，确保规划能够无偏差的落地实施。

硬件建设阶段。发展产业的基础条件基本具备，下一步就要开展招商引资、优化营商环境、迎接市级机关入驻、打造文化旅游区等工作，副中心将开始初具样态。在立法方面，北京市应当考虑为副中心单独立法，并赋予副中心试点地位，先行先试，在某些领域可以在一定程度上突破现行法律规定，从而为副中心产业发展扫清法律障碍。在行政执法方面，要进一步提高行政效率、公信力，进一步深化完善行政审批改革成果，在其他一些政策调控领域探索新的行政管理模式，实现"小政府、大服务"。在司法方面，要加强商事审判、行政审判、知识产权审判力量，稳妥处理好以市级机关为被告的行政案件，营造保护企业家、尊重智力成果的法治环境。

软件建设阶段。随着各项规划落地，产业的发展壮大，人才的不断涌进，副中心将成为名副其实的北京人才、产业高地，迈入成熟阶段。这个阶段的法治保障必须在理念、意识、体制、机制等各方面全方位革新，处理好改革创新与依法依规的关系，处理好决策、执行、监督的关系，处理好法治政府与法治社会的关系，努力打造成全国法治建设高地。落实国家战略、推进改革创新，必须坚持于法有据；完善治理体系、提升治理能力，必须坚持在法治轨道上统筹力量、平衡利益、调节关系、规范行为；实现新突破、开创新局面，必须强化法治思维，提升各级干部法治能力等。

四、制度变迁理论与副中心法治保障

1. 北京城市发展制度变迁提出法治保障地域要求

副中心建设初衷便是解决北京城市发展的制度缺陷，推动京津冀协同发展，这是北京城市发展制度变迁的原因所在，这也就注定北京城市副中心建设必须融入到京津冀协同发展这样一个高度去认识、去推进。与之相适应，副中心法治保障也必须跳出总面积约 155 平方公里的副中心规划范围，要将眼光放至整个通州以及北三县，再远之，则是整个京津冀地区。

2. 北京城市制度变迁方向为副中心法治保障提供现实抓手

制度变迁会改变既有的供给与需求关系，不能盲目进行，都有其特定的变迁方向。在北京城市制度变迁过程中，副中心建设有其清晰而独特的定位，副中心建设具有国家意志性、发展阶段性、特定功能定位及高标准要求，未来副中心产业将以文化旅游、高端商务、科技创新等第三产业为主，副中心法治保障必须服务副中心建设的发展方向与重点。

3. 北京城市制度变迁路径依赖问题启示法治保障要切断消极路径

副中心建设法治保障首先便是要确立良法之治，发挥法律对社会、经济发展的正面引导、支持、保障作用。其次，要尽量压缩消极非正式制度的生存空间，培育新的积极非正式制度，作为正式制度与非正式制度的缓冲带。最后，贯彻平等原则，在法治轨道上最大程度引导利益群体正当表达诉求，消解利益群体之间的纷争。

4. 北京城市制度变迁类型提出动力转换要求

副中心建设要深入推进，必然离不开人民群众的自发努力，不论是运河商务区、文化旅游区、行政办公区，一旦离开人民群众的支持，都将举步维艰。副中心法治保障也同样如此，也必须注重发挥人民群众的智慧，主动关注新时代人民群众司法需求，同时借助人民群众力量，建立共建共治共享的社会治理新格局，为打造"枫桥经验"北京升级版贡献通州力量。

第三章　域内外城市建设及法治保障经验

一、国内经验

（一）上海自贸区建设经验

1. 建立健全立法

最早的法律支持是《全国人民代表大会常务委员会关于授权国务院在中国（上海）自由贸易区暂时调整有关法律规定的行政审批的决定》（以下简称《授权决定》），其后全国人大修改了立法法，增设了第 13 条。基于《授权决定》，

国务院发布了《总体方案》〔1〕及《决定》〔2〕，明确了上海自贸区作为国家战略的功能定位。上海市人大常委会也通过了《中国（上海）自由贸易试验区条例》，上海市政府又颁布了一系列管理办法。

2. 以现代管理理念指导政府职能转变

（1）开创负面清单制度，转变行政管理模式。上海自贸区推陈出新，首先开始实行"准入前国民待遇+负面清单"的外商投资管理模式，通过对市场主体的区别规制，促进政府职能转变，给予企业充分的公平竞争权利。

（2）行政审批领域的制度创新。主要包括：行政审批和管理权的深化改革，涵盖了国土规划、交通运输、环境保护等多个方面，统一由上海自贸区管委会进行审批和管理；进一步进行工商登记的制度改革、流程优化等，推行注册资本的认缴，简化公司设立流程，以形式审查为主，实质审查为辅，弱化工商登记机关和监管机关的行政管理职权等。

3. 建立多元化争端解决机制

法院先后出台保障上海自贸区建设的各项专门文件，包括涉上海自贸区建设案件的审判指引、保障联动机制等，并新设中国（上海）自由贸易区法庭和自贸区知识产权法庭。积极贯彻落实司法体制改革，积极探索和落实法院人员分类改革和司法责任制改革，同时，加强理论研究，注重实践经验总结，组建相应的调研课题组，并促进调研成果转化。上海国际仲裁中心制定并发布了《中国（上海）自由贸易试验区仲裁规则》，成为首部自贸区仲裁规则。此外，法院也致力于尝试调解的充分运用，尤其是将调解与诉讼和仲裁等进行结合，形成有效的混合型 ADR 模式，从而更为高效灵活地解决争议。〔3〕

（二）深圳经济特区建设经验

第一，利用地理优势和经济特区优惠政策。

利用地理区位的优势和经济特区的优惠政策，大力吸引"三来一补"企业到深圳发展工业，从而快速地积累建设资金、国内外先进技术和管理理念。破解计划经济体制的束缚，推进以市场为取向的经济体制改革，在价格、工资、基建、劳动用工等方面进行大胆的经济体制改革试验。〔4〕

---

〔1〕 即《中国（上海）自由贸易试验区总体方案》。

〔2〕 即《国务院关于在中国（上海）自由贸易试验区内暂时调整有关行政法规和国务院文件规定的行政审批或者准入特别管理措施的决定》。

〔3〕 吴燕、张慧超：《中国自贸区法治建设的创新与完善——专访上海政法学院校长、教授、博士生导师刘晓红》，载《人民法治》2016 年第 12 期。

〔4〕 周轶昆：《深圳经济特区发展历程的回顾与分析》，载《改革与开放》2008 年第 4 期。

第二，建立外向型经济，并以工业为主，全面迈向市场经济体制改革。

不局限于局部改革，转向系统改革，并从浅层改革转向深化改革。比如，国营企业股份制改革就是在深圳经济特区率先进行的改革，社会保险体制、改革劳动管理体制、改革金融体制也是深圳经济特区首先进行的大胆尝试。上述改革经验都为我国确立社会主义市场经济体制积累了较为丰厚的经验，充分发挥了深圳经济特区作为经济体制改革试验田的作用。

第三，加大力度推进现代化城市建设，增创改革新优势。

在全国率先建立起较为完善的市场经济体制和运行机制，并充分发挥先试先行的作用，全面建设和完善各类市场要素。

第四，加强深圳和香港合作，打造国际化都市，以科学发展观构建"效益深圳""和谐深圳"。

推进民营经济的发展，在行政管理体制方面加大力度，深化改革，创建服务型责任型政府。全面推进 CEPA 及泛珠三角经贸合作，实现区域内的共同繁荣。

第五，特殊的人才政策。

2016 年 3 月深圳出台实施《关于促进人才优先发展的若干措施》，提出"发挥经济特区立法权优势，制定《深圳经济特区人才工作条例》，推进人才工作依法管理，提升人才工作法治化水平"。《深圳经济特区人才工作条例》于 2017 年 11 月 1 日起施行，特区的人才优先发展有了法治保障。

二、国外经验

（一）韩国世宗新行政中心建设经验

第一，在法律支持下推行新行政首都政策。

韩国的迁都计划多次搁置，2010 年 12 月《世宗特别自治市设立相关特别法》颁布，成为世宗市建设的法律基础。[1]

第二，以由内而外的发展带动模式疏解首都功能。

世宗市作为首都功能疏解的发展先锋，采取由内而外的发展带动模式，城乡发展的空间规划思路由内而外主要分成三个层次：行政中心复合都市地区、指定周边地区和广域区域规划圈。[2]

（二）德国古城保护的经验

1. 多渠道的资金投入

德国对古城古迹保护资金的投入渠道是极为丰富和多元的，包括：政府资金

〔1〕 胡文娜：《国际新城新区建设实践（二十六）：韩国新城——案例：世宗特别自治市（2）》，载《城市规划通讯》2016 年 1 月 23 日。
〔2〕 汪芳、王晓洁、崔友琼：《韩国首都功能疏解研究——从三个空间层次分析韩国世宗特别自治市规划》，载《现代城市研究》2016 年第 2 期。

投入，民众出资，企业投资。

2. 科学民主的决策机制

德国对于古城保护的决策，需要提交国民议会以多数票表决通过。涉及公共建筑的保护方案，也必须经过招投标程序，并经古建筑研究所初步审查，再由规划和文保部门审核，最后交由市政府审批通过。如果是对私人住宅类古建筑的保护，具体方案还要征得住户的意见。

3. 严格遵循法定程序

联邦政府出台了一系列法律，涉及文物保护、环境保护、古城古建筑保护的方方面面，各州政府和市政府也要相应的制定法规。政府要制定详细的保护实施程序，并在施工过程中，按照详细的整治规划进行作业，确保各项实施工作有条不紊。[1]

三、国内外经验启示

（一）加快形成完整的副中心法治保障法律法规体系

韩国世宗的新行政中心，自酝酿到成型，几度制定法律，最终在法律的支持下才顺利开展。上海自贸区、深圳特区建设过程中，全国人大及常委会、国务院和地方立法机关等密切配合，积极作为，共同为其建设扫除障碍和铺垫道路。与之比较，北京城市副中心建设的立法保障还明显不足，亟须建立健全甚至填补空白。

（二）提升副中心行政执法水平

副中心应当成为法治建设的高地，努力将副中心打造成具有标杆意义的法治城市样本。一要建设创新政府，根据情况的变化，在法律允许的范围内积极主动地推动自我革新、自我进化，以现代管理理念推动政府职能转变。二要建设共治政府，做到公正公开透明，充分调动民众的积极性。

（三）树立精细化法治理念

立法应充分考虑各方面的利益诉求，考虑法律法规对各方面的影响。行政执法应拿着放大镜看，下绣花的功夫，将工作做到细处实处。司法审判应仔细全面地考虑隐藏在案件背后的政治、社会、法律意义与关系，从而实现法律效果、政治效果、社会效果的有机统一。

---

〔1〕 宋长法：《从柏林、吕贝克看德国的古城古迹保护》，载《城市问题》2000年第1期。

第四章　北京城市副中心建设法治保障完善路径

一、加强北京城市副中心立法保障

（一）出台《北京城市副中心城市管理条例》等规范性文件

《北京城市副中心城市管理条例》文件要注意以下问题：注重区分城市副中心发展内外不同的推动力量；注重北京城市副中心的功能定位；加大对于优秀人才的保障力度；制定优化营商环境的原则性规定。

（二）加强招商引资、文化旅游以及生态保护等重点领域立法

从现有的规划看，北京城市副中心要形成"一带一轴多组团"的城市空间结构。一是处理好副中心与中心城区的关系；二是处理好副中心（155平方公里）与通州区（906平方公里）的关系；三是处理好副中心与廊坊北三县地区的关系。而这些均要有立法的支持，要加强招商引资、发展文化旅游以及生态保护等重点领域立法。

二、加强北京城市副中心行政执法保障

（一）保障"拆建治稳"工作顺利开展

1. 提高群众工作能力

在"拆建治稳"阶段，要提升融入群众的能力，思想上真正重视群众，坚持以人民为中心，情感上真诚，与群众打成一片，行动上深入，要勤于联系，鼓励党员干部定期进村入户、访贫问苦、帮困解难。当面临"拆建治稳"任务时，政府机关要加大政策宣传力度，利用"融媒体"中心，借助传统媒体和新媒体线上线下宣传，用群众熟悉的语言，让各项政策真正走进老百姓的心坎。同时，要善于沟通，多与群众沟通，要用心用情用实际行动帮群众解开心头疙瘩，化解心中积怨。

2. 建立健全社会综合治理联动机制

要在党委的统一领导下，建好联动中心，搭建联动平台，优化全面覆盖、无缝衔接的基层网格力量，实现以政府为主的社会管理体制向政府、社区、单位、市民、社会组织共同管理的社会治理体制转变，被动应对处置向主动预警预防转变，社会矛盾的排查处置由突击式运动式向常态化分级分类处置转变。以信息化为抓手，提高北京城市副中心建设的社会治安综合治理水平。

（二）保障"政商文生"事业快速推进

科学编制法治政府建设规划，明确城市副中心未来五年或十年内法治政府建设的目标任务，细化分解实施细则。理顺行政机关内部的决策、执行、监督三种职能的关系，理顺各部门之间、上下级之间的职能划分，同时加大机构整合力

度，健全部门间的协调配合机制，落实责任部门。进一步完善法治政府建设的工作机制，进一步健全法治政府建设领导协调机制，确立行政首长为依法行政第一责任人，积极探索"五单联动机制"，完善权力清单、程序清单、责任清单、编制投资负面清单、行政和事业收费清单，建立清单事项动态评估和调整机制。科学构建政府依法决策和重大行政决策合法性审查机制，健全重大决策终身责任追究制度及责任倒查机制，加快建立彰显副中心特色的法治政府指标体系，完善考核评价机制，把法治政府建设成效作为全区各级政府领导班子和领导干部实绩考核的重要内容。并定期予以通报，积极推动党政主要负责人履行推进法治建设第一责任，研究制定年度法治建设工作计划，实现法治建设与经济社会发展同部署、共推进。

三、加强北京城市副中心建设的司法保障

（一）京津冀三地法院

1. 完善京津冀三地法院协调沟通机制

通过对京津冀三地法院之间现有沟通机制的完善，以及不断创新沟通工作的体制机制，对于涉京津冀协同发展案件做到司法联动，共享审判执行信息及法律适用指导性文件，不断促进裁判尺度的统一，实现京津冀三地法院全方位、常态化交流协作。同时，加强京津冀三地法院在信息化软件开发、平台建设和大数据应用等方面的合作，实现平台共建、信息互通、资源共享、业务协同。探索健全京津冀三地法院人员培训和法官任职交流机制，实现人员资源互通互融。建立重大、复杂、疑难、新类型、敏感案件的及时沟通、会商、研讨机制，确保上述案件稳妥、依法处理。完善委托调查取证机制，三地法院可以探索建立统一的委托调查取证工作机制，确保委托调查取证顺利进行，从而提高审判效率。

2. 加大涉京津冀协同发展案件执行力度

通州区因其毗邻津冀，一些被执行人往往居住在津冀，且其财产位于津冀，较易引发规避执行、抗拒执行、转移财产等情况。因此，集中推进涉京津冀协同发展重点项目和重点工程案件执行工作，加大对涉民生案件的执行力度，积极开展金融借款合同等涉金融执行积案清理工作，意义十分重大。采取法律规定的强制执行措施，遏制被执行人规避执行、抗拒执行等现象，严把终结本次执行程序适用标准，使有财产可供执行的相关案件在法定期限内尽快执行完毕，使法律效果与社会效果相统一。

（二）北京市法院

1. 全面推进司法改革，全面提升司法公信力

由北京高院统领统筹、主动示范，中级法院和基层法院立足实际、打造特色，形成统一的司法改革工作体系。其一，在以司法责任制为核心的重大基础性

改革方面，深入推进审判团队建设，以员额法官为中心组建多样化的审判团队，提升审判质效。其二，在队伍正规化、专业化、职业化建设方面，优化司法职权配置，不断提升专业化水平。其三，在提高司法效率方面，健全多元调解、繁简分流、速裁机制，发挥高效型司法、便民型司法作用。其四，在司法保障方面，确保各类人员保障水平不降低，构建与工作实绩直接关联的绩效奖金分配制度，及时开展法官等级按期晋升和择优选升。借力现代科技，推广语音转文字系统等信息技术的应用，为法官提供智能化辅助支持。

2. 优化调整审判工作布局，更加适应北京城市副中心建设的司法需要

依托已经完成的人财物统一管理司法改革措施，根据北京城市总体规划和空间布局，研究调整全市法院案件管辖和资源配置，研究探索涉互联网案件审判新方式，在案件数量及案件类型相对集中区域就设立专门审判机构进行论证，以适应首都城市发展定位、北京城市副中心建设和京津冀协同发展的需要。

3. 加强和改进上级法院对基层法院的审判、执行业务指导，更加适应副中心所在地法院的业务需求

在司法体制综合配套改革的背景下，加强和改进高中级法院与基层法院之间的审级监督指导关系，为副中心所在地法院在北京城市副中心建设过程中可能遇到的问题进行业务指导，在人员编制、法官员额、增设人民法庭等方面向副中心所在地法院进行倾斜。开展三级法院业务研讨，加强对基层法院的审判业务指导。

（三）区域法院

1. 制定规范性文件，统领涉副中心建设审执工作

通州区人民法院制定了《北京市通州区人民法院服务和保障北京城市副中心建设实施办法》，统领和指导全院立审执工作，以更好地服务保障北京城市副中心的建设。适应形势变化，及时将服务保障"疏解整治促提升"专项行动纳入其中。

2. 提前介入，主动化解涉副中心建设类矛盾纠纷

针对棚户区改造涉及的行政村，法院应及时排查可能涉及的农村房屋所有权确认纠纷、农村房屋买卖合同纠纷、分家析产纠纷、离婚纠纷、继承纠纷，在查明事实的基础上做到快速审理、快速执结，主动发挥服务型司法、主动型司法的积极作用。此外，针对通州区工业污染治理、生产工艺调整、产业结构升级等工作，对于其可能出现的大量劳动争议等问题，优化完善《北京城市副中心产业调整退出企业员工安置法律问题指引》。

3. 优化资源配置，集中优势全力助推副中心建设

通州区人民法院在总结民事小额诉讼、商事"快审"机制及小额速执工作

成功经验基础上，依托诉讼调解办公室成立速裁庭，专门审理事实清楚、权利义务关系明确、当事人争议不大的民商事案件。通过立案前先行调解、及时导出、简便开庭、晚间、节假日开庭等方式提高审判效率。此外，出台《关于开展集中送达工作的实施意见》，就涉副中心建设案件组建专门送达组，根据区域划分进行集中统筹送达，灵活调整送达时间，适时推出午间、夜间及假日送达等方式，提高送达的成功率。

4. 调整人民法庭空间、功能布局

一是针对市级机关入驻通州，考虑将紧邻行政办公区的宋庄人民法庭或张家湾人民法庭改建为专门的行政审判法庭。二是围绕环球影城主题公园的规划建设运营，考虑设立环球影城巡回审判法庭。三是为保障刑事审判安全和文化旅游区秩序，考虑推动刑事审判庭与台湖法庭合并办公。四是在与河北省大厂县、香河县相邻的西集镇计划增设西集人民法庭，打造司法服务京津冀协同发展的"桥头堡"。

副中心法治保障涉及立法、行政、司法等几个方面，当前仍然存在着诸多问题，与国内外先进的法治保障经验相比还有很大的差距。为副中心提供更加完备的法治服务和保障，需要深入分析副中心特殊性，聚焦突出问题，查出法治保障的重点难点，以"抓铁有痕"的力度补足短板，同时，要加强前瞻性，切实发挥出法治的引领和保障作用。

监察体制改革试点相关问题研究

崔英楠[*]

一、监察委员会设立的合宪性

监察委员会的合宪性问题，不仅仅是"重大改革要于法有据"的问题，更重要的民众内心尊崇的问题，即"正当性"问题。众所周知，《中华人民共和国宪法》（以下简称《宪法》）是最广大人民意志的体现，是中华人民共和国人民的共识。而监察委员会的设立依据，正是基于这"最大共识"的宪法。

（一）基于"中国共产党的领导"宪法基本原则

《宪法》的根本原则或基本原则首先就是"中国人民在中国共产党的领导下"。根据《宪法》序言和《宪法》第 1 条"中国共产党的领导是中国特色社会主义最本质的特征"，"中国共产党的领导"是全面的领导，即"党政军民学，东西南北中"，党领导一切。而监察委员会与纪律检查委员会合署办公，正是集中体现了中国共产党的领导，强化了中国共产党在"权力监督"领域的领导。宪法一个基本功能是"限制权力"、防止"权力腐败"，监察委员会是专司监察的权力监督机构，而作为党内监督机构的纪律监察委员会与之合署办公，与政府机关内存在一个党委并无本质的区别，而且由此将党内监督与国家监督合二为一，更是强化了党的领导、升级了党的领导、优化了党的领导。

（二）基于法治原则

我国《宪法》第 5 条规定："中华人民共和国实行依法治国，建设社会主义法治国家。""法治原则"明确了权力的授予和行使要"于法有据"。监察委员会的设立，也是我国宪法"法治原则"的体现，其一，宪法明确监察委员会的地位和职权。第五次宪法修正案在第三章"国家机构"中增加一节"监察委员会"，作为第七节；其二，2018 年 3 月 20 日，《中华人民共和国监察法》（以下简称《监察法》）出台，明确了监察委员会的监督、调查和处置权及其具体措施，这样，也就解决了监察权行使的"于法有据"问题。

---

* 课题主持人：崔英楠，北京联合大学教授。立项编号：BLS（2017）A003。结项等级：合格。

（三）基于权力监督原则

基于权力监督，结合中国国情，监察委员会和党的纪律监察委员会合署办公。

1. 破解过去多元监督的困境

以前，我国监督体制的特点是党内监督、国家监督与人民监督相结合。但是，单纯的党内监督存在诸多问题，比如，党内监督无法覆盖执行公务的非党员；党内监督在查处涉嫌职务犯罪时往往需要与检察机关联合办案，这不免造成党内监督与检察监督不分、检察监督缺乏独立性的诉病；党内监督的"双规"依据的是《中国共产党党内监督条例》，从《中华人民共和国立法法》（以下简称《立法法》）来说，也不免受到缺乏法律依据的指责。这些问题，是党内监督本身无法解决的。单纯的国家监督也存在很多问题。首先是国家监督主体很多，包括人大、法院、检察机关、各类行政机关等，表面上各种监督相互配合，但是由于利益、对法律理解的不同以及其他原因，监督有时候不免各行其是，难以保障监督的统一性和有效性。其中，原有的检察机关对职务犯罪监督，其主要问题是，对于违纪和不构成犯罪的违法行为不能介入。要破解我国多元监督的问题，建立独立统一的监察委员会是一个办法。其次，公职人员尤其是掌握公共权力的人员，绝大部分是党员干部。因此，将党内监察机构——纪律检查委员会与之合署办公，形成国家监察与党内监督的融合，这既保证了监察委员会的权威性，又从现实出发解决了对重要党内领导干部监督难的问题。

2. 监察委员会与纪律检查委员会合署办公，能够更有效地维护法律权威

在我国，法律的权威有一个特点：法律需要实效性的支持，即不仅立法质量高，而且有赖于法律的落实。从中国国情来说，只有监察委员会、党的纪律检查委员会合署办公，才能够有效保障监察目的的实现。担任公职的党员兼有两种身份：党员和公职人员，如果像以前一样，党纪监督和国法监督由不同的机构行使，一则成本过大，二则两种独立监察主体往往存在沟通不畅、认识差异的缺陷，由此导致无法有效监察职务的违法犯罪。事实上，以前专司党内监督的纪律检查委员会和专司职务犯罪的检察机关，即使协同再好，依然没有有效遏制职务犯罪、权力腐败的现象的产生。因此，监察委员会专司监察之职，并纪律检查委员合署办公，将多个独立的反腐力量统一为一体，将保证监察权的统一和实效，从而树立和维护法律的权威。

二、留置措施的法律分析

《监察法》第四章规定，监察委员会在查处违纪、职务违法、职务犯罪行为过程中可以采取的 12 项调查措施，即谈话、讯问、询问、查询、冻结、调取、查封、扣押、搜查、勘验检查、鉴定、留置等措施。前 11 项措施，原为转隶前

的监察厅（局）、预防腐败局以及人民检察院所拥有，法律法规对这些措施早已明确规定，实践中适用也比较规范。而"留置"这项措施，则是一项新的强制措施，大家对此非常关注。因此，有必要对其中几个问题进行讨论。

（一）留置措施的权力来源

根据《监察法》第 43 条规定，留置时间一般为三个月，并且特殊情况下经上级机关批准，可延长一次。《中华人民共和国人民警察法》和《中华人民共和国物权法》也都规定了"留置"。显然，就公安机关享有的留置权（留置 24 小时到 48 小时）来说，无论是从留置的性质和严厉程度来说，监察委员会的留置措施不同于公安机关的留置。而物权法的"留置权"为民事权利，而非国家权力。除此之外，《刑事诉讼法》《行政监察法》等均未规定"留置"权力。因此，监察委员会享有的留置措施应该属于《监察法》新创的一项权力。这符合《立法法》的规定，即与公民人身自由相关的强制措施只能通过制定法律来创设和加以限制。《监察法》是 2018 年 3 月 20 日第十三届全国人大制定的一部基本法律。

（二）留置措施的权力属性

一是留置措施具有行政性。行政性主要表现为，国家行政机关为实现国家的目的和任务而行使的执行、指挥、组织、监督诸职能。行政性质一般裁量余地较大、法律限制较为宽松。留置措施是监察委员会为保障行使公权力公职人员队伍的清正廉洁、遵纪守法，而对涉嫌违纪、职务违法、职务犯罪的被调查人员，按照留置措施的实施程序组织监察人员采取限制被调查人员人身自由、以确保案件调查工作顺利进行的处置行为。虽然留置措施在行为方式、留置期间、程序设计等方面可能与刑事强制措施有相似之处，但刑事强制措施是刑事司法性质，适用严格，裁量余地较小。相比较而言，留置措施具有明显的行政性。二是留置措施具有强制性。《监察法》规定，对监察机关按照法定程序可以当场采取留置措施，如有必要则将其强制扣留，并带至法定场所到案接受调查，继续进行留置处理。尤其是《监察法》第 29 条规定："依法应当留置的被调查人如果在逃，监察机关可以决定在本行政区域内通缉，由公安机关发布通缉令，追捕归案。"显然，留置的强度非常大，要求被调查人员的绝对服从，因此留置是极为严厉的一种强力措施。三是留置措施的主动性。主动性是指权力的开启和行使不以被调查人的主观意愿为转移的，它主动的、积极的，而非被动的、消极的。这种不以被调查人意志为转移的积极主动性是监察委员会留置权力的显著特征之一，但是留置的主动性还突出地表现为权力的扩张性，即留置不仅仅表现在将被调查人人身自由予以限制，而且相应地限制其通信自由、会见律师等权利。四是留置措施的谦抑性。留置作为最为严厉的手段，往往容易侵犯被调查人的权利。因此，适用留置措施往往需要一定的谦抑，保持节制，也就是说，能够采用其他手段例如谈话、询问、讯问等就可以调查清楚案情的，就无须采用留置这一严厉手段。

（三）留置措施的构成要件

构成要件包括如下几个方面：一是留置措施的行使主体。留置措施的行使主体只能是各级监察委员会。虽然党的纪律检查委员会、监察委员会合署办公，但是纪委不能单独以自己的名义对被调查人采用留置措施。从媒体报道来看，往往报道"纪委监察委对×××采取留置措施"，但从法律上来看，不应该以纪委和监察委联合的名义行使留置权；从监察实践来看，留置措施是以"监察委员会"的名义进行，而非以"纪委和监察委员会"的名义，更不是以"纪委"的名义进行。二是留置措施的行使对象。《监察法》规定，监察委员会有权对本辖区所有行使公权力的公职人员依法实施监察。要防止随意扩大监察对象范围，就必须明确"行使公权力的公职人员"的具体范围。公务员、参公事业编制人员、党的机关和国家机关行使公职的人员，都容易理解，但是"公办的教育、科研等事业单位和国有企业从事管理的人员"和"基层群众性自治组织中从事管理的人员"则需要进一步明确，防止将从事教学的普通教师和从事管理的校长等行政人员相混淆。三是留置措施的行使期限。《监察法》第43条规定，留置时间不得超过三个月。在特殊情况下，可以延长一次，延长时间不得超过三个月。这一规定，比较原则。在实践中，应该针对不同情形、不同阶段，设置不同的留置期限，不宜统一留置三个月。如果不加区分，留置期限一律实行三个月，有滥用留置之嫌：一则没有必要，浪费了监察资源，二则可能放任侵犯被调查人的权益。四是留置措施的行使场所。《监察法》第22条第3款规定，留置场所的设置、管理和监督依照国家有关规定执行。监察委员会应该综合利用现有的办案场所和其他场所来合理留置被调查人员。这些场所主要包括过去实施"双规""双指"的场所，也可以根据谈话、询问、讯问的需要以及保障被调查人员权益，选择合适的留置场所，比如被调查人员的住所，合适的宾馆、旅店等场所。

（四）留置措施的运行程序

1. 留置措施的启动程序

《监察法》第43条规定，监察机关采取留置措施，应当由监察机关领导人员集体研究决定。设区的市级以下监察机关采取留置措施，应当报上一级监察机关批准。省级监察机关采取留置措施，应当报国家监察委员会备案。不过，审批启动程序，应根据短期留置、中期留置和长期留置的不同而有所区分。建议：针对违纪的短期留置只需进行内部审批，之后报送上一级监察委员会备案即可，中期和长期留置必须由本级和上一级监察委员会审批通过后方可采取。

2. 留置措施的执行程序

执行程序可分为通知被调查人员程序、带被调查人员至留置场所程序以及告知被调查人员家属程序三个方面。其中，通知相关单位和家属的程序特别重要。根据《监察法》第44条规定了，对被调查人采取留置措施后，应当在二十四小时以内，通知被留置人员所在单位和家属，但有可能毁灭、伪造证据，干扰证人作证或者串供等有碍调查情形的除外。有碍调查的情形消失后，应当立即通知被留置人员所在单位和家属。

3. 留置措施的解除程序

留置达到目的之后或者该措施已经发挥了应有职能之后，就应该及时解决留置，并送达《解除留置措施决定书》，通知被调查人家属和所在单位；需要向检察机关进行移送的，同时向被调查人员送达《起诉意见书》。

（五）留置对象的权利保障

《监察法》第44条对被留置人的权利做了明确的规定，监察机关应当保障被留置人员的饮食、休息和安全，提供医疗服务。讯问被留置人员应当合理安排讯问时间和时长，讯问笔录由被讯问人阅看后签名。第67条规定了，监察机关及其工作人员行使职权，侵犯公民、法人和其他组织的合法权益造成损害的，依法给予国家赔偿。这些规定，既保障了被留置人员的合法权益，也有利于保证调查工作的顺利进行。此外，留置对象的权利保障还存在以下三个方面的内容：一是留置期间能否折抵刑期。被留置人员涉嫌犯罪移送司法后，被依法判处管制、拘役和有期徒刑的，留置一日折抵管制二日，折抵拘役、有期徒刑一日。二是留置期间律师介入问题。《监察法》不同于《刑事诉讼法》，监察机关与侦查机关行使的权力性质不一样，监察机关调查期间，被调查人员不能委托律师，更谈不上与律师会见。三是留置期间的录音录像。《监察法》第41条规定，调查人员进行讯问以及搜查、查封、扣押等重要取证工作，应当对全过程进行录音录像，留存备查。这不仅防止了刑讯逼供、非法取证的发生，而且切实保障了"非法证据排除规则"的落实。

三、监察委员会的运行机制

监察委员会的运行机制，是指导和制约监察委员会立案、调查、处置、移送等决策并由此引发的各项活动的基本准则及相应制度，是决定监察权运行的内外因素及相互关系的总称。

（一）内部：监督执纪工作机制

监察委员会监督执纪工作机制，主要依据是《中国共产党纪律检查机关监督执纪工作规则》，它明确细化了多个工作环节、流程的处理时限。

1. 线索处置

纪检机关信访部门归口受理违反党纪的信访举报，分类摘要后移送案件监督管理部门；案件监督管理部门对问题线索提出分办意见，报纪检机关主要负责人批准，按程序移送承办部门；承办部门按照谈话函询、初步核实、暂存待查、予以了结四类方式进行处置。

2. 谈话函询

采取谈话函询方式处置问题线索，应当拟定谈话函询方案和相关工作预案，按程序报批。谈话函询工作应当在谈话结束或者收到函询回复后 30 日内办结，由承办部门写出情况报告和处置意见后报批。

3. 初步核实

采取初步核实方式处置问题线索，应当制定工作方案，成立核查组，履行审批程序。

4. 立案审查

对符合立案条件的，承办部门应当起草立案审查呈批报告，经纪检机关主要负责人审批，报同级党委（党组）主要负责人批准，予以立案审查。立案审查后，应当由纪检机关相关负责人与被审查人谈话，宣布立案决定，讲明党的政策和纪律。

（二）外部：司法衔接工作机制

监察委员会在立案、采取强制措施、查封、扣押、冻结涉案物品、财产等过程中，以及在调查完毕后移送审判，都涉及与其他机关尤其是司法机关的监督、衔接和合作的问题。

1. 监察委员会、检察机关与审判机关的衔接与配合

对涉嫌职务犯罪的，检察机关将调查结果移送人民检察院，依法提起公诉，人民法院公正审理；同时可向监察对象所在单位提出监察建议。三者分工负责，相互配合，相互制约。

2. 监察委员会与检察机关的衔接

监察委员会与检察机关的衔接主要问题有留置措施与刑事强制措施如何处理、监察委员会办理的案件检察机关应当如何审查起诉、监察委员会需要如何处理检察机关退回补充调查的案件等。特别强调的是，对被调查人已经采取留置措施，需要移送检察机关审查起诉的案件，监察委员会应当在留置期间届满前适时通知检察机关提前介入，查阅案件，熟悉案情，一则监督留置是否合法，二则为其审查公诉提供充分时间。

3. 监察委员会与人民法院的衔接

监察委员会与人民法院之间的衔接主要在于监察委员会调查取得的证据材料在刑事诉讼中怎样使用。

4. 监察委员会与公安机关的衔接

监察委员会在调查职务违法犯罪过程中，需要采取技术调查措施、作出通缉

决定、限制出境以及讯问、留置羁押场所的时候，往往需要公安机关配合，公安机关应当予以配合。

（三）辅助：建立律师介入机制

在国家监察体制改革之前，行政监察属于行政机关内部行政行为，所以政纪案件不能委托律师。国家监察体制改革后，根据《监察法》，律师依然不得介入监察委员会调查的案件。但是在学界，有人强烈呼吁律师应当介入监察委员会留置措施，理由有如下几点：其一，仿照公安机关侦查机制。在公安机关的侦查中，律师可以介入，《刑事诉讼法》第34条明确规定，犯罪嫌疑人自被侦查机关第一次讯问或者采取强制措施之日起，有权委托辩护人；在侦查期间，只能委托律师作为辩护人。监察委员会调查手段、目的与公安机关侦查手段、目的类似，即通过限制人身自由的方式来收取证据、查清犯罪事实。其二，从监察委员会调查的公正性来说，有必要引入律师介入。公正性的现实，有赖于法定程序来保障和有效的监督。为此，律师代表被留置人利益介入调查程序，与监察委员会分工、制约和配合，可以有效保障监察委员会调查的公正。其三，从监察委员会调查机制的独立性来说，也有必要引入律师介入。所谓调查机制的独立性，并非是指监察委员会的独立，而是指调查的活动和结果都不受任何人和事件的影响，唯有依据既定的规则和逻辑进行。律师介入，除了保障被调查人的权利之外，更能体现监察委员会调查的独立、依法进行。特别强调的是，对于涉案金额特别巨大的职务犯罪案件，律师会见被留置人的，应经监察委员会批准。

（四）从留置案件的样本分析监察委员会的运行机制

1. 对北京市首例留置案件的样本分析

2017年4月7日，北京市通州区永乐店镇财政所出纳李某因涉嫌利用职务便利，将公款转入个人股票账户用于股票交易，被通州区监察委员会报经区委同意后立案调查并采取留置措施。

2. 对浙江省首例留置案件的样本分析

2017年3月16日，杭州市某机关下属事业单位工作人员余建军到辖区派出所投案，自称其套取公款用于网络赌博，现已无法偿还。整个调查过程，区监委运用了除勘验检查外全国人大常委会明确授权的11项调查措施。在案件办理过程中，监察机关和检察机关实现顺利衔接。

3. 对山西省首例留置案件的样本分析

山煤集团是山西省唯一一家拥有煤炭进出口经营权的企业，由于郭海等相关人员严重失职渎职，造成了40多亿元的巨额国有资金损失。2017年2月26日，山西省监察委对收到的问题线索进行审查研判，到7月15日，长治市中级人民法院一审，以受贿罪、国有公司人员失职罪判有期徒刑13年。

4. 监察委员会运行机制的经验总结

一是工作流程顺畅, 严格遵守时限; 二是纪法衔接顺畅。违纪违法问题取证按照同一标准, 笔录制作一气呵成, 书证物证直接进入司法程序; 三是监检法协调配合。监察委员会、检察院、法院三者协调一致、顺利配合。每一个环节、每一程序都不会省略, 但都在法定的时限内高效完成。

四、对监察委员会的权力监督

(一) 对监察委员会监督的一般方式

一般而言, 对监察委员会的监督主要是国家监督, 包括人大的监督、上下级监察委员会的层级监督、司法机关监督等, 即所谓 "以权力制约权力"。除了国家监督之外, 社会监督或人民监督也非常重要。社会监督主要包括新闻舆论监督和公民监督。另外, 监察委员会内部的分工和制约, 就是监察委员会的内部监督。在监察委员会的内部监督中, 立案、调查、决定的各个权力, 应该分别有不同部门承担, 彼此具有相对独立性, 从而在监察委员会内部形成分工且独立负责的体制。

值得一提的是, 实现对监察委员会的监督, 先要明确监察委员会宪法地位。《宪法》规定, 它是 "由人大产生、对人大负责" 的专司监察之职的国家机构。但是, 按照《监察法》, 监察委员会有权对所有行使公权力的主体进行监察, 这意味着, 国家监察委员会也有权监察地位在它之上、产生它的全国人大及其常委会。由此我们得出 "实际上监察委员会的地位高于人大及其常委会" 就是错误的。我们必须坚持这一事实: 在全国人大这一最高国家权力机关之下, 国家监察委员会在人大及其常委会之下, 与全国人大产生的其他 "一府两院" 是平级关系。监察委员会对其他国家机关的公职人员之监督, 只是分工不同、工作方式不同, 而非享有 "有超越宪法和法律的特权"。

(二) 人大及其常委会的监督

1. 概说

根据《宪法》和《监察法》, 人大及其常委会对监察委员会的监督可分为直接监督和间接监督。直接监督是指通过人事选举、任免以及工作监督的方式来实现监督; 间接监督为全国人大及其常委会所专有, 全国人大及其常委会可以通过解释《宪法》有关监察的条款并监督其实施、解释和修改《监察法》这种方式来实现监督。人大及其常委会对监察委员会的这种监督与它对政府、法院、检察院的监督方式大致是一样的, 即所谓 "对一府一委二院的监督"。

2. 问题

监察委员会是否需要报告工作?《宪法》第 126 条和《监察法》第 8 条和第 9 条都规定, 监察委员会对人民代表大会及其常务委员会负责, 并接受其监督。

一般而言，人大及其常委会通过报告工作、接受询问、质询来实现对国家机构的监督，其中审议"工作报告"是实现全面监督的一种基本方式。但是，并不是所有国家机构都以"报告工作"的方式对人大负责和受人大监督。比如，宪法未规定国家主席对全国人大及其常委会负责，也未规定国家主席报告工作制度；国务院和地方各级人民政府对本级人民代表大会负责并报告工作，在本级人民代表大会闭会期间，对本级人民代表大会常务委员会负责并报告工作；中央军事委员会主席对全国人民代表大会和全国人民代表大会常务委员会负责，但不必报告工作；人民法院和人民检察院对人大及其常委会报告工作是基于《人民法院组织法》和《人民检察院组织法》的要求而不是《宪法》的规定。那么，监察委员会怎么向人大及其常委会负责并接受其监督呢？根据《监察法》第53条规定监督的方式有：听取和审议本级监察委员会的专项工作报告，组织执法检查，就监察工作中的有关问题提出询问或者质询。也就是说，不包括年度工作报告（包括本年度或五年工作报告等），即监察委员会在每年的"两会"期间向人大提出年度工作报告。

3. 监察委员会应当报告工作的主要理由

监察委员会的权力既不是国家主席的仪式性权力，也不同于军事委员会的军事指挥权和军事行动权，而是一种行政性质的权力。行政权本质上又是执行权，是执行人大及其常委会制定的法律和决定。因此，有必要通过"工作报告"完整地报告执法情况，让人大审议和监督，像各级人民政府一样。现行宪法没有规定法院和检察院的报告工作制度，但是实践上和根据其《组织法》，法院和检察院都向人大及其常委会报告工作，这样，监察委员会更没有理由不报告工作，否则无形当中似乎赋予了监察委员会高于法院和检察院的宪法地位。

4. 监察委员会报告工作和承担责任的方式

其一，明确规定，监察委员会应当对产生它的人大及其常委会及其上一级监察委员会作年度工作报告。在人大闭会期间，人大常委会可以就某些特殊事项要求监察委员会作专项工作报告，对其进行监督。其二，考虑到监察委员会的工作可能具有保密性，可以在人大及其常委会内部设立专门的委员会，负责听取监察委员会的秘密工作报告。其三，对监察委员会工作报告的审查应侧重于程序合法性审查。

（三）监察委员会的自我监督

（1）不断加强党内监督。一是要坚持民主集中制，二是要严格依照《中国共产党党内监督条例》和《中国共产党纪律检查机关监督执纪工作规则》，进行党内监督，没有例外，没有禁区。

（2）进一步加强监察机关的自我监督。可以设计随机监督与专项监督相结合的制度，建立完善内部监督部门依程序随时随机对纪检人员的监督程序；在内部管理上，建议办案部门和综合部门适当分离，防止泄密。

（3）强化上级监察机关监督。落实《监察法》规定，监察对象对处理决定不服的，向做出决定的监察机关申请复审，申请人对复审决定仍不服的，向上一级监察机关申请复核。有必要时，按照审判程序，建立内部裁判程序。

（四）人民群众的监督

接受人民群众的监督，是党的一项优良传统。那么，人民群众如何有效监督监察委员会呢？

（1）要完善社会监督体系，即完善社会组织的监督、新闻舆论的监督和公民的直接监督。社会组织的监督中，尤其要完善人民政协、民主党派和人民团体的监督。

（2）完善新闻舆论监督。完善新闻舆论对监察委员会的监督，核心就是不害怕、不压制、不打击新闻媒体的批评报道和监督。这不仅有利于保障监察权行使的合法性，也有利于提高监察委员会的道德权威。

（3）畅通渠道，完善公民的直接监督。首先，核心就是要通过各种方式，畅通人民群众监督的渠道，真正落实它们的批评权、建议权、申诉权、控告权和检举权。其中，建议建立案件通报制度。监察委员会应该把每年处理案件的具体情况向社会公告，以通过发布监察工作年度白皮书、专项监察工作白皮书，定期举行新闻发布会，适时公布典型案例等形式，针对人民群众密切关心的案件、社会影响力大的案件，及时传递权威信息；其次，推动监察委员会信息公开，对于监察委员会的干部选拔、重大决策、工作过程、重要会议等党务政务信息，应该最大限度地公开，充分保障群众的知情权；最后，完善信访举报制度，让民众便于、敢于、勇于监督，特别强调的是，应该深入群众之中，适当进行调查研究，倾听群众呼声，虚心向群众请教，面对面地接受监督。

五、监察委员会行使弹劾权的可能性——完善监察制度的一个宪法建议

（一）弹劾制度与监察委员会

（1）中国弹劾制度：监察委员会行使弹劾权。弹劾，是指有权机关（世界上一般都是立法机关）对政府高级官员违法失职进行控告和制裁的一种制度。弹劾后果一般仅仅是免除或者褫夺其担任有荣誉、有责任、有薪酬的公职资格。因此，弹劾的本质是一种国家监督，特别是对享有某些特权的高级公职人员的监督。弹劾制度一直在我国缺位。而此次国家监察体制改革，监察委员会拥有集中统一的监察职权，但是，《宪法》和《监察法》都没有赋予监察委员会以弹劾权。本文认为，要完善监察制度，理应建立弹劾制度，并统一由监察委员会行使弹劾职权。

（2）我国建立弹劾制度的必要性。首先，弹劾制度是人民监督的需要。人民是国家的主人，为保障人民当家作主，宪法赋予了公民选举权和监督权。弹劾权则是公民行使监督权的一个重要的保障，它对监督国家公务人员，预防其违法失职有着威慑作用，同时又对已经违法或失职的公务人员能有效地追究其法律责任。其次，弹劾制度的建立是完善国家监察体制改革的客观需要。弹劾权的赋予，扩大了监察委员会的职权，使得监察委员自身能对公职人员起到威慑和惩治效果。最后，有必要建立一套完善的去职制度。它不同于罢免，弹劾制度追究的是法律责任，而罢免制度则追究的政治责任。因此两者制度共同存在能一同约束和追究在职公务人员的宪法责任，有利于公务人员清廉执政，全心全意为人民服务。

（3）监察委员会行使弹劾权的可行性。首先，可以适当借鉴国外的弹劾制度。其次，国家监察体制改革的大背景为我国弹劾制度的创立提供了极大的便利。监察委员会的建立，为确立弹劾主体提供了条件。

（二）国外弹劾制度的实践

（1）美国宪法中弹劾制度及其实践。美国1787年联邦宪法的第2条第4款："合众国总统、副总统及其他所有文官，因叛国、贿赂或其他重罪和轻罪，被弹劾而判罪者，均应免职"。该款明确了美国弹劾制度的对象及适用事由。美国弹劾制度程序主要包括以下两个阶段：第一阶段是众议院提起弹劾案，第二阶段是参议院组成审理法庭对弹劾案进行审议。据统计，自1787年美国确定弹劾制度起至2000年，共发生了15次弹劾案，其中包括了较为令人瞩目的三位美国总统的弹劾案，但都以失败告终。

（2）韩国宪法中的弹劾制度及其实践。韩国1987年宪法第65条明确规定了韩国弹劾制度的弹劾对象、启动事由、弹劾案提议的程序、弹劾案的结果。弹劾案的主要程序为：第一阶段是由国会投票表决是否通过弹劾决议，第二阶段是由宪法裁判所审议由国会送交的弹劾案。自韩国弹劾制度确立之日起，共发生了两起针对国家总统的弹劾案，2004年的韩国总统卢武铉的弹劾案是韩国首例弹劾案，而2016年的朴槿惠总统弹劾案是韩国首例弹劾成功的案件。

（三）构建监察委员会为中心的弹劾制度

（1）弹劾制度基本原则。首先，应当遵循合法性原则。弹劾的主体，弹劾的事由，弹劾程序，弹劾的结果都应当根据相关法律法规。其次，应当遵循程序正当原则。整个过程做到透明公开。再次，应当遵循辩论原则。在弹劾案件审判过程中，应当充分尊重被弹劾人的辩论自由。最后，弹劾制度的实施应当接受监督。弹劾制度实施应当受到来自于人民、人大、上级弹劾机关的共同监督。

（2）弹劾制度的具体构建。第一，弹劾的启动主体。现阶段弹劾制度的启动权应当由各级监察委员会行使。我国应通过修宪来赋予监察委员会弹劾权。第二，弹劾的对象。本文认为，应当将在职全体公务人员纳入弹劾制度的对象中，主要针对法院入额法官。因为法官享有一般人没有享有的特权，比如职业保障权、责任豁免权等，因此，法官违法去职的方式比较适宜于通过司法式程序的弹劾，而不宜通过罢免或免职。第三，弹劾的审议主体。弹劾案审议的主体，本文认为应当由各级人大及其常委会来行使，因为人大更具有权威性和中立性。第四，弹劾的事由。弹劾的事由应限于法律责任的范围内，若在职公职人员有违法行为则可对其提起弹劾案，但不必要将失职这属于罢免制度规制范围下的事由纳入其中。第五，弹劾的程序。我国弹劾制度的程序主要分为三个阶段：第一阶段为材料的收集，第二阶段为监察委员会提出弹劾案，第三阶段为人大投票表决是否通过弹劾案。第六，弹劾的后果。若弹劾案通过，则在被宣布当日即被免除职务。若其还涉及民事或者刑事审判，可将其直接移交到有关司法部门。若弹劾案没有被通过，则恢复其职务。

结语：监察的实效性与符合中国国情的监察委员会

中国监察制度的改革——建立监察委员会，实际上是以"法律实效"为根本的变革，它以监督公务人员履行公职为对象、以落实宪法和法律为目的。那么，要让宪法和法律落地生根，一定就要兼顾国情和现状，而非单纯以西方范式为标准，否则，将会产生东施效颦、淮南之橘生于淮北成枳的恶果。中国的传统与国情，决定了中国民众对法治的信仰和尊崇取决于宪法与法律的落实状况，而宪法与法律的落实状况又取决于"为政者"、广大担任公职的党员和干部，而要确保公职人员切实履行职务，则又有必要建立有效的监察制度。一旦监察制度有效运转，宪法与法律得到有效落实，公职人员则勤勉履职、廉洁自律，那么，民众对宪法和法律信仰的种子将会生根、发芽并逐渐成长。

认罪认罚从宽机制研究

王　伟[*]

认罪认罚从宽制度试点，是十八届四中全会着眼于全面落实宽严相济刑事政策、优化司法资源配置、在更高的层次上实现公正与效果相统一作出的重大改革部署，对刑事诉讼程序法、实体法的发展完善均具有深远的影响，具有重大的理论和实践价值。作为试点地区之一，北京市检察机关扎实推进认罪认罚从宽制度试点工作，2016 年 11 月至 2018 年 4 月底，适用认罪认罚从宽制度提起公诉案件9205 件 9952 人，占同期起诉刑事案件总数的 39.43%。朝阳院、海淀院、丰台院设立轻罪案件检察机构，实现轻罪案件专业化办理；积极推行检察机关设立值班律师工作站，为取保候审案件的犯罪嫌疑人提供法律帮助；以不起诉制度为重要载体，落实和强化从宽机制；扩大试点制度在疑难复杂案件中的适用范围，四个分院、朝阳区等基层人民法院在办理毒品犯罪、证券犯罪、走私犯罪、职务犯罪等案件类型中，已形成相关经验做法。此外，在犯罪嫌疑人的教育转化矫治工作、量刑规范化、程序和流程简化、信息化建设等方面也取得了明显成效，切实提高了认罪认罚案件办理的效率、质量和效果。

按照全国人大常委会关于试点两年的授权，试点改革已进入下半程。尽管最高人民法院、最高人民检察院、公安部、国家安全部、司法部（以下简称"两高三部"）颁布的《关于在部分地区开展刑事案件认罪认罚从宽制度试点工作的办法》（以下简称《试点办法》）对适用范围、适用条件、法律帮助以及各个诉讼阶段的程序等作出了规定，但仍有诸多重要问题有待进一步研究。比较突出的问题包括：认罪认罚自愿性保障机制尚未健全完善；律师发挥作用的有效性有待提高；不起诉的分流作用尚未实质显现，类案适用标准有待研究确立；轻罪案件居多，普通程序、简易程序的适用比率较低，多层次诉讼体系的建立有待探索；内部配套措施和办案程序尚未同步完善，等等。

---

* 课题主持人：王伟，北京市人民检察院副检察长。立项编号：BLS（2017）A004。结项等级：优秀。

课题组在全面调研试点工作情况的同时，基于各个问题之间的内在逻辑联系和体系化解决的必要性以及北京检察改革将一般案件的不捕不诉权授予检察官、逐步扩大授权范围的配套机制完善需要，加之北京同时作为刑事案件律师辩护全覆盖的试点地区的客观实际，重点选取了认罪认罚的自愿性合法性保障机制、律师帮助的有效性和充分性以及不起诉制度的适用等三个子课题进行深入探究，在理论研究、立法修改和机制完善等层面提出了若干对策建议。

一、认罪认罚自愿性保障机制研究

在尊重和保障被追诉人自由意志和诉讼权利的前提下，遵循事实基础，简化办案程序，优化资源配置，提高诉讼效率，实现宽严相济，维护公平正义是试点改革的初衷。然而，改革实践中我们看到，公正和效率的价值取向并不能实现均衡发展，"功利性司法"心态并未得到根治。试点改革应当坚持以被追诉人自愿选择为基础，协调实现公正与效率的平衡，从根本上打牢该项制度的正当性基石。

（一）认罪认罚自愿性保障的价值

1. 证据价值

供述自愿性是证据品质的基本保障，是证据体系赖以建立的重要基础。[1] 被追诉人自愿认罪认罚而作出的有罪供述，其真实性、全面性更强，具有较高的证据品质。保障自愿性可以有效避免被追诉人虚假供述、部分供述的现象的发生，其价值不仅在于使供述作为证据的证明效力得到了大大提升，而且降低了侦查机关的调查难度及检察机关指控和证明犯罪的难度，同时能够有效应对庭审翻供行为，提高刑事诉讼的质效。

2. 平衡价值

在认罪认罚从宽制度中"先天"存在两对看似矛盾的价值追求——公正与效率，权利放弃与权利保障。自愿性保障可以有效平衡这两对矛盾，协调二者可能发生的冲突，一方面自愿性保障前提下的认罪认罚可以有效避免冤错案件发生；另一方面自愿性保障所引入的如"律师帮助"等新的诉讼权利，也使被追诉人能够充分知悉和理解认罪认罚的实体及程序后果，理性作出权利放弃的选择。

3. 社会价值

试点制度本身即具有化解社会矛盾对立，修复受损社会关系的价值，而真正体现此价值的则是自愿性保障。被追诉人自愿认罪认罚，一定程度上体现了其自

---

[1] 李国宝：《认罪认罚自愿性保障制度研究——以聂树斌案等 5 个冤错案件为视角》，载《中国检察官》2017 年第 22 期。

愿悔罪并接受改造的态度和决心，缓和了控辩双方之间的对抗局势，缓解了被追诉人与受害方之间的矛盾关系，充分体现了协商性司法有效解决社会冲突，恢复被破坏的社会关系和社会秩序的功能。

（二）认罪认罚自愿性保障的困境

1. 控辩审三方的主体因素

（1）控辩双方的地位失衡。在我国，控辩双方在整个刑事诉讼过程中存在天然的地位差异。从控审关系看，长久以来，公检法"相互配合"的刑事诉讼法原则导致了控辩审三方"亲疏有别"。从法律地位看，人民检察院并不是刑事诉讼的一方当事人，更不是刑事诉讼中的原告，而是和人民法院一样的国家专门机关。[1]从控辩双方参与诉讼的权利看，控方主导了案件的证据搜集，辩方仅仅在有辩护律师的情况下能够实质上行使一定的取证权。同时，控方还享有强制措施决定权，程序选择权，特殊情况下的案件终局处理裁量权等独有诉讼权利。上述三方面因素导致的控辩"天平"的失衡，被追诉人在诉讼中处于"弱势"。

（2）职权主义下控方不当的胜诉追求。在职权主义的诉讼模式下，侦查机关可以依职权对被追诉人进行讯问且要求其如实回答，后者可能陷入极具"强迫性"的侦查环境中并作出违背"自由意志"的有罪供述和认罚表示。对于检察机关而言，认罪认罚从某种程度上减轻了证据审查、补充侦查的工作压力，能有效提高结案率；庭审程序的简化，降低了出庭难度，检察官会获得迅速、确定且相对容易的胜诉结果，这种"轻而易举获得胜诉的诱惑"[2]会导致部分检察官对于试点原则和目的的具体贯彻存在偏差。

（3）审判机关的审判质效考核压力。审判机关内部有一套比较复杂的审判质效考核体系，其中包括均衡结案指标考核、一审改判发回重审率考核等。在受理案件日益增多，案件难易程度不均衡的现实环境下，被追诉人认罪认罚的案件，审判程序简化，是相对容易掌控审判时间的案件[3]，此外，认罪认罚的被追诉人鲜见上诉，公诉机关也极少抗诉，大大降低了一审改判发回重审的可能性，同时息诉罢访效果也很显著。因此，法官容易把制度实施的目的定位于方便庭审的进行，导致对自愿性的审查判断往往停留于阅卷和形式化的讯问。

（4）认罪认罚自愿性保障缺乏法律监督。首先，从监督途径上看，侦查监

---

〔1〕 在理论上也一直认为，作为国家专门机关的人民检察院和作为公民的被告人是不可能有真正意义上的平等的。谢佑平、万毅：《理想与现实：控辩平等的宏观考察》，载《西南师范大学学报（人文社会科学版）》2004年第3期。

〔2〕 [美] 乔治·费希尔：《辩诉交易的胜利——美国辩诉交易史》，郭志媛译，中国政法大学出版社2012年版。

〔3〕 就北京的基层法院而言，适用速裁程序案件的开庭时间仅为5~10分钟，适用简易程序开庭时间仅为15~20分钟，一名法官一天可以审结多件适用简易、速裁程序的案件。

督和刑事审判监督都存在事后监督的特点，刑侦手段的隐蔽性导致监督范围窄、线索搜集难，对审判活动的监督途径也相对单一，主要停留于裁判文书审查。其次，从监督内容上看，监督的重点依旧是传统的定性、量刑等法律适用问题。此外，对于从宽量刑规范监督不够。最后，检察机关未实质形成认罪认罚案件的自愿性审查机制和质量评价体系，内部监督尚需加强。

（5）审前羁押对被追诉人身心的巨大影响。从侦查、指控到处置，在环环相扣的刑事诉讼程序以及繁复的法律规定面前，被追诉人承受了巨大的心理压力，即便未受到不正当取证行为的强迫，在被羁押的高压环境下，也很容易因为心理压力而轻易认罪，因为量刑优惠而违心认罪，其认罪认罚的自愿性、真实性和稳定性都大打折扣，现实中往往表现为不自愿、假自愿或者反悔的情形。

2. 相关保障和制约机制不完善的客观因素

（1）权利保障机制不完善。第一，"不得强迫自证其罪"的保障作用发挥不充分。我国建立了"不得强迫自证其罪"的原则及相关的非任意性自白排除规则，这是保障被追诉人合法权益的巨大进步，但实践中，追诉机关对"不得强迫自证其罪"与"如实回答"之间的关系并未合理化理解，导致二者在认识层面上的对立，"不得强迫自证其罪"在实践中没能充分发挥出应有的保障作用。

第二，"知情权"缺乏具体内容、程序规则和制度保障。《试点办法》对于"知情权"的具体内容没有细化，且缺乏保障"知情权"的程序规则和制度保障。首先，告知内容不够全面，无法实质上保障知情权。《认罪认罚从宽制度告知书》并未详细列明认罪认罚从宽制度的内容、认罪认罚的性质、享有的诉讼权利、承担的法律后果等被追诉人基本应知内容。另外，《认罪认罚具结书》的内容也过于简略，特别是对于指控的犯罪事实都是统一的概括性描述，量刑建议也缺乏依据、比较和参考。其次，知情权保障缺乏程序规则和制度保障，具体由谁承担告知义务，如何确保被追诉人理解内容，并作出知情的反馈表示都缺乏具体的程序规定；而且保障知情权的重要制度——证据开示尚未建立。

第三，"律师帮助权"的有效性得不到彰显。《试点办法》关于值班律师定位的规定较为原则化，实践中值班律师参与不够或者存在形式化趋势。一方面，绝大多数值班律师对自身定位和职责没有明确认识，各地值班律师的资质和办案经验差异大，履职积极性不均衡。另一方面，办案单位为追求效率，常常临时约见值班律师，值班律师对于案情没有全面深入了解，仓促具结导致效果不佳。律师无法参与讯问环节，很难对认罪认罚自愿性进行实际考量；而被追诉人对值班律师的信任感并不强，值班律师实质上沦为见证人角色。

第四，"撤回权"被架空或滥用的规范和限制不足。在认罪认罚制度中，被追诉人的"撤回权"主要包括程序回转权与上诉权。"撤回权"在立法上存在规定过于原则、抽象，具体程序缺失，司法上保障动力不足，导致权利被架空以及被追诉人滥用等问题。首先，缺乏具体有效，操作性强的程序规范。其次，司法办案人员对于被追诉人行使"撤回权"的态度较为消极，保障动力稍显不足。同时，在司法办案人员看来，"反悔"意味着认罪态度的逆转和人身危险性的增加。最后，被追诉人对"撤回权"的滥用在实践中普遍存在。课题组对北京市试点过程中被追诉人的上诉情况进行了阶段性统计，截至 2018 年 2 月，认罪认罚后提出上诉的案件为 167 件 167 人，主要上诉理由为量刑过重，但其中只有 16 件 16 人存在真正意义上的"反悔"。如下表。

真实"反悔"理由及人数示意表

真实上诉理由	人　数
认为自己无罪	1 人
认为案件事实不清	1 人
认为自己是消极认罪	1 人
认为应当适用缓刑	2 人
认为罚金刑过重	1 人
认为自己是初犯应当进一步从轻	1 人
认为自己构成自首而法院未予认定	1 人
认为法庭未考虑被害人有过错的情形导致不公	1 人
认为主刑量刑过重超出预期	6 人
表示自己没有文化否认当初认罪认罚是自愿	1 人

绝大多数被追诉人实质的上诉原因为拖延下监服刑的时间，以达到不被遣送原籍服刑的目的。这类上诉请求没有出现二审改判或者发回重审的现象。可见，被追诉人"撤回权"的行使必须合理且有限度，否则会浪费司法资源，纵容被追诉人的投机心理。

（2）权力制约机制不健全。第一，自愿性司法审查机制流于形式。实践中法官对于认罪认罚自愿性的审查确认主要呈现以下两个特点，一是"反向"审查自愿性是主流。所谓"反向"就是不从正面去审查被追诉人是否自愿认罪认罚，而是以"无异议"为检验标准。二是阅卷审查是主要方式。通常法官会在开庭前审查全部案卷材料，讯问被告人和听取律师意见实际上只是对"阅卷"结果的一个印证。再加之开庭程序简化，律师参与率低，庭审中自愿性审查确认程序的作用较为形式化。

第二，"从宽"类型及幅度标准缺乏统一规范。从统计情况可以看出，出于真实反悔而提出上诉的被追诉人，主要上诉理由是量刑过重超出预期，占比达到56.2%。而且，被追诉人对于处罚后果的预期已经精确到刑罚执行方式、附加刑的层面，这就要求立法和实践在制定"从宽"标准时更为全面、精准；关于从宽的具体种类、形式和刑罚幅度在试点实践中仍然存在争议。通过调研发现，大多数法院不愿意接受检察机关确定刑期的量刑建议，检法对于从宽的幅度没有形成共识；即使进行了区域性的统一，许多法官还是按照过去的量刑规律和习惯进行裁判。以北京市某基层法院为例，对比该法院在试点前后的判决发现，"酒驾"型危险驾驶案件的量刑并没有发生变化；检察机关在与被追诉人签署具结书时，除了较为简单的案件[1]，甚至无法给出幅度较窄的量刑建议。

第三，侦查讯问阶段监督制约力度不够。侦查讯问是获取认罪供述的中心阶段，然而却因为多种原因，导致对侦查讯问过程的监督薄弱。公安机关侦查的案件中侦查权与未决羁押权实际是一体化地掌握于公安机关手中，看守所的制约作用令人担忧；同步录音录像制度监督不健全和适用范围狭窄导致同步录音录像作为自愿认罪认罚重要证据的功能异化；值班律师未被法律赋予讯问阶段在场权，也限制了其对被追诉人认罪认罚自愿性的保障和对公权力的监督制约。

（三）认罪认罚自愿性保障机制的构建

1. 认罪认罚从宽制度中保障性制度和程序的构建

（1）充分落实"不得强迫自证其罪"权。被追诉人自愿认罪认罚这一前提被《试点办法》和2018年《中华人民共和国刑事诉讼法（修正草案）征求意见》确认，可以视为对"不得强迫自证其罪"的重新强调。但鉴于规定的原则性和抽象性，实践中必须从以下方面加以落实和细化。控辩审专门机关必须转变观念，切实将"不得强迫自证其罪"与"如实供述"的矛盾化解开来；应设置前置告知程序，即要求办案人员在讯问、具结之前必须依法告知被追诉人具有"不得强迫自证其罪"的权利，并予以详细解释，记录在案，确保被追诉人充分了解这项权利的内涵，自愿作出供述，若案卷中无详细告权记录，则应当视为程序瑕疵，接受程序性制裁。

（2）全面强化知情权。一是建立全面的权利告知体系，扩大知情权的范围。被追诉人有权利明知的内容应该分为两个层面，即法律政策层面和所涉案件层面。具体而言：应当完善《认罪认罚从宽制度告知书》，在原有模板中加入以下告知内容：①认罪认罚从宽制度的具体内涵[2]；②犯罪嫌疑人、被告人认罪认

---

[1] 例如"酒驾"型危险驾驶案、盗窃案、故意伤害案、寻衅滋事案、妨害公务案等。
[2] 2018年《中华人民共和国刑事诉讼法（修正草案）征求意见》第1项。

罚应当出于真实自愿,不受任何强迫;③犯罪嫌疑人、被告人自愿承受认罪认罚的法律后果及风险;④犯罪嫌疑人、被告人享有的诉讼权利。同时,应当完善《认罪认罚具结书》,加入以下内容:①认罪认罚内容部分应当增加具体指控的犯罪事实、法律依据和量刑建议依据;②自愿性声明部分加入对《认罪认罚从宽制度告知书》知悉确认以及讯问阶段未受到强迫的声明。最后,要将上述文书全部入卷备查。

二是建立规范的告权程序规则。具体而言:①应当规定由案件主办民警、检察官、法官承担告权义务。②未有效履行告权义务的应当承担程序瑕疵带来的后果。③《犯罪嫌疑人、被告人诉讼权利义务告知书》《认罪认罚从宽制度告知书》应当在立案、收案后三日内送达,对《认罪认罚从宽制度告知书》的确认应当在具结当场由律师见证。《认罪认罚具结书》《简易、速裁程序告知和征求意见书》应当在签署后由检察机关当场送达给被追诉人及其辩护人或法律帮助律师,同时附卷一份,随卷移送法院一份。④口头告知的应当以通俗易懂的方式释法说理,并制作相关笔录作为证明材料。⑤被追诉人应当在书面告知文书上签署知情声明,在口头告知笔录上签字确认。⑥被追诉人有证据证明因为办案人员未有效履行告知义务导致其违背自愿原则作出认罪认罚决定或者对其认罪认罚决定产生重大影响的,可以申请撤回《认罪认罚具结书》、提出上诉或者向有关机关申诉。

三是探索证据开示制度。具体而言:①明确法律帮助律师享有法定的阅卷权;②被追诉人的辩护人、法律帮助律师可以自与被追诉人产生委托关系、援助关系之日起,向侦查机关、检察机关提出开示已固定证据的要求,侦查机关、检察机关应当在3日内审核答复并予以配合,以不妨碍侦查、审查为前提提供案件信息和证据材料;③轻罪案件可以尝试赋予被追诉人自主阅卷权;④速裁程序案件为保证诉讼效率,证据开示的途径可以根据案件情况及被追诉方的申请灵活掌握,采用阅卷和口头告知并制作笔录相结合的方式进行;⑤审判阶段对认罪认罚自愿性的审查确认应当对证据开示情况进行确认。

(3)实现有效的律师帮助权。在开展律师参与的制度设计时,应当重点确保律师帮助有效性和实质性。具体而言:①细化法律援助值班律师的法律地位、援助性质和职权范围,形成明确的权利清单[1]和履职程序。②建立多层次的法律援助体系[2]。③建立规范的法律援助值班律师管理机制。在值班律师的选任、履职情况考核、补贴取得和考核评优、惩戒等方面确立系统规则。④建立辩

---

[1] 阅卷权、会见权、讯问时在场权、核实证据权等。

[2] 鉴于本文第二部分"律师参与的充分性和有效性"将对此进行论述,此处不再赘述。

护人、法律援助值班律师与被追诉人争议解决规则。

（4）合理保障撤回权。"无救济则无权利"，在保障救济权的同时要明确撤回权的行使规范和保障程序，杜绝任意撤回。具体而言：①明确被追诉人行使撤回权的法定情形和确认程序：审前阶段被追诉人可以随时撤回对《认罪认罚具结书》的确认，而审判阶段，被追诉人的撤回权则必须基于正当、合理的理由才可提出撤回《认罪认罚具结书》的申请。其中被追诉人提出无罪辩解的情形，法院应当及时裁定转为普通程序审理，对于其他情形，法院应当对撤回申请进行审查确认，否则法院应当驳回。在一审判决后，被追诉人也应当基于上述正当、合理的理由以违背自愿性为理由提出上诉，否则，二审法院应当及时驳回上诉。②明确被追诉人行使撤回权后其有罪供述的证据能力以及被追诉人不得因合理行使撤回权能承担不利后果。被追诉人在审前阶段撤回认罪认罚具结协议的，《认罪认罚具结书》不能作为本人认罪认罚的依据，但仍可能作为其曾做有罪供述的证据，由人民法院结合其他证据对本案事实进行认定。被追诉人在审判阶段行使撤回权的，如法院确认其撤回申请的，其签署的《认罪认罚具结书》及侦查阶段的有罪供述，都不得作为证明其有罪的证据。

2. 认罪认罚从宽制度中制约性制度和程序的构建

（1）设立严格的多层次司法审查机制。机制设计思路是基于自愿性判断标准、兼顾公正与效率，将认罪认罚的自愿性审查与案件事实基础审查放在同等重要的地位，建立全面、多层次的司法审查机制。

全面、严格审查方面：①全面构建严格的审判环节认罪认罚自愿性司法审查机制，法院必须首先严格审查被追诉人的认罪认罚自愿性。②审查认罪认罚自愿性，必须以明知性为基础，兼顾事实基础的审查，确保认罪认罚的内容真实。③审查认罪认罚自愿性，应当通过讯问被追诉人等方式，审查侦控机关在办理认罪认罚案件时是否遵守程序规范，确认认罪认罚的合法性。

多层次审查方面：轻罪案件，认罪认罚自愿性和事实基础审查可以合并进行：①速裁程序案件，法院侧重对被追诉人明知性的审查，可以采用"没有异议"为判断标准，省略宣读起诉书、举证质证及法庭辩论环节等事实基础审查环节。②速裁程序以外的轻罪案件，法院必须在确认被追诉人自愿性的基础上，兼顾事实基础审查，相关法庭调查不得全部省略。③重罪案件，认罪认罚自愿性和事实基础审查应当分开进行：法院可以采用庭前会议的模式专门就自愿性进行严格审查，并通过独立的再告知程序和讯问程序，对是否自愿认罪、认罚和同意简化程序进行审查。

（2）统一规范"从宽"类型及幅度标准。规范和明确是"从宽"类型及幅度标准的设置的出发点，具体而言：①应当明确非羁押性强制措施可以作为认罪认罚从宽的程序性后果。②侦控机关要转变强制措施与最终刑罚执行方式之间存在必然联系的观念[1]，及时进行羁押必要性审查。③合理确定最高从宽幅度和最低从宽幅度，再由各地区统一灵活掌握。④对于轻罪案件或量刑指导意见明确、量刑情节量化度高的案件，可以由检察机关、法院共同制定规范化量刑建议指导手册，并抄送法律援助中心。⑤逐步扩大确定量刑建议的适用案件范围，量刑建议至少精确到附加刑和刑罚执行方式。⑥确定在不同诉讼阶段认罪认罚采用不同的从宽幅度区间，但各阶段差异不宜过大，防止从宽诱惑导致被追诉人未经仔细思考而过早认罪。

（3）建构"侦押分离"体制。建议由司法行政机关负责未决羁押场所的管理，侦查机关可在监所外设置执法办案管理中心，用于审查案件、讯问犯罪嫌疑人，但侦查机关、检察机关提讯犯罪嫌疑人必须经羁押场所管理机关同意，羁押场所管理机关应当对被讯问的犯罪嫌疑人是否遭受刑讯逼供进行核实审查，严格控制提讯时间。司法行政机关应当同意法律帮助律师在检察机关讯问时在场，对检察机关是否保障值班律师在场权予以监督。[2]

（4）完善同步录音录像制度。参照相关规范性文件[3]，制定适用于对全部案件的同步录音录像制度规范。①实行讯问人员和录制人员相分离原则。②讯问在押犯罪嫌疑人，应当在看守所[4]进行。讯问未羁押的犯罪嫌疑人，除客观原因或者法律另有规定外，应当在侦查机关的讯问室进行。③扩大同步录音录像的适用范围。在认罪认罚从宽制度中，应当将权利告知、达成认罪认罚具结及签署《认罪认罚具结书》的过程也纳入同步录音录像的范围。

---

[1] 在基层司法实践中，侦控机关大量办案人员甚至法官都将强制措施与刑罚执行方式联系在一起看待，即采取羁押性强制措施的被追诉人，在法院审判阶段大多判处实刑，而采取非羁押性强制措施的被追诉人，在法院审判阶段大多数判处缓刑。

[2] 此处基于我国的立法和试点实践，笔者认为提出有限的律师在场权更具现实意义。一是检察机关提讯拟适用认罪认罚从宽制度的嫌疑人时必定会带值班律师随行，以便见证具结，因此检察机关讯问过程中律师在场有现实可能性；二是检察机关的讯问目的是针对犯罪事实、诉讼监督线索等的核实，不存在妨碍侦查的可能性。因此，规定此时律师具有讯问在场权，现实障碍较少。

[3] 《人民检察院讯问职务犯罪嫌疑人实行全程同步录音录像的规定》《人民检察院讯问职务犯罪嫌疑人实行全程同步录音录像技术工作流程（试行）》和《人民检察院讯问职务犯罪嫌疑人实行全程同步录音录像系统建设规范（试行）》等。

[4] 目前北京公安机关推广"一站式"办案模式，广泛建立了"执法办案管理中心"以解决派出所驻地分散、房屋结构限制导致三室（候问室、询问室、讯问室）建设不达标、管理制度难以有效落实、信息化手段不足现状。但目前各区域执法办案管理中心设置情况不统一，有的与看守所在一起（例如东城分局）。有的则远离看守所（例如海淀分局）。实践中，执法办案管理中心与看守所在一起的地区，讯问室均设在执法办案管理中心内，而执法办案管理中心与看守所不在一地的地区，讯问室依旧设置在看守所内。所以笔者认为，将讯问地点严格限制在看守所内，既符合法律规定，也符合现实情况。

（5）强化检察机关在认罪认罚从宽制度中的法律监督。一是全面监督侦查活动。由侦查监督部门、审查逮捕部门、公诉部门、刑事执行监督部门在各司其职的同时形成监督联动。既要防止在公安机关出现"以钱买刑"的不立案"交易"，又要加强对侦查讯问环节、未决羁押场所的监督，以羁押必要性审查、非羁押强制措施适用审查、侦查终结前讯问合法性核查、侦查阶段非法证据审查、侦查机关已收集未提交证据审查、警戒具使用情况审查、入所检查等为主要方向，充分运用《刑事诉讼法》赋予的调查取证权[1]。其中，建议将侦查终结前讯问合法性核查制度[2]的适用范围由重大案件[3]扩大至全部案件，特别是认罪认罚案件，核查方式可以根据案件情况，以兼顾效率和公平为出发点灵活掌握。

二是确认检察机关认罪协商的主导权。建议立法规定，被追诉人可以在侦查、公诉、审判三个环节作出认罪表示，但达成认罪认罚具结协议，签署《认罪认罚具结书》的关键环节必须由检察机关主导。

三是建立内部制约与监督机制，加强对检察机关起诉裁量权和量刑建议权的监督。检察机关应当确立独立于追诉部门的专门监督部门进行实时监督和定期复查。上级检察机关也可以通过不起诉案件提级审查、备案等制度，对下级检察机关的起诉裁量权行使情况进行监督。应积极引入人民监督员、监察委员等外部监督力量，同时加强检务公开，引入社会监督。

二、律师参与的充分性和有效性

（一）认罪认罚从宽制度中律师参与的重要性

律师参与认罪认罚从宽制度能够有效保障犯罪嫌疑人、被告人认罪认罚的自愿性和客观性，是检察机关与犯罪嫌疑人、被告人进行量刑协商的重要桥梁，也是促成刑事被害人与犯罪嫌疑人、被告人达成和解的重要途径。

1. 律师参与有利于提高诉讼效率和节约司法资源

认罪认罚从宽制度旨在建立起一整套贯穿于各个诉讼阶段的程序处理机制，

---

〔1〕 《刑事诉讼法》第57条规定，人民检察院接到报案、控告、举报或者发现侦查人员以非法方法收集证据的，应当进行调查核实。对于确有以非法方法收集证据情形的，应当提出纠正意见；构成犯罪的，依法追究刑事责任。

〔2〕 两高三部《关于办理刑事案件严格排除非法证据若干问题的规定》第14条第3款规定：对重大案件，人民检察院驻看守所检察人员应当在侦查终结前询问犯罪嫌疑人，核查是否存在刑讯逼供、非法取证情形，并同步录音录像。经核查，确有刑讯逼供、非法取证情形的，侦查机关应当及时排除非法证据，不得作为提请批准逮捕、移送审查起诉的根据。据此北京市人民检察院将于2018年制定《北京市人民检察院重大案件侦查终结前讯问合法性核查办法》，明确这项制度的实施细则。但该项制度由于只适用于重大案件，有大量认罪认罚案件的基层检察院实际适用率较低。

〔3〕 一般为十年以上有期徒刑、无期徒刑、死刑案件。

以最大限度地减少这类案件的审前羁押时限和诉讼延迟，实现司法资源的优化配置与诉讼效率的最大化[1]。其中，律师参与有利于保障被追诉人认罪认罚的主动性，大大增强被追诉人认罪认罚的自愿性，有助于简化法院庭审过程并降低刑事案件的上诉率，对于进一步节约司法资源、提高办案质效具有重要的现实意义。

2. 律师参与有利于形成新型多元化诉讼格局

以审判为中心的诉讼制度改革则要求控辩双方由传统的积极对抗、消极协作转变为在法官的主导下既相互对抗、又相互配合，即对抗与合意并存的新型诉讼格局[2]。此时，律师就作为控辩双方合作的第三方介入进来，一方面，律师的身份能取得犯罪嫌疑人、被告人的信任；另一方面，律师的专业知识也使得很多法律问题得以协商。这种基于强调控辩双方在检察环节的协作性，能尽可能地将大量的社会矛盾化解在起诉之前，使刑事案件能尽快得到处理，在节约司法资源的同时，也能够充分体现刑事诉讼中的"合意"优势。

3. 律师参与有利于尊重被追诉人的主体地位

长期以来，我国刑事诉讼过程由公权力主导，被追诉人处于被动的、不平等的劣势地位，其主体性权利无法得到有效保障。比如，实践中经常出现被追诉人认罪但不认罚的情形，简易、速裁程序仍有部分被追诉人上诉，对被追诉人自愿认罚方面的激励机制不足[3]。在认罪认罚制度中设置律师参与，有利于保障被追诉人主体地位，赋予其诉讼程序选择权与处分权，帮助被追诉人通过自愿选择适合自己的程序以追求对自己最有利的案件处理结果。

（二）认罪认罚从宽制度中律师参与的制度框架及问题

1. 《试点办法》规定的制度框架

《试点办法》对前期围绕认罪认罚从宽改革进行的理论阐释与部分争议做了回应，确立了律师参与认罪认罚从宽的基本制度。主要包括：①律师服务对嫌疑人、被告人的全覆盖。即通过值班律师、法律援助律师、自我聘请辩护人三种形式，保障适用认罪认罚从宽程序的所有嫌疑人、被告人均获得有效法律帮助。②将听取律师意见和嫌疑人在律师在场的情况下签署具结书作为认罪认罚从宽制度在审查起诉阶段的必经程序，突出强化了律师参与的程序性作用。

2. 认罪认罚从宽试点中律师参与不足的原因

（1）值班律师的定位模糊。《试点办法》第5条总体上规定了值班律师程序

---

[1] 熊秋红：《认罪认罚从宽的理论审视与制度完善》，载《法学》2016年第10期。

[2] 袁义康：《从侦查权制约的角度解析以审判中心的诉讼架构》，载《犯罪研究》2015年第5期。

[3] 陈荣鹏、李永航：《刑事速裁程序试点改革实证研究》，载《云南大学学报（法学版）》2016年第5期。

性参与事项和听取意见的事项，试点地区对值班律师的定位存在分歧，有地方认为值班律师在认罪认罚从宽制度中只承担法律咨询和见证人作用，有地方则认为应该在《试点办法》规定的基础上扩充值班律师的权限，发展出"值班律师辩护人化"的模式。规定的不明确和认识的分歧导致了各地值班律师发挥作用的不尽相同，也挫伤了值班律师参与协商的积极性和主动性。

（2）律师参与覆盖的诉讼阶段较窄。试点工作中律师参与性不足的另一个原因就是覆盖的诉讼阶段有限，《试点办法》并未涉及律师在审理阶段、执行阶段的作用，即重审前程序、轻诉后程序。部分试点针对不同诉讼阶段采取认罪认罚程序的被追诉人会给予不同程度的从宽政策，且越早适用从宽幅度越大的做法值得在最终立法中借鉴。

（3）律师参与协商的从宽力度不够。相较于英美法系国家，我国司法机关的自主权限较低，必须严格依据法律条文司法，检察官与律师进行协商的范围有限。一方面，虽然多次修法增加了认罪认罚从宽的适用范围，然而对比域外立法，我国体现认罪认罚从宽政策的立法制度依然较少，并且缺少对认罚、积极挽回损失、退赃退赔等事项的原则性规定；另一方面，从目前我国刑法中的认罪认罚量刑从宽的条款中，一般规定的是从轻处罚或者减轻处罚，较少出现免除刑罚。多表述为酌定从轻或者减轻处罚，较少出现法定从轻或者免除处罚，从宽的力度明显不足。此外，由于各地的实际情况不同，法院对控辩双方最终达成量刑建议的采纳情况也不尽相同，这些都打击了检察机关与律师参与的积极性。

（三）域外认罪协商制度的典型模式及启示

1. 域外认罪协商制度的典型模式

（1）美国的辩诉交易制度。美国的辩诉交易制度是指在被追诉人就较轻的罪名或者数项指控中的一项或者几项作有罪答辩以换取检察官在指控方面的让步。控辩双方达成协议之后，法官就不再对案件进行实质性审判，而仅在形式上确认双方协议的内容有效，除非法官认为协议内容有违公平和正义原则时，才会拒绝协议，一般来说，法官对检察官的量刑建议会给予充分尊重。

美国辩诉交易包括罪名交易和量刑交易，有严格的规则。首先，被追诉人必须在罪状认否程序中作有罪答辩，并且其有罪答辩系基于自愿、知悉后果且在律师的帮助下作出的；其次，辩诉交易不能侵犯被追诉人正当的程序权利，被追诉人在宣判前可以撤销认罪，辩诉交易时认罪的内容不得作为指控的证据；最后，法官不受辩诉交易的约束，辩诉交易的效力要经过法官确认，法官可以接受、也可以拒绝辩诉交易。

（2）德国的认罪协商程序。德国的刑事协商程序有三种形式，一般以终结诉讼程序为目的。一是附条件不起诉制度，如果被追诉人所犯为轻罪，检察官在取得被追诉人和法官的同意后，可以在一定期限内责令被追诉人履行特定义务后，作出不起诉决定。二是处罚令程序[1]，如果被追诉人的犯罪事实清楚、证据充分，被追诉人认罪，检察官可以向法官申请一道处罚令，法官可以不经审判而直接对被追诉人处以罚金或者缓刑，从而结束诉讼程序。三是"减轻指控"协商[2]，检察官可以与被追诉人在审判环节或者检察环节进行协商，把指控罪名从重罪降为轻罪，或者由多项罪名减为少项罪名，但要受到法官审判权的牵制。

2. 域外制度对我国律师参与认罪认罚的启示与借鉴

借鉴域外经验，并结合我国国情，需要注意以下几个问题：第一，关于律师协商的内容方面应严格限制。允许控辩双方就量刑方面进行协商，而关于定罪方面、犯罪事实的增减及法定量刑情节的增减方面原则上不允许协商。另外，还应规定某些恶性案件、侵犯公共利益等案件不允许进行协商。第二，应当引进多元化的认罪协商机制[3]。根据各类案件的特点有针对性地设计不同类型律师参与的相应程序。第三，应当完善被追诉人的权利保障机制，鼓励被追诉人自愿适用协商程序，凸显律师参与的作用，给予其更多实质性的权利。

（四）保障律师参与充分性和有效性的措施

1. 细化分流，整合资源，实现律师参与的全覆盖

《试点办法》第 10 条的规定要求律师协商要全面覆盖到认罪认罚从宽案件中。但对于司法机关无疑是巨大的挑战：第一，是否能提供足够多的律师以覆盖所有适用认罪认罚从宽制度案件的犯罪嫌疑人、被告人；第二，能否提供这样的便利条件或场地以实现犯罪嫌疑人、辩护人、公诉人同时在场签署具结书的制度初衷。我们认为，通过对适用认罪认罚从宽制度的案件进行细化分流，整合资源，可以实现上述两方面要求。

（1）合理调配值班律师、法律援助律师以及自我聘请辩护人三类律师，对接不同类型案件，实现律师对案件的全覆盖。不同类型的案件，律师参与的意义、价值有所不同。就法律帮助律师、法律援助律师和自我聘请律师而言，自身提供的法律服务和成本也有差异：值班的法律帮助律师的经济成本最低，其提供的法律服务也有限，主要是在侦查、审查起诉阶段提供咨询，参与与公诉部门的量刑协商，但不参与庭审；法律援助律师需要由政府根据被追诉人数量支付服务费，成本大于法律帮助律师，但也可参与从侦查到审判的全过程；而自我聘请的

---

[1]　李本森：《我国刑事案件速裁程序研究——与美、德刑事案件快速审理程序之比较》，载《环球法律评论》2015 年第 2 期。

[2]　李红震、张平玮：《域外起诉制度对我国的借鉴》，载《法制与经济》2015 年第 20 期。

[3]　李文强：《我国刑事速裁程序的实践探索与完善建议》，华东政法大学 2016 年硕士学位论文。

律师则对被追诉人的经济成本较高，提供的法律服务却也最为全面。因此，可以对涉嫌犯罪的法定刑或可能的宣告刑的轻重，调配不同类型的律师以不同形式参与到诉讼进程中。可以进行以下设计：

第一，一年以下有期徒刑刑罚的案件，原则上由值班的法律帮助律师提供咨询和量刑协商服务。如果嫌疑人符合法律援助的法定情形，则指派法律援助律师，如果嫌疑人提出自我聘请辩护人的，则不在此列。第二，可能判处一年以上有期徒刑、三年以下有期徒刑刑罚的案件，原则上可以由犯罪嫌疑人选择适用法律帮助律师还是法律援助律师。第三，对法定刑三年以上有期徒刑刑罚的案件，原则上指派法律援助律师全程提供法律服务，除非犯罪嫌疑人自我聘请辩护律师。

（2）与看守所等部门协商、配合，解决公诉人与嫌疑人、律师三方在场签署具结书的问题。要解决三方在场的问题，除了时间上的沟通、配合外，很重要的就是由看守所方面解决场地、通道问题，这尤其需要与看守所和律师方面的沟通。目前看，利用律师会见场所，扩大其功能，由公诉人配合前往是相对较为合理、便捷的解决方案。

2. 刑事协商涵盖各个诉讼阶段

通常意义下，认罚从宽是仅对最终判决刑罚的接受，而在审前程序不涉及最终刑罚，审前阶段的处罚是各类对被追诉人不利的诉讼措施，如果被追诉人在审前程序自愿认罚，可以对其采用更轻缓的强制措施。此时，如果对"认罪认罚"进行相对宽泛的理解，则有利于鼓励被追诉人在各个诉讼阶段积极配合司法机关的诉讼活动，促使诉讼进程顺利推进。我们认为在侦查、起诉、审判、执行四个阶段，司法机关均可以认罪认罚从宽理念为依托，启动相应律师参与协商程序。

另外，对被追诉人不同阶段的认罚表现，具有不同的处理形式：在侦查阶段，侦查机关的使命是严格查明案件真相之后移送检察机关，其无法与被追诉人进行量刑方面的协商，因此，在此阶段只要被追诉人认罪，侦查机关即可以启动认罪认罚从宽程序，考虑是否对嫌疑人采取取保候审等轻缓化的强制措施，并建议检察机关与被追诉人进行协商程序；在审查起诉阶段，如果被追诉人认罚，检察官与被追诉人及其辩护人将进行明确的量刑协商，可以决定是否对被追诉人相对不起诉，或从快提起公诉，而这一量刑协商过程应该成为整个协商制度的中心环节；在审判阶段，如果在此前各个诉讼阶段均没有启动或不符合刑事协商程序的适用条件，而在审判阶段符合了，则法官可以向控辩双方建议适用该程序，且应建议检察官与被追诉人及其辩护人进行量刑协商，并以此协商结果作为裁判处刑参考。

3. 扩充律师参与协商的内容范畴——围绕司法裁量权展开，以量刑建议为主，可涉及强制措施

（1）律师参与协商围绕司法裁量权展开。我国实行的是较为严格的定罪机制，对于符合刑法构成要件的行为，就必须要确定相适应的罪名，司法机关无权将有罪判为无罪或者将重罪改为轻罪，并且，罪刑法定原则、罪责刑相适应原则以及我们历来追求实体正义的诉讼价值目标，都很大程度上限制了检察机关在指控上的裁量权，这也为控辩双方认罪量刑的协商设置了天然的障碍。《试点办法》也基本将协商范畴局限在量刑内容，围绕量刑展开。可以说，目前制度上的律师参与协商的内容，主要是在检察官裁量权范围内进行，典型的就是量刑建议区间。

（2）量刑情节不属于控辩双方协商范畴，但强制措施可以协商。围绕量刑建议进行协商本身没有争议，但有争议的是能否围绕量刑情节和强制措施进行协商？我们认为，量刑情节实际上属于实体内容，是依法认定的问题，对其认定不属于司法裁量权的范畴，不能进行协商。比如自首、犯罪未遂这些常见的法定量刑情节，都是依法认定，如果拿来协商则意味着司法机关自身违背、玩弄法律。至于强制措施，尤其是取保候审、监视居住这样宽缓的措施，虽然《试点办法》没有指出可以就其进行协商问题，但根据其内容，事实上可以纳入协商范畴。

第一，《试点办法》第6条明确规定，人民法院、人民检察院、公安机关应当将犯罪嫌疑人、被告人认罪认罚作为其是否具有社会危害性的重要考虑因素，对于没有社会危险性的犯罪嫌疑人、被告人，应当取保候审、监视居住。虽然用的是"应当取保候审、监视居住"，但是否具有社会危险性是个模糊的概念，缺乏明确的判断尺度，因而是否取保候审、监视居住便属于司法裁量权的范畴。

第二，《试点办法》第5条第3款也重申确认了值班律师"提供法律咨询、程序选择、申请变更强制措施等法律帮助"，在认罪认罚从宽制度中，律师认为符合变更强制措施的法定情形便应当向司法机关申请变更强制措施。如果按常规制度申请变更强制措施没有成功，或者在协商过程中提出更为方便，那么律师当然可以在与公诉人的协商过程中提出是否变更强制措施，这也许难以落实在协商文书上，但至少没有禁止性的规定来禁止就此进行协商。因而，笔者认为，在协商过程中，可以涉及是否变更强制措施的内容。

（3）律师可以就罪名乃至事实的隐性协商——可能的操作性协商。虽然我国法律和理论界事实上均认为不能就罪名和事实进行协商，但事实上，从操作性而言，控辩双方的这种协商是难以避免的，并且也具有一定的正面价值，当然仅限于特定情形。具体而言，应当限定于多起事实或多个罪名案件中，且视"定罪证据充分与否"两种情况来分别设定：如果认定某罪或事实的证据充分，控辩双

方不能就罪名和事实认定进行协商；如果认定某罪或事实的证据不够充分，且调取难度较大，控辩双方可以就被追诉人是否整体犯罪、事实或其余罪名、事实进行协商。当然这里描述的是一种可能的隐性操作，而很难上升到制度层面。

三、不起诉制度在认罪认罚从宽制度中的适用

不起诉制度的价值与认罪认罚从宽制度高度契合，是认罪认罚从宽制度中"从宽"的重要载体和抓手。落实认罪认罚从宽制度，应当充分发挥检察机关职能作用，不断深化不起诉在认罪认罚从宽制度中的适用。

（一）北京市检察机关试点制度适用不起诉实证分析

1. 不起诉在认罪认罚从宽制度中的整体适用情况

（1）适用认罪认罚从宽制度而不起诉案件总量低，占比少。试点工作开展以来截至 2017 年 11 月底，北京市检察机关共适用认罪认罚从宽制度办理案件5977 件 6377 人，其中，做出不起诉决定的案件 233 件 270 人，不起诉在认罪认罚从宽制度中的适用比例为 4%。而同一时期全市检察机关不起诉的适用比率为11%。适用认罪认罚从宽制度而不起诉的案件占全部不起诉案件总数的 10%。认罪是相对不起诉的前提，绝大部分不起诉案件都应当符合认罪认罚从宽制度适用条件，但目前实践中，并没有将此类案件全部适用认罪认罚从宽制度后而不起诉，说明目前适用认罪认罚从宽制度而不起诉案件总量低，占比少。

（2）适用不起诉的地区差异较大。朝阳、海淀等基层院适用认罪认罚不起诉约 5%~7%的适用比例，西城、通州等基层院比例则为 1%~2%，部分基层院在数据统计中没有适用认罪认罚制度而不起诉的案件，各院在适用认罪认罚从宽制度中适用不起诉的差异性较大。

（3）不起诉案件罪名范围存在局限性。在罪名方面，以北京市朝阳区人民检察院为例，该院 2017 年度适用认罪认罚从宽制度而不起诉案件共 123 件 134人，其中，故意伤害数量最多，占比 48.8%，盗窃案件其次，占比 20.3%，还包括交通肇事、诈骗、掩饰隐瞒犯罪所得等。常见罪名占全部不起诉案件的近七成，其他案件适用较少，存在一定局限性。

2. 不起诉制度在认罪认罚从宽制度适用中存在的问题

（1）不起诉适用比率不高，审前分流作用未充分发挥。虽然相对不起诉的案件逐年增多，但是相对不起诉的适用率仍然偏低，特别是在认罪认罚从宽制度中适用不起诉比率更低，导致该制度实际的分流效果较为有限，没有体现认罪认罚从宽制度繁简分流、从宽处理的设计本意。

（2）不起诉标准不明确，尺度不一。立法对不起诉规定的条件比较笼统，各地对何为犯罪情节轻微的理解不一致，对犯罪行为的综合评价以及犯罪嫌疑人的人身危险系数评定的规范不统一，在司法实践中对不起诉的适用标准掌握存在

偏差。

（3）适用不起诉的程序相对复杂。不起诉案件审批程序相对烦琐，在认罪认罚从宽制度中适用不起诉的程序甚至更加烦琐复杂，需要花费更多的人力、物力和时间，没有有效体现成本节约及效率提高。

3. 不起诉制度在认罪认罚从宽制度司法实践中存在问题的原因分析

（1）适用不起诉制度的主观认识不到位。受"有罪必罚"思想、起诉法定主义原则等因素的影响，检察人员对相对不起诉的适用过于慎重，机械理解不起诉和认罪认罚从宽的内涵，普遍认为刑罚以惩处犯罪为首要任务，片面强调刑事司法中严厉的方面，而忽视了司法宽缓之处。

（2）适用不起诉的制度规范不到位。认罪认罚从宽制度试点以来，对于在认罪认罚从宽制度中适用不起诉的规定并没有进一步明确，仍然停留在之前法律对于不起诉相对笼统的规定，适用不起诉没有明确标准和可操作性，裁量基准较为模糊，程序过于繁琐。

（3）适用不起诉的思想约束和顾虑较大。各地检察机关曾将不起诉案件的数量和比例作为一项考核指标，或虽然不严格控制不起诉的比例，但仍然保持慎重态度，在案件督导、复查过程中，不起诉案件往往属于重点督查、复查对象，使得处理该类案件时慎之又慎，而较少考虑起诉必要性。

（二）不起诉制度在试点制度中的价值重申与作用发挥

1. 认罪认罚从宽的价值

认罪认罚从宽制度充分体现了现代司法的宽容精神，也是我国宽严相济刑事政策的制度化，简而言之，实行认罪认罚从宽制度，既包括实体上从宽处理，也包括程序上从简处理。[1]"认罪认罚"是认罪认罚从宽制度的适用条件，而"从宽"是该制度的结果，适用于刑事诉讼的各个环节。在侦查阶段，主要是程序从宽，表现为侦查机关变更、解除强制措施；在起诉阶段，表现为检察机关采取非羁押性强制措施，或者作出不起诉决定；在审判阶段，主要是实体从宽，表现为法院依据各个具体罪名的规定，在法定量刑幅度内从宽处罚。[2]认罪认罚从宽制度中的"从宽"贯穿了刑事诉讼的始终，不起诉体现了认罪认罚从宽最大幅度的从宽处理。

2. 不起诉制度的价值

（1）内在价值：刑罚个别化、宽严相济。不起诉制度符合刑罚个别化和轻

〔1〕 孔令勇：《论刑事诉讼中的认罪认罚从宽制度——一种针对内在逻辑与完善进路的探讨》，载《安徽大学学报（哲学社会科学版）》2016年第2期。
〔2〕 陈光中：《认罪认罚从宽制度实施问题研究》，载《法律适用》2016年第11期。

刑化的刑事政策。[1]不起诉是审查起诉阶段检察官对刑事案件进行实体审查后作出的一种处理结果，其产生的直接法律后果是刑事诉讼的终结，对于轻刑犯、初犯、偶犯、青少年犯等在可能的情况下多适用其他非刑罚措施，以期有效地教育改造罪犯，预防犯罪人再次犯罪。[2]。

（2）社会价值：防冤纠错、保障人权。不起诉的适用一般以被追诉人同意履行相关义务，如认罪认罚、赔偿被害人的损失等为前提。在此过程中，被告人与被害人或者社会公众的利益得到兼顾，从而促进了社会稳定，收到良好的社会效益。[3]对部分案件适用不起诉，及时终结诉讼，体现了对当事人合法权益的关怀和对人权的保障。

（3）现实价值：程序分流、诉讼过滤。不起诉制度具有程序分流的功能。对于符合不起诉条件的案件，检察机关可以依法作出不起诉的处理决定，从而使得这些案件没有进入法院审判就被终止了诉讼程序，起到很好的"过滤"效果，减少诉讼环节，减轻法院负担，节约司法资源，提高司法效益。

3. 基于认罪认罚从宽制度的不起诉作用发挥

（1）不起诉是对认罪认罚案件从宽处理的重要体现。认罪认罚从宽兼具实体和程序的双重属性，其核心内容是实体从宽和程序从简。[4]从宽处理是认罪认罚的实体效应，从宽处理主要包括终止程序和量刑上从轻、减轻或免除处罚。在审查起诉阶段，检察机关作出不起诉的决定就是认罪认罚实体从宽的重要体现。在实体方面，相对不起诉是量刑减让之外实体从宽的另一种表现。在程序方面，相对不起诉使得诉讼流程缩减，避免了诉讼拖延，是进一步的程序从简。

（2）不起诉是认罪认罚案件审前分流的重要方式。认罪认罚从宽制度的设计本意就是将繁简分流、从宽处理贯穿整个刑事诉讼，不起诉制度承担审前阶段重要的程序分流工作，[5]对于符合不起诉条件的案件，检察机关可以依法作出不起诉的处分决定，从而使得这些案件没有进入法院审判之前就终止诉讼程序。增加以相对不起诉处理案件的数量，可以发挥其程序分流的重要功能。[6]

（3）不起诉是认罪认罚从宽"出罪"的重要路径。我国传统的犯罪构成理论入罪解释功能强大，而出罪解释功能弱小，出罪的途径相对稀缺。[7]不起诉属于事实上的非犯罪化，对于某些符合刑法分则犯罪构成要件的行为，其情节轻

〔1〕 曹绍锐：《刑罚个别化视野下的不起诉制度》，载《公民与法（法学版）》2009 年第 11 期。
〔2〕 马嫦云：《论刑罚个别化》，载《法制与社会》2017 年第 9 期。
〔3〕 刘道远：《不起诉制度价值追求及其评价》，载《湖南公安高等专科学校学报》2001 年第 2 期。
〔4〕 陈卫东：《认罪认罚从宽制度研究》，载《中国法学》2016 年第 2 期。
〔5〕 赵颖：《认罪认罚从宽制度与刑事案件程序分流问题研究》，载《法制与经济》2017 年第 6 期。
〔6〕 顾永忠：《关于酌定不起诉条件的理解与思考》，载《人民检察》2014 年第 9 期。
〔7〕 杜辉：《论全面深化改革背景下的实质出罪》，载《学术论坛》2016 年第 7 期。

微危害不大或者没有实质违法性，将之个别地剔除于犯罪圈之外，予以出罪，是认罪认罚从宽"出罪"的重要途径。相对不起诉是较法院审判更轻的处罚方式，且无犯罪记录留存，有助于挽救当事人，也体现了刑事宽缓化处理。

（4）不起诉是激励认罪认罚的重要手段。认罪认罚从宽制度以从宽的制度规范引导犯罪嫌疑人、被告人积极预期，激励其认罪认罚，得到从轻从宽的刑罚，减少审前羁押时间，实现认罪认罚案件快办快结、案结事了、定纷止争。

（5）不起诉是体现检察官裁量权的重要内容。不起诉制度赋予了检察官起诉与否的自由裁量权。检察自由裁量权是检察官根据法律授权，就是否实施以及如何实施刑事追诉所行使的相对处置权。[1]作为检察自由裁量权最直接体现的相对不起诉制度在认罪认罚从宽制度中具有较大的适用空间。

（6）不起诉是完善多层次诉讼体系的重要环节。正确适用不起诉制度能够有效适应立法功能扩大化，在认罪认罚从宽制度构建下，建立多层次案件处理体系，形成轻轻重重的完整格局。[2]结合认罪认罚从宽制度，通过释法说理对行为人进行教育、转化，作出不起诉的同时，有效运用替代惩罚手段，如责令公开赔礼道歉、移交相关部门进行行政处罚等，形成延伸的多元化处理方式。

（三）不起诉在认罪认罚从宽制度适用中的规范与完善

1. 不起诉适用的域外相关制度比较

（1）国外相关立法与实践。在美国，对移送审查起诉的案件，检察官可以作出三种决定，即起诉决定、不起诉决定以及缓诉决定。在决定是否起诉上，美国检察官享有几乎不受限制的自由裁量权。[3]英国奉行起诉便宜主义，检察官对案件享有广泛的不起诉裁量权，检察机关作出不起诉决定的权力也受到一定的监督和制约，当事人申请、法院批准后可启动司法审查。[4]德国原则上奉行起诉法定主义原则，如果有足够的犯罪嫌疑，检察官应当提起公诉。20 世纪 20 年代以来，立法确立了众多起诉法定主义原则的例外，如因行为轻微不受惩罚而不起诉等。[5]日本实行起诉便宜主义，检察官享有较大的酌定不起诉的权力。从刑事政策、被害人与其他市民的意愿以及诉讼经济的角度，区分为与犯人有关的因素、与犯罪本身相关的因素以及犯罪后的因素，[6]综合考量决定提起公诉。

（2）比较评析。一是在适用不起诉的案件范围上，英美国家较之德国要更

〔1〕 龙宗智：《检察官自由裁量权论纲》，载《人民检察》2005 年第 15 期。
〔2〕 谢雯：《以认罪认罚为基点的多层次刑事诉讼体系的构建》，载《政法学刊》2017 年第 5 期。
〔3〕 张小玲：《刑事诉讼中的"程序分流"》，载《政法论丛》2003 年第 2 期。
〔4〕 侯晓焱：《英国不起诉司法审查制度介评》，载《中国刑事法杂志》2009 年第 10 期。
〔5〕 曹婧、黄婷婷：《中德不起诉制度比较研究》，载《知识经济》2007 年第 12 期。
〔6〕 俞伟飞：《我国公诉阶段程序分流机制探微——以日本起诉便宜主义为视角》，载《辽宁行政学院学报》2014 年第 9 期。

加宽泛。德国检察机关实施不起诉的案件一般仅限于轻罪和轻微罪，而英美国家的检察官虽然在决定是否起诉时亦会考察罪行的轻重，但实践中对轻罪的突破并不鲜见。我国对于相对不起诉的规定限于犯罪情节轻微的案件范围。二是在实施程序分流处理的监督和制约方面，英美国家对检察官的要求相对宽松，被害人一般不享有相关的救济途径，而法院通常也无权进行干预和控制。德国和日本则有相对完备的监督制约机制。我国对于不起诉的规定属于大陆法系国家的规定。

2. 明确认罪认罚从宽制度中适用不起诉的标准

（1）可以适用相对不起诉的标准。在认罪认罚从宽制度中适用相对不起诉，准确运用和把握相对不起诉的标准显得尤为重要。对相对不起诉条件的自由裁量既要符合立法初衷、落实刑事司法政策，又要为社会普遍接受，做到法理与情理相统一。[1]

作出相对不起诉决定时，应当针对不同案件的事实、情节，严格依法全面审查犯罪嫌疑人是否自愿认罪认罚，犯罪动机和目的、归案后悔罪态度、个人一贯表现等，综合考量犯罪行为的社会危害性、犯罪嫌疑人的人身危险性、再犯可能性等因素。同时，充分考虑相对不起诉是否有利于被不起诉人改过自新，是否符合公众认知和公共利益基本要求。

对于事实清楚、证据确实充分的案件，犯罪嫌疑人自愿认罪认罚，签署《认罪认罚具结书》，具有法定从宽情节，赔偿被害人获得谅解，达成和解，退赃退赔，初次、偶然实施轻微犯罪，无再犯可能性的，可以作出相对不起诉。

（2）不宜适用相对不起诉的情形。对于犯罪嫌疑人认罪认罚，但是不宜适用相对不起诉的情形，应当明确不宜适用相对不起诉的标准，从人身危险性、社会危险性、再犯可能性、公共利益等方面出发，为不起诉权行使划定边界，从正反双向实现检察官不起诉权力行使的规范和指导。

人身危险性大。犯罪嫌疑人没有认罪、悔罪表现的，曾因故意犯罪受过刑事处罚或被人民检察院作出相对不起诉处理后再次故意犯罪的，曾受过三次以上行政拘留处罚，或因同种行为受到过行政处罚的，均不宜做相对不起诉。

具有再犯可能性。要从预防犯罪的目的上考虑作出相对不起诉是否能够对行为人起到威慑教育作用。犯罪嫌疑人在案发后实施了毁灭证据、干扰证人作证等意图逃避法律制裁行为的，不宜做相对不起诉。

具有较大社会危害性。犯罪行为严重威胁到公众安全感的，犯罪对象为未成年人、老年人、孕妇等特殊人群，或者抢险、防汛、救灾、救济等特殊物资的，犯罪行为造成了严重后果的，不宜适用相对不起诉。

---

[1] 李诏楠：《论我国相对不起诉的适用条件》，载《浙江万里学院学报》2017 年第 3 期。

严重影响公共利益。社会公众反映强烈或被害人积极要求追究犯罪嫌疑人刑事责任的，双方当事人无法达成和解，作出相对不起诉后可能进一步激化矛盾的，需要人民检察院提起附带民事诉讼的，不宜做相对不起诉处理。

（3）分类细化适用相对不起诉。《刑事诉讼法修正草案》完善了刑事案件认罪认罚从宽制度，但对于在认罪认罚从宽制度中适用相对不起诉的标准未做细化规定，对此，仍需进一步深化研究。为检察官正确行使不起诉权提供依据，北京市朝阳区人民检察院制定了《刑事案件相对不起诉适用规范（试行）》，明确规定了交通肇事罪、盗窃罪、故意伤害罪等 23 个常见罪名可以适用相对不起诉的具体情形。

如交通肇事罪，交通肇事造成一人死亡或者三人重伤，负事故全部或主要责任；造成三人死亡，负事故同等责任；造成一人重伤，负事故全部或主要责任，根据法律规定应当承担刑事责任的，案发后进行赔偿，获得谅解的，可以相对不起诉，具有《最高人民法院关于审理交通肇事刑事案件具体应用法律若干问题的解释》第 2 条第 2 款所规定的前五种情形之一的及交通肇事后逃逸的除外。

如盗窃罪，盗窃公私财物数额较大或者入户盗窃，退赃、退赔，获得谅解，且具有没有参与分赃或者获赃较少且不是主犯的；案发前主动将赃物放回原处或归还被害人的；盗窃家庭成员或者近亲属的财物，获得谅解的。入户盗窃物品价值很低的情形之一的，可以相对不起诉。

如故意伤害罪，故意伤害致二人以下轻伤，对被害人进行赔偿，获得谅解的，可以相对不起诉。但报复伤害的、雇佣他人实施伤害行为的、因实施其他违法活动而故意伤害他人的、使用枪支、管制刀具或者其他凶器实施伤害行为的、多次或者长时间实施伤害行为的，不宜做相对不起诉。

3. 规范不起诉适用程序

（1）简化不起诉决定流程。在深化司法改革，强化检察官主体地位后，北京市检察机关推行不起诉权力下放，一般情况下经由检察长或检委会授权，明确符合条件的案件由检察官独立审查后，即可作出不起诉决定，并由其对案件负责。对于争议较大的相对不起诉案件则由检察官决定是否应当提交检察委员会讨论。

（2）通过不起诉宣告强化惩戒作用发挥。建立不起诉的宣告或者训诫制度相辅，会使不起诉的惩戒作用加强，通过不起诉宣告增强被不起诉人的悔罪心理和法制意识。

4. 健全不起诉的监督保障机制

（1）通过不起诉公开听证防止权力滥用。建立不起诉案件常态评查和权力监督制约机制，构建公开听证制度，把"依法"与"公开"结合起来，对存在较大争议或当地有较大社会影响拟作不起诉的案件，实行公开审查。可以界定公开听证的案件范围，细化听证程序，明确听证的效力，防止权利滥用。

（2）保障被害人权利救济途径。在适用相对不起诉时应当征询被害人的意见，应当将被害人的同意作为采用相对不起诉的条件之一，保障被害人对不起诉的申诉权，通过被害人的监督，最为直接地制约检察机关实行相对不起诉制度，建立有效的社会监督机制及完善救济措施。

（3）通过"刑行衔接"完善治理法网。案件作出不起诉决定后，除了宣告和强制措施的解除，还应注意后续行政处罚的衔接。对于被不起诉人需要给予行政处罚、行政处分的，应当提出检察意见，连同不起诉决定书一并移送有关主管机关处理，并要求有关主管机关及时通报处理情况，以便检察机关对案件后续程序的进行能及时有效的监督。

司法责任制实施中党的监督问题研究

萧有茂 *

司法责任制改革是党的十八届三中、四中全会部署的司法体制改革的核心任务，在司法体制改革整体框架内具有基础性地位、标志性意义、全局性影响。党的十八届三中全会提出"健全司法权力运行机制"，把"优化司法职权配置"、"完善主审法官、合议庭办案责任制，让审理者裁判、由裁判者负责"作为健全司法权力运行机制的重大举措。2015 年 9 月 21 日，中央全面深化改革领导小组审议通过了《关于完善人民法院司法责任制的若干意见》和《关于完善人民检察院司法责任制的若干意见》，标志着司法责任制改革在全国范围内普遍推进。习近平总书记指出，司法责任制改革"在深化司法体制改革中居于基础性地位，是必须牵住的'牛鼻子'"[1]；推进司法体制改革，"要紧紧牵住司法责任制这个牛鼻子，凡是进入法官、检察官员额的，要在司法一线办案，对案件质量终身负责"[2]，保证法官、检察官做到"以至公无私之心，行正大光明之事"[3]。党的十九大报告明确指出"深化司法体制综合配套改革，全面落实司法责任制，努力让人民群众在每一个司法案件中感受到公平正义"[4]。可见，全面落实司法责任制，是贯彻落实党的十九大精神，推进全面依法治国的必然要求，是完善公正高效权威的中国特色社会主义司法制度的关键所在。

随着司法责任制改革的全面实施与深入推进，此项改革在促进司法公正高效、提升司法公信力方面的效果得到了较为明显的体现。同时，如何加强司法责

---

* 课题主持人：萧有茂，北京市法学会党组书记。立项编号：BLS（2017）A005。结项等级：优秀。

[1] 习近平：《在中央政法工作会议上的讲话》，载中共中央文献研究室编：《习近平关于全面依法治国论述摘编》，中央文献出版社 2015 年版，第 102 页。

[2] 习近平：《以提高司法公信力为根本尺度 坚定不移深化司法体制改革》，载《人民日报》2015 年 3 月 26 日，第 1 版。

[3] 习近平：《以提高司法公信力为根本尺度 坚定不移深化司法体制改革》，载《人民日报》2015 年 3 月 26 日，第 1 版。

[4] 习近平：《决胜全面建成小康社会 夺取新时代中国特色社会主义伟大胜利》，载《党的十九大报告辅导读本》编写组编著：《党的十九大报告辅导读本》，人民出版社 2017 年版，第 38 页。

任制实施中党的监督，确保改革始终不偏离正确的方向和导向？这无疑成为了决定司法责任制改革成功与否的关键环节。理论界、实务界的一些同志对这项改革还存在一些困惑和误解，尤其是关于放权与监督的关系如何把握，成为一项首当其冲的重大问题，亟待我们严肃认真对待，开展扎实深入研究。

一、司法责任制实施中党的监督问题的提出

司法责任制的核心要义，就是"让审理者裁判、由裁判者负责"，解决好放权与监督的关系问题是关键。司法责任制实施中强调党的监督问题，实际上涉及党对司法体制改革的绝对领导，涉及党对司法责任制改革方向的把握、目标的实现、过程的监督、问题的解决。党的监督已经成为司法责任制实施中体现党的绝对领导和全面领导的时代使命，如何把党的监督融入司法工作全过程、通过党的监督促进司法责任制改革向纵深发展已经成为司法责任制实施以来党的建设面临的全新挑战和重大课题。

（一）司法责任制的内涵

"让审理者裁判、由裁判者负责"中所揭示的司法权主体属于狭义的司法权，即审判权。在我国，检察权和审判权同属于司法权，虽然两项权力有诸多差异，但检察机关也在围绕司法责任制改革的核心内容，从办案组织设置、员额检察官配备、部门负责人岗位职责、检察权运行机制、权力清单等方面建立符合检察权运行规律的检察机关司法责任制。[1]具体而言，司法责任制主要包括以下三个方面的内涵：

1. 职权配置，即由审理者裁判

明确、清晰的职权配置是司法责任制改革实施的前提，否则仍然会出现"审者不判，判者不审"的错误局面。就我国现行司法体制而言，审理者包括独任法官（法官个体）、合议庭，也包括审判委员会。[2]建立权力清单和履职指引制度，明确应当由院长、检察长以及审判委员会、检察委员决定的重大事项，明确应当由法官、检察官决定的事项，真正落实"审理者即裁判者"是司法责任制改革实施的基础。

2. 责任承担，即由裁判者负责

把权力交给审理者，由审理者裁判，结果责任就要由裁判者负责。坚持权力和责任一致，意味着裁判者对司法案件的事实、证据和裁判结果负责，坚持审理者、裁判者对案件的裁判结果承担责任，是贯彻司法责任制权责相一致的必然要求。

---

[1] 葛晓燕：《检察系统司法责任制改革构想》，载《人民检察》2016 年第 4 期。
[2] 张文显：《论司法责任制》，载《中州学刊》2017 年第 1 期。

3. 发生错案，就要启动追责程序

错案追究是司法责任制改革实施过程中"责任"的终极落实，是党和国家防范冤假错案、提高司法人员办案责任意识、保障无罪的人不受追究的政策性要求。最高人民法院发布的《关于完善人民法院司法责任制的若干意见》和最高人民检察院发布的《关于完善人民检察院司法责任制的若干意见》，也是为了落实中央关于司法责任制的意见而制定的，其中明确规定了责任范围和终身追责的内容。

（二）司法责任制改革的目标要求

1. 加强正规化建设，打造对党忠诚的队伍

主要包含两个方面的要求：①要加强思想政治与职业道德建设。②要加强纪律作风建设。要统筹深化司法体制改革与加强党风廉政建设，建立健全与司法权运行新机制相适应的监督制约体系，以零容忍态度惩治司法腐败。

2. 实施员额制，建设专业化队伍

主要包括四个方面的要求：①要严格控制员额比例。②要严格遴选标准与程序。③发挥遴选委员会的专业把关作用。④要建立健全员额退出机制。担任领导职务的法官、检察官不办案或者办案达不到要求的，应当退出员额。

3. 落实司法责任制，规范司法权力运行

主要包括六个方面的要求：①科学合理规范权责配置。②完善审判权运行机制，确立法官办案主体地位。③完善检察权运行机制，实现检察官办案主体地位与检察长领导检察工作相统一。④完善入额领导干部办案机制。⑤运用科技手段、创新办法提升工作质量和效率。⑥建立健全司法绩效考核制度，改革法院、检察院内设机构。

4. 强化监督制约，提升司法公信力

主要包括三个方面的要求：①增强多元监督，形成监督合力。②运用现代科技加强监督制约。③实行法官、检察官惩戒制度。

5. 健全保障机制，提高职业化水平

主要包括四个方面的要求：①实施法官、检察官单独职务序列管理。②完善法官、检察官职业保障。③保障法官、检察官依法履职。④推进省级以下地方法院、检察院人财物统一管理。

（三）以人民为中心的执政理念是司法责任制改革的根本遵循

在司法责任制改革实施过程中，必须坚持人民主体地位，践行全心全意为人民服务的根本宗旨，把党的群众路线贯彻到司法责任制改革的全部活动之中，把党的监督贯穿到司法责任制改革的全过程。以人民为中心的执政理念决定了司法责任制改革必须把握如下三个目标要求：

1. 努力让人民群众在每一个司法案件中感受到公平正义

党的十九大报告明确指出"深化司法体制综合配套改革，全面落实司法责任制，努力让人民群众在每一个司法案件中感受到公平正义"。努力让人民群众在每一个司法案件中感受到公平正义是以人民为中心的执政理念在司法工作中的鲜明体现。所有司法机关都要紧紧围绕这一目标来改进工作，重点解决影响司法公正和制约司法能力的深层次问题，回应人民群众对司法公开公正的关注和期待。

2. 实现政治效果、法律效果、社会效果、经济效果的高度统一

坚持政治效果、法律效果、社会效果与经济效果的高度统一，是党对新时期司法体制配套改革工作提出的更高层次的要求，也是检验司法责任制改革工作水平和成果的重要标准，更是对法官、检察官司法理念和司法能力的全面考验。

全面落实司法责任制改革，要实现政治效果、法律效果、社会效果、经济效果的高度统一，这是司法体制改革的目标所决定的。为了实现四个效果的高度统一，坚持党的领导和监督尤为重要。

3. 努力做到依法处置、舆论引导、社会面管控"三同步"

司法责任制改革实施过程中，势必会涉及一些重大敏感案件的办理和事件的处理，其结果也必然会对社会舆论和社会面管控造成一定的影响，对司法权威的树立、司法机关公信力的提高和政法工作整体舆论环境的营造影响重大。可见，"三同步"成为执法司法工作的时代要求，实现这一要求的最有力、最坚强的保障就是党的领导和监督。

（四）司法责任制实施以来党的监督面临的新挑战

1. 司法责任制实施中把党的监督融入司法工作全过程面临新挑战

如何防止改革后放权可能导致的权力滥用？如何加强改革后党对司法工作的领导和监督？摆在我们面前的首要挑战是统一思想的问题。为什么要把党的监督融入司法工作全过程？党的监督的方式和途径如何设计？监督的原则是什么？监督的内容有哪些？要把党的监督融入司法工作全过程，这一系列问题均需要破解，需要我们在改革实施的过程中进行深入探索和研究。

2. 通过党的监督确保党对司法责任制改革的绝对领导成为新课题

新形势下党对司法责任制改革实施的领导和监督包含了许多全新的内容和领域。我们一方面要区分党对司法工作的领导和监督的不同功能、方法、手段，另一方面也不能割裂二者之间的联系。党对司法责任制落实过程的全面监督，也是党对司法工作进行领导的手段和表现，党通过对司法责任制改革实施的全面监督，进一步加强党对司法工作的绝对领导。可见，通过党的监督确保党对司法责任制改革的绝对领导成为改革面临的新课题。

3. 在司法责任制实施中体现党的全面领导成为改革发展新机遇

在司法责任制改革实施过程中，司法机关既拥有了审案判案的权力，也要把

国家对司法权的法律监督、社会监督、舆论监督等落实到位；既要提高司法办案的能力，不断提升司法质效，也要坚持扁平化管理和专业化建设相结合，积极推进内设机构改革和办案组织建设，推动司法管理水平迈上新台阶；既要加强司法队伍的能力建设，也要加强队伍建设的保障。显然，确保司法责任制改革的正确方向并为之保驾护航成为了党接受考验、在新的历史时期展现全面领导能力的历史机遇。

4. 通过党的监督促进司法责任制改革向纵深发展是时代新要求

党的十九大把深化司法体制改革纳入了全面依法治国总体布局，明确指出"深化司法体制综合配套改革，全面落实司法责任制，努力让人民群众在每一个司法案件中感受到公平正义"，为我们进一步深化司法体制改革指明了方向。各级司法机关要增强改革的信心和决心，着力解决影响司法公正和制约司法能力的深层次问题，在新的起点上通过加强党的监督推动司法责任制改革向纵深发展，这是新时代给各级司法机关领导和干警提出的新要求。

二、司法责任制实施中加强党的监督的理论建构

（一）司法责任制实施中加强党的监督的时代意义

1. 实现新时代党的历史使命是司法责任制改革的根本动力

习近平总书记在十九大报告中做出了中国特色社会主义进入新时代这个重大政治论断，党要在新的历史方位上实现新时代党的历史使命，最根本的就是要高举中国特色社会主义伟大旗帜。司法责任制改革是建设中国特色社会主义法治体系、推进国家治理体系和治理能力现代化的重要组成部分。全体司法人员必须牢牢把握新时代党的历史使命，不忘初心，不懈奋斗，以时不我待的紧迫感和只争朝夕的责任感为改革发展注入源源不断的动力。

2. "四个自信"伟大理论是推动司法责任制改革的底气所在

党的十九大报告指出，全党要更加自觉地增强道路自信、理论自信、制度自信、文化自信，既不走封闭僵化的老路，也不走改旗易帜的邪路，保持政治定力，坚持实干兴邦，始终坚持和发展中国特色社会主义。司法人员必须坚定"四个自信"，准确把握"四个自信"的核心要义、深刻内涵和现实基础，始终高举伟大旗帜、坚定"四个自信"，这是推动司法责任制改革实施的底气所在。

3. 党的监督是推动司法责任制改革的必然要求

十九大强调要坚持党对一切工作的领导。党政军民学，东西南北中，党是领导一切的。司法责任制改革也要全面贯彻这一要求，必须加强党的强有力的领导，强化党的监督。这不仅是司法责任制改革整体性、协调性、统一性的保证，更是做好司法改革顶层设计、实现司法制度与其他社会制度相配套、确保司法体制改革积极稳妥推进的保证，事关司法责任制改革的成败。

（二）司法责任制实施中加强党的监督的内涵

1. 坚持党对司法工作的全面领导和绝对领导——司法责任制实施中加强党的监督的依据

中国共产党作为执政党在国家生活中发挥领导作用，这是中国特色社会主义最本质的特征。在司法责任制实施过程中，只有加强党的领导，强化党的监督，提高党的凝聚力和战斗力，维护党的集中统一，确保全党统一意志、统一行动、步调一致前进，引导司法机关广大党员领导干部和干警积极投身司法体制改革，形成奋发有为、敢于担当的精气神，营造干事创业、风清气正的政治生态，才能确保司法责任制改革的各项措施在司法系统全面落地生根，开花结果。

2. 党的政治建设是做好新时代司法工作的根本保证——司法责任制实施中加强党的监督的重点

党的十九大明确提出新时代党的建设总要求，部署了党的建设八个方面的重点任务，强调要以提升组织力为重点，突出政治功能，把基层党组织建设成为坚强战斗堡垒。司法责任制实施中加强党的监督的重中之重就是加强党的政治建设，只有充分发挥基层党组织的战斗堡垒作用和党员干警的先锋模范作用，才能抓住机遇、迎接挑战、破解难题，保障司法责任制改革的成效。

3. 始终立足于党的战略全局工作——司法责任制实施中加强党的监督的立足点

司法责任制改革，是党中央从党和国家机构改革战略全局出发做出的重大决策，是全面推进依法治国、深化司法体制改革的重要部署，需要司法机关内设机构改革等一系列重要的配套措施予以保障，各级司法机关必须在司法责任制改革实施过程中强化党的监督，要有全局思维、大局意识。

4. 保障人民群众在每一个司法案件中感受到公平正义——司法责任制实施中加强党的监督的落脚点

党既需要监督各级法院、检察院是否做到坚持以明确司法人员职责为前提，以司法权运行机制改革为基础，严格实行案件质量终身负责制和错案责任倒查问责制，不断健全司法人员办案业绩评价体系，让司法责任制成为"硬约束"；又需要监督司法人员是否做到"以至公无私之心，行正大光明之事"，是否做到司法为民、公正司法。

（三）司法责任制实施中加强党的监督的内容和类型

1. 根据监督内容的不同可以分为政治监督、思想监督、组织监督

政治监督主要是指党要监督各级司法机关及其领导和干部是否在司法责任制的实施中坚持党的绝对领导和全面领导，是否把司法责任制改革的实施放到党的全局工作中来思考、谋划和推进等方面的表现；思想监督主要是指党要监督各级

司法机关及其领导和干部是否在司法责任制的实施中做好对习近平总书记系列重要讲话精神和治国理政新理念新思想新战略的学习贯彻等方面的表现；组织监督主要是指党要监督各级司法机关及其领导和干部在司法责任制的实施中是否坚持民主集中制，完善党内监督机制，落实机关党委议事规则和决策程序等方面的情况。

2. 根据监督的对象不同可以分为对人的监督和对事的监督

对人的监督包括三个方面的内容：一是对政法干警政治立场、政治方向、政治原则、政治道路的监督；二是对政法干警思想状况、理想信念的监督；三是对政法干警基本职责履行的监督。

对事的监督包括四个方面的内容：一是对党委议事规则、决策程序的监督；二是对领导干部选拔和司法人员遴选、任免权的监督；三是对政法工作运行基本准则、基本职责、基本方式的监督；四是对个案是否符合政治效果、法律效果、社会效果、经济效果四个效果统一和依法处置、舆论引导、社会面管控三同步的监督。

3. 根据监督主体与监督对象的关系可以分为内部监督和外部监督

党内监督主要包括党组织的监督和党员相互间的监督。党外监督是指由党的统一体外的组织、单位或个人依照国家的法律、法规和有关规定，对党的组织、党员或党员领导干部的行为所进行的监察督促。与党内监督相比较，党外监督具有一定的超脱性和公正性，以及监督主体广泛和监督形式多样的特点。

4. 根据监督主体专门性的差异可以分为专门性监督和一般性监督

一般性监督又可以称作日常监督，是指由党支部参与的监督工作。司法机关内部的党支部是党监督司法责任制实施的"前哨"，是最贴近司法责任制实施前沿的监督主体，能够更及时、更高效、更广泛、更灵活地实现对司法责任制实施过程的日常监督。一般性监督虽不及专门性监督的组织严密性和规模效应性，但属于常态化、近距离的监督，有不可替代的特点。

（四）司法责任制实施中党的监督的原则

1. 方向监督原则

党对司法责任制进行监督，并不是干涉和控制，而更多是从宏观层面督查、督促党的执政理念、执政政策、执政意图、执政目标在整个司法责任制实施过程中落实到位，把握整个司法责任制实施的正确方向。

2. 全面监督原则

司法责任制是一个系统工程，其中涉及了人员、权责、保障等诸多方面，党对司法责任制进行监督必须坚持站在制高点总揽全局，客观上覆盖到司法责任制实施的方方面面，避免出现监督缺位，监督盲点。要以带有全局性、系统性、关键性的问题为重点，对司法责任制的全局工作进行监督。

3. 依规监督原则

司法规律、司法机关自身发展规律、司法人才培养规律等，是党对司法责任制进行监督必须遵循的规律。要在丰富党的监督理论的基础上，制定科学的监督规范，创新探索更有效的监督机制，以科学的监督模式、途径和方法，完善的体制、机制和规则，实现对司法责任制的监督。

4. 防治监督原则

党对司法责任制进行的监督要充分发挥巡视制度、民主生活会、谈话制度、领导干部述职述廉制度等方式方法的优势，加强日常监督、预防监督，以预防为主，防治结合，在问题出现之前筑起坚实防线，在问题出现之后及时治病救人。

5. 平等监督原则

在司法责任制实施过程中，无论问题大小，无论案件繁简，无论所涉司法人员职位高低、资历深浅、权力大小，一律平等接受党的监督，没有任何特殊的、可以不受监督的对象，确保监督的公正平等。

三、司法责任制实施中党的监督的现状分析

（一）司法责任制实施中加强党的监督的总体成效和经验做法

1. 司法责任制实施中加强党的监督的总体成效

（1）加强理想信念教育，政治站位明显提高。司法责任制改革实施以来，各地法院、检察院陆续建立起法官检察官政治轮训制度，探索建立政治督察制度，打牢高举旗帜、忠诚使命的思想基础，切实增强政治意识、大局意识、核心意识、看齐意识。高度重视对司法干警的理想信念教育，提高干警的政治思想觉悟，法检两院政法干警的政治站位明显提高。

（2）创新发展工作机制，领导监督针对性显著增强。司法责任制改革从问题出发的科学思维确保了党的领导监督具有更强的针对性，有效地实现了司法责任制推动工作的精细落实，既依法授权，又科学控权；既要授权到位，又要有效监督。

（3）党支部建设试点深化，基层组织得到夯实。党的十八大以来，党中央一直将全面从严治党摆在突出位置。在司法责任制改革实施过程中，各级法院、检察院始终把强化党对司法工作的领导作为根本出发点，不断夯实基层党组织建设。

2. 司法责任制实施中加强党的监督的经验做法

（1）加强思想政治工作引领。北京市高级人民院制定了《加强司法改革中思想政治工作的意见》，要求全市法院准确把握干警思想脉搏，及时发现苗头性、倾向性问题，教育引导干警理性对待改革中的利益调整，抓好人员分流等，真正做到坚持原则不动摇，执行标准不走样，履行程序不变通，确保了改革顺利推进。

（2）在办案团队中探索党小组建设。北京市高级人民法院积极探索在审判执行团队中建立党小组，以党小组建设推动基层党建工作，出台了《关于在审判执行团队中建立党小组的工作意见》，就党小组的设立、工作职责和管理考评等做出详细规定。

（3）创新党的监督模式。北京市第三中级人民法院探索建立"四纵四横"党的监督工作模式，真正实现"有权必有责、用权受监督、失职要问责、违法要追究"。所谓"四纵"，即从"监督领导小组、院党组、党支部、党小组"四个层面建立纵向案件监督体系；所谓"四横"，即从"机关党委、纪检监察、组织人事、审判管理"四个方面建立横向职能监督体系。

（4）细化党的监督内容。北京市人民检察院第一分院从三个方面细化党的监督内容：一是加强党对检察官选任的监督。二是加强党对各项具体司法责任制改革措施的监督。三是加强党对检察官评价、考核、奖惩等方面的监督。

（5）认真落实党的监督主体责任。北京市高级人民法院坚持履行全市法院党风廉政建设第一责任人的政治责任，身体力行。市高院每年与全市各中级、基层法院签订《落实党风廉政建设主体责任责任书》，推动全市三级法院领导干部逐级认领责任，层层抓好落实。加强把司法责任制中党的监督职能的落实。

（二）在司法责任制实施中加强党的监督的思想认识方面存在误区

1. 对司法责任制实施中党的监督问题的社会政治背景把握不准

一些司法人员对在司法责任制改革中加强党的监督问题的政治背景把握不到位，没有认识到司法体制改革在整个政治体制改革中的重要地位。有些司法人员和领导干部没有把司法责任制放到司法制度改革、司法模式改革以及十七大、十八大、十九大党中央提出的司法体制改革和依法治国总方略的社会、法治和政治背景之下来深刻认识，更没有把党对司法工作的领导和党的监督对司法体制改革以及司法责任制实施的保障意义结合起来，导致司法责任制实施过程中思想、理念不清，认识不足，进而造成司法责任制改革具体任务的落实不力。

2. 对司法责任制实施中党的监督问题在党的建设中的定位认识不清

一些司法机关的领导和干警认为党对司法责任制的实施只需要管好干警的政治思想、工作作风、廉政纪律，对具体业务无须插手和涉及，甚至认为司法独立于党的领导，与党的监督没有关系。有的司法机关的党务工作者也认为党的建设与司法机关的具体业务关系不大，甚至主动为司法机关的业务需要腾让时间，忽视了司法机关党的建设，造成党建工作与业务工作两张皮的现象，从而导致部分干警和少数领导干部思想作风建设涣散，党员自我要求标准降低，进而为司法机关内部人情案、权力案、金钱案的出现打开了口子，留下了空间。

3. 对司法责任制实施中党的监督主体以及责任认识不全

有的干警和司法机关的领导没有明确不同监督主体的主体站位，也没有做到结合司法责任制实施过程中诉讼模式、办案团队、司法责任制的具体内容，明确各自监督的对象、职责、任务、手段、措施。有些司法机关的领导和部分干警还没搞清楚司法责任制的内涵和要求，对《中国共产党党内监督条例》中要求的不同监督主体及其具体职责领会不深刻，更不能将党内一般监督与司法责任制实施过程中党的监督有机地结合起来，甚至对司法责任制实施中党的监督主体以及责任认识不全面，不清楚，加之司法责任制的实施还处于改革完善的阶段，以至于在具体工作中出现了水平不高、监督不力、缺乏创新的问题。

(三) 司法责任制实施中党的监督的现实水平和创新程度不高

当前，法院、检察院党建工作总体上是好的，但由于司法体制改革、舆论环境改变等多方原因，利益格局和党建环境发生了深刻变化，司法机关党组织建设的现实水平与创新程度距离各级党委对党建工作的要求及司法改革的需要仍有较大差距。

1. 党组织建设的组织形式和队伍建设仍需加强

主要表现为：①部分党员干警和领导干部对党建工作重视不够，工作开展不足；②组织机构"扁平化"，基层党组织设置急需优化；③人员分类管理改革，党务干部队伍建设急待加强

2. 业务与党建两张皮的现象较为严重

具体表现在如下四个方面：①在工作部署上，党建工作与审判、检察业务工作"各定各的调儿"；②在作用发挥上，党建工作与审判、检察业务工作"各弹各的曲儿"；③在具体执行上，党建工作与审判、检察业务工作"各使各的劲儿"；④在工作落实上，党建工作与审判、检察业务工作"各做各的事儿"。

3. 党对司法责任制改革的监督形式缺乏创新

司法责任制实施以来，党对司法责任制改革如何监督？怎样监督？成为各级党委、组织部门面临的一项重大理论和实践课题。实践中出现了一些疑问和顾虑，对监督的主体、对象、监督的范围和内容、监督的模式、方法认识模糊，囿于传统的党内监督做法，没有对司法责任制实施中党的监督进行深入的研究，没有把党的监督与司法责任制的实施有机地结合起来，没有紧跟时代要求，理论结合实际，所以不少地方对司法责任制改革的监督停滞不前，缺乏创新，没有取得明显的效果。

(四) 在监督中进一步体现党对司法工作的绝对领导与全面领导有待探索

随着司法体制改革的深入推进，司法责任制全面落实也进入深水区，如何通

过加强党的监督实现党对司法工作的全面领导和绝对领导也面临诸多方面的考验，急需探索和完善。

1. 政治领导方面需要通过加强党的监督解决宽松软问题

一些基层党组织存在政治功能弱化的问题，对司法的方向、原则、政策的宣传教育不足，对干警意识形态的掌控能力不强，对案件四个效果、三同步的监督不到位。甚至存在"不占用党员太多时间和精力，不给中心工作添乱"的错误认识，在以抓党建促进中心工作认识上含糊不清，措施上缺乏创新，效果上成绩平平。对司法机关而言，普遍面临工作任务重、时间要求紧，需要同时面对各种任务的汇报检查和面向社会的压力，一些党员干部反映没有时间参加党的组织活动和政治学习。因此，急需通过加强党的监督解决政治领导宽松软的问题。

2. 思想领导方面需要通过加强党的监督夯实理想信念

有一些人宗旨意识淡化，是非观念淡薄，有的在政治性原则性问题上态度暧昧，有的不能洁身自好，走向腐化堕落的深渊。一些单位对干警的思想政治工作重视不够，对于如何把党的思想领导和司法工作结合起来，如何向广大司法战线的领导和干警进行宣传、教育和培训，使其增强"四个意识"、经受"四大考验"、抵御"四大危险"等问题的思考严重不足，要通过加强党的监督加以解决，以使得党的思想领导上台阶。

3. 组织领导方面需要通过加强党的监督提高选人用人质量

实践中，一些单位民主集中制的贯彻落实不够到位，在如何发现、培养、使用"忠诚、干净、担当"的干部，加强干部队伍建设和党员队伍建设，充分发挥党组织的领导核心作用和战斗堡垒作用、发挥共产党员的先锋模范作用方面思想重视不够，制度创新力度不足，办法不多，限制了选人用人工作质量的提升，需要通过加强党的监督提升工作效果。

四、司法责任制实施中加强党的监督的意见与建议

（一）把政治建设摆在首位，在司法责任制实施中体现党对司法工作的绝对领导和全面领导

1. 要把政治建设摆在司法责任制实施中党的监督的首位

在司法责任制实施中进行党的监督，首先要找准定位，提高站位，把政治建设摆在监督的首位。司法机关广大党员领导干部和干警要认真学习、深刻领会党的十九大报告关于新时代中国特色社会主义理论的思想，尤其要把握党的政治建设的精神实质，结合司法责任制改革实际加以落实，确保在司法责任制实施过程中党的政治建设落到实处。

2. 把党的监督贯穿于司法责任制实施的全过程

党对司法责任制改革进行监督的前提是明确司法责任制改革的全面内容和司法责任制改革要实现的长远以及具体目标，党的监督要着眼于司法责任制实施过程中法官、检察官准入制度的改革，司法人员分类管理和完善法官、检察官员额制的改革，法官、检察官职业保障制度的改革；着眼于防止领导干部违法干预司法活动，以及推动省以下地方法院、检察院人财物统一管理等方面的改革。要做到党的监督贯穿于司法责任制改革的每一项内容、每一项步骤和每一项程序，做到党的监督贯穿于司法责任制改革的每一事、每一人，要把党总揽全局、协调各方与各部门职能履行统一起来，切实促进司法公正、提升司法公信力，维护社会公平正义，从而把党的监督贯穿于深化司法体制综合配套改革，尤其是司法责任制改革的全过程。

3. 要使党对司法责任制实施的监督成为党领导司法工作的手段和方法

要通过党对司法工作全局、方向、政策的宏观领导的监督，通过党对司法工作、对司法体制配套改革尤其是司法责任制改革目标和任务、改革事项和步骤、改革中事和人的监督和处置来体现党对司法工作的全面领导。

（二）以十九大对党建工作的新要求和党内监督理论体系为指导，推进司法责任制改革深入开展

1. 以十九大对党建工作的新要求为指导，通过党的监督促进司法责任制改革各项任务的落实

在司法责任实施的过程中，加强党的监督要以新时代党的建设总要求为根据，加强广大党员、领导干部的政治理论学习和思想教育，深刻领会十九大报告明确的新时代党建工作的新要求，全面推进司法责任制各项工作深入开展。

2. 以党内监督理论体系为指导，明确推进落实司法责任制工作中监督主体的责任关系

在司法责任制实施的过程中，要进一步明确推进落实司法责任制工作中监督主体的责任关系，建立统筹协调、科学有序的党内监督机制。①明确党委（党组）负监督的主体责任，明确职责分工；②要明确各级纪委是党内监督专责机关，履行监督执纪问责职责；③明确各级司法机关党的工作部门是党委（党组）主体责任在不同领域的载体和抓手；④要明确党员民主监督是党内监督的基本方式；⑤既要加强党内监督，也要重视民主监督。

（三）要确保内部监督与外部监督两个轮子同时运转，保证党的监督对人和事的全覆盖

1. 确保内部监督与外部监督两个轮子同时运转

习近平总书记强调："党内监督在党和国家各种监督形式中是最根本的，第

一位的，但如果不同有关国家机关监督、民主党派监督、群众监督、舆论监督等结合起来，就不能形成监督合力"。[1]在司法责任制落实的过程中，首先要加强党内监督，明确监督主体和职责。另一方面，各级司法机关领导干部要主动接受来自社会各方面监督，支持人民政协依照章程对司法责任制的实施进行民主监督，重视民主党派和无党派人士对司法责任制实施过程中出现的各种问题提出的意见、批评、建议。对司法责任进行监督，必须确保内部监督与外部监督两个轮子同时运转。

2. 保证党的监督对人和事的全覆盖

在司法责任制实施的过程中，党的监督首先要保证对人的全覆盖。首先要保证对法院、检察院等司法机关所有党员和领导干部的监督，尤其是对司法责任制实施过程中员额干警的监督，重点是加强对参与办案的院（庭）长、检察长以及办案组长的监督。党的监督还要保证对事的全覆盖，监督司法机关的各级党组织、党员领导干部贯彻执行民主集中制的情况、监督其保障党员权利的情况，监督他们在司法责任制的实施过程中是否以事实为根据、以法律为准绳，真正做到任人民群众在每一个司法案件中体会到社会的公平正义。

（四）加强党对司法责任制实施监督，明确监督的重点环节和方法

1. 对推进基层党组织建设情况的监督

一是结合司法责任制和政法干警分类管理改革，把握基层党组织设置和运行情况，确保从严治党主体责任与司法办案责任深度融合、共同发力。二是继续深化基层党组织理论教育和思想指引，认真抓好中央和市、区党委重要会议、重要文件精神和重大决策部署的学习贯彻。三是加强党支部工作规范化建设，健全党员基本情况和日常管理台账制度，深化总结支部工作方法，推广设立支部工作台账、支部工作手册，进一步提升党支部建设规范化水平。

2. 对选人、用人的监督

在完善司法人员分类管理，检察官、法官员额选拔任用上接受党的组织领导，实现党的监督。重点监督在制定选任标准方面，在选拔任用程序方面，在员额检察官、法官退出机制设定方面，还有对于经考核办案能力不足，或者领导干部任员额检察官但没有达到办案数量或者不办案的情形，建立退出机制，情况要及时向党组织汇报，接受党组织监督。

3. 对政法干警履职效果的监督

在落实司法责任制改革上，建立权责明晰的司法权力运行机制，实现党的监督。一是对政法干警职责权限的设定的监督。二是对政法干警权限清单和履职清单的履行情况的监督。三是对深入推进政法干警纪律建设和作风建设，深化政法

───────────────

[1]　习近平：《全面落实党内监督责任》，载《习近平谈治国理政》（第2卷），第185~186页。

机关作风突出问题专项整治和规范司法行为专项治理，严明组织纪律，对于政法干警履职中的违纪行为严肃依纪处理，强化党纪的约束作用、规范作用和威慑作用的监督。

4. 对司法人员办案责任落实的监督

一是对建立考核评价机制的监督；二是对推动"两个责任"的落实的监督；三是对政法干警职业保障方面的监督。

5. 对办案质量和案件效果的监督

主要监督：一是党组织建立考核机制，以常规抽查、重点评查、专项评查等方式对办案质量进行评价和监督；二是通过构建开放动态透明便民的阳光司法机制，案件信息查询平台、法律文书公开平台等向社会公开，随时接收党组织监督；三是具有社会重大影响的案件要及时向党组织汇报，在党的指引下力求达到法律效果、政治效果、社会效果的统一，为协调推进"四个全面"战略布局做出新的更大贡献。

6. 对奖惩情况的监督

主要是从建立考核评价机制方面、建立激励机制方面，完善政法机关党员干部违纪违法情况集中通报、公开曝光制度方面，坚持零容忍态度，健全落实反面典型案例深入柔细和警示教育机制，强化责任追究以及从专门化监督和日常化监督两种途径入手，建立纪检部门定期评查和党小组日常监督管理的双重监督模式，使党的监督机制化、常态化，贯穿司法责任制实施的始终。

（五）强化制度建设，建立科学化、规范化、常态化的监督工作和制度体系

1. 建立重大事项向党委报告制度

党的十八届四中全会《中共中央关于全面推进依法治国若干重大问题的决定》明确提出，政法机关党组织要建立健全重大事项向党委报告制度。在司法责任制实施的过程中，必须建立各级政法机关党委（党组）要就司法责任制改革中的重大问题定期向同级党委作工作汇报制度，接受同级党委的指导和监督。

2. 建立"党支部建到处室，党小组建到办案组"制度

司法责任制的落实要依靠党组织领导和监督下党员干警去实施和落实，因此，要建立"党支部建到处室，党小组建到办案组"制度，各党组织要发挥战斗堡垒作用，各党委、党组、纪检组、支部书记、党小组长要各司其职，切实负起主体责任和领导责任，各级党组织要严格开展"三会一课"，通过民主生活会等形式，加强党员对领导干部的办案监督，形成自上而下、自下而上的良性互动。

3. 建立领导干部干预司法活动、插手具体案件处理的记录向同级党委政法委备案制度

司法责任制的一个重要内涵是办案干警独立行使权力，由此承担相应的责

任，达到权责统一。必须建立领导干部干预司法活动、插手具体案件处理的记录向同级党委政法委备案制度，这有助于为政法干警营造良好的司法环境，有效遏制"人情案""关系案"等有碍司法公正的现象发生，促进司法责任制真正地贯彻落实。

4. 建立落实司法责任制专项考核党员档案制度

各级司法机关必须由党委（党组）建立司法责任制专项考核党员档案，定期围绕司法责任制学习情况和办案业务实绩，由党委（党组）、党支部、党小组、党员通过书面形式和会议形式，开展他评和自评，组织人事部门专门管理记录考核并提出进一步完善意见，作为政法干警晋升或遴选的参考依据。

5. 建立上级党组织负责人联系下级党组织制度

司法责任制落实过程中，还要建立上级党组织负责人联系下级党组织制度，上级党组织领导需要定期参加下级党组织的民主生活会等组织活动，指导下级党组织围绕司法责任制落实的有关问题如办案主动性的调动、政法干警"进退留转"的想法和建议等问题开展讨论，听取政法干警开展批评和自我批评，并对此给予指导和监督。

6. 建立党委（党组）专项监督制度

各级党委（党组）要建立专项监督制度，除了监督司法责任制改革落实的方向以外，还要针对党支部、党小组落实司法责任制中的关键性、类型化的问题如权力清单下放落实是否到位、履职意识是否加强、责任追究是否有力等问题进行专项督导监督，定期向党支部、党小组负责人及党员问询办案质效、办案数据、地区性犯罪情况等，根据社会综合治理情况指导下一步政法工作的开展。

7. 加强党委政法委指导制度

要加强各级党委政法委指导制度，坚持在党委政法委的指导下完善干警晋职晋级、检察官、法官遴选（惩戒）委员会制度，并确保其中立性。党委政法委要就条件设定、考核程序等内容出台指导意见，要指导规范惩戒工作，支持加强惩戒委员会权威，对政法干警严重违纪行为提出惩戒意见，从而有利于监督政法干警办案和日常行为，从而促进他们守纪守法，公正司法。

8. 完善党委纪检委（纪检组）廉洁纪律监督制度

各级司法机关党委纪检委（纪检组）要统筹司法责任制改革与党风廉政建设，全面强化党内监督在机关内部监管中的引领指导作用，强化纪律检查机关专责监督。此项工作重在预防，从小处抓起，要围绕廉政风险易发的职能部门和人员精准定位监督内容，要强化党员意识，加强先进性建设，将司法责任制的制度优势发挥到最佳，打造清正廉明的政法干警队伍。

司法人员惩戒机制研究

——以法官、检察官司法责任惩戒为主线

鲁 为*

　　司法人员惩戒机制作为落实司法责任制的重要制度设计，是促进司法人员严格依法履职、维护社会公平正义的内在要求。这既是在新的司法权运行方式下为全面落实司法责任制而提出的改革命题，也是在"让审理者裁判、由裁判者负责"权责统一的基本导向下，司法人员"办案质量终身负责制和错案责任倒查机制"与"能否在任何条件下发现事实真相并准确适用法律"的司法规律相互辩证、博弈的关系命题。从正向逻辑看，司法责任制的改革初衷是要求司法人员在独立、公正行使司法权的过程中，恪守必要的审慎、廉洁并具备应有的司法能力，正如悬挂在权力之上的"达摩克利斯之剑"，秉持"一个人拥有多大的权力，就要承担多大的责任"。但从逆向逻辑看，司法责任又显然有别于其他责任，正如西方法治发达国家将司法责任豁免作为一种通例，如果为司法人员权责统一的因果关系设定过高的行权义务，则容易陷入司法人员"天然地具备上帝视角"或"具有先验可知论"的误区，这不仅无益于司法人员正确行使司法权，反而使法官丧失了裁判者应有的中立性和司法超然，使检察官丧失了指控犯罪的能动性和司法果敢，甚至出现人人自危、刻意规避转移办案责任风险的后果，不符合司法权的应然属性及行权预期。因此，司法人员惩戒机制应运而生，既对司法人员行权行为加以必要的监管约束，防止司法人员非依内心确信而是因为徇私枉法或玩忽职守等主观故意或重大过失致司法错案，又要遵循司法行为的认识规律和行权规律，为高难度、高风险的司法行为设定必要的职业保护乃至容错机制，防止司法人员因不正当事由或程序被追究司法责任。可以说，司法人员惩戒机制的使命就在于弥合司法责任与司法规律的内在缝隙，使权责统一的行权目标在司法惩戒的二元机制保障下更具有客观性、合理性和可行性。

---

　　* 课题主持人：鲁为，中共北京市委政法委员会，副书记。立项编号：BLS（2017）A006。结项等级：优秀。

一、司法人员惩戒本体论

（一）法官惩戒的内涵

惩戒从文义上可以阐释为"通过处罚来警戒"的意思。其中包含了两个意思，即处罚和警戒。处罚是手段，是对有关行为实施惩戒的具体内容；警戒是目的，是对有关行为实施惩戒的效果。法官惩戒制度，是指享有惩戒权的司法惩戒机构针对法官违法办案行为，按照严格的惩戒程序和法定的惩戒事由对当事法官施以一定处罚的制度，并对遏制司法腐败起到应有的警戒效果。广义的法官惩戒制度涵盖了弹劾制度和违纪行为的惩戒行为，而狭义的法官惩戒制度仅包含法官司法惩戒一种，我国现阶段的法官惩戒机制主要是狭义层面的。

（二）法官惩戒的外延

1. 惩戒主体

各级人民法院内设的履行惩戒职能的部门是对法官违法、失当行为进行调查、取证的部门，负责对惩戒事项搜集线索、调查事实，新设立的法官、检察官惩戒委员会是惩戒事项的审查认定机构，对法官违反司法职责的行为提出惩戒审查意见，并由人民法院据此作出惩戒决定。随着监察体制改革和纪检监察组派驻制度的落实，各级法院将监察室调整为审务督察部门的改革探索逐渐铺开，并明确将惩戒职能纳入检务督察部门，因此，相关规范中关于由"监察部门"进行惩戒调查核实的表述已不再符合当前改革发展实际，采用"审务督察部门"或更为稳妥的"履行惩戒职能的部门"的表述更加准确。

2. 惩戒对象

法官惩戒的对象通常仅限于具有法官职务的人员，即在司法体制改革后的员额法官，并不包括未入额的法官助理和书记员等司法辅助人员。基于实际情况，此前存在的不具有员额法官资格的人员也从事法官工作，行使或部分行使法官的审判权力。鉴于司法责任制改革明确禁止未入额法官办案，应当把法官惩戒确定在员额法官范围内，对于从事司法辅助、审判监督管理职责的法院工作人员需要承担相应工作责任的，应当依照其他纪律程序予以处理。

3. 惩戒事由

事由即因实施了何种行为而应当受到惩戒。一般来说，所有违纪、违规以及违法行为都应受到惩戒，无论在个人道德要求、行为模式以及工作标准上，都应当突出法官职业的较高要求和法官个人的较高素质层次。可以将法官惩戒的全部事由依其行为责任性质大致分为：A. 刑事惩戒事由：违反刑事法律规定，需要承担刑事责任的有关行为；B. 行政惩戒事由：违反行政法规规范的内容，需要承担行政责任的相关行为；C. 党纪惩戒事由：党员违反党的纪律规范的规定，应予以党纪惩戒的行为；D. 政纪惩戒事由：公职人员违反行政管理性规范的规定，应予处以行政性惩戒的行为；E. 职业惩戒事由：违反基于法官职业专有属性的规范，应基于法官职业身份予以惩戒的行为。针对以上分类，司法责任制背景下所建立的法官惩戒机制，应基于法官职业惩戒事由而建立。第 A 至 D 项，相关行为已各有相应的法纪规范加以调整，没有必要再将这些行为重复列入惩戒事由。法官惩戒的事由又可细分为基于职务的行为和非基于职务的行为。前者是基于法官行使法官权力或履行法官职务过程中违反权力行使和职务履行规范，需要予以惩戒的行为，也就是一般意义上的对审判责任的追究。通过为法官设定较高的道德和行为标准，从而使人民群众通过看得到的法官日常行为，形成对法官的尊敬和对司法权威性、公正性的认可。

4. 惩戒方式

作为对具有特殊职业属性的法官，其惩戒方式应当紧紧围绕法官的职业特点和资格而设定。惩戒首先应以通过对法官个人在职业身份上的权益限制和资格剥夺为主要惩戒方式。鉴于法官职业的特殊性，以及法官职业对于经验积累的客观要求，对法官的惩戒也应当避免"不教而诛"，对于实施了比较轻微的不当行为的法官，通过恰当的小惩戒或提醒方式，使其及时纠正不当行为从而避免犯更大的错误；而如果法官对于轻度的提醒警示不以为然，又或直接犯了较严重的错误，则需要对其施以更严重的惩戒。

5. 惩戒后果

惩戒的后果是指法官因受到惩戒而对自身职业造成的影响。如是警示性轻惩戒，其后果应主要是对法官起到警示作用，使法官及时纠正自己的不当行为，以及避免再次实施违反规范要求的行为；如是诫勉性中度惩戒，其影响应是使法官能够对自己的行为进行深刻反省和悔过，并使其不能在一定时段内的获得法官职级晋升和荣誉等；如是处罚性重度惩戒，则表明法官已经严重违反了作为法官的最低要求，不符合法官条件，其后果应是免除法官资格，同时还应附有在一定时间段内不得重新成为法官的限制性要求。

6. 惩戒豁免

法官惩戒的豁免是指因特定原因免除追究法官责任而不予惩戒，根据豁免原因的不同，可以分为两类；一类是依照法律的规定，法官的行为虽然造成了损害结果，但因其属于法律授权行为，故不予惩戒，如因法官依法查封涉案财产而造成的被查封人财产价值贬损；另一类是其行为虽依照规定应予追责惩戒，但可以因有效的抗辩而免责，如某案件裁判虽由某法官署名，但该法官可以证明该案件并非由其亲自审理裁判或迫于其他压力而作出非其意见的裁判。豁免的直接作用在于免除对法官的惩戒，而其根本目的还在于保障法官能够依法独立地行使审判权，为司法公正提供有力支持。

检察官惩戒的内涵外延与法官类似，不再赘述。

二、司法人员惩戒价值论

（一）理论依据

1. 司法责任制

从司法权力内部协调的角度看，司法行政事务管理权与审判权、检察权应当进行适当的分离，避免司法行政事务管理权对审判权、检察权的正常行使造成干涉，从而保证法官、检察官依法独立、公正行使审判权、检察权。建立中立的司法人员惩戒机构对法官、检察官的不法行为进行审查并作出应否惩戒的审查意见，是避免司法行政事务管理权借人事处分权干涉审判、检察的重要举措。因此，司法人员惩戒机构中的人员设置应该充分体现中立性和外部性，对司法行政事务管理权的人事处理决定形成制约。

2. 监督司法权力与维护司法职业尊严

司法人员的惩戒必须设置合理的程序，通过合法的惩戒程序才能剥夺法官、检察官职务身份，从而对司法人员进行处分。司法人员在职业受到充分保障之后，才能够理性地分析案件，正确适用法律处理案件。因此，司法人员惩戒机制的制度价值首先体现在维护司法职业尊严上。对于法官、检察官的违法违纪行为应该给予更多的监督和约束，需要建立一套以防止司法腐败、纠正法官和检察官失职行为为目的的制度体系，及时发现和惩戒法官、检察官的不当行为，达到维持司法廉洁和司法公信力的目的。

3. 放权与监督的辩证关系

司法具有救济权利、解决纠纷和监督公权的功能，其司法功能的充分发挥有赖于审判权、检察权的独立行使，必须保证法官、检察官的职业尊严和办理案件的权力不受侵犯及威胁。平衡审判独立与司法权监督之间所体现的辩证关系实质是放权与监督间的调和关系，放权之本意在于实现法官、检察官的独立司法权，但是独立司法权应该建立在司法监督的权力制约基础之上，司法监督不同于干预，必须注意其与行政干预之间的界限，对此，各国一般将司法惩戒机制独立于司法行政体系之外，有专门的惩戒机构执行惩戒权。独立完善的司法惩戒机制是实现司法监督的应有之义，既有监督之责，也有事后惩罚之权。

（二）基本原则

1. 党管干部原则

"党管干部"的核心是保证党对干部选拔任用工作的绝对领导。司法人员惩戒机制是法院、检察院系统内部对法官、检察官失职、违法行为进行惩戒、监督的重要制度，同时也是我党对司法干部进行监督、管理的重要组织制度，需要充分贯彻党管干部的原则。需要研究的问题是司法人员惩戒与党委干部任用权力之间的关系，具体而言是法检系统的纪委党纪监督权力和司法人员惩戒机制之间的相互关系，纪委在党纪作风监督过程中发现的线索与司法人员惩戒之间的机制衔接如何展开。

2. 遵循司法规律原则

针对当前司法制度中行政化问题突出、审者不判、判者不审等现象，改革遵循了去行政化的思路，最终指向于司法权力公正、高效、权威地行使，建立遵循司法活动客观规律的司法惩戒机制，实现权责统一、权力制约的要求，建立"权责统一、权力制约、公开公正、尊重程序"是公、检、法、司机关均需要遵守的司法规律。要赋予司法工作人员处理案件的刚性权力，包括处理不同案件、面对不同情况时的自由裁量权，保证其充分享有自主判断权；司法工作人员要对案件的办案流程负责，对案件的办理结果和质量切实负责。建立相对独立、健全的司法惩戒机制是健全权责统一的司法规律的体现，独立于司法行政体制之外的司法惩戒机制既可以避免司法权力过度行政化，又可以实现对司法权力的有效监督和制约。

3. 客观公正原则

司法的首要价值则在于实现和维护全社会的公平正义。对一个具有鲜明职业属性的惩戒机制而言，给予个体的不公正的惩戒，不仅是对被处罚者个人的不公平，也是对该职业的亵渎，必然会引起整个职业群体的不满。建立司法人员惩戒机制的应有之义是公正客观地处理司法人员惩戒的案件，亦有助于保障司法人员的职业尊严，是实现司法公正的重要保证。

4. 责任与过错相适应原则

过错与责任相适应原则是法律责任认定和归结原则中的一种，是公平观念在归责问题上的具体体现。司法责任制中的核心原则就是确保司法人员责任与其过错行为相适应，有权才有责，过错与相应的责任相适应。

5. 程序正当原则

程序正当原则是理性司法人员惩戒制度应当具备的外部表征，是司法责任惩戒过程中构建的符合形式正义标准的一系列程序规则，主要可以阐述为三个方面：一是程序公开原则。这里的公开主要包含两个含义：①惩戒规范内容的公开，即潜在的惩戒对象对何种责任（行为）会受到什么样的惩戒，是可预见和可控的；②对于每一个行为的具体惩戒，其程序应当是公开的，这不仅是公正原则的内在要求，也是作为职业性惩戒引导其从业者为自己的行为设定标准的必然要求。二是严格程序原则。对法官、检察官的惩戒必须严格依照设定的程序作出，不得随意变更和规避程序，亦即程序的正当性。法官、检察官惩戒的内容往往会涉及法官、检察官的名誉、身份及外在评价，其对法官、检察官所从事的司法审判、检察工作以及被惩戒者个人的权益具有重要的影响，因此必须从保护法官、检察官应有的权益角度出发，依照严格程序开展惩戒工作。要避免人为因素影响所导致的惩戒随意性，以及由此带来的不公正。严格的程序性既体现了法官、检察官作为司法职业主体的属性特点，也是尊重法官、检察官职业群体，保障审判权、检察权正常行使，维护法官、检察官自身权利的内在要求。三是可抗辩原则。当个体法官、检察官将要被惩戒时，该法官、检察官有权通过既定的程序为自己的行为辩护，主张免受惩罚或仅受到较轻程度处罚的权利。其中包含了对行为的豁免抗辩和惩戒错误抗辩：豁免抗辩是以其行为依照规定具有可豁免性，据此不应当被惩戒为理由；惩戒错误抗辩是以对其行为的认定存在错误，不应当被惩戒的理由。从根本上讲，抗辩权利的设定，也是为了保障司法权力的正常行使和维护法官、检察官的个人合法权益。在司法权的司法属性下，抗辩程序应按照准司法模式设立，切实达到保障法官、检察官正当权益的目的。

（三）基本模式

1. 惩戒主体由内部机构走向外部独立机构

在我国实践中，司法人员的惩戒程序实际上与公务员处分程序长期混同。我国现行司法人员的惩戒程序由法院、检察院的内部监察部门主导，受理、立案和调查均由法院、检察院的内部监察部门负责，一般纪律处分由院长决定，法官、检察官的免职决定报人大及其常委会给予批准。法官、检察官的职业特点与普通公务员存在根本区别，法官、检察官的审判、检察权力直接源于法律规定而并不是上级行政指令，同时法官、检察官对于身份独立程度的需求也比普通公务员高，只有依法独立行使职权才能公正裁判。随着经济社会的发展和法治的进步，社会对法院、检察院的角色需求逐渐发生变化，法官、检察官任职的专业性和职业自治也逐渐得到了人们的重视，行政主导的司法人员惩戒程序越来越难以符合司法规律的要求。因此，理想的司法人员惩戒机制改革应该依据正当程序原则专门设立独立的惩戒程序和惩戒机构，参照司法程序建立一套涉及提请惩戒、受理、调查、裁决、救济等的司法人员惩戒机制。

2. 司法人员惩戒程序由行政主导走向司法化

我国司法人员的一般惩戒长期以来主要是由本系统的内部机构负责，而法官、检察官的罢免权力则被授予了各级人大及其常委会。两高《关于建立法官、检察官惩戒制度的意见（试行）》中只是将法官、检察官惩戒委员会作为审议机关，一般纪律处分的决定权依然由人民法院和人民检察院作出，此举并没有从根本上改变原有的内部机构惩戒模式，但是在内部机构作出惩戒之前引入了外部中立的审议机制。法官、检察官惩戒委员会吸收法院、检察院系统以外的法学专家、律师代表加入惩戒委员会，以扩大惩戒委员会的构成范围，从这个方面实现了对司法人员惩戒的外部监督。

三、司法人员惩戒实证论

2018 年 7 月 24 日，郭声琨同志在全面深化司法体制改革推进会上明确指出："构建科学合理的司法责任追究制度，研究出台错案责任追究具体办法，完善法官、检察官惩戒机制，防止制度空转。"以北京市为例，北京市法官、检察官惩戒委员会自 2017 年 3 月 15 日成立以来，先后制定了惩戒委员会章程及惩戒工作办公室规则，构建了组织机构、工作职责、受理程序、议事规则等制度框架，但实践中也确实存在惩戒机制与既有纪检监察机制界定不清晰、惩戒追责刚性不足等问题。从现阶段全国司法实践情况看，尚无一例司法人员受到司法责任惩戒追究的现实案例。

（一）主要任务

1. 明确法官、检察官惩戒委员会的角色定位

法官、检察官惩戒委员会是独立于法院、检察院的专门惩戒审议机构，由司法机构内设的审务、检务督察部门负责司法人员惩戒的受理、立案和调查。法官、检察官惩戒委员会仅是惩戒意见的审查机构，并不具有独立决定权。司法人员惩戒机制依然是由司法行政权力主导，法官、检察官惩戒委员会的应有地位并没有得到全部体现。未来的司法人员惩戒机制应该进一步深挖，优化法官、检察官惩戒委员会的角色定位，尤其是惩戒委员会的审查意见与法院、检察院最终处理决定的相互关系。

2. 明确惩戒事由的范围

我国的法官、检察官惩戒机制几乎全部围绕错案追究展开，因此法官、检察官惩戒的主要事由也主要关注法官、检察官行使审判权、检察权的司法行为是否存在违法或失职。基于错案追究的司法责任制而展开的惩戒事由虽然可以满足人们对司法腐败的控制，但也容易导致法官、检察官在错案追究的责任之下畏首畏尾，因而无法独立、充分地行使职权。然而，目前的惩戒事由中却忽视了与审判、检察间接相关的不当行为，比如，法官在公众视野中的言行举止是否会损害司法公信力和权威，检察官的不当政治表态是否会影响社会公众对司法中立性原则的看法，等等。目前的司法人员惩戒机制忽视了对司法人员间接行为的关注和处罚。

3. 明确惩戒机制的理论前提和价值定位

在科层制的司法体制中，法官、检察官的职业化使其与同僚之间产生认同感，进而形成自己人与外人的界限意识。达玛什卡指出："如果强迫这些官员接受外部人士参与其决策过程，他们会把这种参与视为一种干扰，充其量是一种可以容忍的或无伤大雅的干扰。"因此，未来的司法人员惩戒机制应该兼采行政模

式与司法模式之长，一方面尊重司法人员职业的独立性和自治性，另一方面又采取他治的办法实现惩戒机制对司法的有效约束。

（二）主要问题

1. 法官惩戒机制

一是对于普遍性纪律要求与体现法官职业特殊性的行为纪律要求未作区分，或将二者内容作同等要求。二是惩处措施等同于行政违纪处理措施，缺乏针对法官职业的职业性惩戒措施。三是部分惩戒的事由行为与当前法官实际工作相脱节，不符合当前司法审判规律。四是个别条款规定偏重原则性，缺乏实际操作性。五是个别条款所禁止行为的标准设立得过低，且与其他法律法规重复缀余。六是缺乏对有关司法行为豁免的规定。究其原因，一是法官职业化建设不完善，职业保障不健全，导致相应的惩戒机制不完善；二是对司法属性、司法规律的把握不够准确，导致惩戒机制不够科学。

2. 检察官惩戒机制

一是惩戒机制同等化，检察机关纪检监察机构对检察官违反纪律、法律规定的行为，不论是履职公行为，还是个人私行为，一律依照同样的执纪审查程序进行惩处，未能突出司法办案活动的特殊性；二是惩戒措施同等化，对检察官惩戒措施与行政人员惩戒措施并无实质性差异，未能突出司法办案人员身份的特定性；三是惩戒意见同等化，由检察机关纪检监察机构提出当事检察官是否构成司法过错，对检察官的违法违规行为进行惩处，未能突出司法责任认定的专业性。

（三）完善基本点

1. 明确司法人员惩戒制度的嵌入主体

一是司法人员惩戒制度在法律层面需强化权威依据，虽然两高《关于建立法官、检察官惩戒制度的意见（试行）》及各地制定的《惩戒委员会章程》对司法人员惩戒制度进行了较为详细的规定，但其法律位阶较低。《中华人民共和国法官法》（以下简称《法官法》）、《中华人民共和国检察官法》（以下简称《检察官法》）目前并没有针对司法人员惩戒制度完成相应的修改，司法人员惩戒制度在原则的确立、概念的阐释、制度的建设、惩戒的基本内容和程序方面并没有从法律层面予以明确。嵌入主体缺乏法律上的权威性，是司法人员惩戒制度的一个"硬伤"。二是法官、检察官惩戒委员会职能定位需强化权威性。法官、检察官惩戒委员会没有作出惩戒决定的权力，导使法官、检察官惩戒委员会并不具备"惩戒"司法人员的权力，而只是一个咨询建议机构。因此，嵌入主体的权威性不足，是司法人员惩戒制度在嵌入既有制度过程中面临的首要困境。

2. 明确司法人员惩戒制度的嵌入客体

一是司法人员惩戒与其他改革之间需有效对接，与其他方面的改革措施相比，司法人员惩戒被限缩在一个狭小的生存空间内，在本轮司法体制改革过程中存在被边缘化的问题。二是司法人员惩戒与纪检监察制度之间需有效衔接。在司法人员惩戒制度出台之前，一直是通过纪检监察程序追究司法人员的违法审判、检察责任。司法人员惩戒制度出台后，法院的纪检监察程序依然在运行，迄今为止，没有任何规定要求纪检监察程序不再处理司法人员的违法审判、检察问题。这就造成了目前司法人员惩戒与纪检监察都在处理司法人员的违法审判、检察问题。当以上机关都在处理同一个问题线索时，因缺乏必要的衔接，现阶段其相互关系是并行还是有先后顺序，先作出的决定对于后者是否有约束力或者有参照性，目前均不明确。三是惩戒机构与法检其他职能部门需明确关系。司法人员惩戒的机构主要是法官、检察官惩戒委员会及司法人员惩戒工作办公室。司法人员惩戒机构与法院、检察院其他部门之间的关系目前尚无明确规定。

3. 明确司法人员惩戒制度的嵌入机制

一是司法人员惩戒需优化启动机制。实践中，对司法人员违反审判、检察职责的行为识别难度较大，导致惩戒范围在认识上存在模糊。有些既涉嫌违法审判也涉嫌违反党纪政纪的，可能往往会按照更为熟悉和常规的党纪政纪处分程序进行处理解决。因此，相对于违纪违法来说，轻微违反审判、检察职责的行为识别难度更大，启动起来也更难；严重的违法审判、检察很可能构成违法犯罪，直接进入监察程序或刑事司法程序，由于范围模糊，导致迄今为止尚无启动该程序的案例出现。二是司法人员惩戒调查与纪检监察调查应有效区分。两高《关于建立法官、检察官惩戒制度的意见（试行）》规定由法院、检察院对司法人员涉嫌违反审判、检察职责的行为进行调查核实，需要认定故意或重大过失的，应当在查明事实的基础上，提请惩戒委员会审议。而惩戒委员会作出的审查意见需要基于查明的事实，如果事实已经由法院、检察院相关部门查明，则很可能会按照原来既有的纪检监察程序进行处置，即便再提交惩戒委员会作出一个审查意见，也将沦为形式，司法人员依然会受到党纪政纪的相应处理，法官、检察官惩戒委员会的独立价值也将大打折扣。三是司法人员惩戒的审议机制设计应更加完善。关于惩戒委员会在审议涉嫌违法审判、检察案件时，由谁向惩戒委员会进行汇报存在争议。《关于完善人民法院司法责任制的若干意见》和《关于完善人民检察院司法责任制的若干意见》明确由省级高级法院、省检察院的监察部门进行汇报，但两高《关于建立法官、检察官惩戒制度的意见（试行）》则又规定由有关法院进行汇报。各试点地区对惩戒委员会是否应当组织听证存在规定不一的现象。因合议性是惩戒委员会的特征之一，而惩戒委员会在合议时的表决程序没有相应的细则。

4. 明确司法人员惩戒制度的嵌入效果

法官、检察官惩戒委员是一种相对外部的监督，能够一定程度上消除传统惩戒内部自我监督的弊端。然而，目前司法人员惩戒制度的以上功能并未完全发挥出来，相关问题线索或者通过纪检监察程序处理，或者进行组织处理，或者直接按照刑事监察调查程序处理，最终导致司法人员惩戒制度失去适用空间。初步构建形成的惩戒制度尚未实际运行，形成了"没有制度要制度，有了制度当摆设"的怪圈，司法人员惩戒制度的功能效果自然无法实现。

四、司法人员惩戒设置论

（一）惩戒委员会的设立及构成

1. 设立

在省（自治区、直辖市）一级设立法官、检察官惩戒委员会。设立惩戒委员会的法院应选择在最高法院、高级法院和有需要的中级法院。关于惩戒委员会与遴选委员会是否合并设立问题，惩戒委员会与遴选委员会单独设立的模式虽然在一定程度上增加了制度运行的成本，但是更能保证法官、检察官惩戒委员会的专业性和独立性，提高了法官、检察官惩戒委员会工作的效率，使其能够集中精力处理与惩戒有关的事宜。

2. 属性

一是专业性。法官、检察官惩戒委员会中应当包含一定比例的法官、检察官，同时，还应当吸收法律职业共同体中的法学专家、律师等专业主体参加，不仅可以使惩戒决定更加周延，还可以减少社会的疏离误解，增加对司法的信赖。二是民主性。对法官、检察官的惩戒不应看作仅是法律职业共同体内部的事情，应当吸收人大代表、政协委员的参与，以参与主体的多样性体现惩戒的民主性。要协调好民主性与专业性之间的矛盾，合理分配惩戒委员会组成人员中司法人员与其他人员的比例。三是有限性。"司法责任"不是一个囊括司法人员所有惩戒规范的"口袋"概念，而是司法人员行使司法权力违法或不当所要承受的负面后果，其前提是司法权的行使。

3. 构成

以北京为例，惩戒委员会委员由政治素质高、专业能力强、职业操守好的人员组成，分为专门委员、专家委员和法官、检察官代表委员三类，共15名。专门委员由市委政法委、市委组织部及纪检监察部门分管领导担任，共3名。专门委员实行席位制，遇工作变动，由其接任人员自然递补。专家委员从社会有关人员中择优聘任，共4名（含人大代表1人、政协委员1人、法学专家代表1名、律师代表1名）。专家委员实行任期制，每届任期3年，届满至少改选1/2，连任不超过两届。法官、检察官代表委员从全市三级法院、检察院中选任，共8名（法院、检察院各4名，其中各个层级法院、检察院不少于1名）。法官、检察官代表委员实行任期制，每届任期3年，届满至少改选1/2，连任不超过两届。惩戒委员会设主任 1 名，由实践经验丰富、德高望重的资深法律界人士担任。主任由法治建设领域改革专项小组推选把关并经决议程序产生，负责主持惩戒委员会工作，实行任期制，每届任期 3 年，连任不超过两届。设副主任 1 名，由主任从全体委员中推选并经决议程序产生。专项小组办公室负责对惩戒委员会日常工作的组织协调。

（二）惩戒委员会的职能及相互关系

1. 职能

一是审查职能。即对可能证明某法官、检察官存在应被惩戒的材料进行核实审查，包括听取材料提供部门的调查及处理意见，听取当事法官、检察官的申辩，召开听证会等各种辅助性工作。二是决定职能。即根据审查结果，作出是否给予法官、检察官惩戒，以及给予何种惩戒的审查意见。若经过审查认定某法官、检察官行为应予惩戒，惩戒委员会应作出对该法官、检察官给予惩戒的决定并实施该惩戒，同时将法官、检察官的惩戒记录在案；若认定不应给予惩戒，应作出不予惩戒的决定，并说明原因。

2. 定位

一是省级设置定位。法官、检察官惩戒委员会原则上在省一级设立，并相应地在省级检察院设立法官、检察官惩戒工作办公室，同一省辖区内的法官、检察官涉嫌违反检察职责，需要进一步认定司法责任的，都应当层报至省级法院、检察院的法官、检察官惩戒工作办公室，再由其提请法官、检察官惩戒委员会审议。二是独立第三方定位。惩戒委员会本身具有中立性，不是权力机构，也不隶属于任何权力机关。但是，作为法官、检察官惩戒事项的审议机构，法官、检察官惩戒委员会又不同于一般意义上的行业性自律组织，因为它在一定程度上已经介入司法权运行机制的监督制约环节，是带有一定公权力色彩的第三方机构。三是专业审查定位。法官、检察官惩戒委员会的职责仅限于法官、检察官司法责任的专业评定确认，并不享有直接进行惩戒的权力，其所行使的是审查评定的权力；仅对法官、检察官涉嫌违反审判、检察职责的行为进行审议，而对于该情形以外的其他违法违纪行为只能由其他有关职能部门调查核实，并依照法律及有关纪律规定进行处理。

3. 职能关系

一是与纪检监察部门的职能关系。司法行为违反党纪政纪规范及法律，同时也违反法官、检察官惩戒规定，则在作出党纪政纪处理的同时，将相关材料交惩戒委员审核，作出法官、检察官司法责任层面的惩戒；司法行为没有违反党纪政纪规范，但涉嫌违反法官、检察官惩戒规定，则应由监察部门先按照监察权限进行核查，再将核查的结果及相关材料交由惩戒委员会进行审核及处理。二是与政工部门的职能关系。如法官、检察官受到惩戒后，需要在档案中记录处分情况的，需要政工部门来完成；对因被惩戒而在一定时期内不能获得荣誉或晋升的法官、检察官，需要负责相关工作的政工部门在开展工作时落实到位；法官、检察官因受到惩戒而被取消法官、检察官资格的，还需要政工部门对具体的程序做好衔接和安排。三是与遴选委员会的职能关系。从廉政关口前移的角度，对于惩戒委员会在惩戒法官、检察官工作中发现的具有代表性的风险点，应通过与遴选委员会的及时沟通，将这些风险点的预防与法官、检察官的遴选相衔接，使将来可能发生问题的人，止步于法官、检察官行业的门口；同时，鉴于一些省市遴选委员会兼具审核剥夺法官、检察官资格的职能，惩戒委员会在作出建议对法官、检察官予以惩戒的审查意见时，可依据实际情况将相关审查意见抄送遴选委员会，加强相关工作职能及信息的沟通传导。

五、司法人员惩戒运行论

（一）司法责任认定原则

1. 过错责任原则

在法官、检察官没有过错的情况下，其行为不可能具有法定的可非难性。与民法上过错责任原则不同的是，法官、检察官惩戒制度中过错责任原则的适用存在更多的难点，尤其是在法官、检察官通过司法裁决作出的实体性认定方面，因为其本身就存在自由裁量权的运用问题，所以在个案办理中，对于认定法官、检察官实体处理结果是否存在过错应当是非常专业而谨慎的。

2. 违法责任原则

违法责任原则即确定法官、检察官应该接受惩戒的标准在于是否违反了法律的规定。在法官、检察官惩戒中单纯适用违法责任原则会存在以下问题：一是法律本身具有滞后性，在法律没有规定的范围内，法官、检察官若出现应该接受惩戒的行为时会造成无法可依；二是法官、检察官职业本身的特殊性，在员额制背景下，能够成为法官、检察官的人应该都是对法律的适用具备非常强的专业知识的人，这也使得法官、检察官在自己做出不当行为时相对容易规避法律；三是针对法官、检察官的自由裁量权问题，法律并没有明确设定其行使方式，法官、检察官的自由裁量行为只要是在法定的范围之内都被认为是合法的。然而，在自由裁量权范围内，法官、检察官的行为也完全可能悖法而行、逆权而行，即便在合法的范围内和形式下，也完全可能出现懈怠、漠不关心、没必要的延长审限、不积极调查执行线索等问题，这些都使自由裁量权成为难以衡量和评价的问题。

3. 重过错责任原则

法官、检察官的自由裁量权是必要而且不可避免的，但既然称之为"权"，那么自由裁量权如果毫无约束地行使，就很有可能产生徇私或者腐败风险。如果过分束缚法官、检察官自由裁量权的行使，又不符合成文法国家的现状和司法审判、检察的需要。因此，在法官、检察官惩戒制度中有必要考虑到法官、检察官的自由裁量权来确定重过错责任原则。所谓法官、检察官惩戒制度中在自由裁量权领域适用重过错责任原则，顾名思义，即只有在法官、检察官明显不当行使自由裁量权认定证据、作出判决、引导程序时才可以追究相应责任。"明显不当"的认定，应该以一般法学专业人士的判断为标准，在实践中可以限缩为惩戒委员会委员及负责惩戒事项调查核实的相关职能部门工作人员等。

4. 特定条件豁免原则

特定条件豁免原则的目的在于给予法官、检察官"盾牌"，抵制各方非法干涉以及报复，让法官、检察官能够秉承法律理性，最终作出符合司法正义的判决。二者是敦促法官、检察官实现正义的两道保障性防线。第一道防线为法官、检察官豁免，第二道防线为法官、检察官追责。当出现相应事件需要追责法官、检察官时，如果符合法官、检察官豁免条件的，将被第一道防线过滤，保障法官、检察官权益。如果冲破第一道防线，法官、检察官将受第二道防线的责难，追究其相应责任。

（二）责任主体和范围

1. 法官责任主体

法官惩戒制度中的法官是指法官员额制后入额的法官。不包括司法辅助人员和司法行政人员。独任制审理的案件，由独任法官对案件事实认定和法律适用承担全部责任。合议庭审理的案件，合议庭成员对案件的事实认定和法律适用共同承担责任。进行违法审判责任追究时，根据合议庭成员是否存在违法审判行为、情节、合议庭成员发表意见的情况和过错程度合理确定各自责任。法官对审判辅助人员的职责权限和分工负有审核把关职责的，法官也应当承担相应责任。审判委员会讨论案件时，合议庭对其汇报的事实负责，审判委员会委员对其本人发表的意见及最终表决负责。案件经审判委员会讨论的，构成违法审判责任追究情时，根据审判委员会委员是否故意曲解法律发表意见的情况，合理确定委员责任。审判委员会改变合议庭意见导致裁判错误的，由持有多数意见的委员共同承担责任，合议庭不承担责任。审判委员会维持合议庭意见导致错误裁判的，由合议庭和持有多数意见的审判委员会委员共同承担责任。合议庭汇报案件时故意隐瞒主要证据或者重要情节，或者故意提供虚假情况，导致审判委员会作出错误决定的，由合议庭成员承担责任，审判委员会委员根据具体情况承担部分责任或者不承担责任。审判委员会讨论案件违反民主集中制原则，导致审判委员会决定错误的，主持人应该承担责任。法官因受插手、干预办案导致裁判错误的，且法官不记录或者不如实记录，应该排除干预而没有排除的，承担违法审判责任。法官插手、干预其他法官承办案件的，无论是否导致裁判错误，均应该承担责任。负有监督管理职责的法官超出职权范围内插手、干预其他法官承办案件的，负有监督管理职责的法官应承担责任。受干预法官若存在无法排除的干扰并如实记录的，不承担或者减轻责任。

2. 检察官惩戒主体

人民检察院基本办案组承办并作出决定的案件，由检察官独立承担责任。组合办案、协同办案以及专案组承办的案件，由办案组负责人和其他检察官共同承担责任。办案组负责人对职权范围内决定的事项承担责任，其他检察官对自己的行为承担责任。检察官向检察委员会汇报案件时，故意隐瞒、歪曲事实，遗漏重要事实、证据或情节，导致检察委员会作出错误决定的，由检察官承担责任；检察委员会委员根据错误决定形成的具体原因和主观过错情况承担部分责任或不承担责任。检察辅助人员参与司法办案工作的，根据职权和分工承担相应的责任。检察官有审核把关责任的，应当承担相应的责任。属于检察长、副检察长或检察委员会决定的事项，检察官对事实和证据负责，检察长、副检察长或检察委员会对决定事项负责。检察长、副检察长除承担监督管理的司法责任外，对在职权范围内作出的有关办案事项决定承担完全责任。检察官根据检察长、副检察长的要求进行复核并改变原处理意见的，由检察长、副检察长与检察官共同承担责任。检察长、副检察长改变检察官决定的，对改变部分承担责任。上级人民检察院不采纳或改变下级人民检察院正确意见的，应当由上级人民检察院有关人员承担相应的责任。下级人民检察院有关人员故意隐瞒、歪曲事实，遗漏重要事实、证据或情节，导致上级人民检察院作出错误命令、决定的，由下级人民检察院有关人员承担责任；上级人民检察院有关人员有过错的，应当承担相应的责任。

3. 责任范围

法官、检察官在司法工作中，故意违反法律法规的，或者因重大过失导致案件错误并造成严重后果的，依法应当承担司法责任。法官、检察官有违反职业道德准则和纪律规定，接受案件当事人及相关人员的宴请、财物，与律师进行不正当交往等违纪违法行为，依照法律及有关纪律规定另行处理。

4. 法官责任范围及豁免

法官在办案工作中有下列情形之一的，应当追究相关人员的司法责任：违反规定私自办案或者制造虚假案件的；涂改、隐匿、伪造、偷换和故意损毁证据材料的，或者因重大过失丢失、损毁证据材料并造成严重后果的；向合议庭、审判委员会汇报案情时故意隐瞒主要证据、重要情节和故意提供虚假材料的，或者因重大过失遗漏主要证据、重要情节导致裁判错误并造成严重后果的；制作诉讼文书时，故意违背合议庭评议结果、审判委员会决定的，或者因重大过失导致裁判文书主文错误并造成严重后果的；违反法律规定，对不符合减刑、假释条件的罪犯裁定减刑、假释的，或者因重大过失对不符合减刑、假释条件的罪犯裁定减刑、假释并造成严重后果的；其他故意违背法定程序、证据规定等法律规则违法审判的，或者因重大过失导致裁判结果错误并造成严重后果的。人民法院负有监督管理职责的人员等因故意或者重大过失，怠于行使或者不当行使审判监督权和审判管理权导致裁判错误并造成严重后果的，依照有关规定应当承担监督管理责任。法官在办案工作中因下列情形之一，导致案件按照审判监督程序提起再审后被改判的，不得作为错案进行责任追究：对法律、法规、规章、司法解释及政策具体条文的理解和认识不一致，在专业认知范围内能够予以合理说明的；对案件基本事实的判断存在争议或者疑问，根据证据认定规则能够予以合理说明的；当事人放弃或者部分放弃权利主张的；因当事人过错或者客观原因致使案件事实认定发生变化的；因出现新证据而改变裁判的；法律修订或者政策调整的；裁判所依据的其他法律文书被撤销或者变更的；因工作失误出现司法瑕疵，但不影响案件结论的正确性和效力的；其他依法履行审判职责不应当承担责任的情形。

5. 检察官责任范围及豁免

检察官在办案工作中故意实施下列行为之一的，应当承担司法责任：包庇、放纵被举报人、犯罪嫌疑人、被告人，或使无罪的人受到刑事追究的；毁灭、伪造、变造或隐匿证据，或因怠于取证致使关键证据损毁灭失的；刑讯逼供、暴力取证或以其他非法方法获取证据的；违反规定剥夺、限制当事人、证人人身自由的；违反规定限制诉讼参与人行使诉讼权利，造成严重后果或恶劣影响的；超越刑事案件管辖范围初查、立案的；非法搜查或损毁当事人财物的；违法违规查封、扣押、冻结、保管、处理涉案财物的；对已经决定给予刑事赔偿的案件拒不赔偿或拖延赔偿的；违法违规使用武器、警械的；其他违反诉讼程序或司法办案规定，造成严重后果或恶劣影响的。检察官在办案工作中有重大过失，怠于履行或不正确履行职责，造成下列后果之一的，应当承担司法责任：认定事实、适用法律出现重大错误，或案件被错误处理的；遗漏重要犯罪嫌疑人或重大罪行的；错误羁押或超期羁押犯罪嫌疑人、被告人的；涉案人员自杀、自伤、行凶的；犯罪嫌疑人、被告人串供、毁证、逃跑的；举报控告材料或其他案件材料、扣押财物遗失、严重损毁的；举报控告材料内容或其他案件秘密泄露的；其他严重后果或恶劣影响的。人民检察院负有监督管理职责的检察人员因故意或重大过失怠于行使或不当行使监督管理权，导致司法办案工作出现严重错误的，依照有关规定应当承担监督管理责任。检察官在办案工作中虽有错案发生，但在履行职责中尽到必要注意义务，没有故意或重大过失的，不承担司法责任。检察官在事实认定、证据采信、法律适用、办案程序、文书制作以及司法作风等方面不符合法律和有关规定，但不影响案件结论的正确性和效力的，属司法瑕疵，依照相关纪律规定处理。

（三）审查认定程序

1. 审查受理

惩戒工作办公室接收人民法院、人民检察院履行惩戒职能的部门报送的调查核实材料后，对建议提交惩戒委员会审议的，应当审查以下内容：责任主体是否适格；是否属于惩戒委员会受理范围；调查核实材料是否齐备。调查核实材料主要包括：提请审议书、调查报告、证据材料目录和法律法规依据。提请审议书应当简要阐述提请审议事项、基本事实、证据名称和调查结论。调查报告应当详细阐明当事法官、检察官基本情况，调查核实线索来源及流程，事实认定，举证质证认证情况，争议焦点分析，调查结论和处理意见等。惩戒工作办公室接收人民法院、人民检察院履行惩戒职能的部门报送的调查核实材料后，建议不提交惩戒委员会审议的，惩戒工作办公室应当进行备案核查。经核查认为可能符合惩戒委员会审议条件的，可以要求相关人民法院、人民检察院复核。

2. 审议筹备

惩戒工作办公室受理司法责任审议事项后，应当在 30 日内向惩戒委员会秘书处（以下简称"秘书处"）报送提请审议书及调查核实材料。秘书处经报请法治建设领域改革专项小组组长和惩戒委员会主任审批同意后，应当在 30 日内召开惩戒委员会会议。决定召开惩戒委员会会议后，秘书处至迟在惩戒委员会召开 10 日前通知惩戒工作办公室，并将提请审议书送达惩戒委员会委员和当事法官、检察官、相关责任人。当事法官、检察官、相关责任人有权查阅、摘抄、复制调查核实的相关证据。确定惩戒委员会会议日期后，至迟在惩戒委员会会议召开 3 日前，将会议时间、地点通知惩戒工作办公室、惩戒委员会委员和当事法官、检察官、相关责任人。

3. 审查认定

惩戒委员会召开全体会议审议司法责任事项，须由三分之二以上委员出席。市高级人民法院、市人民检察院履行惩戒职能的部门应当派员出席会议，当事法官、检察官、相关责任人所在人民法院、人民检察院履行惩戒职能的部门可以派员出席会议。秘书处、惩戒工作办公室有关人员可以列席会议。

在审议流程上，惩戒委员会审议司法责任事项时，主持人应当确认到会委员人数符合审议条件；参加审议的人民法院、人民检察院履行惩戒职能的部门人员，当事法官、检察官、相关责任人均已到场，宣布审查事项；告知当事法官、检察官、相关责任人参与审议的惩戒委员会委员名单，并告知其享有陈述、举证质证、辩解和申请回避等权利。市高级人民法院、市人民检察院履行惩戒职能的部门人员宣读提请审议书，通报当事法官、检察官、相关责任人的违法办案事实及依据。当事法官、检察官、相关责任人可以就提请审议书认定的事实和性质进行陈述。惩戒委员会委员可以向当事法官、检察官、相关责任人发问。市高级人民法院、市人民检察院履行惩戒职能的部门人员就当事法官、检察官、相关责任人违法办案行为和主观过错进行举证，当事法官、检察官、相关责任人进行质证。当事法官、检察官、相关责任人可以就其无责或责任较轻的主客观事实进行举证，市高级人民法院、市人民检察院履行惩戒职能的部门人员进行质证。当事法官、检察官、相关责任人所在人民法院、人民检察院履行惩戒职能的部门人员可以进行补充。市高级人民法院、市人民检察院履行惩戒职能的部门人员和当事法官、检察官、相关责任人对证据和办案情况发表意见并且可以围绕争议焦点相互辩论。主持人宣布辩论终结后，听取当事法官、检察官、相关责任人的最后陈述。市高级人民法院、市人民检察院履行惩戒职能的部门人员和当事法官、检察官、相关责任人退场后，惩戒委员会进行评议。法官、检察官代表委员，专家委员，专门委员依次发表意见，主持人最后发表意见。惩戒委员会经当场或择期研究评议，根据查明的事实、证据和相关规定，对当事法官、检察官、相关责任人构成故意违反职责、存在重大过失、存在一般过失或者没有违反职责提出审查意见。表决采取书面记名投票方式，每名委员一票，须由全体委员三分之二以上通过有效。因回避等事由达不到全体委员三分之二以上比例的，须由参加表决委员三分之二以上通过有效。主持人根据计票结果宣告审查意见。当场宣告的，应当在 10 日内将审查意见书送达当事法官、检察官、相关责任人和市高级人民法院、市人民检察院；择期宣告的，应当在宣告后立即将审查意见书送达当事法官、检察官、相关责任人和市高级人民法院、市人民检察院。

在程序救济上，当事法官、检察官、相关责任人对审查意见书有异议的，应当在审查意见书送达之日起 15 日内，通过惩戒工作办公室向秘书处申请复议。惩戒委员会应当对异议及其理由进行审查，作出复议审查意见，并书面回复当事法官、检察官、相关责任人。审查意见书申请复议期满或经复议审查生效后，秘书处将审查意见书报惩戒委员会主任同意，由惩戒工作办公室送达市高级人民法院、市人民检察院党组。当事法官、检察官、相关责任人对生效审查意见书，可以通过惩戒工作办公室向惩戒委员会提出申诉。申诉符合下列情形之一的，惩戒委员会应当重新审查：有新的证据证明原审查意见认定的事实确有错误，可能影响审查结论的；据以审查认定的证据不确实、不充分，或者证明办案事实的主要证据之间存在矛盾的；违反审议程序，可能影响公正审议的；惩戒委员会委员在审议该案件的时候，有贪污受贿、徇私舞弊等行为的，但相关委员行为对惩戒委员会审查意见未造成实质影响的除外。

4. 惩戒追责

对于惩戒委员会作出的生效审查意见，按照以下不同情形处理：惩戒委员会认为当事法官、检察官、相关责任人违反司法职责的行为属实，已构成故意或者因重大过失导致错误并造成严重后果的，应当由人民法院、人民检察院作出惩戒决定。惩戒委员会认为当事法官、检察官、相关责任人构成一般过失的，由惩戒工作办公室通知当事法官、检察官、相关责任人所在人民法院、人民检察院视具体情形给予相应的处理。惩戒委员会认为当事法官、检察官、相关责任人没有违反司法职责的，由惩戒工作办公室通知当事法官、检察官、相关责任人所在人民法院、人民检察院宣告审查意见，并做好履职保障工作。惩戒委员会认为当事法官、检察官、相关责任人违反司法职责行为属实的，可以提出退出员额的建议，并由惩戒委员会秘书处将建议抄送法官、检察官遴选委员会。对应当追究违法司法责任的当事法官、检察官、相关责任人，根据其应负责任，依照有关规定处理：应当给予停职、延期晋升等处理的，由组织人事部门按照干部管理权限和程序依法办理；违反法官、检察官履职规定，建议退出员额，免除法官、检察官职务的，责令辞职、辞退等处理的，由惩戒工作办公室会同遴选工作办公室，按照员额退出规定和程序办理；给予纪律处分的，由纪检、监察部门、相关党组织依照有关规定和程序依法办理；涉嫌违法犯罪的，由纪检、监察部门将违法线索移送有关监察委员会依法处理。免除法官、检察官职务，应当按法定程序提请人民代表大会常务委员会作出决定。当事法官、检察官、相关责任人所在人民法院、人民检察院，应当在审查意见生效之日起 6 个月内将惩戒决定执行情况反馈惩戒工作办公室，由惩戒工作办公室向惩戒委员会报告。

5. 履职保障

在案件办理的各个阶段，除非确有证据证明当事法官、检察官、相关责任人存在贪污受贿、徇私舞弊、枉法裁判等严重违法司法行为外，其依法履职的行为不得暂停或者终止。当事法官、检察官、相关责任人因依法履职遭受不实举报、诬告陷害，致使名誉受到损害的，经惩戒委员会等组织认定不应当追究司法责任的，人民法院、人民检察院履行惩戒职能的部门、新闻宣传部门等应当在适当范围以适当形式及时澄清事实，消除不良影响，维护良好声誉。当事法官、检察官、相关责任人因接受调查暂缓等级晋升的，后经有关部门认定不构成司法责任，或者惩戒委员会作出无责或者免责审查意见的，其等级晋升时间从暂缓之日起连续计算。符合晋升条件的，应按照有关规定晋升。

六、总结与展望

在现有研究的基础上，为进一步推动司法人员惩戒机制健全完善，今后应处理好以下三个方面的问题：

一是构建以司法责任为核心的司法人员惩戒责任体系。鉴于司法人员惩戒责任体系具有广泛性和多元性，在对司法人员提出较高道德义务和诚信标准的基础性，应将惩戒责任体系的核心定位于司法责任，即"故意违反法律法规导致案件错误""因重大过失导致案件错误并造成严重后果"两类，而其他违反职业伦理道德和纪律规定的行为固然可以纳入司法人员惩戒责任体系，但不应纳入司法责任惩戒范围。司法责任惩戒范围的厘清，一方面符合司法责任制下权力运行的本意，将司法权力精确地对接于司法责任；另一方面有助于科学设定司法人员职权保护的范围，对于司法责任惩戒范围内的事项适用司法人员职权法定规则，不属于司法责任惩戒范围的事项不适用该规则，从而明确司法权力"防护罩"的理性边界。为了避免司法责任范围的过度封闭，建议通过顶层设计方式，在现有司法责任惩戒范围的基础上增设兜底条款，对不属于上述两类司法责任情形的，由惩戒委员会通过研究审议等方式认定新增司法责任的属性范畴。为做好此项工作，应当加强对司法责任的专业化研究，如考虑在法理学之司法学的学科体系下，将司法惩戒学作为司法学的重要分支，构建兼具理论和实践内容的学科体系。

二是深入研究司法人员惩戒与纪检、监察等相关职权及程序之间的关系。司法责任惩戒本质上属于顶层设计范畴，需要中央从立法上明确司法责任惩戒与其他党纪政纪、法纪惩戒的定位差异及其位阶关系。本文在研究阶段曾多次研究论证与监察委员会、法院检察院纪检等部门的职权关系，但因相关法律法规及工作规范尚待完善，在制定出台《北京市法官检察官司法责任惩戒工作办法》过程中对相关内容暂未涉及。从研究展望的角度看，鉴于监察委员会、司法机关纪检部门等主要涉及对司法人员的刑事、行政和党纪处理，与司法责任惩戒适用的领域不同，在制度规则的发展走向上应当明确两个方向：一个方向是，明确对司法人员资格身份的剥夺属于司法责任范畴，除宪法和法律明确规定的应当开除公职的情形外，原则上不应直接依据党纪、政纪、法纪处理结果对司法人员资格身份进行处理；另一个方向是，探索设置惩戒委员会对司法责任的前置审核程序，即拟对司法人员进行涉及司法责任的违法违纪调查前，应当由惩戒委员会对司法责任问题先行审查，所作出的审查意见应当作为监察委员会、纪检部门等进行调查的重要依据，当事司法人员对于相关党纪、政纪、法纪处理程序及结果不服的，有权以相关司法责任事项未经惩戒委员会审核把关为由进行抗辩，并以此作为启动重新审查的依据。可以预期，随着惩戒委员会法律地位及司法公信力的提升，在适当的时机可以考虑以建立诸如国外的司法审查法院或专业法庭等方式，形成集责任审查及追责处置为一体的司法化惩戒程序，由此作为更加独立、权威、高效的司法责任审查认定处置机构。

　　三是深化研究法官惩戒委员会和检察官惩戒委员会相关程序的关系。如前所述，随着《法官法》《检察官法》的修订，未来不排除法官惩戒委员会、检察官惩戒委员会分设的可能性，但鉴于独立分设可能导致司法责任认定标准的过度偏差，且不符合司法案件在审查起诉阶段和审判阶段皆有涉及的司法规律，本文不主张设立完全独立的两个惩戒委员会，而是在统一的司法人员惩戒委员会统筹下，对相关组织架构、制度规则和制度运行统筹性地进行监督管理，在此基础上，设立相对独立的分委员会开展本领域司法责任的审查，并根据司法人员惩戒委员会的决定，临时确定特定司法人员的司法责任采取分委员会独立审查或合并审查方式，如果采用独立审查方式，则法官司法责任由法官惩戒委员会审查确定，检察官司法责任由检察官惩戒委员会审查确定，如果采用合并审查方式，则由法官惩戒委员会、检察官惩戒委员会分别派出一定数量的委员合并组成惩戒委员会，按照现有法官、检察官惩戒委员会的审查方式审查确定。随着司法人员惩戒机制的逐步完善，可以在司法责任多元化的背景下，逐渐将公安人员惩戒委员会、司法行政人员惩戒委员会等纳入分委员会范畴，确立惩戒委员会在司法职业全领域的惩戒审核把关地位。

司法大数据应用的法治保障

王　成*

第一章　司法大数据应用的现状

一、司法大数据的含义

随着云计算、移动互联网、智慧城市和物联网的快速发展，全球数据量呈现指数级增长，"大数据时代"已经到来。2015年国务院印发的《促进大数据发展行动纲要》，提出要"通过促进大数据发展，加快建设数据强国"。在司法领域中，国家最高司法机关对于司法大数据的建设和研究也高度重视。最高人民法院和最高人民检察院分别提出建设"智慧法院"和"智慧检务"的目标，同时分别成立了中国司法大数据研究院和智慧检务创新研究院。社会各界力量也积极推动司法大数据技术的实际应用，重视法律法规的整理以及对司法案例的搜集、分类与深度分析。

司法大数据不能简单地理解为"司法＋大数据"，对大数据司法的理解应结合"智慧法院""智慧检务"等相关概念，应当特别强调通过数据的运用产生智慧。司法数据相当于生产资料，互联网相当于基础设施，云计算相当于生产工具，三者共同组成了信息时代的司法大数据。[1] 司法大数据作为大数据在司法领域的一个子集，是指全面反映司法机关以及工作人员依照法定职权和法定程序依法处理案件过程中所体现的案件相关人、事、物的数量特征、时空分布特征以及变化过程的海量、多源的异构数据。[2] 由此形成的数据信息不仅反映司法机关的司法工作、法律实施情况和经济社会发展状况，而且是司法部门实现科学决策、科学管理和积极参与社会治理的重要手段。因此，司法大数据是记载司法部

---

* 课题主持人：王成，北京大学教授。立项编号：BLS（2017）A007-1。结项等级：优秀。

〔1〕 倪寿明：《充分挖掘司法大数据的超凡价值》，载《人民司法（应用）》2017年第19期。

〔2〕 李代超、吴升：《面向不同主题的犯罪大数据可视分析》，载《地球信息科学学报》2014年第5期。

门的历史与现实的重要社会信息资源。

二、司法大数据应用的主要类型及价值

世界范围内的司法大数据应用广泛，实践多样，成效斐然，已成为欧美许多国家新一轮司法改革的重要内容。整个大数据产业仍处于不断发展的探索期，在我国，司法大数据的应用方式和程度也日新月异，目前我国的司法大数据应用大致可以概括为两种类型，系统性应用和探索性应用。系统性应用主要表现为智慧法院、智慧检察院等系统性机构建设，是司法机关对国家层面推动信息化建设和大数据战略的响应；探索性应用主要是建立在数据开放共享基础上，掌握司法大数据的司法机关允许普通民众对司法数据进行重复利用和深度分析。

在司法领域，海量的司法数据为我们所带来的不只是对规律的重新认识，更在提升司法质效、提升司法管理能力、规范司法行政活动、促进司法改革、提升司法治理能力、促进党和政府的司法决策等方面有重大意义。

三、司法大数据应用的法治挑战

司法大数据产业发展尚处于初创阶段，基本产品形式或服务模式尚未真正成型，司法大数据的产品或服务均处于探索阶段。[1]与之相应的，当前中国语境下司法大数据应用创新也存在明显的法律空白，要实现更有效的利用和更长远的发展，解决法治方面的挑战是不能回避的问题。概括而言，无论是系统性应用还是探索性应用模式，在司法大数据的应用过程中都会涉及到两个关键性的法律问题，一是司法大数据各类应用中所涉及的个人信息利用规则及其有效保护的问题；二是经过加工处理后的数据的权属确定、使用规则及其保护问题。

实际上，对于目前各领域行业的大数据应用实践而言，这两个问题都是亟待解决的基本行为规则。只有明确个人信息保护及数据权属的相关规则，大数据应用的创新才能充满活力，各类应用才能确实发挥其价值，有序发展。也只有在这一基础上，再关注司法大数据应用中的一些特殊性法律问题，才能实现司法领域大数据产业健康稳定的发展，助力国家的司法制度现代化进程和大数据战略的实施。

第二章 司法大数据应用中的个人信息权利保障

一、引言

经过现代大数据技术和商业的挖掘或者重新利用，个人信息具备人格和财产上的重大价值，因而与民法上的既有财产利益、人身利益具有同样的属性，都属

---

[1] 参见李鑫：《中国法律大数据产业发展研究》，载《经济与社会发展》2017年第2期。

于自然人的民事利益。只有正视个人信息的私法属性，通过界定民事权益的方式赋予自然人对其个人信息的某种前提性权益并明确其边界，才能充分应对技术和商业发展对个人自由的挑战，从而适应不断发展的社会现实与实践需要。[1]否则，在缺乏民事法律提供的最基础保护的前提下，刑法等法律对个人信息的保护势必成为无源之水，独木难支。[2]

对于财产利益和人身利益，民法通过设计财产权利、人身权利及合法利益（法益）的方法，由此展开具体法律制度和规则的构建。同样地，对于个人信息，也可以循着传统民法的解决思路，将其纳入到民法既有的规范逻辑中加以构建。如果这一判断成立的话，需要考察的是，民法既有权利类型能否涵盖个人信息？如果答案是肯定的，则可以将其纳入到既有民事权益类型，适用既有规范；反之，如果答案是否定的，就应当创设新的权益类型，进而探究该种权益类型的属性、内容及救济方式。

二、个人信息与既有民事权利

我国民事权利体系下的既有民事权利类型能否为个人信息提供充足的保护？

第一，就人身权利而言，包括身份权和人格权，分别指向身份利益和人格利益。身份权中的"身份"（亲属地位）是民事主体享有某种身份权的依据，而信息主体的婚姻、家庭关系以及在特定社会关系中的其他地位或资格，并不是自然人对自己个人信息享有权益的基础，这两种"身份"之间并无联系。所以，身份权所保护的身份利益并不是个人信息所体现的利益。

与身份权相比，从法律属性、特征及社会意义视之，将个人信息纳入人格权的保护范围，更具有可能性。但人格权是一种民事权利的类型或体系，而非法律规定的一个具体权利。在人格权体系中，除了生命权、身体权、健康权、姓名权、名称权、肖像权、名誉权、荣誉权、隐私权、婚姻自主权等具体人格权[《中华人民共和国民法总则》第 110 条（以下简称《民法总则》）]，还可能存在着"一般人格权"（《民法总则》第 109 条、最高人民法院《关于确定民事侵权精神损害赔偿责任若干问题的解释》第 1 条第 3 项）。在确定将个人信息纳入人格权的保护范围之后，仍需思考个人信息的法律定位和制度依托：对个人信息的保护能否通过既有的具体人格权来实现？如果答案是否定的话，需要继续追问：一般人格权能否涵盖对个人信息的保护？

在具体人格权中，需要特别讨论的是隐私权。主张将个人信息完全交由隐私

---

[1] 参见张里安、韩旭至：《大数据时代下个人信息权的私法属性》，载《法学论坛》2016 年第 3 期；姚辉：《权利的民法典表达》，载《中国政法大学学报》2017 年第 2 期。

[2] 参见于志刚：《"公民个人信息"的权利属性与刑法保护思路》，载《浙江社会科学》2017 年第 10 期。

权保护的观点，既不符合个人信息和隐私之间的界分关系，也未能深入分析隐私权在中国和美国的深层次差异。首先，个人信息和隐私是一种交错的关系，隐私权无法完全涵盖对个人信息的保护。其次，个人信息所涉及的利益关系远较隐私复杂。再次，就可能的侵害行为而言，我国隐私的侵害主要是公开他人隐私，侵害行为的主体多以个人或传统媒体为主。[1]而对个人信息而言，尽管自然人或者小公司也可能成为侵害个人信息权的主体，但是可能侵害个人信息的更主要是具有相当技术实力的技术和商业公司以及公权力，可能的加害行为更为复杂、损害后果也更为严重。

通过一般人格权对个人信息加以保护的是德国法，[2]而我国的情况与德国法正好相反。德国法上是具体人格权不发达，因此创设出发达的一般人格权；我国则是具体人格权相对发达，一般人格权向来不发达。因此，在我国的立法体系中，采取一般人格权的模式来保护个人信息，面临着诸多难题。首先，个人信息是从人格整体中分离的具体人格要素，可以从一般人格权中实现具体化。其次，对于"一般人格权"在我国法上是否真实存在的问题，也不无争议。因此，在我国法上一般人格权难以抵御现代技术和商业对个人信息的侵扰，也难以平衡围绕个人信息形成的诸多利益关系。

第二，就财产权利而言，个人信息因技术和商业而发展和发达，其包含的巨大经济利益是这一进程的内在推动力。从具体财产权利的性质来看，最有可能将个人信息纳入保护范围的是物权和知识产权。但是，尽管个人信息具备经济价值和独立性，却由于具备人格属性，不能成为物权尤其是所有权的客体。另外，个人信息与知识产权的关系在《民法总则》的立法过程中曾引起讨论。通过知识产权法来保护个人信息的观点，没有充分考虑个人信息对维护公民人格的意义，也忽视了知识产权所要求的独创性和期限性等特征，二者的差异远大于共性。因此，《民法总则》选择了对二者进行区分规定。

第三，就合法利益而言，鉴于我国法上其范围本身尚不明确，对于个人信息是否可以纳入到既有合法利益的保护范围进行讨论，倒不如对《民法总则》第111条进行解释，其所规定的个人信息究竟是一种新的合法利益还是新的独立的民事权利？

通过与既有权利的比对，可以得出这样的结论：就现行法的权利体系而言，个人信息无法为既有权利所保护的利益所涵盖。个人信息因技术和商业而发展，

---

[1] 在"王某与张某、北京凌云互动信息技术有限公司、海南天涯在线网络科技有限公司侵犯名誉权纠纷案"中，原告"婚外情""虐待原配"等个人隐私在网络论坛被公开，其本人也遭受"人肉搜索"。参见北京市朝阳区人民法院（2008）朝民初字第29276号民事判决书。

[2] Edward J. Eberle, "The Right to Information Self-Determination", *Utah Law Review*, 2001, pp. 973–975.

是现代技术和商业的产物，日益体现出资源性特征，涉及信息主体、技术或者商业主体、国家、社会甚至民族种族各方利益，围绕个人信息需要平衡的利益更加多元和复杂。

三、个人信息的独立保护路径

对个人信息进行独立保护，存在着三种可能的路径选择：①合法利益；②作为财产权的个人信息权；③作为人格权的个人信息权。从解释论的角度，将《民法总则》第111条规定的个人信息解释为合法利益抑或独立的民事权利，学界已有较多的讨论，无论持何种立场，主要反映了解释者内心的倾向性。本研究认为，从立法论的角度而言，个人信息应该成为一种独立的民事权利。

采取"权利保护模式"或"行为（利益）保护模式"的实质差异在于，对"个人信息"的保护作"减法"抑或"加法"："权利保护模式"的做法即需首先确立个人信息的权利属性（"个人信息权"），之后与数据流通、公共利益等进行适当的平衡、施加必要限制（作减法），使得个人权利的确立与他人权利的正当行使、信息产业的发展以及公共利益的实现可以并行不悖；而"利益保护模式"则是将"个人信息"视为"利益"，再通过法律予以特别保护（作加法），避免对个人信息的现代化利用对信息主体造成过大的侵害。[1]在考虑采取何种模式对个人信息进行保护并施加必要的限制时，还必须看到个人信息保护法制构建所面临的"中国语境"，即我国公民对于个人信息的权利意识未臻全面、信息产业行业规范的自觉发展尚不充分。[2]因此，立足于我国的实际情况，唯有完全确立个人信息的私法权利属性，使个人信息上升到的"权利"高度，才能彰显自然人的人格尊严和个人信息权利的不可侵犯性，从而使得个人信息得到全社会的高度重视与切实保护，同时兼顾其他利益的平衡。

那么，个人信息权究竟是作为人格权抑或财产权进行保护呢？首先，个人信息事关民事主体的人格，将人格信息作为财产权的客体，无法不被看作是一种对自然人人格的"贬低"和"矮化"。在比较法上，主要国家和地区的立法和实践都将个人信息权视为独立的人格权。其次，个人信息于信息主体和商业主体有不同的意涵。再次，个人信息与数据不能作简单的等同。此外，主张财产权观点的学者多是呼吁设立"数据财产权"，而不是"个人信息财产权"。因此，无论从

---

〔1〕 参见叶金强：《〈民法总则〉"民事权利章"的得与失》，载《中外法学》2017年第3期。

〔2〕 在犯罪嫌疑人利用个人信息进行的电信诈骗活动中，受害人包括清华大学教授（被骗1760万元）、高三毕业生徐玉玉（被骗全部学费、在报警回家的路上猝死）。参见《每个诈骗案背后都有一本个人信息泄露的"糊涂账"》，载《工人日报》2017年3月5日，第4版。此外，根据新华网"新华视点"的报道，2018年7月8日山东成功破获一起特大侵犯公民个人信息案，某知名大数据公司、新三板上市公司涉嫌侵犯数百亿条公民个人信息。参见搜狐新闻网：http://www.sohu.com/a/240079239_114877，最后访问日期：2018年8月20日。

解释论还是立法论的角度出发，个人信息应当作为独立的，也是全新的民事权利的客体，民事立法应当直接而明确地规定作为具体人格权的个人信息权。

四、个人信息权的内容与体系

《民法总则》第111条强调了个人信息必须"依法取得"和"确保信息安全"，从反面规定了个人信息权的若干禁止行为。但是，本条规定采取了损害禁止型的表述，而没有从正面来规定个人信息权的权利地位和具体内容，[1]导致个人信息保护的制度构建缺乏民事基本法律基础。在现代社会中，个人信息权利对于避免非法侵扰、维护人格尊严具备重要意义，应当属于公民的基本民事权利。根据《中华人民共和国立法法》第8条的规定，事关民事基本制度的事项应当通过全国人大制定的法律来进行规定。因此，对于正处于民事权利生成阶段的个人信息权而言，需要在民事基本法的框架内进行设权性界定。

（一）基本设计理念

近年来，理论界出现了对个人信息自主控制模式的质疑。本研究认为，这种信息控制在我国还是具有相当的合理性。首先，强调信息收集阶段中行为人的通知义务和信息主体的同意权利，不仅是信息主体对抗行为人的重要甚至是唯一的手段，更是对信息主体人格和自我意识的尊重，从而具备伦理上的重要意义，这原本就是个人信息权属于人格权的应有之义。再者，我国对信息主体权利的保护还是大大落后于其他国家，我国与大数据有关的技术和商业的发展可能也正得益于对个人信息保护的低水平创造的宽松环境。但是，这种以牺牲信息主体基本权利为代价的发展模式，是一种低水平的发展模式，不利于中国的大数据技术和商业公司的长远发展。最为重要的是，围绕个人信息形成的利益不仅巨大而且相当复杂，在个人信息保护和免费获得服务之间如何取舍，这是一个仁智互见的问题，应当交由享有意思自治和行为自由的信息主体去决定。[2]在我国当前个人信息的收集和处理缺乏有效规范的背景下，强调"通知-同意"原则更具有强烈的现实意义。[3]

（二）内容界定模式

我国个人信息权内容的具体化，应当甄别和吸收世界上主要国家和地区的有

---

[1] 参见陈甦主编：《民法总则评注》（下册），易继明撰写，法律出版社2017年版，第787页；李晓辉：《作为民事权利的个人信息权保护探究——〈民法总则〉第110条解析》，载《社会治理》2017年第5期。

[2] 参见张新宝：《互联网时代个人信息保护的双重模式》，载《光明日报》2018年5月2日，第11版。

[3] 笔者曾质疑，最高人民法院公布裁判文书，也没有任何法律意义上的根据和限制。比如，最高人民法院为何可以公布其他法院的裁判文书？为何有些裁判文书就可以不公布？依据《宪法》和《人民法院组织法》的规定，最高人民法院具有最高的司法裁判权，但是，由于在互联网上公布裁判文书涉及公民的基本民事权利，最高人民法院是否有权规定本应交由立法决定的事项？参见王成：《最高法院司法解释效力研究》，载《中外法学》2016年第1期。

益经验，立足于既有立法规定的个人信息权利类型，遵循利益平衡、实用性、体系协调三项原则。作为精神性人格权的个人信息权，其内容和边界相对模糊，域外立法对个人信息权内容的规定也各有千秋。因此，关于个人信息权的内容，未来的立法可以借鉴精神性人格权内容规定的传统做法，延续《民法总则》第 111 条目前的规范模式，从正面列举其核心内容（概括规定+权利列举），从反面规定义务主体的义务（反向禁止），再借助具体个案的判断（司法实践），逐步将个人信息权的边界动态地划定出来。

（三）基本内容

在此基础上，个人信息权通过既有权利细化、宽泛权利改造及实用权利引入三个层次，应当建构起包括同意权、查询权、更正权、转移权（可携带权）、限制处理权、删除权（被遗忘权）、反对权在内的权利内容体系。

第一，由具备人格尊严意义的"自我决定权"衍生出来的同意权，既是权利人对其个人信息享有权利的标志，也是个人信息权其他内容的基础。立法关于同意权的规定应当包括明确同意权的基础地位，即除非法律另有规定，个人信息的利用必须以权利人的同意为原则。此外，应当设置同意权的特殊规则及同意权行使的规定，还应当对同意权进行适当的限制。对于权利人自愿公开、经过公共渠道或合法途径获得以及涉及公共利益的个人信息，个人信息权应当受到限制。基于教学和科研之目的对个人信息进行的合理使用，权利人也负有容忍的义务。[1]权利人行使个人信息权，不得违反法律规定和公序良俗。

第二，关于查询权，为了平衡信息主体与控制者之间不平等的关系，保障权利人对信息处理情况的及时掌握（知情权），必须确立权利人通过查询获得其个人信息状况的权利。[2]查询权的内容主要包括权利人的个人信息是否正在被处理；其次是信息处理的具体情况，这些内容指的是被处理个人信息的类别（比如是否敏感）和范围、信息的来源（针对非直接来自于权利人的信息）、信息处理的目的、信息披露的对象以及信息储存的期间或确定储存期间的标准等。权利人行使查询权，应当以书面方式进行。在紧急情况下，也可以采用口头或其他形式。涉及国家安全、公共利益或他人重大利益时，权利人的查询权应当受到限制。

第三，关于更正权，虽然目前《中华人民共和国网络安全法》（以下简称《网络安全法》）第 43 条已有相关规定，但未来立法应当进一步扩充更正权的内涵：

---

[1] 参见王崇敏、郑志涛：《网络环境下个人信息的私法保护》，载《海南大学学报（人文社会科学版）》2017 年第 5 期。

[2] 参见高志明：《个人信息权的属性与构成》，载《青海师范大学学报（哲学社会科学版）》2015 年第 4 期。

在适用范围上，只要个人信息在完整性、正确性和及时性上存在瑕疵，权利人即享有进行维护和完善的权利。在法律效果上，更正权应当是补充和修正的权利。作为义务人的信息控制者，应当根据权利人的要求和提供的补正内容，及时进行补充和修改，不得无故拖延。

第四，关于转移权（可携带权），如果信息主体使用云盘或电子邮件等服务来储存自己的照片等信息，在信息服务提供者发生变化时，比如权利人因为某种原因需要更换信息服务提供者，权利人有权移转其个人信息，从而使得这些既有的个人信息不会因为账户删除或服务取消而灭失，这种权利即是信息移转权。在信息处理基于法律规定或公共利益、技术上不具可行性以及影响他人重大权利时，信息移转权应当受到相应的限制。

第五，关于限制处理权，对于法律上存在疑问的信息，比如信息的正确性或变更尚未被信息主体确认，由于客观条件的限制，对权利人的影响无法立刻作出评估。在相关问题明确之前，权利人可以请求信息控制者暂停信息的流通并封存、锁定正在处理的信息。限制处理权属于临时预防性权利。为了避免恣意和权利滥用，未来的立法应当规定信息主体在行使限制处理权时必须提供相关的证明，以及限制处理后应当及时采取其他救济措施。限制处理权的存续需要有时间限制。

第六，关于删除权（被遗忘权），对于信息处理的合法性欠缺、储存期限届满、对于目的而言不再必要或不存在其他正当理由等四种情形，信息主体可以要求删除其个人信息。未来立法在规定删除权的同时，应当进行相应的制度防范：首先，将删除权的适用范围限于信息处理的正当性为同意的情形。其次，区分删除权对个人信息的不同功能。再次，行使删除权的后果是使流通的个人信息彻底消失，由此产生不可恢复的影响，法律应当要求权利人满足更高的证明标准。最后，作为删除权义务主体的信息控制者，应当根据储存介质的不同，选择进行逻辑删除（格式化处理）或物理删除（销毁储存设备）。

第七，关于反对权，在信息处理是基于法律规定或公共利益进行的情形中，除非存在着更强的理由（比如权利人的个人信息对于完成科学研究、制作历史档案等公益事业来是必要的），权利人有权对包括人格画像在内的后续处理表示反对。我国目前还没有关于信息反对权的规定，但未来立法上应该增加相关规定。

（四）义务主体及义务

个人信息权真正的相对人是那些实力强大的角色，可能的侵权者都拥有相当的技术、资金、人力和能力对个人信息进行搜集、加工处理、开发利用、交易并因此获得巨大利益。我国现有法律中也已经有一些个人信息保护的义务性规定。这些义务主要分为两大类：第一类义务是不侵害个人信息的消极义务。第二类义务是履行个人信息保护的积极义务。借鉴《网络安全法》现有的规定，未来立法可以规定，在向第三方提供、转移、共享或者跨境传输其合法控制的个人信息时，由于信息控制者是直接与第三方进行交往的主体，有义务也有能力确保后续信息处理的安全和合法，所以应当保证第三方能够履行同等的个人信息保护法律义务。如果违反本项义务，对于信息主体的损害，信息控制者应当与第三方承担连带责任。[1]另外，全国信息安全标准化技术委员会已经颁布的一系列规范文件中对义务主体义务内容的探索，也可以为将来全国人大的立法进行积累和铺垫。

五、个人信息权的民事救济

目前我国关于侵害个人信息权的民法救济规则资源严重不足，司法机关在处理相关案件时不得不通过迂回的方式，以扩大解释既有其他权利作为规范基础。[2]在民事基本法确认个人信息权为独立的具体人格权的情况下，对个人信息权的侵权行为可以适用侵权法的一般救济规则。与此同时，立法还需要顾及个人信息权本身的特性，在责任方式、归责原则、损害赔偿以及诉讼途径等方面创设特殊的救济规范。

在归责原则方面，对于侵权主体可以采国家机关即公务机关以及国家机关之外的其他主体即非公务机关的分类，二者设置不同的归责原则。公务机关代表公权力，承载着保护个人信息的重任及人民的信赖，故而应当严格归责（无过错责任原则）；公务机关之外可能侵害个人信息的侵权人，应当采用过错推定原则，不仅有助于发现案件事实以及过错的存在，同时也有助于实质公平的实现。

针对因侵权行为所生的损害，应当秉持"损害填补原则"，贯彻完全赔偿原则，即行为人的赔偿范围既包括受害人的财产损害，也包括受害人的非财产损害。在侵害个人信息权的行为主体为数人以及信息控制者和处理者同时涉及同一处理时，为了使得受害人的损害获得有效赔偿，行为人应当对所造成的损害承担连带责任。在信息控制者故意侵害大量用户个人信息并造成严重损害后果时，可以将惩罚性赔偿适用于个人信息保护领域。立法需要协调惩罚性赔偿与精神损害赔偿、行政处罚三者之间的关系，从而既实现惩罚与遏制侵权行为的功能，又避免过度惩罚或过度赔偿的后果。[3]

---

[1] 参见周汉华：《探索激励相容的个人数据治理之道——中国个人信息保护法的立法方向》，载《法学研究》2018年第2期。

[2] 参见北京市第一中级人民法院（2017）京01民终509号民事判决书；江苏省南京市中级人民法院（2014）宁民终字第5028号民事判决书。

[3] 在美国的部分州，分立式赔偿或拆分赔偿（split recovery）的立法要求将原告所获得巨额惩罚性赔偿金的一部分上交给州。参见戴志杰：《美国法上惩罚性赔偿金数额分享制度之研究》，载《政大法学评论》2015年第140期；王泽鉴：《损害赔偿》，北京大学出版社2017年版，第372页。

另外，在个人信息侵权领域，同样存在着公益诉讼的适用空间。对于涉及人数众多同时侵害社会公共利益的侵犯个人信息权的行为，未来立法可以根据《中华人民共和国民事诉讼法》第55条的规定，涉及个人信息公益诉讼的具体规则：在诉讼主体上，满足一定条件的消费者保护团体、非营利组织以及其他组织，可以以自己的名义向人民法院提起诉讼。在诉讼后果上，对于原告经由胜诉判决获得的款项，在填补受害人损害后，其剩余部分应当归入"个人信息保护赔偿基金"等公益基金，用来进行技术引进、监管提升等提高个人信息保护水平的活动，以符合实现社会公共利益的要求。

六、结语

《民法总则》第111条无法构成完整的个人信息保护制度，需要在民法分则人格权编或侵权责任编中创设详尽的个人信息权保护制度。此外，由于个人信息保护规则在实质上还涵盖信息保护义务（信息控制者和处理者的义务）、行政监管（监管者的权力及责任）以及刑事责任等其他非个人权利的内容，采取单独立法的形式制定"个人信息保护法"也是未来立法的选择。不过，不论采用哪种立法形式，个人信息保护制度的构建都必须立足于"权利保护模式"，围绕着"个人信息权"这一中心即以"权利本位"的思维来进行妥当的法律设计。在这一框架内，理论界和实务界应当共同努力，继续丰富和发展个人信息权的内涵，从而形成个人信息保护的"中国模式"。

第三章　司法大数据应用中的数据权利保障

在司法大数据的应用过程中，在为自然人的个人信息赋予民事权利地位外，企业在信息的获取、分析、加工等一系列"从信息到数据"的阶段都进行了资金、技术和财力等方面的投入，立法应当赋予数据产权以较强保障，激励整个产业促进数据产品和技术的开发。

一、数据（信息）财产权

数据财产权是区别于所有权、知识产权的新型财产权。信息客观实在、非物质、可复制、可加工、不可绝对交割、有价值、可交换等属性决定了信息财产权的无形性、法定性、专有性等特征，导致信息财产权区别于物权、知识产权。信息财产权与传统所有权的区别之处主要是由信息财产权的保护对象——信息的非物质性决定的。在现行的民法理论与民法体系之内，所有权制度不能适用于无体物。同时，若所有权制度将无形财产或者价值形态财产纳入，则所有权的占有、使用、收益、处分等四项权能无法圆满发挥及行使。信息财产权与知识产权之间也存在着明显差异。知识产权客体主要体现为权利人的智力成果，而大量的信息达不到智力成果的地步。

数据财产权包含的权利内容众多，本研究主要关注许可权和转让权两项。许可是指许可人允许被许可人实施某种行为，多应用于知识产权或者无形财产领域。转让权是指数据财产权人可以通过互换、互易、赠与等方式将数据财产权利移转给他人。

二、数据与相关概念的区分

在我国法律环境下，信息与数据之间是稍有区别的。数据是信息的记录、表达，本身并没有意义，而"信息"则本身包含一定的含义，数据相对信息规范的范围要大。《民法总则》第 111 条所使用的"个人信息"表明本条的权利客体能够指向自然人本身，而《民法总则》第 127 条将"数据"与"虚拟财产"置于一处则说明了"数据"具备的财产权属性。自然人的"个人信息"和企业经营者的"信息数据库"，分别隶属于人格权和财产权的权利束，[1]应当分别以人格权和财产权为重点进行保护。[2]

另外，"数据"与"个人隐私"之间是交叉重叠关系，两者是不同法律事物。隐私一般仅关涉私人事务，因而对其保护侧重于个人隐私被侵犯之后的救济。此外，侵害个人隐私主要是通过精神损害赔偿予以救济，而在商业化应用中，可以对数据财产的损害采用财产损害赔偿方式。

数据交易实践中数据权属不明晰，阻碍大数据尤其是数据交易产业的健康发展。综合分析，大数据背景下，由于个人信息商业化应用情形增多，以及随之增多的个人信息商业化滥用现象，导致个人隐私侵害、财产损失、数据交易不顺畅等问题，故本研究提出数据财产权保护。《民法总则》第 127 条规定了对数据和虚拟财产的保护也是此次立法中新增加的内容，[3]有助于解决长期以来备受争议的网络虚拟财产的保护问题，由此为数据、网络虚拟财产的财产权保护确立开辟道路。

三、数据财产权保护的比较法分析

从比较法观察，美国不仅承认个人信息商业化应用中的经济价值，而且将其作为一项单独的权利——公开权来予以保护，保护力度和保护范围相对我国的目前司法实践通过反不正当竞争、侵权责任等保护方式来说更加全面有效。欧盟《一般数据保护条例》中规定的个人数据主体数据权利均体现了对公民人格或者

---

〔1〕 参见冯源：《〈民法总则〉中新兴权利客体"个人信息"与"数据"的区分》，载《华中科技大学学报（社会科学版）》2018 年第 3 期。

〔2〕 参见张平：《大数据时代个人信息保护的立法选择》，载《北京大学学报（哲学社会科学版）》2017 年第 3 期；龙卫球：《数据新型财产权构建及其体系研究》，载《政法论坛》2017 年第 4 期。

〔3〕 《民法总则》第 127 条规定："法律对数据、网络虚拟财产的保护有规定的，依照其规定。"

说基本人权的规定，而不涉及个人财产权利的保护。即使是公民个人信息被侵害而得到损害赔偿，也是对公民因人格利益受损进行的补偿，而非对信息中商业价值的弥补。德国则是采用重新解释人格权的方式来回应个人信息商业化应用中的财产利益保护问题，认为人格权保护包含两个部分，对人格权人格利益和经济利益的保护，并形成一个统一的新型人格权，而不是将个人人格经济利益作为一项单独的财产权利予以保护。

结合我国目前关于个人信息商业化应用普遍的现状，本研究认为美国承认并保护个人信息经济利益的公开权保护方式更具有可取性。而至于为何不确立德国的新型人格权方式保护个人信息经济利益，主要是因为可以在现有民事法律体系内解决个人信息保护的新问题，而不必打破人格财产两分的局面重构[1]。因此，在研究分析域外个人信息财产利益保护的典型国家相关立法、司法之后，美国确立为单独的财产权利——公开权的保护方式更具有借鉴价值。但是由于我国与美国社会、法律环境有所区别，基于我国目前个人信息商业化应用普遍的情形，确立更符合我国现实的数据财产权保护更具有实际意义。

四、数据财产权保护的法理分析

数据财产权保护对于数据产业的持续发展、数据安全的保护、法律公平正义及法律内在逻辑体系的统一而言，有重大价值。受限于先前的生产力发展水平而未被人们认识的抽象之物越来越被包容为法律意义上的财产，从而为个人数据信息这一随着信息技术、网络技术的发展而逐渐得到推广、利用的事物打下了成为财产的理论基础。数据具有独立性、价值性及稀缺性等财产的基本特征，使其得以成为法律意义上的财产。随着信息的挖掘、交换，数据也越来越体现出经济价值。其无法完全满足人们的需求，使得企业等需要付出人力、财力成本去获得。在此意义上，数据应当具备法律上财产的地位。

随着数据技术的发展，信息和数据开始具有财产属性，[2]具有双重属性的个人信息的人身权和财产权保护完全可以共同存在。对个人信息中的人格利益继续采用人格权保护方式，不可转让、不可继承、不可放弃。但基于个人信息与数据的差异，对于数据而言，则应当采用财产权保护的方式，在符合条件的情况下允许信息主体自由转让，不仅不会损害个人人格尊严，相反可以通过对公民财产利益的保护加大侵权成本，减少信息侵权行为，从而进一步保护公民的人格权益。

五、数据财产权保护体系的构建

在构建数据财产权保护体系时，应当考虑多方面的因素，尤其是应当注重兼

〔1〕 参见蓝蓝：《人格与财产二元权利体系面临的困境与突破》，载《法律科学》2006 年第 3 期。
〔2〕 参见李文兰：《大数据在企业网络精准营销中的作用分析》，载《现代营销》2016 年第 11 期。

顾个人信息保护与数据产业发展的平衡，通过实现两者关系的良性循环来化解个人信息保护与数据利用、流通之间的内在矛盾。主要体现为个人信息主体与数据企业之间的利益平衡，以及相关数据企业之间要的利益平衡两个方面。

构建数据财产权保护体系时应当从立法完善、救济强化、行业自律和意识提高四个方面着手。

在立法完善方面，我国个人信息和数据保护立法还处于起步阶段，构建系统、科学的个人信息保护体系是当务之急。个人信息和数据保护法律是一个涉及宪法、刑法、民法、行政法等多个部门法的综合体系，但是，基本法的缺位使得个人信息保护既缺乏全面系统，又因缺少执法和保护机制而可操作性差。对于数据而言，在个人信息保护法中进行规定还是纳入民法典中的财产权条款，更加值得关注。另外，立法应当明确数据财产权是独立于物权、债权、知识产权之外的新型财产权。

在救济强化方面，我国个人信息和数据保护手段存在"重刑事行政""轻民事"的特点，导致在遭受泄露或其他侵害时，侵权行为人受到刑事或者行政处罚，但是权利主体的财产或其他损失没有得到有效弥补。只有加强救济，才能使数据财产权保护落到实处。对刑法中出售、非法提供公民个人信息和非法获取公民个人信息的犯罪行为，应当加大打击力度。还应当设立个人信息保护专门机关。鉴于数据财产权的权利性质和权利内容，规范侵害数据财产权利的行为，应当采用侵权责任和违约责任的双重救济方式：①对一般的侵害数据财产权的案件，行为人应当承担侵权责任。②由于数据财产权的实现路径主要有许可和转让合同，因此对个人信息主体的保护当然可以采用合同法中的违约责任来实现，承担停止侵害、赔偿损失等财产权侵权责任。

在行业自律方面，我国数据财产权保护，应当在统一立法的基础上借鉴美国的行业自律模式，通过加强不同行业的自律性规定，规范企业在个人信息处理中的行为。在我国目前行业自律不发达的现状下，可以实行由政府牵头，大企业领先、鼓励小企业加入的方式，以尽可能多的扩大各行业内参与主体的范围。对此，中国互联网协会、电子商务协会等应当重视数据保护，充分发挥行业协会作用。

在意识提高方面，我国一直存在个人信息保护意识不强的问题。完全寄希望于技术，希冀通过脱敏处理实现个人信息保护的目的，并不可靠。大数据整体价值高，而单个数据价值低，这一现实导致对个人信息和数据的保护，常常被掩盖在大数据之下而不被重视。因此，更应当积极采取多样或措施，提高个人信息保护意识，增强维护信息安全的观念。

六、结语

综上，针对数据而言，对能够通过商业秘密或者知识产权保护的继续采用知识产权保护方式，现有知识产权无法容纳的数据经济利益保护，可以通过确立区别于物权、债权、知识产权的新型财产权来予以保护。在个人信息以及非个人信息转化为数据时，可以没有障碍地实现自由转让、交易和利用，充分发挥数据的经济价值，实现对权利主体的全面保护。

第四章　　结束语

在司法大数据应用的过程中，应当树立"大数据"理念，建立司法大数据管理和服务平台，广泛搜集司法数据，深度开发人工智能，运用信息化技术来增强中国的法治实力，更好地为人民法院、人民群众、当事人带来便利。但是，在另一方面，我们同时也必须直面司法大数据带来的严峻挑战，尤其是重视对自然人和数据企业的影响，坚持法治原则和权利保护原则，为司法大数据应用的进一步发展保驾护航。质言之，对于作为基础材料的个人信息和作为产品结果的数据，只有明确它们各自的法律属性和权利归属，才能够解决司法大数据应用的前置性问题。

对于自然人的个人信息而言，它是大数据技术发达的产物，不能被既有的民事权利所涵盖，是一种独立的具体人格权。《民法总则》第 111 条确立了作为民事权利的"个人信息权"，并非仅表明对个人信息的利益保护，更重要的内涵是，个人信息法律规范涉及多元复杂的利益平衡，应当从"管理法"向"权利法"转变。在民法典编纂的背景下，对个人信息权的立法完善，应当在民法典分则编或单行法中创设独立和统一的制度，建立个人信息权保护的基本原则，完善个人信息权的内容和体系，健全个人信息权的法律救济。另外，对于数据企业的数据来说，数据和个人信息、个人隐私不能作简单的等同。在信息数据化的整个过程中，企业投入了大量的资金、技术和财力，所以应当获得较强的产权保障。与个人信息注重人格权保护不同，经过匿名化处理而形成的数据已经不具备"可识别性"，因此，设置数据财产权的做法不会危及人格尊严。在构建数据财产权保护体系时，应当坚持利益衡量的理念，在宏观立法、民法救济、行业自律和意识提升等方面逐步进行完善，促进数据产业的发展和实现法律内在体系的统一。

总之，司法大数据应用法治保障的研究重点，并非司法机关内部的行政协调（比如破除数据壁垒、共享信息）和技术层面的产品研发（比如类案审判指导和偏差校正），而应当落脚于探讨对私主体（尤其是自然人和数据企业）权利带来的影响，进而构建合理和妥当的法律制度，减少技术发展带来的威胁，约束公权力的肆意扩张，使得司法大数据应用能够在法治的轨道上形成服务于司法、当事人和公众的成果，助力司法改革，增强中国的法治治理能力，最终推动国家层面的数据强国建设，造福人民群众。

司法大数据应用的法治保障

张 雯*

第一章 司法大数据应用的基本范畴

第一节 大数据概念的厘定

一、大数据的概念

大数据本身是开放的理念，是以海量数据集为对象，运用数据分析技术发现数据背后呈现的规律和价值的综合体系。数据是大数据运行的前提和基础。有观点认为，数据是信息的载体，信息是数据加工后的成果，但信息的本质仍是数据，因此，本文中的数据概念采用广义界定，即将数据和数据经加工后得出的信息统称为数据。

二、大数据的基本特征

一般认为，大数据具有"4V"+"1C"的特征。"4V"指的是 Volume（海量化）、Variety（多样化）、Value（价值）、Velocity（快速化），"1C"指的是 Complexity（复杂化）。（见表 1）

---

* 课题主持人：张雯，北京互联网法院院长。立项编号：BLS（2017）A007-2。结项等级：合格。

表1 大数据的基本特征

大数据的基本特征：4V+1C	
Volume（海量化）	体量庞大，从传统 KB、MB 增长到 TB、PB 乃至 ZB，增长速度快。
Variety（多样化）	种类繁多，包括结构化、半结构化和非结构化等多类数据。[1]
Value（价值密度低）	价值密度的高低与数据总量成反比，即数据价值密度越高数据总量越小，数据价值密度越低数据总量越大。
Velocity（快速化）	数据量呈指数级增长，快速流动和处理，数据刷新、数据模式变化快。
Complexity（复杂）	处理方式和工具多样，数据分析技术复杂。

三、大数据的技术原理

从横向的数据分析技术看，数据挖掘是大数据体系中最核心的技术，数据挖掘时通过智能化分析技术，从数据背后发掘出数据之间的模式和规律。数据挖掘包括关联性分析、聚类分析、序列分析、异常分类等不同类型。从纵向的运行流程看，《大数据白皮书》（2014）将大数据的应用过程分为数据准备、数据存储与管理、计算机处理、数据分析和知识展现这五个阶段。（见图1）

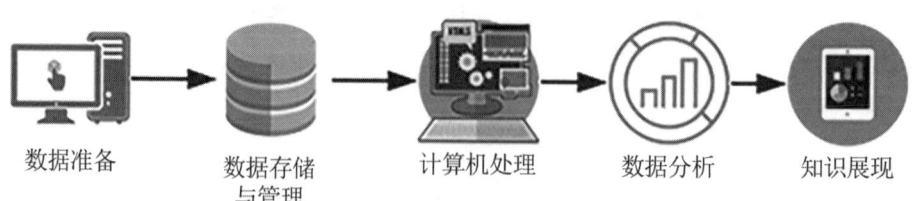

数据准备　　数据存储　　计算机处理　　数据分析　　知识展现
　　　　　　与管理

图1　纵向大数据运行流程图

---

[1] 结构化数据可以使用关系型数据库来表示和存储；半结构化数据可以通过灵活的键值调整获取相应信息，且数据的格式不固定，如 json，同一键值下存储的信息可能是数值型的，可能是文本型的，也可能是字典或者列表；非结构化数据，就是没有固定结构的数据，包含全部格式的办公文档、文本、图片、XML、HTML、各类报表、图像和音频、视频信息等。

第二节 司法大数据的内涵

一、司法大数据概念的界定

司法大数据是指以司法及司法相关活动中形成的海量、多源、异构的数据为对象，运用数据分析技术发现数据背后呈现的规律和价值的综合体系，是公安、检察、法院等司法机关在司法活动中产生的数据集合。[1]

二、司法大数据的特征

作为大数据的子集概念，司法大数据除"4V+1C"的基本特征外，还具有以下独特特性：一是多源异构属性。多源是指司法大数据来源复杂且广泛，异构是指将审判活动中产生的各类数据相互关联组合后，呈现不同数据结构类型。[2]二是国家安全属性。司法数据与国家利益密切相关，必须站在国家总体安全观的高度审视司法大数据的安全问题。三是司法强制属性。被采集人员和组织应当严格履行相关的义务，主动接受采集工作，不能无理由拒绝。四是司法统计属性。需要运用司法统计信息化技术和手段，实现司法数据的实时汇总与更新。五是司法公开属性。应当在能够确保国家安全、社会稳定、组织或者个人的隐私与合法利益不受侵害的前提下，依法及时、合理的公开。

三、司法大数据的数据类型

依据不同分类标准可以区分为不同的数据类型。按不同司法机关主体可以将司法大数据的数据类型分为法院数据、检察数据、公安数据及含其他司法行政机关数据；按是否公开及公开的程度可以将司法数据分为公开数据、有限公开数据与非公开数据；按数据有无固定结构，可以将司法数据分成结构化数据、半结构化数据和非结构化数据等。按照司法数据产生及应用的不同领域，可将其分为司法审判数据、审判管理数据、司法行政数据及诉讼服务数据。

（一）司法审判数据

审判执行活动本身数据是最常见的司法数据，包括从立案、庭审、裁判文书、执行等与案件诉讼流程相关的司法数据。[3]（见图2、图3）

---

[1] 关于"司法""司法机关"的定义详见习近平：《在十八届中央政治局第四次集体学习时的讲话》，载《习近平关于全面依法治国论述摘编》，中央文献出版社2015年版，第43页。

[2] 对于司法数据中的结构化、半结构化和非结构化数据而言，其中结构化数据系指通常使用的审判执行、司法人事、司法政务、外部数据等数据库数据。半结构化数据系指可以通过灵活的键值调整获取相应信息，且数据的格式不固定，其中包括裁判文书、决定、命令、布告、报告、笔录、证票、书函、票证、书状、公文、法律法规、网站信息、指导案例、优秀案例等数据。非结构化数据系指没有固定结构的数据，包括音视频数据、各类图片、档案扫描件和各类文档数据。

[3] 李斌：《当提及司法大数据，我们在谈论什么》，载法律读库微信公众号，2017年6月13日。

信息球 审判动态　全市收结案　各院收结案　辖区收结案　中院收结案　直属收结案　全市审判　月统审查

综合　刑事　民事　行政　执行　赔偿

2018年01月－2018年08月各类案件收结案统计情况

		收案			结案			未结		
		今年	去年	升降%	今年	去年	升降%	今年	去年	升降%
刑事案件	一审	3237	12603	-74.39	2137	11276	-81.05	2329		-100.00
	二审、复核	740	2116	-65.03	389	1888	-79.40	300		-100.00
	再审	3	32	-90.63	2	20	-90.00	25		-100.00
	小计	3976	14751	-73.09	2528	13184	-80.83	2654		-100.00
民事	婚姻家庭纠纷 一审	11114	36711	-69.73	5245	31826	-83.53	12084		-100.00
	二审	694	1977	-64.90	260	1768	-85.29	233		-100.00
	再审	23	69	-66.67	1	51	-94.12	37		-100.00
	小计	11831	38757	-69.47	5508	33645	-83.63	12354		-100.00
	合同纠纷 一审	71459	218385	-67.28	23746	167434	-85.82	100382		-100.00
	二审	6555	21586	-69.63	2674	18808	-85.78	2958		-100.00
	再审	147	437	-66.36	23	284	-91.90	224		-100.00
	小计	78161	240408	-67.49	26443	186526	-85.82	103594		-100.00
	以其他侵权纠纷及其他民事案件 一审	23131	83752	-72.38	10389	66917	-84.47	35130		-100.00
	二审	2423	10189	-76.22	904	8227	-89.01	2379		-100.00
	再审	35	131	-73.28	9	100	-91.00	58		-100.00
	小计	25589	94072	-72.80	11302	75244	-84.98	37567		-100.00
行政案件	一审	5252	14671	-64.20	1576	9776	-83.88	12086		-100.00
	二审	1847	7336	-74.82	1006	6360	-84.18	2134		-100.00
	再审	2	16	-87.50	1	11	-90.91	16		-100.00
	小计	7101	22023	-67.76	2583	16147	-84.00	14186		-100.00
非诉行政审查	刑事	80	317	-74.76	15	238	-93.70	92		-100.00
	民事	1694	5305	-68.07	353	3975	-91.12	1522		-100.00
	行政	222	1069	-79.23	344	730	-52.88	473		-100.00
	小计	1996	6691	-70.17	712	4943	-85.60	2087		-100.00
赔偿		19	125	-84.80	4	87	-95.40	43		-100.00

图2　北京法院"信息球"中的司法审判数据

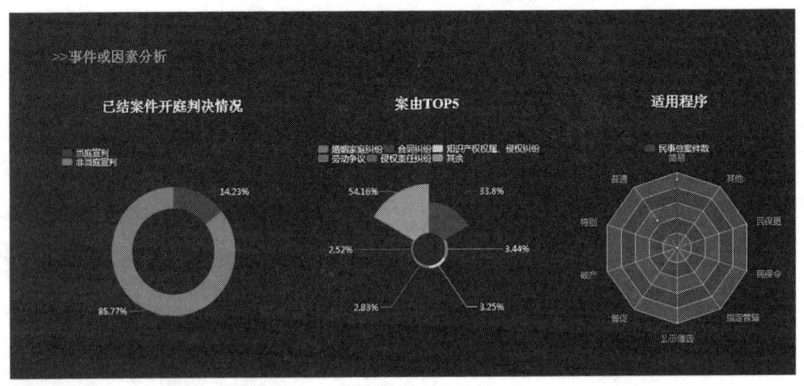

图3　司法审判案件数据分析

（二）审判管理数据

是在审判过程中对案件质量、效率，以及审判人员内部层级管理产生的数据，包括对审判流程管理数据、审判质效管理数据、诉前多元调解数据等。（见图4、图5、图6）

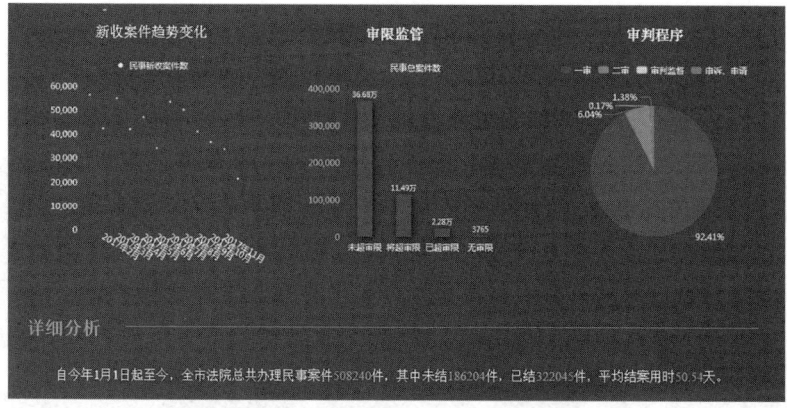

图 4　北京法院民事案件审限监管数据统计

图 5　北京法院分调裁一体化平台

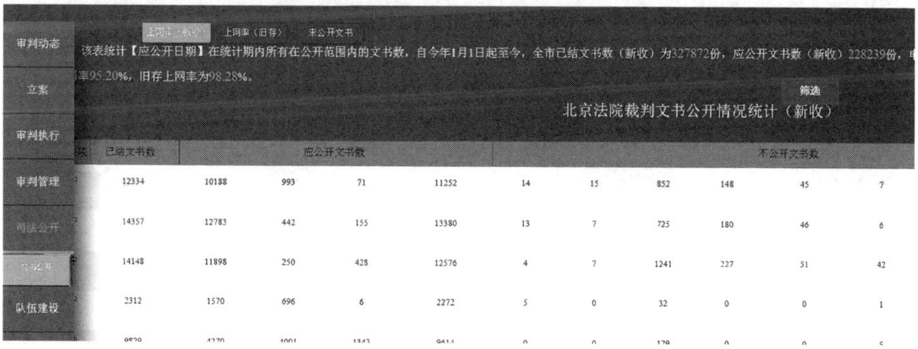

图 6　裁判文书公开上上网数据统计

（三）司法人员管理数据

基于司法机关自己的网站公布司法机关的组织结构、人员构成，审判人员的知识结构、年龄结构等司法人事数据。（见图7、图8）

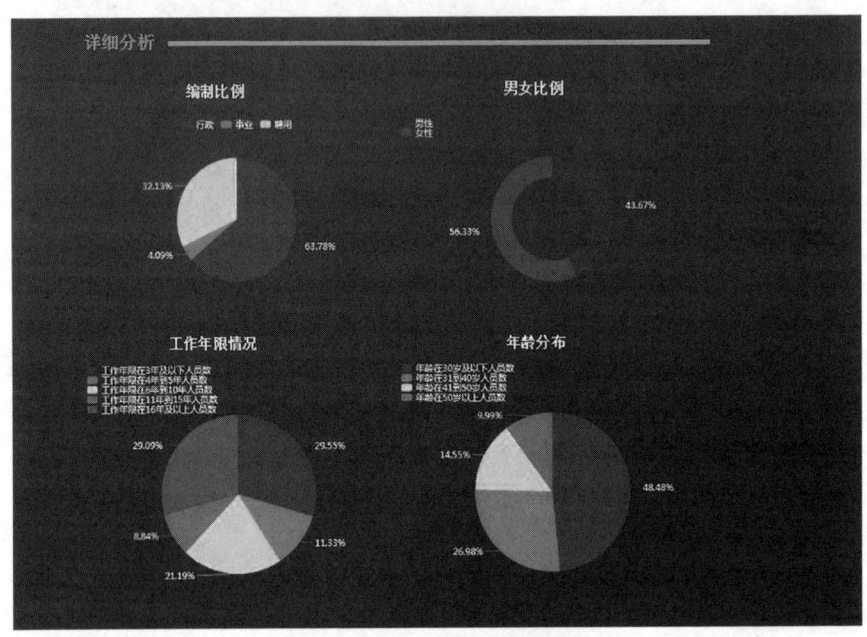

图7 审判人员结构数据分析

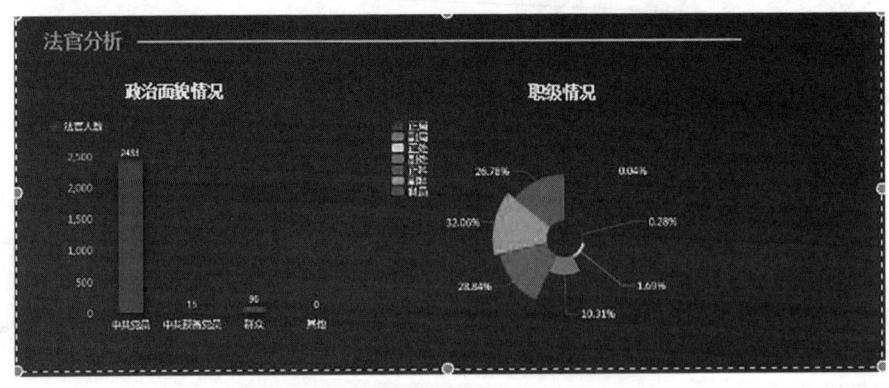

图8 审判人员政治面貌和级别数据分析

（四）诉讼服务数据

图 9　12368 诉讼服务平台

业务流程

快速学习网上打官司　💬 获取帮助指南

· **我是原告** ·

1 发起诉讼

注册办案名认证后，获悉地填写起诉状，轻用户授权后，系统调取交易的电子凭号、交易、物交、小额理、知识不极等信息。

2 进入调解

起诉后，首先进行诉前调解，十五天内，调解员联系当事人，通过在线、电话或现场调解。

3 法院立案

调解不成功，起诉转正式提交场进院立案登，如果立案通过，在线缴纳诉讼费。

· **我是被告** ·

1 关联案件

收到电子送达信息后，登录进入被告诉公，输入查询后，首看诉讼信息。

2 进入调解

诉讼后，首先进行诉前调解，十五天内，调解员联系当事人，通过在线、电话或现场调解。

3 填写应诉信息

调解不成功，如果案件立案，则引通知被告当日诉，填写诉讼信息，确认电子送达。

图 10　杭州互联网法院诉讼平台

　　清晰的数据分类有助于更进一层的数据管理和数据集合，进打破"数据孤岛"状态，推进司法大数据在司法办案、队伍管理、司法决策支持等领域的深层次的应用。

第三节　司法大数据的应用价值

一、服务司法裁判

　　在"事实认定"方面，运用大数据技术对司法公开信息进行分析提炼，以数据可视化的方式展示证据与待证事实间的相关性，为事实认定者提供充分的"数据经验"支持。

在"法律适用"方面，一是依托裁判文书自动生成系统，协助法官完成裁判文书；二是利用智能审判辅助系统，根据案件要素精准查找相似案例推送给法官，为法官提供参考；三是运用量刑偏离度分析系统，构建司法审判偏离度预警和核查机制，加强对司法审判质效的时时监管，统一裁判尺度。

在"保障执行"方面，通过建立网络查控平台，实现执行相关大数据共享，扩大查控范围，提高执行效率，为"基本解决执行难"保驾护航。

二、服务司法行政

司法行政是司法行政机关的行政活动，是围绕司法活动展开的各种保障和服务的统称。在指导人民法院审判管理方面，司法大数据技术可以辅助人民法院进行审判管理，为常态化审判管理、审判资源配置优化、定量化人员绩效评估、司法体制改革等提供科学决策支持。另外，通过对某类案件的数据分析，亦可看出社会治理成效的情况。例如，图 11、图 12 反映出在推进平安中国建设的大背景下，近几年全国各地社会治安形势不断好转，人民群众人身安全感普遍上升，国家在保障妇女儿童安全方面成效显著。

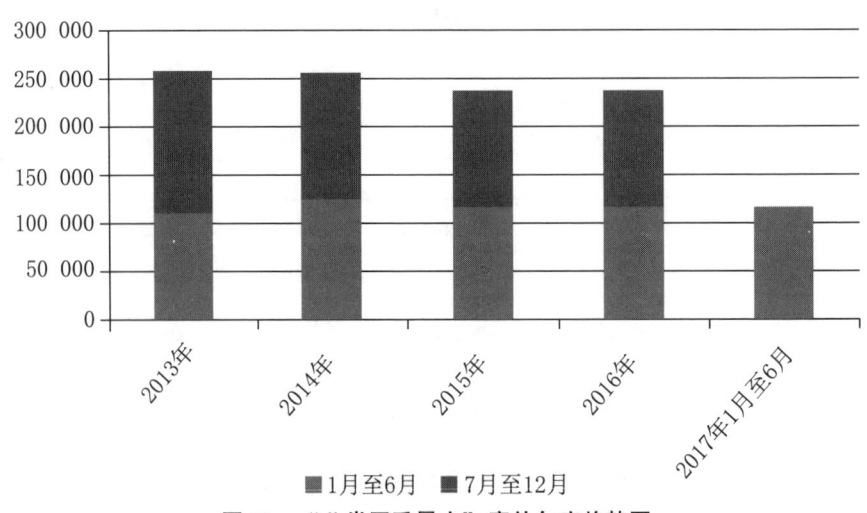

图 11 "八类严重暴力"案件年度趋势图

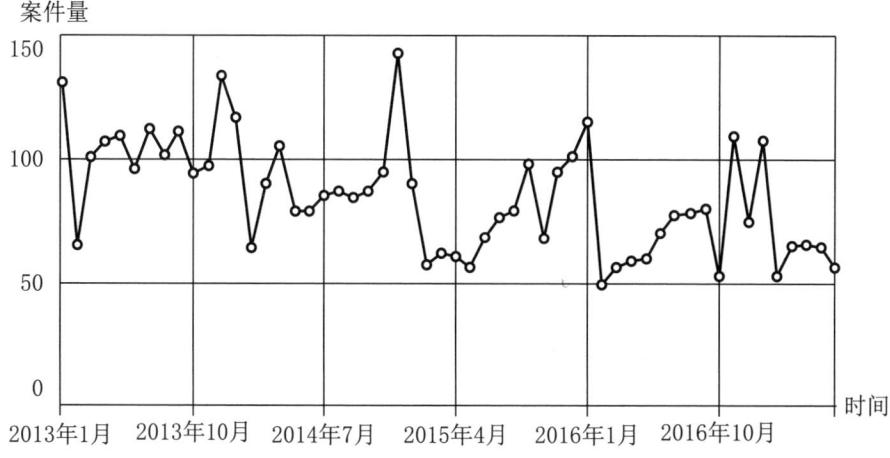

案件量

图 12　新收拐卖收买妇女儿童一审案件月度趋势图

三、服务社会治理

可以借助司法统计大数据系统构建起与司法审判相关的舆情监测体系，为完善社会治理架构和公共政策的科学决策提供多维度涉诉数据支持，为进一步制定高效并且稳定的国家治理政策提供重要支撑。

四、服务人民群众

一方面，通过对与人民群众日常生活息息相关的主题司法案件开展专题分析，为社会大众提高安全意识，加强安全防范提供有效参考。另一方面。引入诉讼服务信息化智能平台，升级改造诉讼服务中心配置，提升诉讼服务智能化水平，为人民群众提供更为优质高效的诉讼服务，便捷诉讼。

五、服务舆情监测

发现民意焦点矛盾，引导舆论健康发展，杜绝非法谣言传播，借助司法统计大数据做到立案时即发现风险，并将相关舆情评估报告及时呈现给案件承办法官，引起法官的必要重视，使其关注案件审理的社情民意反馈，用合理合法的方式积极化解社会矛盾，完善自身业务管理。

第二章　司法大数据应用的实证分析

第一节　我国司法大数据的发展阶段

一、手工阶段：司法统计与调研

在手工统计阶段，司法机关虽然已经认识到司法数据的重要性，数据分析的思维模式已经显现，但因受限于数据搜集和统计的能力，对数据的整合、深挖和利用相对欠缺，司法数据统计分析大都还停留在数量统计和描述性分析上，对司法数据统计工作仅考量报表和质效考核的层面。主要特点为：一是"点-线"的数据统计方式。大多的司法数据统计多以"点-线"的方式进行手工统计，数据统计方式较为原始粗放。二是"人力推动"的数据录入形式。司法数据统计只能依靠各业务庭室层层上传数据信息进行数据更新，数据的碎片化、模糊化和随意化特点凸显。三是"线性思路"的数据分析模式。对司法大数据分析大多限于对系统内部搜集信息进行简要比对。但总体上看，此阶段已经意识到司法数据统计的重要性，为数据共享阶段的发展奠定基础。

二、计算机阶段：数据信息共享

随着时代的发展，计算机技术的革命性突破，极大程度上改善了数据提取方式，使得司法机关内部尝试运用数据资源整合和共享的方式将司法统计信息运用到审判、决策、管理等层面，统计的准确性和分析的科学性进一步提高。主要特点为：一是"线-面"的数据统计方式。司法数据统计更为全面，注重通过统计信息互通共享。二是"系统生成"的数据录入形式。司法统计人员的手工统计负担减轻，为拓宽司法统计数据的范围和类型提供条件。三是"解读数据"的数据分析模式。此阶段更多地通过对大数据的解读凸显其价值。以计算为中心的理念逐渐转变到以数据为中心。

三、互联网阶段：智慧法院、云储存、智能运算

互联网和 AI 人工智能的出现，为司法大数据更好应用带来新契机，也为司法体制改革和现代科技应用融合提供了新路径。其具体特点如下：一是"面-体"的数据统计方式。司法大数据的应用重点转变为注重通过现代化的科技手段，对顶层数据进行一体化设计。二是"互联网信息系统"开发模式。逐渐从人的学习向机器学习转变，从单纯的物质存储端向网络云端转变，从辅助人的决策向人工智能决策转变。三是"智慧司法"的分步创建模式。通过顶层设计完成基础设施和硬件升级，建立统一的数据架构标准及储存方式，实现司法数据的资源共享。知识图谱技术在司法领域的成熟发展，使机器理解自然语言、构建知识网络。AI 技术的发展完善，构建司法人工智能诉讼服务系统，形成专业化和智能化的审判体系。

第二节　我国司法大数据应用的典型案例分析

一、人民法院司法大数据平台

人民法院根据构建"智慧法院"[1]的客观要求、实现网络业务的客观需要，法院系统搭建出"五大网系"[2]，各类基础设施信息覆盖了全国所有法院，基本实现全要素、集约化的网络体系。（见图13）对内，"智慧法院"平台在全国法院系统的应用，标志法院内部大数据统一。（见图14）对外，以"阳光司法"为核心，提升司法过程的"公开透明度"。打造了审判流程信息公开、庭审活动公开、裁判文书公开、执行信息公开等四大公开平台。（见图15~图18）

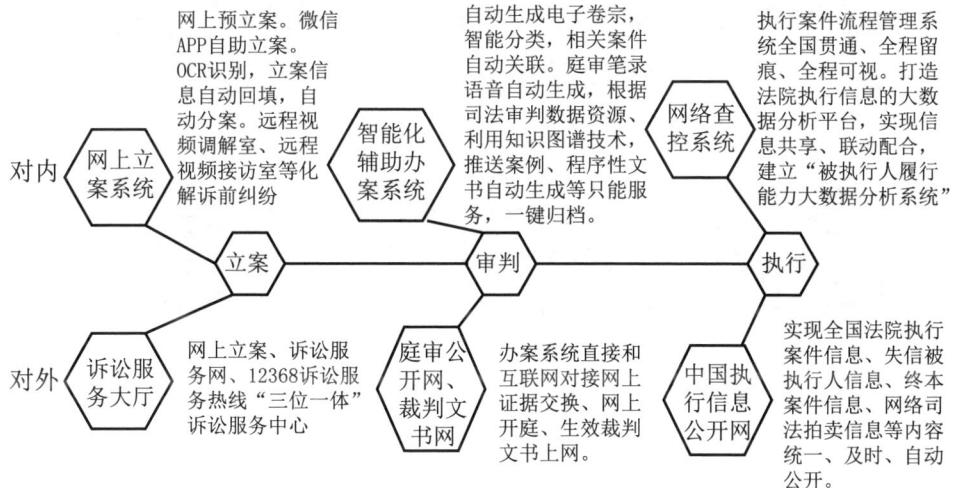

图13　人民法院司法大数据运行情况

---

〔1〕 智慧法院："依托现代人工智能，围绕司法为民、公正司法，坚持司法规律、体制改革与技术变革相融合，以高度信息化方式支持司法审判、诉讼服务和司法管理，实现全业务网上办理、全流程依法公开、全方位智能服务的人民法院组织、建设、运行和管理形态。"

〔2〕 五大网系：法院专网、移动专网、外部专网、互联网和涉密内网。

图14 北京法院"智汇云"应用系统界面

图15 中国审判流程信息公开网

图 16　中国庭审公开网

图 17　中国裁判文书网

图18　中国执行信息公开网

　　此外，各地法院结合各自地域、文化发展特点专项研制开发出具有特色的大数据应用平台。例如，浙江法院在杭州市余杭区法院先行试点道路交通纠纷"网上数据一体化处理"综合改革，杭州互联网法院网上诉讼平台系统。人民法院为解决"执行难"，搭建网执系统，与政府、银行、交通部门等实现数据交互等。（见图19~图21）

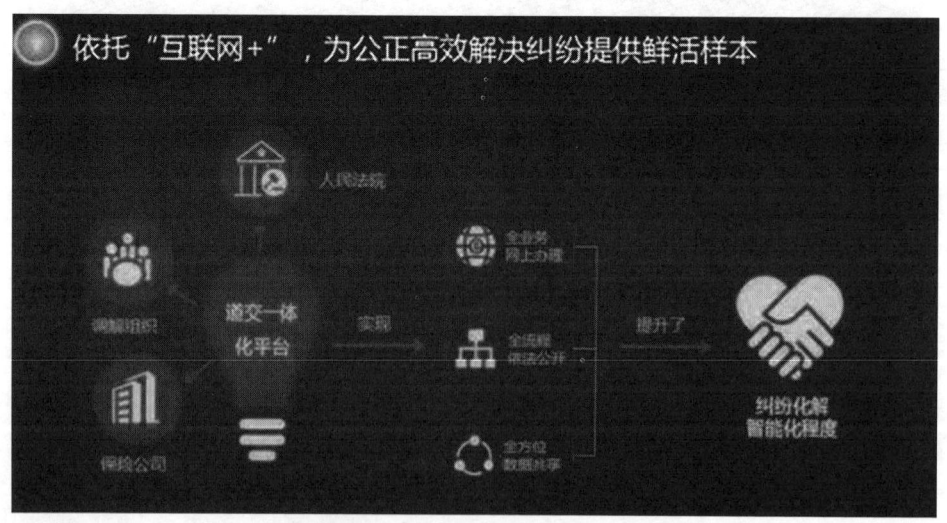

图19　杭州市余杭区法院道路交通纠纷"网上数据一体化处理"平台

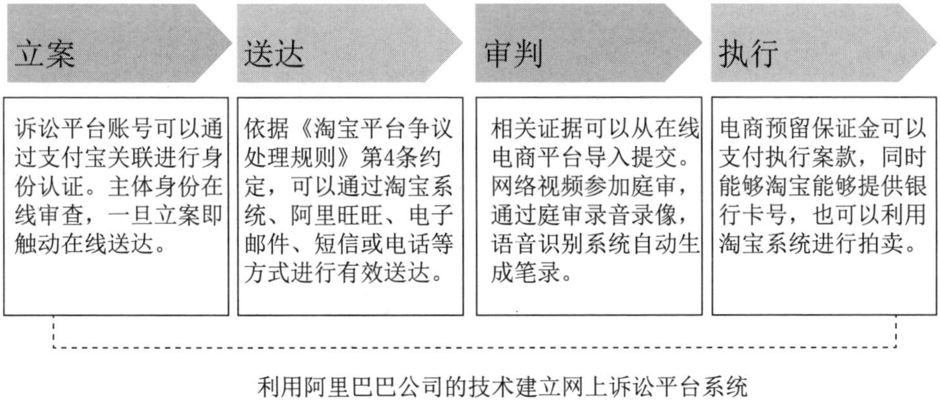

立案
送达
审判
执行
诉讼平台账号可以通过支付宝关联进行身份认证。主体身份在线审查，一旦立案即触动在线送达。
依据《淘宝平台争议处理规则》第4条约定，可以通过淘宝系统、阿里旺旺、电子邮件、短信或电话等方式进行有效送达。
相关证据可以从在线电商平台导入提交。网络视频参加庭审，通过庭审录音录像，语音识别系统自动生成笔录。
电商预留保证金可以支付执行案款，同时能够淘宝能够提供银行卡号，也可以利用淘宝系统进行拍卖。
利用阿里巴巴公司的技术建立网上诉讼平台系统

图 20　杭州互联网法院网上诉讼平台系统

01
国土住建
· 房屋
· 土地
02
准不动产登记机构
· 民用航空器
· 船舶
· 机动车
03
工商政务
· 股权
· 法人代表、董事等高管的个人信息
· 完税情况
04
公安机关
身份信息
05
失信及协助
· 失信人名录
· 出入境
06
虚拟财产平台
· 虚拟装备
· 虚拟货币
07
金融机构
· 银行
· 证券
· 保险
· 支付宝、微信、京东、阿里等第三方消费支付平台
本地网络执行查控管理系统

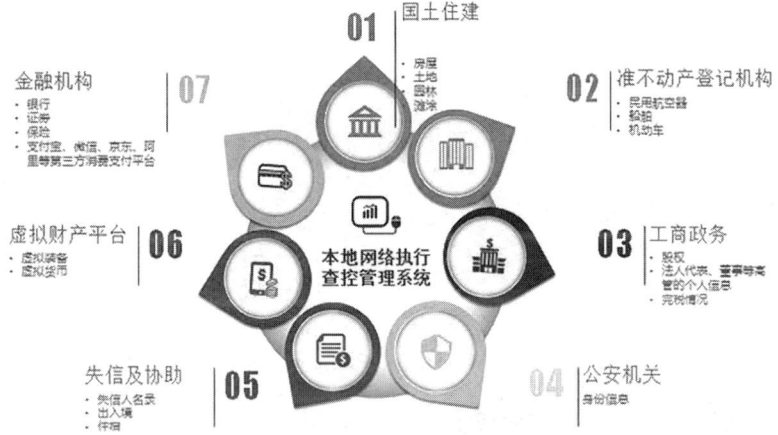

图 21　政府、银行与司法系统大数据司法执行综合应用

二、智慧检务“六大平台”

最高检《“十三五”时期科技强检规划纲要》明确了实施“科技强检”工作的路线图和时间表。其中，包括到 2017 年底完成覆盖四级检察院的检务办公、检务保障、司法办案、队伍建设、检务决策支持、检务公开与服务“六大平台”的建设，实现对检察工作全流程规范化、网络化、智能化管理，实现与有关部门信息资源共享和实时交换。（见图 22）贵州省检察机关充分运用大数据优势，绘制“犯罪构成知识图谱”，提供证据审查指引，实现数字化监控和管理。（见图 23）

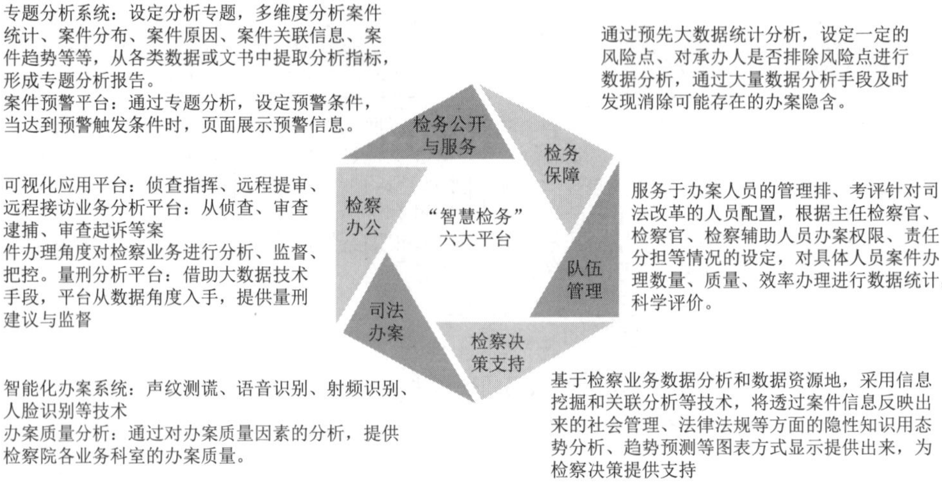

专题分析系统：设定分析专题，多维度分析案件统计、案件分布、案件原因、案件关联信息、案件趋势等等，从各类数据或文书中提取分析指标，形成专题分析报告。
案件预警平台：通过专题分析，设定预警条件，当达到预警触发条件时，页面展示预警信息。
通过预先大数据统计分析，设定一定的风险点、对承办人是否排除风险点进行数据分析，通过大量数据分析手段及时发现消除可能存在的办案隐含。
检务公开与服务
检务保障
可视化应用平台：侦查指挥、远程提审、远程接访业务分析平台：从侦查、审查逮捕、审查起诉等案件办理角度对检察业务进行分析、监督、把控。量刑分析平台：借助大数据技术手段，平台从数据角度入手，提供量刑建议与监督
检察办公
“智慧检务”六大平台
服务于办案人员的管理排、考评针对司法改革的人员配置，根据主任检察官、检察官、检察辅助人员办案权限、责任分担等情况的设定，对具体人员案件办理数量、质量、效率办理进行数据统计，科学评价。
队伍管理
司法办案
检察决策支持
智能化办案系统：声纹测谎、语音识别、射频识别、人脸识别等技术
办案质量分析：通过对办案质量因素的分析，提供检察院各业务科室的办案质量。
基于检察业务数据分析和数据资源地，采用信息挖掘和关联分析等技术，将透过案件信息反映出来的社会管理、法律法规等方面的隐性知识用态势分析、趋势预测等图表方式显示提供出来，为检察决策提供支持

图 22　“智慧检务”六大平台

1、创建犯罪构成知识图谱，案件信息数据化
质量篇
犯罪构成知识图谱
反映犯罪事实与证据材料之间法律逻辑关系的知识体系。通过犯罪构成知识图谱能够将一个案件的实体信息，以案件要素的形式转化成计算机可以识别和处理的数据，从而为案件的快速检索、分析甄别、类案推送、质量分析、趋势发现、预警预测、评估研判、决策辅助等智能服务提供数据基础。
案件信息
犯罪事实
证据材料
定罪要素
量刑要素
年龄
精神状况
坦白
积极赔偿
户籍证明
被害人陈述
证人证言
鉴定意见

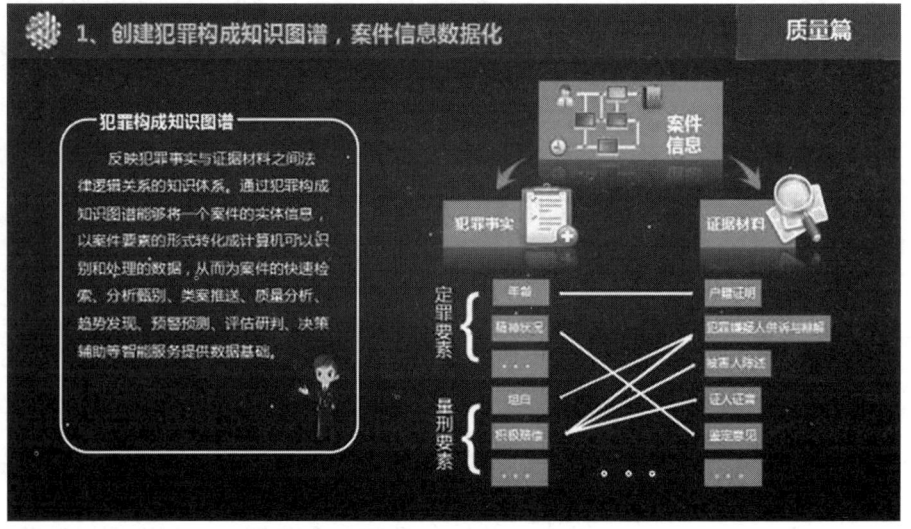

图 23　“犯罪构成知识”图谱绘制方式

三、公安系统“金盾工程”

“金盾工程”是为满足公安业务工作对信息的准确性、实效性和迫切性需要，以城市级信息系统为基础和核心，以通信网络为依托，跨部门、跨地区的现代化公安信息综合管理和应用系统，以“公共安全监测、预警、管控”为核心，借助全国专业网络信息系统的打造、实现对有效数据的搜集、检索和分析应用。(见图 24)

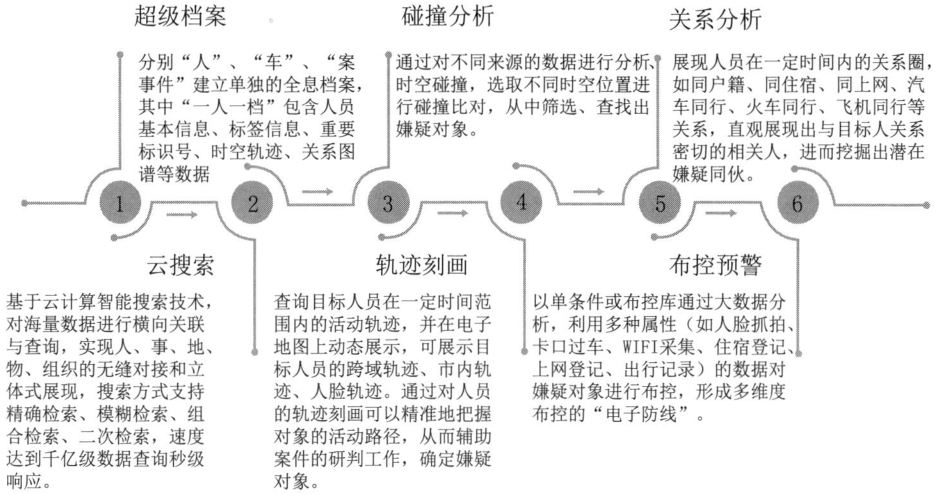

超级档案

分别"人"、"车"、"案事件"建立单独的全息档案，其中"一人一档"包含人员基本信息、标签信息、重要标识号、时空轨迹、关系图谱等数据

碰撞分析

通过对不同来源的数据进行分析、时空碰撞，选取不同时空位置进行碰撞比对，从中筛选、查找出嫌疑对象。

关系分析

展现人员在一定时间内的关系圈，如同户籍、同住宿、同上网、汽车同行、火车同行、飞机同行等关系，直观展现出与目标人关系密切的相关人，进而挖掘出潜在嫌疑同伙。

1　2　3　4　5　6

云搜索

基于云计算智能搜索技术，对海量数据进行横向关联与查询，实现人、事、地、物、组织的无缝对接和立体式展现，搜索方式支持精确检索、模糊检索、组合检索、二次检索，速度达到千亿级数据查询秒级响应。

轨迹刻画

查询目标人员在一定时间范围内的活动轨迹，并在电子地图上动态展示，可展示目标人员的跨域轨迹、市内轨迹、人脸轨迹。通过对人员的轨迹刻画可以精准地把握对象的活动路径，从而辅助案件的研判工作，确定嫌疑对象。

布控预警

以单条件或布控库通过大数据分析，利用多种属性（如人脸抓拍、卡口过车、WIFI采集、住宿登记、上网登记、出行记录）的数据对嫌疑对象进行布控，形成多维度布控的"电子防线"。

图 24　"金盾系统"大数据应用方式

四、大数据共享应用平台

为司法效率的提升，随着基础设施的进一步完善，各司法机关根据自身需要，加大和政府机关、金融机构和企业之间的数据交互。如贵阳建立了以贵阳法院、检察院、公安局、国安局、市区政法委、司法局共创大数据共享应用平台。（见图 25）北京市丰台区人民法院自主研发公检法司信息化共享办公平台，对可能影响认罪认罚案件审判质效的环节进行梳理，提高程序衔接效率。（见图 26）

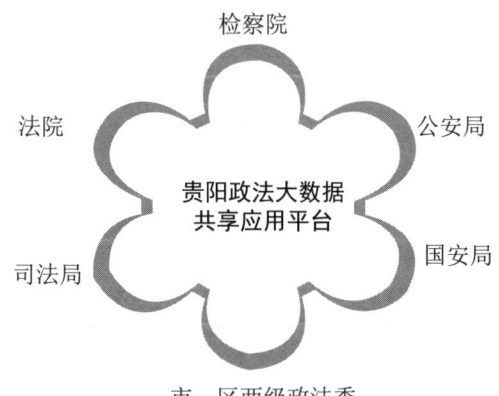

检察院

法院　　公安局

贵阳政法大数据
共享应用平台

司法局　　国安局

市、区两级政法委

图 25　贵阳司法系统数据共享示意图

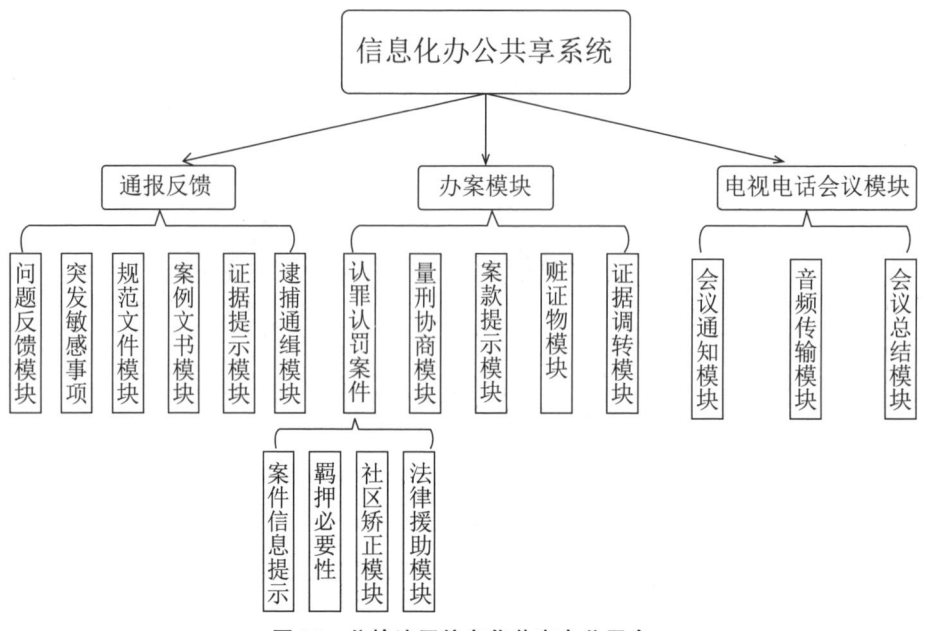

图26　公检法司信息化共享办公平台

五、司法大数据专题研究"小核心+大协作"机制

中国司法大数据在最高人民法院的领导下，正依托人民法院大数据服务和管理平台，围绕司法改革成效、国家治理能力、经济社会发展等，按照自有团队（社会治理研究中心、司法统计分析服务中心）+协作团队（最高人民法院信息中心及法院信息化协作单位）+专家库（全国各级法院及全国知名法学院校等）+其他专业研究机构（国务院发展研究中心等）的"小核心、大协作"机制，开展了一系列"司法+大数据"研究分析。（见图27）

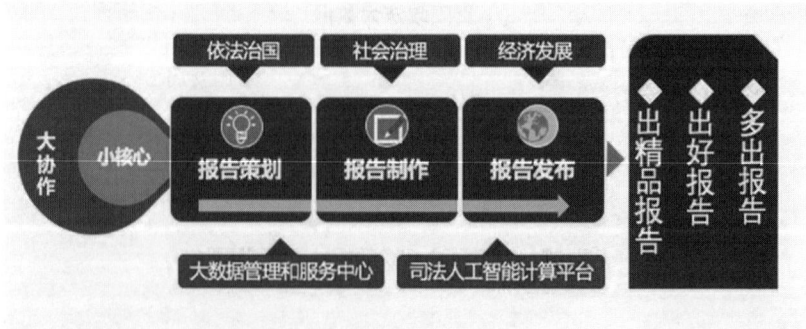

图27　"小核心、大协作"机制

同时，由于业务问题点和司法大数据分析点要多次迭代，对知识储备和研究经验要求较高。在助力领导决策的过程中，往往通过专家参与，司法大数据协同或联合研究，增强决策的可行性、科学性、有效性。（见图28）

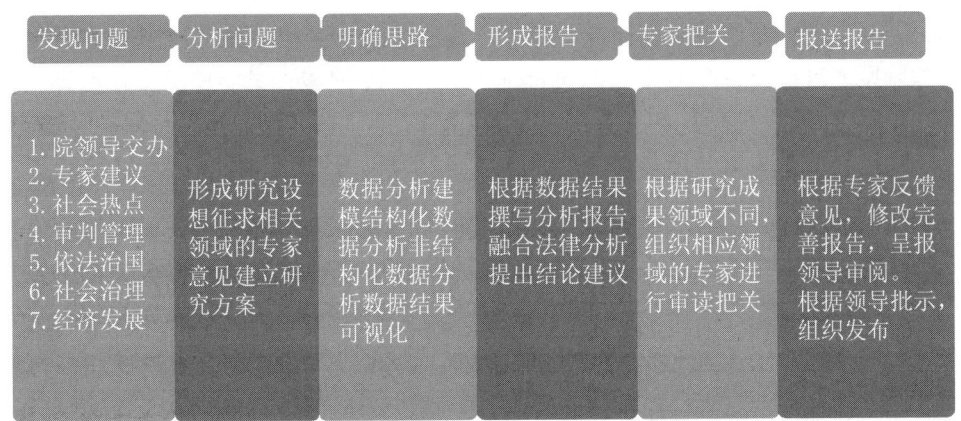

图28 司法大数据协议分析、联合研究方式示意图

第三节 域外司法大数据应用的情况

一、美国：司法公开与"AI"的应用

美国的司法系统中，联邦最高法院电子案件文档和电子案件管理系统具有世界先进水平。[1]主要具备以下特点：一是判决内容全部公开。二是加强庭审信息化应用。三是司法信息化安全风险突出。美国司法数据系统在互联网运行，使得联邦政府和司法机关必须有效防范互联网攻击，同时要充分保证当事人隐私、证人的安全以及当事人的诉讼诚信问题。

同时，美国国有一半以上的州利用COMPAS、PSA和LSI-R等的AI风险评估软件辅助刑事量刑。[2]尽管"AI"为法官裁判带来更为客观、科学的参考，但算法的不透明性也引发了一定担忧和挑战：一是算法的准确性问题，与其他风险预测方法对比，算法的正确率并没有与明显的优势。二是算法的公平性问题。例如，算法中对于生活环境，受教育程度，收入情况等因素的考虑容易在无形中对贫困者形成歧视，同时一些权重因素客观上与种族相互关联，容易将种族歧视与风险预测相联系。三是程序的公开性问题。由于受到专利的保护，被告人及公

---

〔1〕 刘琼：《美国法院司法公开的启示》，载《人民法院报》2015年8月24日，第2版。

〔2〕 李本（Benjamin L. Liebman）：《美国司法实践中的人工智能：问题与挑战》，载《中国法律评论》2018年第2期。

众无从知晓算法如何设计，在一定程度上形成了"黑箱"，程序的正当性受到了质疑。

二、英国：依托现代技术的"在线法庭"

2015 年，英国政府接纳英国法律与计算机协会关于"在线法庭"的建议和方案，并投入大量资金推动建设。英国"在线法庭"系统围绕"纠纷解决""纠纷控制""纠纷预防"三个方面来设计，分为三个层级：第一层级是在线评估，告知当事人相应的权利、权益实现方式，避免当事人陷入法律困境。第二层级是在线辅助，辅助人员使用多种 ADR 和咨询技巧形式积极引导解决纠纷。第三层级是在线裁判，根据在线提交的电子文档，对案件做出全部或部分裁决。这种转型并非简单地将现代技术应用到传统模式，而是以互联网为基础重新构建一种新的在线模式，用低成本、低门槛的方式实现司法正义，还包括更具预防性的理念。英国政府计划在 2020 年左右，人工智能能够在第三层级扮演法官的智能助手，建议可能的决策方案。

三、新加坡：社区司法与仲裁系统

新加坡国家法院（State Courts）通过建立社区司法与仲裁系统（Community Justice and Tribunals System），让当事人能够通过互联网完成小额索偿请求，其中包括网上申请、电子协商寻求和解，甚至取得庭令等。新系统的好处是可以减少填写错误，提高私下和解的可能性，还可以省下出庭的时间。公众可以使用个人的电子政府密码（Sing Pass）或商业电子政府密码（Corp Pass）登录社区司法与仲裁系统。同时，邻里纠纷仲裁庭（Community Disputes Resolution Tribunals）和雇佣索偿仲裁庭（Employment Claims Tribunals）也会纳入社区司法与仲裁系统中。

四、日本：加快司法 IT 化进程

日本司法领域较为依赖纸质材料，信息化改革落后于先进国家，也使得其商业环境评价呈现下降趋势。为工作更加便利，日本最高法院曾寻求过引入信息化建设，但结果限于法院将部分判决书公布在网上。2017 年 6 月，日本内阁决议通过了《未来投资战略 2017》，其中探讨了日本司法 IT 化的时间进程，日本推进司法 IT 化不仅在个别领域进行，还将电子化以后的数据在各个领域进行应用，从诉讼的受理开始，包括案件的分配、审理的预定管理、判决、强制执行、诉讼资料的管理等都包括在内，同时强调体系化的应用思想。

五、韩国：特色化司法信息技术运用体系

1979 年，韩国大法院（韩国最高法院）委托韩国科学技术研究院研究计算机技术在司法工作中的运用，经过近四十年的努力，韩国法院实现了高速网络连接，开发出了案件管理、数据查询、公共服务和不动产登记等四大类信息化系

统，形成了独具特色的信息化技术运用体系。目前，韩国法院正致力于数字化法院建设，主要有五项计划：一是电子立案程序，最终实现无纸化法院的目标。二是数字化法庭，使审判不受时间和空间的限制。三是数字化服务中心，在网上自动提供上述各类信息。四是数字化记录服务，减少判决书制作和存放的成本，并且便于公众查询判决书。五是智能化司法行政管理，自动提供案件审理所需的人力、物力及信息资源，减少各种人为因素对案件审理的干扰。

第四节　司法大数据应用立法现状及分析

一、域外相关立法情况

域外与司法大数据相关的立法主要集中于大数据环境下个人数据保护的法律制度。美国则是行业自律模式的倡导者，数据立法散见于联邦、各州的各行业规定之中，辅之以行业内部规则、规范、标准和行业协会的监督，充分保证个人数据自由流动的基础上保护个人数据，实现行业内个人数据保护自律和行业利益保护的平衡。[1]针对金融、医疗、电信、消费者保护和儿童隐私等高危行业，美国立法遵循"公平信息实践原则"，采取"告知与同意"框架按照行业领域进行细分。为应对大数据安全方面的复杂性，2015 年美国家标准与技术研究院（NIST）大数据工作组下属安全与隐私小组针对大数据安全与隐私发布了第一版框架性草案，从安全与隐私的维度对大数据几个关键特征——多样性、规模性、真实性、高速性、有效性进行了阐述，提供了大数据领域安全与隐私保护的参照性蓝本。[2]

欧盟是数据保护领域的立法先驱，《电子信领域个人数据处理和隐私保护的指令》和《一般数据保护条例》共同构成了欧盟数据保护法律框架的两大支柱，为欧盟公民个人数据权利和隐私保护提供坚实障基础，赋予数据主体包括访问权、纠错权、被遗忘权、限制处理权、反对权、拒绝权和自决权等权利，对数据控制者处理构建了相应的义务体系，并通过相关的监督机构设置、域外效力条款和高昂罚则充分保障了数据护法律制度的实施，具有极强的法律震慑力和适用性。

二、国内相关立法情况

整体而言，在国家立法层面，立法体例以单行法为主要形式，相关规定散见与原则性条款，规范对象不一，保护范围各异，主要集中于个人信息安全与隐私

---

〔1〕　中国电子技术标准化研究院、全国信息技术标准化技术委员会大数据标准工作组：《大数据标准化白皮书（2018 版）》，2018 年 3 月。
〔2〕　中国电子技术标准化研究院、全国信息技术标准化技术委员会大数据标准工作组：《大数据标准化白皮书（2018 版）》，2018 年 3 月。

权保护问题，而对于数据权属及应用、大数据行业内部的法治问题涉及较少，对人工智能、区块链等新产业中的数据应用保护尚存在空白。（见表 2）

表 2　国内司法大数据相关法律法规

序　号	年　份	法律法规	主要内容
1	2017 年	《关于办理侵犯公民个人信息刑事案件适用法律若干问题的解释》	进一步明确侵犯公民个人信息罪行的适用条件。
2	2017 年	《中华人民共和国民法总则》	第 111 条规定了自然人的个人信息的法律保护原则。
3	2016 年	《网络安全法》	首次从立法层面定义"个人信息"，对"个人信息"进行了不完全列举。
4	2015 年	《中华人民共和国刑法修正案（九）》	第 253 条将"违反规定，向他人出售或者提供公民个人信息"的行为定性为犯罪行为，第 286 条增加网络服务提供者的信息安全、信息保密义务。
5	2015 年（修订）	《邮政法》	第 3 条规定任何组织或者个人不得以任何理由侵犯他人的通信自由和通信秘密。
6	2013 年	《电信和互联网用户个人信息保护规定》	对电信业务经营者、互联网信息服务提供者收集和使用个人信息作出规定。
7	2013 年	《征信业管理条例》	对征信业务相关的个人信息的收集、使用、存储、加工作出规定。
8	2013 年（修订）	《消费者权益保护法》	第 29 条对保护消费者个人信息作出规定。
9	2012 年	《关于加强网络信息保护的决定》	将"能够识别公民个人身份和涉及公民个人隐私的电子信息"纳入保护范围。
10	2012 年（修订）	《刑事诉讼法》	第 52 条规定对涉及国家秘密、商业秘密、个人隐私的证据应当保密。

续表

序 号	年 份	法律法规	主要内容
11	2011 年 （修订）	《身份证法》	第 6、14、30 条对个人信息保护及泄露信息的责任作出规定。
12	2010 年 （修订）	《保守国家秘密法》	第 9 条规定国家机关和涉密单位管理本机关和本单位的保密工作。
13	2007 年	《信息安全等级保护管理办法》	根据信息系统的重要程度和破坏后果实施等级保护制度。

地方立法层面，自 2016 年贵州出台《大数据发展应用促进条例》之后，全国各省、自治区、直辖市相继通过了类似的地方法规和规章。在对地方性法规、规章区域性制定的法律法规进行整理的过程中发现，地方性法规、规章其存在以下四个特点：一是制定目的多为鼓励、支持、引导大数据发展，倾向性较为明显；二是规范主体主要限定于各级政府机关，对于其他主体的限定较少；三是规定多集中于基础设施的构建和人才培养引进，且涉及数据交易的规定较为原则；四是因地方立法缘故，所以涉及的处罚措施轻微或缺乏惩罚机制。

三、司法大数据应用面临的立法不足

当前，我国司法大数据法律保障体系尚不完善。数据所有权、隐私权等相关法律法规和信息安全、开放共享等标准规范不健全，尚未建立起兼顾安全与发展的数据开放、管理和信息安全保障体系。存在的不足主要表现为：一是缺乏顶层设计，规则相对滞后。不同的司法机关对于自身掌握的司法数据的公开规则也不尽相同，难以为司法大数据的发展提供有效的规范指引和保障。二是原则性规定较多，可操作性不足。现有规范不足以覆盖大数据时代涉及个人信息安全应用的新需求新形势。[1]三是规范层级较低、碎片化明显。规定分散在部门及地方各种规范性文件中，且特别规则多，普遍规则少。四是忽略数据分类，缺少针对性。相关立法对司法大数据的专项规范和保护不足。

---

[1] 张兰廷：《大数据的社会价值与战略选择》，中共中央党校 2014 年博士学位论文。

第三章 司法大数据应用的法治保障重点

第一节 数据收集与隐私保护的冲突问题

一、数据的采集缺乏规则制度保障

随着互联网及信息化的发展，司法数据的产生方式越来越呈现多样化，除了社会公众在法院、检察院、司法行政部门等各个司法部门从事不同的司法活动会产生司法数据之外，个别司法部门开始尝试与电商平台、邮政部门等掌握着大量社会公众的身份信息、消费数据、金融数据、联系信息等个人信息的企业之间展开数据交换共享的合作，司法大数据获取的渠道呈现出多样化的趋势，但数据合作尚缺乏规范及标准，相关法律规则的构建与制度保障亟待完善。

二、个人隐私保护面临"告知—同意"规则的失灵

"告知—同意"规则在世界范围内是个人信息保护的主要规制手段之一，被美国联邦贸易委员会认定为线上隐私保护的"最为重要的原则"，[1]也为我国多部立法所确认。[2]司法审判机关的职能决定了法院可直接获取个人信息数据，但随着法院与相关大数据企业数据交换共享合作的进一步加深，技术企业可能不需要遵循"告知—同意"规则即可获取海量的个人信息及隐私信息，且对于法院能够向企业开放的司法大数据的范围、程度及信息的保密等问题尚无明确标准及规则设计，个人信息及隐私保护面临"告知—同意"规则失灵的风险。

第二节 存储管理数据的安全风险问题

一、国家安全和社会安全问题

互联网没有绝对安全可言，全国司法机关及与之合作的机构、企业所存储的司法大数据均面临严峻的安全风险，需要从"大安全"的视角认识和解决大数据安全问题。依托互联网技术而发展的司法大数据应用不仅面临开放遭受网络攻击的被动防御状态，还面临数据泄露、恶意应用，从而威胁国家安全、社会安全。

二、个人信息安全问题

司法大数据中含有大量当事人的个人信息，包括个人身份信息、财产信息、行为信息甚至犯罪记录等。这些信息往往具有高度的私密性和敏感性。在司法大

---

[1] Werro F, "The Right to Inform v. The Right to be Forgotten: A Transatlantic Clash", in Ciacchi A. C., Godt C., Rott P., et al., eds., *Liability in the Third Millennium*, Baden-Baden, F. R. G., 2009.

[2] 例如我国《消费者权益保护法》第 29 条、《网络安全法》第 22 条等。

数据存储和使用的各阶段内，如果处理不当，极易造成个人数据泄露，而海量数据的汇集加大了数据泄露的可能，对个人数据的无序使用也增加了敏感信息泄露的风险。[1]即便对个人敏感信息进行匿名化或模糊化处理，通过技术手段，依旧能够将经过匿名化处理的数据再次还原，从而导致脱敏"失灵，"直接威胁用户的隐私安全。[2]

第三节　数据流动规则的确定机制问题

一、司法大数据开放共享机制的缺失

当前司法大数据的开放共享存在的问题主要表现在两个方面：一是数据孤岛现象严重。公检法等司法机关之间以及社会机构、各企业之间缺乏司法数据的衔接合作，削弱了司法大数据更加广泛意义上的应用价值。二是数据公开不够全面。主要以裁判文书公开为主，法院的审判管理情况和有关的社会发展现状公开不足。深层原因主要在于司法大数据开放共享机制的缺失，我国立法并无关于相关规定，亦无类似《政府信息公开条例》的司法数据公开规则，导致多方主体数据公开规则及标准不一。

二、司法大数据交易规则的缺失

由于司法大数据较为敏感、复杂，可能涉及国家安全、社会安全及个人隐私安全等情况，与一般的政务数据及非官方数据相比均有一定特殊性，目前国内尚未出现典型交易案例，也未形成相关交易规则。从充分挖掘和利用司法大数据价值的角度，司法大数据与不同的政府部门、社会机构乃至企业的数据及大数据处理和分析技术相结合，可能会产生更大的应用价值。因此，对于司法大数据的交易和利用将会是未来大数据应用的重点，相关交易规则的确定亦是完善法治保障需要考虑的重要问题。

第四节　司法大数据的专项监督管理问题

一、监管目标缺失

目前我国尚未出台全国性的规定，没有形成能够称之为体系的监管条例。对于各司法部门而言，其掌握着巨大的公民个人信息数据，对于这些数据如何存储、如何应用、可否与企业之间进行数据的交流乃至交易，缺乏明确规定；对于涉及司法大数据应用的企业而言，其收集获取数据的渠道有无限制、如何进行数据脱敏以及脱敏的标准、对数据的分析、应用及相关交易如何进行等，亦无章可

---

〔1〕　阙岳、苏滨：《海量数据共享与个人隐私保护》，载《新闻世界》2016年第5期。

〔2〕　中国信息通信研究院安全研究所：《大数据安全白皮书（2018年）》，2018年7月发布，载 http://www.cbdio.com/BigData/2018-07/13/content_5763797.htm，最后访问日期：2018年8月19日。

循。不论是司法机关还是相关大数据企业，数据处理及应用的各环节均缺乏规范性的操作流程及目标导向。

二、监管主体不明

对司法大数据的监管多数停留在依赖掌握大数据的各司法部门及各大数据企业自律的程度。法院、检察院、公安机关等司法部门对各自所掌握的司法数据的监管均通过各自出台的条例予以规范，司法大数据的使用主体同时也是数据安全的监管主体，从而形成各主体既是运动员也是裁判者的局面，不利于司法大数据产业的可持续稳健有序发展。

三、监管方式落后

随着大数据产业的发展，数据处理中的参与者变得多而复杂，在数据的收集、存储、交易、使用等各个环节涉及的参与者很多，政府与企业之间的合作愈见紧密，掌握不同大数据处理技术的企业之间的合作也愈见增多，导致数据可能在多个不同类型、不同行业的主体之间流动，这又进一步增加了监管的难度，需要跨领域、跨行业、灵活性、多角度并存的监管模式，对于司法大数据的监管又是一个全新的挑战。

四、监管辅助手段欠缺

一是权利救济机制不完善。大数据产业在各个应用环节都有可能出现各种各样的纠纷，受侵害的权利主体如何维权成为一个困扰数据主体的难题。

二是信用体系不健全。没有构建完整的数据收集、处理、交易过程风险控制系统，对于数据的保护和风险管控方面还存在许多不足，极易引发数据交易的风险。

第四章 司法大数据应用的法治保障原则

第一节 司法大数据主权原则

一、司法大数据主权原则的概念

大数据作为国家的重要战略资源，事关个人安全、社会安全和国家安全。司法大数据的主权原则，对内是国家对其政权管辖范围内司法数据的生成、储存、处理、分析、流通和利用等拥有最高权力；对外则表现为国家有权决定其参与国际司法数据活动的具体程序和可能的方式，并有权采取必要措施保护数据权益免受其他国家侵害。[1]

---

〔1〕 齐爱民、盘佳：《数据权、数据主权的确立与大数据保护的基本原则》，载《苏州大学学报（哲学社会科学版）》2015年第1期。

二、司法大数据主权原则的主要内容

司法大数据主权原则主要涉及以下两方面内容：一是对司法大数据的管理权，指国家对司法大数据的传输、生成、储存、处理、分析和利用等的管理权，以及就司法大数据领域发生纠纷所享有的司法管辖权；二是对司法大数据的控制权，指国家对司法大数据采取必要的保护措施，以免数据遭受被窃取、篡改、泄露、伪造、毁损等危险，最大限度的保障数据的真实性、完整性和保密性。[1]

第二节　司法大数据保护原则

一、司法大数据保护原则的概念

数据保护原则是将大数据确认为独立的法律关系客体，通过明确其法律性质和法律地位，使大数据成为权利主体所享有的一种独立利益而受到法律的确认和保护。

二、司法大数据保护原则的主要内容

司法大数据保护的对象主要涉及两方面内容：一是对数据权利主体的确认，包括：数据权利及其方法；分析成果权利；基于司法大数据的创新权利。二是对数据交易的规范。通过制定关于数据权属的相关法律，明确数据的权利归属，对可交易的司法大数据及交易各方的责任和权利进行规定，使数据交易和数据保护有法可依。

第三节　司法大数据开放与共享原则

一、司法大数据开放与共享原则的概念

司法大数据开放与共享原则要求法律保障数据以独立客体的形式对公众进行公开，禁止对数据流通给予不必要的限制。此原则的含义主要体现在以下两个方面：一是促进数据开放和流通。二是反对数据垄断。

二、司法大数据开放与共享原则的主要内容

现阶段，司法大数据开放与共享还处于起步阶段，以审判机关为例，目前以公开裁判文书和司法统计数据为主要内容。应当进一步强化以开放与共享为原则，不开放或不共享为例外的应用取向，凡列入不予开放、共享类的司法大数据，必须有法律、行政法规或党中央、国务院政策依据，如当政府部门或者其他司法机关因履行职责需要，希望获取涉及商业秘密或个人隐私的司法大数据时，保存该数据的司法机关应当有条件地公开相关数据。

---

〔1〕　邹沛东、曹红丽：《大数据权利属性浅析》，载《法制与社会》2016年第9期。

第四节　司法大数据安全原则

一、司法大数据安全原则的概念

司法大数据安全原则指为避免司法大数据遗失、毁坏、泄露，或被违法利用等，通过法律机制来保障数据的安全。

二、司法大数据安全原则的主要内容

司法大数据安全原则包括以下几方面内容：①保障数据的真实完整，既要确保处于静态存储的数据不被非法访问、篡改和利用，也要保证数据传输的安全和完整性，避免数据丢失和缺损；②只有取得授权的机构和个人才能获取和使用司法大数据；③以合理的安全措施保障司法大数据系统具有可用性。

第五章　司法大数据应用的法治保障机制

第一节　司法大数据应用的数据质量保障机制

一、保障数据资源获取的多样性、合法性

司法大数据应该是全集数据，而不是随机数据，在采集数据信息时应尽可能地增加信息元，保障采集数据的多样性。以审判机关数据采集为例，在采集对象上，不仅要采集一般意义上的案件信息数据，还要采集案件风险信息、案件当事人对裁判的意见、社会大众对法院工作认同度等与审判工作相关的数据信息以及与社会经济发展相关的数据信息。司法机关在采集数据后，应严格保密，不得非法泄露。

二、保障数据存储的完整性、安全性

为保障司法大数据存储的安全性，负责存储数据的机构应当对所收集及已存储的信息实行强制加密制度，并进行妥善保存。目前大量司法数据存储于同司法机关有合作关系的社会机构或企业的网络服务器中，一旦相关服务器遭到攻击，会造成数据泄露的风险。对此，应加强对存储司法数据的机构或企业的监管力度，不定期对网络服务器进行安全监测，并定期对数据存储系统进行升级维护。当发生数据泄露时，应及时进行调查处理，在查明事实的基础上，追究相关机构及工作人员的责任。

三、完善司法数据的统计方式

大数据时代背景下，完善司法大数据统计分析方式，首先要树立大数据思维意识，重视司法统计数据对提升司法能力、完善司法决策的积极作用。司法实务中，为实现司法统计分析价值，需要对已有的司法统计分析方式进行完善，一方

面以问题为导向，根据需求检索分析相关数据，另一方面，需要对数据进行二次或多次应用，即对数据进行重组价值分析，发现数据中潜藏的一般应用价值外的深层次价值。

第二节　司法大数据应用的数据确权机制

一、数据采集阶段的权利确认

按照我国法律规定，司法机关有权向有关单位和个人收集、调取证据。被记录人对该类数据不应享有财产性权利。而司法数据经采集后，应严格保密，不得非法泄露，否则须承担相应的法律责任。司法大数据作为司法机关工作过程中的基本要素，是一项重要的财产，并且是多种权利的集合，对其应作为特别权利进行专门的法律保护，并逐步构建司法大数据财产制度，其目的在于赋予数据财产权，即权利人直接支配特定的数据财产并排除他人干涉的权利，从而保护权利人数据财产。[1]

二、数据使用中的权利确认

在司法大数据的应用中，数据的采集只是整个数据利用过程的起点，司法机关在后续的数据整理、存储和利用中，将对数据进行二次加工和开发，经此过程之后的数据与原始数据发生了本质性的改变，附着在原始数据之上的被记录方的身份属性自然的被剥离。原本海量本不相关的数据也从无序转变为有限，数据中潜藏的关系脉络被揭示，形成有利用价值的宏观模型。据此，司法机关应对其集合、加工后的数据信息享有所有权。[2]需要特别指出的是，司法机关所享有的数据所有权是附条件的，其在采集数据和应用数据时，均不得侵犯个人隐私、商业秘密和国家机密。

三、数据确权对个人隐私的保护

由于司法大数据中隐含着大量的个人信息，在对个人隐私进行立法保护时，应充分考虑大数据时代个人隐私保护范围的扩大。司法数据作为司法机关工作过程中的基本要素，是一项重要的财产，并且是多种权利的集合，对其应作为特别权利进行专门法律保护，并逐步构建司法大数据财产制度，其目的在于赋予数据财产权，即权利人直接支配特定的数据财产并排除他人干涉的权利，从而保护权利人数据财产。[3]

---

〔1〕　齐爱民、盘佳：《大数据安全法律保障机制研究》，载《重庆邮电大学学报（社会科学版）》2015年第3期。

〔2〕　何盼盼：《司法大数据的开放与共享》，载《学术探索》2017年第2期。

〔3〕　齐爱民、盘佳：《大数据安全法律保障机制研究》，载《重庆邮电大学学报（社会科学版）》2015年第3期。

第三节 司法大数据应用的开放与共享机制

一、司法机关之间的司法大数据开放与共享机制

一是设立司法大数据开放与共享协调机构，由各司法机关最高权力机构协调成立"促进司法大数据开放与共享各部门联席会议"，负责组织、指导、协调和监督司法大数据开放、共享工作。二是编制司法大数据资源目录。明确司法大数据资源的分类、责任方、格式、属性、共享类型、共享方式、使用要求等内容。三是明确司法大数据资源分类和开放、共享要求。按共享类型分为无条件开放与共享、有条件开放与共享、不予开放与共享。四是确立司法机关之间对开放、共享数据的使用规则。针对三类开放层级细化应用流程，按照"谁主管，谁提供，谁负责"的原则，提供部门应及时维护和更新数据，保障数据的完整性、准确性、时效性和可用性，确保所提供的共享数据与本部门所掌握数据的一致性。按照"谁经手，谁使用，谁管理，谁负责"的原则，依法依规使用共享数据，加强共享数据使用全过程管理。

二、司法机关与社会机构、企业、个人之间的司法大数据开放与共享机制

司法机关在开放、共享数据前应对收集的数据进行分类、加工、整合，对涉密内容进行脱敏处理。由负责数据开放、共享的司法机关按照数据重要程度和等级进行内部整合、分类，然后制成公开目录，通过专门的司法大数据开放、共享平台对外公布。同时，司法机关还要对已开发、共享的司法大数据进行必要的监管，主要涉及对涉密数据、争议数据和失效数据的撤回、修改、删除等事项。建立完善的数据安全审查和隐私保护制度，确保数据获取方在合法、合理的范围内利用符合安全和隐私标准的司法大数据

第四节 司法大数据应用的交易规范机制

一、明确数据权利主体

数据交易市场涉及数据的生产主体、数据的采集主体、数据交易平台、数据交易的主体及监管部门等诸多主体。司法大数据中，司法机关对于其通过合法途径获取的数据和经其加工处理的数据及在办公系统中自然沉淀的数据享有处分的权利，其他各方主体应当严格依照司法机关授权行使相应权利，履行法定及约定义务。

二、明确数据交易主体责任

数据交易中交易主体的责任可以看作其未履行义务的后果，不同交易主体在数据交易环节中所负有的义务也不同。司法大数据交易中数据的提供者即卖家，其首要义务是保证对数据具有处分权。其次，数据卖家收集数据的行为应符合法

律规定，且已对用于交易的数据进行清洗、脱敏处理。数据交易中介组织包括数据处理者、数据经纪人和数据交易平台，在数据交易过程中应履行防止数据对外扩散及对数据进行清洗、分析等义务。就交易主体内部责任而言，各主体之间形成的是一种合同关系，应依照合同法的规定追究相应主体的违约责任。就交易主体的外部责任而言，一般情况下，基于责任自负的基本原则，民事责任是交易主体承担责任的主要方式。除民事责任外，交易主体还可能承担刑事责任。

三、完善司法数据的交易规则

司法大数据交易规则应包括以下内容：①司法大数据交易品种的规定，应当建立数据流通负面清单制度，禁止危害国家安全、侵犯个人信息及企业商业秘密等数据的流通。②数据清洗和处理的标准。规定数据清洗之后应达到什么样的标准才可进行交易，确保交易的数据不侵犯个人隐私、不涉及商业秘密和国家机密。③明确司法大数据交易中的产权流转。规定在司法大数据交易之前，数据买卖双方的权利，交易进行中各自享有的权利，交易之后数据权利的归属。④司法大数据的安全保护标准，主要指交易过程中和完成后，卖方不得对数据进行损毁、篡改、泄露、转卖及非法提供。[1]

第五节　司法大数据应用的监管机制

一、明确多层次监管体系

目前对于司法大数据应用的监管多由掌握大数据的司法机关及各大数据企业自律而为。由司法机关对司法大数据应用进行监管可以节约司法资源，方便其根据自身工作特点和掌握的司法大数据制定监管措施，并及时发现监管中存在的问题。在确定司法大数据应用的监管主体时，可借鉴域外监管经验，建立从中央到部门再到地方和行业自律组织的多层次监管体系。在多层次监管体系建构中，可以建立基于工信部的数据监督管理办公室，以工信部为主，地方下属部门、数据监督管理办公室和行业自律组织为辅的大数据管理组织体系。[2]根据司法大数据应用中涉及的数据处理机制，以数据规模、处理层级和数据收集处理水平为标准，明确各监管主体的责任分担，多层次监管统分结合，实现对司法大数据应用全流程的监督覆盖。

二、加强司法大数据监管的协同治理

为提高监管工作效率、保障监管成效，应对司法大数据领域监管主体进行协调，可以在数据监督管理办公室内设监管协调小组，对涉及数据监管的问题进行

---

〔1〕 汤琪：《大数据交易中的产权问题研究》，载《图书与情报》2016年第4期。
〔2〕 张伊雪：《大数据时代个人数据安全监管法律问题研究》，四川省社会科学院2017年硕士学位论文。

全面协调、部署，合理分配各监管主体间监管事项，提高工作效率，为司法大数据应用提供强有力的制度保障。基于司法大数据涉及司法机关、网信部门等多部门协同，由最高人民法院、最高人民检察院、公安部、国家网信办组织编制数据共享工作评价办法，国家网信办负责组织建立司法大数据共享网络安全管理制度，进一步明确各机关对司法大数据的监督管理职责，协调解决司法机关相互之间的网络互联、信息互通问题。同时，最高人民法院、最高人民检察院、公安部可以会同国家发展改革委、财政部、国家网信办建立司法大数据开放、共享项目建设投资和运维经费协商机制。[1]

三、发展司法大数据行业自律组织

目前我国大数据领域除各大数据交易中心或交易平台已出台相关数据交易规则，进行自律监管，在行业内尚未形成具有国家权威性的全国性自律组织。司法大数据领域可以借鉴其他行业的监管模式，成立专业性协会，并制定相关行业准则，对数据收集、加工、开放、交易、利用的全过程进行行业自律监管。

四、完善司法大数据的交易监管机制

对数据交易进行监管是维护司法大数据交易市场秩序的重要措施。司法大数据交易的监管可以分为行政监管、行业监管和社会监督，其中，行政监管应在现行监管机制中明确数据交易监管的主体，在监管方式的选择上，应以抽查为主、全面检查为辅，并规定相应主体的配合义务。行业监管是法律监管的重要补充，数据交易监管机制的完善离不开行业规范的建立，特别是在法律规范不完善的情况下更是如此。司法大数据交易行业规范应重点对数据交易主体的义务进行规范。监管部门在对司法大数据交易行为进行监管时，为减少交易行为风险，可以引入信息信用系统，对进入交易领域的交易主体、交易对象和交易平台进行信用评定，确保交易信息的真实性，对于存在弄虚作假，扰乱交易秩序的行为，可由监管部门定期发布监测报告，对多次违反交易规则或严重破坏交易秩序的交易主体纳入黑名单，限制其进行数据交易。

五、构建司法大数据第三方安全检测评估体系

信息化时代，司法大数据发展迅速，数据来源的多样性、处理手段的复杂性、交易平台的开放性，使得单一的监管手段很难对司法大数据应用进行全面、适当的监管。《"十三五"国家信息化规划》提出实施大数据安全保障工程，当前，各领域大数据安全监管措施和技术手段不断加强，构建大数据安全评估体系将成为保障大数据安全的有效措施。可以通过制定司法大数据安全技术标准和测

---

〔1〕 中国信息通信研究院：《大数据白皮书（2018 年）》，2018 年 4 月发布，载 http://www.cac.gov.cn/2018-04/25/c_1122741894.htm，最后访问日期：2018 年 8 月 20 日。

评标准，建立统一的司法大数据服务安全评估体系，在全国范围内建立司法大数据应用的综合监测平台，推进第三方评估机构和人员资质认证等配套机制建设，从平台防护、数据保护、隐私保护等方面进行实时监控，降低数据存储、传输和交易风险，促进司法大数据应用的有效法治保障。

北京市行政执法协调机制研究

高秦伟*

优化协同高效，是 2018 年深化党和国家机构改革的重要原则之一。改革开放以来，党中央部门先后进行过 4 次集中改革，国务院机构也先后进行了 7 次集中改革。每一次机构改革均提出了指导思想和原则。比如：1993 年，党中央提出改革的原则是"理顺关系、调整职能、精兵简政、提高效率"；1998 年，党中央提出国务院机构改革的目标是"建立办事高效、运转协调、行为规范的政府行政管理体系"；2003 年，国务院机构改革的原则为"行为规范、运转协调、公正透明、廉洁高效"；2013 年，国务院机构改革的原则是"以职能转变为核心，重点围绕转变职能和理顺关系，稳步推进大部制改革"。这些机构改革的原则和思路，为 2018 年机构改革奠定了良好的基础。应当讲，此次机构改革更加注重系统性、整体性、协同性，其中，协同原则更是针对当前党和国家机构职能体系存在的问题而提出的，为此次深化党和国家机构改革指明了努力方向。基于此，本课题重点研究了北京市行政执法机构协调的问题，并提出以下六点建议。

一、以综合执法改革为契机统筹设置行政执法组织

（一）深化行政执法体制改革

2018 年 2 月 28 日中国共产党第十九届中央委员会第三次全体会议通过了《中共中央关于深化党和国家机构改革的决定》，就深化行政执法体制改革方面，决定要求根据不同层级政府的事权和职能，按照减少层次、整合队伍、提高效率的原则，大幅减少执法队伍种类，合理配置执法力量。一个部门设有多支执法队伍的，原则上整合为一支队伍。推动整合同一领域或相近领域执法队伍，实现综合设置。通过深化行政执法机构的体制改革，整合执法队伍，弥补行政执法权限分散化的弊端，降低行政执法管辖权限冲突发生的可能，实现行政执法机构设置和运行上的协调配合。充分发挥整体性政府治理的积极作用，着眼于综合一体性

---

* 课题主持人：高秦伟，中央财经大学法学院教授、法学博士、博士研究生导师。立项编号：BLS（2017）A008。结项等级：合格。

执行的基本原则，合理确立事务分配体系，区别于行政作用上的行政机关，形成事务分配上的行政机关。

《深化党和国家机构改革方案》要求在市场监管、生态环境保护、文化市场、交通运输以及农业五大重点领域整合组建综合执法队伍，有效解决相关领域内部执法过程中的协调问题。重点领域内部执法力量整合而形成的综合行政执法体制。如交通领域、农业领域综合行政执法。在原有体制下，每一支执法队伍都是独立的，不但有法律依据，而且具有法定机构，综合的途径有两种：一是通过相对集中行政处罚权及相应的行政强制权、行政检查权来实现；二是通过委托执法方式，委托其中一支执法队伍集中执法的方式来实现。2013 年，党的十八届三中全会《中共中央关于全面深化改革若干重大问题的决定》提出："深化行政执法体制改革，整合执法主体，相对集中执法权，推进综合执法，着力解决权责交叉、多头执法问题，建立权责统一、权威高效的行政执法体制；减少行政执法层级，加强食品药品、安全生产、环境保护、劳动保障等重点领域基层执法力量。理顺城管执法体制，提高执法和服务水平。"2014 年，党的十八届四中全会再次强调，"深化行政执法体制改革。根据不同层级政府的事权和职能，按照减少层次、整合队伍、提高效率的原则，合理配置执法力量。推进综合执法，大幅减少市县两级政府执法队伍种类，重点在食品药品安全、工商质检、公共卫生、安全生产、文化旅游、资源环境、农林水利、交通运输、城乡建设、海洋渔业等领域内推行综合执法，有条件的领域可以推行跨部门综合执法。完善市县两级政府行政执法管理，加强统一领导和协调。理顺城管执法体制，加强城市管理综合执法机构建设，提高执法和服务水平。"

《深化党和国家机构改革方案》同时要求继续探索实行跨领域跨部门综合执法，建立健全综合执法主管部门、相关行业管理部门、综合执法队伍协调配合、信息共享机制和跨部门、跨区域执法协作联动机制。对涉及的相关法律法规及时进行清理修订。强调跨部门之间的协调，而且是"整体化"的协调。"整体型政府"理论是直面合作问题之后新公共管理理论所产生的一种直接回应，更精确地说，是因应社会管理以及公共服务需求日趋复杂化所产生的理论，并以"部门之间的合作"，乃至"跨部门之协同"为其主要特征。进一步分析合作的类型，可区分为"结构性机制"和"程序性机制"。前者侧重组织形式，例如联席会议、领导小组、专项任务小组等，而后者则以实现合作的程序性安排和技术手段为核心，例如信息共享平台和合作协议等。

（二）确立综合行政执法的法律依据

缺乏法律依据的综合行政执法在设立和运行上造成了严重的被动性和功利性，不利于综合行政执法作用的发挥，同时也降低了公民对政府的信任感。执法的被动性集中表现为：其一，行政执法不及时。行政执法被动性，其首要表现就是行政执法本身具有滞后性，给人以"慢半拍"的感觉。这种滞后性，既表现为其相对于违法行为的滞后，也表现为其相对于公众诉求和媒体报道等的滞后。其二，行政执法不彻底。在行政执法深度上，执法者的通常策略是浅尝辄止，容易半途而废，往往缺乏斩草除根的决心、勇气和毅力。其着眼点不在于法律的付诸实践，而在于"大事化小、小事化了"的解决问题的策略。在这里，依法行政原则退居次要地位，定分止争被过度强调。其三，行政执法不连续。执法者应当是连续运转的执法"机器"，执法的特性要求执法者不能偷懒。行政执法是日常工作，不应因某一事件而突然进行，更不能因为任何原因而突然"偷停"，否则其监管功能就会大打折扣。其四，行政执法不持久被动性行政执法的重要特点之一就是其来得快，去得也快。由于执法者内在动力严重不足，执法的启动和维持更多地要依靠外在动力。但是，如果外在动力发挥作用的条件尚不具备，或者外在动力作用的时间、范围和力度非常有限，就会出现整个行政执法动力不足的情况。执法个案往往只有象征性意义，即使是声势浩大的所谓"严打"，也很少会出现跨年度的情况。类似于当今社会上众多的"断头新闻"，这样的执法策略也可称之为"断头执法"。

而行政执法的功利性，本质上就是一种滥用自由裁量权的"武断权力的行使"，主要表现为：其一，运动性执法。不论执法者是否有相应的权力，它们都热衷于在"非常时期"进行综合执法、专项执法、联合执法，或者打人海战术等。这种声势浩大的运动性执法可以在短时间内处理较为急迫的问题，因而为执法者所青睐。其二，突击性执法。突击性执法向公众展示了执法者好大喜功的一面，在某种意义上说，也是执法者心理浮躁的表象，同时更是执法者对自身执法能力缺乏自信的结果。毕其功于一役的执法目标反映了行政执法的政治化，本质上应认定为行政权的滥用，因为它"将执法作为一时一事的任务和形势的需要，而不是法治的基本要求"。其三，波动性执法。波动性执法与行政法上的合法预期保护原则相龃龉，使得法律的预测功能无法发挥。由于缺乏可预见性，严重扰乱人们的行为计划。这种波动性执法导致执法标准不统一，就等于是在经常"大规模或突然地更改法律"，法律的客观性、连贯性、一致性均无从体现，人们无法预测自己行为的后果，也无法理性地选择自己的行为。因而，应当通过确定综合行政执法的法律依据，为综合执法组织的构建和运行提供有效的指引和约束，避免执法过程中的被动性与功利性现象的发生。

（三）明确执法机关与主管机关间的法律关系

实践中出现的综合执法机关与主管机关之间的管辖权冲突与矛盾，要求进一步明确两者之间的法律关系，从而更好地解决综合行政执法中的协调问题。综合执法机关与主管机关之间的法律关系，本质上是行政机关内部在决策和执行上的权力分配问题。在现代社会，随着国家和社会二元化的发展，国家对社会的掌控力度日趋弱化，对公共事务的管理由国家包打天下的局面已经一去不复返。由此，"公共治理"应运而生，"公共治理是公共权力部门整合全社会力量，管理公共事务、解决公共问题、提供公共服务，实现公共利益的过程。"公共治理对政府运作的影响是全方位的，其中对行政执法的影响尤其显著。因为，"从理论上说，行政作为执行和管理，其执行主要应该是执行法律、其管理主要应该是依法实施法律。"当然，行政机关不会停留在简单的对权力机关立法的"执行"，而是围绕特定执政目标开展自主性的"决策与管理"，公共政策、行政规划、行政规则的制定等已成为重要的政府职能。

随着行政任务的日渐扩大，行政组织的存在形式也发生了巨大变化，如何建立组织与任务之间的关系将直接影响行政管理与服务的效率和作用。"特别是有分工地组织起来的部门之间的统合功能方面拥有其特色"能够提高信息集中化服务的水平和效果。英国行政组织改革过程中，1988 年的一份名为《改善政府管理：下阶段的步骤》的报告，对中央政府机构组织产生了激进的影响，报告将政策制定机构和纯粹的管理或服务提供机构区分开来。这样，部长就不必缠身于日常的行政管理事务。因此，从以制定政策为中心的政府职能中彻底抽身的公务员只需要负责政府的执行职能，那些从部门中分离出来的执行职能转移给一个由非公务员身份的行政长官负责的专门执行机构。应该将决策机构和执行机构明确分离的改革理念，提供了重要的借鉴意义，在处理综合行政执法机构与主管机构关系时应明确两者的职能范围，分别确立其行使权力的基本要求，同时对两者之间的有效协调和配合机制，应当以法律的形式加以明确规定，建立有效的协调沟通渠道。

作为整个行政行为的末端，社会秩序局由于其广泛的执法范围，必然需要其他部门的配合，协调机制是否通畅，关系到执法质量、执法信息反馈等问题。所以，建立法定的职务协助机制是保障执法效率的重要环节。该种协助机制主要完成获取案件信息、执法依据和执法结果反馈等功能。社会秩序局原则上应在自己权限范围内使用自己的人力和物力执行城管任务，但基于全面了解案件的需要，社会秩序局需从规划审批机构那里获得案件相关信息。目前，我们通过市区两级政府的协调和联合执法的方式解决上述问题，但这样的弊端是无法建立长效机制，在实施中受偶然性和人为因素的影响，从而影响执法效果。建立职务协助机制，以法定形式保障社会秩序局能从规划、许可等部门处获得必要的执法信息，保障执法的效率与公平，消除联合执法等不规范的执法行为，是进一步解决多头执法、执法扰民问题的关键。

二、建立集中高效的行政执法协调机构

(一) 作为概括性机关的协调机构行使综合调整权

综合行政执法改革并不能解决行政执法中权限分散化和冲突的全部问题，因此一方面要明确"大部制"的改革方向，并且进行各部门的行政组织立法；另一方面，在尽可能采行大部门体制的同时，也要依法组建畅通、有效的协调机制。对于职能归属明确的常规事项，应由相关部门依法履行职责，不设置协调机构；对于跨部门的重大或突发事项，可依法成立协调机构进行有效的组织统筹，并严控其单设实体性办事机构、严禁给予行政编制。简言之，既要科学合理地横向分权，也要重视和规范职能协调。"协调机构"，即"通过建立健全联席会议、协调沟通、信息资源共享、案件移送受理反馈等工作机制，督促各市辖区、县政府和有关行政管理部门切实履行城市管理的职责"。比如根据《北京市城市管理综合行政执法局主要职责内设机构和人员编制规定》（2013）的规定，作为北京市城管局内设机构的"执法协调处"的职责是"负责本市城市管理综合行政执法方面的协调工作；负责联系相关部门，建立和完善执法协调制度和工作机制；负责组织协调联合执法工作；负责向市、区县政府或相关职能部门及时反映问题、通报情况"。

事务分配性的概括机关概念，所关心的问题不在于该机关的对外行为，而是将行政主体所进行的公行政全部置于视野之中，着眼于这些事务是如何有秩序地分配给各个行政机关。与行政实体法或者作用法上的行政机关相对，日本行政法上的概括性机关概念更具有行政政策性，更加符合现实地认识并表现了从事行政活动的组织的存在方式。不同行政机关之间的协调关系，经历了由协议解决，到调整解决，再到由统一机关行使综合调整权的过程。有时候，某些事情会牵涉两个以上行政机关的权限或共管事项，或者引起各机关之间的管辖权限争议。在这种情况下，便由各有关机关相互协议来定夺。"如果各有关机关的各大臣经过府省间的相互调整，仍然无法解决的话，则由内阁总理大臣召开内阁会议进行裁定。地方公共团体的首长也被赋予了综合调整权。"委托和代理也是实现行政机关相互协力的手段之一。作为更加柔性的方法，有共助这种方法。共助是对等或者相互独立的行政机关相互助力的总称，而作为制定法上的用语，除了共助之外，还有协力、相互支援等，此外行政机关相互间的信息提供实质上也被包括在其中。

(二) 保证协调机构的职能位阶和协调效力

在城管主体的横向维度上，一个格外重要的问题是与其他政府工作部门之间的关系，特别是与相对集中处罚权之前原权力部门之间的关系。有学者将之划分为三个类别：一是职能划转关系，即原部门继续行使政策制定权和审查审批权，

主要的监督检查权和处罚决定权由城管机关行使;二是职能衔接关系,即在职能分离的前提下,城管机关与原部门之间可能发生权限范围和执法依据适用的争议,从而需要进行案件的移送和争议的调处;三是协助配合关系,即城管与市政、城建、规划、公安、环保等部门相互支持、相互配合,各行政部门在执法工作中采取日常联络、信息共享、专业技术支持、联合执法等配合形式。其中,第一种关系使得城管和其他部门在实践中可能基于事权分配而产生争议和纠纷,而第二种和第三种关系则是对这种争议的弥补。这不仅是因为相对集中处罚权过程中城管与原部门的职能划转存在一定的模糊之处,而且也是管理对象日益复杂的情况下部门之间事权分配的必然结果。

协调机构应具有较高的权力位阶,从而保证协调结果能够充分发挥效力。城市管理涉及范围广,对于协调能力的要求高,一些市政府成立高规格的城市管理议事协调机构,党政一把手兼任主要领导,统一指挥、调度全市综合执法资源,组织开展城市管理工作。比如长沙市成立的市城市管理委员会,由市委书记任顾问,市长任主任,分管副市长任副主任,市直相关部门(单位)负责人和高新区管委会主任、各区县(市)长为成员。福建省莆田市成立的城市综合管理委员会,市委书记任政委,市长任主任,市委副书记任常务副主任,市纪委书记、组织部长、宣传部长、常委副市长任副主任,分管副市长任执行副主任,市直有关部门和各区、县政府(管委会)主要领导为成员。江苏省南京市 2013 年 3 月实施的《城市治理条例》,成立了由官民合作组成的议事咨询职能兼具部分决策协调职能的机构——城市治理委员会,已经成立的市级的城市治理委员会由 38个公务委员和 45 个公众委员组成,以期实现政民合作、共同治理。江苏省南京市 2013 年 3 月实施的《城市治理条例》,成立了由官民合作组成的议事咨询职能兼具部分决策协调职能的机构——城市治理委员会,已经成立的市级的城市治理委员会由 38 个公务委员和 45 个公众委员组成,以期实现政民合作、共同治理。

(三)正确处理协调机构与执法机构的关系

我们并不缺少协调机制和相关机构,但是协调机构在其必要性、规范性和有效性上存在的问题较为突出。第一,我国行政系统在专项任务的完成上,青睐设置临时行政机构。地方上,往往习惯于对上级交办的任务或者当地特定时期的重点工作成立专门的、临时机构,但这些工作其实并非一定要由临时协调机构进行指挥、协调的。有时一个事项在对应的部门职责上明明是清晰的,但是为了突出其重要性,往往临时成立由地方党委或政府领导为负责人的协调机构以彰显权威性和重视程度。因此,协调机构的设立应当以必要为限。

第二,协调机构、临时机构名目繁多,设置任意。名称上,委员会、领导小组、协调小组、指挥部等不一而足、种类繁多,更有甚者,"馒头办""西瓜办"

层出不穷。而且这些机构设置缺乏规范性，往往是地方党委或政府"一拍桌子"就设立了，机构的生存期限也缺乏预期，一般在撤销该机构时才能明确。我国台湾地区"中央行政机关组织基准法"第36条则明确要求设立临时性、过渡性机关应明定其存续期限。

第三，协调机构缺乏基本的协调原则、工作程序设计，导致有效性不足。在我国推进行政审批制度改革和行政管理体制改革进程中出现的"行政服务中心"非常值得关注，其不仅是审批部门集中办公的场所，更是多地文件中规定的代表政府进行协调、监督的机构。然而，从试点到全国普遍设立，多年来，行政服务中心及其工作机制依然普遍缺乏行政组织法的规范，同时囿于机构性质、行政级别，其综合协调、考核监督的能力羸弱，复杂的行政审批事项往往最终还是不得不依靠地方领导出面进行协调。

这些问题的存在直接导致了一些协调机构与专业部门的不良关系。例如，由于协调机构的设置缺乏法律规范，实践中出现了前述食安办以及后来承接其职能的食药总局与卫生部在食品安全综合协调职能上的冲突局面。而另一些没必要设置的协调机构，表面上是加强了工作领导，但实际上地方领导的指示往往压制了部门自身的决策，削弱了职能部门应尽的责任，反而影响了行政效能，也干涉了部门的法定职权。由此，必须处理好专业部门与协调机构之间的关系。而且，多数情况下议事协调机构是非常设的临时性机构，这里也有处理好临时机构和常设机构之间的关系的问题。在目前的体制下，一般而言，临时机构、非常设机构越多，说明常设部门的作用发挥就越有限，说明依靠人治推进工作的程度就越深。相比政府的主要部门，议事协调等临时机构的设立在组织调整、机构改革中具有相对灵活性，以往更多以应需为主要原则，如今看来组织法定原则同样需要重视。因此，今后，一方面要大规模精简已有的议事协调机构，将不必要的予以撤销，对确有必要的进行整合，并理顺与专业部门的关系。另一方面，对于新设临时机构、协调机构也要法治化，明确设置原则、机构组成和职权、存续期限、工作程序、工作机制等内容。近期，从中央到地方已经开始进行议事协调机构的清理工作，尽管一些部门和地区的成果显著，但是机构清理本身也带有"政策推动、上行下效"的"运动式"工作色彩，缺乏法治规范，清理标准不确定，清理效果的可持续性有待观察。

三、明确行政执法协助程序解决权限分散化问题

（一）制定统一的行政协助程序规范

统一制定行政程序法的国家和地区，大都在其行政程序法典中明确规定了行政协助制度。通过行政程序立法规定行政机关间的相互协助义务，从法律制度上明确了协助是被请求机关的法定义务，避免了相互之间的推诿和不协助。在法定

情形出现的情况下，被请求机关必须协助，不协助属于违法行为，应承担法律上的责任。在我国，行政执法经常会受到当事人的阻挠甚至暴力抗法，往往需要公安机关的协助，城管执法部门也经常邀请公安机关派员参加，公安机关由于职责所致，对是否应当参加也难以定夺，往往是一事一议。只有借助行政程序立法将协助义务法定化，才能使部门间的这种协助变成常态，具有制度保障。

就我国的行政法体系而论还不能够说我们已经有了完整的与其他部门法一样的体系，以行政实在法对行政执法中行政协助的规定而论，就至少缺少两个重要的行政法典则体系：一个是缺少统一的行政执法的法律典则。另一个是缺少统一的行政程序法，行政程序法既调整相应的行政立法行为，也要调整相应的行政执法行为，在一些国家和地区的行政程序法典则中对行政执法中的行政协助都作了相应的规定，例如我国台湾地区"行政程序法"第 19 条规定，行政机关为发挥共同一体之行政机能，应于其权限范围内互相协助。行政机关执行职务时，有下列情形之一者，得向无隶属关系之其他机关请求协助：①因法律上之原因，不能独自执行职务者。②因人员、设备不足等事实上之原因，不能独自执行职务者。③执行职务所必要认定之事实，不能独自调查者。④执行职务所必要之文书或其他资料，为被请求机关所持有者。⑤由被请求机关协助执行，显较经济者。⑥其他职务上有正当理由须请求协助者。前项请求，除紧急情形外，应以书面为之。被请求机关于有下列情形之一者，应拒绝之：①协助之行为，非其权限范围或依法不得为之者。②如提供协助，将严重妨害其自身职务之执行者。被请求机关认有正当理由不能协助者，得拒绝之。被请求机关认为无提供行政协助之义务或有拒绝之事由时，应将其理由通知请求协助机关。请求协助机关对此有异议时，由其共同上级机关决定之，无共同上级机关时，由被请求机关之上级机关决定之。被请求机关得向请求协助机关要求负担行政协助所需费用。其负担金额及支付方式，由请求协助机关及被请求机关以协议定之；协议不成时，由其共同上级机关定之。

可见通过行政程序法对行政执法中的行政协助作出规定是一个非常好的立法选择。由于我国大陆没有制定统一的行政程序法典，这便使得行政协助没有严格的程序规范，行政协助作为行政执法中不可缺少的一个法律现象，应当通过相应的行政法典则对其进行调整，一方面应当将它作为我国行政程序制度的构成部分，也就是说当我国在对行政程序进行立法时，将行政协助的程序考虑进来；另一方面，应当对行政执法中的行政协助进行具体的程序构建，这也是对其进行立法的前提条件，也是保障其予以实施所不可或缺的。

（二）明确执法机关间相互协助的法定义务

单方协助之所以会将行政协作引入消极被动的状态，背后的部门利益仍然起到了关键作用。此外，单方协助乃至于双方协作中还可能产生如下问题：①职权边界问题，这是在单方协助时经常会遇到的问题。《广州市城市管理综合执法工作规范》第34条第3款规定："城市管理综合执法机关与其他行政管理机关联合执法时不得越权执法。"然而这一规定并不十分明确。比如，公安在为城管提供安全保障、制止暴力抗法的同时，能否帮助其拆除违章建筑、没收经营工具？虽然后者并非公安职权的组成部分，但往往必须借助其强制力才能实现。反之，如果公安提供了这样的"越权"帮助，又会涉及责任承担问题，即当公安部门在协助执法的过程中强制拆除了违章建筑、没收了经营工具并产生了侵权结果，是否应当自行承担责任？②指挥者问题，即来自于不同部门的协作者应当服从谁的指挥和调遣。因为，开展协作的部门之间并不存在隶属关系，也就不发生命令与服从的情形；但要实现行政目的又必须统一指挥，那么指挥者应当是协助者还是被协助者或是协作的某一方？这往往会影响到协作的重心和行政目的的实现程度等。③长期性问题。部门协作中某一方工作重心的转移、领导或其他人员的变动、资源的减少等都可能导致协作弱化甚至中断。而且，由于提供协助的部门或者协作双方都有着自身的工作任务和进度安排，协作事宜则可能在时间和步骤上难以协调一致。比如城管在从事某项重要执法工作需要公安协助时，公安则可能正忙于重大的治安或刑事案件而难以安排人员提供协助；如果类似的情形一再发生，城管申请协助的意愿就会逐渐降低，而协助的持续性和稳固性也会随之降低。

若要改变行政协作过程中的消极被动现象，解决其中所存在的指挥者、长期性和职权边界等问题，最为根本的途径是从部门利益着手，变单方协助为双方互助，使各部门都能在其相互关系中受益而非只是单纯地付出。当然，此处的核心要素在于行政职能上实现互惠互助，至于具体落实机制则在其次。因而应当通过行政执法协助程序立法明确行政执法机构在相互协助上的法定义务。《上海市行政协助管理办法（试行）》（沪府发〔2017〕17号）第5条就明确规定了，行政机关之间应当根据行政的整体性、统一性，相互提供协助，共同完成行政管理任务。行政机关实施行政协助，应当遵循"合法、合理、效能和保密"的原则。行政机关应当建立健全行政协助有关工作制度，完善请求协助和提供协助的办理流程，做好协助事务的登记记录，切实加强对行政协助工作的管理，依法做好行政协助工作。同时第7条规定了，因行使职权需要其他行政机关提供协助的，请求机关应当根据本办法规定提出协助请求，被请求机关应当根据本办法规定提供协助，不得拒绝或者阻碍。

（三）确定行政协助的适用情形和程序保障

在制定行政执法协调程序规范时，应当明确行政协助适用的具体情形。通过对现有实定法规范的梳理可以发现，行政协助行为存在着主体关系复杂化，适用情形类型化，行为性质多元化以及实施要求原则化的特点，这在一定程度上也反映出对行政协助行为实践规制的难度。行政协助行为内容的性质呈现出多元化的现象，以不同的标准来区分的话，可以区分多种类型，比如以行政主体实施的协助行为对外产生效果是否与行政主体意思表示直接关联为依据，可以分为行政协助法律行为和行政协助事实行为；以请求主体是否与被请求主体共同实施行政协助为依据，可以区分为单独行政协助行为和共同实施行政协助行为；以被请求主体提供行政协助是法定义务还是意定权利，可以区分为羁束行政协助行为和裁量行政协助行为；以行政协助行为适用于紧急状态还是平时状态，可以区分为平时行政协助行为和紧急行政协助行为。

实定法的分析表明，大多法律规范对于行政协助行为并无具体的实施要求，甚至可以说是一片空白。不难想象这种现状正是促使我国多数学者力主借鉴域外行政程序法的相关规定，建构我国行政协助程序的基本动因。当然，少数规范性文件也对行政协助行为提出了一些要求，特别是《交通肇事逃逸案件查缉工作规定》（已失效），为相应行政协助行为的程序建构提供了很好的范例。

行政协助的程序保障应当沿着下列思路进行构建。其一，关于行政协助的请求。行政协助的请求是指实施行政执法行为的主体所采取的一种要约行为，它应当是行政执法主体的一个执法权限，是它享有的一种特有的权力，就行政协助的请求权而论只要具有行政主体资格就应当享有这样的权力，而该权力也同时应当负有一定的条件，在一定的范围之内行使这样的权力。其二，关于行政协助的承诺。行政协助发生在两个或者两个以上的行政主体之间，实施行政行为的行政主体有权进行请求，而它的请求是有对象的，是应当有特定主体予以接受或者予以承受的。在通常情况下，行政主体向其他主体作出请求有可能出现三种情形：第一种情形是被请求的主体予以拒绝，就是不接受请求主体的请求行为；第二种情形是对请求主体的请求保持沉默，就是不给请求主体一个明确的结论；第三种情形是接受行政主体的请求，或者按照行政主体的请求实施行政行为。其三，关于行政协助的方式。行政协助是以具体行政行为为纽带的，是围绕具体行政行为而展开的，因此，在行政协助的方式中，必须充分考虑具体行政行为的状况。其四，关于行政协助的协议。行政执法中的行政协助被纳入行政执法规范或者行政程序规范以后，行政协助本身就是一个法律问题。作为一个法律问题就应当受到法律规范的严格调整，甚至应当产生相应的行政法上的效应。

四、完善行政执法争议协调程序化解管辖冲突

（一）明确解决执法管辖权争议的基本途径

行政机关对于职权要如何认定？或是认为本机关无管辖权，是否应替当事人

"认定"管辖机关，并代移送？其效果如何？都是行政程序法应该要规定的地方。不过原则上，各机关对事件有无管辖权，应依职权来调查。这也是行政机关的任务。若认无管辖权者，应即移送有管辖权之机关，并通知当事人。这体现了行政权限的拘束作用，其中积极作用要求拘束行政机关自身权限的行使，而消极作用在于拘束其他行政机关不得侵犯该行政机关的既有的管辖权限，即对于权限的相互尊重。

至于机关间发生权限争议问题，可以有下列的解决途径：如果该机关间是有相互隶属关系时，自可以上级机关之决定，确定机关间之权限；若机关间并无隶属关系，则可由直接的共同上级机关决定之。在此情形，当事人可向共同上级机关请求指定管辖。若两机关及以上皆有管辖权时，是"积极的管辖权冲突"。依德国的法制，例如《德国联邦行政程序法》第3条第2款，有所谓"先到先收"原则，由受理在先之机关管辖，不能分别受理之先后，由各该机关协议确定。不能协议或有统一管辖之必要时，由其共同上级机关制定管辖或各上级机关协议解决。若是各机关皆否认管辖权，是为"消极的管辖权冲突"，则必须与积极管辖权冲突之解决一样，由上级或共同上级决定或协商解决之。

（二）构建行政执法争议协调的基本规范

行政法制工作机构对行政执法争议的协调，是一种法制型的协调，应按法定的程序进行，参照各地行政执法争议协调的程序规定，行政执法争议协调应按以下程序进行：第一，争议的提出。有关行政执法部门发生行政执法权限争议，应当及时协商解决。经自行协商不能达成一致意见的，行政执法部门应当提请行政执法争议协调。行政执法协调机构发现行政执法权限发生冲突，或经本级人民政府指定，也可主动进行协调。行政执法争议协调可以由发生争议的任何一方行政执法部门向同级人民政府法制工作部门提出；如果发生争议的行政执法部门不在同一行政区域，可以由发生争议的任何一方向共同的上一级人民政府法制工作部门提出。

第二，争议的受理。县级以上人民政府法制工作部门收到行政执法争议协调申请后，应当及时进行审查，认为属于协调事项的，应当受理；认为不属于协调事项的，在规定时间内作出不予受理决定，并书面告知提请争议协调的行政执法部门。

第三，争议的处理。政府法制工作部门作出行政执法争议协调受理决定后，应当及时通知行政执法争议另一方行政执法部门。另一方行政执法部门收到通知后，应当在规定时间内报送意见书和有关材料。政府法制工作部门在办理行政执法协调争议事项时，应当调查了解有关情况，充分听取有关行政执法部门的意见；必要时，可以召开有关行政执法部门负责人参加的协调会议，也可以邀请有关专家学者对争议事项进行论证。

第四，协调结果的决定。政府法制工作部门办理的行政执法争议协调事项，应当在规定时间内办结；情况复杂，不能在规定期限内完成协调工作的，经本部门主要负责人批准，可以适当延长。经协调，有关行政执法部门达成一致意见的，制作《行政执法争议协调书》，载明协调事项、依据和结果，加盖有关行政执法部门和政府法制工作部门印章，发送相关行政执法部门。经协调，有关行政执法部门无法形成一致意见的，政府法制工作机构应当提出书面建议报请同级人民政府决定。

第五，协调结果的执行。有关行政执法部门应当自觉执行《行政执法争议协调书》。行政执法部门不执行或者无正当理由拖延执行《行政执法争议协调书》的，由政府法制工作部门向同级人民政府报告，由同级人民政府给予通报批评，责令改正；情节严重的，由上级主管机关或行政监察机关对直接负责的部门负责人和其他责任人员给予通报批评或行政处分。

（三）完善现有行政执法协调程序中的具体规定

现有 2007 年实施的《北京市关于行政执法协调工作的若干规定》（京政发〔2007〕17 号），应当对其内容从以下几个方面加以具体完善：

第一，明确行政执法协调的基本概念和范畴。可参考《湖北省行政执法争议协调办法》（湖北省人民政府令第 288 号）第 2 条规定，本办法所称行政执法争议协调，是指政府法制工作部门根据行政执法部门的提请，或者依其职权，对行政执法争议进行协调处理的活动。或者《深圳市人民政府行政执法协调办法（试行）》（深圳市人民政府令第 132 号）第 2 条规定，市行政执法部门之间、市行政执法部门与区行政执法部门之间、不同区属行政执法部门之间在执行法律、法规和规章过程中发生的争议或者其他问题的协调适用本办法。

第二，将行政执法协调程序适用的情形具体化。可参考《深圳市人民政府行政执法协调办法（试行）》（深圳市人民政府令第 132 号）第 3 条规定，行政执法协调的范围包括行政执法部门履行职责过程中发生的下列情形：①两个或者两个以上行政执法部门对同一事项都认为本部门具有或者不具有法定管理职责而发生争议的；②两个或者两个以上行政执法部门对同一种行政违法行为都具有法定管理职责，需要就执法标准等事项进行协调的；③两个或者两个以上行政执法部门就同一事项实行联合执法需要进行协调的；④两个或者两个以上行政执法部门认为法律、法规或者规章的有关规定不明确或者对其理解不一致，需要报请市人民代表大会常务委员会或者有关上级机关作出解释或者答复的；⑤行政执法部门依法应当协助、配合其他行政执法部门的执法活动而不履行或者未能有效履行协助、配合职责的；⑥行政执法部门依法应当移送行政违法案件而不移送，或者移送后有关行政执法部门应当受理而不受理的；⑦其他需要进行协调的事项。

第三，具体确定行政执法协调程序的排除适用范围。可参考《深圳市人民政府行政执法协调办法（试行）》（深圳市人民政府令第132号）第4条之规定，下列情形不适用本办法：①不涉及对法律的理解和适用的一般行政管理事务争议；②一个行政执法部门内部的争议；③行政执法部门因行政执法活动与行政相对人发生的争议；④行政执法部门相互之间自行的协调；⑤法律、法规对行政执法部门在行政执法过程中发生争议或问题的协调有其他规定的。

第四，明确行政执法协调程序适用的前置程序。可参考《湖北省行政执法争议协调办法》（湖北省人民政府令第288号）第8条之规定，有关行政执法部门发生本办法第6条规定情形的，应当及时协商解决。经自行协商不能达成一致意见的，除法律、法规另有规定外，行政执法部门应当提请行政执法争议协调。行政执法部门自行协商达成的一致意见，不得违反法律、法规、规章的规定，不得损害行政相对人的合法权益。

第五，确立对抗式答辩程序。可参考《广州市行政执法协调规定》（广州市人民政府令第6号）第10条，行政执法协调涉及到的相关行政主体应当在收到《行政执法协调通知书》之日起七个工作日内向政府法制机构报送下列材料：①关于协调事项的情况说明；②有关法律、法规、规章或者行政规范性文件的文本；③对争议事项的意见；④需要提交的其他有关材料。

第六，明确行政执法协调应遵循的法律依据。可参考《深圳市人民政府行政执法协调办法（试行）》（深圳市人民政府令第132号）第14条之规定，行政执法协调应当依据法律、法规及规章，并参考其他规范性文件。

第七，确定行政执法协调的紧急处置程序。可参考《湖北省行政执法争议协调办法》（湖北省人民政府令第288号）第14条，在行政执法争议协调过程中，对因争议协调事项不及时处置可能给公共利益或行政相对人合法权益造成损失的，办理行政执法争议协调的政府法制工作部门应当建议有关行政执法部门采取临时性处置措施。

第八，明确行政执法协调决定书的法律效力。可参考《银川市人民政府行政执法协调办法》（银川市人民政府令第8号）第12条之规定，市政府法制办进行行政执法协调后，应当分别以下情况处理：①经协调，相关行政执法部门就有关协调事项形成一致意见的，市政府法制办应当制作《行政执法协调意见书》，载明相关行政执法部门的意见，加盖市政府法制办印章和争议各方印章，送达相关行政执法部门执行，并报市政府备案；②经协调，相关行政执法部门未能就有关事项形成一致意见的，市法制部门应当制作《行政执法协调意见书》，报请市政府研究下发《行政执法协调决定书》，确定有关事项。《行政执法协调决定书》

具有最终效力。

第九，确定行政执法协调信息公开的基本要求。可参考《广州市行政执法协调规定》（广州市人民政府令第 6 号）第 14 条，因公民、法人或者其他组织建议所引起的行政执法协调，政府法制机构还应将协调结果书面告知有关建议人。经行政执法协调涉及行政主体职能变更的，有关行政主体应当依照《广州市政府信息公开规定》的规定向社会公开。

第十，确定行政执法协调的具体期限限制要求。可参考《湖北省行政执法争议协调办法》（湖北省人民政府令第 288 号）第 17 条，政府法制工作部门办理的行政执法争议协调事项，应当在 60 日内办结；情况复杂，不能在规定期限内完成协调工作的，经本部门主要负责人批准，可以延迟 30 日。

第十一，明确行政执法协调结果的生效时间或效力变更情况。可参考《广州市行政执法协调规定》（广州市人民政府令第 6 号）第 16 条和第 18 条之规定《行政执法协调意见书》《行政执法协调决定书》生效之前，涉及争议的行政主体应当依法继续履行职责。《行政执法协调意见书》和《行政执法协调决定书》的法律依据发生变化的，有关行政主体应当依据新的法律依据执行，并书面告知原进行行政执法协调的政府法制机构；有关行政主体认为产生新的争议的，可依照本规定另行提起行政执法协调。

第十二，明确行政执法机关的异议程序。可参考《深圳市人民政府行政执法协调办法（试行）》（深圳市人民政府令第 132 号）第 23 条和第 24 条之规定行政执法部门对《行政执法协调意见书》有异议的，可以自收到该意见书之日起五个工作日内向市政府提出。市政府认为行政执法部门对于《行政执法协调意见书》的异议成立的，可以撤销或者变更该意见书的内容，或者指示市法制部门另行协调；认为行政执法部门对于《行政执法协调意见书》的异议不成立的，应当决定维持该意见书。市政府审查行政执法部门对于《行政执法协调意见书》的异议期间，该意见书暂停执行。

五、构建行政执法协调的权益人保护机制

行政协调或裁决解决行政权限冲突的过程主要体现在行政机关内部进行，虽然行政权限冲突解决的结果是公平的，但是结果的公平正义并不等同于程序的公平正义，因为程序正义的标准独立于结果正义的标准，内部性的行政权限冲突解决过程很容易使相对人产生非正义和不公平的想法。鉴于中国国情和行政权限冲突自身的复杂性，对于中国当下而言，有必要针对我国的行政权限冲突解决机制进行程序方面的重构，使行政相对人参与到行政权限冲突的解决过程中，从而保障行政相对人的权益。

（一）赋予相对人程序启动权

目前，我国有关权限冲突的启动主体一般局限于各个行政机关自身，如果是积极的权限冲突，各行政机关可能会积极的追求有关权限冲突的解决，但如果是消极的权限冲突，各行政机关作为理性的"经纪人"，其可能更希望的是维持现有的行政权限冲突现状，以避免不必要的"成本"投入，不会去积极地寻求权限冲突的解决，对于相对人来说则完全成为行政机关权限冲突解决机制的客体，自身利益需要听从行政机关的意愿来安排，这样对于相对人的权益保护会造成极大的损害。

（二）扩大程序启动主体范围

除行政相对人之外的行政相关人也应当参与其中，域外有关权限冲突解决机制中能够寻求权利救济的主体名称有以下几种：当事人、人民以及任何利害关系人，可以明显看出，不论是人民、当事人还是任何利害关系人，其包含的主体范围要超出行政相对人的狭义范畴。因为行政权限冲突影响到的主体不仅局限于行政相对人，也会波及其他与该行政行为有利害关系的公民、法人或者其他组织，所以主动提起行政权限冲突的启动主体范围不应局限于行政相对人，而应该进一步扩大至任何与具体行政行为有利害关系的公民、法人或其他组织，并且这里的利害相关人不仅包括与行政行为有利害关系的公民、法人或者其他组织，而且也应该包括同案件处理结果有利害关系的公民、法人或者其他组织。

（三）确定权限冲突的解决期限

从某种程度上来讲，法治建设就是要重视、关注形式合理性，实现法治的过程就是要对实质合理性进行相应的整合、归纳和总结，将若干不同的实质合理性上升为一种统一的形式合理性规则。目前，我国行政权限冲突的解决过程最突出的特征就是没有法律规范统一对整个行政权限冲突解决机制加以规定，其中行政权限冲突解决时间就是最明显的体现。行政行为的期限与当事人的合法权利是有关系的，行政行为如果超过法定期限，就会损害当事人的权利，甚至可以说，没有与当事人权利完全无关的行政行为期限。

（四）增加紧急情况下的特别处理程序

《奥地利行政程序法》《意大利行政程序法》对于紧急情况下的处理措施进行了相应的规定。如果权限冲突的解决导致国家或相对人有难以回复之重大损害时，应当赋予该管辖权争议中的一方，在依照当事人申请或依职权作出相应的紧急情况下的临时处置，即便最终确认该机关并没有管辖权，应层报共同上级机关及通知权限冲突中的另一方行政机关。

六、实现行政执法协调与司法协调的有效衔接

因为冲突是权力分配引致的，权力界限不明是行政机关权限冲突的直接原因，利益之争是冲突的内部驱动力。在不同的主体对相同的权利资源拥有基于同样理由的可期待利益时，为了争夺这种利益，他们可能放弃对对方利益的关注，滥用权利，从而在客观上造成对对方权利的侵损。机关诉讼正是针对这种冲突原因的一条化解路径，它符合司法最终解决的法治原则，有利于依法划清各行政机关之间的权力界限，可以促进我国行政组织法的发展，也有利于抑制行政机关的利益争斗，尤其适用于解决行政机关之间的积极权限冲突，比内部协调路径更客观公正。这种新的解决问题的路径，也减轻了行政机关上级的压力。对于控制上级机关的"家长制"作风，控制因为独断专行而招致的腐败问题都有积极作用。

（一）适用范围的界定

基于行政权与司法权的相对独立和效率的考量，并不是所有行政权限冲突的解决都必须走司法审查的道路。因此，内部协调仍然是解决行政权限冲突的主要路径，机关诉讼只是特定情况下采取的辅助方式，这是建构机关诉讼以解决行政权限冲突时应该首先加以明确规定的。由于我国行政权力运作的具体状况，以及机关诉讼的主体——法院在整个权力体系中的地位和司法能力的有限性，我国机关诉讼的适用范围主要在以下两个方面：内部协调方式无法及时有效解决的行政权限冲突；行政权限冲突直接影响公民利益，包括影响行政相对人的权益或公共利益。除了这两个方面，在是选择机关诉讼还是遵循内部协调的方式上，还应该尊重当事人的选择权。

（二）人民利益至上原则的回归

在行政权限冲突中，如果行政相对人有违法行为发生，而行政执法机关却因为自身的权限冲突暂时搁置对于行政相对人的违法行为的查处，此时就转化成了行政执法部门暂时允许该行政相对人以违法行为去侵犯其他行政相对人合法权益。这显然与现代行政执法中执法为民的原则相悖，有舍本求末之嫌。而另一方面，如果因为行政权限冲突而忽视了公共事务的行政处理，最终受损害的就是老百姓。因而在行政活动中行政机关发生权限纠纷时，行政机关首先应该考虑的是怎样最大限度地保护人民的利益。要么先合作，要么先寻找共同的上级部门把解决行政问题放在第一位，真正地践行人民利益高于一切的原则。然后，行政机关之间再通过机关诉讼路径，解决部门之间的权限纠纷。人民利益至上原则的回归，有利于压制行政机关追求自身利益的最大化，从而减少政府部门在管理过程中趋利避害所带来的权限冲突。

（三）人大、法院、行政机关的共同作用

当前我国的行政法制环境中存在严重的权责划分不清，职能交叉错位的现象，导致行政机关在具体行政活动过程中失去了行为准则。笔者将其命名为"法律沌区"，是为法律中混沌不清的区域。"法律沌区"是导致行政权限冲突的根源。只有解决"法律沌区"，才能完全切断行政权限冲突的发生。为了解释解决"法律沌区"，建立"立体法律系统"是可行的。行政机关因为权限纠纷向法院提起了机关诉讼，法院依法做出可判或无力判的决定，并反馈给行政机关。对于无力判的纠纷，大多是因法律的不健全，这时法院当提请行政机关之间或它们的共同上级进行协商调解，并迅速将此"法律沌区"反映给人大。人大根据法院的反映，经过认真审查研究，力求在最短的时间内对相关法律制度予以完善，为法院下一个类似的权限纠纷案件提供充分的法律依据。同时，行政机关在权限冲突发生之后必然发现了某些法律漏洞，它也有义务将这些"法律沌区"迅速反映给人大等立法部门。人大的工作一方面是尽快完善行政法制，另一方面是对行政部门的行政活动进行适当的监督，保证其活动在合法合理的范围内进行，减少行政权限冲突发生的概率。

总之，作为与优化、高效相并列的原则，机构改革中的协同原则以及行政执法协调机制仍然存在着需要进一步研究的课题，值得实务界和理论界关注和探讨。

第一，协同原则的任务和研究的长期性问题。优化、协同、高效之间相互联系、相互促进、内在统一。优化是协同的前提，虽然此次机构改革特别强调科学设置党和国家机构、优化职能配置，但是机构设置和职能配置必须与时并进，这就要处理好机构设置的稳定性与适应性的关系，尽量在科学筹划的基础上，优化政府机构设置和职能配置。要因应国家任务的变迁与民主要求处理好宪法对建构、优化机构的约束。高效是优化、协同的目标，涉及行政资源、人事、组织、程序等最佳化运作的问题。当然，即使是党和国家机构及其职能能够科学地设置并加以合理地配置，协同仍然是不可或缺的原则与工具。协同原则的适用可以改变机构静态的不利影响，可以让机构的目标在优化、高效中加以动态实现。只有这样，才能推动各类机构和各种职能相互衔接、相互融合，才能推动党和国家各项工作协调行动、高效运行。也就是说，协同将是长期存在的，那么在不同的时期，协同原则的内涵和要求亦将发生变化，对此必须加以关注。

第二，协同原则的任务和研究的复杂性问题。从此次机构来看，协同原则不仅仅涉及机构系统内部纵横向之间的各种关系，使之分工合作、权责清晰、相互配合，有效地实现机构目标和提高整体效能的过程；而且还包括协调、调整机构系统与外部环境之间的关系。本文限于篇幅，仅仅对政府机构内部协同展开了法理分析和实现方式的探讨，未来需要进一步研究的课题仍然很多，特别是在当下，社会转型时期对机构的协同要求也越来越高，而机构本身更需要同市场、社会等互动，如何运用第三方力量和市场机制、发挥行业自律和社会监督作用，均是值得探讨的问题。

第三，政府机构改革中协同原则的艰巨性问题。虽然此次改革与以往称为"行政管理体制和机构改革"等术语在表述上有所不同，但是改革任务最繁重的仍然是政府机构。新时代下，政府承担的职责和所发挥的功能、方式、内容等均发生变化，政府改革着眼于转变政府职能，围绕"破除制约使市场在资源配置中起决定性作用以及更好地发挥政府作用的体制机制的弊端"的目标，该完善的要完善、该转移的要转移、该加强的要加强、该下放的要下放、该分拆的要分拆、该重组的要重组。不过，因为行政任务的艰巨性（典型如互联网发展带来的挑战），导致政府机构中的协同原则的实现也存在着一定的艰巨性，需要进一步研究克服。比如中国现行的组织法规范只是粗线条规定了各级政府的职责权限，对政府各部门的权限并未涉及，对部门与下级政府之间、部门之间权限争议的解决途径、程序和机构等鲜有涉及。行政法上更是缺乏必要的可依的行政协调的法律制度，综合执法机构和主管机关之间出现应当协调事宜时并无程序可依，协调机构的性质及其规范缺乏法律规范等问题不仅需要理论和立法回应，更需要实践操作的检验。

北京市公共法律服务体系建设的研究

苗　林*

公共法律服务体系建设是公共服务体系建设的重要组成部分，是保障和改善民生的重要举措，是推动经济社会发展、繁荣公共法律服务的必然要求，是建设中国特色社会主义法治体系、建设社会主义法治国家，推进国家治理体系和治理能力现代化重要基础性、服务性和保障性工作。加快推进公共法律服务体系建设，对于不断提升司法行政机关以及公共法律事务相关职能部门的工作能力和水平，更好满足广大人民群众日益增长的美好生活需要和多层次、多领域、个性化的法律服务需求，深入推进全面依法治国，推进国家治理体系和治理能力现代化，都具有十分重要的意义。首都司法行政机关，作为为首都人民群众统筹提供公共法律服务的重要部门，自党的十八大以来，始终坚持以习近平新时代中国特色社会主义思想为指导，全面贯彻中央、司法部和北京市重大战略决策部署，围绕服务大局和保障民生，不断明确新站位，不断破解新矛盾，不断服务新战略，不断推进新改革，不断探索新治理，深入推进平安中国、法治中国和过硬法律服务队伍建设，强化完善顶层设计，建立健全体制机制，为维护社会大局稳定、促进社会公平正义、保障人民安居乐业作出了积极贡献。在新的历史条件下，首都司法行政机关必须尽快推动公共法律服务建设整体跨越"有没有"的发展阶段，全力迈向"好不好"的新发展时期，加快推进公共法律体系建设的各项任务举措。为此，课题组以推进公共法律服务体系作为研究的内容，认真总结公共法律服务体系建设的成效、经验和问题，通过实践调查研究、理论探索和国内外相关制度考察等方式，力求为构建功能完备、便捷高效、优质均等、精准专业的公共法律服务体系提供经验支持和理论依据，为将司法行政服务推向新征程奠定坚实的实践与理论基础，使人民群众的获得感幸福感安全感更加充实、更有保障、更可持续。

---

* 课题主持人：苗林，北京市司法局副局长。立项编号：BLS（2017）A009。结项等级：合格。

一、导论

（一）研究背景

为保障法律服务的健康发展，实现法律服务的全覆盖，司法行政机关建立统一的法律服务体系，真正让人民群众实现对公共法律服务的获得感。为此，2014年印发了《司法部关于推进公共法律服务体系建设的意见》，2017年国务院印发了《"十三五"推进基本公共服务均等化规划》以及2017年司法部发布了《12348中国法网（中国公共法律服务网）建设指南》。推进公共法律服务体系建设，旨在提供优质、便捷、精准的公共法律服务，更好满足政府、社会、群众日益增长的法律服务需求，践行法治实践。

（二）研究目的

课题组针对北京市公共法律服务体系建设实践展开调研，从中发现推进体系建设需要解决的一些体制性、机制性、保障性障碍和问题，探索解决公共法律服务过程中的创新思路，研究提高公共法律服务供给能力和服务质量。其课题以问题为导向，研究着力于解决北京市在推进公共法律服务体系中存在的不平衡、不充分的问题，立足于打造推进公共法律服务的科学体系和运行机制，侧重于北京作为服务首都以及推进京津冀一体化战略部署中的问题，吸取中外经验与教训，探索建设"政府主导、司法行政部门统筹、相关部门联动、社会协同"的全覆盖、优质均等的公共法律服务体系，更好地满足社会多层次、多领域、个性化的公共法律服务需求，保证其建设符合法治发展规律与方向，充分体现法律服务的中国特色和北京作为首都的特点与优势，为首都及人民群众提供及时精准普惠的公共法律服务。

（三）基本问题

公共法律服务是指由政府主导，司法行政部门统筹，与经济社会发展水平和阶段相适应并能协调跟进，旨在保障公民基本权利，维护人民群众合法权益，实现社会公平正义和保障人民安居乐业所必需的法律服务，是公共服务的重要组成部分。基于其基本内容的要求和结合北京市的实际情况，本课题研究精准、普惠的公共法律服务，主要围绕下列框架结构展开：

（1）导论。主要研究其课题的研究背景；研究目的；基本问题；研究意义以及研究方法。

（2）北京公共法律服务体系的现状与评价。主要内容包括：北京公共法律服务体系的概况；北京公共法律服务体系存在的问题；北京公共法律服务体系建设的优势。

（3）国外公共法律服务（体系建设）的考察与启示。主要内容包括：国外公共法律服务（体系建设）的概况；国外公共法律服务（体系建设）的主要方式及分类比较；国外公共法律服务（体系建设）的经验与启示。

（4）国内部分省份公共法律服务体系建设的现状与分析。主要内容包括：国内公共法律服务体系建设的概况；广东、浙江、山东公共法律服务体系建设的主要做法及分类比较；广东、浙江、山东公共法律服务体系建设的经验与启示。

（5）具有北京特点的公共法律服务体系建设的构想及实践路径。主要内容包括：北京市公共法律服务体系建设的指导思想；北京市公共法律服务体系建设的框架设计；北京市公共法律服务体系建设的基本内容；北京市公共法律服务体系建设的实践路径；北京市公共法律服务体系建设的预期效果。

（四）研究意义

一是通过公共法律服务体系建设，转变法律服务的传统思路，开拓法律服务的新领域，创新法律服务的服务方式，保证司法行政工作能够主动适应新时代经济、社会发展的新常态，为我国"一带一路"建设、京津冀协同发展、雄安新区建设等国家重大战略实施提供优质高效、精准化的法律服务，在使得国家重大战略创新司法行政理论体系中发挥应有的功能与作用，保证公共法律服务体系建设有能力服务大局。

二是公共法律服务体系建设有助于推进法律服务供给侧结构性改革，满足政府部门对法律服务的新需要、生产要素优化配置市场新诉求等方面的法律服务需要，提高公共法律服务供给能力和质量，使人民群众享受到更加专业的法律服务，让公共法律服务体系建设延伸到需要服务的每一个领域或者场所，努力为首都人民群众提供优质、高效、便捷的公共法律服务。

三是通过公共法律服务体系建设，解决好法律服务需求信息不对称、评价体系不完善、服务过程不透明、服务监管不到位以及服务不优质、不充分以及不平衡的问题，为打造服务民生新常态、推动法治北京建设发挥积极作用，使公共法律服务促进司法正义得到更好地维护和实现，全面提高人民群众在公共法律服务体系建设中的获得感、幸福感和满足感。

（五）研究方法

本课题的研究主要采用以下研究方法：

一是实证调研的方法。坚持问题导向，通过实证调研获得第一手资料，掌握真实情况，调研分析北京市公共法律服务建设存在的问题，借助于调研数据与数据分析，破解公共法律服务体系建设发展中遇到的困难。

二是比较分析的方法。坚持目标导向，通过课题研究，对我国部分省市推进公共法律服务体系建设的经验做法进行深入分析，同时了解国外公共法律服务体系建设的模式和方法。之所以选择山东、浙江、广东三省以及上海市作为分析样本，主要原因在于三省一市位于我国东部、南部地区，经济较为发达，公共法律服务体系建设起步早，对北京市公共法律体系的完善有较强的借鉴意义。

三是系统研究的方法。坚持整体导向，通过系统研究方法，着眼于公共法律服务体系建设与司法体制改革以及司法体制综合配套改革措施紧密结合，防止研究的体系出现局部优而整体不优情况，课题研究力争能够解促进司法行政改革的系统性和整体化，推动公共法律服务建设取得预期效果。

课题组采用司法行政部门人员和高校理论研究人员相结合的方式，保证课题研究能够理论思考与实践做法相碰撞，使得体系建设能够朝着应然性方向推进，体现继承与创新相结合的研究特点。

二、北京市公共法律服务体系建设的现状

该部分主要通过对北京相关体系建设的考察与调研，阐述北京市公共法律服务体系建设的现状与存在的问题。

（一）北京市公共法律服务体系建设的概况

1. 北京市公共法律服务体系建设的总体情况

北京市司法行政系统将加快推进公共法律服务体系建设作为司法行政工作的重要任务，并纳入全市司法行政改革重点工作之中。各职能部门多次召开会议，根据公共法律服务工作要求出台了相关文件，着力拓展公共法律服务业务类型和服务形式，扩大公共法律服务的领域，创新服务措施，围绕服务首都城市战略定位，满足广大市民的法律服务需求，发挥律师、公证、司法鉴定、人民调解、法律援助等法律服务资源优势，为群众提供优质的公共法律服务。同时，为提升法律服务标准，规范法律服务工作流程，加强法律服务的专业化建设，推出多项便民措施和质量监管措施，优化配置法律服务资源，推进公共法律服务体系均衡发展，初步解决了法律服务资源短缺的问题，取得了一定的社会效果。具体做法如下：

（1）在制度建设规范方面，制定法规性文件，规范有序推进公共法律服务各项工作。北京市司法行政系统多次召开会议，部署公共法律服务工作要求，并制定了相关规范性文件，积极推动公共法律服务体系规范化建设。

（2）在公共法律服务实践方面，拓展服务领域，积极发挥职能作用。北京市着力拓展业务类型和服务形式，扩大公共法律服务的领域，创新服务措施，围绕服务首都城市战略定位，发挥律师、公证、司法鉴定、人民调解、法律援助等法律服务资源优势，旨在为群众提供优质的公共法律服务。

（3）在努力提升公共法律服务质量方面，北京市优化法律服务标准，规范法律服务工作流程，加强法律服务专业化建设，推出多项法律服务便民措施和质量监管措施。

（4）在创新服务方式方面。北京市司法行政系统针对服务资源的地域发展不平衡的特点，建立了"走出去"的工作机制和管理制度，优化配置服务资源，推进公共法律服务体系均衡发展，努力解决欠发达地区的法律服务资源短缺、不充分的情况。

（5）在积极构建公共法律服务网络体系方面，北京市运用网络技术逐步建设两大外部服务网络和五大内部管理系统。两大外部服务网络是指法治宣传网络系统和法律援助网络系统，五大内部管理系统是指律师、公证、司法鉴定、人民调解监督、法律援助五大网络管理系统。

（6）在公共法律服务的经费投入方面。北京市着力加强公共法律服务体系建设经费保障力度，各类涉及公共法律服务的项目均有专项资金保障；在村居法律顾问、人民调解和法律援助工作中，不断完善补贴制度；在司法鉴定等收费事项中，对困难群体通过公益性司法鉴定服务减免费用等方式，满足困难群众的法律服务需求。

2. 北京市东城区法律服务调研的情况

东城区法律服务的供需调研的目的在于透过东城区的公共法律服务现状发现建设中的问题。本次调查通过采用发放问卷的方式，最终共完成问卷 3636 份。其中，社区居民完成有效问卷 3000 份，法律专业人士完成有效问卷 385 份，小微企业完成有效问卷 251 份。

通过对问卷数据的总结与分析，目前东城区现有的公共法律服务点多面广，已为建立规范的服务体系奠定了牢固的基础，但存在以下缺陷：首先，体系庞大，分支众多，管理上欠缺系统性；其次，提供法律服务的人员参与度不高，接受服务的群众积极性也不高；再次，公共法律服务的范围过于单一，还是集中在传统的法律咨询、法制宣传和法律援助三个方面；最后，基层司法行政人员业务有待提高，构建公共法律服务体系缺乏经费保障。

（二）北京市公共法律服务体系建设存在的问题

1. 思想认识不够导致公共法律服务体系建设缺乏内在的整体推动力

从调研可以发现，北京市公共法律服务体系建设程度参差不齐。从横向上看公共法律服务体系建设工作停留在法治宣传、法律援助、村居法律服务、人民调解等各项具体工作的单打独斗上。从纵向上看市、区、街道、村居的公共法律服务工作推进程度不一。

2. 供给模式单一制约了公共法律服务体系的推进深度

其一，较为单一的政府供给模式为主，供给成本较高；其二，市场和公益供给的比例不均衡，供给作用发挥有限，市场主体主动提供法律服务较低；其三，优化组合的供给模式未确立。随着公共法律服务各项工作的不断发展，政府作为供给主体的弊端日益显露。

3. 信息化的拓展与兼容不足限制了公共法律服务建设的广度

一是外部服务系统有待拓展。目前只有法治宣传、法律援助网络系统和12348 电话平台是对外服务系统。二是信息系统兼容性与互通性有待提升。目前各信息系统条块化比较明显，法宣、法援、司法鉴定、公证、人民调解等各项信息化系统自成一体，彼此之间无法兼容和做到联通。

4. 服务体系的不健全影响了公共法律服务的均等性

从东城区的调研发现，群众的公共法律服务需求日益多元化复杂化，但相应的公共法律服务却存在断层，体系建设尚未丰富完善。

5. 保障机制不到位影响了公共法律服务发展的可持续性

从东城区的调研发现，公共法律服务的保障机制仍需加强。一方面，各项保障需要完善。公共法律服务长期以志愿和公益为主，经费保障等直接影响公共法律服务的可持续性，另一方面，法律服务市场良莠不齐，亟待规范。

（三）北京市公共法律服务体系建设的优势

优势主要集中在基础设施、科技水平、人才等方面。一是良好的基础设施和服务格局为全面建设公共法律服务体系奠定了坚实的实践基础。从调研中可以发现，北京市公共法律服务工作经过多年实践，积极的经验为系统、全面推进建设打下坚实的基础。二是政策扶持和教育资源优势为公共法律服务体系建设提供丰富的人力资源储备。北京高度重视人才资源，通过政策扶持、资金资助等多项措施培养和引进人才，助推北京智力资源的聚集。三是较高的法学研究能力为提升公共法律服务水平提供扎实的理论基础。北京高校云集，法学科研人员丰富，法学理论研究水平很高，有效助推公共法律服务理论研究的深度和广度。四是较强的科学技术实力为"互联网+公共法律服务"提供全面的技术支持。

三、国外公共法律服务体系考察与启示

该部分主要通过分析国外公共法律服务的做法，总结出国外公共法律服务的主要方式，并得出对于北京建设公共法律服务体系的经验与启示。

国外在探索中逐渐形成了各具特色的公共法律服务体系，而在公共法律服务体系建设中法律援助最为典型，另外还包括公证法律服务。在法律援助服务体系方面，课题主要阐述了美国、德国、日本三国的相关内容。在公证法律服务体系方面，则主要阐述了法国、德国、美国的公证法律服务建设内容。

最终，通过对国外公共法律服务的探索与研究，对于北京市公共服务体系有所裨益的有四点：一是公共法律服务体系的服务范围相对明确，包括人的范围与事的范围。二是完善服务机构及人员配置，法律服务机构及人员配置是公共法律服务体系建立中的一个焦点问题，其中有两个问题需要重点考虑，一是是否需要设立专门的机构；二是设立多少法律服务机构。三是建立完善的保障机制，即推进公共法律服务体系建设，需要充足的投入，离不开制度保障和经费保障。四是建立和完善监督考核机制。监督的宗旨和目的是推进公共法律服务体系的制度化、规范化，提高公共法律服务的实施质量，保证服务对象能够得到充分、真实、高质量的公共法律服务，享有公正、平等的司法保护。

四、国内公共法律服务体系建设的考察与启示

该部分主要通过对广东、浙江、山东三省以及上海市公共法律服务体系建设的阐述与分析，总结了三省与上海市的主要做法与建设模式，并得出对于北京建设公共法律服务体系的经验与启示。

（一）国内公共法律服务体系基本概况

与国外学界在理论层面对公共法律服务的研究已较为成熟，并在国家实际治理中已开展多年相比，国内公共法律服务的相关研究起步较晚，基础理论仍需完善与丰富。在实践层面，就目前对全国法律服务体系建设跟进情况来看，当下国内开展公共法律服务体系探索建设的模式主要是以省为单位，以各级政府为主导，以司法行政机关作为具体工作安排的牵头部门，紧紧围绕"建设法治政府、服务政府"的基本原则，基于本省的实际状况，统筹整合政府和社会现有的各类法律服务资源先行构建出公共法律服务体系的基本框架，并优化法律服务资源配置，再通过政府和社会各方的积极的探索实践，以当地具体情况为依托，积极创造和尝试适应本地发展和切合地方实际的新型服务方式，进一步细化并完善公共法律服务体系的基本框架，以渐进的方式最终搭建出完善的公共法律服务体系。另外从目前各个省份的实践状况来看，自推进建立公共法律服务体系以来，各省均呈现出法律服务队伍不断壮大，法律服务种类不断增多、领域不断拓展、方式不断创新、品质不断提高的良好态势。

（二）广东、浙江、山东、上海公共法律服务体系的研究背景

选用广东、浙江、山东三个省为研究对象，除了经济因素原因外，还有下述几点：一是三省有规模化，体系化的建设经验。二是三省不论是在省层次还是省内部分经济发达地区，其公共法律服务体系的建设水平在全国范围内均靠前列。三是三省对于如何满足不发达地区公共法律服务需求的举措，对于北京市城六区之外的区县，以及京津冀地区中落后地区的公共服务体系建设具有借鉴意义。该部分详细阐述了三省以及下辖部分地区关于建设公共法律服务体系的具体做法，并辅以图表化清晰其建设脉络。

1. 广东省公共法律服务体系的建设现状与主要做法

目前，广东省覆盖城乡居民的公共法律服务体系初步建立，在"法治广东""平安广东"建设中发挥着越来越重要的作用。其具体做法：一是广东省司法厅强化顶层设计，规划部署公共法律服务体系建设。二是规范法律服务工作，初步

建立公共法律服务体系标准。三是打造平台，基本建成覆盖全省的公共法律服务网络。四是优化城乡村社的资源配置，均等化享受法律服务。五是便民利民，满足群众公共法律服务需求。六是强化均等化，解决公共法律服务资源短缺现状。七是形成政府购买服务项目运作模式，建立常态化服务保障机制。之后对于下辖的珠海市、梅州市以及中山市的特色做法予以阐述。

2. 浙江省公共法律服务体系的建设现状与主要做法

浙江省的法律服务平台已经基本建成，整体公共法律服务建设较为完善，但仍存在公共法律服务分布不均衡，部分市区的服务资源短缺严重的问题。浙江省着眼于便利性、规范性、多元性，坚持政府主导与市场引导相结合，动员社会力量共同参与，进一步完善公共法律服务组织体系。其具体做法：一是加强组织领导，厘清发展思路。二是建立标准体系，提升服务质量。三是健全平台网络，促进均衡发展。四是优化服务项目，完善供给机制。之后对于其下辖的杭州市、舟山市、海宁市、丽水市以及嘉兴市的特色做法予以阐述。

3. 山东省公共法律服务体系的建设现状及主要做法

由于山东的公共法律服务体系建设起步较晚，其着力点在积极搭建法律服务体系基本框架、提高公共法律服务质量、加强法律服务队伍建设、增强法律援助范围方面。其具体做法：一是明确省内主要的建设目标。二是完善三大平台公共法律服务建设。三是完善服务领域的公共法律服务建设。四是打造全覆盖的法律顾问工程，并赋予地方探索建设自主权。之后对于济南市、烟台市、聊城市以及德州市的特色做法予以阐述。

4. 上海市公共法律服务体系建设的建设现状和主要做法

上海市建设公共法律服务体系主要借鉴了浙江和山东的经验，在此基础上，为了使上海各区都能够建立完善的公共法律服务体系，上海市遵循"可复制、可推广"的建设原则，即通过市级层面统一规划，区级层面统一推广，"样板化"建立普惠型公共法律服务体系。之后对于其下辖的松江区、静安区以及奉贤区的特色做法予以阐述。

5. 广东、浙江、山东、上海公共法律服务体系建设的经验与分析

结合上述调研与研究，我们将各省市经验进行两方面的总结：一是从广东、浙江、山东的省级层面总结出对北京市和京津冀地区整体的公共法律服务体系建设的经验与启示。二是参照三个省份内的城市不同的经济发展现状，将城市分为发达城市与不发达城市，相对应地对北京市和京津冀地区的发达区域和不发达区域提供有针对性的借鉴意义。

在省级层面，其对于北京市的借鉴意义：一是加强顶层设计，完善公共法律服务体系的部署。二是将公共法律服务体系建设水平考核纳入北京市政府绩效考

核，确保体系的考察与跟进，并在跟进过程中明确责任主体。三是健全实体、网络、电话三大平台，完善公共法律服务体系的实施。四是放宽法律援助的范围，提高公共法律服务的效率。其对于京津冀的借鉴意义：一是深化平台建设，为京津冀战略部署实现有效联动。二是完善法律援助制度，提高京津冀地区案件审理效率。三是利用自身具有的地理和软实力优势，实现法律人才的相互输送。

在城市层面，一方面，三省发达城市对于北京以及京津冀发达地区的借鉴意义如下：其一，北京市的发达地区可以利用自身的地理位置、经济基础，完善公共法律服务平台建设，夯实平台基础，将实体、网络、电话三大平台三线合一，以及进行三线与法律工作部门的直接对接。其二，积极利用发达地区的法律人才和法律志愿者队伍。其三，发达地区可利用自己已有的公共法律服务基础设施，在此基础上完善公共法律服务形式，增加公共法律服务类型。其四，建立更加精细化的多元化纠纷解决机制。其五，京津冀的发达地区可以利用自身雄厚的经济实力完善公共法律服务平台，将公共法律服务平台延伸到各发达城市的基层村（社区）。另一方面，三省不发达城市对于北京以及京津冀欠发达地区的借鉴意义如下：其一，增强居民的法治意识。其二，弥补不发达地区法律人才与资源空缺，实现资源均等化。其三，制定具有地方特色的公共法律服务体系。其四，探索建立政府购买模式，满足公共法律服务体系建设的要求。其五，与发达地区相互协助，并定期组织进行公共法律服务工作的交流与探讨。其六，尤其注重法律援助工作，需扩大法律援助范围，降低门槛，要保证其先行享受最基本的法律保障。

上海市建设的最大的特色在于，其在整体的建设上遵循"可推广、可复制"原则，即目标是探索出"样板化"的建设经验，以尽快在全市范围内推广并建设较为完善的公共法律服务体系，这一思路与其作为全国经济中心而讲求高效率的原则是相符合的，这种整体的建设思路可以在北京市的建设规划上予以参考。

从建设的具体细节举措上看，很多方面是在参考山东和浙江等省份的举措基础上，结合自身的实际发展情况进一步完善而来，只是相对于其他两省而言，上海市与北京市的较为相似的管理结构和较深入的对外开放程度，使得上海的一些举措在北京市的建设中具有直接的应用性。

从上层设计上，可借鉴静安区独立设置的"公共法律服务科"，使其独立，集中地负责全市范围内的公共法律服务体系的建设工作，以提升工作效率。

实体平台方面，要发挥市级层面在实体平台建设上的中心带头作用，先行完善北京市市级层面上的公共法律服务实体平台建设，建立统一的服务标准，在完善市级实体平台建设的同时，推动区级层面的公共法律服务平台建设，进而循序渐进地继续向更小的区域范围内发展，以最终实现公共法律服务实体平台的全覆盖。

电话和网络平台方面，要完善"12348"电话热线服务，将电话热线的服务板块进行明确划分。在网络平台方面，要进一步优化网络平台服务，借助北京优势的互联网技术资源，不断优化服务平台。

五、具有北京特点的公共法律服务体系建设构想及实践路径

该部分主要阐述了北京市公共法律服务体系建设的指导思想，结合国外和三省一市的相关建设经验，提出了北京市公共法律服务体系建设的框架设计和实践路径，并对建成后的预期效果加以设想。

（一）北京市公共法律服务体系建设指导思想

根据《司法部关于推进公共法律服务体系建设的意见》，结合北京作为首都以及京津冀一体化的战略部署，参考国外以及广东省、浙江省、山东省等地法律服务建设的经验，北京市需要探索推进"政府主导、司法行政部门统筹、相关部门联动、社会协同"的全覆盖、优质均等、颇具首都特点和辐射天津、河北的公共法律服务体系，打造出与首都经济社会发展相适应、能够有效满足人民群众基本法律需求的公共法律服务体系，推动国际一流和谐宜居之都建设和法治中国首善之区法律服务体系建设。同时，公共法律服务体系建设要坚持问题导向，建设覆盖城乡社区、满足各领域各层次需求、体现公平正义价值追求，要创新公共法律服务供给体制机制，让首都各机关、人民群众、各类社会主体在需要时都能获得普惠、精准、及时和有效的公共法律服务。

1. 基本要求

公共法律服务具有公益性、平等性和便利性的本质特征，公共法律服务体系建设应当将公益性、平等性、便利性、优质性、普惠性以及标准统一性作为北京市体系构建的基本要求。

2. 基本原则

北京市公共法律服务体系建设基于上述的要求和指导思想，需要以"提升法律服务质量、实现法律服务全覆盖"为目标，加强便民利民服务建设，提升公共法律服务质量和水平，努力为人民群众提供优质、高效、便捷和个性化的公共法律服务。过程中应当遵循以下原则：其一，优质服务，保障权益。其二，高效服务，与民便捷。其三，个性化服务，满足不同主体需求。

3. 主要任务

北京市公共法律服务体系的建设应当完成以下几个方面的任务：其一，健全法律服务网络，促进基本公共法律服务的均等配置。其二，整合法律服务资源，实现公共法律服务供给主体多元化。其三，拓展法律服务领域，构建菜单化公共法律服务产品。其四，提升法律服务质量，构建科学化的考评标准。其五，加强法律服务信息化建设，推动线下服务平台与线上服务平台高效联动。其六，构建常态化的保障机制，加大政府购买公共法律服务力度。

4. 建设重点

公共法律服务体系建设，是一套全新的工作体系逐渐社会化、实效化的过程，需要以改革创新精神从观念建立、价值推广和供需机制建立健全等方面作出整体性、协同性的顶层设计及制度安排，以期加速"推进覆盖城乡居民的公共法律服务体系建设，加强民生领域法律服务"，努力满足人民群众的基本法律服务需求，服务全面推进依法治国。因此，北京市公共法律服务体系建设的重点：

一是构建科学合理的总体架构，以科学理念引领公共法律服务体系发展。应当认识到北京市公共法律服务体系构建的多维价值，不仅要服务北京市，还需要服务于中央，服务于京津冀一体化建设，保证公共法律服务的全面性和层次性。

二是注重多元支持，创新公共法律服务的供给方式。其一要充分发挥社会力量的作用；其二是探索向社会力量购买基本公共法律服务。

三是推动公共法律服务向高层次宽领域延伸，深化平台建设。要立足于"法律事务咨询、矛盾纠纷化解、困难群众维权、法律服务指引和提供"的平台建设功能定位，统筹整合公共法律服务资源，坚持服务场所设施建设和服务质量效果提升并重。

四是建立需求表达机制，畅通意见反馈和评价渠道。要在公共法律服务体系建设中形成"以需定供"的导向，以防止无效或低效服务过度供给，而民众急需的公共法律服务却供应不足。

五是健全管理运行机制，加强与外部机关的衔接协调。科学整合司法行政系统行政审批、法律服务、综合保障等内部资源和已有平台，加强公共法律服务平台之间的衔接配合，强化公共法律服务中心和服务站与法律援助机构、人民调解组织等机构的工作衔接，促进平台高效运转。

六是完善法律援助制度建设，保障当事人的人身权利。完善民事和刑事法律援助制度建设，不可偏废。需要完善案件审查过程中法律援助的相关制度，如规定法律援助告知程序，明确法律援助告知时间等。

（二）北京市公共法律服务体系建设的框架设计

北京市公共法律服务体系的建设总体上可以分为两个部分，即公共法律服务体系内部制度机制建设和公共法律服务体系外部衔接机制建设。内部制度机制建设包括公共法律服务实体平台、公共法律服务电话平台、公共法律服务网络平台以及公共法律服务项目平台建设。实体平台建设包含横向和纵向两个层面，法律咨询、法律援助、公证、人民调解等各项法律服务形成横向融合，市法律服务中心、区法律服务中心、乡镇（街道）法律服务分中心以及村（居）法律服务室形成四级纵向体系。网络平台建设则主要包括门户网站、"掌上12348"微信公众号和移动客户端（APP）三个部分，其中门户网站由司法部"12348中国法网"与北京市公共法律服务网组成，部省两级平台联动，为不同的法律服务需求者进行明确指引。外部衔接机制分为三个层面，一是与中央机关紧密联系，提供符合要求的法律服务；二是与北京市公安局、法院、检察院、监察委员会、仲裁等机构建立衔接；三是与京津冀一体化战略形成联动，为区域发展提供助力。在此基础上，北京市公共服务应按照如下流程运行：

（三）北京市公共法律服务体系建设的实践路径

北京市公共法律服务体系的实践路径应包含三个方面：一是宏观层面，即明确公共法律服务体系的架构，以政府为主导，提供公民及党、政、军首脑机关所必需的法律服务。二是微观层面，通过网络平台和实体平台实现法律援助、法治宣传、公证等各项服务覆盖城乡居民，并成为联动且衔接的体系。三是明确时间进度，保证公共法律体系建设工作按时、按量进行。

1. 公共法律服务体系的架构

宏观层面的公共法律服务体系架构对北京市公共法律服务体系的构建具有指导意义，所以结合国内外经验，其一，应坚持顶层设计先行，明确依据和流程。其二，明确经费来源和标准，实行专项经费保障制度。其三，搭建两大平台为支撑。一是采取以网络平台为主，实体平台为辅的智能化服务模式；二是对于难以通过网络平台解决的事项，应通过法律服务实体平台予以补充；三是强化平台工作力量，多渠道充实工作力量；四是加强评估考核，保证服务质量。其四，队伍建设提升。一是统筹、整合司法行政内部的各类法律服务资源要素；二是充分调动社会公众参与，实现专业化和公众参与相结合。

2. 完善公共法律服务的各项制度

为提供优质公共法律服务，应推动法律顾问、法律援助、司法鉴定、公证、人民调解等各项法律服务优化升级。其一，完善法律顾问制度，坚持专业服务、创新服务、规范服务，为政府、企事业单位、社会组织提供专业的法律意见和法律咨询。其二，完善法律援助制度。一是加强法律援助宣传，创新宣传方式；二是进一步完善法律援助制度，建立法律援助事项范围和经济困难标准动态调整机制，不断拓展法律援助服务内容；三是开展多种专项维权活动，维护农民工、妇女、残疾人、老年人、军人军属等特殊群体合法权益。其三，完善司法鉴定制度，提升司法鉴定质量。其四，推动公证体制改革机制创新。即可采取固强补弱的思路，一方面欠发达地区打造公证品牌，另一方面实现调解工作专业化。

3. 公共法律服务体系建设的阶段规划

北京市公共法律服务体系建设要分三步走。

第一阶段，北京市在构建公共法律服务体系过程中需注重建立和完善相关政策法规，为公共法律服务体系建设提供政策法规保障，指导、监督公共法律服务工作的开展。尽快出台《北京市关于全面深化司法行政改革的实施意见》和《北京市关于推进公共法律服务体系建设的实施意见》，明确顶层的框架结构，充分发挥顶层设计的作用，确立公共法律服务体系服务首都、服务京津冀协同发展、服务经济的定位。

第二阶段，至 2018 年底，北京市应建成公共法律服务资源数据库，集成数据标准和数据服务，推动公共法律服务数据共建共享，构建统一构架、高度集成，覆盖公共法律服务全业务、全流程的公共法律服务信息系统，推进公共法律服务文书数字化、流转自动化、远程服务视频化、数据分析智能化。这些便捷高效的公共法律服务应用终端，能够使城乡居民随时随地通过互联网或移动终端获得相应公共法律服务。以该云端为依托，应构建覆盖城乡、功能完备、便捷高效的公共法律服务网络体系，除了市、区两级的司法行政法律服务中心外，乡镇（街道）公共法律服务站、村（社区）公共法律服务点建设也应全面铺开，实现公共法律服务的标准化、精准化、便捷化，群众可根据自身情况自主选择公共法律服务的提供方式。

第三阶段，为提高公共法律服务的供给质量和效益，应完善公共法律服务评价系统，将公共法律服务项目纳入《依法行政考评办法》《年度目标责任制考核》之中，发挥绩效考评的导向、激励和约束作用。2019 年上半年实施对《实施意见》落实情况的中期评估，2020 年下半年开展总结评估，促进公共法律服务工作不断完善。

（四）北京市公共法律服务体系建设的预期效果

首先，通过公共法律服务体系建设，转变法律服务的传统思路，开拓法律服务的新领域，创新法律服务的服务方式，保证司法行政工作能够主动适应经济发展新常态，为"一带一路"建设、京津冀协同发展、雄安新区建设等国家重大战略实施提供优质高效的法律服务，保证公共法律服务体系建设有能力服务大局。

其次，公共法律服务体系建设推动公共法律服务领域的拓展，有效扩大其社会效果。北京市公共法律服务体系要发挥服务北京、服务中央、服务京津冀一体化建设的作用。其一，健全和完善公共法律服务体系是服务北京城市经济转型升级的客观需要。其二，随着北京经济向高端提升，法律服务需求不断增强，高端法律服务市场扩增。其三，北京作为京津冀一体化建设的核心，公共法律服务体系建设需要考虑发展过程中不同地区之间的交叉矛盾的妥善解决，为京津冀和谐、高速发展奠定基础。

最后，北京市通过加大公共法律服务规范化、标准化、便利化建设，制定各类法律服务机构资质认定、设施建设等具体标准，建立健全公共法律服务标准体系和质量评价机制等制度，借此逐步建立和完善公共法律服务体系，推进社会治理体系和治理能力现代化，维护公民特别是弱势群体的合法权益。另外，通过公共法律服务体系建设，解决好法律服务需求信息不对称、评价体系不完善、服务过程不透明、服务监管不到位以及服务不优质的问题，为打造服务民生新常态、推动法治北京建设发挥积极作用，促进司法正义得到更好地维护和实现。

"一带一路"背景下北京市打造商事纠纷解决中心的路径研究

王 丽*

北京作为国家首都与直辖市，其中央与地方的双重属性让其在区域战略中地位一直很特殊。北京必须充分发挥其"四个中心"的特殊作用，把握首都优势、经济优势、区位优势，主动融入"一带一路"，并积极发挥首都职能。

"一带一路"投资贸易必将产生大量的争议纠纷。如果按照传统的司法程序解决这些纠纷，首先效率低、成本高，其次案件管辖、送达、法律适用、执行等方面都可能产生难以解决的问题。而商事调解作为"多元化纠纷解决机制"的一种纠纷解决方式，具有灵活、便捷、高效、保密等特点，不仅可以更高效地解决纠纷，还有利于更好地修复合作关系，使纠纷解决从"两败俱伤"到"两全其美"。

2018年1月，中央全面深化改革领导小组第二次会议通过了《关于建立"一带一路"国际商事争端解决机制和机构的意见》（以下简称《意见》）。会议强调，建立"一带一路"国际商事争端解决机制和机构，建立诉讼、调解、仲裁有机衔接的多元化纠纷解决机制，依法妥善化解"一带一路"商贸和投资争端，平等保护中外当事人合法权益，营造稳定、公平、透明的法治化营商环境。[1] 2018年6月27日，中办、国办印发《意见》并面向国内外发布。[2]

2018年6月29日，最高人民法院国际商事法院正式成立。《最高人民法院关于设立国际商事法庭若干问题的规定》表明：当事人选择国际商事法庭进行管辖的，以一审为终局。国际商事法院作出的调解声明，经双方当事人签署后，具

---

* 课题主持人：王丽，北京融商一带一路法律与商事服务中心理事长。立项编号：BLS（2017）A010。结项等级：合格。

[1] 参见《最高人民法院负责人就〈关于建立"一带一路"国际商事争端解决机制和机构的意见〉答记者问》，载 http://www.court.gov.cn/zixun-xiangqing-104392.html.

[2] 参见《最高人民法院负责人就〈关于建立"一带一路"国际商事争端解决机制和机构的意见〉答记者问》，载 http://www.court.gov.cn/zixun-xiangqing-104392.html.

有与判决同等的法律效力。[1]

中央从上到下积极推动"多元化纠纷解决机制"改革项目，鼓励通过"商事调解"解决"一带一路"商贸和投资争端。2016年10月，北京融商一带一路法律与商事服务中心暨一带一路国际商事调解中心（以下简称"BNRMC"）在北京注册成立。其在线调解系统也于2016年10月18日正式上线运行。最高人民法院司法改革办公室将中心确定为多元化纠纷解决机制改革项目子课题单位。

调解中心利用在线调解系统，加强线上与线下调解对接、调解与诉讼对接、调解与仲裁对接、调解与公证对接、国内与国际对接、民间与官方对接，实现六大对接职能。《一带一路国际商事调解中心调解规则》也充分体现了调解中心"六大对接"目标与职能。通过"六大对接"保障商事调解协议的执行效力，打通纠纷的多元化解渠道。

首都北京以创新"一带一路服务机制"和"一带一路"国际商事调解中心，为中国参加全球治理实践探索出一条新路。"一带一路"服务机制的建立，将"项目对接、风险化解、纠纷调解"作为机制三大中心功能。"一带一路国际商事调解中心"将"一带一路"服务机制"纠纷调解"之功能在北京落地实施，以北京为总部，打造覆盖全球的商事纠纷解决中心。中心职能定位为：在"一带一路"国际商事主体中，通过在线与线下调解相结合的方式推广和谐、互利、平等的调解文化，促进一带一路及相关国家、区域良好稳定的经济秩序；与"一带一路"相关国家政府、司法机关以及调解、仲裁等组织合作推动国际商事调解事业的发展及其与司法程序的衔接，包括诉调对接、调解协议的司法确认以及执行等。[2]

调解中心利用在线调解系统，加强线上调解与线下调解对接、调解与诉讼对接、调解与仲裁对接、调解与公证对接、国内与国际对接、民间与官方对接，实现六大对接职能。《一带一路国际商事调解中心调解规则》也充分体现了调解中心"六大对接"目标与职能。通过"六大对接"保障商事调解协议的执行效力，打通纠纷的多元化解渠道。

一、BNRMC线上调解与线下调解对接

一带一路国际商事调解中心（www.bnrmediation.com）依托互联网技术，以《联合国宪章》和联合国贸法会颁布的《关于网上争议解决的技术指引》等公约、示范法、指引等国际法基本原则为指导，推进理论研究、法制供给和实践探

---

[1] 参见《最高人民法院关于设立国际商事法庭若干问题的规定》，载 http://www.court.gov.cn/fabu-xiangqing-104602.html.

[2] 参见《一带一路国际商事调解中心简介》，载 http://www.bnrmediation.com/Home/Center/index/aid/150.html.

索等工作。

（一）创新互联网在线调解程序与运行机制

BNRMC 在线调解系统针对"一带一路"建设跨国跨境的调解需求，开发了先进的覆盖全球的网络调解系统。当事人无论身在哪个国家，哪个城市，在哪种状态，只要通过互联网登录中心网站（www.bnrmediation.com），就能够获得中心的调解服务。在中心网站上，可以获得调解咨询 100 问答，可以在线学习调解规则，可以查询调解员的情况并选择中意的调解员，可以获知商事调解相关资讯。按照网站上的指引，登陆者可以在线申请调解案件、在线递交申请材料、缴费等。调解中心可以组织在线调解、在线制作调解文书、在线送达等程序。调解申请方和被申请方可以选择在线上参加调解，也可以选择在线下参加调解，可以就近就便地选择中心线下调解室进行调解。

（二）线上线下对接，部署境内外调解室

BNRMC 与中国民营经济国际合作商会、中非民间商会、巴基斯坦工商会、秘中商会以及意大利 CBA 律师事务所、奥地利 Wolf Theiss 律师事务所、巴西 Siqueira Castro Advogados 律师事务所、法国 Fidal 律师事务所、荷兰 AKD 比荷卢律师事务所、巴基斯坦 Akram Sheikh Law Associates 律师事务所、加拿大 Stikeman Elliott LLP Barristers & Solicitors 律师事务所、英国 Rosenblatt Law Office 律师事务所、荷兰 Homeless Persons Representation Project Inc. 律师事务所、德恒律师事务所等境内外机构签署了设立线下海外调解工作室的合作协议。以合作机构奥地利 Wolf Theiss 律师事务所为例，其总部和分支机构遍布中东欧、澳大利亚等。以合作机构德恒律师事务所为例，其分支机构遍布中国近 30 个城市，另外在纽约、巴黎、迪拜、布鲁塞尔、海牙等设有外国分所，分支与合作机构遍布美国、法国、荷兰、德国、瑞士、澳大利亚、日本、韩国、芬兰、阿联酋、巴西、布鲁塞尔、中国香港等 160 多个主要城市。依托这些合作机构及其分支机构，中心现已具备在欧洲、东南亚、中亚地区所等 60 多个国家、170 多个中外城市开展商事调解工作的能力，初步实现了线上线下、国内国际调解的结合与联动。

（三）线上线下结合，培训境内外调解员

基于互联网之上的调解是法治领域的新课题。"一带一路"国际商事调解需要既具有专业知识与能力，又具有国际视野和争议解决的理论造诣与实践经验的调解员。在最高人民法院司改办的指导下，调解中心与北京德恒培训学校合作，对在线上和线下申请当调解员的国内外申请人开展专业资格培训。培训课程由中心资深专家沈四宝、范愉、车丕照、李永全、谢小庆等教授精心打造。培训内容包括"一带一路"概论、多元纠纷解决机制全球发展趋势、国际经济法中的调解理论与实践、BNRMC调解规则理解与应用、审辩式思维、调解的技术与艺术、互联网调解的全球发展与联合国贸法会的立法进程，以及英、法、意、巴西等国商事调解法律与实践等课程。申请人可通过中心网站获取中英文版的培训资料、调解规则学习材料、培训课程视频、100问答等学习课程，经过中心考试合格者，可以获得调解员资格证书。中心调解员可以参加北京多元调解促进会举办的北京法院系统调解员专业培训，获得北京法院系统特邀调解员资格证书。

鼓励任何在法律、商事、教育、金融等领域具有调解经验和调解兴趣的专业人士申请成为中心调解员，参加中心调解员培训，为中国乃至"一带一路"沿线国家培养调解队伍，输送调解力量。

二、BNRMC调解与诉讼对接

2018年3月9日，最高人民法院院长周强向十三届全国人大一次会议报告五年的工作。[1]2013年到2017年，最高人民法院受理案件82 383件，审结79 692件，分别比前五年上升60.6%和58.8%，地方各级人民法院受理案件8896.7万件，审结、执结8598.4万件，同比分别上升58.6%、55.6%。[2]"案多人少"的矛盾非常突出，一些经济发达地区一线法官人年均办案数超过300件，工作负荷大大超出承受范围。[3]

周强院长在工作报告中指出："最高法将与司法部共同启动律师试点，完善律师调解制度。建立全国法院网上调解平台，及时方便地解决纠纷。"[4]

BNRMC积极响应司法改革号召，以专业化、国际化、市场化、规模化的商事调解服务赢得最高法和各级人民法院的信任与支持，与各级法院确立了良好的合作关系。目前已经与北京市四中院、北京市一中院、深圳前海合作区法院、成都双流区人民法院、西安市灞桥区人民法院等签署了诉调对接合作协议。

"诉调对接"已落地实施，主要体现在三个方面：

（一）调解协议的司法确认

《一带一路国际商事调解中心调解规则》第15.4条规定，对于由调解中心委任的法院特邀调解员主持达成的调解协议，调解中心可以协助当事人依法共同向有管辖权的法院申请司法确认。该条款明确了调解协议可以通过司法确认程序获

---

〔1〕 参见《最高人民法院院长周强作最高人民法院工作报告》，载中国人大网，http://www.npc.gov.cn/npc/zhibo/zzzb35/2018-03/09/content_2044751.htm.

〔2〕 参见《最高人民法院院长周强作最高人民法院工作报告》，载中国人大网，http://www.npc.gov.cn/npc/zhibo/zzzb35/2018-03/09/content_2044751.htm.

〔3〕 参见《最高人民法院院长周强作最高人民法院工作报告》，载中国人大网，http://www.npc.gov.cn/npc/zhibo/zzzb35/2018-03/09/content_2044751.htm.

〔4〕 参见《最高人民法院院长周强作最高人民法院工作报告》，载中国人大网，http://www.npc.gov.cn/npc/zhibo/zzzb35/2018-03/09/content_2044751.htm.

得强制执行效力，体现了调解与诉讼程序的对接。[1]

BNRMC 已成功调解近 200 件商事案件，诉调对接合作法院对 BNRMC 出具的调解书均予以司法确认，制作调解书，并明确调解书可作为申请强制执行的司法凭证。

（二）法院导出调解案件程序化、制度化

调解中心各调解室与各级法院建立了紧密的合作关系，有的调解室专门派值班秘书入驻法院调解室。法院立案庭工作人员接收案卷材料后，征求当事人是否愿意接受调解，如果当事人愿意调解，法院诉调对接中心工作人员会将案件委派给调解中心或者当值的律师调解员。

如果当事人在立案时不愿意接受调解，但是在立案后又产生了调解的愿望，那么法院依然可以将案件委托给调解中心进行调解。但是对于委托调解来说，因为纠纷已经进入立案系统，调解期限已开始计入审理期限。因此委托调解的期限就比较短，《最高人民法院关于人民法院特邀调解的规定》第 27 条规定，"适用普通程序的调解期限为 15 日，适用简易程序的调解期限为 7 日"[2]。考虑到期限过短，可能不能实现调解的目的，因此该条同时规定："但是双方当事人同意延长调解期限的，不受此限，延长的调解期限不计入审理期限。"[3]这就为立案后调解给予了期限的保证。

不论是委派调解，还是委托调解，调解成功或者部分成功后，可以通过司法确认程序获得调解协议的强制执行效力。当然当事人也可以选择自动履行、保证金履行，或者我们后文中会提到的赋强公证执行、仲裁执行等方式保证调解协议的执行效力。

（三）任何与 BNRMC 达成合作的法院均可为其提供调解场所设施

目前各级法院积极搭建"诉调对接中心或平台"，不少法院已在立案大厅设立调解室，为各类调解组织在法院调解案件提供必要的调解场所和设施，取得非常好的纠纷化解效果。

依据 BNRMC 与各法院签署的《建立诉讼与调解相衔接多元化纠纷解决机制合作协议》，当事人可就近就便选择调解场所，如调解员所在的律师事务所，法院调解室等其他合适的地方。法院调解室基本都配备有法院的共享电脑，调解过

---

[1] 参见《一带一路国际商事调解中心调解规则》，载 http://www.bnrmediation.com/Home/Center/detail/id/175/aid/154.html.

[2] 《最高人民法院关于人民法院特邀调解的规定》第 27 条，载最高人民法院官网，http://www.court.gov.cn/fabu-xiangqing-22752.html.

[3] 《最高人民法院关于人民法院特邀调解的规定》第 27 条，载最高人民法院官网，http://www.court.gov.cn/fabu-xiangqing-22752.html.

程中，需要制作调解笔录或确认笔录，在调解室共享电脑里有法院模板。同时一般会有法院的调解助理协助。这些设备和人力资源，调解中心均可以共享，方便调解后快速得到法院的司法确认。调解中心秘书处在接到调解员的要求后，可以预先与法院协商安排调解室。

三、BNRMC 调解与仲裁对接

《一带一路国际商事调解中心调解规则》第 15.3 条规定："对于由调解中心委任的调解员主持达成的调解协议，调解中心可以协助当事人共同申请仲裁机构根据调解协议制作并出具仲裁调解书或裁决书。"[1]该条明确了调解协议可以通过转化为仲裁调解书或者仲裁裁决书，而得到履行。这体现了调解与仲裁的程序对接。

（一）《仲裁法》鼓励先行调解

2017 年修正的《中华人民共和国仲裁法》（以下简称《仲裁法》）第 49 条规定，当事人申请仲裁后，可以自行和解。达成和解协议的，可以请求仲裁庭根据和解协议作出裁决书，也可以撤回仲裁申请。[2]第 51 条，仲裁庭在作出裁决前，可以先行调解。当事人自愿调解的，仲裁庭应当调解。调解不成的，应当及时作出裁决。[3]

可以说，《仲裁法》的总体原则是"鼓励先行调解"，并且充分尊重"当事人自主意愿"，规定了较为灵活的调解与仲裁对接之流程。

（二）调解书与仲裁裁决书具有同等法律效力

《仲裁法》第 51 条明确规定，调解达成协议的，仲裁庭应当制作调解书或者根据协议的结果制作裁决书。调解书与裁决书具有同等法律效力。[4]

该款明确了双方当事人自愿达成的调解协议，可以转化为仲裁庭制作的调解书或裁决书，调解书与裁决书具有同等法律效力。这为多元调解的发展提供了较好的法制基础。

（三）仲调结合是国际仲裁流行做法

仲裁与调解相结合是中国国际经济贸易仲裁委员会（下称"贸仲"）倡导的，在 1994 年《中华人民共和国仲裁法》生效后，被国内新组建的各仲裁机构

---

〔1〕 参见《一带一路国际商事调解中心调解规则》，载 http://www.bnrmediation.com/Home/Center/detail/id/175/aid/154.html.

〔2〕《中华人民共和国仲裁法》，载中国人大网，http://www.npc.gov.cn/npc/xinwen/2017-09/12/content_2028692.htm.

〔3〕《中华人民共和国仲裁法》，载中国人大网，http://www.npc.gov.cn/npc/xinwen/2017-09/12/content_2028692.htm.

〔4〕《中华人民共和国仲裁法》，载中国人大网，http://www.npc.gov.cn/npc/xinwen/2017-09/12/content_2028692.htm.

接受并得到进一步的完善，并在国际范围内也日渐得到推广。[1]以前我们说仲裁调结合，总是以仲裁开始，在仲裁过程中，仲裁员可以主持双方先行进行调解，或者双方当事人自愿达成调解协议。实践中，当事人达成调解（和解）协议后，如果担心义务方不能自动按约履行，可以通过将调解协议转化成仲裁裁决，那么仲裁—调解这一过程就演变成仲裁—调解—仲裁。另外，如果通过调解双方未能达成调解协议，那么仲裁程序继续，这也是仲裁—调解至仲裁—调解—仲裁程序的转变。

在多元化纠纷解决机制改革背景下，打通调解与仲裁的对接渠道，相互借力，有机衔接乃改革之应有之义。BNRMC 积极开展与各仲裁机构之间的合作，仲裁机构在立案前或者审理中如果发现当事人有调解的意愿，或者发现调解是解决纠纷更有益的方式，可以将案件及时转交至调解中心进行调解。而调解中心受理的案件达成调解协议后，可以选择到有合作的仲裁机构申请仲裁，请求仲裁委员会组成仲裁庭，按照调解协议的内容作出仲裁裁决。调解中心受理的案件经调解未达成调解协议的，当事人可以根据仲裁协议到仲裁机构申请仲裁，继续进行仲裁程序。经仲裁机构转交调解的案件，经调解达成调解协议的，当事人可以选择自动履行、司法确认执行、仲裁确认执行，也可以选择公证确认。仲裁机构转交的案件，未调解成功的，则当事人可以继续依据仲裁协议申请仲裁，也可以选择起诉至法院等其他方式解决纠纷。

未来，BNRMC 可以与"一带一路"沿线国家和区域仲裁机构、调解机构等建立合作对接关系，将调解与仲裁的对接进一步扩展至更大范围，为"一带一路"商事主体提供更加多元、高效、便捷、私密地纠纷解决渠道。

四、BNRMC 调解与公证对接

《一带一路国际商事调解中心调解规则》第 15.2 条规定，对于由调解中心委任的调解员主持达成的调解协议，调解中心可以协助当事人共同申请公证机构依法公证或根据调解协议制作并出具债权文书公证、证据公证或强制执行公证等公证法律文书。[2]这体现了调解与公证的制度与程序对接。

（一）公证书的赋强执行效力

《中华人民共和国公证法》第 37 条明确：对经公证的以给付内容并且载明债务人愿意接受强制执行承诺的债权文书，债务人不履行或者履行不适当的，债权

---

〔1〕 宋连斌：《从仲裁与调解相结合到单独调解》，载《昆明理工大学学报（社会科学版）》2009 年第 11 期。

〔2〕 参见《一带一路国际商事调解中心调解规则》，载 http://www.bnrmediation.com/Home/Center/detail/id/175/aid/154.html.

人可以依法向有管辖权的人民法院申请强制执行。[1]

《中华人民共和国民事诉讼法》（2017年版）中也明确规定了公证事实和文书的证据效力以及公证债权文书的强制执行效力。第69条明确规定了经过法定程序公证证明的法律事实和文书，人民法院应当作为认定事实的根据，但有相反证据足以推翻公证证明除外。第238条明确规定了对公证机关依法赋予强制执行效力的债权文书，一方当事人不履行的，对方当事人可以向有管辖权的人民法院申请强制执行，受申请的人民法院应当执行。[2]

公证文书的赋强执行效力为公证制度的可持续发展提供了法制基础，也为公证作为多元化纠纷解决机制法定形式之一提供了司法保障。

（二）经公证的调解协议，依法予以强制执行效力

2002年《最高人民法院关于审理涉及人民调解协议的民事案件的若干规定》第10条规定，具有债权内容的调解协议，公证机关依法赋予强制执行效力的，债权人可以向被执行人住所地或者被执行人的财产所在地人民法院申请执行。[3]

2009年发布的《最高人民法院关于建立健全诉讼与非诉讼相衔接的矛盾纠纷解决机制的若干意见》第12条规定，经行政机关、人民调解组织、商事调解组织、行业调解组织或者其他具有调解职能的组织对民事纠纷调解后达成的具有给付内容的协议，当事人可以按照《中华人民共和国公证法》的规定申请公证机关依法赋予强制执行效力。债务人不履行或者不适当履行具有强制执行效力的公证文书的，债权人可以依法向有管辖权的人民法院申请执行。[4]该规定明确了调解协议可通过公证的方式赋予其强制执行力。

2016年，最高人民法院《关于进一步深化多元化纠纷解决机制改革的意见》第11条规定，加强与公证机构的对接。支持公证机构对法律行为、事实和文书依法进行核实和证明，支持公证机构对当事人达成的债权债务合同以及具有给付内容的和解协议、调解协议办理债权文书公证，支持公证机构在送达、取证、保全、执行等环节提供公证法律服务，在家事、商事等领域开展公证活动或者调解

---

[1] 参见《一带一路国际商事调解中心调解规则》，载 http://www.bnrmediation.com/Home/Center/detail/id/175/aid/154.html.

[2] 《中华人民共和国民事诉讼法》，载中国人大网，http://www.npe.gov.cn/npe/xinwen/2017－06/29/content_2024892.htm.

[3] 《最高人民法院关于审理涉及人民调解协议的民事案件的若干规定》（法释〔2002〕29号），2002年9月5日最高人民法院审判委员会第1240次会议通过，2002年9月16日最高人民法院发布，自2002年11月1日起施行。

[4] 参见最高人民法院印发《关于建立健全诉讼与非诉讼相衔接的矛盾纠纷解决机制的若干意见》的通知（法发〔2009〕45号），2009年7月24日发布。

服务。依法执行公证债权文书。[1]这一规定进一步扩大了公证债权文书的范围。

2017年6月，最高人民法院、司法部联合发文《关于开展公证参与人民法院司法辅助事务试点工作的通知》，进一步明确"在公证参与调解中，公证机构可以应当事人申请，对具有给付内容、债权债务关系明确的和解、调解协议办理公证并赋予强制执行效力。"[2]

这一系列的法律法规均明确了通过公证可以赋予调解协议强制执行效力，维护调解结果的安定性，保证调解制度的良性发展。

因此，调解与公证对接可以充分发挥二者的优势，在多元化纠纷解决机制中发挥预防、保证、促进等功能，满足人民群众的多元司法需求。

五、国内与国际对接

一带一路国际商事调解中心以在线纠纷调解为特色，突破国界、地域限制，不受地域管辖权的限制，以中立第三方的身份，基于互联网技术，依托分布国内外的线下调解室，在线上线下运用电子邮件、社交网络、聊天室、视频会议、VR等信息技术工具协助当事人解决纠纷。属于在线纠纷解决机制ODR（Online Dispute Resolution）的一种方式。

（一）符合资格的外籍调解员纷纷加入

BNRMC认可外籍人士或域外人士担任调解员的资格，只要满足了基本的调解员任职资格和条件，国籍不是障碍。经过培训上岗后，外籍调解员或域外调解员调解达成的调解协议，同样受到认可。只要调解员所在调解组织是经过人民法院认可的特邀调解组织，或者调解员是法院备案的特邀调解员，不管是何国籍的调解员，经合法合规程序达成的调解协议，都是合法有效的。

（二）推进国际合作，融入国际ODR大家庭

自2016年成立以来，调解中心积极拓展与各国际组织、国际机构、知名国际律所、商协会等的战略合作，已与哈萨克斯坦国际商会、巴基斯坦工商联合会、秘中商会、法国菲达、奥地利Wolf Theiss律师事务所等60多个国家的机构建立合作关系，依托这些组织及其分支机构的辐射力，中心已可以在170多个中外城市的线下调解室开展调解工作。未来，可以将中心得调解室扩展辐射至环渤海经济区，服务环渤海商事主体纠纷解决服务。

（三）国际商事和解协议的跨国执行

国际商事调解协议的跨国确认和执行，已取得重大进展。2018年5月，联合

---

[1] 参见《最高人民法院关于人民法院进一步深化多元化纠纷解决机制改革的意见》（法发［2016］14号），2016年6月28日发布。

[2] 参见龙飞、赵毅宇：《赋强公证在多元化纠纷解决机制中的功能定位》，载http://news.sina.com.cn/sf/news/fzrd/2018-05-22/doc-ihawmaua8447897.shtml。

国贸法会秘书长 Anna Joubin-Bret 女士在接受法制日报采访时表示："工作组已完成国际和解协议执行公约的起草工作，之后再经过一些准备工作就可以邀请国家加入了。"[1]

Joubin-Bret 秘书长指出："《调解执行公约》涵盖的是当事人经调解达成的国际和解协议。也就是说，必须是经过第三方调解机构组织的调解程序达成的调解协议才可以获得国际执行效力。"[2]另外她表示，"在投资者与政府间的商事纠纷中，如果双方当事人愿意调解并达成和解协议，也可以适用公约的执行机制。"[3]

《调解执行公约》的出台将解决中心受案管辖、调解协议跨国执行等问题，保证调解协议的国际执行效力。

六、民间与官方对接

（一）调解是推进人民当家作主和依法治国有机统一的重要创新

目前各级法院积极响应多元化纠纷解决机制改革号召，构建立案阶段"多元调解+速裁"诉讼前端分流化解大批纠纷。

BNRMC 与多家法院达成合作协议，承接法院导出商事案件调解工作，成效显著。以北京四中院委托的首例商事案件为例，该案涉案标的 1.6 亿，牵涉多个行政诉讼和 779 户案外当事人，各方矛盾积怨很深。可以说如果通过诉讼解决此案，将是非常复杂棘手的案件，不仅浪费司法资源，也很难得到良好的纠纷化解效果。而通过中心经验丰富的调解员与法官配合调解，当事人经过半天的磋商就达成了调解协议，并且对调解结果非常满意。该案调解员表示，调解是帮助各方回溯合同建立目的，找到各方博弈平衡点和解决问题的合理渠道。

调解是纠纷解决的创新渠道，可以充分发挥各类社会主体的自治性、自主性、创新性，实现了人民当家作主和依法治国的有机统一，为纠纷当事人提供高效、便捷、灵活的纠纷解决方式和途径。

在区域经济一体化建设中，各地行政法规之间的冲突是一体化发展的一大障碍，如果发生了纠纷只依靠诉讼程序解决，将非常低效，且不利于合作关系继续

---

〔1〕 参见《商事和解协议有望得到跨国执行——访联合国贸法会秘书长 Anna Joubin-Bret 女士》，载《法制日报——法制网》，http://www.legaldaily.com.cn/index/content/2018-05/21/content_7548856.htm? node=20908，2018 年 5 月 21 日。

〔2〕 参见《商事和解协议有望得到跨国执行——访联合国贸法会秘书长 Anna Joubin-Bret 女士》，载《法制日报——法制网》，http://www.legaldaily.com.cn/index/content/2018-05/21/content_7548856.htm? node=20908，2018 年 5 月 21 日。

〔3〕 参见《商事和解协议有望得到跨国执行——访联合国贸法会秘书长 Anna Joubin-Bret 女士》，载《法制日报——法制网》，http://www.legaldaily.com.cn/index/content/2018-05/21/content_7548856.htm? node=20908，2018 年 5 月 21 日。

发展。而商事调解将是缓和各方矛盾，平衡各方利益，既能化解矛盾又不伤和气的"东方智慧之花"，应该在"一带一路"沿线区域推广落地。

（二）调解前置，让法院回归公平正义最后一道防线

最高人民法院党组成员、副院长杨万明大法官一直积极推进多元化纠纷解决机制建设，建议试点设立调解前置程序。他表示，"从国家治理体系和治理能力现代化的高度来看，法治社会应当是具有消化矛盾和自我修复的能力。在纠纷解决工作中，法院应当处于一个顶端，而不是最前端，也就是让法院要回归公平正义最后一道防线的地位。"[1]杨万明大法官认为，建立调解前置法律制度是突破多元化纠纷解决机制发展瓶颈的关键。[2]

积极发挥各类调解组织的前置调解作用，充分利用调解"灵活性、高效性、保密性、便捷性"等优势，将矛盾纠纷化解在立案前、诉讼中。使当事人有充分的机会表达自己的立场，参与协商、沟通，本着"和为贵"思想，解决争端、化解矛盾，恢复合作关系、实现利益共赢。让调解这一止讼息争的"东方智慧"模式在新时代发扬光大。

（三）投资人与国家间的纠纷也可通过调解解决

目前由"一带一路"沿线国家参与的双多边、区域性投资协定中的投资者与国家间争端解决机制并不能完全契合投资争端解决的实际需求。程序漫长、费用高昂的投资仲裁对沿线国家而言负担较重，投资仲裁案件平均耗时 3 年以上，案件平均费用超过 800 万美元，其中，律师和专家费用约占 82%。

现有投资者与国家间争端解决机制融入"一带一路"倡议共商、共建、共享理念后，磋商、调解等手段在争端解决中的作用日益凸显，尤其借助互联网信息技术的在线纠纷解决机制 ODR（Online Dispute Resolution），在提高争端解决效率、节约成本和达成双方可接受的解决方案上具有明显优势。

在磋商和调解中，对于条约解释、违约事实认定等方面的要求并没有仲裁那么严格，这决定了磋商、调解可以高效率、低成本地解决争端。同时，磋商、调解的结果也不完全拘泥于对条约的解释和对违约的认定，形式也不限于损害赔偿，争端方可通过创造性争端解决方式实现双赢。更重要的是，通过自主协商解决争端，也有利于维系投资者和东道国的良好投资关系和后续合作。在充分理解双方利益诉求的基础上，调解员应更多考虑如何达成既解决争端又维护投资者和东道国合作关系的方案。

---

[1] 参见《北京市高院院长杨万明建议试点设立调解前置程序》，载人民网，http://bj. people. com. cn/n2/2018/0311/c82837-31329362. html，2018 年 3 月 11 日。

[2] 参见《北京市高院院长杨万明建议试点设立调解前置程序》，载人民网，http://bj. people. com. cn/n2/2018/0311/c82837-31329362. html，2018 年 3 月 11 日。

　　面对"一带一路""京津冀一体化"等红利，各地政府、机构、商事主体要积极把握、与时俱进、整合力量、美美与共。积极探索"北京路径"，传播"北京经验"，发挥北京龙头作用，共享北京资源优势，努力提升北京"一带一路"服务能力。

第二篇

一般课题

北京市地方立法质量评价机制与标准研究

于文豪*

一、地方立法前评估机制的意义

地方立法前评估指具有地方立法权的国家机关，对将要拟定地方性法规、地方性规章的立法项目进行综合评价、判断和预测，提出是否应该列入立法规划、立法计划等评估意见的活动。地方立法前评估的结果决定立法项目是否可以进入立法程序，是否应该列入立法规划、立法计划。地方立法前评估的对象是立法项目。立法前，首要的是评估立法的必要性、合法性、协调性和可操作性，评估经济、社会条件对将要设立法律制度和规则的约束条件，评估立法对经济、社会和环境的影响，这是立法预期评估。目的是充分论证立法的经济影响、社会影响和环境影响，解决和克服制约立法设计的制度、规则的约束条件，尽量在重大制度设计上达成各方意见一致，减少立法的试错成本。

由此，不难发现，地方立法前评估制度本身所要解决的问题在于社会中出现了某类问题，需要一定手段予以解决，而立法是作为该问题解决的一项重要方式，那么是否意味着就必须采取立法的方式予以解决，倘若进行此项立法，该立法的合法性，其权力来源在于何处。立法之后，新法与旧法是否对于同一问题出现了两种规定，如何协调？这些问题都应当是立法前评估所要解决的问题。而立法前评估机制存在的意义便在于，确立何种程序与制度来保障上述问题的解决。

二、地方立法前评估的内容

（一）评估对象

地方立法前评估对象的选择在整个评估活动中占据着重大的地位，准确选取适当的评估对象可以避免很多不必要的麻烦，也可以减少不必要的成本。就我国而言，立法前评估对象的选择首先要解决两个问题：其一，评估涉及的情形。其二，评估涉及的层级。

---

* 课题主持人：于文豪，中央财经大学法学院副教授。立项编号：BLS（2017）B001。结项等级：合格。

首先，关于地方立法前评估对象的范围。其所要解决的问题在于如何理解"地方立法"这一词汇。是以传统狭义的仅仅将其理解为纯粹制定一部新的法律规范，还是宽泛的理解为包含法律的修、改、废在内的所有法律变动的情形。我们认为，就立法前评估本身所要发挥的作用而言，应当将其与立法后评估制度相区分，立法前评估其最主要功能是首要的是评估立法的必要性、合法性、协调性和可操作性，评估经济、社会条件对将要设立法律制度和规则的约束条件，评估立法对经济、社会和环境的影响，这是立法预期评估。目的是充分论证立法的经济影响、社会影响和环境影响，解决和克服制约立法设计的制度、规则的约束条件，尽量在重大制度设计上达成各方意见一致，减少立法的试错成本。[1] 所以，地方立法前评估的内容主要是地方立法项目的必要性、可行性、合法性和对立法项目在经济、社会和环境上的影响进行简要分析。通过评估，最大限度地"过滤"掉不必要、不可行和不合法的立法项目，减少立法的试错成本，节约立法资源。[2] 因此，在这一前提下，讲立法前评估的"立法"视为一种从无到有，或者是法律层级变换的重要机制更为重要。而将"修、改、废"的评估作为立法后评估的内容。

其次，关于地方立法前评估对象的层级。地方立法这一词汇本身存在着较大争议，传统认为地方立法仅仅包含省一级以及部分市级的地方人大以及人民政府所制定的地方法律以及地方政府规章，而不包含其他规范性文件。那么地方立法前评估对象层级的选择是否与地方立法这一词汇的理解保持一致，抑或是将地方具有规范效力的规范文件同样纳入地方立法前评估的视野之中？当前我国实践将立法前评估的层级主要限制于地方条例及地方政府规章这一层级，而对各项规范性文件排除于评估的范围之外。我们认为，不能将政府所做的规范性文件一律排除于评估的范围之外，在当前面对社会复杂现实情形的背景下，政府拥有了更大的自主决策的权力，在一些情形之下，地方的各种规范性文件成为地方管理的重要参考，对市场、社会有着较大的影响，因此，应当在涉及较大利益，易产生较大影响或争议的领域开展对规范性文件的评估工作。即以法规的层级这一形式标准的同时，采取实质的选择标准作为辅助手段。如美国、日本进行立法前评估的都是"管制性""规制性"法律（即作出"限制公民权利"或者"对公民课以义务"规定的法律）。将对公民的影响性，作为评估对象选择的重要标准。

（二）评估针对的内容

在通过对美国及欧盟立法前评估内容的分析以及对我国当前立法前评估机制

---

〔1〕 参见席涛：《立法评估：评估什么和如何评估（上）——以中国立法评估为例》，载《政法论坛》2012年第5期，第64页。

〔2〕 参见陈伟斌：《地方立法评估的立法模式与制度构建》，载《法学杂志》2016年第6期，第50页。

的梳理之后，发现我国当前立法前评估实践多集中与合法性与协调性这一内容之上，如下位法与上位法的协调，而应当作为立法前评估的重要内容成本效益评估却少有涉及，因此成本效益评估，或者说是必要性评估、合理性评估应当是我国以后立法前评估机制的改善方向。具体而言，我们认为，立法前评估主要应当包含以下内容：

其一，合法性评估，要求立法草案在立法精神上不得与上位法的精神冲突违背；在立法权限上不得超越上位法的权限，侵犯上位法的领域；在立法内容上不得与上位法具体条文冲突违背。其二，协调性评估。是指评估立法草案与现有地方性法规的协调，以及立法草案与现行政策的协调。其三，可操作性评估。要求评估立法草案建立的法律制度、设立的法律规则是否有明确的法律主体、客体和内容，司法者、执法者和守法者是否有明确的权利、义务和责任。其四，规范性评估，就是要对立法草案的名称、框架结构、必要条款和语言文字等问题进行评估。[1]其五，立法的必要性评估。立法的必要性即社会需要，应该认真调查研究、采取听证会、论证会等形式，广泛听取各方面的意见，尤其是反对意见比较集中的制度设计。在对这件法规进行制度设计，包括法律原则和法律规则，最重要的问题是什么？这些问题对经济、社会和环境产生什么样的影响？包括积极影响和消极影响，直接影响和间接影响，或者经济、社会和环境对这些问题有一定的约束，包括经济约束和制度约束。如果这些经济影响或者经济约束可以通过成本和收益进行量化，那么，只有立法的收益大于立法的成本，才能证明该立法的合理性。[2]

三、地方立法前评估的定位

所谓立法前评估定位，究其本质而言就是为了明确立法前评估在立法整个活动中所处的地位，即其是否是立法的必要环节。另外，也是明确地方立法前评估其本身的评估报告的效力问题。立法前评估报告的效力问题是立法前评估工作程序设计中必须予以高度重视的内容，它将会对日后立法评估工作开展的积极性产生重要影响，同时也是整个评估工作顺利完成的关键。从目前的实践状况而言，在开展了立法前评估工作的省市中，都仅将立法前评估的报告作为立法项目审议时的参考，并不具有强制性参考的效力，而从掌握的材料中，我们也难以判断评估报告在项目确定或草案审议时的作用大小。

具体到北京地方立法而言：

---

〔1〕 参见陈伟斌：《地方立法评估的立法模式与制度构建》，载《法学杂志》2016 年第 6 期，第 50 页。
〔2〕 参见席涛：《立法评估：评估什么和如何评估（上）——以中国立法评估为例》，载《政法论坛》2012 年第 5 期，第 65 页。

（一）北京市人大立法前评估环节的定位

《北京市制定地方性法规条例》（2003 年修订）第 23 条规定，列入常务委员会会议议程的法规案，在常务委员会会议审议前，有关专门委员会或者常务委员会有关工作机构对立法的必要性、可行性和主要问题进行审议或者审查，提出意见，并向常务委员会会议报告。其中并未规定，法规案的评估环节是必须抑或是可以，为有关机构留下了较大的裁量空间。而在 2017 年的《北京市制定地方性法规条例（修订草案）》第 12 条规定了"立法项目一般应当先进行立项论证"，则将立法前评估环节作为立法的一项必须环节。

（二）北京市地方规章立法前评估的定位

根据《北京市人民政府规章制定办法》第 9 条规定，制定规章应当经过立项。区人民政府和市人民政府有关部门认为需要制定规章的，应当向市人民政府申报立项。市政府法制办根据市委、市人民政府工作要求后者实际工作需要可以直接提出规章项目。市人大常委会在地方性法规立项论证中认为应当制定地方性法规但条件尚不成熟，并建议现行制定规章的，可以不经过立项。该规定使得立法前评估制度应当是制定新规章时的必须环节。因为，立项中必然包含评估报告，而尽管有些情况可以不经过立项环节但也需经过一定的评估。

综上可知，尽管当前地方立法前评估作为立法的一项必须环节，但由于对立法前评估结果的效力、作用定位并不明确，极易导致在具体立法环节中，立法评估结果被忽视，从而使整体立法前评估机制被空置。因此，加强地方立法前评估的效力十分必要。本文认同立法前评估的结果，其应当是作为论证是否立法的一项重要数据或者是资料，而并非是直接决定立法项目是否成立的唯一评价依据。但，对于立法前评估的结果，立法主体应当有义务对立法前评估机制所涉及的意见及问题做出相应答复，在评估主体之间，政府、市场和社会三方信息得到充分的交流前提下，进行立法活动才不失为一项合法、合理的决策。而如何保障立法前评估结果的作用，我们认为，在充分保障专家论证、利益相关者及公众参与的前提下，当评估结果得到普遍认可和同意时，相关立法主体应当遵守评估结果，其具有一定的约束力。当评估过程中，分歧较大时，立法活动应当暂缓，在不断对立法中相关内容修改的基础上，使评估结果能够达到一定的认可标准，从而使立法活动继续开展。

近年来各地纷纷探索以委托的方式，引入"第三方"即专业的机构、协会组织或专家学者参与地方立法质量评价工作。第三方参与地方立法质量评价是公正立法、民主立法、科学立法的体现，为克服第三方在参与立法评估过程中产生的障碍，须从制度上规范和保障第三方的立法质量评估工作。

四、公正民主科学的地方立法质量评价需要第三方参与

（一）第三方参与立法质量评价是公正立法的有效途径

立法公正是法治社会的立法追求，而程序中立是其基础要件。以制定主体为主导的立法质量评价模式，属于地方立法的自我评估，难免有"王婆卖瓜"之嫌。以实施主体为主导的立法质量评价模式，又常会演变为政府部门的"政绩考核"，其在评估过程中往往避重就轻。单独采取以制定主体或实施主体为评估主体的评价模式都因缺乏有效督促而使其公信力常受到质疑。而第三方主体因与立法所调整的利益无直接关系，使其在立法质量评价活动中更具中立优势。第三方主体参与地方立法质量评价既可对公权力主体的评估活动形成外部监督，减少和阻却评估过程中的部门利益法制化倾向，又可以其中立地位促成立法评价过程中争议事项的理性化解决，在避免立法僵持的同时，产生具有可接受性的评估结论。是以，第三方主体的中立性可在很大程度上保证立法评价结果的客观公正性。

（二）第三方参与立法质量评价是民主立法的充分体现

《中华人民共和国立法法》（以下简称《立法法》）第 5 条规定："坚持立法公开，保障人民通过多种途径参与立法活动……"而第三方评估则是评估主体以民间的生存姿态作为公众诉权的理性代表参与着立法评价活动，是民主原则在立法中的重要表现和应有之义。一方面，第三方参与立法质量评价体现了公众参与的原则。第三方评估主体源于民间，在一定程度上可作为公众利益的代表，向立法者理性传达着群众的声音，实现了民主立法的有序参与。另一方面，第三方评估又为解决传统立法评价模式下的信息不对称问题提供了渠道。第三方评估主体作为公权力机构与社会公众间的桥梁，在保障公众立法事项知情权的同时，基于其拥有的"民间"身份，也其更易取得公众的信任，实现了信息传达与民意表达的双向畅通，减少整个社会信息沟通的成本。因而，第三方参与立法质量评价可正当、合理且高效地实现评估的民主性。

（三）第三方参与立法质量评价是科学立法的创新举措

科学立法是提高立法质量的根本途径，它简明地回答了新形势下我们"立什么样的法、怎样立法"这一重大命题。科学立法要求我们应构建科学的立法体制和机制，但传统的立法质量评价模式因缺乏中立性和民主参与性而使科学立法流于形式。第三方参与立法质量评价不仅符合中立性和民主性的要求，第三方评估主体在立法质量评价中还具有人才、理论和方法的优势而契合科学立法的要求。一方面，第三方主体长期从事某个专业领域的研究，较立法者而言具备较高的专业水平和科学素养，熟知本专业领域发展情况。另一方面，第三方评估也不同于民意测评，与简单的民意表达不同的是，第三方主体的评估属于科学和理性的表

达。由此，第三方参与立法质量评价是科学立法的创新举措。

五、第三方参与地方立法质量评价存在的现实障碍

（一）第三方参与立法质量评价面临着中立性的质疑

虽第三方主体在立法质量评价中与立法事项无直接亲密的利益关系，但可能而受到利益相关方的拉拢而面临着中立性的质疑。一是利益相关的行政部门可能会对第三方主体施加影响，第三方主体难以独善其身而形成"压力型评价"。二是社会主体利益日趋多元，第三方主体将面对着不同利益群体的诱惑和追逐，其是否可以秉持中立，不为相关利益群体所俘获，便成为公正立法的关键。三是第三方评估主体的主动寻租问题。第三方主体可能基于自身的现实利益或未来利益，而向利益相关部门示好，进而主动丧失客观中立性。无论是第三方评估主体主动或被动丧失中立性，都将影响着评价结果的客观公正性。

（二）第三方在立法质量评价中可调动资源有限

目前，立法人员的职业化和专业化未得到充分重视。第三方主体作为民间机构，其在动用社会资源方面又缺乏必要的号召力和影响力，若无公共行政部门的支持和配合，其所能调动的评估资源有限，在开展立法调研、执法评估、民意征集等活动中都将遭遇难以克服的阻力和困难。在此种情形下，仍期冀第三方的"承揽加工"能够提供完美的评价成果并不现实，第三方因陷入"坐而论道""闭门造车"的尴尬境地，而导致其评估工作或消极懈怠，或敷衍了事，所形成的评估结果，可能脱离现实而过于空洞化。

（三）受托评估的第三方的资质要求不明确、统一

当前，对于第三方评估主体的资质要求因没有细化的规定和严格统一的标准，使得受托方资质要求缺乏可操作性，加上对第三方没有专门或权威的认证和评估，各地在委托第三方开展立法质量评价实践中对第三方的选任往往过于随意或抽象，或多或少存在不客观、不规范和不科学的问题。此外，实践中除了评估的第三方主体资质参差不齐，还存在着立法评估"第三方垄断"的问题。委托机关往往将评估事项定向交由某一第三方进行评估，既有损评估工作的公正性，也打击了其他社会主体参与立法质量评价工作的积极性。

（四）实践中第三方的评估效果不理想，评估走过场

实践中，第三方的评估结果往往难以直接采纳，甚至是推倒重来。一是"一揽子"委托评估时，高校、研究机构的专家学者对于立法事项的执行、实施、适用的实际过程缺乏切身体验，对法规在实施过程中存在的问题研究不够全面、深入，若是不能有效吸收专业领域人员的参与，第三方评估的专业化和科学性则难以保证。二是第三方主体对于法律文本的追求可能过于理想化，尝试将过于"超前""先进""理想化"的立法理念融入法律文本中，但因与社会现实脱节而使

制定法缺乏可操作性。三是第三方评估的结论不受委托方的重视，目前尚无规定明确第三方评估报告的效力，委托方仅将第三方评估视为程序正当的需要，而将其评估结论搁置。综上，第三方评估工作可能流于形式，评估可能处于一种没有实际价值的状态，而被批判为"评估走过场"，浪费立法资源。

六、从制度上规范和保障地方立法质量评价的第三方参与

（一）第三方评估的全程动态参与机制

虽然我国《立法法》第53条规定："专业性较强的法律草案，可以吸收相关领域的专家参与起草工作，或者委托有关专家、教学科研单位、社会组织起草"。十八届四中全会《中共中央关于全面推进依法治国若干重大问题的决定》进一步指出："健全立法机关主导、社会各方有序参与立法的途径和方式，探索委托第三方起草法律法规草案。"为此，全国人大常委会专门制定了《关于争议较大的重要立法事项引入第三方评估的工作规范》。但上述规定仅限于立法前起草或评估，仍不能满足各地已广泛开展的地方立法后质量评价工作的制度需求。第三方主体参与地方立法质量评价，不应局限于某一阶段，而应动态地贯穿立法前的调研评估、立法中的方案起草以及立法后实施评估和法规清理的整个立法周期，并制定统一、专门的地方质量评价引入第三方评估的工作规范，全面彰显公正立法、民主立法、科学立法的要求。

（二）第三方评估主体的选任机制

第三方主体必须具备一定的条件，才能圆满完成委托主体交代的评估工作。各地应出台明确具体和严格统一的资质要求，就评估主体完成待评估事项所需的技能进行细化。对于个人能否单独成为第三方评估主体，各地的规定不一致，实践中也有过尝试，但效果不太理想。而为加强评估工作的独立性，除了因特殊资质要求而需定向委托外，还应广泛采用公开招标的方式选任第三方进行评估，并可就同一事项同时委托限定数量的多个第三方进行评估，各评估主体独立完成评估工作。为增强评估工作的专业化，还可以建立第三方评估机构库和评估"黑名单"制度，经鉴定具备相应资质的机构可成为地方立法评估服务基地，并进行动态调整，广东和广西在这方面做出了有益尝试。此外，还应减少"一揽子"评估的数量，应根据评估事项具体选任具备专业知识和技能的具体第三方，突出专业性特点。

（三）第三方评估主体的指导、监督和保障机制

委托主体既要引导第三方参与立法质量评价工作的积极性和主动性，又要加强对第三方评估工作的指导、监督和保障，才能实现公正、民主、科学的立法评价结果。一是加强对第三方评估的指导，委托机关不能一托了之，第三方主体所能调动的立法资源有限，委托主体在必要时应提供评估过程中所需要的信息优

势、智力支持和经验分享，并协调有关部门配合第三方评估工作的开展。二是加强对第三方评估的监督。委托主体应与第三方签订委托评估协议，明确双方的权利义务，对于第三方在委托评估协议履行过程中的超越权限、敷衍懈怠、立法寻租、收受贿赂、违规泄密等行为，须建立严厉的责任追究机制进行处理。三是对第三方评估工作给予充分保障和肯认，委托部门应将委托评估工作经费纳入财政预算，并将经费使用情况向社会公开。同时，对于第三方提交的评估报告，委托方应充分重视，并向受委托的第三方反馈评估报告中提出的意见建议的采纳情况，未采纳的说明理由。

"法律的生命力在于实施"，地方立法要发挥其引领、推动地方改革的作用，将立法阶段与实施阶段相互融贯，实现高质量立法。这不仅要求地方立法坚守其合法性的底线，更要求地方立法切实地立足地方实际、回应地方需求。在对北京市地方立法质量评估的现状进行调查后发现，应当尽快将合理性标准纳入地方立法质量评估标准之中，并力求使其内涵清晰、明确。

七、当前地方立法质量评价实践中合理性元素明显缺失

在我国的地方立法实践中，地方立法的创新性、可操作性元素明显有缺，且部分地方立法存在严重越权的情况以致地方法律体系紊乱、冲突不断。从根源上，这都是因为我国地方立法实践中地方立法的合理性标准内涵不清。

（一）地方立法的必要性评估标准不清

地方立法作为对地方经济社会生活的重要调节器，影响着经济社会发展的方向、速度、质量和水平。但是，在地方立法的实践中，立法者不仅在观念上错误把握了立法数量与立法质量的关系，更是对于地方立法需求缺乏重视，导致地方立法走向了"法律万能论"的误区。究其缘由，政绩型立法的错误倾向在一定程度上助长了立法者的这一"立法冲动"，使其忽视了立法需求形成的过程既是社会需求政治化的过程，亦反映了社会制度缺失的现实。同时，地方立法的颁行虽说牵一发而动全身，但是，从地方立法的效力层级而言，其又无法独立承担起保障和引领改革全面深化的重任，在实践中既遭到"架空中央立法"的质疑却也同时面临着被边缘化的风险。

（二）地方立法的创新性评估明显不足

"地方特色是衡量地方立法质量和价值的主要标志……如何从本行政区域的实际出发，突出地方特色，是地方立法工作中一个值得研究、务必解决的现实问题，也是提高地方立法质量的一个关键环节。"自20世纪80年代后期以来，创新性不足已然成为地方立法实践中的一大弊病，并具体体现为照搬照抄中央立法（此即立法重复）或过度借鉴其他地方立法（立法抄袭）。一方面，地方立法重复牺牲了地方立法应当对国家立法进行细化和补充这一使命；另一方面，地方立

法抄袭更是非必要且非合理地忽视了当地民众的实际需要和特殊利益的实现。在地方立法实践中，更是出现了立法者以地方特色为名，行地方保护主义之实，为本地企业和本地人员提供法律上所不允许的利益和优势地位的危险趋势。

（三）地方立法的适应性评估未被重视

在我国的国家立法层面，由于立法任务的繁重和立法经验的欠缺，长期以来我国的立法工作便深受"摸着石头过河"这一观念的主导，并表现为一大批较为原则性和抽象性的法律法规。因此，根据《立法法》第6条第1款的规定，地方立法必须将经济社会发展的实际情况考虑在内，发挥地方立法的补充作用和先行作用。但是，据调研，地方立法的实践中往往缺乏对关乎民众切身需要的重大事项进行前瞻性的关注和论证。换言之，立法者普遍在完善地方法制与促进经济发展这两项目标之间刻意预设过为强烈的逻辑联系（实际上并不存在这一固有的联系），或在未经过审慎的立法调研之前，以促进或保护市场经济发展之名而以立法的手段进行干预，这实际上可能会成为对新生的经济形态的一种阻碍。不仅如此，对于一些明显落后于当前经济社会发展实际需求的地方立法，立法者亦未予以及时修改和废止，从而导致了一些"僵尸条款"的出现。

（四）地方立法的利益均衡性评估落实不畅

当前，我国仍然处于社会转型的重要变革时期，地方立法亟须对于转型期中所涉及的各类利益关系进行妥善的安排和处理。既要避免地方立法任意限制或剥夺公民权利，又要避免立法机关借地方立法之名附加"法外义务"。但是，在地方立法的过程中，民主化元素长期缺失，并直接影响了立法者必须对于本地全体民众的利益进行充分的考虑和衡量。在多年的地方立法实践中，根基于协商民主理论的公众参与立法的理念虽已基本形成，但在具体的落实过程中仍面临着诸多现实问题。一方面，在地方立法的立项、起草、审议、决定与公布等各个阶段，地方立法听证会等具体的公众参与机制尚不健全，如公众参与在立法规定上缺乏可操作性、在制度落实上缺乏严谨性以及在结果反馈上缺乏专业性等；另一方面，在面对民众多样化的利益表达时，地方立法的信息公开等立法公示制度、立法协商与对话制度实施不畅。

八、评价地方立法质量应构建合理性标准体系

在对地方立法进行评估时，由必要性、创新性、适应性和利益均衡性共同构筑的合理性标准应当得到充分的重视，以在统一性和多样性这两个极端间寻求一处保有必要的张力的黄金分割点。

（一）明确地方立法的必要性评估的具体指标

根据《立法法》第73条、第82条的规定，地方立法的必要性评估包括如下三项指标：其一，从地方立法与国家立法的关系出发，该事项必须仅用上位法调整无法穷尽本地区实际情形，进而产生了上位法调整范围的"真空地带"。在这一意义上，地方立法的必要性着眼于其贯彻实施上位法的功能，而不能任由立法者陷入对地方立法权的盲目"崇拜"和狂热"追求"。其二，从涉及群体的地域性、涉及信息的复杂性以及与某地域居民的密切性等方面看，该事项属于地方事务。具体而言，社会治安、市政交通、农村公路、城乡社区事务等受益范围地域性强、信息较为复杂且与当地居民密切相关的基本公共服务应被视为地方事务。从《国务院关于推进中央与地方财政事权和支出责任划分改革的指导意见》对于地方财政事权划分的基本原则来看，这一点亦是两相适应的。其三，根据《中华人民共和国宪法》第 3 条，在"充分发挥地方的主动性、积极性……"的语境下，地方立法可以先行先试。因此，该事项是否符合本地区试验性立法的特殊需要也是评估地方立法必要性的重要参照。

（二）强化对地方立法的创新性评估

着眼于地方立法重复和地方立法抄袭的现象，应当从如下几方面来进行把握：首先，以本地区民众的实际需求为根基，以本地区的实际改革需要为发展点，并参考本地地方立法的评估情况，突出地方立法规划的特色。从北京市人大常委会《关于向社会公开征集 2018 年至 2022 年立法规划项目建议的公告》、北京市人大常委会 2018 年立法工作规划重点 以及北京市人民政府 2017 年立法工作计划 来看，立法规划的编制一直是北京市地方立法的重点关注。除了北京所采取的较为常见的五年立法规划模式外，五年立法调研项目库模式、滚动式年度立法计划模式、交叉模式亦是有例可寻。其次，着力于突出地方立法内容上的特点。其一，减少不必要的地方立法重复，尤其是在执行性的地方性法规上，立法者要加强立法前评估工作，避免"景观式立法"，更不宜片面追求与上位法的配套率。其二，避免出现直接照搬、简单拼凑以及套用条文结构形式等地方立法抄袭现象，强化地方立法在针对性和实施效果方面的价值。其三，在严守《立法法》第 63 条的"不抵触"底线后，通过建立联合起草制度确保地方性法规与地方政府规章与其同位法、配套规范性文件达到协调和统一（横向的协调），确保地方性法规与地方政府规章之间是否实现了协调和统一（纵向的协调）。

（三）坚持对地方立法进行适应性评估

在对地方立法实践进行调研之后，课题组认为地方立法的适应性标准体现在如下方面：其一，地方立法应与经济发展状况相适应。比如，在人均 GDP、GDP 增幅之外，将当地的民众的消费观念、消费倾向等软要素予以通盘的考量。以北京市的网约车立法为例，在交通部出台《网络预约出租汽车经营服务管理暂行办法（征求意见稿）》后，2016 年北京市网约车新政便是以《北京市网络预约出租汽车经营服务管理实施细则》为起点而正式启动。而就网约车这一新兴业态而言，是否有必要以地方立法甚至是国家立法的形式来对其予以调整便是一个首当其冲的问题。其二，地方立法应与地方法治文化条件相适应，即立法者应对于不同地方的自然地理环境、历史文化传统、民族分布情况乃至文化交流程度予以重视。其三，地方立法应与国家、政府改革趋势相适应，对于一些已然落后于国家改革进程的地方立法，及时开展立法后评估后的清退工作。同时，立法者在进行地方立法的过程中，应当从理顺"政府—市场—社会"这三者的关系入手，明确地方立法的边界。

（四）推动对地方立法进行利益均衡性评估

作为资源配置和利益分配的重要方式，立法的过程就是利益表达的过程。在观念上，立法者必须防范部门利益法制化与地方保护倾向，严格把握政府部门在地方立法的立项、起草、组织调研、会签等流程中所扮演的角色，避免各地政府利用立法或政策手段推行地方保护主义。对于政府的滥权行为，应当进行有效的追责。相应地，在具体的方案上，应从多方面着手。其一，在地方立法的立项论证阶段、草案公布阶段、送审审查阶段和决定公布阶段，都应当将公众参与度作为具体评估的重要指标之一。在进行地方政府规章制定的立项评估时，更应当将向社会公开征集所得的立项建议作为重点评估对象。其二，当对专业性较强的地方立法进行立项论证时，可吸收相关领域的专家学者、科研单位参与其中。对于涉及社会公众重大利益事项的相关问题时，更应当充分进行论证调研并听取各方意见。其三，应当拓宽公众参与的具体方式，在公布立法草案和以座谈会、论证会、听证会进行论证咨询等传统的方式外，还应当借助新媒体和网络的力量强化公众参与，落实地方立法的专业性和民主性价值。其中，法案的意见征集和意见采纳机制应当是重中之重。

地方立法的合法性是指具有立法权限的立法主体根据一定的程序，科学、民主的制定出内容不与宪法、上位法相抵触、符合地方立法范围的规范性文件。因此，要对一部规范性文件的合法性进行评价需要全面考察立法主体的合法性即谁有权力立法，如果立法主体超越权限立法或者无权而立法那么就是不合法的；立法内容的合法性即立法内容符合《立法法》及其他相关法律法规等规范性文件的要求，不与宪法、上位法相抵触；立法程序的合法性即地方立法主体在制定规范性文件的时候要符合一定的程序，保证程序正义以实现实体正义；立法权限的合法性即立法主体所制定的规范性文件符合法律所规定的立法范围。[1]不同的立法主体具有不同的立法权限和分工，若违反则就是立法权限不合法，同时值得

---

[1] 李爱玲副教授认为"合法性"包括主体的合法性、程序的合法性、内容的合法性。梁平认为"合法性"包括权限的合法性、主体的合法性、程序的合法性。参见李爱玲：《地方行政立法质量评价标准分析》，载《人民论坛》2012年第26期，第24~25页。

注意的是，不同的立法主体，立法权限不同，其享有制定规范性文件的立法范围也是不同的。立法权限合法性这一子指标与立法主体合法性和立法内容合法性这两个子指标紧密相连，不宜将其单独划分为一个子指标，立法主体合法性和立法内容合法性中就包含有立法权限的合法性。因此，我们在对地方立法后质量评价做出合法性评价与否的时候可以使用以下三个子指标，即主体权限合法、内容合法、程序合法。

九、主体合法性

根据新《立法法》第72条、第82条的规定，地方立法主体有两类，第一类是地方权力机关作为立法主体，一是省级人大及其常委会，二是设区的市人大及其常委会，第二类是地方行政机关作为立法机关，一是省级政府、二是设区的市、自治州政府。对于地方立法主体来说，只有这两类主体才有立法权，如果不是这两类主体而立法那么显然是不合法的。北京市作为直辖市，北京市人大及其常委会属于省级权力机关立法主体，具有制定行政法规的权力，北京市政府属于省级行政机关立法主体，具有制定政府规章的权力。值得注意的是，北京市人大及其常委会能不能制定"地方政府规章"，北京市政府能不能制定"地方性法规"？如果出现了这样的"错位"那么是不是违法？根据何建贵的观点，"错位"是违法的。他认为，立法权的外延包括"创制权"和"补充权"，地方人大及其常委会制定地方性法规属于"创制权"，地方政府制定地方政府规章属于"补充权"。根据《宪法》第5条和新《立法法》第72条、第82条的规定，地方性法规的制定应当实行"不抵触原则"，地方政府规章的制定实行"根据原则"[1]，根据地方权力机关和地方行政机关的职能不同配置立法权，两者不能相互僭越。苗连营则认为，将地方立法权划分为"创制权"和"补充权"是不正确的，"创制权"不是地方权力机关的专有权力，"补充权"不是地方行政机关的专属权力。地方立法权由中央授予，不存在地方专属立法权即"剩余权力"，何建贵的观点混淆了西方联邦政府与州政府之间权力的划分与我国中央与地方立法权力关系。我国宪法中也没有对地方权力机关只能行使"创制权"，地方行政机关只能行使"补充权"作出规定。

我们认为，在地方立法主体之间并没有"专属权"之说，地方权力机关制定了地方行政机关应当规制的事项，地方行政机关规制了地方权力机关应该规制的事项是合法的。在实践中也有这样的例子进行佐证。[2]结合北京市的立法情

---

[1] 参见《宪法》第5条、《立法法》第72条、第82条。
[2] 例如现行选举法第59条明确规定：省、自治区、直辖市的人大及其常委会根据本法可以制定选举实施细则。按照何建贵的观点，制定实施细则属于"补充权"，地方权力机关不能制定。参见何建贵：《地方立法若干问题思考》，载《政法论坛》1996年第1期，第6页。

况，北京市人大及其常委会制定出"补充性"（实施性）的规范性文件与北京市政府制定出"创制性"的规范性文件是符合主体、权限合法这一标准的，不存在僭越。

十、程序合法性

一部好法能够被普遍的遵守、很好的执行，有助于实现法调整法社会关系的作用，有利于实现立法目的，能够实现良法善治。而"良法"的产生依赖于科学、民主、合理的立法程序。《立法法》第4条规定，立法应当依照法定的权限和程序，从国家整体利益出发，维护社会主义法制的统一和尊严。[1]因此，地方立法主体在制定地方规范性文件时应当遵循法定的步骤和方法。我们认为，在对地方立法程序合法性问题上可以从地方立法的制定过程上考察，从而对其程序合法性进行评价。地方立法制定程序包括：提案、审议、表决和通过、备案、批准、公布等。

（一）"提出法案"应遵循的标准

提案主体应是具有立法提案权的主体。结合北京市的立法实践，北京市立法提案主体包括两类，一是北京市地方性法规的提案主体，二是北京市政府规章的提案主体。北京市地方性法规的提案主体是主席团、常务委员会、各专门委员会、北京市人民政府、县级以上的地方各级人民代表大会代表十人以上联名、乡、民族乡、镇的人民代表大会代表五人以上联名。[2]针对北京市政府规章，根据《规章制定程序条例》第10条第2款规定，北京市政府所属的工作部门和其下级人民政府认为需要制定北京市政府规章的，应当向该北京市政府报请立项。[3]

（二）"审议法案"应遵循的标准

审议法案是指有审议法案权力的主体对提案主体所提法案进行审查和讨论。结合北京市立法实践，在评价北京市立法程序合法性的时候，需要察看规范性文件是否经过审查讨论。审查的标准应包括，是否符合社会主义核心价值观的要求、是否与有关法律、法规等规范性文件相协调、衔接、是否正确处理有关机关、组织和公民对送审稿主要问题的意见、是否符合立法技术要求、需要审查的其他内容等。

（三）"表决和通过法案"应遵循的标准

表决法案一般涉及两个方面的问题，一是表决方式，二是表决人数。在评价北京市地方立法程序时要看其表决方式是否按照法定的方式进行。表决人数方

---

〔1〕 见《立法法》第4条。
〔2〕 见《地方各级人民代表大会和地方各级人民政府组织法》第18条第1款、第2款。
〔3〕 见《规章制定程序条例》第10条第2款。

面，根据《地方各级人大和政府组织法》第 20 条的规定，北京市人民代表大会进行选举和通过决议，以全体代表的过半数通过。如果不是全体代表进行表决或者虽然是全体代表参加了表决会议但是表决人数没有过半，则不能通过。[1]同时，北京市政府规章应当经北京市政府常务会议或者全体会议决定，一般也是过半数通过。[2]

（四）签署和公布应遵循的标准

签署和公布规范性文件一般牵涉到这么几个问题：一是地方立法由谁公布、怎么公布、什么时间公布。结合北京市的立法实践我们来看北京市的地方立法具体如何签署、公布。在签署公布方面，根据《立法法》第 85 条第 2 款、第 78 条和《规章制定程序条例》第 29 条的规定，北京市政府的政府规章由北京市市长签署命令予以公布，北京市地方性法规由北京市人大主席团发布公告予以公布[3]。刑不可知，则威不可测，规范性文件只有公布了才对相对人产生效力，依据《立法法》第 79 条、《规章制定程序条例》第 31 条的规定，北京市地方性法规在公布后应当及时在北京市人大常委会公报和中国人大网、北京市人大网、北京市范围内发行的报纸上刊载。北京市政府规章在签署公布后，应当及时在北京市人民政府公报和中国政府法制信息网以及在北京市范围内发行的报纸上刊载。[4]

（五）备案应遵循的标准

备案主要审查三个方面，一是是否与上位法相抵触，二是审查地方规范性文件之间是否相矛盾，三是审查地方规范性文件制定过程是否符合法定程序。[5]结合北京市地方立法实践，北京市属于省级行政单位，北京市人大及其常委会制定的地方性法规，应当报全国人大常委会和国务院备案，北京市政府规章应当报国务院备案，同时报本级人大常委会备案，如果有授权立法，北京市还应当将授权的法规报授权决定的机关备案。[6]通过对北京市地方立法在备案之后备案机关对其的处理结果来评价北京市立法质量，评价的三级指标可以进行量化设置，比如被撤销率、被改变率、被责令限期改正率、被提建议的次数、被要求说明情况的次数等。比率和次数越高那么说明其制定的规范性文件的质量越差。

十一、内容合法性

法的内容合法性是合法性的核心。如果说立法程序、立法主体合法性是法的

---

〔1〕 见《地方各级人民代表大会和地方各级人民政府组织法》第 20 条。
〔2〕 见《规章制定程序条例》第 27 条第 2 款。
〔3〕 见《立法法》第 85 条第 2 款、第 78 条和《规章制定程序条例》第 29 条。
〔4〕 见《立法法》第 79 条，《规章制定程序条例》第 31 条。
〔5〕 见《法规规章备案条例》第 10 条。
〔6〕 见《立法法》第 98 条。

合法性的程序标准，那么立法内容的合法性就是法合法性的实体标准。关于内容合法性标准，《立法法》第 72 条、第 73 条已有了规定，我们对法内容合法性设定了两个子标准，即直接抵触标准和间接抵触标准。结合北京市立法实践，对北京市立法内容合法性的标准做具体的阐释。北京市属于省级行政单位，北京市人大可以制定地方性法规，而且其制定的地方性法规不得与宪法、法律、行政法规"相抵触"，同时北京市有设区，因此其制定地方性法规的事务范围限定于"城乡建设与管理、环境保护、历史文化保护等方面"。北京市政府可以制定政府规章限于城乡建设与管理、环境保护、历史文化保护等方面的事项。同时值得注意的是，在对北京市地方性法规和北京市政府规章进行内容合法性评价之时，要运用直接抵触标准和间接抵触标准，即要考虑具体性、地方特色，也要考虑原则性。并对北京市立法情况的评价进行量化。具体的评价方法是：首先看具体条文。具体条文是否与上位法具体条文相抵触。判定的结果有三个：一是明显抵触。二是与上位法条文相一致，不抵触。三是不是明显抵触但是和上位法条文不一致。对于第一种情况，地方立法显然是不合法的，可以对地方立法内容作出不合法的评价。第二种情况与上位法相适应不抵触，可以对地方立法作出内容合法的评价。对于第三种情况不可贸然的判别其与上位法相抵触，需要要进一步将下位法的具体条文和上位法的立法精神进行考察，如果与上位法的立法精神和目的相一致，则不抵触，可以对该地方立法内容作出合法的评价。如果和上位法的立法精神和目的不一致，则抵触，可以作出不合法的评价。

保障首都功能实现的立法研究

刘小妹*

规划建设北京城市副中心，疏解北京非首都功能，推动京津冀协同发展，是以习近平总书记为核心的党中央谋划、部署、推动的重大国家战略。2014 年 2 月 26 日和 2017 年 2 月 24 日习近平总书记两次考察北京并发表重要讲话。2016 年 3 月 24 日和 5 月 27 日，中央政治局常委会和中央政治局会议上，习近平总书记两次听取城市副中心规划建设情况汇报，并对北京城市副中心建设提出明确要求。根据习近平总书记关于城市副中心建设的系列讲话精神，按照中共中央政治局会议对规划建设北京城市副中心和进一步推动京津冀协同发展有关工作的部署，以及《京津冀协同发展规划纲要》、《北京城市总体规划（2016 年—2035 年）》、《中共北京市委、北京市人民政府关于全面深化改革提升城市规划建设管理水平的意见》、《关于提高北京城市副中心管理水平的意见》、《北京市通州区总体规划（2016—2035）》、《北京城市副中心控制性详细规划（街区层面）》（草案）等的规定，确立了高起点、高标准、高水平的北京城市副中心规划建设目标和要求。

历史上通州就承担着首都北京的一部分行政职能，为拱卫、建设、繁荣、安定北京作出了重要贡献，北京城市副中心选在通州具有历史必然性。改革开放以来，通州城市发展历经七个定位变化，三个阶段演进，通州在北京市、京津冀区域乃至国家层面战略布局中的地位和重要性不断提升。以疏解北京非首都功能，推动京津冀协同发展为功能定位，高水平建设城市副中心的目标和要求是打造国际一流和谐宜居之都示范区、新型城镇化示范区和京津冀区域协同发展示范区、建成绿色城市、森林城市、海绵城市、智慧城市。北京城市副中心建设已进入全面推进阶段，通过一系列体制机制改革和创新，通州在组织机构、规划编制、服务市级机关搬迁、生态环境建设、产业结构调整、文明城市创建、推动协同发展、加强城市管理和基层治理等方面取得了重大的阶段性成果，初步形成了"多

---

* 课题主持人：刘小妹，中国社会科学院国际法研究所研究员。立项编号：BLS（2017）B002。结项等级：合格。

规合一"、积极试点、综合管理、多元治理等新时代改革经验。未来通州还需要进一步解放思想，找准短板和差距，营造敢于改革的环境，锐意创新，将城市副中心建设推向更高的水平。

坚持高起点高标准高水平的规划建设管理北京城市副中心，不仅是调整北京空间格局、治理大城市病、拓展发展新空间的需要，也是推动京津冀协同发展、探索人口经济密集地区优化开发模式的需要。面对北京城市副中心建设的历史重任，全面推进改革创新是根本路径，即坚持与时俱进、因地适宜，通过深化改革破解发展难题，通过创新驱动集聚要素资源，全力营造利于发展的良好环境。在北京城市副中心建设的重大历史机遇期，通州已成为新时期全面深化改革的实践地和示范区。

改革与法治是相辅相成的车之两轮、鸟之两翼。重大改革必需于法有据，必须在法治的轨道上有序推进。立法是贯彻党中央和北京市委关于首都定位重大战略决策的需要，是为城市总体规划有效落实提供法律保障的需要，是为高水平规划建设城市副中心赋予法律地位的需要，是为深化改革创新提供法律支持的需要，也是为优化行政管理体制提供法律支撑的需要。因此，高水平建设城市副中心，有序疏解北京非首都功能，打造京津冀协同发展的桥头堡，必需有立法和法治的配套建设。目前，"城市副中心建设管理办法"立法已经列入北京市人大2018 年立法工作计划中的"调研论证"项目，并将推进该项目的立法调研工作写入了市人大 2018 年工作报告。

为及时总结北京城市副中心建设的成效和经验，研究思考高水平建设北京城市副中心、优化提升首都功能、推动京津冀协同发展的长效机制，课题组以北京城市副中心建设为视角，以北京城市副中心建设立法问题为切入点，多次在北京、通州开展实地调研，与北京城市副中心办公室、北京市委宣传部、北京市规委以及通州区委办公室、区委研究室、区政府办公室、区委宣传部、区委政法委等 30 多个党政部门进行座谈和调研，经过细致梳理和深入分析形成本研究报告。

一、通州城市功能定位的历史沿革

北京城市副中心选在通州具有历史必然性。通州古称路县，始建于西汉初年（公元前 195 年）。金天德三年（1151 年）设州，因"漕运通济"得名通州。通州作为京杭大运河的北端，历史上曾是四方来贡、漕运物资水路必经之地，为拱卫、建设、繁荣、安定北京作出了重要贡献。从功能疏解上看，历史上通州就承担着首都北京的一部分行政职能，承担着分流京城人员、物资的重要作用。中央政府的重要部门在通州都有分支机构，比如清代的都察院、户部、工部、漕运总署等都在通州派驻分支机构。从地理位置上看，通州区位于北京市东部，长安街轴线与东部发展带的节点之上，西临朝阳区、大兴区，北与顺义区接壤，东隔潮白河与河北省三河市、大厂回族自治县、香河县相连，南和天津市武清区、河北省廊坊市交界，处于京津冀和环渤海经济圈的核心枢纽位置。改革开放以来，通州城市功能定位先后经历了"卫星城—新城—重点新城—现代化国际新城—城市副中心—行政副中心—北京城市副中心"的发展过程。

表1　改革开放以来通州城市发展的七个定位

序　号	时　间	城市定位	依　据
1	1982年	卫星城	1983年《北京城市建设总体规划方案》；1993年《北京城市总体规划（1991—2010）》
2	2005年	新城	《北京城市总体规划（2004—2020）》
3	2006年	重点新城	《北京市国民经济和社会发展第十一个五年规划纲要》
4	2009年	现代化国际新城	中共北京市第十届委员会第七次全体会议
5	2012年	城市副中心	中共北京市第十一次党代会；2015年《京津冀协同发展规划纲要》
6	2015年	行政副中心	中共北京市第十一届委员会第七次全体会议
7	2016年	城市副中心	中共北京市第十一届委员会第十次全体会议

按照发展模式和与中心城关系的不同，通州城市功能定位的发展变化大致可以分为三个阶段：第一个阶段是卫星城、新城、重点新城阶段，是立足通州自身和周边区域的区县战略层面的发展阶段。1983年《北京城市建设总体规划方案》提出，要重点建设燕化、通县、黄村、昌平4个卫星城；1993年国务院批复的《北京城市总体规划（1991—2010）》提出，要建设14个卫星城，通州镇是其中重点建设的3个卫星城之一。2005年，《北京城市总体规划（2004—2020）》将通州等11个卫星城定位为新城，并指出"新城是在原有卫星城基础上，承担疏解中心城人口和功能、聚集新的产业，带动区域发展的规模化城市地区，具有相对对立性"。可见，从"新城"建设开始，通州就确立了疏解中心城人口和功能的定位。2006年，《北京市国民经济和社会发展第十一个五年规划纲要》把11个新城中的通州、顺义、亦庄确立为北京重点建设的三个新城，赋予"重点新城"的城市定位，重点发展东部发展带，引导中心城区人口和功能疏解。虽然"新城""重点新城"具有疏解中心城人口和功能的定位，但是其从根本上讲，更强调通州自身的"相对独立性"，因此仍然没有脱离北京远郊区县的战略层面。

第二个阶段是现代化国际新城、城市副中心、行政副中心阶段，是立足通州与中心城密切关系的北京战略层面的发展阶段。2009 年底，北京市委十届七次全会提出以更高的标准贯彻落实《北京城市总体规划》，提出"集中力量、聚焦通州，借助国际国内资源，尽快形成与首都发展需求相适应的现代化国际新城"的战略部署。2012 年 6 月，北京市第十一次党代会上，市委报告明确提出要"加快城市发展，进一步落实聚焦通州战略，分类推进重点新城建设，打造功能完备的城市副中心，尽快发挥新城对区域经济社会发展的带动作用"。2015 年，北京市委十一届七次全会明确提出，要聚焦通州，深化方案论证，加快市行政副中心的规划建设。这个阶段，通州的发展要与首都发展需求相适应，更强调通州与北京的紧密关系。

第三个阶段是当前的北京城市副中心阶段，是立足优化提升首都功能、推动京津冀协同发展的国家战略层面的发展阶段。2016 年 5 月，北京市委十一届十次全会提出，要"高水平规划建设城市副中心。用大历史观看待这件大事，树立雄心壮志，以最先进的理念和国际一流的水准，打造无愧于时代、无愧于历史的现代化新城，使之成为新时期首都建设的精品力作。"会议还通过了《关于全面深化改革提升城市规划建设管理水平的意见》，提出要"集中力量，建设北京城市副中心"。同年 5 月 27 日中央政治局召开会议，研究部署规划建设北京城市副中心和进一步推动京津冀协同发展有关工作，对城市副中心的功能定位予以明确。

由上可见，改革开放以来，通州城市发展历经的这七个定位变化，三个阶段演进，从内涵上看是内在联系的，从定位的战略高度看是逐步递进的，体现了首都北京发展思路"从聚集资源求增长到疏解功能谋发展"的调整和优化，体现了通州在北京、京津冀乃至国家层面战略布局中的地位和重要性的不断提升。

二、首都功能疏解提升与北京城市副中心建设

（一）首都区域协同发展规划

首都圈的区域协同发展，是解决首都城市功能疏解、控制人口和城市规模、治理"城市病"的重要方案。一方面，北京可以通过把首都的非核心功能疏解给周边其他城市，推进交通、基础设施互联互通，产业转型升级与转移对接，实现创新驱动发展，统筹对接社会事业和公共服务，加强生态建设与环境保护，提升资源能源保障水平，扩大对内对外开放；另一方面，需要打破地方利益和部门利益，强调协同发展，以基础设施建设、产业升级与协作、生态环境保护、公共服务保障、市场体系构建等为重点，由浅入深、由点到面、由急到缓，有序推进一体化发展，形成真正的京津冀大城市带。

首都区域协同发展的理念最初体现在卫星城的建设中。在 1958 年"分散集团式"的规划中就提出了卫星城，1993 年的北京总规划又提出 14 个卫星城的模式。从此前的实施效果来看，可以说是失败的。首先，旧的卫星城理论是不科学的，它旨在于城市外围建设以居住为中心的中小城市，而忽视了对城市功能的疏解。因而北京二十年来卫星城的建设，并没有实现人口和功能疏解的目的。其次，卫星城在管理上是失败的。1993 年总体规划虽然在空间上确定了 14 个卫星城，但建设机制的主体落在区县一级政府，这造成卫星城的建设，首先用来满足区县开发建设的要求，而不是首都城市功能疏解的需要。

与首都功能重新定位相配套提出的京津冀协同发展，则是卫星城建设基础上提出的又一个重大战略举措，也是促进首都功能分解、促进区域协调发展的一个新的尝试。

所谓协同发展，是指通过在城市间合理配置各种资源，通过组织和管理过程不断提高不同城市系统的有序程度，使大系统达到优化和和谐，促进经济发展、社会进步、环境保护协调一致，同步进行。中心城市与卫星城市的协调机制可以采取这样三种类型：

①行政协调机制，一般通过上级政府、跨行政区机构和相关城市政府来进行。②协商协调机制，有关各方通过"自主参与、集体协调、适度妥协、共同承诺"的过程来建立整合发展关系。③市场协调机制，以企业为主体进行，企业通过市场竞争选择合作伙伴，进行重组联合，优化资源配置。从目前中心城市与卫星城市的协调发展看，三种机制应同时存在，共同发挥作用。在协调发展前期和初期，行政机制为主，协商机制为辅；中期是行政机制为主，市场机制为辅；后期则是行政机制和市场机制并重。

实现这三种协调机制要通过以下五个协调：①产业协调。包括第一、二、三产业以及农轻重比例和发展速度的协调。应根据优势互补原则，从中心城市和卫星城市两个层次统一考虑产业结构和地域结构，形成既有分工又有联系的城乡地域分工和经济体系。②市场协调。依据大市场原则，建立跨城乡、跨地区和跨所有制界限的统一市场（包括商品市场、要素市场等），规范市场行为准则，反对地方保护主义和市场贸易壁垒。③两个层次规划和建设协调。改变过去就城论城、就乡论乡的城乡分割的规划和建设做法，把卫星城市居民点、工业布局、基础设施网络作为整体进行统一规划和建设，尤其要做好城乡土地利用的总体规划。④生态环境的协调。目前城乡环境污染有由点到面扩散蔓延的趋势，要扭转城乡相互污染状况，必须从城乡两方面着手，统筹安排有污染工业布局，统一协调环境整治和保护。⑤体制与政策协调。继续消除或修订计划体制下影响中心城市与卫星城市协调发展的有关制度、法规、条例和政策，使城乡生产要素流动和经济社会发展纳入法治轨道。

（二）城市副中心建设的现状与成效

通州区现有面积 906 平方公里，北京城市副中心规划面积 155 平方公里。全区下辖 10 个镇、1 个民族乡，4 个街道办事处。2017 年末全区常住人口 150.8 万，其中户籍人口占六成。通州区多河富水，地势一马平川，作为国家级生态示范区，境内分布有北运河、潮白河、凉水河等 13 条河流，总长 245 公里，是北京多河富水特色最突出的区，依托温榆河、运河城市段建成的大运河森林公园，面积达到一万亩，举世闻名的京杭大运河在通州境内流域长度达 42 公里，水绿交融的景象随处可见。近年来，通州先后获得"国家卫生区""国家级生态示范区""全国文明城区"等荣誉称号。

目前，北京城市副中心建设已进入全面推进阶段，领导和工作机制、行政体制、规划、功能区建设、道路和基础设施建设、生态环境、公共服务、产业结构、文化建设、城市管理、社会治理、城乡统筹等各个重点领域和关键环节的改革与建设有序推进，城区 155 平方公里、全境 906 平方公里及临津冀周边协同发展思路逐步明确，政务服务、综合配套、生态屏障、产业聚集、区域合作等大范围功能布局初步展开。

1. 北京城市副中心建设的目标和要求

规划建设北京城市副中心，是以习近平总书记为核心的党中央亲自谋划推动的一项重要决策。2014 年 2 月 26 日和 2017 年 2 月 24 日习近平总书记两次考察北京并发表重要讲话。2016 年 3 月 24 日和 5 月 27 日，中央政治局常委会和中央政治局会议上，习近平总书记两次听取城市副中心规划建设情况汇报，并对北京城市副中心建设提出明确要求。根据习近平总书记关于城市副中心建设的系列讲话精神，按照中共中央政治局会议对规划建设北京城市副中心和进一步推动京津冀协同发展有关工作的部署，以及《京津冀协同发展规划纲要》、《北京城市总体规划（2016 年—2035 年）》、《关于全面深化改革提升城市规划建设管理水平的意见》、《关于提高北京城市副中心管理水平的意见》、《北京市通州区总体规划（2016—2035）》、《北京城市副中心控制性详细规划（街区层面）》（草案）等的规定，确立了高起点、高标准、高水平的北京城市副中心规划建设目标和要求。

一是城市副中心建设的战略目标，就是打造国际一流和谐宜居之都示范区、新型城镇化示范区和京津冀区域协同发展示范区。打造国际一流和谐宜居之都示范区，表明北京城市副中心是北京和谐宜居之都战略目标的先行区、样板区，不仅要落实北京的战略目标，而且要走在前列，发挥好示范带头作用。打造新型城镇化示范区，一方面是基于通州作为《国家新型城镇化综合试点方案》确立的第一批试点地区，已经进行的改革探索和经验积累，另一方面表明了建设城市副中心的圈层和范围，包括 155 平方公里城市副中心与 906 平方公里通州全域的关系，通州与整个北京的关系。同时，将新型城镇化示范区提升到与国际一流和谐宜居之都示范区并列的高度，还表明城市副中心的新型城镇化建设不是一般意义上的城乡一体化，而是要以理念创新、机制创新、开发模式创新的方法探索新路，实现更高水平的城镇化。京津冀区域协同发展示范区，表明了建设城市副中心的辐射效益，要求在京津冀协同发展的战略目标和大框架中谋划城市副中心的建设，站得更高、看得更远、想得更深，立足大尺度、大纵深、大时间，统筹"疏""承""优"三者的关系，打造首都北京新两翼中的一翼，打造中国经济第三增长极。

二是城市副中心建设的标准，就是要坚持世界眼光、国际标准、中国特色、高点定位，以创造历史、追求艺术的精神，以最先进的理念、最高的标准、最好的质量推进城市副中心规划建设。建设城市副中心要有21世纪的眼光，规划、建设、管理都要坚持高起点、高标准、高水平，这是习近平总书记视察城市副中心建设情况时提出并反复强调的，表明北京城市副中心建设是一项历史性工程，是千年大计、国家大事。

三是城市副中心建设的具体要求，就是要构建蓝绿交织、清新明亮、水城共融、多组团集约紧凑发展的生态城市布局，建成绿色城市、森林城市、海绵城市、智慧城市。关于建设一个什么样的城市副中心，中央和北京市委市政府提出要构建功能清晰、分工合理、主副结合的格局；要突出水城共融、蓝绿交织、文化传承的城市特色，构建"一带、一轴、多组团"的城市空间结构；要坚持先规划后建设的原则，把握好城市定位，把每一寸土地都规划得清清楚楚后再开工建设；要加强主要功能区块、主要景观、主要建筑物的设计，体现城市精神、展现城市特色、提升城市魅力；要坚持以人民为中心的发展思想，牢固树立并贯彻落实创新、协调、绿色、开放、共享的发展理念；要坚持统筹规划生产、生活、生态空间布局，使工作、居住、休闲、交通、教育、医疗等有机衔接、便利快捷；要充分体现中华元素、文化基因，也要借鉴其他文化特色。

2. 建立健全领导机构和工作机制，加强市区联动

全面贯彻落实5月27日中央政治局会议精神，以习近平总书记视察北京重要讲话精神为根本遵循，牢牢把握首都城市战略定位，深入落实《关于全面深化改革提升城市规划建设管理水平的意见》，高起点规划、高质量建设、高水平管理北京城市副中心，是一项历史性工程，时间紧、任务重、跨度大、标准高，组织机构保障是成功的关键。北京市委、市政府成立了北京城市副中心建设领导小组，由市长担任组长，13位市领导担任副组长。城市副中心建设领导小组建立了"1+8+40"的工作机制。1个领导小组办公室设在市发展改革委，8个专项机构包括7个指挥部和1个专家咨询委员会，40家领导小组成员单位，由市委宣传部、市委办公厅、市人大常委会办公厅、市政府办公厅、市政协办公厅、市编

办、市发展改革委、市教委、市规划国土委等相关单位组成。市级层面还成立了北京城市副中心行政办公区工程建设办公室，负责重大项目的前期筹备和综合调度工作，负责监管工程建设进度、安全、质量和文明施工等工作。

2016年10月，为全面协调、对接北京城市副中心工作，通州区委、区政府成立北京城市副中心通州区协调对接指挥部，区委书记为总指挥，区长为副总指挥。协调对接指挥部系区委、区政府议事协调机构，负责通州区与市级相关机构的联络协调工作；专题研究、决策副中心建设工作中涉及通州区的重要事项和重大问题；协调推进副中心建设涉及通州区的相关工作。

组建工作专班，加强市区联动是提高城市副中心管理水平的重要抓手。一是北京城市副中心建设领导小组各专项指挥部办公室要发挥对本领域工作的牵头作用，建立工作台账和工作专报，督促市、区相关单位推动工作落实。二是市直23个相关部门各组成由本部门1名局级领导带队、人数不少于5人的工作小组，共抽调百余名骨干组成工作专班进驻北京城市副中心，实现与通州区工作对接，指导、支持通州区政府相关部门制定与北京城市副中心定位相适应的各领域管理标准和规范，协同梳理存在的突出矛盾和问题，协作推动重点任务、重大项目的有效落实，合作开展业务培训和人才培养。目前，通州区政府和相关部门，充分利用"市区联动"有利契机，全力推进政策集成创新，在城市建设、市容环卫、绿化养护、市政公用、教育医疗等重点领域持续发力，共制定各类标准、政策80余项，推动解决重点难点问题及工程类事项200余项。

3. 以规划为统领，提升北京城市副中心建设水平

北京城市副中心建设是一项重大的历史工程，必须先做好谋篇布局。围绕党中央国务院、北京市委市政府对城市副中心规划建设的目标定位和标准要求，创新市区联动的规划编制工作机制，同步推进总体规划、专项规划、控制性详细规划、规划设计导则以及区域规划、镇域规划，实现总规和街区两个层面的"多规合一"，率先实现多规划底图叠合、数据融合、政策整合，搭建起多层次、巨系统、全方位的统筹综合规划体系，切实把每一寸土地都规划得清清楚楚。全面、系统、精准、融合的"多规合一"体系，是城市副中心建设中精准施策、靶向用力的基础和保障。围绕规划的实施，通州区研究形成《关于加强北京城市副中心政策创新的意见》，共涉及五大类21项支持政策，出台了大量落实城市副中心建设任务的规范性文件。正是以规划为统领，大量的政策实施才能做到着力精准，统一协同，保障改革推进的有效性和整体性。

具体来说，北京城市副中心"多规合一"的统筹综合规划体系包括：

（1）多层级。同步开展区域规划层面、总体规划层面、街区层面、地块层面、镇域层面的多层级规划工作，统筹155平方公里城市副中心城市设计及详细

规划、906 平方公里通州区总体规划及专项规划、2160 平方公里通州区与廊坊北三县地区整合规划。同步开展专项规划、城市设计、详细规划、项目选址规划设计等工作，做好各专项规划与总规、各专项规划之间的相互对接，切实做到"多规合一""多图合一"，提升规划的有机性和整体性。

（2）巨系统。一方面城市副中心总体规划层面，由单一的城乡规划向统筹经济社会发展规划、土地利用规划、产业规划、生态环境总体规划等相关规划转变，实现"多规合一"，确保"一张蓝图干到底"。另一方面将街区作为控制性详细规划编制的基本单元，实现水城共融、蓝绿交织、文化传承、绿色交通、韧性市政、民生共享、景观风貌、土地利用等多规划，在街区层面要求衔接、内容统一、管理协调，构建城市规划建设管理的"统一坐标系"。

（3）全覆盖。"1+12+N"的控制性详细规划编制成果中，12 个组团控制性详细规划深化方案基本实现了 155 平方公里范围内详细规划和城市设计全域覆盖，确保每一寸土地都规划得清清楚楚。而且，按照先规划后建设的原则，未编制控制性详细规划的区域，不得进行建设。

（三）加强法治建设，在法治轨道上推进城市副中心建设

1. 以法治引领和保障改革，做到重大改革于法有据

改革与法治是车之两轮，并驾齐驱，方可致远。在北京中心城区、雄安新区、北京副中心合理分工，错位发展，共同落实首都城市战略定位的发展进程中，高水平建设城市副中心，发挥疏解北京非首都功能、带动东部地区发展、促进京津冀区域协同发展的功能，促进城市自身的多中心、扁平化、均衡化发展，需要破解体制机制障碍，推出一批改革措施。按照重大改革于法有据的法治要求，一方面通过市区协同机制，积极推进北京市重点领域法规规章的立改废释，形成覆盖城市规划建设管理全过程的法律法规制度；另一方面，通州区人大和政府根据改革需要，出台了大量保障改革有序进行的规范性文件。

2. 加快推进法治政府建设

制定《通州区法治政府建设规划（2015—2020 年）》，加快推进法治政府建设。完善重大行政决策机制，规范行政执法工作，加大行政执法力度，增强政府工作透明度，畅通社会监督渠道，健全行政问责机制，不断提升依法行政水平。

3. 创新矛盾纠纷化解的法治化机制

通州司法系统主动作为，积极创新工作机制。通州法院聚焦纠纷化解资源整合，构建共建共治共享的社会纠纷治理新体系，聚焦案件繁简分流，构建"调裁审"三位一体审判新格局，聚焦信息化融合，构建"在线智能化"调裁新平台，全力打造"多元调解+速裁"工作通州经验。2017 年，通州法院"多元调解+速裁"，导出案件 36 256 件，调解成功 15 940 件，调解成功率为 35%，位居全市法

院第一，速裁结案 11 787 件，速裁法官人均结案 2745.2 件，是全市法官人均结案数的近 11 倍。对比近年来通州区法院案件和信访案件增长情况可见，通州司法系统已经有效将城市副中心建设矛盾多发期的绝大部分纠纷纳入了法治化解决渠道，全力为副中心建设提供法治保障。

表 2　通州区司法与信访案件量

	2014 年	2015 年	2016 年	2017 年
法院案件量	28 209 件	40 010 件	63 559 件	65 647 件
信访案件量	—	1979 件	1978 件	3370 件

建立信息互联、资源共享、集中受理、一站式解决问题的区级综合性公共法律服务实体平台，自运行以来，法律援助业务量同比增长 75.1%，公证业务量同比增长 7.6%，法律咨询业务量同比增长 79.8%，公共法律服务中心的"海绵吸附效应"初步显现。

三、主副结合，以功能定位统领城市建设

北京城市副中心承担着示范带动非首都功能疏解和推进京津冀区域协同发展的历史责任。在主副结合的格局下，城市副中心的建设和发展，紧密围绕全面服务保障市级机关搬迁入驻、充分发挥在京津冀区域合作中的示范作用和城市自身功能发展三个层面，统筹推进基础设施、公共服务、区域协同、产业结构、生态环境、科技创新、文化发展等各方面的建设，打造功能完备的城市副中心，吸引、承接中心城人口和产业，破解首都"大城市病"，优化提升首都功能。

（一）全面服务保障北京市级机关搬迁入驻

1. 全力推动行政办公区建设

一是顺利进行潞城棚户区改造。公开拆迁安置政策，统一安置补偿标准，实施"早签约、早选房、早得实惠"奖励政策，2016 年行政办公区完成 15 平方公里、3947 宗宅基地、9300 户的拆迁任务，安置人口 1.8 万人，实现了"零滞留、零上访、零强拆"的目标。二是紧抓行政办公区工程建设。行政办公区规划用地范围约 6 平方公里，其中行政办公启动区用地 1 平方公里。目前，在北京城市副中心行政办公区工程建设办公室的统筹协调下，各项工作有序推进，市委、市人大、市政府、市政协办公楼结构工程于 2017 年 4 月获得中国钢结构金奖，2017 年 8 月获得北京市结构长城杯金杯证书。三是加强道路环境秩序保障。全面开展进入行政办公区道路环境秩序整治，对行政办公区周边的 12 条次干道路、6 个节点开展环境秩序重点整治。

2. 优化提升公共服务水平

实施内升外引战略，一方面高标准编制北京城市副中心教育、医疗卫生服务、养老服务等专项规划，另一方面加快推进中心城区优质公共服务资源向北京城市副中心疏解转移。目前，在全市的统筹下，市级医疗、教育、文化、体育等优质资源正在向通州有序转移。教育方面，引入北京二中、首师大附中、北京五中、景山学校，提升改建梨园中学、大杜社中学、运河中学南校区、运河小学、杨庄小学，大力扩充优质教育资源。医疗卫生方面，加快推进安贞医院、首儿所、市妇产医院、人民医院落户通州。

（二）充分发挥京津冀区域合作示范作用

主动把通州发展放在京津冀协同发展大战略中，着力打造京津冀协同发展的桥头堡。一是将通州和廊坊北三县地区协同发展作为京津冀区域协同发展的典范，坚持统一规划、统一政策、统一管控，加快实现"规划一张图、任务一张表、示范一体化"，推动交通基础设施、公共服务乃至产业延伸布局，促进协同发展，同时强化交界地区规划建设管理，遏制贴边发展和无序蔓延。二是与河北廊坊、天津武清签署框架合作协议，深化"通武廊"合作机制，产业疏解全面启动、教育共建形成机制、运河通航共同推进、干部交流有序展开，道路交通、生态环境等各个方面实现深入合作，加快构建区域协同要素体系。三是与雄安新区开展多轮工作对接，大力推进与雄安新区的深度协同，尽快发挥"新两翼"引领作用。

（三）发展经济和产业，疏解承接中心城产业转移

1. 实现经济又好又快发展

在高水平建设城市副中心的同时，加快构建与副中心功能定位相适应的现代化经济体系，GDP稳步增长，产业结构不断优化，经济提质增效明显，全区经济实现"稳中有进、进中提质"的总体发展态势。

2. 产业结构优化

大力培育"高精尖"产业体系，三次产业结构不断优化。一是制定并细化落实通州区加快构建"高精尖"经济结构的1+X+2系列政策，建设"高精尖"产业招商平台，与金融机构合作建立符合副中心发展定位的系列产业引导基金，以优质便捷的政务服务推动重点项目落地。加快推进市属国有企业总部迁入城市副中心。二是落实市级层面加快科技创新发展新一代信息技术等10个"高精尖"产业指导意见，大力发展高新技术产业，推动技术、成果、人才聚集，全区实施区级科技创新项目72项，新增申报国家高新技术企业295家，北京市专利示范、试点单位达到226家。三是实施以商务服务、文化旅游带动三产，以高科技、创新型企业带动二产，以园区农业、数字农业带动一产的产业优化调整措施，产业转型升级加快，产业内在发展质量不断提高，现代农业、高端制造业、现代服务业在三次产业中的比利稳步提升，三次产业结构更趋合理。

表3　三次产业结构比（2014—2017 年）

	2017 年	2016 年	2015 年	2014 年
第三产业	50.2	51.8	50.1	45.6
第二产业	47.7	45.7	46.7	50.4
第一产业	2.1	2.5	3.2	4

大规模调整退出落后产能。以高于北京市标准制定实施《通州区新增产业的禁止和限制目录》，细化《通州区淘汰落后产能工作方案》，充分运用行政、经济、法律和行业标准化等多种手段，加速低端业态淘汰退出。2014 年取缔关停无证照经营主体 4090 户，淘汰落后产能企业 128 家；2015 年完成 48 家市级上账工业企业调整退出，清退 500 余家低端企业，关停 8 处低端市场，关停无证照餐饮单位 1280 家，清理再生资源回收站点 170 余户；2016 年累计清退各类低端企业 2000 余家，完成 234 家市级上账工业企业的调整退出，关停低端市场 18 处，清理再生资源回收站点 1009 家。

（四）加强生态环境建设，整体提升副中心城市功能

1. 大气治理方面

以高于全市标准制定实施 2013—2017 年清洁空气行动计划，成立了散乱污企业整治、散煤整治、扬尘治理、机动车管控四个专项指挥部，突出压煤、控车、降尘、治污四大关键领域，构建了五大版块信息化监控系统，推进能源结构调整，全方位开展大气污染治理。2016 年 PM2.5 年均浓度降至 72 微克/立方米，2017 年 PM2.5 年均浓度下降到 67 微克/立方米，主要污染物指标实现逐年下降。未来还将依据规划构建城市风廊系统，严控风廊内开发建设强度及城镇建设用地占比，逐步改善城市微气候循环。

2. 水环境建方面

多河富水是通州的城市名片，构建副中心"三网、四带、多水面、多湿地"的水生态格局是环境治理的重点。一是科学编制和实施水务规划、治理计划和治理方案。编制通州区再生水利用、北运河综合治理等 9 个专项规划。圆满完成 2013—2015 年治污行动计划，制定北运河水系治理五年计划，启动 2017—2019 年污水治理三年行动方案和北运河通州段水系治理方案。二是健全完善水污染防治体制机制。完善区域水生态环境联动治理机制，实施河流水质在线监测系统建设，有效提升水环境综合治理能力，加大水系治理力度。区、镇、村三级河长制管理体系全面建成，全区河道沟渠实现监管全覆盖，并在全市率先实施水环境乡镇跨界断面补偿办法。严格落实水资源管理制度，漷县镇农业高效节水示范镇建设全面完成，节水型区创建工作稳步推进。三是"两带、六片区"水环境综合

治理工程全面启动，2015—2017 年全区共安排 61 项水务建设项目，已开工 21 项。目前，全区污水处理能力达到 44.7 万立方米/天，污水处理率由 2015 年的 67.2% 提高到 2017 年的 85%。

3. 园林绿化方面

高标准完成北京城市副中心绿地系统专项规划编制，明确城市副中心"一带、一心、多廊、多园"的园林绿化生态格局。减河公园、六环路西辅路等 38 项园林绿化续建工程基本完工，新增和提升绿化面积 6.5 万亩。三批"留白增绿"专项任务建设，计划整合 1359 块，总面积 16591.2 亩，其中 2018 年的留白增绿专项任务是 6193.7 亩。65 个园林绿化建设实施工程项目有序推进，高标准完成 19.3 万亩的平原造林工程，面积和标准都居全市前列。

（五）加强科技创新，打造首都科技创新中心功能新增长极

科技创新是首都四大功能之一。在北京城市发展实现从聚集资源求增长到疏解功能谋发展的深刻转型中，科技创新中心功能也应向"多中心"布局转变。为此，北京城市副中心制定出台《关于实施创新驱动发展战略加快建设北京城市副中心的意见》和《通州区支持科技创新暂行办法》，以国家知识产权试点城区建设为抓手，进一步突出科技推动产业结构优化的核心作用，深化科技体制改革，完善科技创新机制体制和政策环境，构建科技支撑产业转型升级、企业技术更新、高新技术成果转化的全方位产业服务体系，提高企业创新意愿和活力，着力打造首都科技创新中心功能新增长极。

（六）加强文化建设，提升首都文化中心功能

通州文化底蕴深厚，大运河文化是首都文化的重要一支。运河水系与永定河水系相贯通，与长城相联结，把首都三大文化带即西山-永定河文化带、长城文化带和大运河文化带紧紧联系起来。大运河在首都文化的形成中有着非常独特的作用。2014 年京杭大运河申遗成功，更开启深度保护挖掘运河文化新篇章。习近平总书记考察北京城市副中心时指出："要古为今用，深入挖掘以大运河为核心的历史文化资源。保护大运河是运河沿线所有地区的共同责任，北京要积极发挥示范作用。"

通州区将大运河文化带建设作为推进全国文化中心建设的重要内容，以高度的历史使命感、责任感推进大运河文化带建设，制定《通州区大运河文化带保护建设五年行动计划（2018 年—2022 年）》和《通州区大运河文化带建设 2018 年工作计划》，成立专项领导小组，召开专门会议，全面部署大运河文化带保护建设重点工作。对照《大运河文化带保护传承利用重点项目清单》，将各项任务细化梳理，分解到各职能部门，确定完成时限，推动各项任务稳步推进。力求把大运河文化带建设成果融入副中心建设的全过程，让运河文化元素在城市副中心

建设中得到充分体现，成为北京城市副中心重要的文化名片。

提升宋庄地区文化品牌的区域文化影响力、产业发展活力和空间承载力，承接北京市政府东迁带来的文化创意产业群，打造新的国际文化交流中心。大力发展新型文化产业，加快推进台湖演艺小镇建设。形成以环球主题公园为代表的文化旅游产业。全面巩固创建全国文明城市成果。推动歌舞剧院、图书馆、博物馆等一批公共文化设施的立项和开工建设。

四、北京城市副中心功能定位和实现的立法保障

（一）北京城市副中心立法需求

规划建设北京城市副中心，是以疏解北京非首都功能、推动京津冀协同发展为功能定位。根据调研了解到的城市副中心建设实际情况，如前所述，在文化建设和科技创新方面，城市副中心实际上也疏解、承接了首都科技创新中心、文化中心的部分功能，成为首都科技创新功能、文化功能的新增长极，优化了这两项首都功能实现的空间布局和发展模式。由此，需要认真研究四个问题：其一，在功能定位上，城市副中心除疏解北京非首都功能外，是否也有建设和优化北京首都功能的定位；其二，北京既是作为直辖市的北京，又是作为首都的北京，那么以疏解、优化首都功能为定位的北京城市副中心里的"北京"是哪个层面的北京，或者是两个层面的北京都有？简言之，副中心是北京市的副中心还是北京首都的副中心；其三，不同层面的"北京"对应的城市副中心性质、地位、职能分别是什么，在首都、北京市和北京城市副中心的多重关系中，城市副中心管理机构的设置和运行机制成为一个亟须研究和明确的问题；其四，在实际的城市副中心建设管理过程中，基于上述尚待界定清晰的主副关系，首都、北京市、城市副中心、通州各级政府职权职责界定有待厘清，北京市政府部门与通州区政府部门之间的职能交叉也需要进一步协调，以明确通州在承担建设北京城市副中心任务过程中的事权清单，实现权随事转，避免因为"小牛拉大车"而限制了城市副中心的更大发展。这些涉及首都功能及其相关事权划分的问题，都属于首都立法的应有之意，也亟须首都立法予以明确。

（二）北京城市副中心立法推进情况

2015年以来，在京津冀协同发展规划纲要、北京市城市总体规划、北京市委市政府关于全面深化改革提升城市规划建设管理水平的意见等顶层设计下，作为贯彻落实党中央、国务院重大战略部署，有序疏解北京非首都功能、推动京津冀协同发展的重要举措，北京城市副中心建设进入快车道。通州区在保障城市副中心规划建设管理的过程中，实际碰到了管理事权、行政执法权以及限制公民权利措施等区级层面法定职权范围的禁限，于此产生了北京城市副中心建设管理的立法需求。

2016 年 2 月,北京市政府法制办与通州区建立副中心法治直通机制,为城市副中心建设提供法制服务和保障。市区法治直通机制建立后提出的首项提议便是开展北京城市副中心立法。2017 年 4 月 30 日,北京市政府常务会议审议了《北京市政府 2017 年立法工作计划(草案)》,并经市委常委会研究通过,《北京城市副中心城市管理条例(草案)》被正式列入调研项目。《北京城市副中心城市管理条例(草案)》被列入立法工作计划后,市政府法制办在通州区政府法制办全面调研的基础上,共同对立法理念、定位进行研究论证,并结合城市总体规划、京津冀协同发展等新要求,初步提出立法的内容和方向,形成了《北京城市副中心建设和管理立法前期调研报告》。2018 年 2 月,"北京市城市副中心建设管理办法"被列入市人大 2018 年立法工作计划中的调研论证项目,并将推进该项目的立法调研工作写入了市人大 2018 年工作报告。

(三) 北京城市副中心立法应纳入首都立法体系

从通州区政府到北京市政府、再到北京市人大,城市副中心立法的层次不断提高。然而,从北京城市副中心的政治功能定位、法律性质地位和城市发展目标来看,副中心立法涉及首都功能和京津冀协同发展,其法律地位、管理事权、影响范围都超出了北京市的立法权限,应在北京市人大常委会调研论证的基础上,将其纳入中央首都立法体系,由全国人大常委会、国务院直接立法,或由全国人大常委会、国务院授权北京市立法。

第一,在政治功能定位上,北京城市副中心建设是与首都功能相对、相关,甚至是相融的。按照北京城市总体规划,建设北京城市副中心,是以疏解北京非首都功能、推动京津冀协同发展为手段,到达优化提升首都功能的目标。北京城市副中心功能定位与首都功能是相对的,体现在城市副中心主要疏解承接产业、人口等北京非首都功能,即非首都功能与首都功能相对。北京城市副中心功能定位又是与首都功能相关的,也就是说疏解非首都功能并不意味着就与首都功能绝对无关了,相反疏解的目的是为了提升,即城市副中心建设是以提升优化北京首都功能为目标的,一方面城市副中心建设好了,就有更多资源和空间去优化提升首都功能,另一方面城市副中心的生态环境建设,将在很大程度上带动改善整个北京的生态环境和生态系统,整体提升北京的城市功能和首都功能。北京城市副中心功能定位甚至与首都功能具有一定的相融性。根据调研了解到的城市副中心建设实际情况,在文化建设和科技创新方面,作为推进全国文化中心建设重要内容的大运河文化带建设和科技创新产业发展,城市副中心实际上也疏解、承接了首都科技创新中心、文化中心的部分功能,成为首都科技创新功能、文化功能的新增长极,优化了这两项首都功能实现的空间布局和发展模式。

第二,在性质定位上,北京城市副中心中的"北京"具有直辖市北京和首都北京的双重性质，既对应地域意义上的北京中心城区，又对应功能意义上的北京首都。北京既是作为直辖市的北京，又是作为首都的北京，那么城市副中心是北京市的副中心还是北京首都的副中心呢？以疏解非首都功能、优化提升首都功能为定位的北京城市副中心里的"北京"，首先是与北京的首都功能相对，其次又从地域空间上紧紧对接北京中心城区功能和人口疏解。在法律性质定位上，北京城市副中心虽然与地域意义上的直辖市北京相关，但在性质上主要还是首都北京的副中心。而且，随着北京市级机关入驻城市副中心，其北京直辖市的中心、首都北京的副中心的性质地位就更明晰了。尚需注意的是，正是因为主副关系不清晰，北京城市副中心性质地位不明确，目前通过百度搜索可见，人民网、新华网、新浪、搜狐、腾讯等主流媒体和门户网站上，使用首都副中心、北京副中心、通州副中心的都比比皆是，更有文章提出"雄安新区是首都副中心，通州是北京副中心"，也有人认为雄安新区在北京之外因此不能是首都副中心，还有观点认为有两个首都副中心，通州新城和雄安新区都是。北京城市副中心和雄安新区建设都是重大国家战略，然而至今为止各种宣传中仍性质地位模糊，关系尚不清晰，用语更是混乱，极不利于首都功能定位和功能实现。

第三，在管理事权上，需要明确主副关系，厘清首都、北京市、城市副中心、通州各级政府职权职责。北京城市副中心中的"北京"兼具首都和北京市两个不同层面的含义，它们对应的城市副中心性质、地位、职能也相应不同。由此，北京城市副中心建设涉及首都、北京市和北京城市副中心的多重关系，涉及首都、北京市、城市副中心、通州各级政府的职权职责及相互衔接关系，涉及北京市政府部门与通州区政府部门之间的职能交叉与协调，需要明确北京市和通州区在承担建设北京城市副中心任务过程中的事权清单，实现权随事转，避免因为"小牛拉大车"而限制了城市副中心的更大发展。基于此，亟须研究和明确城市副中心管理机构的设置和定性定位、职权职责问题，而且这些问题已部分超出了北京市的管辖和职权范围，需要在首都站位上予以研究解决。

第四，在影响范围上，北京城市副中心建设在京津冀协同发展大战略中，具有发挥京津冀区域合作示范作用，打造京津冀协同发展的桥头堡的战略定位。北京城市副中心推动京津冀协调发展功能，涉及了三个平行的省级地域之间的协同合作，北京市政府可以发挥牵头作用，但要深化京津冀区域合作，还需要中央从首都功能实现的角度顶层设计，统筹协调。特别是在推进北京城市副中心与河北雄安新区"新两翼"的功能衔接、深度协同上，二者都是优化提升首都功能的国家战略，更加需要中央首都层面的立法统筹。

（四）北京城市副中心立法的主要内容和立法模式

北京城市副中心立法应包括以下内容：一是明确北京城市总体规划确定的城

市副中心功能定位、发展方向和发展目标；二是赋予城市副中心与其政治定位相适应的法律地位；三是提出城市副中心规划、建设、管理的标准；四是设立城市副中心管理机构，建立城市管理体制；五是规定城市副中心建设发展的具体工作机制和措施，包括规划实施机制、建设审批机制、产业发展机制、城市风貌和生态文化保护机制、城市运行管理机制、促进保障机制、京津冀区域协同发展的统筹协调机制等等。

北京城市副中心立法是一个系统工程，有相当的纵深度和广度，难以在短时间内将所有内容都纳入到一个综合性的立法中。加之城市副中心已经快速推进，立法已然滞后，因此在具体的立法模式上：一是应该以问题为导向，先行制定北京城市副中心管理法等亟须的单行性立法；二是应该厘清事权范围，中央和北京市在各自的职责权限内可以分头推进立法；三是应该立足实际情况，在有立法权限的主体立法条件尚不完备时，可以先行采用授权立法、制定创新试点示范政策等多元、多层次立法模式，比如中央授权北京市立法，北京授权通州区制定创新试点的规范性文件。

京津冀协同发展中的税收协调问题研究

沈永奇[*]

一、加强京津冀税收协调的重要意义及主要内容

(一) 京津冀协同发展战略的提出及演进

实施"一带一路"、京津冀协同发展、长江经济带是新时代推动经济高质量发展的重中之重，三大区域发展战略的成功实施，也将为我国经济发展提供新的增长动力。在三大区域发展战略中，首先提出的就是推动京津冀协同发展。2014年2月，习近平总书记在视察北京工作时对推动京津冀协同发展作出重要指示，京津冀协同发展由此上升为重大国家战略。2015年4月，中央政治局审议通过的《京津冀协同发展规划纲要》（以下简称《规划纲要》）指出，推动京津冀协同发展是一个重大国家战略，核心是有序疏解北京非首都功能，要在京津冀交通一体化、生态环境保护、产业升级转移等重点领域率先取得突破。要加快破除体制机制障碍，推动要素市场一体化，构建京津冀协同发展的体制机制。同时，《规划纲要》对三地的功能定位予以明确，京津冀整体定位是"以首都为核心的世界级城市群、区域整体协同发展改革引领区、全国创新驱动经济增长新引擎、生态修复环境改善示范区"。这一定位体现了三省市"一盘棋"的思想，突出了功能互补、错位发展、相辅相成。

(二) 加强京津冀税收协调的主要内容及意义

在京津冀协同发展进程中，充分发挥税收职能作用，有利于发挥税收在支持创新创业方面的优势，激发创新活力，推动构建京津冀协同创新共同体；有利于为京津冀协同发展提供充足财力保障和针对性、实效性强的税收政策支持；有利于提升区域税收治理能力，发挥示范先导作用，为全国区域发展战略提供有益的改革经验。而在加强区域税收协作过程中，加强税收协调是各项工作顺利开展的前提和基础，有利于推进税收征管协同，完善跨省市税收管理体制机制，提高区

＊ 课题主持人：沈永奇，国家税务总局北京市税务局总经济师。立项编号：BLS（2017）B003。结项等级：合格。

域税收治理能力；有利于创新纳税服务方式，提升税收便利化水平，优化区域营商环境；有利于推动区域产业对接协作，促进区域市场一体化形成，实现京津冀区域经济高质量发展。

加强区域税收协调的主要内容包括以下方面：一是在税收政策协调方面，主要包括统一规范三地税收政策的适用范围和适用标准、清理规范三地差别化的税收优惠政策、统筹研究京津冀区域税收优惠政策、统一规范三地非税收入征收标准。二是在税收分享机制方面，主要包括完善现有的税收分享制度办法、建立税收分享信息动态交互机制、建立税收分享定期会商机制。三是在税收征管协作方面，主要包括加强联合税收分析、加强跨省市税务稽查协作、完善跨省市迁移税务登记管理办法、简化临时外出经营涉税管理流程。四是在纳税服务协作方面，主要包括建立完善三地统一的网上办税服务平台、统一三地办税服务标准及流程、实现跨省市服务通办。

二、京津冀经济结构与税源特点分析

（一）近三年京津冀经济总量分析

GDP 占全国比重较为稳定。2015—2017 年，京津冀区域生产总值持续稳定增长，占全国生产总值比重较为稳定，贡献率为 10%左右。2017 年，京津冀三地生产总值达到 8.3 万亿元，是 2015 年总量的 1.2 倍。

表1　2015—2017 年京津冀区域生产总值及在全国占比情况

单位：亿元

项　　目	2015 年	2016 年	2017 年
北　京	22 968.6	24 899.3	28 000.4
天　津	16 538.2	17 885.4	18 595.4
河　北	29 806.1	31 827.9	35 964
京津冀合计	69 312.9	74 612.6	82 559.8
全　国	689 052	743 585	827 122
京津冀在全国占比	10.01%	10.03%	9.98%

经济增速低于全国增速。2017 年，全国国内生产总值（GDP）为 827 122 亿元，按可比价格计算增长 6.9%，京津冀三地实现地区生产总值合计 82 559.8 亿元，其中北京市、天津市、河北省按可比价格计算同比分别增长 6.7%、3.6%和 6.7%，均低于全国 GDP 增速。

京津冀三地经济总量结构均衡稳定。2015—2017 年，北京市、天津市、河北省占三地地区生产总值的比重分别稳定在 33%、23%、43%左右。三地经济总量结构对比均衡、增长稳定，为推进产业协同和高质量发展提供了充足的缓冲空间和回旋余地。

（二）近三年京津冀税收总量分析

税收收入总量逐年增长。2015—2017 年，尽管面临经济结构转型升级、防范化解金融风险、疏解非首都功能和全面"营改增"税制改革等因素叠加影响，京津冀区域税收收入总量仍然实现了逐年增长。2017 年，京津冀三地共完成税收收入 19 917.8 亿元，占全国税收收入比重为 14.3%，占全国税收比重高于 GDP 比重 4.3 个百分点，充分体现了三地经济税源较好的发展潜力和增长韧性。

表 2　2015—2017 年京津冀区域税收收入及在全国占比情况

单位：亿元

项　目	2015 年	2016 年	2017 年
北　京	11 797.3	12 205.1	12 403.9
天　津	2933.4	2785.7	3270.4
河　北	3482.9	3424.8	4243.5
京津冀区域税收收入	18 213.7	18 415.6	19 917.8
京津冀区域税收增速	5.1%	6.3%	3.8%
全国税收收入	123 405.6	115 878	139 699
京津冀税收收入 在全国占比	14.8%	15.9%	14.3%

税收收入增速稳定、与经济协调性好。2015—2017 年，京津冀税收收入增速分别为 5.1%、6.3%、3.8%，税收增速增长趋势与地区生产总值增速走势相近，体现出京津冀经济税收协调发展度较高。

税收收入内部结构稳中有调、趋于均衡。2017 年，北京市、天津市和河北省分别完成税收收入 12 403.9 亿元、3270.4 亿元和 4243.5 亿元，北京市占京津冀税收收入的比重由 2016 年的 66.3% 下降至 62.3%，天津市和河北省分别提高至 16.4% 和 21.3%，反映出在京津冀协同发展和北京疏解非首都功能的大背景下，京津冀区域间税收收入结构不断趋于均衡。

京津冀三地地方财力和人均税收贡献差距较大。2017 年北京市一般公共预算收入 5430.8 亿元，地方税收收入 3683.1 亿元；河北省一般公共预算收入 3233.3 亿元，地方税收收入 2199.0 亿元；天津市一般公共预算收入 2310.1 亿元，地方税收收入 1611.7 亿元。三地中北京地方财力最强，天津与河北的差距不大。但按人均占有情况来看，2017 年北京市人均一般公共预算收入约为 2.5 万元，天津市人均一般公共预算收入约为 1.48 万元，河北省人均一般公共预算收入约为 0.43 万元。河北省人均一般公共预算收入仅为北京市的 17.2%，反映出京津冀区域间财政收入差距较大，发展不均衡的问题十分突出。

（三）三地协同发展效果显著

近年来，京津冀协同发展持续推进，三地发挥区位优势，实现要素互补。依靠科技创新，聚能高端制造，加快基础设施建设，构建交通新体系，经济税收取得了显著效果。

先进制造引领有力。京津冀三地协同发展步伐加快，生产要素进一步优化，高端装备、电子信息、医药、汽车等先进业发展迅速。其中，医药制造业 2017 年完成税收收入 210.2 亿元，增速为 11.5%，占全国医药制造业的比重为 14.3%；汽车产业转移效果明显，北京现代汽车在沧州设立分厂，长城汽车在京津冀地区广泛布局，2017 年，京津冀地区汽车制造业实现税收 575.2 亿元，比 2014 年增长 12.5%。

研发服务支撑作用凸显。丰富的创新资源和科技创新优势，使得京津冀具备了科技创新协同发展的独特优势，三地科技创新能力互补，协同创新潜力巨大。其中，研发和技术服务业、软件和信息技术服务业为代表高新技术行业优势明显，2017 年分别完成税收收入 170.9 亿元和 499.2 亿元，增速分别为 54.4% 和 21.4%，占全国研发和技术服务业、软件和信息技术服务业的比重分别为 31.9% 和 22.1%。特别是天津在利用外资、先进制造研发等方面引领京津冀三地协同发展的优势逐步显现，已成为京津冀外向度最高、先进制造研发转化机构的聚集地。2017 年，天津市外资企业实现税收在全部税收的占比达 30.4%，高于三地平均水平 11.4 个百分点；税收调查数据显示，天津三项研发经费 2016 年较 2014 年增长 12.1%，高于三地平均水平 4.7 个百分点。

商贸物流发展迅速。在京津冀协同发展国家战略"顶层设计"支撑下，京津冀地区已初步形成多种运输方式的综合交通运输体系，各项指标处于全国领先水平。2017 年，三地高速公路、铁路密度均超过全国平均水平的 3 倍以上，高铁覆盖了近 80% 的城市。三地交通运输业税收收入 458.3 亿元，增速达 18.9%，高于全国平均水平 8.5 个百分点。其中，天津地区港口优势明显，2016 年吞吐量达 5.5 亿万吨，位居世界第 3，2017 年水路运输服务营改增收入实现 2.5 亿元，增速达 86.4%，高于全国平均水平 3.4 个百分点。河北作为全国现代商贸物流重要基地，2017 年物流辅助服务营改增收入实现 10.7 亿元，增速达 7.0%，高于全国平均水平 34.1 个百分点。

（四）京津冀三地产业特征

北京市"高精尖"产业结构特征明显。从京津冀税收结构看，金融业、信息技术服务业、科学技术服务业和文化体育娱乐业主要集中在北京，2017 年占京津冀三地税收的比重分别为 85.8%、80.9%、82% 和 85.2%。其中，互联网和相关服务、新闻和出版占全国本行业的比重分别为 28.4% 和 36.3%。从本地区税收结构看，金融业和批发零售业对本市税收贡献合计超过 5 成，分别完成 4515.4 亿元和 1890.7 亿元，占比为 34.8% 和 14.6%。

天津市的海洋石油开采业和零配件制造业为主体行业。从京津冀税收结构看，采矿业主要集中在天津，2017 年占京津冀三地税收的比重为 65.9%，其中，石油和天然气开采业占京津冀本行业的比重为 90.5%，占全国本行业的比重为 26.1%。从天津市税收结构看，制造业和房地产业占比较高，2017 年分别完成 2023.5 亿元和 570.6 亿元，占比 45.3% 和 12.8%，其中，汽车制造业占地区税收的比重为 3%，分别高于北京市、河北省 0.3 和 1.2 个百分点。

河北省以资源加工、劳动密集型行业为主。从京津冀税收结构看，煤炭开采和洗选业、黑色金属矿采选业、有色金属矿采选业、黑色金属冶炼和压延加工业主要集中在河北，2017 年占京津冀三地税收的比重分别为 76.9%、96.3%、96.3% 和 94.5%。其中，黑色金属冶炼和压延加工业占全国本行业的比重为 26.8%。从本地区税收结构看，制造业、房地产业和批发零售业为主体行业，占比分别为 37.5%、16.9% 和 9.2%。

（五）京津冀三地增值税和企业所得税合计占比超过六成

2017 年，京津冀共完成增值税、企业所得税和个人所得税 6440 亿元、7687.5 亿元和 2132.3 亿元，占全部税收的比重分别为 29.2%、34.9% 和 9.7%。

北京市直接税[1]税收贡献较高。企业所得税完成 5929.8 亿元，占本地区全部税收的比重为 45.7%，占三地企业所得税收入的比重为 77.1%。个人所得税完成 1610.3 亿元，占本地区全部税收的比重为 12.4%，占三地个人所得税收入的比重为 75.5%。

天津市各税种分布较为均衡。天津市分别完成增值税、企业所得税和个人所得税 1298.2 亿元、900.4 亿元和 291.3 亿元，合计占本区域收入的比重为 55.7%，其他各税种合计完成 1980.3 亿元，占比 44.3%，分别高于北京市、河北省 28.1 和 7.3 个百分点。

河北省流转税占本地区的比重居三地首位。增值税完成 1814.2 亿元，占本地区全部税收的比重为 46%，占三地增值税收入的比重为 28.2%。消费税完成 304 亿元，占本地区全部税收的比重为 6.6%，占三地消费税收入的比重为 42.7%。

---

[1] 指企业所得税和个人所得税。

（六）京津冀协同发展面临的挑战

四年来，京津冀协同发展虽然取得了显著成效，但其在经济转型升级、科技成果转化、资本市场建设、人才吸引流动等方面与长三角、珠三角等经济区域仍存在一定差距。急需打破区域行政壁垒和产业分工协作的体制障碍，推动各生产要素在政策高效引领和市场优化配置下实现有序流动。

1. 装备制造业增长乏力，转型升级仍显不足

2017年，京津冀地区装备制造业税收完成1346亿元，三年来年均增长0.6%，比传统高耗能行业增速低7.6个百分点，其中，北京、天津、河北分别低1.9、11.6和7.7个百分点，2017年装备制造业占全部税收的比重为6.8%，比2014年降低0.7个百分点，区域内装备制造业加速转型升级的支撑仍需进一步加强。尤其是，天津市装备制造业税收2015—2017年分别下降6.6%、10.1%和3.7%，连续三年持续下降，与天津市协同发展的功能定位相悖。雄安新区的建设实施创新驱动发展战略，积极吸纳和聚集京津冀及国内外创新要素资源，必将成为引领京津冀转型升级的强劲动力源泉。

2. 科技资源分布不均、转化不畅，高新产业税收疲软

从内部结构来看，京津冀地区科技创新资源分布失衡，北京拥有众多的科研机构和优于全国的技术人员密度，研发优势明显，天津也拥有较强的先进制造业基础，而河北科技创新资源储备不足、发展相对滞后。从转化效益看，京津冀区域内科研优势转化明显不足，对先进制造业引领作用不显著。2017年京津冀地区高新产业税收完成299.7亿元，占全部税收的比重仅为1.5%，比2014年下降0.3个百分点，2015—2017年增速分别为9.9%、-16.0%和4.8%，呈现震荡走低态势。从区域比较来看，京津冀地区新技术研发投入和技术引进与长三角地区差距明显，2016年京津冀地区新产品、新技术、新工艺研发费用投入682.9亿元，仅为长三角地区的55.9%；企业特许权使用费支出333.2亿元，也仅为长三角地区的47.4%。研发投入不足将进一步制约京津冀高端制造业等高新产业的发展。雄安新区推动以科技创新为核心的全面创新，推动产学研深度融合，发展高端高新产业，必将全面提升京津冀高新产业发展水平。

3. 民营和外向型经济不突出，投资和增长方式单一

京津冀地区以国有资本为主导，民间投资规模和多样性与长三角、珠三角区域相比不发达。2014—2016年，京津冀地区民营经济税收年均增长仅1.9%，远落后于全国4.4%的平均增长水平，与长三角8.3%和珠三角10.4%的增速相去甚远。同时，京津冀地区经济发展的外向型明显落后，外资企业数量和进出口额与长三角和珠三角地区相差悬殊。2016年底，京津冀地区保有外资企业5.1万户，占全国外资企业的10.1%，仅为长三角地区的30%，珠三角地区的42.5%。2016

年京津冀地区出口货物劳务销售额 6500.4 亿元，仅为长三角地区的 16.4% 和珠三角地区的 17.9%，民营经济相对薄弱，投资方式单一，发展方式过度依赖内需，不利于市场经济的竞争和发展。雄安新区的建设将进一步推进金融科技创新，提升区域经济活力，培育新经济增长点，探索经济增长新模式，为提升京津冀开放型经济水平做出重要贡献。

三、京津冀区域税收协作取得的进展

近年来，三地税务部门认真落实税务总局和地方党委、政府工作要求，积极推进区域税收协作，主动研提税收政策建议，不断提升税收便利化水平，在推进京津冀协同发展方面取得了良好成效。

一是推动建立京津冀区域税收协作机制。积极推动在税务总局层面建立京津冀协同发展税收工作机制。2014 年 7 月，税务总局召开京津冀协同发展税收工作领导小组第一次全体会议，建立了税务总局层面的工作机制。二是加强制度建设，明确责任分工。按照税务总局工作要求，三地税务部门分别成立京津冀协同发展税收工作领导小组。2014 年，京津冀三地税务部门召开首届京津冀税收协作工作会议，签署了《京津冀协同发展税收合作框架协议》，正式确立三地税务部门的战略合作关系。三是调动基层力量，积极推进三地协作。充分发挥各区（分）局主观能动性，三地基层部门主动加强沟通联系，创新工作方法，通过建立联席会议机制、联合开展税收宣传等多种形式，促进征管协同配合，打造京津冀税收协作新格局。四是发挥税收职能作用，主动服务非首都功能疏解和"高精尖"产业发展。梳理提出疏解非首都功能产业的税收支持政策，加强有形市场和个体工商户税收管理，积极运用经济手段疏解非首都功能。

四、京津冀区域税收协调存在的问题

(一) 政策层面存在的问题

1. 环境保护税政策标准存在差异

河北省按最低税额标准 8 倍的标准确定与北京相邻的 13 个县、雄安新区及与其相邻的 12 个县市的税额，其中大气、水污染物税额分别为每污染当量 9.6 元、11.2 元。北京市按最低税额标准 10 倍的最高上限确定税额，其中大气、水污染物税额分别为每污染当量 12 元、14 元。北京、河北环保税政策标准存在差异，不利于统筹区域生态环保建设。

2. 城镇土地使用税适用标准方面存在差异

京津冀地区城镇土地使用税纳税等级和税额标准存在差异。北京划分为六个等级，每平方米年税额 1.5 元~30 元，与河北、天津接壤地区均属北京六级土地，年税额 1.5 元/平方米；天津划分为六个等级，每平方米年税额 1.5 元~25 元，其中，一至四级土地税额标准低于北京，五级高于北京，六级土地与北京及

河北接壤，年税额 1.5 元/平方米，与北京持平；河北各市县税额标准不尽一致，全省共 6 个市 20 个县（区、市）与京津相邻，其中，大部分县（区、市）的土地使用税年税额为 3 元/平方米，廊坊市燕郊镇为 6 元/平方米，廊坊开发区为 8 元/平方米。相比之下，河北省环京津地区的城镇土地使用税税额较高，不利于疏解非首都功能和高效利用区域内的土地资源。

3. 雄安新区个人出租住房税负较重

目前，雄安新区个人出租住房综合税率约为 13%，出租非住房综合税率约为 30%。北京现行标准为个人出租住房综合税率 5%，个人出租非住房月租金 3.15 万元以下综合税率为 7%，3.15 万元以上综合税率为 12%。但受限购政策影响，雄安新区建设不以房地产为主导，解决外来人口住房问题主要采取租赁方式，随着雄安新区的快速发展和北京城市副中心的辐射带动作用不断加强，雄安新区的房屋租赁业务量更将急剧增加，外来人口租赁房屋的成本偏高，不利于新区吸引人才。

4. 对京津冀协同发展涉及的重大基础设施项目缺少税收支持政策

财政部、国家税务总局、国家发展改革委《关于公布公共基础设施项目企业所得税优惠目录（2008）的通知》规定，对于《目录》范围内的公共基础设施项目，享受企业所得税"三免三减半"优惠，具体包括港口码头、机场、铁路、公路、城市公共交通、电力、水利等七方面内容，并附加规定了项目核准部门等限制性条件。京津冀协同发展中涉及大量民生改善、市政基础设施建设、高精尖产业培育等方面的重大项目。这些项目资金占用量大、周期长、工程质量要求高。在项目前期政府财政支付未到账期间，项目承接企业一般需要大量先行垫资，以保障项目正常开展。而对于部分参与建设的企业，由于其承建项目未纳入现行的《公共基础设施项目企业所得税优惠目录》范围，其项目经营所得无法适用相应的企业所得税优惠政策，会对企业的生产经营产生一定影响。

5. 对京津冀两大新城和重点功能区涉及的重大生态环保项目缺少税收支持政策

对于环境保护、节能节水项目，财政部、国家税务总局、国家发展改革委《环境保护节能节水项目企业所得税优惠目录（试行）》规定，对公共污水处理、公共垃圾处理、沼气综合开发利用、节能减排技术改造、海水淡化等项目可以享受企业所得税"三免三减半"优惠。但水环境治理、湿地保护、河道治理等生态环保项目未纳入优惠目录范围。未来几年，雄安新区、北京城市副中心及将着力加强生态园林建设、湿地保护、河道治理，提高京津冀生态治理水平。但以上生态环保项目均未纳入优惠目录范围，项目参与企业无法享受相应的企业所得税优惠政策，将对项目建设产生一定影响。

（二）制度机制方面存在的问题

1. 缺乏有利于财政均衡的税收利益分享机制

明确产业转移中的税收分享原则，创新省际的税收利益分享机制，有利于减少税收争议，提高产业转移效率，缩小区域内部经济发展差距，形成稳定、均衡的区域财税格局。但截至目前，关于跨区域税收利益分享还存在诸多体制机制障碍，有待在法律制度层面和实践中加以理顺。一是国家层面相关制度安排还存在缺失。一些地方自行探索建立的税收利益分享机制以地方政府间签订协议的方式确定，缺乏必要的法律效力，迫切需要从国家层面完善相关法律制度，在保障中央财政收入不受影响的前提下，授予地方科学制定税收利益分享办法的权力。二是对跨省迁移企业的税收利益分享原则尚未确定。关于税收利益分享的主体范围、实施条件、分享税种、分享比例、时间跨度等有待明确。三是现行的总分机构企业所得税汇总纳税制度采取统一的五五分成，没有考虑不同企业的行业差别、外部效应以及总分机构所在地付出的生产要素成本。

2. 缺少区域税收合作机制和专门协调机构

跨省市税收工作协调难度远高于部门之间协调。京津冀协同发展作为国家战略，发展周期长，涉及机构多，涵盖内容广。在税务工作方面也面临同样的挑战，因此，迫切需要成立京津冀税收工作协调机构，作为国家税务总局与三地税务部门之间的桥梁纽带和中转站，使得三地税务部门能快速协调，强化沟通联络。而目前，尚未设立京津冀区域内专门协调机构，缺少相对完善的协作组织、协作机制和协作平台，机构间协调、调度、沟通功能不能有效发挥，无法及时解决京津冀区域发展过程中相关税收问题。

（三）税收业务层面存在的问题

1. 雄安新区目前的税源专业化管理水平还难以适应新区快速发展的需要

随着雄安新区建设不断推进，落户的大型央企、跨国企业将持续增加，而在此之前雄安三县税务部门多以管理个体工商户和小规模纳税人为主，现有人员普遍缺乏管理大企业的经验，区域税源管理工作面临较大的压力。

2. 纳税服务协作方面

主要表现在两个方面，一是纳税服务标准不一，通办事项少。二是京津冀办税平台有待完善。各地网上办税功能存在差异。目前北京、天津、河北三地在网上办税、移动办税、自助办税方面的业务、功能都存在差异，一定程度上给纳税人带来不便。

五、加强京津冀区域税收协调的建议

（一）政策层面的建议

统筹确定京津冀区域内的税收政策。对上位法或文件明确规定由各省（市）

自行确定税收政策执行范围、幅度、条件等的事项进行协调统一，对上位法或文件在京津冀区域的适用进行统一解读、统一明确，让纳税人在京津冀区域内享受到无差别的政策适用标准。建议京津冀三地税务部门商请国家税务总局，统筹确定京津冀区域尤其是三地交界区域内的环境保护税、残疾人就业保障金、城镇土地使用税、房屋出租业综合征收率等税种标准，避免因不同企业适用标准差异较大造成区域内税源不公平的情况。

1. 完善京津冀区域重大基础设施建设项目涉税政策

为提高京津冀区域重大基础设施建设水平，建议将中关村－滨海新区科技园区、张承生态涵养区、北京新机场、曹妃甸工业园区等京津冀重点功能区以及雄安新区、北京城市副中心建设涉及的重大基础设施项目纳入财政部、国家税务总局、国家发展改革委联合公布的《公共基础设施项目企业所得税优惠目录》范围，享受企业所得税"三免三减半"优惠。同时，为提高京津冀区域生态环保建设质量，建议将上述地区涉及的湿地保护、河道治理等水环境治理保护项目作为"城市水环境综合治理"项目试点纳入财政部、国家税务总局、国家发展改革委联合公布的《环境保护节能节水项目企业所得税优惠目录》范围，享受企业所得税"三免三减半"优惠。

2. 统一京津冀区域城镇土地使用税纳税级次

为提高京津冀区域土地开发利用水平，提高土地使用效益，建议统筹考量、综合调整京津冀区域内城镇土地使用税纳税级次，以促进区域内产业布局的合理调整。目前，北京与天津接壤地区的土地使用税税额标准基本一致，河北省环北京地区的土地使用税税额相对较高。在推动京津冀协同发展、加快疏解非首都功能的背景下，建议根据北京城市总体规划、雄安新区整体规划、新机场建设规划等，结合三地新一轮基准地价更新工作情况，尽快对三地城镇土地使用税纳税等级进行调整，特别是京津冀接壤地区土地使用税税额标准原则上应趋于一致。

3. 统一京津冀区域环保税政策

为加强京津冀区域生态环境保护，打赢京津冀污染防治攻坚战，建议统一京津冀区域环境保护税政策适用标准。京津冀三地全部市县的大气、水污染物税额统一按最低税额标准10倍的最高上限确定税额，即大气、水污染物税额每当量分别为12元、14元。

4. 调整雄安新区个人出租住房税收政策

为促进企业和人才向雄安新区迁移，建议参照北京个人出租住房现行税收政策，对雄安新区个人出租住房应税行为，统一按5%的综合税率征收税款；对雄安新区个人出租非住房应税行为，月租金3.15万元以下的，按7%的综合税率征收税款，3.15万元以上的，按12%的综合税率征收税款。

（二）制度机制层面的建议

1. 建议完善京津冀区域税务机构设置

为进一步加强京津冀区域税收协作，及时研究解决企业跨区迁移、税收利益分享、跨区域征管稽查等涉税问题，建议在河北固安设立负责京津冀区域税收协调的专门机构，统筹做好信息交互、涉税争议解决、沟通反馈等工作。为促进雄安新区更好地发挥非首都功能疏解承接地的作用，建议在雄安新区设立专司服务、管理北京疏解企业的税务机构。为加强北京新机场临空经济区税源建设，提高管理服务水平，建议在新机场临空经济区设立专门的税务机构，由北京、河北税务部门共同派员入驻。

2. 完善区域内税收分享机制

对三地之间在税款征收、政策落实等方面可能出现问题进行协调处理，妥善化解争议。协商建立"飞地"与三地共建产业园的税收利益分享机制。对于新机场、京津冀共建产业园区等跨省市项目产生的增值税、营业税、企业所得税，每年从中提取10%作为共建产业园区发展基金。对跨省市项目产生的增值税、营业税、企业所得税地方留成部分，按照三地政府对园区的投资比例进行分成，对于房产税、土地使用税、契税、土地增值税、印花税等地方税种，全部归项目所在地政府。对跨区经营汇总纳税企业，充分考虑企业分支机构的实际经营规模、经济活动贡献大小以及分支机构所在地承担的投资开发成本、污染治理成本、资源能源消耗等因素，在现有五五分成的基础上，适当调增总分机构企业所得税在河北省迁入地区的分成比例。

（三）税收业务层面的建议

1. 推进税源分级分类管理

转变税源管理方式，根据京津冀区域产业布局规划和重点税源建设情况，进行科学化、专业化、精细化的分级分类管理。按照纳税人的注册类型、所属行业、纳税规模深入开展税源分析，对不同涉税风险等级的纳税人及时采取税务稽查、日常检查、约谈提醒等管理手段。建立高水平的专业化税源管理团队，为不同类型纳税人提供差别化管理和个性化服务。对冬奥会、大兴新机场、通州区环球主题公园等重大项目，实行涉税事项集中统一管理。税务部门主动与工商、街道、乡镇等相关部门加强沟通协作，完善联合执法工作机制，加大对低端产业的联合执法力度，推动实现疏解整治联合执法常态化、长效化。

2. 建立促进企业跨省迁移的长效合作机制

为进一步做好跨省迁移企业征管服务工作，建议三地税务部门针对跨省迁移行为制定工作对接流程。三地税务部门及时共享跨省迁移企业的涉税业务进展情况，及时掌握企业户籍登记信息和后续管理情况，协商建立区域内跨省迁移企业税收政策衔接协调机制，确保企业税收政策的接续执行。探索建立完善京津冀三地税务登记一体化管理办法，逐步统一规范税务登记标识，为产业转移和企业合理流动提供便利，减少征管漏洞。

3. 全面提升京津冀区域纳税服务水平

探索京津冀区域涉税事项通办制度。进一步精简办税流程和涉税资料。广泛在税务机关和委托代征机构配置 POS 机，方便纳税人刷卡缴税。加强与支付宝、微信的合作，推行移动办税，实现手机缴税。拓展自助办税项目，在银行网点和办税服务厅增加 24 小时自助办税终端机。进一步扩大京津冀区域银税合作范围，做好企业纳税信用信息查询服务。整合两地税务部门的网上办税、微信服务、自助办税工作功能，探索建立新机场建设税务微信平台，统一服务形式和标准，避免纳税人多个端口登陆。

4. 成立服务团队合力做好疏解企业的税务衔接工作

随着京津冀协同发展步伐加快推进，大量疏解非首都功能企业由北京搬迁至天津、河北，涉税问题较为复杂。为保证在搬迁过程中各项税收征管及纳税服务工作落到实处，建议两地税务部门业务骨干组成服务团队，合力开展企业对接工作，准确把握企业特性和服务需求，制定企业实际需要的税收管理和服务预案。

5. 加强税务干部合作培养，全面提高干部队伍素质

加强三地税务部门人才交流与培养，每年分别选派若干优秀人才和年轻干部进行交流挂职锻炼，深入学习交流大企业管理、一厅通办、税务稽查方面的先进做法。结合税务总局领军人才培养工作，整合三地税务培训资源，特别是依托首都丰富的教育资源，加大对京津冀三地税务系统领军人才选拔与培养，提高京津冀三地税务系统队伍人员的整体素质。

6. 推进税收执法协作

逐步统一京津冀三地针对违法行为认定的执法标准以及行政处罚裁量标准。建立经常性的稽查情况通报制度和案件协查制度，对跨省重大税务案件进行联合稽查。加强稽查工作经验交流，分析税收违法动态，研究重大税收违法案件的法律适用、定性及量罚等问题。增强打击涉税违法行为的整体合力。建立快速协查机制，畅通异地协查渠道。

疏解非首都功能对劳动关系的影响和司法对策

索宏钢 *

2015 年 4 月 30 日，中共中央政治局审议通过《京津冀协同发展规划纲要》（以下简称《规划纲要》）。《规划纲要》指出，推动京津冀协同发展是一个重大国家战略，核心是有序疏解北京的非首都功能。非首都功能疏解主要涉及四类产业，即一般性制造业、区域性物流基地和区域性批发市场、部分教育医疗等公共服务功能、部分行政性和事业性服务机构。部分产业、机构的疏解分流和升级改造不仅从宏观上影响着国民经济整体结构的调整和规范，也与被疏解产业、企业和机构的人员流动息息相关；相关行业、区域性批发市场的搬离，势必对疏解区域的劳动关系产生重要影响。在非首都功能疏解和调控过程中，如何加强劳动用工管理，规范用人单位的用工行为，引导劳动者理性合法维权，切实保障劳动者的合法权益，实现劳动关系平稳过渡和谐发展，是非首都功能疏解工作中的重要环节，也是强化首都核心功能的大局要求和切实保证。

本文以疏解非首都功能中因企业调整模式引发的不同的劳动关系调整形态为基础，通过对北京市第一、第二、第三中级人民法院〔1〕近三年来审理因疏解非首都功能引发的 1768 件劳动争议案件〔2〕进行实证分析，对疏解非首都功能视野

---

　* 课题主持人：索宏钢，曾任北京市第三中级人民法院院长。立项编号：BLS（2017）B004。结项等级：合格。

〔1〕 目前，北京市按照中级人民法院建制的法院共有五家，分别为北京市第一中级人民法院、北京市第二中级人民法院、北京市第三中级人民法院、北京市第四中级人民法院和北京知识产权法院。根据北京市高级人民法院关于北京市中级人民法院案件管辖的相关规定，劳动争议案件不属于北京市第四中级人民法院和北京知识产权法院的审理范围，故本次调研报告中涉及的案件来源于北京市第一、第二和第三三家中级人民法院。

〔2〕 为确保调研案例样本与疏解非首都功能政策的紧密性，考虑到《规划纲要》的通过时间为 2015 年 4 月 30 日，本调研报告据以研究的案例为北京市第一、第二和第三中级人民法院自 2015 年 4 月 30 日至 2018 年 4 月 30 日三年审结的劳动争议案件；同时，考虑到审理结果的确定性以及案例数据研究的可行性，本调研报告研究的案例仅为上述三家中级人民法院在该期间审结的二审劳动争议案件。案例相关数据均由课题组成员通过中国裁判文书网上搜索相关关键词统计得出。当然，由于样本选取的有限性和课题研究篇幅所限，本调研报告对所有案例样本的实证分析不可避免存在一定的局限性。

下劳动争议案件的几类典型法律问题及司法观点进行梳理，并提出有针对性的应对举措和司法建议，以期为疏解非首都功能视野下劳动关系的妥善处理提供法律适用指引，为推动京津冀协同发展和非首都功能疏解工作的顺利推进保驾护航。

一、疏解非首都功能对劳动关系的影响综述

（一）疏解非首都功能中相关企业面临的调整模式分析

按照《规划纲要》的要求，非首都功能疏解重点涉及四类产业，其中医疗教育机构和行政事业单位主要通过行政手段进行调整，劳动者与所在单位之间发生的纠纷主要亦非通过劳动仲裁、劳动争议诉讼等路径解决，故本次调研报告对该两类产业调整不做研究。本文调研的重点是一般性制造业以及区域性物流基地和区域性批发市场等第三产业疏解过程中引发的劳动争议问题。对上述两类行业，目前北京市主要采取"就地淘汰、转型升级、异地疏解"三条疏解路径，即对高污染、高耗能的企业予以清理淘汰；对有条件进行技术改造、结构调整的企业，予以转型升级；对经济有带动作用的产业，进行异地转移。当然，因各企业的具体情形不同，具体疏解模式各有侧重，也更为细化。从目前上述两类产业在疏解工作中的具体实践看，相关企业采取的调整模式主要为以下几种方式：

1. 退出市场，进入清算或破产程序

按照疏解非首都功能的既定目标，基于产业政策和经济效益考虑，许多高消耗、高污染企业将退出市场；有些企业本身经营困难，微利运行，面对疏解这一大的调整趋势，无力支付退出北京所需各项费用，可能也会决定退出市场；还有基于环保等相关行政执法要求导致企业不能正常经营而停产停业。在企业退出市场的过程中，根据公司法和其他相关法律规定，企业应进行清算；有些企业生产经营存在严重困难，资不抵债，可能会进入破产程序。企业退出市场一般导致劳动关系的实质性终止，由此引发的劳动争议往往涉及较多群体，矛盾也最为激烈和尖锐。

2. 企业搬迁

企业搬迁往往包括经营性搬迁和政策性搬迁。经营性搬迁是指企业因业务拓宽需要而另选新址，政策性搬迁是指因国家相关政策变动而导致企业"被动"迁址。在疏解非首都功能过程中，既有企业自发性的经营性搬迁，也存在大量的政策性搬迁。通过企业搬迁推动功能疏解，依靠功能疏解引导人口、产业和设施疏解，从而实现功能、人口、产业和设施的协同疏解。企业搬迁是产业疏解最典型和最主要的调整模式，由此引发的劳动争议也最受关注。

3. 企业改造升级

京津冀一体化过程中明确提出，要加快产业转型升级，打造立足区域、服务全国、辐射全球的优势产业集聚区。这一过程的重点是明确产业定位和方向，加

快产业转型升级，推动产业转移对接。产业结构转型升级的核心是转变经济增长的"类型"，即将"高投入、高消耗、高污染、低产出、低质量、低效益"的经营模式转为"低投入、低消耗、低污染、高产出、高质量、高效益"的经营模式。伴随着企业的结构升级，其经营模式的调整必将对劳动关系造成冲击，故该调整方式引发的劳动争议亦是课题组关注的重点之一。

4. 企业资产重组

在疏解非首都功能过程中，有些企业会通过资产重组，改革公司体制和治理结构。实践中，企业资产重组主要通过以下几种模式实现：一是企业兼并、收购。即公司收购其他企业股权或资产、兼并其他企业，或采取定向扩股合并其他企业。这是疏解过程中资产重组的主要方式。二是股权转让。在企业完成股权转让程序后，公司的股东、董事和经理等高级管理层会发生变动，甚至可能引入新的管理方式，调整原有公司业务，实现公司经营管理以及业务的升级。此外，在疏解中还可能存在资产置换、资产剥离、债务重组、托管、公司分拆、租赁等资产重组方式。在企业资产重组过程中，原劳动合同的用工主体可能会发生变化，由此引发的劳动争议也不在少数。

（二）企业调整模式对应的劳动关系调整形态分析

随着疏解过程中不同企业采取不同的调整模式，企业内部的劳动关系也呈现不同的调整形态。

在企业受非首都功能疏解政策影响停产停业，采取退出市场，进入清算或破产模式中，涉及的劳动关系调整主要是劳动合同解除，具体而言，往往涉及的是用人单位能否依据《中华人民共和国劳动合同法》（以下简称《劳动合同法》）第41条进行经济性裁员。在企业受疏解政策影响进行搬迁调岗时，涉及的劳动关系调整主要是劳动合同的变更，以及劳动者不同意变更时劳动合同的解除。在企业受疏解政策影响进行改造升级调整模式中，涉及的劳动关系调整主要也体现为劳动合同的变更或者解除。在企业采取资产重组这一调整模式中，因企业形态或经营方式会随之变化，原劳动合同的用工主体可能发生变化，从而引发劳动合同的变更或解除。对于不同企业调整模式引发的劳动关系调整形态具体如下表：

企业调整模式	劳动关系调整形态
企业停产停业、清算或破产	裁减劳动者、解除劳动合同
企业搬迁调岗	变更劳动合同、解除劳动合同（劳动者不同意变更）
企业产业升级、结构改造	裁减劳动者、变更劳动合同、解除劳动合同
企业资产重组	用工主体可能变更，劳动合同需相应变更或解除

从上述表格中可以看出，在疏解过程中，因企业调整模式变化引发的劳动关系的调整形态主要体现在劳动合同的变更和劳动合同的解除两个方面。结合劳动争议的审判实践，因疏解非首都功能引发的劳动争议案件中，用人单位主张变更或解除劳动合同的法律依据主要集中在《劳动合同法》第 40 条第 3 款、第 41 条的相关规定。故本调研报告研究的因疏解非首都功能引发的典型劳动争议法律问题亦将围绕上述法律规定进行。

二、疏解非首都功能视野下劳动争议案件的审理概况及主要特点

在课题组调研的相关企业所面临的主要调整形态中，企业退出市场和企业搬迁是疏解过程中企业所面临的两种最为典型的调整模式。从前述课题组关于企业调整模式对应的劳动关系调整形态分析可知，企业改造升级和企业资产重组这两种调整模式所对应的劳动关系调整形态均集中体现在劳动合同的变更和解除环节，其法律适用核心亦为《劳动合同法》第 40 条第 3 款和第 41 条。为避免重复赘述，同时考虑到在企业退出市场和企业搬迁这两种调整模式中劳动关系的调整亦涉及上述法律条文，故课题组拟分别从典型企业调整模式和核心法律适用两个维度，对北京市三家中级人民法院近三年来审结的因疏解非首都功能政策引发的劳动争议案件进行实证分析。

（一）疏解非首都功能视野下劳动争议案件审理概况

1. 因企业停产停业、退出市场引发的劳动争议审理概况

自 2015 年 4 月 30 日至 2018 年 4 月 30 日，北京市三家中级人民法院共审理因疏解非首都功能政策导致企业停产停业、退出市场引发的劳动争议案件 1163 件（见图 1），共涉及 1152 位劳动者。其中，因用人单位不服仲裁裁决提起诉讼的 175 件，占 15%；因劳动者不服仲裁裁决提起诉讼的 977 件，占 84%；劳动者与企业均不服仲裁裁决提起诉讼的 11 件，占 1%。（见图 2）

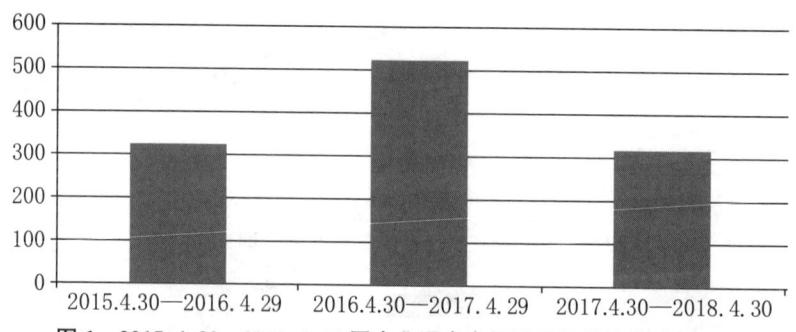

图 1　2015.4.30—2018.4.30 因企业退出市场引发的劳动争议案件数

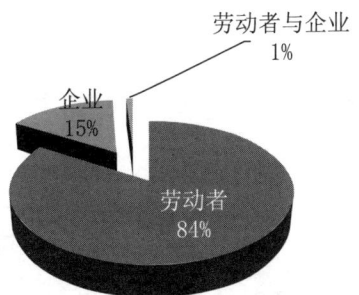

图2 起诉的主体所占比例

（1）从引发争议的具体事由看，企业因疏解工作停产停业引发纠纷的案件有705件，占61%，企业因疏解工作破产引发纠纷的案件有458件，占39%。（见图3）

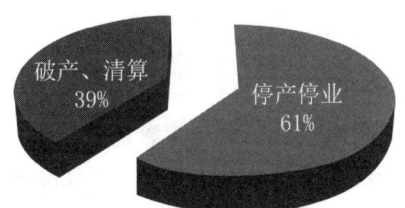

图3 两类案件所占比例

（2）从法院的认定结果看，对于劳动者要求相关疏解企业支付经济补偿金的案件，法院全部支持劳动者主张的案件比例为52%，法院部分支持劳动者的案件比例为46%，法院判决驳回劳动者关于经济补偿金请求的案件比例为2%；对于劳动者请求确认劳动关系的案件，法院支持劳动者主张的案件比例为67%，法院未支持劳动者诉讼请求的案件占33%；关于劳动者主张拖欠工资的案件，法院支持劳动者的案件比例为67%，法院部分支持劳动者请求的案件比例为32%，法院判决驳回劳动者请求的案例比例仅有1%。（见图4）

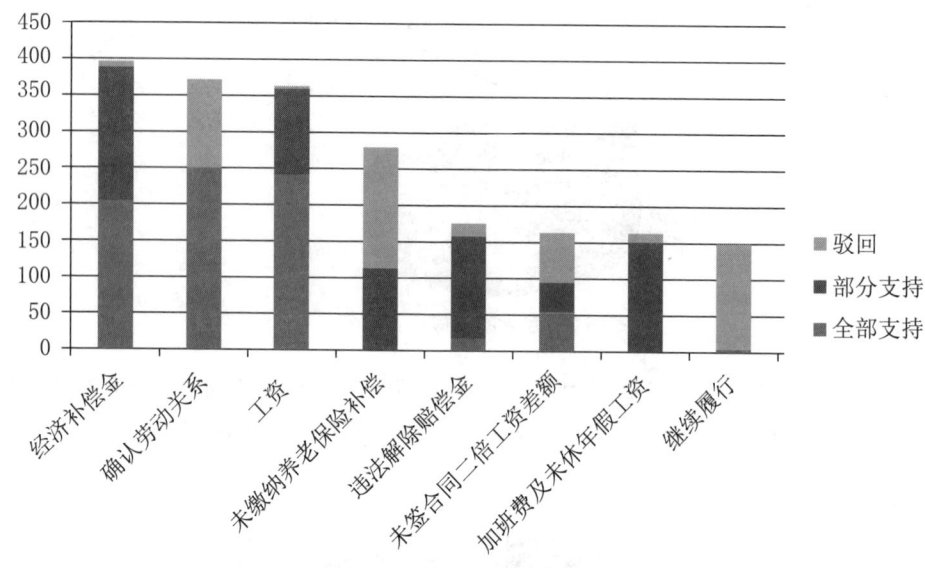

图4　法院认定情况一览表

2. 因企业搬迁调岗引发的劳动争议案件审理概况

自 2015 年 4 月 30 日至 2018 年 4 月 30 日，北京市三家中级人民法院审理的因疏解非首都功能导致企业搬迁调岗的劳动争议案件共计 705 件。各年度案件分布情况具体见下图：

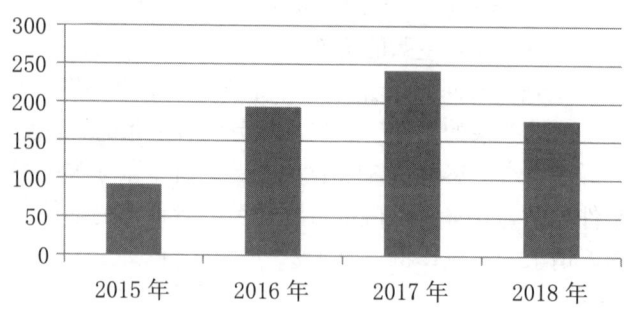

图5　2015 年 4 月 30 日至 2018 年 4 月 30 日因疏解企业搬迁调岗引发的劳动争议案件量

（1）从企业调岗的具体内容看，企业因落实疏解非首都功能政策进行的调岗行为主要包括工作内容调整、薪酬调整以及工作地点调整。在上述案件中，涉及工作内容调整的 251 件，占比 36%；涉及薪酬调整的 239 件，占比 34%，涉及工作地点调整的 155 件，占比 22%。课题组发现，调岗往往伴随着薪酬调整，或者工作地点的变更。另外，关于工作内容调整的案件中，90%以上的调岗行为均为降低岗位职级，同时还涉及薪酬降低问题。

（2）从调岗原因来看，在疏解过程中，企业调岗主要基于如下原因：①基于劳动者层面原因，具体包括：a. 不能胜任工作，未达到岗位要求的调岗；b. 基于劳动者工作失职，进行降级处理的惩戒性调岗；c. 基于劳动者患病，医疗期满不能从事原工作的调岗。②企业在疏解过程中因经营管理需要，以及为适应市场竞争等作出部门裁撤、合并等组织架构调整而产生的调岗。③基于非首都功能疏解进行的企业整体搬迁等，企业据此进一步主张客观情况发生重大变化的。（见图6）

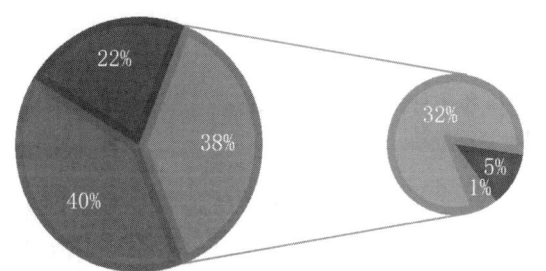

图6　企业调岗原因分布

（3）从法院的认定情况来看，在上述纠纷中，法院认定用人单位调岗行为合法的案件仅占19%；有73%的案件法院认定用人单位系违法解除劳动关系或者调岗行为不合法；此外，还有8%的案件因当事人证据不足等原因导致法院无法对企业调岗行为的合法性作出评价。（见图7）

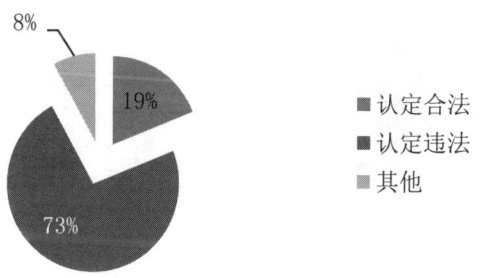

图7　法院认定情况

3. 涉"客观情况发生重大变化致使劳动合同无法履行"的劳动争议审理概况

经课题组统计，在2015年4月30日至2018年4月30日期间，北京市三家中级人民法院审结的涉及用人单位因疏解非首都功能政策主张"客观情况发生重大变化"而引发的劳动争议二审案件数共计559件。具体分布如下图：

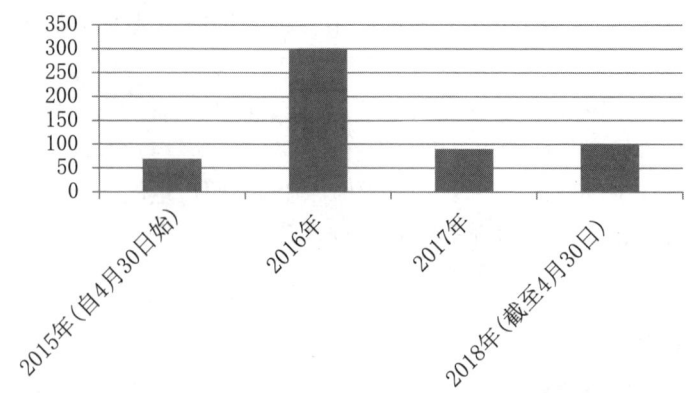

**图 8　2015 年 4 月 30 日至 2018 年 4 月 30 日因"客观情况发生重大变化"
而引发的劳动争议案件数量**

（1）从法院认定结果角度看，用人单位因疏解政策主张"客观情况发生重大变化致使劳动合同无法履行"而引发的劳动争议案件中，法院认定用人单位主张情况属于上述"客观情况"情形的共计 235 件，占比 42%；认定用人单位主张情况不属于上述"客观情况"的案件有 229 件，占比 41%；法院对用人单位所主张事由未予明确认定的为 95 件，占比 17%。[1]

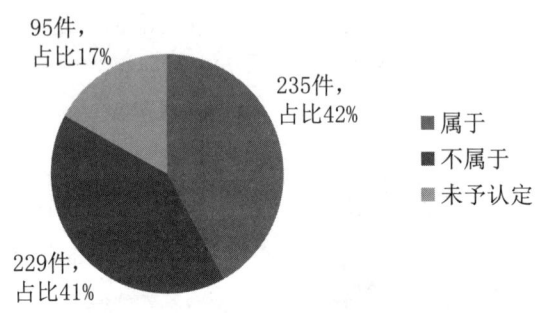

图 9　法院认定情况分布

（2）从用人单位所主张的"客观情况发生重大变化"的具体事由看，主要包括以下几种：

①因用人单位搬迁（厂址迁移）引发的 50 件，其中，法院认定属于"客观情况"的 33 件；②因疏解政策产生的岗位调整 34 件，法院均认定不属于"客观情况"；③劳动者所属岗位或所属部门因疏解政策被取消或撤销引发的 173 件，

---

〔1〕　此部分案件中，法院通过举证责任分配认定因用人单位未能举证证明其主张的解除事由、双方经过协商程序等事项确认用人单位违法解除。

法院认定属于的 45 件，法院未予认定的 16 件；④用人单位主张劳动者不能胜任工作的有 11 件，法院认定不属于的 6 件，法院未予认定的 5 件；⑤疏解企业主张因经营恶化或第三方原因导致的劳动者所从事的业务外包、业务终止或业务转移的共 106 件，法院认定属于的 95 件；⑥用人单位主张经营困难的有 45 件，法院认定属于的 17 件，法院未予认定的有 17 件；⑦疏解企业只主张客观情况发生重大变化的有 39 件，法院认定不属于 6 件，法院未予认定的 33 件；⑧用人单位主张因疏解非首都功能政策而调整产业结构、变更经营范围的有 22 件，法院认定属于的 17 件；⑨用人单位主张因疏解非首都功能导致业务发展、组织结构调整的有 73 件，法院认定属于的 22 件，法院未予认定的 12 件；⑩用人单位主张因疏解非首都功能导致主体变更的有 6 件，均被法院认定属于。具体见下图：

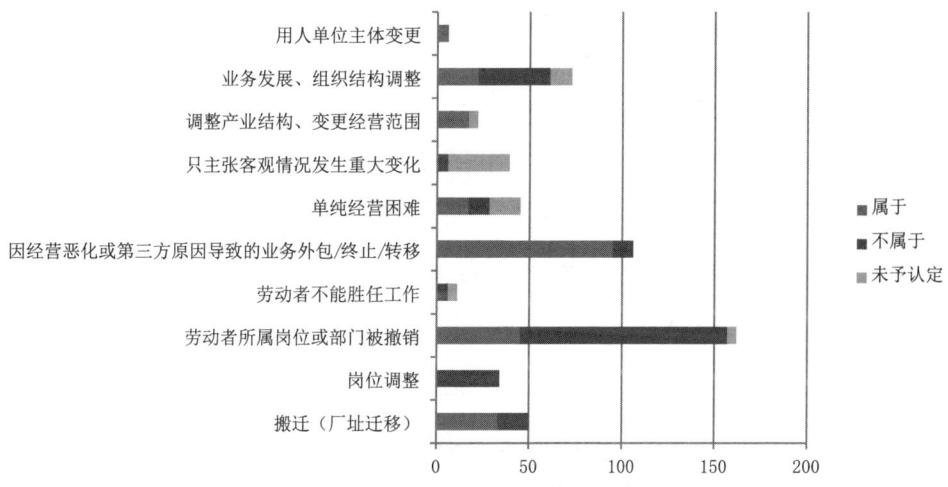

图 10 用人单位主张的"客观情况"事由分布

从上述数据可以看出，即便在首都功能疏解政策下，用人单位对于劳动关系的调整并不必然构成法律规定的"客观情况发生重大变化致使劳动合同无法履行"的情况，各法院对于用人单位因疏解政策主张的搬迁、劳动者所属岗位或所属部门被取消或撤销、经营困难、因业务发展而进行的组织结构调整等行为是否属于"客观情况发生重大变化"仍持不同意见。

4. 涉经济性裁员的劳动争议案件审理概况

经课题组统计，在 2015 年 4 月 30 日至 2018 年 4 月 30 日期间，北京市三家中级人民法院审结的因疏解非首都功能导致用人单位主张经济性裁员引发的劳动争议二审案件共计 188 件。自北京实施疏解政策以来，北京市三家中级人民法院审理的因企业经济性裁员引发的劳动争议案件数量大幅度上升。

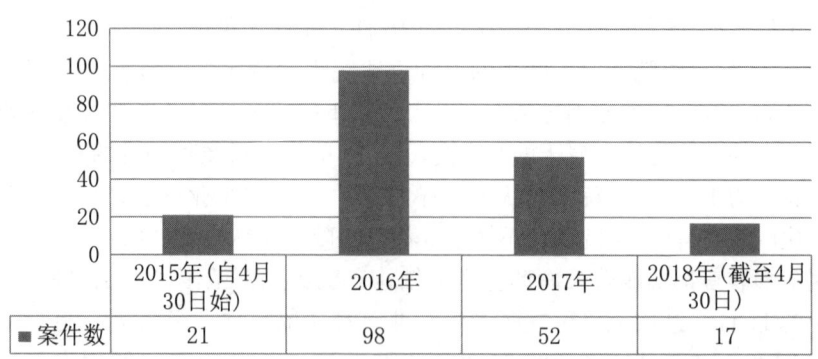

图 11　2015 年 4 月 30 日至 2018 年 4 月 30 日因企业经济性裁员而引发的的劳动争议案件数量

（1）从裁员的原因看，因疏解政策引发的生产经营困难和政策性退出，成为企业进行经济性裁员的主要原因。

裁员事由		案件数
破产重整		0
生产经营发生严重困难		84
企业转产、重大技术革新或者经营方式调整		15
客观经济情况发生重大变化	政策变化	69
	其　他	20

图 12　裁员事由分布

（2）从法院的认定结果看，在上述案件中，法院认定用人单位因疏解政策进行的裁减行为合法的共有 141 件，占 75%；法院认定用人单位裁减人员行为违法的案件共 47 件，占 25%。

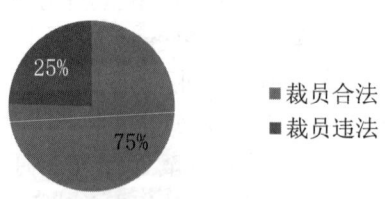

图 13　法院认定情况

（二）疏解非首都功能政策下涉劳动争议案件的主要特点及问题
根据上文中针对企业调整模式而引发的不同的劳动争议案件类型的实证分

析，课题组认为，疏解非首都功能政策下劳动争议案件总体受政策性影响明显，其具体存在以下特点及问题：

1. 涉及企业领域广泛，易引发群体性诉讼

从课题组调研的上述案例样本所涉企业分布看，因非首都功能疏解引发的劳动争议案件涉及多个领域的企业，既包括传统的制造业、建筑工程领域，也包括新兴的电子商务领域、互联网企业等等；从案件数量上，易引发劳动争议诉讼的仍主要集中在低端制造行业。因企业受疏解政策影响进行的结构调整往往是实质性和根本性的，涉及劳动者群体众多，极易引发群体性诉讼，如果不能妥善处理将成为影响民生的重大隐疾。

2. 政策公开力度欠缺，相关文件效力层级低

课题组调研发现，与疏解工作相关的政策公开力度明显欠缺，疏解企业与劳动者之间存在严重的信息不对称。很多劳动者甚至在劳动仲裁或诉讼阶段才获知其所在用人单位是否属于政府拟重点疏解的"两低三高"类低级次产业，是否属于各区县人民政府划定的拟清退企业目录中的企业等等。此外，从目前疏解工作的具体过程看，各项疏解工作的启动、推进多数依靠政策性指导文件来进行；而该政策性指导文件的法律位阶效较低，未能形成人民法院审理相关案件可以引用或参照的法律或行政法规的层级，甚至达不到规章的层级，也加大了法院审理相关案件的难度。

3. 区域差异处理明显，缺乏统一裁判标准

从课题组调研的北京市三家中级人民法院处理的因疏解政策引发的劳动争议案件的审理情况下，各法院对于相关法律问题的处理思路尚存差异，相关裁判标准有待进一步统一。这一方面是个案具体情况的差异；另一方面，是现行法律法规对于相关问题的规定并不清晰，或存在漏洞。有序疏解北京的非首都功能是推动京津冀协同发展这一重大国家战略的核心，在这个政策的落实过程中，京津冀三地势必会基于各自的经济、社会发展等多因素制定不同政策、因地制宜让政策落实到位，而京津冀三地司法机关对于劳动争议相关问题的处理亦存在裁判尺度不统一的问题。

三、疏解非首都功能政策下劳动争议案件的具体分析

（一）因企业停产停业、退出市场引发的劳动争议焦点及司法观点

如前所述，在疏解非首都功能政策下，对于很多"三高、二多"的制造业，停产停业、退出市场是其主要的企业调整形态。疏解非首都政策引发的企业退出市场既可表现为一般性的停产停业，又可表现为企业进行清算或破产。前者为定期或者不定期的退出，后者为永久性地退出市场。停产停业主要涉及确认劳动关系、索要劳动报酬、解除劳动合同等法律问题；破产、清算类案件除涉及以上劳

动争议中常见的法律问题以外，还包括诉讼主体的确定、基本生活费的支付等一些特有的问题。因企业停产停业、退出市场引发的劳动争议焦点主要表现为以下几种：

1. 劳动者以疏解企业在安排待岗期间未及时足额支付待岗生活费为由，提出解除劳动关系并主张经济补偿金的，如何处理？

在疏解非首都功能过程中，用人单位可能因为疏解工作在一定期限内停产停业，无法进行正常生产，从而安排劳动者在一定期限内进行待岗。根据《北京市工资支付规定》的规定，对于用人单位因生产经营原因安排劳动者进行待岗的，需要按照规定向劳动者支付生活费。对于劳动者以用人单位未足额支付待岗期间生活费主张解除合同并要求经济补偿金的问题，司法实践中有不同的观点。

课题组认为，上述观点争议的核心在于对待岗期间生活费性质的认定。课题组赞同疏解企业安排劳动者待岗的，应该将待岗生活费视为特殊情况下支付的工资。理由是：《关于工资总额组成的规定》第10条所规定的特殊情况下支付的工资中列举的特殊情况，均非因劳动者个人原因造成不能实际提供劳动，此条规定亦是为了保证劳动者休息休假权或者为了提高劳动者的劳动技能等，而待岗期间的生活费支付的前提是非因劳动者的原因造成的停工停业、用人单位没有安排工作所致，举重以明轻，此种情况下，更应该将其视为特殊情况下支付的工资才能更加保护劳动者工作的连续性以及工作的积极性。在用人单位因非首都功能疏解进行停工停业的情况下，劳动者未提供劳动并非其本人原因所致，其依法应当获得待岗期间的生活费。涉疏解的用人单位如果没有及时足额支付待岗生活费的，符合《劳动合同法》第38条的规定的"未及时足额支付劳动报酬"之情形，应当支付经济补偿金。

2. 用人单位因疏解政策在停产停业期间恶意注销，劳动者要求原用人单位的股东或经营者承担责任的，如何处理？

企业基于各种原因停产停业、退出市场，进入清算或者破产程序是疏解非首都功能过程中企业典型的调整模式，如果用人单位在此期间注销公司，可能会引发劳动者要求原股东或经营者承担相应责任的问题。课题组认为，在疏解非首都功能过程中，劳动者因用人单位注销引发的纠纷存在着两种情况：一是劳动者与用人单位之间的劳动争议，二是股东清算责任纠纷。为避免当事人诉累，不应让劳动者先提起劳动争议确认其对用人单位的债权，再提起清算责任纠纷让股东承担赔偿责任，而应将两类纠纷合并审理。用人单位在停产停业期间恶意注销的情况下，劳动者能否要求原经营者或原股东承担责任的问题，应当根据疏解企业的性质予以区别对待：对于用人单位是个体工商户的，可直接判决用人单位的经营者承担责任；对于用人单位是有限责任公司或股份有限公司的，考虑到公司的注销需要以清算为前提，法院应当审查公司是否依法履行清算程序。若公司依法清算并注销终止的，基于股东的有限责任理论，股东原则上不应再向劳动者承担责任。同时依据《公司法解释二》的相关规定，对于公司清算的不同情况应当分别进行处理，具体包括：

（1）若公司未经清算即办理注销，劳动者有权依据《公司法解释二》第 20 条第 1 款规定主张有限责任公司的股东或实际控制人（股份有限公司的董事、控股股东或实际控制人）承担赔偿责任，故此时法院可判决股东或经营者承担责任；

（2）若公司未经清算即办理注销，股东在公司登记机关办理注销登记时承诺对公司债务承担责任，劳动者有权依据《公司法解释二》第 20 条第 2 款规定主张股东承担赔偿责任，故此时法院可判决承诺股东承担责任（若第三人在公司登记机关办理注销登记时承诺对公司债务承担责任，劳动者可向第三人提出主张，法院亦可判决第三人承担责任）；

（3）若公司以虚假清算报告办理注销，劳动者有权依据《公司法解释二》第 19 条之规定主张有限责任公司的股东或实际控制人（股份有限公司的董事、控股股东或实际控制人）承担赔偿责任，故此时法院可判决股东或经营者承担责任；

（4）若公司进行了清算，但未通知劳动者、亦未办理公告手续，劳动者有权依据《公司法解释二》第 11 条第 2 款之规定主张清算组成员承担赔偿责任，若清算组成员为股东或经营者，法院可以判决股东或经营者承担责任，但对于清算组成员之外的股东或经营者，不应判处责任；

（5）若公司进行了清算，依法通知了劳动者或者办理了公告手续，劳动者因自身原因未进行债权申报，法院应判决驳回劳动者的诉讼请求。

（二）因企业搬迁调岗引发的劳动争议焦点及司法观点

调岗，亦被称为调职，即"在相当长的一段时间内变更劳动者的职务内容与工作场所"。企业搬迁亦是非首都功能疏解过程中企业的典型调整模式之一。企业搬迁往往涉及劳动者工作岗位的调动和企业调岗权的认定。企业调岗权，系指企业基于其生产经营所需，对劳动者的工作地点、工作内容等方面做出调整的权利。企业调岗权属于劳动合同变更范畴，由于工作内容与工作地点是劳动合同的核心要素，通常会对劳动者的利益产生较大影响，争议较大，亦常常成为疏解过程中疏解企业与劳动者劳动合同解除的导火索。实践中，用人单位进行的调岗行为通常分为因法定原因调岗，以及依据劳动合同约定或双方协商调岗两种方式。

在劳动争议审判中，因不同案件中用人单位主张调岗的事由、情形各有不同，给司法审查带来一定的难度。而且，对于调岗行为是否正当的评判，往往还会涉及如何平衡用人单位的自主经营权和劳动者基本权利的问题，基于不同的价值判断和利益衡量，不同法院对用人单位调岗合法性和合理性的裁判标准存在较大差异。在非首都功能疏解过程中，因企业搬迁调岗引发的劳动争议焦点主要包括以下几种：

1. 劳动合同约定用人单位可根据经营情况调整劳动者的岗位或工作地点，用人单位基于疏解政策主张其调岗行为合法的，应当如何认定？

依据《劳动合同法》第17条，工作内容和工作地点属于劳动合同的必备条款。实践中，为了便于调整劳动者的工作地点，增加用人单位管理用工的灵活性，用人单位经常会在劳动合同中约定有概括调岗权条款，例如：用人单位有权根据生产经营需要，对劳动者的工作地点和工作岗位进行调整和变更，劳动者应当服从，否则用人单位有权按单位规章制度予以处理。在司法实践中，该类条款是否具有法律效力？用人单位能否据此单方变更劳动者的工作地点或者工作岗位？如劳动者拒绝调岗或变更工作地点，用人单位能否依据规章制度辞退劳动者？

课题组认为，企业基于自身经营情况进行的调岗行为涉及企业用工自主权与劳动者的职业稳定权的权衡。若仅强调企业的用工自主权，易导致该项权利的恣意行使，势必会对劳动者的职业稳定权造成损害；但若一味强调劳动者的职业稳定权，忽视用人单位的用工自主权，不仅会损害企业的发展权益，而且也不符合市场实际与现代企业的经营理念，更不利于实现疏解非首都功能的目标。司法实践中，对于劳动合同中明确约定用人单位可以单方变更工作岗位或地点的，法院仍应对调岗行为的合理性进行审查，用人单位应当对其调岗行为的合法性和合理性承担举证责任。原则上，劳动者在用人单位的工作岗位不得随意变更，要保持一贯性、预期性。法院在具体审查时，应当从调岗的权利基础、调岗理由的正当性、调岗内容的合理性[1]以及调岗程序的合法性等方面进行判断，同时还需考虑调岗对劳动者的生活影响，以及用人单位是否采取了合理的弥补措施等因素。具体可以分为几种情况：

（1）用人单位能够举证证明其调整劳动者工作岗位的行为是基于疏解政策以及生产经营的需要，调岗前后的工作岗位应存在一定的关联，其工作性质及所需要的工作技术无明显差别，调岗程序符合法律规定，且该调岗行为不具有侮辱性和惩罚性，未对劳动者的生活产生明显不便或用人单位采取了合理弥补措施的

---

[1] 这里的"合理"是指内容的合理，衡量调岗内容合理与否的指标主要包括调岗前后的工作岗位是否有关联、工资薪酬是否降低、工作地点是否明显不便、工作时间是否明显延长等。

（如提供交通补助、班车等），应当认定用人单位的调岗行为合理合法。[1]

（2）根据劳动合同约定调整工作地点或者工作岗位时，用人单位如未能举证证明其调岗确系受疏解政策影响或出于生产经营需要，其作出的调岗通知没有明确新工作地点的工作岗位与内容，没有为员工新工作地点提供交通条件或者增加其交通补助，且员工提出异议的，则用人单位的该调岗行为不受法律保护。

（3）用人单位将其全部业务覆盖范围约定为劳动者工作地点或约定工作地点是"全国""北京"等宽泛地点的，属于工作地点约定不明，劳动者在签订劳动合同后，已经在实际履行地点工作的，视为双方确定具体的工作地点。工作地点的变动应在双方当事人协商一致的前提下进行。如工作地点约定不明，会导致劳动者对工作地点的确立和变更丧失预见性，进而劳动合同中关于"工作地点"的条款可有可无，明显与《劳动合同法》的立法精神相悖。用人单位不得以工作地点约定为"全国""北京"为由，随意变更劳动者的工作地点。

2. 用人单位对劳动者进行调岗的同时进行调薪的，应当如何认定？

在疏解过程中，用人单位岗位的调整往往面临着薪酬的重新测算和变更，也即薪随岗变。如果用人单位与劳动者已经就劳动者岗位变动达成一致，那么用人单位是否可以在调整劳动者工作岗位的同时调整其薪酬，实务中存在争议。

课题组认为，对于用人单位在调岗同时又调薪的，用人单位除应当对调岗行为的合法性和合理性承担举证责任外，也应对调岗后薪资水平的合理性承担举证责任。用人单位不能仅以其与劳动者已就岗位调整达成一致为由，直接主张其进行的调薪行为亦合法合理。具体而言，对于用人单位与劳动者对调整工作内容和工资报酬有明确的书面约定，或者虽无明确书面约定但已通过实际履行等方式默示调整了原合同约定且劳动者未提出异议的，应视为双方对薪资的变更达成一致意见；对于劳动合同中虽有工作内容和工资报酬调整的约定，但调整的指向不明确的，或者劳动合同中对于岗位调整后的薪资水平并未有约定的，用人单位应当提供充分证据证明调整的合理性。若用人单位不能证明调整合理性的，劳动者可以要求撤销用人单位的调整决定。司法实践中，法院对于调岗后薪资水平的合理性审查主要侧重于以下几点：

---

[1] 具体可以参照《广东省高级人民法院、广东省劳动人事争议仲裁委员会关于审理劳动人事争议案件若干问题的座谈会纪要》（2012）第 22 条规定："用人单位调整劳动者工作岗位，同时符合以下情形的，视为用人单位合法使用用工自主权，劳动者以用人单位擅自调整其工作岗位为由要求解除劳动合同并请求用人单位支付经济补偿的，不予支持：①调整劳动者工作岗位是用人单位生产经营的需要；②调整工作岗位后劳动者的工资水平与原岗位基本相当；③不具有侮辱性和惩罚性；④无其他违反法律法规的情形。用人单位调整劳动者的工作岗位且不具有上款规定的情形，劳动者超过 1 年未明确提出异议，后又以《劳动合同法》第 38 条第 1 款第 1 项规定要求解除劳动合同并请求用人单位支付经济补偿的，不予支持。"

（1）新岗位工资待遇应符合用人单位的岗位职级与薪资标准的对应体系，且该劳动者对该体系明知或应当知道；

（2）调岗后的薪资幅度是否明显不合理地降低。通常认为升职、加薪或维持原有待遇具有合理性，也不易引发争议；而降职、降薪一般需要劳动者存在违法违纪、不胜任工作等理由。薪资大幅降低，属于对员工明显不利的变更，用人单位应当对此提交充分的证据；

（3）用人单位在对劳动者进行调岗时，对于相对应的薪资水平是否与劳动者进行过协商；

（4）调岗后的薪资水平是否违反"同工同酬"的规定或其他法律、法规的强制性规定。

如果企业恶意单方面降低了员工的薪酬标准，员工可依据《劳动合同法》第38条第1款第2项的规定与企业解除劳动合同，并有权要求给付经济补偿金。

3. 用人单位因企业搬迁调整劳动者的工作地点，劳动者拒不到岗，用人单位据此以旷工为由提出解除劳动合同的，应当如何认定？

在疏解非首都功能的过程中，企业搬迁是最为主要的企业调整形态。而企业搬迁因涉及劳动者的切身利益，譬如薪酬标准，上班便利程度等等，所以往往会受到劳动者的抵制。在劳动者不服调岗且拒不到岗的情况下，用人单位能否主张劳动者违反公司规章制度构成旷工，并据此提出解除劳动合同？实践中对此有不同的处理意见。

课题组认为，如前文所论述，虽《劳动合同法》规定用人单位与劳动者协商一致可以变更劳动合同，但不可否认用人单位具有经营管理的自主权，其在对生产结构、经营范围进行调整时，有权合法、合理地对劳动者岗位进行适当调整，对此劳动者应当予以配合，这也是劳动关系人身从属性的具体体现。劳动者对调整工作岗位有异议，应当采用协商的方式解决，而不应当以消极怠工的方式进行抵制或对抗。对于劳动者既未到新的工作岗位报到也未到原岗位出勤的，用人单位能否以劳动者旷工为由解除劳动合同的问题不能一概而论。以旷工之名行使合同解除权需要基于三个重要前提：第一，岗位调整是合理合法的，有法律依据和事实依据。第二，员工的行为属于"旷工"，旷工一般是指，除有不可抗拒的因素影响，职工无法履行请假手续情况外，职工不按规定履行请假手续，又不按时上下班即属于旷工。第三，用人单位的解除行为有合法有效的规章制度或法律依据。具体分为以下几种情形：

（1）若用人单位属于疏解非首都功能政策明确的疏解范围，其基于合同约定或生产经营之必要进行搬迁，并随之对劳动者的工作岗位或地点进行合理调整；劳动者新的工作地点与原岗位工作地点或劳动合同约定的工作地点保持一致，或维持在合理距离范围内的，并未对劳动者的上班生活造成实质性不便，应当认定用人单位的调岗行为具有合理性，劳动者应当服从。如果此时劳动者既未到新的工作岗位报到也未到原岗位出勤的，用人单位依据规章制度或劳动合同约定，主张劳动者构成旷工，并据此提出解除劳动合同关系的，应予支持。

（2）若用人单位属于疏解非首都功能政策明确的疏解范围，其基于合同约定或生产经营之必要进行搬迁，并随之对劳动者的工作岗位或地点进行调整，但新工作地点超出原劳动合同约定范围，且距原工作地点过远。此时需分析新岗位工作地点是否足以影响员工日常生活的时间安排，或虽影响但是否提供一定的交通便利条件或福利。具体如下：

① 如果新岗位对劳动者的日常生活造成了实质性不便，且用人单位并未采取例如增设班车路线、调整工作时间、为员工提供免费的工作餐及宿舍等合理补救措施的，劳动者有权拒绝用人单位提出的调岗要求。因双方未能就调岗事宜达成一致意见，劳动者未到新岗位上班的，用人单位主张劳动者旷工并提出解除劳动合同的，不应予以支持；② 如果新岗位虽对劳动者的日常生活造成了实质性不便，但用人单位已经采取例如增设班车路线、调整工作时间、为员工提供免费的工作餐及宿舍等合理补救措施的，劳动者亦未提出异议，此时劳动者未到新岗位上班的，用人单位依据劳动合同或规定制度主张劳动者旷工并提出解除劳动合同的，应予支持。

（3）如果用人单位的调岗行为本身即没有合理依据或程序存在瑕疵，那么在用人单位先行违法的情形下，即便用人单位属于非首都功能疏解的范围，劳动者在争议期间未到新的工作岗位上班，用人单位亦不能主张劳动者旷工，其作出的解除合同的行为因缺乏基础应被认定为违法而解除。换言之，用人单位基于非首都功能疏解政策进行的调岗行为并非必然合法，法院仍需要依据《劳动合同法》相关规定对用人单位调岗行为和调岗程序的合法性进行审查。

（三）适用"客观情况发生重大变化致使劳动合同无法履行"的争议焦点及司法观点

在劳动关系中，因劳动合同的履行具有持续性、长期性特点，且往往更容易受到政策调整、经济发展、企业转型、劳动者自身变化等因素的影响，用人单位与劳动者在订立劳动合同时约定的内容有时难以与履行过程中的某些现实情况相适应，导致之前劳动合同内容客观上无法履行，造成劳动合同的履行僵局。故《劳动合同法》赋予用人单位在特定情况下的非过错性解除权[1]，以解决劳动

---

[1] 用人单位非过错性解除，也称非过错性解雇，是指劳动合同的解除不是因为劳动者存在过错，而是基于劳动者个人的其他原因，或者客观情况的变化使劳动合同无法履行从而解除的情形。参见姜颖：《劳动合同法论》，法律出版社 2006 年版，第 256 页。

合同的履行僵局。关于用人单位因"客观情况发生重大变化致使劳动合同无法履行"解除劳动合同的规定主要体现在《劳动法》第 26 条第 3 项和《劳动合同法》第 40 条第 3 款。上述条款被视为用人单位无过错解除制度的重要内容之一，亦被视为合同法情势变更原则在劳动合同领域的体现。在疏解非首都功能的大背景下，相关企业将面临退出市场、搬迁、撤并和结构调整等多种变化，用人单位往往会依据上述法律规定，主张双方劳动合同订立时的客观情况发生重大变化，并据此要求解除劳动合同，由此引发的劳动争议案件亦不在少数。

为防止用人单位滥用其用工自主权，司法实践中，法院在用人单位因"客观情况发生重大变化"主张解除劳动合同时应当审慎审查其解除行为的实质要件和形式要件。实质要件是，必须存在"劳动合同订立时所依据的客观情况发生重大变化，致使劳动合同无法履行"的情形；形式要件是，用人单位需与劳动者进行协商，且未能就变更劳动合同内容达成协议。同时，需要注意的是，用人单位据此解除劳动合同的，应当提前 30 日以书面形式通知劳动者本人或者额外支付劳动者 1 个月工资，并应当向劳动者支付解除劳动合同的经济补偿。司法实践中，因适用该原则产生的法律焦点主要表现为：

1. 疏解非首都功能是否属于《劳动合同法》第 40 条第 3 款规定的"客观情况发生重大变化"？

该问题的核心在于界定何为"客观情况发生重大变化"？《劳动法》和《劳动合同法》虽然规定了用人单位可基于"客观情况发生重大变化"主张无过错性解除权，但对"客观情况发生重大变化"所指情形未予进一步明确。原劳动部办公厅《关于〈劳动法〉若干条文的说明》（以下简称《说明》）对《劳动合同法》第 40 条第 3 款中的"客观情况"进行了阐述，《说明》第 26 条规定，本条中的"客观情况"是指：发生不可抗力或出现致使劳动合同全部或部分条款无法履行的其他情况，如企业迁移、被兼并、企业资产转移等，并且排除本法第 27 条所列的客观情况。但随着国民经济的不断发展，和劳资关系形式、内容的不断更新变化，上述《说明》中固化的几种情况很难满足劳动合同的履行要求，也给法院的审判实践带来了很多挑战。尤其在修改《劳动合同法》的呼声越来越强烈的当下，伴随着社会各界对《劳动合同法》制约经济发展的质疑、用人单位对用工自主权的重视以及劳资关系特别是劳动争议发展的新趋势，理论界和司法实践中对于如何把握"客观情况发生重大变化致使劳动合同无法履行"亦存在不同观点。

课题组认为，认定是否属于法律规定的"客观情况发生重大变化致使劳动合同无法履行"的情况可以参考《北京市高级人民法院、北京市劳动人事争议仲裁委员会关于审理劳动争议案件法律适用问题的解答》（以下简称《解答》）第

12 条的规定，即劳动合同订立时所依据的客观情况发生重大变化是指劳动合同订立后发生了用人单位和劳动者订立合同时无法预见的变化，致使双方订立的劳动合同全部或主要条款无法履行，或者若继续履行将出现成本过高等显失公平的情况，致使劳动合同目的难以实现。下列情形一般属于"劳动合同订立时所依据的客观情况发生重大变化"：①地震、火灾、水灾等自然灾害形成的不可抗力；②受法律、法规、政策变化导致用人单位迁移〔1〕、资产转移或者停产、转产、转（改）制等重大变化的；③特许经营性质的用人单位经营范围等发生变化的。

疏解非首都功能是推动京津冀协同发展的一个重大国家战略，在疏解非首都功能政策下企业依法进行的劳动关系调整行为系基于国家宏观政策导致，非归因于用人单位或劳动者主观原因，且该情况在双方订立劳动合同时可能无法预见，从而导致劳动合同客观上无法继续履行。在用人单位与劳动者协商后未能达成一致的情况下，用人单位依据《劳动合同法》第 40 条第 3 款规定，主张其解除劳动合同行为合法的，一般应予以支持。即疏解非首都功能政策原则上应当视为属于《劳动合同法》第 40 条第 3 款所规定的"客观情况发生重大变化"的情形。

2. 如何理解"用人单位与劳动者进行协商"？

在疏解非首都功能过程中，对于用人单位依据《劳动合同法》第 40 条第 3 款所规定的"客观情况发生重大变化"主张解除劳动合同时，除了满足法律规定的"客观情况发生重大变化，导致原劳动合同无法履行"这一实质要件之外，还需满足一程序要件，即用人单位应根据变化后的客观情况与劳动者就变更劳动合同进行协商。在审判实践中，关于如何审查"用人单位与劳动者进行协商"，各法院存在不同的处理意见。

课题组认为，《劳动合同法》的立法目的在于规范劳动合同用工行为，构建和发展和谐的稳定的劳动关系。即便双方劳动合同订立时的"客观情况发生重大变化，致使原劳动合同无法履行"，法律亦不倡导用人单位与劳动者即时解除劳动合同，而是倡导用人单位与劳动者通过协商，变更劳动合同，尽量稳定原有的劳动合同关系。从立法目的角度解释，这种协商应当是积极的，而非消极的；是有利于劳动关系维系的，而非加速劳动关系解除的。因此，课题组认为，为防止用人单位侵犯劳动者合法权益，在疏解非首都功能政策下，法院仍应当对用人单位协商的过程予以实质审查。即受疏解的用人单位与劳动者协商应当是善意的，协商的内容应符合实际情况，不应停留于形式，用人单位有义务维护协商过程的

---

〔1〕 深圳市中级人民法院《关于审理劳动争议案件程序性问题的指导性意见》第 85 条规定亦有类似规定："用人单位由深圳市行政区域内向深圳市行政区域外搬迁的可以依据《劳动合同法》第 40 条第 1 款第 3 项的规定。"且其认为，用人单位由深圳市行政区域内向深圳市行政区域外搬迁的属于《劳动合同法》第 40 条第 3 款规定的"客观情况发生重大变化"的情形。

严谨性和高效性。一方面，用人单位在与劳动者协商变更劳动合同时应当遵循稳定性和谦抑性原则，维护劳动合同整体结构的稳定性；另一方面，协商变更劳动合同的内容应当与"客观情况"所发生重大变化的情形相适应，用人单位不得以"客观情况发生重大变化"为由恶意与劳动者协商其他与客观情况发生变化无关的条款。

（四）适用经济性裁员制度的争议焦点及司法观点

经济性裁员制度作为用人单位行使解除劳动合同权的方式之一，是指用人单位由于其生产经营状况的变化而导致劳动力过剩，而采取的一种一次性辞退部分劳动者的手段[1]。该制度的设立，可以使用人单位在出现经营不善等经济性原因时，通过经济性裁员的方式，在激烈的市场竞争中保存自身竞争力。但经济性裁员将使用人单位与大量劳动者解除劳动关系，使大量劳动者处于失业状态，丧失生活来源，严重影响劳动者的生存与发展。同时，经济性裁员是企业在劳动合同约定的有效期限内非正常地解除劳动合同，极大地损害了劳动者基于劳动合同所产生的预期利益，极易遭到劳动者的抵制与反对，从而加剧劳资矛盾，引发劳资纠纷。故各国均对企业的经济性裁员行为作出了限制，以防止用人单位随意裁员，维护劳动关系的和谐稳定。一方面，经济性裁员应符合"最后手段性原则"，即用人单位采取经济性裁员必须是终极的、无法避免的、不得已的手段。另一方面，经济性裁员应加强劳资协商。通过劳资协商，可以使劳资双方携手共同解决双方面临的裁员问题，还可以妥善化解裁员情形下各方的利益冲突，显著增进劳资间的理解与信任，有力维护社会的和谐与稳定。我国劳动合同法对企业经济性裁员的程序作出明确规定，要求企业需向工会或者全体职工说明情况、听取工会或者职工的意见、向劳动行政部门报告裁减人员方案，通过上述程序性规定促进劳资协商。

自北京市实施疏解非首都功能政策以来，北京企业由于市场环境、政策要求退出、转移的情况时有发生。有的企业还采取"经济性裁员"这种"减负过冬"的手段，通过减少员工数量在一定程度上缓解企业的运营压力，改善经营状况，确保企业自身能够继续存活。实践中，关于经济性裁员引发的焦点问题主要集中在以下方面：

1. "生产经营发生严重困难"的司法认定

生产经营发生严重困难，是企业采取经济性裁员的重要事由，亦是非首都功能疏解过程中企业常用的裁员事由。《劳动合同法》虽然规定企业在生产经营发生严重困难的情况下可以裁员，但对于生产经营达到"严重困难"的标准并未

---

[1] 林嘉主编：《劳动法和社会保障法》，中国人民大学出版社2011年版，第149页。

作出规定。在实践中，对于生产经营状况达到"严重困难"的标准观点并不统一。

课题组认为，《北京市企业经济性裁减人员规定》制定于 1995 年（该规定已于 2017 年失效），其制定时的社会经济发展情况与现今的情况具有较大差别，且对于企业进行经济性裁员的标准和条件做了相当严格的限制，对企业摆脱困境、减轻负担造成了极大的阻碍。实践中，达到上述程度的企业完全可通过破产清算程序退出市场，而无须采取经济性裁员。综合比较我国其他省市关于经济性裁员的相关规定，课题组认为《青岛市企业经济性裁减人员管理办法》（青政发〔2000〕138 号）（已失效）规定的标准具有较高价值的参考意义。《青岛市企业经济性裁减人员管理办法》规定"用人单位生产经营发生亏损"，且采取"停止招工""停止加班加点""清退劳务性用工""降低工资"等措施满 6 个月或 12 个月仍然亏损且生产经营状况无明显好转的为生产经营发生"严重困难"。上述规定符合经济性裁员"最后手段性原则"，即要求企业必须采取其他措施调整经营仍不能改变困难状况方可采用裁员手段，同时其规定亏损、生产经营状况不能好转的条件也较为贴合实际，不致使企业达到无法经营的程度而退出市场。因此，上述规定可以作为对"生产经营严重困难"企业的认定条件。

2. "企业转产、重大技术革新或者经营方式调整，经变更劳动合同后，仍需裁减人员"的司法认定

"企业转产、重大技术革新或者经营方式调整"而引起的裁员又称为结构性裁员，用人单位在此时并未陷入经济上的困境，而是基于谋求企业更好发展的良好期待，自主进行设备更新、技术升级、人员精简，具有明显的优势性和主动性。在非首都功能疏解过程中，该项裁员理由亦是企业经常采用的裁员理由。在实践中，对于如何认定企业内部技术、设备的更新及升级与裁员的必然联系，法律并未给出具有可操作性的标准，故认定标准并不统一。

课题组认为，《劳动合同法》第 41 条第 1 款第 3 项明确列举条款和 1 项兜底条款形式规定经济性裁员事由，前 3 项裁员事由具有内在逻辑关系，即企业裁员由被动转为主动，迫切性递减。"最后手段性原则"要求裁员具有紧迫性，无法通过其他技术的、组织的或经济的手段得到满足，而企业转产、重大技术革新或者经营方式调整对于企业裁员的紧迫性相对来说并不强，故应对"企业转产、重大技术革新或者经营方式调整"进行必要的限制，上述情况应达到业务性质变更之程度企业方可采取裁员措施。对于企业是否积极通过变更劳动合同的方式避免裁员，应从企业为劳动者提供的新岗位的数量、新岗位的工作性质、待遇等方面判断。只有企业因业务性质变更，确有裁员必要，且无法为劳动者安排其他适当岗位时才可启动经济性裁员，以防止企业恶意裁员。

3. 非首都功能疏解致使企业退出市场是否属于客观经济情况发生重大变化的司法认定？

受疏解非首都功能政策影响，有些企业将其部分不符合首都功能的业务向其他省市转移，而需大量裁减人员。对于受政策影响而裁员是否属于"客观经济情况"发生重大变化，各方存在争议。

课题组认为，首先，由于政策原因致使企业部分业务无法在当地开展属于企业所在市场环境发生重大变化，而市场环境属于"客观经济情况"的一部分；其次，企业与大量劳动者解除劳动关系，关乎社会的稳定，因经济性裁员需要企业履行严格的法定程序，且有工会和劳动行政部门的参与，更有利于维护劳动者的合法权益及维护社会稳定，故应将政策变化包括在"客观经济情况"范围之内。

四、疏解非首都功能政策下妥善处理劳动争议的建议与对策

顺利实施非首都功能疏解，需重视劳动关系的处理。劳动关系处理不当，不仅使企业无法顺利实现疏解目标，同时还可能引发劳动争议甚至集体争议，为此，课题组针对用人单位、劳动者、行政部门、司法机关等不同主体提出以下建议与对策：

（一）加大疏解政策宣传力度，营造良好的纠纷化解氛围

加强与新闻媒体和信息网站的联动，充分利用网站、微博、微信公众平台等新媒体，加大政策宣传力度；加强对企业的普法宣传和法律培训，提高企业依法调整劳动关系的意识和能力，促进疏解企业用足用好已出台的优惠政策；通过媒体开辟疏解工作中构建和谐劳动关系专栏，系统介绍疏解过程中相关的法律、法规和政策，引导劳动者依法理性维权，促进劳动者有效实现自身合法权益。

（二）加强疏解工作政策研究，实现政策的正式制度供给

目前与疏解非首都功能过程中调整劳动关系的配套政策严重缺失，应进一步加强理论研究，实现疏解政策的立法转化，提高相关文件的效力层级，明确各方的权利义务，为妥善处理纠纷提供正式制度供给，为司法提供法律依据。国外成功都市圈的发展过程中，政府均以法律形式颁布诸多法令作为指导都市圈各个时期建设发展的行动纲领，如东京都市圈规划是在《国土综合开发法》和《首都圈建设规划法》的基础上制定的[1]。

（三）建立京津冀信息共享平台，加强法律法规监督指导

应当建立健全疏解非首都功能工作的京津冀信息共享平台，对于疏解单位的

---

[1] 王涛：《日本东京都市圈的空间结构变动、规划变迁及其启示》，载 http://wenku.baidu.com/link? url＝HGtZZOCnOmRy4k0ngnELZsSPc6IP7cEG_Nrg4AVbAUMzzFaMr3hfIP78ML8OzvQz1fkzJEXEHXO9MH qQv17U9iP1koVK—3IZVML39c5JNKe，最后访问日期：2016 年 10 月 2 日。

名称、疏解方法、疏解人数、争议发生情况、司法文书等相关信息进行公示，确保疏解工作相关信息的透明化、即时化，以便相关主管部门对企业的员工安置情况进行监督，及时发现和纠正企业的不合法、不合规行为，适时引导企业依法调整劳动关系。建立和健全与疏解工作相配套的合理的职业培训机制、创业扶持机制等，有针对性地引导分流职工更好的就业和自主创业；完善疏解过程中京津冀三地与职工权益相关的社保、医疗、住房、子女教育等政策一体化的规定等。

（四）加强区域间立法司法合作，统一相关案件裁判尺度

应当加强京津冀三地的立法司法联动机制建设，以"协同司法"保障"协同发展"，克服地域性壁垒，探索建立京津冀三地法院立案裁判标准统一、诉讼服务标准统一的工作机制；有步骤、有计划、有针对性地出台规范性指引或发布司法建议，从法律合规层面对非首都功能疏解过程中企业面临的职工安置问题进行预判和指引。

（五）审理程序繁简分流，提高案件审理效率

劳动争议案件一般因其事实较为清晰、权利义务关系明确而作为速裁案件进行审理，司法机关应优化审理流程，提高审判效率，及时维护劳资双方的合法权益，实现法律关系的稳定。在标的金额不大、事实相对清楚、当事人同意的情况下，应当充分借助现代科技，特别是互联网技术手段对诉讼程序进行创新，实现案件的全流程立案、在线审理，降低异地当事人奔波旅途的时间和成本，简化程序性事项。对于标的额大、涉及面广、事实相对复杂的案件，应当进行精细化审理。对重大敏感、疑难复杂或群体性诉讼，通过召开专业法官会议等方式，进行案情研讨评估，拟定具体可行方案，慎重稳妥处理。

（六）建立多元化纠纷解决机制，促进纠纷的实质性解决

为服务疏解非首都功能中劳动关系的调整，应建立由政府、人社局、工会、司法局、仲裁委和法院等多部门的多方联动机制；定期召开联席会议，力求整合各方资源，发挥各方优势，形成工作合力，建立预警、信息共享、联合化解、普法宣传等多项机制；确立预防为主、调解优先、标本兼治、平衡保护的原则，细化分工、密切配合；引导劳资双方自主协商，充分发挥工会、调解委员会、仲裁院等部门职能作用，实现调审衔接无障碍、裁审统一无冲突，努力将矛盾化解在源头。探索建立劳动纠纷的绿色通道，高效、快速处理疏解工作中产生的劳动争议，为疏解非首都功能工作保驾护航。

社会共治视阈下的北京市食品安全法律治理实证研究

刘俊海*

本部分内容旨在对宏观视角下北京市食品法律规制总体发展历程进行检视的基础上，借助相应的实地调研资料，对北京市当下食品安全的社会共治发展状况予以说明，分析其问题，为课题最终的对策建议提供最切实基础。

课题组考察了近年北京市推行社会共治的食品安全政策的具体表现，将其代表性成果列举如下：

1. 法律制度的日趋完善

当前，我国已经形成了包括《食品安全法》《消费者权益保护法》《民法》《刑法》《农产品质量安全法》《食品安全法实施条例》等诸多法律法规在内的食品安全社会共治法律体系，以及不断完善的各项法律制度，为北京市食品安全法治建设提供了宏观基础。而更为重要的，则是北京市不断推陈出新的，尤以"十二五"阶段为代表的大批食品安全相关的地方性法规，规范性文件的出台，为其社会共治提供了坚实的规范支持。如下表，近三年来，北京市颁布的地方性食品有关法规与部门规章如下：

名　　　称	颁行机构	时　间
北京市医疗器械网络销售监督管理办法实施细则（试行）	北京市食品药品[1]监督管理局	2018
北京市医疗器械快速审评审批办法	北京市食品药品监督管理局	2018
北京市开办药品零售企业暂行规定	北京市食品药品监督管理局	2018
北京市食品生产许可全程电子化工作方案	北京市食品药品监督管理局	2017

---

* 课题主持人：刘俊海，中国人民大学法学院教授。立项编号 BLS（2017）B005；结项等级：优秀。
〔1〕 现为北京市市场监督管理局。

续表

名　　称	颁行机构	时　间
北京市农村食品安全风险隐患排查整治行动方案	北京市食品药品监督管理局	2017
北京市餐饮服务单位明厨亮灶建设指导意见（2017版）	北京市食品药品监督管理局	2017
北京市餐饮服务食品安全量化分级管理办法（2017第二版）	北京市食品药品监督管理局	2017
北京市医疗器械经营监督管理办法实施细则（2017年修订版）	北京市食品药品监督管理局	2017
北京市食品监督管理局食品、药品、医疗器械、保健食品、化妆品安全监测工作办法	北京市食品药品监督管理局	2017
北京市医疗器械生产企业管理者代表管理制度（试行）	北京市食品药品监督管理局	2017
北京市医疗器械生产企业信息采集和报告规定（试行）	北京市食品药品监督管理局	2017
北京市定制式义齿生产质量管理规范检查要点指南（2017年修订版）	北京市食品药品监督管理局	2017
北京市中小学校外供餐管理办法（试行）	北京市教育委员会 北京市食品药品监督管理局 北京市卫计委	2017
2017年食品安全标准跟踪评价工作方案	北京市卫计委 北京市食品药品监督管理局 北京市质监局 北京市农业局 北京市出入境检验检疫局	2017
北京市食品安全企业标准备案办法	北京市卫计委	2017
关于进一步加强食品安全标准与监测评估工作的指导意见	北京市卫计委	2017
北京市食品药品安全突发事件应急预案（2017年修订）	北京市突发事件应急委员会	2017
北京市创建放心肉菜示范超市工作方案（试行）	北京市食品药品安全委员会	2017
北京市创建放心肉菜示范超市审评细则（试行）	北京市食品药品安全委员会	2017

续表

名　　　称	颁行机构	时　间
北京市创建放心肉菜示范超市评价与管理办法（试行）	北京市食品药品安全委员会	2017
北京市食品生产经营者风险分级规范（试行）	北京市食品药品监督管理局	2016
北京市药品医疗器械产品注册收费实施细则（试行）	北京市食品药品监督管理局	2016
北京市食品药品行政处罚案件信息公开制度（试行）	北京市食品药品监督管理局	2016
关于落实《医疗器械经营企业分类分级监督管理规定》的指导意见	北京市食品药品监督管理局	2016
北京市网络食品经营监督管理办法（暂行）	北京市食品药品监督管理局	2016
北京市畜禽产品食品安全监督管理暂行办法	北京市食品药品监督管理局北京市农业局	2016
北京市医疗用毒性中药材及其饮片生产经营管理暂行规定	北京市食品药品监督管理局	2016
北京市医疗器械生产监督管理办法（暂行）	北京市食品药品监督管理局	2016
北京市药品注册优先审查办法	北京市食品药品监督管理局	2016
北京市食品生产许可管理办法（试行）	北京市食品药品监督管理局	2016
北京市食品经营许可管理办法（试行）	北京市食品药品监督管理局	2016
北京市医疗器械快速审评审批办法（试行）（已失效）	北京市食品药品监督管理局	2016
北京市开展药品上市许可持有人制度试点工作实施方案	北京市食品药品监督管理局	2016
北京市食品药品监督管理局科技项目管理办法（试行）	北京市食品药品监督管理局	2016
北京市食品药品投诉举报管理办法	北京市食品药品监督管理局	2016
北京市医疗器械生产企业管理者代表管理制度（试行）	北京市食品局	2017
北京市畜禽产品食品安全监督管理暂行办法	北京市食品局	2016

　　而若检视上述规范性文件文本，则可发现诸如社会共治、多元治理、协调共治等体现社会共治理念的表述在不同文本的指导原则、精神、责任章节中均有复现。可见，上述制度的颁布既说明了近年来北京市食品安全法律治理在规范建构履新方面的成绩，也直接表明了上述工作中暗含的，对于社会共治理念与精神的现实贯彻。

　　2. 政府职能的积极转变

　　近年，我国政府积极推进简政放权，优化政府职能，以"服务型政府""监管型政府"的姿态参与到食品安全社会共治体系中。2016 年 5 月 23 日国务院下发《2016 年推进简政放权放管结合优化服务改革工作要点》对政府职能转变、角色调整工作进一步进行安排，强调按照创新、协调、绿色、开放、共享的发展理念，设计更有力举措推进简政放权、放管结合、优化服务改革，加强对社会组织的管理和引导，调动社会力量积极性，增加基本公共服务。2017 年 6 月，李克强总理在全国深化简政放权放管结合优化服务改革电视电话会议发表讲话，强调我国多年来把转变政府职能作为深化经济体制改革和行政体制改革的关键。市场在资源配置中起决定性作用和更好发挥政府作用要求始终抓住"放管服"，推进政府职能转变不断创新优化服务，更大激发市场活力和社会创造力。

　　在以上宏观背景的影响下，北京市食品药品监督管理局在"十二五"期间完成以下简政放权，调整职能角色的努力。①精简下放审批事项。对所有审批事项和服务事项进行了认真梳理，按照能减则减、能放则放、能并则并原则，将粮食加工品、调味品、饼干、薯类和膨化食品等 18 大类食品生产许可以及餐饮服务许可审批发证权限下放到到各县级食品安全监管部门，并针对下放事项开展了业务培训，保证下放审批事项严格依据法律、法规、规章的规定实施。②明确部门权责清单。全面梳理部门行政职权，制定了部门权力清单、服务清单和责任清单，明确了部门权责边界和权力底数，及时向社会公布，接受公众监督。举行了权力清单和服务清单事项听证会，广泛听取了社会各界的意见建议。立足简化优化公共服务流程，编制了部门公共服务事项清单，将信息公开、食品抽检结果公布、科普宣传、12331 投诉举报、黑名单公布、委托检验等 6 个事项纳入《公共服务事项目录》，并编制了依申请服务事项服务指南，有效推进依法行政。③推行双随机抽查机制。对食品各环节监督检查事项进行认真梳理，确定 16 项随机抽查事项，形成了随机抽查事项清单，并制定了随机抽查工作细则，确保随机抽查工作有序、规范开展。将随机抽查与食品安全信用等级评定衔接，根据被检查对象的信用状况确定随机抽查比例和频次，加大对生产经营异常、投诉举报多、有失信行为、有违法违规记录的市场主体的抽查力度，并将监督检查情况作为信用等级评定基础数据。及时向社会公开随机抽查事项清单及抽查情况、查处结果，接受社会监督。④不断强化业态管控。一是创新监管措施。探索推行了食品生产企业"赋码追溯"、食品经营"一本通"、阳光开放、药品生产质量风险管理、提升药店规范行动等一系列监管措施，有效提升了食品监管效能。二是实施快检托管全覆盖。在全市所有大型食品批发市场、农贸市场及大型超市全部建设了快检室，实施"政府主导并购买部分服务，市场开办者委托第三方检测机构进驻"的运行模式，实现了快检室有效良性运转。快检结果即时向社会公示，快检室面向公众"免费检测"，强化社会监督，倒逼经营者自律。三是实施智慧监管。以省"食品监管云"为支撑，打造食品信息化监管平台，重点建设"阳光厨房""透明快检室"和移动办公系统。四是强化专项整治。针对社会普遍关心的突出问题、重大风险隐患和行业潜规则，采取三安联动、检打结合、边检边公示等措施，重点组织开展了肉及肉制品、畜禽水产品、"三小"规范提升等系列整治行动。去年以来，共查办食品案件 3500 余件。⑤推进信用体系建设。实行食品安全信用信息分级分类监管，建立了联合惩戒制度，在加大对食品领域严重失信行为监管力度的同时，联合有关部门对严重失信的生产经营者采取联合惩戒措施。2016 年，对 16 家食品安全严重失信者进行了联合惩戒，在司法、交通、金融、国土等领域予以限制或禁入并实施重点监管。⑥完善行政审批工作制度。严格落实"首问责任制""限时办结制""责任追究制"，改善服务质量，提高工作效率，审批事项按时办结率达到 100%。针对交办、下放事项，制定了《行政许可服务事项和上级交办事项办理工作暂行规定》《食品生产许可证办理程序规定》，合理配置了行政审批和技术审查部门事权，按照审批窗口统一受理申请材料，业务科室或专业技术人员进行技术审查，由审批窗口统一办理打证、发证的程序实施行政审批工作，建立起了岗位职责清晰、流程优化、审批权限明确的行政审批运行机制。⑦提升审批效率。将所有审批事项纳入市政务服务中心办理，按照"一门受理、委派验收、限时办结、一支笔签批"的工作要求，提供"一站式"服务。对所有审批事项进行了认真梳理，进一步压缩审批时限，提高审批效率，所有审批事项的承诺时限设置均低于国家、省规定的办理时限，审批办件录入市政务服务平台，主动接受市政务服务中心监督，全部实现限时办结。⑧推进网上审批和市区一体化审批。所有审批事项全部使用国家局、省局审批平台网上办理，网下、网上审批材料同步进行，全部录入审批平台办理，实现从叫号到发证市监察局、市政务服务中心全程在线监控。另外，推行了市区一体化审批，实现市县两级审批事项无交叉、无初审。[1]

在北京市食品药品安全监督管理部门的以上努力下，于"十二五"期间，

---

[1] 资料来源：《山东潍坊：去年以来共查办食品药品案件 3500 余件》，2017 年 8 月 7 日。

北京市共计落户食品药品生产经营企业 34 万余家，其中食品生产经营企业 25.9 万余家，药品生产经营企业 0.6 万余家，医疗器械生产经营企业 1.5 万余家，化妆品生产经营企业 6 万余家。同比"十一五"期间，在食品领域不同细分门类的企业注册增幅均达 35%以上。一批大型食品产业集团在京落户，食品检测、研发机构和专家队伍集聚北京，成为助推产业发展的优势资源。

3. 信息共享机制的不断完善

2016 年 1 月 12 日，国家食品药品监督管理总局颁布《食品药品投诉举报管理办法》鼓励公众监督、举报食品违法性行为，并对公众表达进行积极引导和科学指导；2016 年国务院出台《关于加快推进"互联网+政务服务"工作的指导意见》，要求各级政府主动向社会公开信息；2017 年 1 月 5 日国家发改委、工业和信息化部下发《关于促进食品工业健康发展的指导意见》中明确指出"加快工业云、大数据、物联网等新一代信息技术在食品工业研发设计、生产制造、流通消费等领域的应用"；同年，2 月 14 日国务院下发《"十三五"国家药品安全规划》中强调"实施安全监管信息化工程，推进安全监管大数据资源共享和应用，提高监管效能"。

在以上宏观政策的影响下，北京市食品安全监管有关部门在近年来不断推进食品监管工作决策、执行、管理、服务、结果公开，努力在公开内容、解读回应、公众互动、网站建设等领域实现新突破。以课题组调研的其 2017 年信息公开事项为例，其具体成绩包括：

（1）着力扩大食品安全信息公开内容。在这方面，北京市食品安全监管部门首先是将有关会议开放以提高行政决策透明度。制发《邀请社会公众列席市局局长办公会议办法》制度，选择涉及重大公众利益的会议议题，邀请社会公众参与决策过程，举办听证会。开展"局长开放日"活动，邀请消费者代表列席局长办公会，参与《北京市〈医疗器械经营企业监督管理办法〉实施细则（修订稿）》等规范性文件的审查与决策，不仅搭建了公众参与公共事务的新平台，也提高了行政决策的透明度。其次是加强食品监督检查信息公开。在原有工作基础上，2017 年着力加强了食品监督检查信息公开，按照"先审核后公开"的原则，逐步将 2017 年日常监督检查信息（检查日期、类别、内容、结果等）以数据查询的形式进行了公开，并对重点企业的飞行检查、专项检查信息情况以文字形式进行了通报。再次是加大对重点专项工作信息的公开。创建食品安全示范区、"阳光餐饮"工程、食品监管基层联络站建设是北京市 2017 年重要民生实事项目。北京市食品药品监管局专门在网站设立了专题专栏对创建食品安全示范区、"阳光餐饮"工程、食品药品监管基层联络站建设相关工作文件、进展动态、特色工作、有关知识等进行了重点公开，方便市民第一时间获取有关信息。

此外还加强科普知识及消费提示信息发布。食品安全知识专业性较强，北京市食品药品监管局在网站设置了提示与科普专栏，通过图片、问答、辟谣等生动丰富形式开展科普和消费提示。针对传统节假日、高考期间等重点时段消费特点，发布重点食品消费提示，引导公众安全、理性消费。最后则是推进食品安全信息全面公开。定期分类发布食品、药品、医疗器械、保健食品、化妆品抽样检验和不合格产品处置信息；及时公布药品不良反应和医疗器械不良事件监测信息、食品和医疗器械召回信息、GMP/GSP 认证公示信息、创新医疗器械产品公示信息；适时曝光药品、医疗器械、保健食品违法广告监测结果、许可证注销和 GMP/GSP 证书收回信息；多渠道发布食品、药品、医疗器械、化妆品科普信息、消费警示信息和典型案例信息；即时公布行政许可、行政检查、行政处罚结果信息，全市餐饮服务量化分级信息，执业药师注册信息和食品监察员证件信息。

（2）着力加强政策解读、回应关切和公众互动。在这方面，首先表现为政策解读数量和质量大幅上升。制发《关于全面推进食品政务工作解读的实施意见》，明确了解读范围、解读内容以及解读形式，按照"谁起草、谁解读"的原则，做到政策文件与解读方案、解读材料同步起草、同步签审、同步发布。在网站设立"政策解读"专栏，对北京食品监管局制定发布的政策文件及开展的重点工作进行全面解读。2017 年共发布政策解读 23 条，其中原创类解读 16 条，转载总局及首都之窗解读 7 条，被首都之窗采纳发布 4 条。解读数量较上年大幅增长，解读形式生动形象、言简意赅，便于公众接受和理解。解读文件与政策文件、媒体评论进行了关联。其次是构建专业舆情监测体系及时捕捉热点信息。北京食品监管局依托专业舆情监测机构，构建了全面覆盖各类传统、新兴媒体并实时传送的舆情监测平台，全年共推送各类舆情信息 11.5 万条，形成热点事件舆情日报 215 期。

（3）着力拓展政府信息公开渠道。在这方面，首先是通过微信、微博、头条拓展公开渠道，实现互联网与移动网的整合联动。北京市食品药品监管局设立了"首都食药"微信公众号、微博、头条号，与门户网站同步发布和推送信息，初步实现了渠道间的整合融合。2017 年，"首都食品"政务微博发布信息 1497条，粉丝量已近百万；"首都食品"微信公众号发布信息 1020 条，关注量较年初新设立时增长了 6 倍；"首都食品"头条号发布信息 568 条，平均阅读量达到5000 左右。同时，以市局"首都食品"政务微信公众号为"龙头"，整合全市系统内 16 个区局、7 个直属单位和 13 个街（乡、镇）食品监管所共计 36 个微信公众号打造"微信矩阵"平台。

（4）着力提升政府信息依申请公开工作水平。在 2017 年，北京市食品药品监管局累计通过网站主动公开政府信息 115 746 条，同比上涨 13%，其中：行政许可结果信息 99 221 条；行政处罚结果信息 9523 条；打击侵犯知识产权和假冒伪劣案件信息 10 期 23 条；食品安全质量公告 102 期；药品、医疗器械、保健食品、化妆品抽验公告 17 期；药品不良反应监测信息 3 期；医疗器械警戒信息 12 条；食品召回信息 75 条；医疗器械召回信息 28 条；许可证注销公告 22 期 459 条；药品 GMP 认证类公示公告 42 条；药品 GSP 认证类公示公告 101 条。

可见，食品类政府信息公开申请呈现持续上升趋势，对此，北京市食品药品监管局加强工作统筹和指导，着力提升政府信息依申请公开工作水平。一是严格依法办理，按程序登记、征求意见、答复；二是加大培训力度，邀请市法制办专家对全系统各单位信息公开工作人员进行集体培训；三是建立疑难案件会商机制，对全系统各单位、各部门在依申请信息公开中的复杂、疑难、重大案例进行集体会商，统一答复口径，规避和防范法律风险；四是定期编发《政务和政府信息公开工作参考》，对各单位政府信息依申请公开工作进行指导，依申请公开工作水平明显提升。[1]

4. 公民参与意识的不断增进

2016 年 1 月 14 日，国家食品监督管理总局颁布《食品投诉举报管理办法》鼓励公众监督、举报食品违法性行为，并对公众表达积极引导和科学指导；2016 年国务院出台《关于加快推进"互联网+政务服务"工作的指导意见》，要求各级政府主动向社会公开信息；2017 年 1 月 5 日国家发改委工业和信息化部下发《促进食品工业健康发展的指导意见》中明确指出"加快工业云、大数据、物联网等新一代信息技术在食品工业研发设计、生产制造、流通消费等领域的应用"；同年，2 月 14 日国务院下发《"十三五"国家食品安全规划》中强调"实施安全监管信息化工程，推进安全监管大数据资源共享和应用，提高监管效能"。

在上述背景下，北京市食品监管社会共治工作的群众参与机制一方面注意了信息的输出，即对群众宣传教育工作的加强，据课题组调查，为提高辖区居民对保健食品的认知水平，打击食品、保健食品虚假宣传、欺诈销售行为，仅以海淀区食品局为例，其结合食品安全示范区创建工作，科所联动走进社区开展食品安全知识宣传活动。"十二五"期间，共开展了 26 场次，3000 余社区居民参加，发放宣传手册 2500 册，取得了较好的效果。另一方面，群众参与机制一则注意了公众对于食品违法信息的"输入"功能，除颁布相应的投诉举报办法外，北京市食品药品监管部门市、区县人大代表、政协委员和专家学者中聘请近百名特约监督员，在社区、村庄聘用 8200 余名食品安全信息员，初步构建了社会监督网络。据课题组调查，2014 年，12331 食品投诉举报中心共接收投诉举报 41 849

---

〔1〕 资料来源：《北京市食品药品监督管理局 2017 年政府信息公开年度报告》。

件，解答群众咨询 58 105 件，办结率达 95% 以上。目前，北京市食品监管局已在全市设立 500 余个社区监测站点，为食品安全信息员配备便捷式快检设备，提升基层风险监测与防控能力，动员社会力量参与监管工作。

食品作为生活必需品，食品消费行为具有刚性，食品安全直接关系到公众的生命安全和健康，公众对食品安全状况的感知势必影响他们的消费行为，进而影响食品安全社会共治局面的未来发展。因此在研究食品安全社会共治时，公众对食品安全的认知和评价作为研究的重要一环不能忽视。我国多年来一直为食品安全治理做出努力，从食品安全立法、机构改革、监管体制改革，加大食品安全犯罪惩罚力度做出大量的工作，我国食品安全状况明显改善。那么首都公众是否感知到我国食品安全社会多元共治的上述变化？又对当前食品安全法律治理的效能如何评价？有哪些亟待解决的问题需要关注？这些都将为北京地区社会共治语阙下的食品安全法律治理研究指明方向，需要我们进行深入调查。

课题组首先收集了国家统计局北京调查总队于 2017 对北京市食品安全状况群众满意度的调查报告，该报告调查数据显示，北京市食品安全形势总体平稳，食品安全状况满意度为 86.7%，与上年同期基本持平，比 2015 年提升 8.0 个百分点，居民对食品安全知识需求强烈。该调查对 1000 位北京市居民开展了北京市食品安全公众满意度调查。调查显示，选择"满意"的被访者比重比上年同期提升 4.2 个百分点，连续两年攀升。同时，64.2% 的被访者表示食品安全状况比上年同期有好转。分居住地看，镇区居民满意度最高，为 92.3%，高出全市平均水平 5.6 个百分点，分别比城区居民和乡村居民高 7.1 个和 5.0 个百分点。

调查显示，调味品、粮油类、奶及奶制品位列前三甲，安全状况满意度分别为 90.5%、90.0% 和 89.7%；休闲零食居末位，满意度为 70.6%，肉制品和饮料安全状况满意度也低于 80.0%。从差值看，不同种类食品安全状况满意度差值呈逐年缩小态势。2017 年，满意度最高值与最低值相差 19.9 个百分点，比 2015 年和 2016 年均有所缩小。

与上年同期相比，各类食品安全状况满意度 11 升 5 降。婴幼儿配方奶粉、调味品等 11 类食品安全状况满意度有所提升，其中，婴幼儿配方奶粉提升幅度最大。粮油、蛋禽、豆制品、瓜果、蔬菜 5 类食品安全状况满意度下降。

从调查结果看，居民对食品安全知识需求十分强烈，99.3% 的被访者对食品安全知识有需求。从需求内容看，"如何鉴别真伪"居首位，选择比重为52.6%，列第二、第三位的分别是"食品安全标准知识"和"消费者维权知识"。"食品添加剂知识"和"食品安全法律法规"选择比重也均超 4 成。

从信息获取渠道来看，传统媒体仍占主导地位。调查显示，当发生食品安全突发事件时，83.5% 的被访者通过电视、报刊、广播等传统媒体了解突发事件相关信息，其次是各大新闻网站，选择比重为 58.2%，第三是微信朋友圈或个人微博，选择比重为 55.5%，而选择政府官网的被访者不足半数。国家统计局北京调查总队相关负责人提醒，鉴于互联网信息内容良莠不齐，真伪难辨，居民个人还需增强分辨能力。

为保证课题研究严谨性，并与官方调查报告相验证，课题组展开了《北京市海淀区公众食品安全认知状况调查》，用第一手数据研究食品安全社会共治的突破口，进而找出社会共治关键因素。2018 年 1 月到 2018 年 4 月，课题组对北京市海淀区学院路街道、蓟门桥街道和交大东路街道等有关社区的居民进行了食品安全公众认知状况的调查，由在校学生利用假期发放调查问卷共 600 份，回收有效问卷 584 分。本次参与问卷调查的公众基本情况：男女比例为 1 : 1.3；年龄在 21 岁到 67 岁之间；文化程度以高中和大学及以上学历为主；家庭月收入 3000 元到 15 000 元之间。调查结果如下：

1. 公众食品安全关注度及满意度调查

受访者对食品安全关注度很高，如下图所示，非常关注的达到 80.2%，关注的有 12.1%，偶尔关注 5.7%，从不关注的只有 2%。

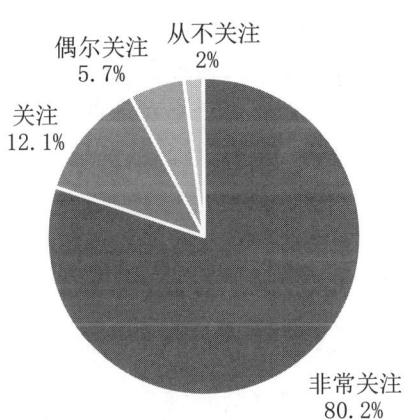

图 1　公共食品安全关注度

公众非常关注食品安全，而且随着公众收入水平的提高，其对食品质量的要求也随之提高。调查数据显示高收入和中高收入人群对食品安全问题更加敏感，关注度也更高。总结调查问卷数据得出公众对食品安全状况满意度如下图所示，约 6.4% 受访者表示非常满意，10.6% 受访者表示满意，38% 的受访者表示满意度一般，36.3% 的受访者表示不太满意，8.7% 非常不满意。

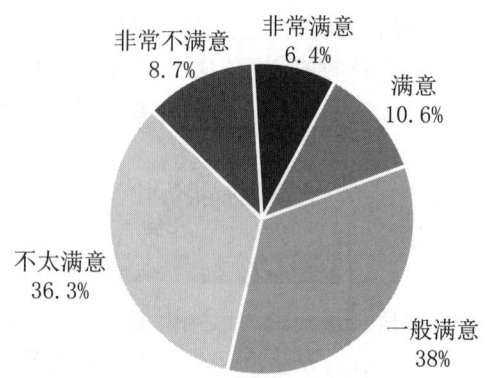

图 2　公众对食品安全满意度

　　公众食品安全重点问题关注情况调查中，对假冒伪劣、滥用食品添加剂、非法添加剂、滥用激素抗生素、农药残留、食源性疾病、重金属、食品包装材料的关注程度分别是 78.10%、75.24%、67.24%、64.95%、69.33%、52.19%、54.10%、43.81%。2008 年"三鹿奶粉"事件性质恶劣，影响范围广，公众对食品安全信心急速下降。媒体对食品安全关注度逐年提升，加之不断涌现的食品安全事故，使得公众对食品安全的信心恢复较慢，满意度不高。因此得出结论，公众对食品安全总体状况信心不足。受访者以上主观判断源于几方面因素：首先是个人食品消费经历。在问及"是否有过不安全食品消费经历"，其中 23%受访者表示多次遇到，71%受访者表示"有过，但很少"，6%的受访者表示从未有过。这样的食品消费经历是受访者对食品安全总体评价不高的主要原因。其次，在对解决途径的选择上，"29%的受访者会选择忍气吞声，71%的受访者表示如果遇到食品安全问题会主动寻求帮助。其中，45%表示会找经销商退换商品，但不会到有关部门投诉"。

　　上述数据可以看出，与官方口径差异较大的是，北京市当下居民认为本市食品安全治理状况不尽如人意，尤其在公众视野中更是如此。在公众和媒体眼中，北京市食品安全状况似乎很糟，但是根据官方数据我们可以发现，我国食品安全总体状况还是总体向好的。不能否认我国在食品安全治理中的付出和努力。可以总结为我国食品安全现状总体向好，但问题还有很多，尤其具体到地区上，食品安全事故时有发生。再有，公众食品安全信任程度低，性质恶劣的食品安全事件打击公众信心，严重影响食品安全治理甚至食品产业发展。例如三鹿婴幼儿奶粉三聚氰胺事件之后，公众在很长时间内不再信任国内品牌奶粉，而是购买国外品牌奶粉，进而影响国内婴幼儿品牌奶粉的生产销售。

　　2. 公众对近年食品安全事故知晓以及归因情况调查

　　通过整理问卷所得相关数据发现：首先，公众对近年重大食品安全事故知晓率较高，均超过 50%，其中，双汇瘦肉精事件关注度最高，达到 89.22%，这也从侧面说明公众食品安全事故发生关注度和媒体覆盖率较高。

食品安全事件	"知情者"比例（%）
"瘦肉精"事件	89.22
"三聚氰胺"事件	87.28
"苏丹红"事件	82.54
"大头娃娃"事件	63.79
"地沟油"事件	63.19
"毒胶囊"事件	60.78
"早熟奶粉"事件	55.39
"染色馒头"事件	54.53
"塑化剂"事件	52.80

其次，公众对近年食品安全事故归因情况进行选择时，如下图所示，普遍认为"政府监管不力"是食品安全事故发生的主要原因。"企业道德丧失"得分紧跟其次，"法律法规惩罚力度不大"得分再次，"公众自我保护意识不足"和"其他"得分较少。数据表明，在我国传统思维模式下，政府是食品安全治理的唯一参与者，公众将食品安全的全部希望寄托于政府监管成为一种思维惯例，因此不难理解食品安全治理中公众对政府的过度依赖和食品安全事故发生时对政府的苛责。同时，"公众自我保护意识不足"和"其他"选项的极少数值也从一个方面表明，公众对北京市食品安全风险多主体社会共治的认识不足。

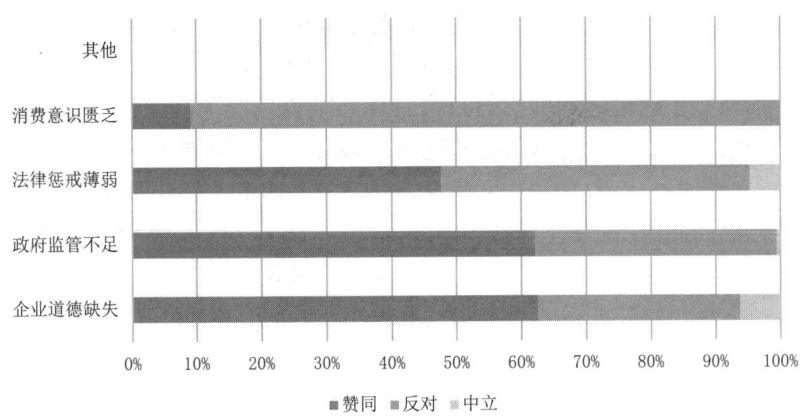

图 3　食品事故归因状况

3. 公众食品安全信息获取渠道调查

公众获取食品安全信息的渠道不同，直接带来关注重点和信息影响力差异，以及理解和接受程度的不同，同时影响公众食品安全意识。课题组根据调查数据定量分析公众食品安全信息获取渠道，找到上述关联性。如下图所示：

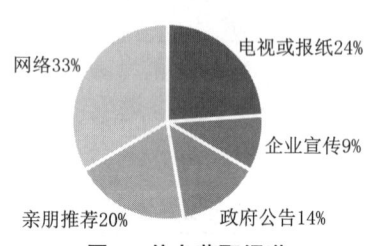

图4 信息获取渠道

网络、电视、报纸和亲朋之间的分享是公众信息获取主要渠道，而关注政府信息公告的比例极低。公众信息获取渠道极大影响公众安全意识。具体而言，由于公众在多元主体中属于食品安全信息获取弱势方。当其他主体信息发布不及时或比较闭塞情况下，公众别无选择地通过网络上的新闻获取信息。部分不负责任网络平台为搏眼球，播报多为触目惊心或失真的负面信息而缺乏正面引导，长此以往造成公众食品安全信任的丧失和盲目的悲观失落，进而阻碍公众参与食品安全社会共治。

4. 风险沟通公众满意度调查

风险沟通促进各方对风险信息的掌握，尤其食品安全链条很长，既有例如环境、农业的前端风险，也有卫生、金融的末端风险，只有加强政府、企业、公众和社会组织的沟通交流才能弥合各方风险信息差异，避免因信息不对称造成误解引发不理性行为。而且良好的风险沟通有利于促进社会共治的有效性，使各方能够及时、充分和有效地交换意见，使多元主体能够理解协同政策和措施的科学性。风险沟通是重建信任和重拾信心的关键，也是正确信息传递的关键。风险沟通是协同的前提和条件，充分及时和便利的沟通决定了协同工作的效率。在开展我国食品安全风险沟通公众满意度调查中，如下图所示，公众对食品安全风险沟通调查的四项问题表示很满意的所占比例均超过10%，而表示不满意的所占比例很高，其中对风险沟通的公开、透明程度表示不满意的受访者比例高达25.2%。

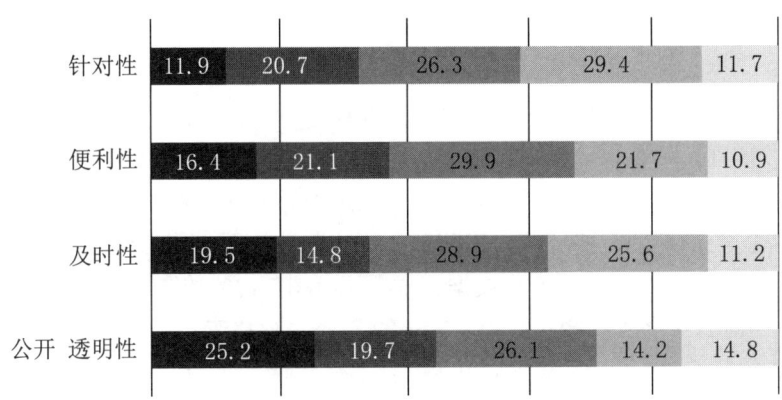

图 5　风险沟通满意度

可以得出结论，公众对食品安全风险沟通满意度不高。风险的普遍存在和归因的艰难促使多元主体的风险沟通变得迫切。随着经济发展，市场力量的增强，公众要提高自己在多元主体治理体系中的竞争力或话语权，必须获得充分的信息，以减少信息不对称造成的损失。但在市场经济中，公众往往又是弱势一方，经济条件的束缚和分散的存在，削弱了相互之间的交流和沟通。风险我国沟通研究起步较晚，各个主体的认识也不到位。因此，目前我国风险沟通机制在食品安全社会共治中是缺位的。我国发生的几次影响较大的食品安全事故没能在第一时间得到很好解决也可以归咎为食品安全风险沟通的缺失。我国在食品安全治理中需要构建风险沟通平台，削除信息的不对称，这是对物质世界空间层面的基本操作；同时构建信息的互动，完成第一个层次的物理移动。这里要注意，只有让沟通变成人与人之间的交流，而不是单纯的技术中介操作，沟通才能创造切实的价值，否则只能产生"数据关系""人机关系"，这就需要在风险沟通中积极展开科学的食品安全风险素养培育。

5. 公众食品安全科学素养状况调查

风险社会中科学的安全认知尤为重要。公众食品安全科技知识的匮乏，加之企业的置若罔闻和媒体的大肆渲染，只会不断加剧食品安全治理的不信任。根据公众食品安全科学素养的特性，课题组选取常识认知和风险知识学习两个方面进行调查。首先，从"全程控制""零风险""食品添加剂"和"食品安全标准"四个知识点展开对食品安全常识认知问卷调查，"全程控制"知识点的回答正确率达到 89.2%，说明公众对"从农田到餐桌全程控制理念"的认知度较高；食品安全"零风险"和"食品添加剂"安全认知的正确率分别是 41.2%和 40.3%，说明公众缺乏科学的食品安全风险认知；"食品安全标准"认知得分最低，正确率只有 31.6%，说明公众对有毒有害食品概念缺乏了解，对"食品安全标准"存在误解。公众食品安全风险知识学习是提高公众食品安全信心的有效方法。互联网的快速发展，使得巨大的信息量充斥在缺乏专业知识的公众面前，其中鱼龙混杂难以辨别，不真实信息造成公众对监管主体和评估专家的不信任，更是对食品安全治理失去信心。通过风险知识学习系统引导公众以科学的态度积极应对风险是食品安全治理的重要环节。当前，公众长期被负面食品安全信息影响，扭转公众认知困难重重。调查问卷数据汇总显示只有 17% 的公众表示知道或了解2015 年《食品安全法》相关知识，83% 的公众表示从未参加过食品安全知识学习。89% 的公众表示从未参加过由政府或者企业、社会团体组织的任何互动活动。

通过上述实践调研，我们可以得出研究结论，现阶段我国食品安全社会共治出现几个尴尬现象：公众对食品安全关注度极高和科学认知相对匮乏的矛盾；政府积极推进食品安全治理与公众满意度不高的矛盾；公众对食品安全事故知晓度较高与风险沟通缺位的矛盾。调研结论与前文食品安全社会共治一般状态研究是一致的，即国家高度重视食品安全社会共治并取得了一定成效，食品安全问题得到一定程度的解决，但食品安全状况依然严峻，社会共治水平有待提高，距离公众要求还有距离。这些数据也为下一步分析食品安全社会共治面临的困境提供了很好的借鉴，也为进一步研究我国食品安全协同治理的完善路径指出方向。

北京市社会共治视阈下的食品安全法律治理应当遵循未来路径，即端正食品安全社会共治观念，健全食品安全社会共治规范，优化食品安全社会共治机制三方面的基本内容。

一、端正食品安全社会共治观念

（一）倡导正确的社会共治价值观念

1. 重视诚信道德

首先是提升政府的诚信度。政府诚信是政府的内在规定性之一，是政府自身应具备的品质。在社会共治活动中，政府应依法公正、透明、负责任地严格履行自身的职责，通过明确部门责任和个人责任的方式将诚信落实为一种具有可操作性的责任追究方式，具体可通过签订诚信责任书、工作实绩诚信度考察、设立诚信部门和诚信个人激励奖励制度等方式实现，从而使得诚信的价值观念能够深入人心，使其成为一种有效约束个人行为和部门意志的行为准则。同时，在政务公开的基础上应当将食品监管机构的监管工作逐步纳入到社会可评价的范围之中，这样不仅能够使政府主体最大限度地得到监督，而且还能有效实现各协同治理主体之间的权力平衡。具体而言，食品安全监管机构应当正视其他社会共治主体的质询，提供质询的途径和程序保障，从而做到从外部提升政府主体的诚信水平。

其次是提高食品生产经营者的诚信度。食品企业的诚信就是在日常生产经营和决策行动的过程中，始终树立"民以食为天"的正确价值观念，将食品的绝对安全与公众的生命健康作为企业活动坚守的准则，在合乎道德的态度的指引下透明地进行生产、销售食品活动，并为之负有相应的义务和承担相应的责任。换言之，食品企业不但要以遵守法律义务为底线，而且要坚守以民众身体安全健康为准则的道德观念。食品交易的过程中消费者与生产者之间存在着信息不对称的情况，消费者对食品质量与安全方面的信息掌握较少，购买某种食品主要还是基于对所购买食品的自然性的信任。相比之下，食品企业拥有更多的信息，食品在加工生产和经营运输的各个环节的安全性，生产经营企业的认识是最为准确和直观的。食品生产经营者在食品生产经营活动的各个环节中都对食品安全起着至关重要的作用，因此企业对自我进行约束和管理应当是食品安全的根本所在。

2. 强化社会责任

企业社会责任则随行业特性存有差异。食品生产经营者应"意识到生产食品不仅仅是一种经济行为，同时还是一种伦理行为"。因此，食品生产经营者保证食品的绝对安全绝对不仅仅是法定义务，而且也是道德意义上的社会责任的应然内涵。食品生产经营者维护食品安全的社会责任也得到了立法的确认，即《食品安全法》规定："食品生产经营者应当依照法律、法规和食品安全标准从事生产经营活动，保证食品安全，对社会和公众负责，诚信自律接受社会监督，承担社会责任。"

因此，食品生产经营者应当将保障食品安全作为自身的责任与使命。具体而言，食品生产经营者在食品安全方面的社会责任表现在两个方面：一是对于消费者而言，保障食品安全是食品生产经营者在食品安全方面社会责任的基本要求。不管是基于食品满足生存的基本要求，还是社会发展进程中食品的功能的变化，获得安全的食品是消费者等社会成员最基本的期待，至少在社会成员可以接受的风险范围内，提供安全的食品则不仅成为食品生产经营者的法律义务，也成为其道德义务，并因此成为社会责任的重要内容；二是对于代表政府履行食品安全监管职能的食品安全监管机构而言，食品生产经营者遵守法律，服从并自觉接受监督，不仅是食品安全监管机构的法律义务，也是其作为社会中的成员应尽的一份道德义务，并因此构成食品生产经营者的食品安全社会责任的重要组成部分。然而，我国《公司法》所构建的社会责任条款尚不足以承担道德法律化的使命。因此，未来北京市可考虑以食品生产经营者的诚信体系建设为契机和起点，完善食品安全社会责任的评价体系，在软法中融入部分强制性要素，从而更加有效地激励食品生产经营企业主动承担食品安全方面的社会责任。

（二）形成科学的社会共治思想观念

确立利益共识观念，利益共识的实质是在公共事务领域形成公共利益至上的思想观念。食品安全作为政府社会性管制的重要内容事关民生福祉、经济发展、社会和谐，即反映了政府的治理水平，同时也反映了公民社会的发展程度。有学者指出，安全是保障人类得生存和发展的最重要条件。人类出于自然性的本能需要，会对自身的健康安全予以特别的重视。保证食品安全和维护社会民众的生命健康是食品安全治理的根本性宗旨，也是对人性的尊重和人权的保护；而这项工作同时又是政府的职责，也是食品生产者的义务和责任。

二、健全食品安全社会共治规范

（一）完善社会共治主体规范

1. 增强政府主体规范

食品安全政府监管是一个较为复杂的系统，不同监管部门之间各自职权的合理界限与相互的协同机制是食品安全监管的重中之重。因此，一方面要注重监管分工，另一方面也要注重监管合理。具体而言，一方面需要建立分段、分职责的立体性监控体系，让不同的监管部门都能够合理行使职权；另一方面要设立一个协调各部门的机构，解决监管中的冲突与矛盾问题，充分提高多元监管的效率。同时，监管信息应在各部门内共享，建立覆盖各个环节的执法监管合作机制。创造性地贯彻《食品安全法》，有效强化食品安全的综合监管工作，并出台相关文件，以加强部门间协调配合，强化综合执法和联合执法，努力实现监管环节的无缝衔接，有效地防止因法律规定和政府机构改革不配套而出现的监管方面的行为失范。

首先，在现有监管模式基础上，在国务院设立食品安全委员会，对不同的食品安全监管部门进行整体指导和工作协调。在国务院食品安全委员会之下设立食品安全委员会办公室，负责综合协调任务，推动健全协调联动机制，监督、指导、协调重大食品安全事故处置及责任调查处理工作。

其次，确保监管过程和监管结果公开。一是建立食品安全信息及时、有效的发布机制，定期发布有关食品生产、流通环节中可能存在的食品安全风险信息，让消费者尽早了解到相关信息，增加社会心理的安定性，提高消费者提前防范和自我保护能力。而食品企业在面对风险信息时，应当做出积极回应。二是监管结果应做到公开、透明，公开监管部门执法检查记录和事故处理结果，搭建食品安全信息平台，实现信息共享。

最后，加强对监管者的考核和监督。食品安全事件屡禁不止，表面上看是企业的失信行为和管理问题以及查处力度和惩罚力度不到位所造成的，但根源还在于地方政府对本地企业在不同程度上予以了包庇。因此，应将食品安全作为考核地方政府的政绩之一，将食品安全作为一种民生指标进行考核，将是否发生重大食品安全事故作为地方官员升迁的参考标准之一。

2. 提升企业主体规范

提升企业主体规范着重在于完善食品生产的保障机制，在源头上抑制风险的产生，具体措施包含以下几个方面：其一，加强食品组织化生产，完善分配机制。我国目前有相当一部分食品的生产依旧采用粗放式的生产方式，要加快转变生产方式，走国际化和信息化路线。在实际生产过程中，可尝试由大型企业组织规模生产，并提供资源、资金和技术，由小型企业负责具体的生产事务。此外，在利润分配上，应最大限度实现公平合理。其二，加快 HACCP、ISO 等生产规范在食品企业中的应用。强化目前我国实施 HACCP 体系的六大类食品生产出口企业的规范程度，可以实行同类中小企业联合实施，也可以由企业向政府申请政策、资金支持，或寻求当地大企业资助，针对不同领域做出不同决策。其三，建立食品的可追溯制度。尝试实行食品的身份认证制度，一旦发现问题，可以进行有效的追溯。食品可追溯体系不仅需要进行制度化的建设，也需要加强技术性措施的改进，保障技术能够完全满足制度的需要。其四，完善企业信息公开制度。食品生产经营企业应当合理利用现代通讯媒体技术，通过企业官方媒体定期发布有关食品生产经营的各类信息，以使民众能够及时获知这些信息，并及时解答民众所关心的问题。其五，规范食品召回制度。当食品出现安全问题时，根据问题食品对人身所造成的损害程度的不同，实行不同等级的召回制度。食品召回制度的完善着重在于召回程序的完善，以此保证问题食品能够按照流程及时召回。

3. 增进社会组织主体规范

与食品安全政府监管不同的是，社会共治不再让治理仅仅集中于政府一方主体，而是可以由多元主体共同完成。在社会共治的模式之下，各个社会主体能够通过参与协同治理从而主张自己的主体利益，实现自身的主体权益。社会共治不仅能够实现对食品安全问题的有效解决，更重要的是能够使社会主体通过协同，合理地分享治理成果。在这一治理利益的驱动下，各个社会主体都会自觉地把提高自身能力作为增强社会共治参与程度的目标，而越来越多的社会公众通过结成社会组织或者设立食品生产经营企业等方式来提升自己的参与效果，这种源自社会主体内部的动力能够提升治理主体的多元化水平和组织化程度。这种发展不仅能够带动社会主体自身的进步，而且还能有效地在社会主体之间形成外在的促进作用。从这一角度来讲，食品安全社会共治对社会主体的整合作用能够在一定意义上推进食品安全治理的整体发展。

4. 提高社会公众主体规范

社会公众在食品安全社会共治中是非政府监督外的一元主体，并且因为社会公众本身更贴近公共价值而能对食品生产经营者的私利行为进行适度的约束。在食品安全协同治理的过程中，社会公众可以通过民主的方式表达自身诉求，监督国家管理活动。法治社会为公民自由表达意见提供了可能，公民通过对国家机关及工作人员的工作行为进行监督，可以找出工作中的不足之处，在合法的前提下提出自己的意见，这有助于改观国家机关及工作人员的工作状况。社会公众还可以通过参与制定有关食品安全治理的政府监管法律规章，来实现对食品安全的社会共治。然而社会公众主体在参与食品安全治理的过程中会受到多种限制因素的影响，最主要的限制因素是社会参与渠道过窄以及话语表达权缺乏。对于公众参与食品安全社会共治不畅的问题，可以通过立法和制度完善的方式解决。一方面，应积极拓展多元化的参与渠道，使社会力量在食品安全治理中发挥其有益功能。另一方面，应切实保证公民话语权的表达，积极培育社会公众的法律维权意识，将参与食品安全治理推动为全社会的自觉行动。

（二）周延社会共治运行规范

1. 优化权力配置

未来我们应从规范权力运行角度展开研究，进一步理顺北京市食品安全社会共治主体结构和运行路径。在我国社会共治该如何走出的第一步？必须承认，当前我国食品安全社会共治依靠政府的权威协调和推行。纵然，近几年国家大力提倡"社会共治""社会共治""合作治理"，但上述行动依然高度依赖政府权威推行，因此权力的规范是完善我国食品安全社会共治路径的关键环节。

2. 加大权力监督

"不受制约的权力，必将导致权力的滥用。"党的十八届三中全会再次强调，要加强和改进对权力的制约和监督，形成科学有效的权力制约和协调机制。制约和监督权力是有权力的双重属性所决定的：一方面，权力具有强制性、整合性和目的性，同社会公共利益的价值指向具有高度的一致性，两者有着极为密切的联系，在多数情况下可以代表以及实现公共利益。但另一方面，权力又具有天然的扩张性、变异性和腐蚀性，权力很容易为个人用于谋取私利。没有有效的机制对权力形成制约和监督，权力便可能会危害到公共利益，成为为个人谋取利益的工具。因此，任何权力都必须受到制约和监督，否则便容易滋生腐败。诸多食品安全事故中，皆存在食品生产经营者违法犯罪和道德失范的问题，权力部门和执法人员权力腐败、权力滥用等现象不时发生。

从实际情况来看，权力监督不利的因素制约着食品安全社会共治的效果。在政府内部，对某部门的授权却不加监督会导致权力的失控，不同部门间责任相互推诿造成了监管的缺位。在政府外部，食品企业社会责任意识缺失，单纯追求经济利益使食品安全问题得不到重视；而部分新闻媒体也虚假报道食品安全案件，夸大问题，为增加关注度不惜牺牲事实，对社会稳定造成极大的破坏作用。凡此种种都影响着食品安全协同治理的实际效果。因此，加强权力监督是一个多方位、立体化的工程，应当赋予多元主体共同实行监督的权力。具体而言，在政府内部，应当做到权责分明，不同监管部门针对食品安全进行分段监管，出现问题后按照不同的领域进行有针对性的责任追究。同时需要理顺中央与地方的关系，做到食品安全监管从国家意识到地方执行的合理衔接。在政府外部，公民和社会组织参与食品安全治理时因可能会损及他人利益，其行为必须经过授权才能获得合法性。而各类主体权力的行使也是有相应的义务履行为前提的，因此，各主体在参与食品安全社会共治的过程中，应始终以维护社会利益为目的。同时，由于我国食品安全治理利益关系失衡，导致利益监督机制失灵，因此还需要建立相应制度来调整，并由此形成多元主体治理下的有效制约与监督机制。具体而言，在政府内部要将食品安全指标作为政府官员考核的重要指标。而在政府外部，对企业进行信用评估，增强企业的社会责任意识；鼓励公众广泛参与食品安全治理，并予以一定的奖励措施；另要培植社会组织，形成行业集体自律。

3. 增强行为规范

社会性监管是食品安全政府治理的重要内容，其目的在于矫治市场失灵所带来的问题，然而监管机关的行为失范却造成了监管失灵的新问题。《食品安全法》从法律角度明确了各个监管机关的职责范围，但当下我国多部门联合监管的行政管理体制并没有从根本上得到改善。从我国实际情况出发，当前应根据《食品安全法》进一步增强卫生行政部门的食品安全综合监管职责，以卫生行政部门为食品安全监管的总体协调机关，从而确保各监管部门之间能够形成一种和谐、顺畅的关系。这种方式是一种基于合作关系的联合，它不同于单纯依靠行政命令的方式处理监管机构之间的关系。显然，这种合作的基础是建立在共同的资源利益之上的，这就使得不同监管机构相互之间呈现出一种更主动、更积极的局面。需要指出的是，要想从根本上化解政府主体内部的行为失范，需要从两方面入手：首先，确保各部门制定法律规范和政策的内在协调性。如前所述，在《食品安全法》实施前，食品安全各监管部门几乎是各自为政，只是在自己的职责范围内制定可供本部门适用的法律或政策。这些法律规范和政策的出台对于规范监管权与加强监管工作起到了的一定的积极作用。但是，这些出于部门利益考虑制定的规章和政策的不足也是显而易见的，内容和适用上的冲突极大损害了法律规章的权威性。因此，有必要通过加强协调提高一致性。《食品安全法》规定了卫生行政部门具有食品安全标准、食品检验机构的资质认定条件和检验规范等的制定权，相关的规章应由该部门统一发布，但是该法并未从根本上改变业已形成的多部门联合监管的模式。因此为了减少不同部门颁布的行政规章间的内容重复和冲突，各部门在颁布规章以前，应该与卫生部门协商，达成一致意见后再颁布。这样不仅可以减少部门规章的冲突，而且能够有效达成监管部门之间的治理共识。

其次，应当加强监测系统建设，统一食品安全监测权。现实中，卫生、农业、质监、商务等部门都各自进行检验检测，这种一部门一监测的方式是对权力资源的一种浪费，重复监管不仅加大了市场主体的经济成本，增加了他们的负担，更是对市场秩序的一种干扰。因此，需要制定更加全面的食品安全标准体系，将食品的卫生标准和质量标准统一至一个标准体系内。具体而言，一方面要完善食品安全的认证制度，进行检验检测的机构必须获得认证资格。另一方面，行政管理部门的检验检测职责，应该与行政权相区分。也就是说，监管部门应将部门的食品安全检验检测职能分离出来，将其推到社会层面，减轻政府负担。最后，应该对食品安全的检验检测事宜进行统一管理。单一部门的管理能够降低检验检测的差异性，有效增进监管部门的协同性。统一管理的主体可以由卫生部门担任，这是食品安全领域的公共性质决定的，卫生部门显然符合这一特质。

三、优化食品安全社会共治机制

1. 深化利益协调机制

利益协商是实现利益协调的前提，利益协商能够最大限度地达成利益共识，因此增进社会共治主体之间的利益协商有助于深化利益协调。如前所述，当前我国的食品安全社会共治主体之间的利益协商处于一种低水平、非常态化的阶段，利益协商往往具有临时性和非规范性的特点。为了解决这一问题，应当通过增进社会共治主体之间的利益协商来促进利益协调的机制完善。具体而言：

首先，应当建立利益协商的规范和原则。要想实现食品安全社会共治，就需要激发各社会主体的积极性，而这种积极性体现为一种参与意愿和参与热情。从现实来看，对于自身合法利益的追求是激发参与意愿和热情的根本动力。当利益目标相同，就会形成一种合力，相反则会阻碍食品安全社会共治的实现。为了有效减少利益冲突，形成符合各社会主体的利益目标，就需要建立统一的利益协商规范和原则。一方面，利益协商规范应当包括利益协商启动的条件、程序、议事规则和利益救济；另一方面，需要树立"公平正义、互惠互利"的协商原则来保证利益协商的方向。

其次，利益协商的对象应当规范化。对于需要经过议事程序的利益协商事项需要予以明确，由此可以降低利益协商的时间和精力成本。对于那些不需要进行利益协商的事项通过意见表决即可快速形成合意。

最后，食品安全社会共治利益协调机制需要借助政府的权威作用，强调政府应负担的责任。即政府处于协同各社会主体的核心地位，在此前提下，还必须强调多主体的参与及分工协作机制，并将互惠和信任作为食品安全社会共治的指导原则。为确保食品安全社会共治主体之间能够建立起利益协调机制，就需要充分发挥政府主体的协调作用。而政府作为公共权力机关，要对食品安全的利益协调问题予以回应，一个关键性的问题就是政府的角色、职能转型。因此，构建食品安全社会共治的利益协调规则，必须把政府职能转变作为食品安全社会共治利益协调的前提。

2. 细化风险沟通机制

食品安全风险沟通即多元主体在开展社会共治过程中，就食品安全社会共治的内容、形式、目标、利益等方面信息，通过适当的交流渠道进行传递和反馈的过程。风险沟通贯穿于风险分析全过程，与风险评估和风险管理相互融合、促进。食品信息及时有效，风险沟通高效顺畅，能够及时掌握食品安全社会共治开展的基本情况和发展方向，也能及时发现问题，合理安排治理资源、降低治理成本，更好地促进食品安全社会共治。主体之间良好的风险沟通，可以明确各自主体的地位和职责，并建立信任关系，调动治理积极性。从机制定义的概述中可以归纳出，风险沟通机制是指风险要素的相互联系，即结构；风险要素在运动中发挥的作用、效应，即功能；发挥功能的作用过程和作用原理，即过程。这三点是风险沟通机制构建的重点，其中结构是通过主体之间的有机联系体现，而功能和过程蕴含在主体运行过程中。食品安全风险沟通机制关注食品安全风险沟通过程中交流主体之间信息交换及反馈过程，促进风险评估和管理的科学开展，进而达到食品安全风险最小化。这种多元主体的对话机制，必然建立在有效信任关系的基础上，进而确保风险沟通高速、有效。风险沟通机制需要在信任关系构建的基础上考虑几个因素：风险沟通过程中形成的主体、信息、方式等要素构成的统一整体以及各要素之间相互依存、制约的关系。主体、交流方式、信息等要素是风险沟通的前提。多元主体角色定位、信息传递过程、沟通渠道等是风险沟通的运行过程。

3. 优化信息共享机制

信息是一种资源，和资产、能源、信誉一样，是取得竞争优势的重要因素。和自然资源不同，信息作为一种资源可以被反复使用和被共同享有，并且被反复共享正是提升信息作为资源价值的一种表现。我国食品安全信息系统建设必须利用信息资源共享性的特点来提高资源建设效率。如前所述，高效的信息共享机制建设不仅为处在社会治理中的政府、市场、社会组织和公众搭建了沟通桥梁，也是减弱各单一主体治理失灵的有效途径。同时，社会风险的普遍性、不确定性使得信息资源的获得尤为重要，丰富的信息可以相对减小不确定性。因此，在我国食品安全社会共治中多元主体合作共赢，达成协同目标，需要完善的信息共享机制作为重要保障。

北京市老旧小区综合改造法律问题研究

苗乐如*

一、研究必要性

(一) 研究背景与目的

根据相关政策文件规定，本课题所研究的老旧小区主要内涵是建设年代久远、功能设施陈旧的小区，以1990年（含）以前建成的、建设标准不高、设施设备落后、功能配套不全、没有建立长效管理机制的老旧小区为主。

北京部分老旧小区因历史原因如今基础设施落后、小区绿化差、出行难、停车难，安全隐患多，成为城市建设管理的落后地带，迫切需要改造提升。近年来，各部门对老旧小区综合改造工作不断进行探索，虽已积累了一些经验，但还有很多问题需要进一步解决，特别是老旧小区综合改造相关法律迫切需要完善。

(二) 研究意义

1. 现实意义

(1) 改善居住环境，满足人民美好生活需要。党的十九大报告指出，中国特色社会主义进入新时代，我国社会主要矛盾已经转化为人民日益增长的美好生活需要和不平衡不充分的发展之间的矛盾。老旧小区综合改造，关乎居民的切身利益，当人们的生活水平逐步提高后，人们就更关注生活质量，居住环境。通过老旧小区改造，使环境更整洁，生活更美好，满足人民美好生活需要。

(2) 落实首都定位，建设国际一流的和谐宜居之都的需要。随着城市建设步伐的加快，环境优美、功能齐全、管理先进的新建住宅小区如雨后春笋般涌现出来，给居民们带来强大的视觉冲击和心理影响，已经成为城市建设和管理水平的重要窗口，相比之下一些老旧小区就显得黯然失色。目前已完成综合改造并实行规范管理的小区都达到了整洁干净、亮化美化的要求，较好地融入了现代化城市格局，有助于改善城市形象。《北京城市总体规划（2016—2035）》明确了北

---

* 课题主持人：苗乐如，北京市房地产法学会会长。立项编号：BLS（2017）B006。结项等级：合格。

京市战略定位，提出建设国际一流的和谐宜居之都，因此，我们在创建文明城市和现代化都市的时候，更应该重视老旧住宅小区的改造、建设和管理。

（3）保证住区安全，关注和改善民生的需要。老旧小区路面坑坑洼洼，路灯缺失，影响出行；私搭乱建侵占消防通道，造成安全隐患；排水管线老化，堵塞严重；楼体结构年久待修，给业主生活带来不便，居民们迫切希望尽快改变这种状况。通过实施老旧小区综合改造改善老旧小区居住环境，可以提升居民生活品质，解决最实际的民生需要。

（4）营造和谐人文环境，构建和谐社区的需要。目前老旧小区占住宅小区的一半左右，老旧小区和谐社区的建设直接影响到整个和谐社会的构建。老旧小区由于没有物业管理，私搭乱建、下水道堵塞、照明设施损毁等问题突出，这些问题又往往影响邻里之间的和谐相处，因此，通过实施老旧小区综合改造项目，可以帮助老旧小区完善相应设施，建立健全相应的管理机制，化解相关矛盾，营造和谐的人文环境。

2. 理论意义

（1）贯彻依法治国，建设法治国家。党的十八大强调，依法治国是党领导人民治理国家的基本方略，法治是治国理政的基本方式，要更加注重发挥法治在国家治理和社会管理中的重要作用，全面推进依法治国，加快建设社会主义法治国家。上至国家治理、下至社区管理，均需按照法治的原则，贯彻法治的理念，使法治的观念融入老旧小区综合改造的全过程中去。

（2）梳理法律关系，完善老旧小区综合改造法律体系。老旧小区形成年代较久、历史遗留问题较多、权属问题错综复杂，其综合改造涉及众多部门、众多群众的切身利益，需要用法律的权威对其所涉及之问题进行界定明晰，以法律为准绳保障各利益相关方权益，同时以法律约束各相关利益主体行为，保证老旧小区综合改造合法有序进行，改造成功有序运行。

（3）重构治理体系，完善老旧小区治理体系。老旧小区年久失修、基础设施落后，关系错综复杂、管理缺失，相关治理体系不完善，通过老旧小区综合改造改善基础设施质量，提升管理水平，完善治理体系，并将完善经验形成权威法律，不断促进老旧小区综合治理水平适应现代化城市发展，促进小区的和谐稳定。

北京市老旧小区在各区均有分布，其分布较为分散且大多小区占地面积不大，同时城六区中老旧小区占比较大，以朝阳区最多。老旧小区数量大，可见北京市老旧小区综合改造的任务之重，分布分散又不利于集中连片综合整治，这进一步加大北京市老旧小区综合改造的难度。

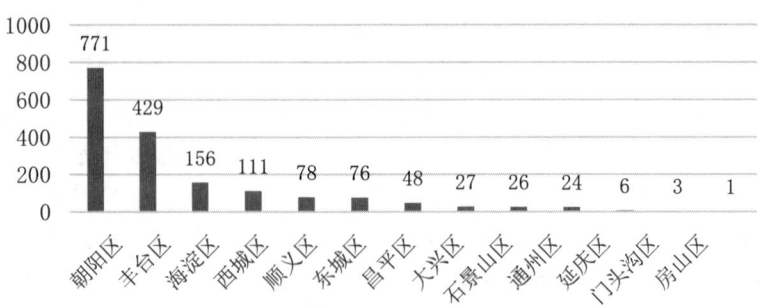

图1 老旧小区区域分布概况

表1 部分老旧小区建筑状况

行政区	项目名称	建筑面积（m²）	估计占地面积（m²）	建筑类型	建筑年代	建筑结构
朝阳区	百子湾路水南庄粮库宿舍二、四、六院	3377	4815	平房	20世纪60年代	砖木
朝阳区	北菜园1~4楼及平房	11 240	5620	多层及平房	20世纪60年代	砖混及砖木
朝阳区	垂杨柳中里	11 306	7537	多层	20世纪60年代	砖混
朝阳区	垂杨柳西里	10 511	7008	多层	20世纪60年代	砖混
朝阳区	垂杨柳东里	5980	3987	多层	20世纪60年代	砖混
朝阳区	呼家楼南里	23 908	15 939	多层	20世纪50年代	砖混
朝阳区	望京中环南路11号院1~5号楼	18 718	12 479	多层	不详	砖混
朝阳区	延静里中街小区3~8号楼	12 118	8078	多层	20世纪50年代	砖混
丰台区	东三家坟4/5号楼及平房	4052	2701	多层	20世纪50年代	砖混

行政区	项目名称	建筑面积（m²）	估计占地面积（m²）	建筑类型	建筑年代	建筑结构
丰台区	前泥洼原改建房及锅炉房	11 080	7387	多层	不详	砖混
顺义区	牛板路牛山段 2 号 4~10 号楼	16 989	11 326	多层	20 世纪60 年代	砖混
西城区	蔡家楼南北楼	2307	1538	多层	20 世纪50 年代	砖混
西城区	车公庄中里 5、6 号楼	3897	2598	多层	20 世纪50 年代	砖混
西城区	后马厂 28 号院	7403	11 104	多层及平房	20 世纪40 年代	砖木

一方面，由于建筑设计标准不同，老旧建筑设计无法适应现行标准，这同时加大综合改造难度。北京市老旧小区多建于 20 世纪八九十年代以前，当初的建筑安全、节能设计不能满足如今建筑安全、节能设计要求。另一方面，由于历史原因造成老旧小区管理维护不足。随着时间发展，部分老旧小区产权单位发生改制甚至破产灭失，无力支撑老旧小区修缮改造，并且大量老旧小区面临专项维修资金不足的困境，造成老旧小区年久失修，抗震节能不符合标准条件。此外，老旧小区私搭乱建问题亦较为严重。部分低收入家庭因家庭人口过多、居住面积不足而私搭乱建，挤占小区公共空间的同时更是造成老旧小区安全隐患。

老旧小区大都经历了我国住房制度改革，在我国住房福利制向商品化发展过程中，国家鼓励个人购买公有住房产权，但房改并未彻底进行，这就造成了当前老旧小区既有直管公房、也有央产、军产和市区属产权的单位自管房以及早期建设的商品房的混杂状况。更有部分楼宇在建设时是由多个单位共同开发建设，其产权就由多个单位共同占有，在房改过程中私有部分产权归购房家庭，但共有部分仍归单位所有，而共有部分则由于个别单位的灭失而缺失产权主体，更加复杂化了老旧小区的产权关系。

以朝阳区农光里小区为例可以窥见老旧小区产权关系的复杂情况。农光里小区原属北内集团总公司，1~4 楼建于 20 世纪 50 年代，5~24 栋建于 20 世纪 70 年代和 20 世纪 80 年代，均为多层住宅，3 排为平房（视为 1 栋），其中 9 栋产权手续齐全，13 栋有房产证未办理土地证。其中，面积较小的非单套住宅（1~4 楼及 3 排，185 套，建筑面积合计 4845 平方米）及少量成套住宅（92 套，建筑面积合计 4616 平方米）为大产权，处于出租状态，占总量的 13%（按建筑面积计算，下同）；大部分成套住宅均已房改售房（1062 套，建筑面积合计 59 806 平方米），84% 由原职工持有，3% 已转售。

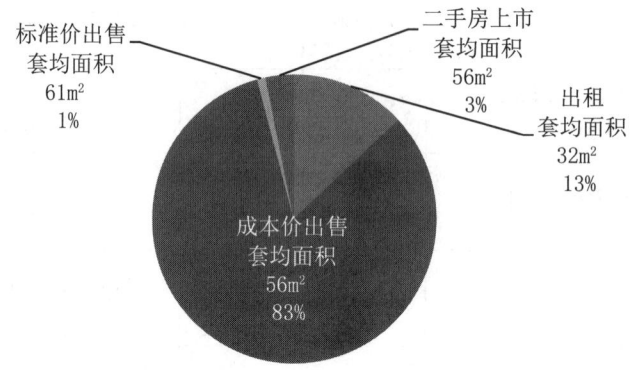

图2　农光里小区房产使用现状情况

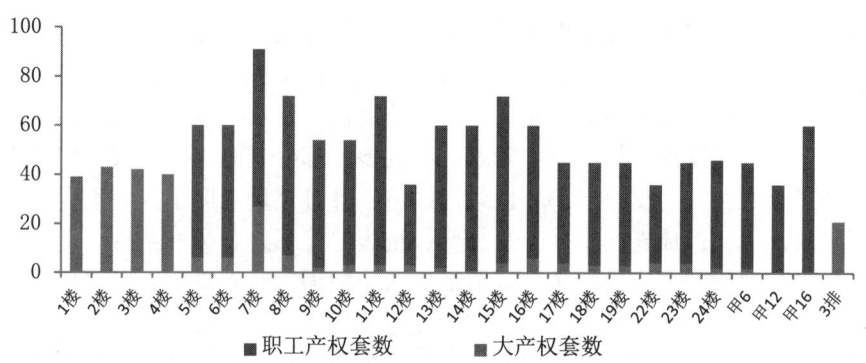

图3　各楼栋职工产权与企业产权数量对比

　　老旧小区由于建设之时受制于较为落后的经济发展状况，建筑设备规划建设跟不上现代水平，同时由于年久失修，带来了水电气热等设备老化、消防设施不足、居住人口老龄化而无配套电梯、架空线凌乱、停车位不足等众多问题，影响小区生活质量提升。

　　物业管理方面在房改之初即有《建设部关于加强公有住房售后维修养护管理工作的通知》（建房字［1997］65 号）提出公房出售后，应推行社会化、专业化的管理模式，实行业主自治管理与物业管理企业专业化管理相结合，按照建设部第 33 号令《城市新建住宅小区管理办法》（该规定已于 2007 年失效）的原则规定实施管理。但是，公房出售后大多沿用福利制的行政管理模式，由房管单位或房屋原产权单位承担房屋、设备管理维修责任。同时有不少老旧小区业主缘于福利政策的惯性,缴费意识淡薄,致使老旧小区缺乏足够的资金来源,造成了如今小区设施落后失修、小区管理不善的局面。

根据当前老旧小区综合改造的相关文件内容来看,综合改造内容主要集中于对改造建筑本体、整治小区公共环境、增加小区公共服务设施等方面,综合来看,老旧小区综合改造内容侧重于小区建筑本体、设施环境改造建设,而缺乏长效管理机制的制度建设,老旧小区物业管理服务制度依然是短板。

国家机关事务管理局、中共中央直属机关事务管理局、国务院国有资产监督管理委员会、国家发展和改革委员会、财政部、北京市人民政府《关于开展中央和国家机关老旧小区综合整治工作的通知》(国管房地〔2013〕342号)规定老旧小区综合改造内容为:"①房屋建筑本体。房屋建筑节能改造,包括:实施屋面防水保温改造、外墙保温、外门窗改造、热计量改造等;楼内公共设施设备改造;楼体、楼道清洗粉刷;地下室及人防工程整治;有条件的可增设电梯、天然气、太阳能应用、雨水收集系统,实施'平改坡'、宽带网络进楼入户、电力增容等。对不能满足抗震规范要求且有加固价值的进行抗震加固;对没有抗震加固价值的简易楼、筒子楼等可进行翻扩建;在符合规划要求的前提下,可适当增加楼层及户型面积,可增设地下车库等。②公共服务设施。更新改造水、电、气、暖等室外管网,以及热力站、锅炉房、配电室(变电站)等附属用房及设施设备;更新补建信报箱、无障碍设施、自行车棚等;有条件的可补建机动车停车位,添建售菜网点、科普橱窗、健身器械等便民设施。③小区公共环境。改造室外道路、绿化、景观、照明设施;清理楼内外杂乱堆弃物,规范垃圾分类收集;规整线缆(包括架空线缆入地)、室外空调,规范户外广告和摊点;拆除私搭乱建的违章建筑,对房屋结构私拆乱改、改变房屋使用功能危及房屋安全的恢复原状;完善安防设施,补建门禁系统等。"该文件在实施北京市老旧小区综合改造内容的同时进行了更加细化,特别是其提出"对没有抗震加固价值的简易楼、筒子楼等可进行翻扩建;在符合规划要求的前提下,可适当增加楼层及户型面积,可增设地下车库等"具有较先进的意义。

十九大报告中提出我国社会主要矛盾已经转化为人民日益增长的美好生活需要和不平衡不充分的发展之间的矛盾,中国共产党始终坚持为人民服务的宗旨,始终把人民的利益诉求放在第一位,为了实现人民日益增长的美好生活需要,提升居民居住体验,改善居民生活质量,地方政府不断致力于改造老旧小区。

北京市老旧小区综合改造在2008年奥运之前借奥运会的重大事件契机开展了一次大规模的改造行动,"十二五"之后老旧小区综合改造开始纳入年度综合改造计划逐年实施,整体来说改造计划都是自上而下实施的,缺乏足够的民众参与。在改造过程中需要居民整体搬迁，但由于老旧小区产权关系复杂，涉及业主众多，全体业主很难达成一致意见，对于选择何种改造模式、改造内容、改造深度亦缺乏居民有效的参与，这无疑增加了群众工作的难度。

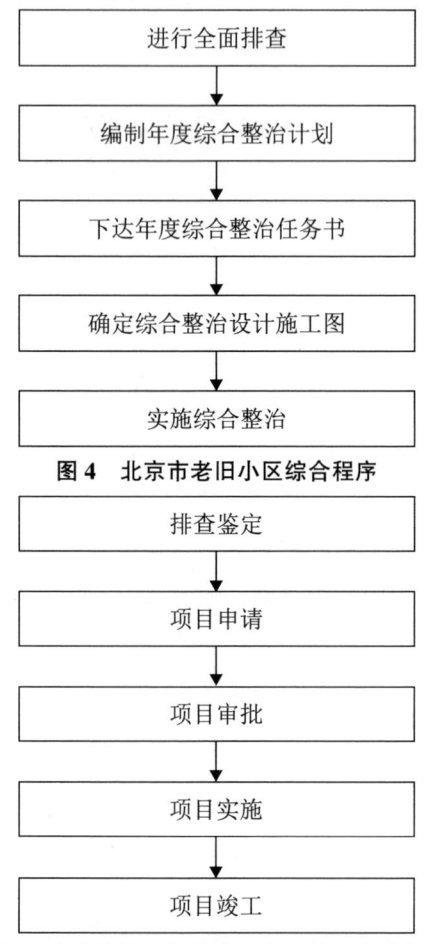

图4　北京市老旧小区综合程序

图5　中央和国家机关老旧小区综合改造程序

老旧小区综合改造涉及建筑抗震加固、外立面美化、消防改造、基础设施改造、服务设施改造、小区绿化改造等众多方面，涉及不同部门的多个环节，需要作出统一协调安排工程建设。现实中各个部门往往各行其是，各有各的工程安排，且北京政策特点是分项内容单独制定政策标准，缺乏统一的政策安排协调推进各项工程。

老旧小区综合改造需要居民先行搬迁到其他地方过渡，这就涉及众多家庭的日常生活问题，难免对群众的日常生活造成不便，而且众多家庭的日常生活较为复杂，施工单位或者某一个部门难以单独妥善处理，需要多方协调，共同努力。

目前实施的老旧小区综合改造多是注重建筑本体、设施环境的改造完善，呈现重设施建设轻制度安排的现象。靠政府财政投入实施老旧小区综合改造，投资回报难以自求平衡。小区改造后依然实施产权单位的福利制管理，没有与新的改革机制相衔接，没有建立相应的专业化、社会化物业管理模式，缺乏持续的收入来源，小区后续管理难以形成长效机制。

西城区月坛街道南礼士路甲 62 号院小区 3 号楼是 1979 年建造的老楼，2016年被纳入老旧小区改造项目并完成了招投标。但是，施工单位进驻两年施工依然停滞。施工停滞的原因主要是违建家庭想要更多补贴不同意拆违改造，而小区改造需要住户 100% 同意才能施工，老旧小区加固改造工程具有福利性质，不具备强制性，城管、公安部门无法介入，单靠施工单位无法推进项目实施。

3. 北京市老旧小区综合改造法律现状与问题

十九大报告提出，中国共产党人的初心和使命，就是为中国人民谋幸福，为中华民族谋复兴，永远把人民对美好生活的向往作为奋斗目标。同时，十九大也提出，建设中国特色社会主义法治体系，建设社会主义法治国家，发展中国特色社会主义法治理论，坚持依法治国、依法执政、依法行政共同推进，坚持法治国家、法治政府、法治社会一体建设。新的时代在发展，城市生活在快速进步，老旧小区迅速被高速发展的社会甩在身后，老旧小区不仅影响居民的生活状况，同时也成为城市发展过程中日益上升的压力，给城市治理带来安全隐患。根据党和国家的发展方略，有必要针对老旧小区进行综合改造，提升老旧小区生活环境，改善老旧小区生存状态。

老旧小区综合改造涉及小区内业主私有产权及共有产权部分的改造，在改造实施过程中必然受到《物权法》及《物业管理条例》中相关权责规定的约束。2007 年 5 月 16 日建设部出台《关于开展旧住宅区整治改造的指导意见》（建住房［2007］109 号），将旧住宅区整治改造纳入政府公共服务的范畴，指出改造属于为民服务实事工程，具有明显的社会效益，是政府履行公共服务职能的重要内容。旧住宅区整治改造的内容包括环境综合整治、房屋维修养护、配套设施完善、建筑节能及供热采暖设施改造四部分；并提出建立统筹协调与分工负责的工作机制、建立规划先行的保障机制、建立多元的资金筹措机制、建立规范的市场运作机制、建立长效的后续管理机制五项探索创新旧住宅区整治改造机制的要求。

2015 年 12 月 20 日召开的中央城市工作会议提倡"城市修补"，指出要"加快棚户区和危房改造，有序推进老旧住宅小区综合整治，力争到 2020 年基本完成现有城镇棚户区、城中村和危房改造，推进城市绿色发展"。

中共中央、国务院于 2016 年 2 月 6 日出台了《关于进一步加强城市规划建设管理工作的若干意见》（中发［2016］25 号），提出"有序推进老旧住宅小区综合整治"的要求，加快推进城市更新。

北京市层面亦是以 2008 年奥运会为重大事件契机开展了较大规模的老旧小区综合整治，当时属于北京市政府的折子工程，"十二五"时期北京市政府开始了有计划的老旧小区综合改造工程。2012 年 1 月 21 日北京市政府制定了《北京市人民政府关于印发北京市老旧小区综合整治工作实施意见的通知》（京政发［2012］3 号）（该规定已于 2019 年失效），开始着力解决老旧小区建设标准不高、设施设备陈旧、功能配套不全、日常管理制度不健全等群众反映强烈的问题，主要针对房屋建筑本体和小区公共部分开展综合整治工作。其后北京市各相关部门又针对老旧小区抗震节能、供热计量、保温材料、消防安全、停车设施等各相关方面分别出台了各类政策，逐步补充老旧小区综合改造的政策体系。

表 2 北京市老旧小区综合改造相关政策文件

序 号	政策文件
1	北京市房屋建筑使用安全管理办法（北京市人民政府令［2011］229 号）
2	北京市人民政府关于印发北京市老旧小区综合整治工作实施意见的通知（京政发［2012］3 号）（已失效）
3	北京市人民政府办公厅转发市规划委、市残联关于"十二五"期间无障碍环境建设指导意见的通知（京政办发［2011］65 号）（已失效）
4	北京市人民政府关于印发北京市房屋建筑抗震节能综合改造工作实施意见的通知（京政发［2011］32 号）
5	北京市人民政府关于印发北京市推进供热计量改革综合工作方案的通知（京政发［2010］25 号）
6	北京市重大办关于转发市城管执法局《关于落实老旧小区综合整治和抗震节能改造工作中拆违事宜的意见》的通知（京重大办［2012］45 号）
7	北京市住房城乡建设委关于加强老旧小区综合改造工程外保温材料和外窗施工管理的通知（京建发［2013］464 号）
8	北京市住房城乡建设委关于抗震节能综合改造房屋面积变更登记有关问题的通知（京建法［2013］16 号）

续表

序　号	政策文件
9	北京市住房城乡建设委关于加强老旧小区房屋建筑抗震节能综合改造工程质量管理的通知（京建发〔2012〕368号）
10	北京市住房城乡建设委、市发展改革委、市财政局关于房屋建筑抗震节能综合改造工程增加面积部分费用收取有关问题的通知（京建法〔2012〕22号）
11	北京市住房城乡建设委、市发展改革委、市规划委、市国土局关于印发《关于加快简易住宅楼改造的实施意见（试行）》的通知（京建法〔2012〕18号）
12	北京市住房城乡建设委关于老旧小区综合改造工程外保温材料专项备案和使用管理有关事项的通知（京建法〔2012〕9号）（已失效）
13	北京市住房城乡建设委关于加强房屋建筑抗震节能综合改造工程招标投标管理工作的意见（京建法〔2012〕5号）（已失效）
14	北京市住房城乡建设委、市规划委、市财政局关于印发《北京市房屋建筑抗震节能综合改造工程设计单位合格承包人名册管理办法》、《北京市房屋建筑抗震节能综合改造工程设计单位合格承包人名册》的通知（京建法〔2012〕6号）（已失效）
15	北京市住房城乡建设委关于印发《北京市房屋建筑抗震节能综合改造工程施工监理单位合格承包人名册管理办法》、《北京市房屋建筑抗震节能综合改造工程施工单位合格承包人名册》、《北京市房屋建筑抗震节能综合改造工程监理单位合格承包人名册》的通知（京建法〔2012〕7号）（已失效）
16	北京市住房城乡建设委关于印发《北京市房屋建筑抗震节能综合改造工程施工总承包招标文件示范文本》和《北京市房屋建筑抗震节能综合改造工程监理招标文件示范文本》的通知（京建发〔2012〕201号）
17	北京市住房城乡建设委关于加强我市老旧小区房屋建筑抗震节能综合改造工程质量安全管理工作的意见（京建发〔2012〕76号）
18	北京市住房城乡建设委、市发展改革委、市规划委、市财政局、市质监局、市工商局关于印发《北京市太阳能热水系统城镇建筑应用管理办法》的通知（京建法〔2012〕3号）
19	北京市住房城乡建设委、市政市容委、市规划委、市发展改革委、市财政局关于印发《北京市既有非节能居住建筑供热计量及节能改造项目管理办法》的通知（京建法〔2011〕27号）
20	北京市住房城乡建设委、市发展改革委、市财政局、市规划委、市国土资源局关于房屋建筑抗震节能综合改造增层及增加面积有关问题的通知（京建法〔2011〕15号）

序　号	政策文件
21	北京市住房城乡建设委关于印发《北京市房屋建筑安全评估与鉴定管理办法》的通知（京建发［2011］207号）
22	北京市住房城乡建设委、市规划委、市质监局、市消防局关于印发《关于北京市既有多层住宅增设电梯的若干指导意见》的通知（京建发［2010］590号）
23	北京市市政市容管委关于加强供热计量与节能技术服务管理的通知（京政容发［2013］61号）
24	北京市市政市容管委关于印发北京市既有居住建筑供热计量改造技术和服务要求的通知（京政容函［2012］516号）
25	北京市市政市容管委关于开展老旧小区公共区域整治工作的意见（京政容函［2012］200号）
26	北京市市政市容管委、市发展改革委、市住房城乡建设委、市规划委、市质监局关于印发北京市供热计量应用技术导则的通知（京政容发［2010］115号）
27	北京市公安局、市住房城乡建设委、市规划委关于加强老旧小区综合改造工程外保温材料使用与消防安全管理工作的通知（京公消字［2012］391号）
28	北京市公安局、市财政局、市住房城乡建设委关于印发北京市老旧小区综合整治消防设施改造工作要求的通知（京公消字［2012］327号）
29	北京市公安局、市财政局关于在2012年老旧小区综合整治工作中加强小区安防设施设备改造的通知（京公人管字［2012］326号）
30	北京市财政局、重大办、住房城乡建设委关于老旧小区节能及热计量综合改造市区负担范围有关问题的通知（京财经二［2012］1164号）
31	北京市财政局、重大办、市市政市容委关于老旧小区综合整治小区公共区域改造项目市区负担范围有关问题的通知（京财经二［2012］1124号）
32	北京市财政局、重大办、住房城乡建设委关于老旧小区抗震节能综合改造市区负担范围有关问题的通知（京财经二［2012］1022号）
33	北京市规划委关于推进我市老旧小区综合整治工作有关规划措施的函（市规函［2012］328号）

续表

序　号	政策文件
34	北京市交通委关于北京市老旧小区停车位及其他交通设施改造工作的意见（京交规发〔2012〕76号）
35	北京市园林绿化局关于做好北京市老旧小区综合整治绿化美化工作的意见（京绿城发〔2012〕4号）
36	北京市城管执法局关于印发《全市城管执法系统老旧小区综合整治工作意见》的通知（京城管发〔2012〕23号）
37	北京市通信管理局关于配合老旧小区综合整治工作的通知（京信设施发〔2012〕178号）
38	北京市邮政局、市住房城乡建设委、市财政局关于北京市已建住宅楼房信报箱更新补建工作的实施意见（京邮管函〔2011〕32号）

2018年3月，北京市政府办公厅印发《老旧小区综合整治工作方案（2018—2020年）》（京政办发〔2018〕6号）（简称《方案》），对改造老旧小区的范围、内容、具体实施办法等做出详细规定。《方案》把老旧小区的综合整治内容，概括为"六治七补三规范"。所谓"六治"，就是要治危房、治违法建设、治开墙打洞、治群租、治地下空间违规使用、治乱搭架空线；"七补"主要包括，补抗震节能、补市政基础设施、补居民上下楼设施、补停车设施、补社区综合服务设施、补小区治理体系、补小区信息化应用能力；"三规范"，主要是规范小区自治管理、规范物业管理、规范地下空间利用。同时，针对不同小区条件不同、面临的问题也各有差异的情况，《方案》在具体整治内容上，就提出采用"菜单式"办法，也就是说，把改造内容分为基础类和自选类。由此可以看出北京市相关的政策文件在实践中能得到较好的落实。

中央和国家机关各部门及所属单位、在京中央企业所属的老旧小区综合改造，由国家机关事务管理局牵头负责制定了一系列的政策。

首先借迎接2008年北京奥运会的契机，国家机关事务管理局发布了《关于印发〈中央在京单位迎奥运环境整治工作实施方案〉的通知》（国管房地〔2007〕34号）、《关于迎奥运老旧小区环境整治工作有关问题的通知》（国管办发〔2007〕55号），主要针对老旧小区外立面、天际线以及小区道路硬化和小区绿化等相关工作进行部署，营造首都和谐宜人的社区景观。

其次是进入"十二五"以后，北京市整体开展年度老旧小区综合改造任务，国家机关事务管理局再次牵头制定了关于中央和国家机关各部门及所属单位、在京中央企业所属的老旧小区综合改造的相关政策文件，包括《国家机关事务管理局、中共中央直属机关事务管理局、国务院国有资产监督管理委员会、国家发展和改革委员会、财政部、北京市人民政府关于开展中央和国家机关老旧小区综合整治工作的通知》（国管房地〔2013〕342号）、《国家机关事务管理局关于印发中央国家机关老旧小区综合整治工作实施方案的通知》（国管房地〔2013〕396号），主要改造内容集中在房屋建筑本体、公共服务设施、小区公共环境，并明确了相关部门工作职责和工作程序。随后又相应制定了各项配套政策：《关于印发〈中央国家机关老旧小区综合整治技术导则〉的通知》（国管办发〔2014〕19号）、《关于印发〈中央国家机关老旧小区综合整治工作规程（试行）〉的通知》（国管办发〔2014〕22号）、《关于印发〈中央国家机关老旧小区综合整治项目管理办法〉的通知》、《关于做好中央国家机关老旧小区综合整治项目设计和评审工作的通知》、《老旧小区综合整治资金支付操作规程》，针对老旧小区综合改造从项目开始到项目结束的全过程进行了相关政策规定。2014年10月17日针对少数部门存在畏难情绪，推进缓慢，又出台了《关于加快推进中央国家机关老旧小区综合整治工作的通知》，进一步细化工作机制、明确工作责任，推进老旧小区综合改造工作的进程。

整体来看国家机关事务管理局针对中央和国家机关各部门及所属单位、在京中央企业所属的老旧小区综合改造制定了较为完善、体系健全的政策文件，中央国家机关老旧小区综合改造工作的推进有了较为明确的指引。

4. 北京市老旧小区综合改造法律层面存在的问题

《物权法》第70条规定："业主对建筑物内的住宅、经营性用房等专有部分享有所有权，对专有部分以外的共有部分享有共有和共同管理的权利"；第72条规定："业主对建筑物专有部分以外的共有部分，享有权利，承担义务；不得以放弃权利不履行义务"。然而，《物业管理条例》第51条又有如下规定："供水、供电、供气、供热、通信、有线电视等单位，应当依法承担物业管理区域内相关管线和设施设备维修、养护的责任"。实践中，各种小区管线设施的所有权关系模糊，法律却让管线单位负责维护，权责关系的不对等造成维护不利的现状。

老旧小区综合改造涉及房屋建筑本体的改造及设施管线的改造等，目前多数老旧小区都实施过房改售房，房屋所有权已归业主私有，从法理上讲，根据《物权法》第76条的规定，改建、重建建筑物及其附属设施应由业主共同决定，但实际则是政府部门一纸地方性文件主导相关改造工程，一则群众参与度较低，从公民财产权保护的角度来看缺乏相关法理支撑；二则本来是一件有利于改善老旧小区环境状况、提升老旧小区生活质量的善举，却容易因个别住户不同意改造而无法实施，相关部门强制执行又缺乏相关法律支持。

从上述政策现状可以看出，相较于中央国家机关老旧小区综合改造的相关文件由国家机关事务管理局牵头负责制定，北京市老旧小区综合改造的相关文件则由北京市政府、北京市住房城乡建设委、北京市重大办、北京市政市容委以及其他相关单位针对所辖职责制定相关政策，抗震节能、消防、绿化、停车等内容由各个文件分别规定，细观各个文件，北京市关于老旧小区综合改造的各项内容亦是比较丰富，只是内容分散在各个专门文件之中，缺乏系统的专门办法对相关问题进行统一规定，以使老旧小区综合改造工作能够因地制宜地顺利实施。

目前的老旧小区综合改造相关政策文件均把重心放在房屋建筑本体、公服设施、小区公共部分等内容，而在制度建设方面则仅是"各区县政府在综合整治过程中，要同步探索老旧小区的长效管理机制，从政策、资金、技术、人员等方面入手，引导老旧小区采取灵活多样的管理模式，促进管理的良性循环。"从目前改造成果来看，在长效机制建设方面取得的有益成果尚属少数。长效机制建设一方面要改变相关业主福利制度下形成的住房消费观念，逐步树立有偿消费的观念，建立专业化社会化的物业管理服务，促进老旧小区改造后的长期管理，另一方面要建立有效机制拓宽老旧小区综合改造资金来源，引进社会资本参与老旧小区综合改造。

5. 老旧小区改造经验借鉴

（1）杭州老旧小区改造。杭州是率先在全国提出并推行"社区化准物业管理"这一理念的城市，并在实际的工作中大胆实践，积极探索适合老旧小区实际的物业管理模式。杭州市政府提出建立"条块结合、以块为主、纳入社区统一管理"的老旧小区管理新模式，将物业管理的重也下放到街道、社区，并且明确街道、社区关于物业管理的职责，使物业管理能够与社区管理相融合、相促进，从而呈现良性的互动局面。

近年来，杭州市致力于改善背街小巷、整治道路、改善庭院和危旧房。对城区老旧小区进行硬件设施改善，这些举措的首要任务就是要将这些改善之后的老旧小区纳入到管理范畴，进而开展长效管理。目前，杭州市老旧小区管理成效显著，社会反响较好，已经初步形成"社区化准物业管理"为载体，"低收费、有补贴、广覆盖"为特征的具有杭州特色的老旧小区长效管理体系。

杭州准物业管理值得借鉴的经验是：杭州市准物业管理工作因与社区的日常工作结合较为紧密，相对纯商业性质的物业管理来说更具有生命力。首先，服务项目更广，基本涵盖了居民群众的各类需求，例如家政服务，法律服务，帮困服务等等；其次，社区的工作历来是紧贴居民的，因此其居民自治网络组织的作用非常强大，社区在开展准物业管理时，可充分发挥居民群众的自觉性和主动性，大家怀着爱社区、爱家园的满腔热情，来享用自己创造的劳动成果；最后，社区准物业管理的收费低、成本低、并且有政府补贴。[1]

（2）南京鼓楼老旧小区改造。南京市城市房屋建设和人口都相对集中，中心城市以 20 世纪 80 年代旧城改造开发建设的房屋为主，这些房屋在建设初期往往还没有引入城市规划和物业管理等现代城市建设理念，所以规划不到位，生活设备配套不完善，工程质量良莠不齐，房屋比较陈旧，机关、学校、部队、商业区和工厂散落在各个小区内。这些小区相对于新建的全封闭的有标准的保安保全保洁小区而言，是"老"和"旧"的。近几年来，出于城市建设上一台阶以及南京城市地产建设深度开发等目的，鼓楼区政府针对老旧小区的房屋管理问题采取新的整改措施——即"出新+物管"。"出新"是指给老旧小区进行面上的建设；而"物管"是指给出新后的老旧小区提供"准物业管理式"的保洁保安保修保无违建的长效管理。

鼓楼区老旧小区的"出新"和"管理"是分开的，由政府先"出新"，再由物业管理企业进行"管理"，实在无法引入物业管理企业的出新小区则由居民委员会代管或者社区居民民主自治。

2006 年和 2007 年，鼓楼区政府陆续出新了 21 个小区，并给各个出新小区引入物业管理企业。由于地产开发商不愿意以低利润改造老旧小区，一般居民又普遍存在"搭便车"心理，小区出新的主体责任方以及费用支付都由政府买单。（改造政府出钱，改造后企业或个人得出钱）2007 年一年政府共投入改造资金约 2500 余万元，其中市级财政拨款 1750 多万元，区级财政投入 750 多万元。政府将这些钱主要用于拆除违建、道路翻修、新建车棚、增设小区平面图和文明公约告示栏、新做宣传栏、安装交通安全标志标识（例如限速牌、警示牌、反光镜、减速带等）、配备垃圾桶和保洁车辆、购买消防灭火器等。出新后，小区的公共秩序有明显的好转，环境更加整洁，小区的绿化得到养护，房屋维修得到保证，房屋资产明显保值增值。

政府在小区建设上下了很多功夫，已经取得了明显成效，余下的问题就是如何使得这美好的环境能够保持下去，这需要依靠"长效管理"来解决。2006 年和 2007 年出新的 21 个小区中，14 个小区有 6 家物业管理企业进驻，其中三家比较大；5 个小区由社区自管，还有 1 个小区继续单位自管，余下 1 个小区物业管理企业已经退出。据了解，3 家较大的物业管理企业每年皆亏损 10 多万，其他小企业情况也不好。尽管出新时政府给每个小区预留了 10 万元的管理启动金，但是依然无法解决物业管理企业第二年自力更生的目标。

---

[1] 参见余建军：《杭州市老旧小区新型物业管理模式的研究分析》，载《现代物业》（上旬刊）2012 年第 4 期。

南京的做法首先就是由政府出资解决最基础和客观的问题，从物质层面完成老旧小区综合改造，其次引入物业管理实现长效机制的建设，但是资金方面依然没有得到很好的解决，缺乏资金支撑的长效机制是不可持续的，长效管理依然难以建立。[1]

（3）西安老旧小区住宅加装电梯的做法。2015 年 12 月，中国煤炭科工集团西安研究院家属院 4 号楼加装电梯投入使用，该楼体 7 层，整栋楼加装电梯 3 部，总体费用约 70 多万元。因小区是单位家属院，单位承担加装工程施工费用，而住户则集资承担了电梯费用。4 号楼居住的群体大部分为退休老干部，平均年龄将近 70 岁，对于 4 楼以上的住户来说上下楼特别吃力，该小区召集业主就加装电梯一事进行表决，征得绝大部分住户同意后开始动工修建。具体费用因楼层高低依次分为：2 楼 5000 元、3 楼 8000 元、4 楼 20 000 元、5 楼 25 000 元、6 楼 30 000 元、7 楼 35 000 元。因为 2 楼和 3 楼住户对电梯的需求并不大，所以收费相对低一些，1 楼住户无须电梯则不收费，对于这样的收费标准，业主们也都认可。

西安市老旧小区更新改造实施工程将五大类项目纳入到更新改造之内，只要条件符合均可获得政府补助逐步予以改造。参与改造的五大类项目分别为：消除安全隐患、完善配套设施、提升景观环境、整新建筑风貌及建立长效管理机制，希望通过改造使建于 1995 年前的老旧住宅小区基本达到城市居住区规划设计规范要求。西安市对老旧小区改造按照"政府引导、市区联动、群众参与"的原则进行，民意是最为重要的环节。考虑到老旧小区居民上下楼不便等问题，特别将为老旧小区加装电梯列入更新改造范围之中，并由政府给予一定的补贴，但前提是不影响到其他居民的利益，在加装条件成熟的小区进行。[2]

（4）山东潍坊立体泊车破解老旧小区停车难。山东省潍坊市潍城区政府借助该市老旧小区改造提升这一有利契机，打破现有小区平面停车的惯性思维，向空中和地下要空间，引进立体泊车技术，让建于 20 世纪八九十年代没有规划停车位的老旧小区停车场"上天入地"。

改造中，由潍城区住建局牵头，组织各街办对潍城区现有老旧小区具体停车场和停车设施进行摸底考察，举行居民自治听证会，通过广泛听取各方面意见，并实现有车族和没车人之间的面对面沟通。在充分尊重和征求群众意见的基础上，重新规划小区地面停车位，充分利用小区内空闲位置，规范和增加老旧小区机动车辆停放，积极寻求立体泊车试点场地，对能够进行立体泊车改造的空地进行调查，列出明细，力争做到车位数和车量数的比例保持平衡。在区内齐家庄及

---

〔1〕 参见陆婷婷：《南京鼓楼老旧小区长效管理调研报告》，载《现代物业》2018 年第 8 期。
〔2〕 参见高磊：《西安：老旧小区住宅加装电梯业主集资也愿意》，载《城乡建设》2017 年第 1 期。

蔡家庄试点引进智能立体停车库系统，将原本只能停放 20 辆及 17 辆机动车的场地，通过建设立体泊车，分别扩容至停放 60 辆及 68 辆机动车。

立体泊车"上马"，有效破解了老旧小区停车难这一难题：一是确实有效解决住户停车难，且在技术上可行；二是改造成本相对较低，符合大部分人的需求；三是不影响环保，确保小区内的绿化总量。[1]

（5）厦门市老旧小区改造经验。在老旧小区改造过程中，把共谋、共建、共管、共评、共享贯穿在全过程中，发动居民群众、社区组织、专家学者、企业单位等社会各界力量，共同参与改造提升，做到共同出主意，有钱出钱，有力出力，形成了推动老旧小区改造的"共同缔造"生动氛围。探索建立了"市级筹划、区级统筹、街道组织、社区实施"的工作机制，明确各级各部门职责，建立了项目实施、工作协调、资金筹集、财政奖励、后续管理等工作办法，形成既分工明确又通力协作的工作局面。

用通俗的话来说，就是先满足刚性需求，后满足改善型需求。一是重点解决生活配套等民生问题，明确老旧小区改造的重点是供水、供电、供气、弱电（通信、有线电视）、市政道路等。二是在满足基本需求基础上力求提升。比如说，有条件的小区还可以同步考虑建设停车场。建筑物本体改造提升项目包括楼道修缮、楼道走道照明改造、防盗门和对讲系统配套等。此外，对具备相关基础条件的老旧小区，各区还可统筹完善社区综合服务站、卫生服务站、幼儿园、室外活动场地、慢行系统等公共服务设施。

厦门市以试点老旧小区改造提升为载体，创新"纵向到底、横向到边、协商共治"的治理体系，建立社区居委会、小区业委会、物业公司三方联动机制，完善小区后续自治管理。同时注重培育自治组织，鼓励、指导小区引入物业服务管理或建立自治管理，鼓励有条件的街道成立非营利性中介服务机构——如鹭江街道先锋营小区创新成立的"家园服务中心"。此外，在老旧小区改造过程中也创造出了"市民议事厅""邻里好厝边""议事堂""小区居民公约"等一个个社区村（居）民自治品牌。

一是发动居民自筹。居民住房属于个人所有，受益人是居民自身，按照谁受益谁支付的原则，居民理应承担一定的改造资金。为此，厦门市规定建筑物本体改造提升资金以居民自筹为主，但是属于低保户和困难户的，各经营单位给予入户初装费用减免优惠。

二是政府予以补贴。第一种是由财政按项目总投资的一定比例予以奖励。第二种是对于老旧小区建筑物本体改造提升、小区环境及配套设施改造提升，财政

---

[1] 参见刘雨东：《山东潍坊：立体泊车破解老旧小区停车难》，载《城乡建设》2016 年第 12 期。

采用"以奖代补"给予相应奖励。第三种是充分发挥省、市级奖补资金的引导作用,不断加大老旧小区综合整治改造资金的投入和相关资金整合力度,积极创新资金使用和管理方式,提高资金使用效益。第四种是对于老旧小区属于由单位分配给职工居住的,鼓励原单位捐资捐物共同参与改造提升工作。

三是培育"造血功能"。"外来'输血'只能解决一时,自己'造血'才能解决长久。"一方面是提升物业管理的生存能力。如引进物业公司打包连片、区域性管理模式,有效降低物业管理成本。同时,小区的广告收入、摊位出租收入等公共收益按照相关的法律法规执行。另一方面,鼓励居民主动参与小区日常管理,探索居民自治模式,提高老旧小区的自我管理能力和"造血"功能。此外,积极探索采用加层改造、增建商业设施等途径进行融资,鼓励和吸引社会资金参与综合整治,实现老旧物业的完全市场化运作。

6. 北京老旧小区综合改造经验借鉴

兰园小区位于北京市海淀区马连洼路,所属街道为马连洼街道办事处,项目节能改造共计26栋楼,总建筑面积为 132 865 平方米,建造年代为1990年,现结构形式为6层砖混结构,户数为1752户,产权单位为海淀职工住宅合作社(无实体)属于商品房。

(1) 改造前现状。节能现状:①无外墙外保温、屋面保温等节能措施。②单元门及楼道窗不全是节能型门窗。③部分供暖暖管线已老化,急需更换维修。④没有热计量装置。

环境现状:①建筑立面老化严重,影响整体美观,同时,部分楼体阳台外墙面出现抹灰层整体脱落现象,给居民人身和财产造成严重安全隐患。据小区居民反映,外墙抹灰层脱落曾数次砸毁社区内停放车辆,砸伤行人。②部分社区内居民私搭乱建现象严重,影响社区内环境整洁、美观;占用社区内公共区域,如通行道路、活动场地,亦造成安全隐患,例如居民在私设窗外护栏上堆放重物。同时,社区内废弃线杆、变电箱占用地面,影响社区整体美观。绿化植被维护不当,小区内行车碾压、生活垃圾乱扔、居民随意踩踏,造成社区内土地裸露现象严重。③社区内生活垃圾、居民私有杂物胡乱堆放在公共区域,如人行通道、消防通道内,影响社区美观,阻挡消防通行,带来消防安全隐患。④社区内水、电、暖管线等均已老化。且管线归属较复杂,不利于各公司管理、维护。⑤部分小区配套设施不够完善,路面状况差,绿地、停车位等无合理规划;社区内自行车棚、平房老旧,亟待翻新;缺失照明设备、消防设施、信报箱等。

(2) 实施改造情况。北京的老旧小区改造主要包括老旧非节能居住建筑维护结构节能改造、室内供热系统计量及温控改造和小区环境整治。节能改造主要是更换外窗及外墙、屋面保温、楼门节能改造,同时进行楼道墙面粉刷。小区环境整治的内容主要包括美化建筑立面，拆除私搭乱建，补建绿化植被，清理乱堆物料，改造老旧管线，增补停车位，增补必要设施等。

朝阳区有 400 多个老旧小区，由于小区产权形式复杂，随着单位后勤"福利式"管理逐渐难以为继，这些居民小区多数进入了无人管理状态。

自 2010 年，朝阳区政府陆续探索"准物业管理"，在老旧小区逐步推行物业管理，在探索"准物业管理"的实践中，试图把物业管理纳入社区建设，实现物业管理的可持续。朝阳区政府提出了"准物业管理"的最低目标，即"四有"目标：有治安防范，有绿化保洁，有维护维修，有停车管理。区政府指示各街道可根据地区的实际情况，指导相关社区居委会、小区管委会实行更高的工作标准，最终通过加强居民楼院自治管理，全面提高小区服务管理水平，实现"人人享有物业服务"的更高目标。

根据朝阳区"准物业管理"试点的规定，"准物业管理"是由街道和居委会通过小区居民代表投票发起建立的自治组织——小区"物业管理委员会"（简称"管委会"）根据小区情况确定的以自治互助或互助和服务外包相结合等方式为居民提供基本物业服务的一种管理方式。与商业性物业管理不同，"准物业"不以营利为目的，收费标准较低，一般只收服务成本费。其收费标准经小区"管委会"决定管理模式及工作方案后，要根据提供的"准物业"服务项目测算所需费用，该费用减去利用小区公共资源所能收取的费用后，再确定居民每月应交纳的费用额度。

朝阳区通过"政府引导、市场运作"，形成了"街道、社区、物业服务公司、小区管委会"四位一体的准物业管理格局。非营利性物业公司通过向居民低收费以及多方筹措资金等方式，实现准物业管理的市场化运作，以市场机制保障物业服务的正常运行。该模式的优点在于能够整合街道资源、便于统一管理，高效快捷地为居民服务，通过市场化、专业化和社会化的机制，保障老旧小区准物业管理的长效运行。[1]

模式一：院落自治模式。通过院落自治，居民以及区管委会利用互助方式为小区提供准物业服务。即治安防范、维修维护、绿化保洁、停车管理等基本的物业服务交由小区管委会来动员居民以及社会力量"有钱出钱，有力出力"，利用互助方式来实现小区物业化管理。

模式二：居民自管和聘请专业人员两者相结合。实现小区的准物业管理，是居民群众自治为导向，建立小区的管理委员会，采取居民自管和聘请专业人员相

---

〔1〕 资料来源：北京市朝阳区社会工作建设办公室文件《朝阳区街道系统老旧小区准物业管理工作指导意见（试行）》（朝社办发〔2012〕22 号）。

结合这样的方式，在老旧小区推行准物业管理。

模式三：居民互助和服务外包两者相结合，实现半专业化的物业管理。以居民互助式物业管理作为基础，将物业管理中涉及的专业服务外包给专业的物业机构，实现居民互助和服务外包二者相结合的半专业化的物业管理。

模式四：成立非营利性的物业服务机构，同时提供专业化物业服务。以民办非企业的形式成立非营利性物业服务机构，为小区提供小区准物业化管理。

每个老旧小区的实际情况各有不同，居民构成也各不相同，因此，在具体实施准物业管理时，也要将老旧小区按照一定标准来划分开来，分门别类的加以管理。北京市朝阳区根据不同小区的具体情况，采取两种方式管理。一是针对那些规模大的、资源多的、管理成本比较高的老旧住宅小区，以居民互助为基础，将部分专业服务委托给专业物业机构。二是针对规模小的、管理成本相对比较低的小区，将居民自管、政府扶持相结合起来。对治安防范、停车管理等项目采取居民自管的方式，政府则对绿化保洁等项目进行帮助扶持。

7. 完善北京市老旧小区综合改造法律问题的对策建议

从法理方面沟通公权力实施与私权利保护之间的障碍，赋予相关部门对违建的强制执行权力，健全老旧小区综合改造的法律依据，做到有法可依，严格遵照相关法律法规执行。

老旧小区综合改造事关民众福祉，与众多业主和产权单位切实利益息息相关，老旧小区综合改造离不开广大人民群众的积极参与，需要畅通百姓参与机制，获得百姓的积极支持，同时也要加大沟通宣传，让个人知悉在老旧小区综合改造过程中应当履行的义务，方能取得重大进展，进而有利于加快老旧小区综合改造，提升小区居住质量。

不同小区面临的问题各有不同，需要结合各小区实际情况，从多种途径出发，建立长效机制，实现老旧小区综合改造后续长久管理，形成良性制度运行。

现有相关政策文件过于纷繁，不利于贯彻执行操作，建议梳理现有政策文件，形成规范的政策文件体系，以利于更好的执行操作，同时总结已有项目经验，将良好的经验做法融入地方法规，明确个人、社区、政府多方义务，明确建立长效管理机制，实现老旧小区长治久安。

第一，对小区内违章搭建房屋依法拆除，对因拆违出现困难的家庭，引导外迁，妥善安置。

第二，争取适用文保区微循环政策和直管公房整治政策，推进老旧小区整治改造。

第三，拆除后腾出的土地应专项用于补建缺失设施，增加绿地，增设适老活动场所。

第四，分类施策，分区施策。综合相关部门及专家学者结合北京市疏解改造促提升的政策方针集中研讨制定老旧小区综合改造的评估标准，通过评估确定老旧小区符合标准者纳入综合改造范围，对于无法改造或改造成本大于重建成本而不适宜改造的老旧小区以及不符合未来城市发展规划的老旧小区，争取纳入棚户区改造范围。对于核心区以外的各区，如果规划条件允许可适当增加经营性面积规划，一方面拓宽老旧小区综合改造资金来源，另一方面亦可为社会资本参与老旧小区综合改造提供渠道。

涉及国家机关的相关老旧小区能够得到中央及地方的合力支持，实施条件相对优厚，争取先行先试，形成有效规章制度，为地方老旧小区综合改造形成有效的先行引领作用。

第一，加强出租房屋欠费追缴和房屋维修专项资金的收缴。

第二，鉴于部分老旧小区居住业主为国有企业老员工，国有企业和广大职工曾为北京市经济建设做出了巨大贡献，老旧小区综合改造属于民生工程，建议对于老旧小区综合改造资金不足部分从国有资本经营预算资金中争取一定的资金支持。

第三，探索社会化资本参与老旧小区综合改造的模式，积极引进社会化资本。例如可以将通过相应规划调整增加小区可经营面积的未来收益及小区未来管理服务收益权等作为社会资本收益来源，吸引社会资本参与老旧小区综合改造。

首先要改变业主福利制下的住房消费观念，结合老旧小区业主意愿建立专业化、社会化的物业管理服务，树立业主有偿消费的观念，同时创新物业管理理念开拓增值服务，确保老旧小区综合改造后的长效管理服务，促进长效机制建立。

第一，调动业主参与积极性，探索业主自治、主动参与社会服务机构相结合的多种模式。

第二，充分挖掘现有住区的内在资源，利用地上地下空间，修建文体、健身、康体场所、停车场，为快递提供运营场所，实行有偿服务。

第三，利用互联网，开发社区服务信息平台，便利百姓生活。为居民在信息平台上提供购水、购电、购物、送餐、就医、理财、旅游等服务，做到社会效益和经济效益双增长。

鼓励引导老旧小区成立业委会等居民自治组织，畅通业主委员会履行权力通道，健全小区自治管理体系，提升小区自我管理能力，同时发挥基层党员先锋模范作用，成立小区基层党组织，发挥党组织带头引领、监督管理作用，实现老旧小区长效管理。

通过建立指标体系，对老旧小区做出合理安排。根据指标体系的测算，对老旧小区采取四种处置模式：现状提升、增值运营、升级改造和二次开发。

北京市公共交通安全法律问题研究

郑　翔*

城市交通问题的社会化，促进了城市公共交通工具的产生与发展，城市公共交通行业也相继形成。城市公共交通是为社会公众提供基本出行服务的社会公益性事业和重大民生工程。

中国超大城市公交系统较为复杂，一般包括常规公共交通系统、轨道交通系统和辅助交通系统三大类。其中常规公共交通系统现已发展成为包括公共汽车、无轨和有轨电车等出行方式；轨道交通系统包括地面轨道交通（轻轨）和地下轨道交通（地铁）等出行方式；辅助公共交通系统主要包括出租车等出行方式。在如此复杂的交通系统中，安全保障不仅是交通技术问题，而且需要进行科学的制度设计，从法律层面明确交通参与人的权利和义务，明确交通管理的基本规则。

一、国内外研究现状

（一）国外研究现状

公共交通安全问题一直是社会经济发展和城市交通发展中不容忽视的重要问题。国外学者起初是对道路通行规则问题进行研究，后逐步发展到对公共交通安全问题法律制度的研究。当前，发达国家和地区，如欧盟、美国，每年都有交通管理部门对本国的交通安全状况进行研究，对国内公共交通安全情况进行统计和分析，以期通过相关法律制度建设降低相关安全事故的发生。近些年发达国家在公共交通安全上的立法内容的划分上更加细致，特别是针对一些城市新出现的或具有特殊性质的公共交通工具进行了专门的立法规定。法律学者对公共交通安全的研究是随着交通技术的发展不断深入的，公共交通安全对交通法律制度的变革要求主要体现在公共交通安全管理规则、智能交通管理、公共交通参与人的行为规则等法律制度完善。如 Edward Kussy（1996）提出交通行政法律制度的发展必

---

* 课题主持人：郑翔，北京交通大学法学院副教授。立项编号：BLS（2017）B007-1。结项等级：合格。

然要反映交通技术的发展现实。由于不同地区在城市具体布局、公共交通安全立法需求等方面存在着诸多差异，国外研究成果的地区性和局限性也比较明显。但是，国外对公共交通安全法律问题的研究成果仍对本课题的研究具有较强的借鉴意义，可提供观察问题的视角、分析问题的方法和解决问题的路径启示。

（二）国内研究现状

我国学者对公共交通安全的研究，最早主要集中在道路交通事故的认定、各方责任的划分等问题，如张新宝、鲁桂华《道路交通安全法第七十六条法律精神解析》[1]（2004）。也有学者从法规整体制度设计出发进行研究，如许锡忠、黄金晶、宋群（2014）提出完善道路交通安全法律法规内容、协调道路公共交通安全法律法规的内部关系、解决道路交通法律法规的外部冲突。[2]随着在北京出现网约车、共享单车、共享汽车等新型公共交通方式，学者进行了必要的梳理[3]（如陈越峰，2017；荣朝和、王学成，2016）[4]。

制度化和规范化是北京公共交通安全中极其重要的环节。有学者对公共交通安全的目标与方法及具体法律问题进行了研究，如莫纪宏（2008）。因为北京公共交通安全问题是一个随着时代发展不断变化的问题，实践中暴露出来的新的法律问题难以得到很快的解决，我国学者对公共交通安全的相关法律需求问题的研究停留在理论分析层面，还缺乏对实践的深入调查，缺乏针对现实立法需求提出有效的、具有立法实际参考价值的实证研究。

二、选题意义

（一）选题的理论意义

本课题以北京地区的公共交通法律制度现状的梳理为基础，立足分析北京公共交通安全发展中的法治建设需求，以互联网的迅猛发展为时代背景，借鉴国内外公共交通安全的立法经验，为完善北京公共交通安全法律问题提供合理的理论支撑。

（二）选题的实际意义

从实践价值来看，本课题对北京地区公共交通法律制度的规则及立法需求进行实证调查和分析论证，为完善北京道路公共交通安全制度提出可行性对策或建议，供北京地方政府参考，为形成科学、有效的道路交通安全制度建言献策。

本课题的研究主要从微观角度探讨北京市公共交通安全存在的问题，分析其

---

[1] 张新宝、鲁桂华：《道路交通安全法第七十六条法律精神解析》，载《人民法院报》2004 年 9 月 22 日。

[2] 许锡忠、黄金晶、宋群：《完善我国道路交通安全管理法律法规体系的思考》，载《道路交通科学技术》2014 年第 4 期。

[3] 陈越峰：《"互联网+"的规制结构——以"网约车"规制为例》，载《法学家》2017 年第 1 期。

[4] 荣朝和、王学成：《厘清网约车性质推进出租车监管改革》，载《综合运输》2016 年第 1 期。

反映在法律制度层面的制度设计中存在的问题。

北京市主要的交通管理部门分为两个，一个是北京市公安局公安交通管理局和公共交通安全保卫总队，另一个是北京市交通委员会。

北京市公共交通安全法律法规现存主要问题：

1. 缺乏城市公共交通安全的基本法律制度

北京市在城市发展过程中，面临的形势是人口持续向城市聚集，城市机动车数量持续增加，土地资源日趋紧张，公共交通压力巨大。从北京市现有交通法律制度来看，影响城市公共交通安全的各个因素都制定了相关法律法规，城市公共交通安全法律体系基本齐备。但是，在北京市现有交通法律制度中，还缺乏统一调整公共交通安全的法律规定，没有以公共交通安全为基本主题，构建专门法律制度。这使得相关立法规定中存在着管理标准不一致、管理规则不统一、法律责任承担不一致等问题。不同交通方式立法中交通安全管理的衔接也存在不足。

2. 公共交通安全管理体制存在不足

北京市公共交通安全管理取得了巨大成就，但是在实践中还是存在一些弊端，主要有：

第一，部门协调难度大。公共交通安全管理涉及人、车、路、环境等多种要素，涉及公安、交通运输、建设、质检、安监、保险等多个职能部门和多个非政府部门。而交通管理只是政府的一个职能部门，很难组织、统筹、协调其他政府部门开展工作，难以形成部门合力。公交分局与公共交通运营单位以及交通局等单位关系不能理顺，权力责任不明确，导致安全管理工作开展难度大。公安机关对公交企业没有直接的执法权力，只能通过监督、检查等形式督促公交企业提高安全防范意识、提升安全防范能力、消除安全隐患、保障人、财、物的安全，对于公交单位在安全方面存在的问题，公交机关只能出具整改通知书，敦促其整改，而无权实施强制措施。

第二，各部门职权职责不够清晰。相关法律规定了人民政府交通、公安管理部门依据各自职责负责公共交通安全工作，但没有明确规定各部门的职权和责任，从而导致部门职权职责不清晰，在公共交通安全管理工作中有时会出现相互推诿、相互扯皮的问题。

第三，社会参与度不够。现有公共交通安全管理法律偏重政府行政管理，弱化了社会治理。对于机动车生产、销售、维修、报废企业和机动车检测、驾驶人培训、公路经营单位的交通安全责任，运输企业、客运场站的交通安全主体责任，以及机动车所有人、行人等道路参与者的自我管理责任均缺乏相关规定，导致社会参与度不高，行业自律意识和能力不强，缺乏社会的整体联动〔1〕。

3. 对新型公共交通现象缺乏相应的制度设计

当前，北京市公共交通出现了新的安全问题，主要包括暴恐形势愈加严峻、出现共享交通、无人驾驶技术的使用、智慧交通建设和运营等新现象，但针对这些新型交通现象还缺乏相应的制度设计。

第一，暴恐形势愈加严峻增加安全隐患。从国际形势来看，国际恐怖主义正愈演愈烈，中东、南亚、非洲地区已形成三大国际暴恐策源地。东南亚、中亚地区的恐怖活动也有恶化之势。从国内形势来看，随着市场经济体制的确立和完善，社会分工呈现细化和纵深化的趋势，随之而来的便是社会问题的复杂化。社会变迁带来了许多未知的领域和现象，也带来了许多未知的权利范畴和权利冲突。当出现一些影响社会和谐的社会问题和尖锐利益冲突时，当事人有可能采取一些极端行为影响公共交通安全。

第二，共享交通领域引发新的安全隐患。北京市共享交通领域发展迅猛，网络预约出租车、共享汽车、顺风车、共享单车在公共交通领域形成了重要的交通运输力量。在网络预约出租车、共享汽车、顺风车的使用过程中，存在着许多安全隐患，例如车辆驾驶员资质难以确认。交通工具安全性能无法保证。乘客个人信息泄露等问题。而且这些车辆大量进入公共交通领域，争夺本已稀有的道路资源，也容易引发交通拥堵。在共享单车领域，存在着车辆乱停乱放，挤占公共道路和地铁站口等位置造成交通拥堵；车辆运营维护不到位，车辆损坏得不到及时修理；消费者预先支付的押金资金安全和个人网络信息安全风险等问题。

第三，无人驾驶技术的使用引发新的安全隐患。无人驾驶车辆的使用已经进入到道路测试阶段，但是对无人驾驶可能引发的安全风险还缺乏充分的评估。在极端情况下，无人驾驶系统可能会出现判断错误甚至死机、黑客可能侵入无人驾驶系统修改数据、无人驾驶或者全自动驾驶标准混乱等问题。

第四，智慧交通建设和运营引发新的安全隐患。物联网、云计算、大数据、移动互联网等新一代信息技术的快速发展为智慧交通提供了强大的技术支撑。智慧交通建设是智慧城市建设的重要环节，也取得了显著的效果。但是需要注意的是新的技术运用，例如潮汐车道的使用、交通信号灯时长的适时调整，会使得交通规则进一步复杂化，大数据的应用也难以保障运营系统的稳定性和可靠性。

4. 对国家交通战略的回应不够充分

对北京市公共交通安全造成影响的国家战略主要有三个，一是"一带一路"

---

〔1〕 赵司聪、王婧、黄金晶：《道路交通安全管理体制研究——对道路交通安全综合治理模式的思考》，载《中国公共安全（学术版）》2017 年第 3 期。

倡议；二是"京津冀协同发展"战略；三是雄安战略。

第一，"一带一路"倡议对北京市公共交通安全制度的影响。2013 年 9 月和 10 月，中国国家主席习近平在出访中亚和东南亚国家期间，先后提出共建"丝绸之路经济带"和"21 世纪海上丝绸之路"（以下简称"一带一路"，The Belt and Road，缩写 OBOR）的重大倡议[1]；"丝绸之路"作为一个历史概念，自古就是东西方文明交流和经贸合作的通道和桥梁，更是连接亚、欧、非三大洲以及太平洋、印度洋和大西洋三大洋的战略大通道。2015 年 3 月 28 日，国务院授权国家发展改革委、外交部、商务部联合发布了《推动共建丝绸之路经济带和 21 世纪海上丝绸之路的愿景与行动》。"一带一路"战略作为中国未来重要的对外战略，坚持共商、共建、共享原则，致力于亚欧非三大洲国家的陆海互联互通，建立和加强沿线各国伙伴关系，构建全方位、多层次、复合型的互联互通网络，实现沿线各国多元、自主、平衡、可持续的发展。

"一带一路"起于中国，途经中亚、西亚、南亚和东南亚地区，辐射欧洲。东连亚太经济圈，西牵欧洲经济圈；总覆盖人口约 44 亿，占世界总人口的 63%；占全球 GDP 近 1/3，近 1/4 的全球所有产品和服务[2]。构建"一带一路"的交通运输体系是"一带一路"战略实施的先决条件和重要基础，是塑造经济空间格局以及主导经济空间格局演化的重要力量。加快"一带一路"的交通运输体系的建设，目标是加快提升中国与周边国家交通基础设施的互联互通水平，并实现区域交通运输一体化。

随着"一带一路"倡议的实施，北京的交通体系对外联系必然增加，随之而来的大量的人流、物流将增加北京市公共交通安全的压力，国际交往的增加也对公共交通管理的基本规则提出新的要求。

第二，"京津冀协同发展"战略对北京市公共交通安全制度的影响。京津冀交通一体化战略是伴随着京津冀协同发展战略的发展而逐渐确立并成熟起来的。2014 年，习近平总书记在举行座谈会时指出要把交通一体化作为先行领域，加快建设快、便捷、高效、安全、大容量、低成本的综合交通网络。[3]随着京津冀协同发展国家战略的提出和实施，京津冀地区交通基础设施建设发展迅速，基本形成了覆盖区域内主要地区的综合交通运输体系。综合运输体系的初步形成为京津

---

[1] 中国新闻网：习近平发表重要演讲 吁共建"丝绸之路经济带"；China News Network：Xi Jinping delivered an important speech called for the construction of "the Silk Road Economic zone"，http://www.chinanews.com/gn/2013/09-07/5257748.shtml.

[2] 龚雯、田俊荣、王珂：《新丝路：通向共同繁荣》，载《人民日报》2014 年 6 月 30 日，第 1 版。

[3] 习近平：《京津冀要抱团发展，把交通一体化作为先行领域》，载新华网，http://news.xinhuanet.com/fortune/2014-02/28/c_126202333.html，2016 年 11 月 1 日。

冀地区交通一体化的发展奠定了基础，并在国家战略规划的指导下明确了发展的基本方向。[1]根据国务院发布《京津冀协同发展规划纲要》，京津冀协同发展的战略重点包括交通一体化、产业布局一体化、城镇体系一体化、生态建设一体化等方面。其中，"交通一体化"旨在利用交通先行的优势，为京津冀协同发展提供了重要支撑。其要义是京津冀三方通过构筑铁路、公路、航空、港口立体化格局，优化对基础设施、交通运输、智能交通、港口航道、综合枢纽等领域的管理，旨在强化各种运输方式衔接，打通区域交通壁垒，从而实现京津冀地区互联互通，协同发展。

交通一体化是京津冀协同发展的骨骼系统和先行领域。根据交通部的目标，京津冀区域将会成为全面深化交通运输改革的实验区、区域交通一体化的示范区、交通运输现代化的先行区，并会在基础设施一体化、运输服务一体化、管理制度一体化、技术支撑一体化、市场培育发展一体化等方面开创京津冀交通一体化发展的崭新格局。"规划同图、建设同步、运输一体、管理协同"是京津冀交通一体化的必然要求，加快构建快速、便捷、高效、安全、大容量、低成本的互联互通综合交通网络是京津冀协同发展的首要目标。京津冀三地在实现交通深度融合和协调发展上，则必须加强三地交通设施统筹布局，全面推进三地运输组织一体衔接，统筹推动三地交通服务水平协调提升，深入推进交通治理体系的协同联动。这都对北京市公共交通安全管理工作提出了新的要求。

第三，雄安战略对北京市公共交通安全制度的影响。2017年4月，中共中央、国务院印发通知，决定设立河北雄安新区。这是以习近平为核心的党中央作出的一项重大的历史性战略选择，是继深圳经济特区和上海浦东新区之后又一具有全国意义的新区，是千年大计、国家大事。雄安新区规划范围涉及河北省雄县、容城、安新3县及周边部分区域，地处北京、天津、保定腹地，区位优势明显、交通便捷通畅、生态环境优良、资源环境承载能力较强，现有开发程度较低、发展空间充裕，具备高起点高标准开发建设的基本条件。

设立雄安新区，是以习近平同志为核心的党中央深入推进京津冀协同发展作出的一项重大决策部署，对于集中疏解北京非首都功能，探索人口经济密集地区优化开发新模式，调整优化京津冀城市布局和空间结构，培育创新驱动发展新引擎，具有重大现实意义和深远历史意义。规划建设雄安新区要突出七个方面的重点任务：一是建设绿色智慧新城，建成国际一流、绿色、现代、智慧城市。二是打造优美生态环境，构建蓝绿交织、清新明亮、水城共融的生态城市。三是发展

---

〔1〕 2014年2月26日，习近平在听取京津冀协同发展工作汇报的座谈会上提出了京津冀交通一体化的要求，即把交通一体化作为推进京津冀协同发展的先行领域，加快构建快速、便捷、高效、安全、大容量、低成本的互联互通综合交通网络。

高端高新产业，积极吸纳和集聚创新要素资源，培育新动能。四是提供优质公共服务，建设优质公共设施，创建城市管理新样板。五是构建快捷高效交通网，打造绿色交通体系。六是推进体制机制改革，发挥市场在资源配置中的决定性作用和更好发挥政府作用，激发市场活力。七是扩大全方位对外开放，打造扩大开放新高地和对外合作新平台。[1]雄安新区综合交通运输体系的建设需要服务北京非首都功能疏解、支撑服务区域协调发展，北京市公共安全管理部门必须采取积极措施，一方面做好疏解功能的协调工作，另一方面在对特定功能区共同服务中做好协同工作。

5. 公共交通安全法律法规存在一些相互矛盾的规定

我国现有交通法律法规之间存在一些相互交叉与相互矛盾的现象，特别是法规条款的相互冲突问题。例如，《道路交通安全法》第49条明确规定了机动车载人不得超过核定的人数。这一规定所指的机动车并没有明确范围，根据我国对机动车的界定，城市公交车也属机动车范畴，换句话说，交通法中对超载的约束同样适用于公交车。但是《中华人民共和国道路交通安全法释义》则指出城市公共汽车不属于《道路交通安全法》所指机动车范畴，并且城市公共交通管理条例中规定，有乘客在城用站点上车，在有乘车空间情况下，不接受乘客请求，则属于拒载。这表明，城市公共汽车超载属合法行为，但是依据《道路交通安全法》，这种现象则属于违法行为。类似这样的问题在北京市公共交通安全管理法律法规中也同样存在。

三、完善北京公共交通安全管理机制的构想

虽然公共交通安全目标的实现，不仅涉及法律制度的设计，还受制于交通安全教育制度、驾驶工具技术的提升、交通设施的完善等多方面因素的影响，但是这些内容也应当上升到法律层面来加以规范。北京应制定适合自身城市发展需要的城市公共交通管理办法。北京相较于其他城市，具有许多明显的差异，这种差异决定了城市公共交通运营安全管理方式的不同。北京应该制定公共交通安全管理办法，办法的内容应包括公共交通管理基本原则、管理体制、交通参与人、公共交通运输工具、道路设施维护等多项内容。

（一）明确公共交通安全管理的立法基本原则

1. "安全第一，预防为主"的原则

安全问题对于一个国家或者地区的发展具有战略意义。我国的安全生产方针"安全第一，预防为主"明确要求在生产过程中，务必要将安全放在头等重要的位置，切实保障人民生命和财产安全。坚持"安全第一"的理念进行道路交通

---

〔1〕 参见新华社：《中共中央、国务院决定设立河北雄安新区》，2018年4月1日。

发展战略规划，在考虑交通供需、路网结构、交通政策、交通投资和交通发展等方面的同时，还需要将区域交通安全问题纳入交通发展战略的考虑范畴。在充分保障系统安全的条件下，明确交通规划的指导思想和基本原则，确定骨干道路网络体系，合理化布置交通枢纽和运输场站，制定交通政策与法规规定，健全交通运输运营管理机制，选取事故率、死亡率和损伤率等指标衡量系统安全性能及运行状况。

2. 以人为本的基本原则

公共交通安全管理工作的核心是以人为本。因此，以人为本是公共交通安全管理法律制度取向的新趋势与长久目标。为了最大限度地预防和减少道路交通事故给公众带来的伤害和损失，最大限度地维护社会公众的切身利益，在车辆和驾驶人迅猛增加、道路交通安全形势日益严峻的情况下，如何确保道路交通顺畅有序，减少交通事故发生以及减轻交通事故中的损害，成为交通管理部门制定法律政策的价值取向，同时也是落实科学发展观的最好体现。

3. 城市公共交通的整体规划原则

城市公共交通是城市发展规划的重要组成部分，它与城市的各个部门都有着密切联系。实现公共交通安全，首先要有科学的城市公共交通规划。城市公共交通线路开设、运行道路安排、区域管理以及环境协同等问题都要根据城市发展的整体需要安排合理的规划目标与实现方式，而且，规划还应该具有一定的超前意识。应当适应公共交通发展的需要，依据公共交通安全法律法规和国家有关政策制定并完善交通安全规划和交通发展政策，定期开展公共交通安全评价，制定公共交通安全管理规划，并组织实施。

（二）完善公共交通安全管理机制

1. 建立综合性的公共交通安全管理机构

公共交通安全管理涉及人、车、路、环境等多种要素，涉及多个职能部门和非政府部门，由单一部门管理难以统筹协调其他政府部门开展工作，更难以实现资源的优化配置。而综合管理机构职能集中，有利于综合规划管理，合理布局交通结构，合理配置资源，有利于促进各种交通运输方式之间的相互衔接与一体化建设，有利于整体协调安排交通安全工作。同时进一步明确并细化安监、公安、交通运输、建设、发展改革、卫生、教育、市场监督、质监等部门交通安全职权职责，建立健全交通安全工作责任制，确保道路交通安全管理的各个环节都有相关职能部门监管。

2. 完善公共交通安全监管机制

对公共交通实施监督的机构主要包括行政管理机构、行业协会、司法机构、其他社会力量等，然而，这些组织都不是城市公共交通的直接受益者，很难及时、准确地对违法违规现象做出正确处理。乘客是公共交通安全监督的有效力量，如果公交通行工具存在某些安全隐患（例如驾驶员开车时打电话等等），乘客可以在第一时间做出回馈。因此，建议形成一个相对独立的部门能够正确受理并真实反映乘客的意见与建议。也可考虑在与政府规制机构平行的结构下设置城市公共交通政府规制监督机构，其作用就是专门用于受理乘客提出的意见与建议，处理乘客反映的城市公共交通发展问题，对政府规制机构与行业进行严格的监督。

3. 形成公共交通安全社会公共治理机制

在社会公共治理体制中，通过政府主体、社会主体和市场主体之间的相互协商合作，形成了一个多权力中心的治理网络。公共交通安全的实现，需要多方协作，化解社会矛盾，构筑多重风险防范机制。

（1）将公共交通安全风险的防控放在整个城市交通安全体系建设中加以考虑，明确风险管控的责任部门和单位，完善重大安全风险联防联控机制。

（2）建立公共交通大客流监测预警和应急管控处置机制。充分运用新的技术，实现公共交通安全共建，例如"交通云"的建立将打破"信息孤岛"，彻底实现信息资源共享、系统互联互通。通过使用移动互联网技术，则可以实现信息在各种运输方式间的顺畅传输、交换，从而达到各种运输方式的合理布局及协调、高效运行。

（3）健全公共交通安全应急救援管理体系，与相关部门形成应急救援信息共享机制，实现多部门协同预警发布和响应处置。

（4）发挥社会中介组织和社会单位的公共交通安全防范作用。例如要求相关网络平台进行数据共享，承担公共交通监管职责。强化失信惩戒和守信激励，明确和落实对有关单位及人员的惩戒和激励措施。

（5）依托城市社区安全网格化工作体系，加强公共交通安全规律性研究，形成工作合力。完善信息公开、举报奖励等制度，鼓励引导社会化服务机构、公益组织和志愿者参与推进城市安全发展，鼓励人民群众积极参与公共交通安全的管理和监督。

（三）完善公共交通参与人的安全管理

1. 规范公共交通工具驾驶人员的资格管理

当前，国家交通管理部门规定了驾驶员的基本技术要求，从理论学习与驾驶培训方面保证车辆驾驶的安全性，但在实际考核录用驾驶人员的过程中更多地侧重于理论学习，由于驾驶培训时间较短，应考性培训较多，驾驶人员的道路行驶要求较低造成在实际的驾驶过程中解决突发问题的能力较低。应该对公共交通工具驾驶人员的实际经验提出更高要求，明确具有一定年限的驾驶经验以后，才能进入到公共交通工具驾驶行业中。

2. 明确公共交通提供者的主体责任

进一步明确机动车生产、销售、维修、报废企业和机动车检测、驾驶人培训、公路经营单位的交通安全责任，明确运输企业、客运场站的交通安全主体责任，明确机动车所有人的自我管理责任。借鉴美国的管理经验，当前我国应对公共运输车辆管理进行全方位的制度设计。尤其要加强对公共运输车辆的静态管理和公共运输公司的基础性管理的制度设计，充分体现对其进行的重点管理。

3. 在公共交通工具上使用酒精锁

安装酒精锁能够从技术层面事先遏制酒后驾车行为，这比依靠当事人的自觉守法，以及实施事后的惩罚来治理酒驾，要有效得多。在诸如公交，出租车，货运等涉及公共交通安全的行业中逐步推广使用该装置，有助于从源头整治酒驾。[1]

（四）完善影响公共交通安全的突发公共事件管理机制

针对特殊情况，北京市交通管理部门已经制定了一些应急预案。春运交通如何疏导维护，两会期间怎样合理交替放行，马拉松比赛如何最大限度不影响正常交通通行，香山红叶节周边地区行车方案……在地理信息系统中，北京交管部门根据 18 类突发情况制订了 3860 个应急预案。无须再通过公安交通指挥中心布警，系统自动根据预案，通过集群通信技术，将事故情况迅速下发到民警，合理调派距离最近的交警赶赴现场，将意外事故对交通流量的影响降到最小。这套系统集成 GPS、GIS 技术，一旦发生事故、拥堵等意外事件，事故发生的位置、周边警力部署情况将立即被显示在指挥中心的显示屏上。目前，北京每名交警、每辆巡逻车上都装配了 GPS 定位系统，在公安交通指挥中心的显示屏上，每名交警、每辆巡逻车的位置均可以精确到米。应用先进的控制系统，可以将突发事件高度集成在地理信息系统上，将指挥平台平移到指挥车上，指挥车可以调取指挥中心的一切资源。一旦发生重大突发事件，指挥车开到哪里，立即就可以建立指挥平台。

但是这些应急预案没有上升到法律法规层面，公众对相关规定并不熟悉，很多道路交通参与人并不了解在特殊情况下的交通规则。因此，有必要在法律层面完善相关的特殊情况应急机制。

突发公共事件应急预案中现存主要问题包括应急预案涵盖范围不全、应急预案内容制定不详细、现场设定过于简单、相关部门联动协调不够、应急预案平时

---

[1] 2009 年 6 月，北京公交旅游公司，就为该公司运营的 1000 辆大卡车安装了酒精锁装置。宋泽宇：《崇文交警推出车载酒精检测连锁管理系统》，载《人民公安报》2009 年 6 月 26 日，第 2 版。

缺乏演练、应急保障没有落到实处等问题。针对上述问题,可以采取以下措施:强化应急处理救援体系建设,建立健全应急决策机制和现场指挥与协调机制;推进应急救援抢险队伍和应急物资的建设管理,建立基础数据库和调动方案;完善应急预案体系建设,制定应急保障预案和专项处臵预案;强化风险管理体系建设,健全风险管理工作体制机制;建立应急善后保障体系,加强恢复重建机制建设、调查评估机制建设。

进行协调联动形成合力,把有限的部门力量转化成有效的整体力量:在发生火灾或者有人员受到伤害的交通事故中,配合消防队维护火场秩序,救助受困人员;与医疗急救机构配合,抢救受到紧急事件侵害的人员,保障及时快速地将伤员转移给医疗急救机构进行救治;当出现紧急事件造成道路及其设施受到损害的情况下,与市政部门协调,进行抢修,维护道路系统使其及时恢复至正常状态。

在紧急事件的处置工作中,信息的收集和传递是非常重要的环节,必须及时准确全面地收集涉及道路交通问题的紧急事件的信息。信息传递包括两个方面,一方面是公安机关内部的信息传递问题,对于基层公安机关交通管理部门而言就是如何及时处置紧急事件,同时向上级机关和有关部门报告、传递相关信息。另一方面则是公安交通管理部门与交通参与者之间的信息传递,交通参与者即是突发公共事件潜在的受害者,同时又是应对危机的主体,公安机关交通管理部门能否将自己所掌握的、涉及交通参与者生命安全的信息,处置、规避、减轻直接危害后果的方法,及时充分地告知他们,对于稳定市民心态、减轻突发公共事件所造成的损害后果具有重大意义。另外,一些有价值的信息使用过后,还有多次使用的价值,因此需要将信息留存以备后用。

在城市道路应急指挥系统技术措施中,应该解决的主要问题是:道路交通拥堵快速检测和道路交通拥堵路段自动跟踪显示;道路交通拥堵快速处理,包括警情接收响应、警力调动指挥、信息上传下达;动态交通信息发布,并和当地的主要公共传媒连接,用于向市民发布紧急事件对道路交通的影响,告知市民应对策略;交警勤务数字化考核以及相关信息备份保存,用于总结经验、建立档案和勤务考核等等。

同时加强交通拥堵应急相关部门自身的管理,规范安全管理制度,加强行业监管,全面履行安全监管职责;建立安全隐患排查制度,加强设施设备的安全技术管理;加大安全宣传力度,强化人员安全、应急救援知识和能力培训考核和管理。

四、传统公共交通形式安全法律研究

(一) 轨道交通公共安全法律问题研究

作为一项复杂性工程,轨道交通由土建、设备等系统组成,需要不断完善的轨道交通安全管理模式，将轨道交通安全管理理念充分融入地铁运营管理，并结合线路实际情况及当地环境，才能确保轨道交通运营的安全性。轨道交通公共安全包含人、车辆、轨道等系统原因之外，社会环境与列车运行设备（例如供电系统、信号系统等）也是重要的影响因素。随着北京市轨道交通网络化迅猛发展，轨道交通运营难度日益增加，地铁安全事故问题日益凸显。作为城市交通最大服务载体，轨道交通运营服务任何故障都会引起媒体、群众的重视，对轨道运营造成极大的社会压力，并严重影响到公共交通的整体形象。

1. 造成轨道交通事故主要原因分析

从乘客方面分析，主要原因包括：一是人流量过大，造成拥挤甚至出现踩踏事故。二是乘客不遵守交通规则，造成轨道事故。主要表现为部分人员故意跳入轨道或者不慎落入轨道，严重影响了地铁的正点率。一辆列车晚点势必影响全局，需要相关部门整体协调，保证其他列车和事故列车的行车安全。轨道安全问题不仅影响列车的乘客，甚至会让整条线路瘫痪进而引发其他换乘线路的拥挤。

从轨道运营方面分析，主要原因一是列车出轨。综合有关经验来看，列车出轨是地铁列车事故的最重要诱因。二是地铁故障。不仅包括地铁的机械故障，还包括地铁供电系统、信号系统等方面的故障导致地铁安全运行出现问题[1]。

2. 完善北京市轨道交通公共安全的立法建议

（1）提高轨道交通运营工作人员的安全意识。工作人员作为轨道交通运营安全工作的主要保障群体，其工作态度、效率能够体现出运营服务的品质，也是轨道交通安全运营的重要保障。通过对工作人员安全意识、工作技能进行有效提升，及企业安全管理制度的切实落实，形成良好的安全文化氛围，可以减少轨道交通安全的人为因素。地铁运营单位事故、故障处理能力需最大限度提高，达到"三个最低"，即最大限度降低安全风险发生率、安全风险损失、安全干扰。

（2）提高轨道交通安全技术水平。在地铁车站和重点长途客运车站配备防毒面具、空气呼吸机、防爆毯、防爆罐、防护服等必要的防护防爆器材和应急处突装备，并督促运营单位代为加强日常管理和维护，确保器材完好有效。大力推进视频监控系统建设，在每节地铁车厢安装监控探头。同时积极推广安装易开启门、窗和自动破玻器、自动灭火装置等新技术、新产品。[2]

（3）引导乘客安全使用轨道交通。促使乘客在思想上引起重视，能把"乘客须知"变为自觉行动。同时要反复向旅客宣传排队购票，按顺序进出站。一旦发生拥挤、混乱，应立即阻断后面乘客前移；要告诫旅客不携带危险物品乘坐车

---

〔1〕 郑明杨：《地铁安全管理问题分析及对策》，载《科技资讯》2011 年第 28 期。
〔2〕 刘山勋：《公共交通安全保卫探析》，载《辽宁警察学院学报》2015 年第 6 期。

船，动员携带危险物品的旅客主动交给有关方面处理；在容易发案的重点部位，如售票处、检票口、候车室等处，要有针对性地设置醒目易懂的治安防范警示牌，提醒旅客随时保持高度警觉。

（4）做好危险物品的安全检查工作。公共交通场所的保卫人员，从确保安全的目的出发，必须对旅客的行李包裹进行安全检查。检查时应当做到以下几点：凡是公共交通站点设有危险物品安全检查装置的，都应充分使用，对旅客携带的行李物品进行必要的检测；保卫人员一旦发现旅客携带或夹带危险物品或违禁品，应立即将其交有关方面处理；对拒不接受检查，故意刁难、阻碍保卫人员进行正常工作的，或携带、夹带危险品或违禁品又拒绝交出的旅客，如经教育、说服无效，应将其交公安值勤处理；对须进行开包检查的，要让旅客自己打开包裹，展示内装物品，保卫人员不得动手开包和翻动包内物品；对应予扣留收缴的危险物品、违禁品，保卫人员要逐一登记，交有关部门处理。

（二）公共汽（电）车交通公共安全法律研究

城市公共汽（电）车客运是向社会公众提供的最基本出行方式之一，是关乎社会公众切身利益的普遍服务和民生工程。

1. 公共汽车交通安全存在的现实困难

（1）难以实现全面安检。公共汽车交通领域涵盖面较广，情况复杂，管理难度大，很难做到全面安检。公交站点情况复杂，室内室外分布差异大，尤其是路边露天长途客运车站，停车上下客随意性较大，很难做到逢包必检、逢人必查，甚至无法进行安检。另外，现有安检设施检测效果并不理想。

（2）难以解决超载问题。根据城市公共汽车运送乘客超载问题的规定，公共汽车应该被列为超载的特殊机动车范畴，应给予特殊待遇，原因在于，驾驶员无法通过计数的方式确定车辆是否超载，即使能够确定乘客数量，但是由于乘客体重差异，有可能在小于额定人数时已经超载，而驾驶员并不知情，因此，通过额定人数控制公共汽车超载问题并不合理。[1]

2. 完善北京市公共汽（电）车交通安全的立法建议

（1）落实公共交通运营单位安防主体责任。督促运营单位树立"运营服从安全"的理念，建立落实日常安防工作制度，加强隐患排查治理工作。建立落实在岗员工分区巡查责任制，及时发现、报告可疑情况，制止不法行为。加强视频监控等技防系统建设，形成人防、物防、技防相结合的内部防控网络。制定应急预案，建立落实安全培训、应急演练制度，增强员工的防范意识和责任心，提高

---

〔1〕 高云生：《公交车超载该如何处理——陈绍文不服陆良县交警大队道路交通行政处罚案》，载《法制资讯》2009 年第 4 期。

其识别违禁物品、发现报告可疑情况、制止不法行为和组织疏散逃生等方面的能力。在城市公共交通车站、车厢张贴、发放安全提示,播放公益广告,广泛宣传安全常识和应对突发事件的知识、技能,增强群众防范意识,提高自救和救生能力。

(2) 加强公共交通系统专职保卫人员规范化建设。根据公安部及城市公共交通安全管理相关工作要求,北京公共交通运营单位安全员建设情况普遍有所改善,但是车上专职安全员以及公交系统专职保卫人员编制配置等问题尚没有彻底解决。诸如,人员编制数量少,警力不足;服装不统一,标识不明显,执勤权威性缺失等。因此,公安机关应该着手加强公共交通系统专职保卫人员和安全员队伍规范化建设,制定相关的规章制度,给予公共交通运营单位政策支持,统一设计公共交通安全员和专职保卫人员制式服装和标识。要求安全员和专职保卫人员工作中必须统一着制式服装、佩戴安全员和保卫人员标识,提升保卫人员执勤力度,提高工作效率。同时结合具体岗位特点和工作环境等实际情况,加强安全员和专职保卫人员的业务技能培训,提升安全防范意识和提高安全防范能力。

(3) 提高公共汽(电)车交通安全技术水平。在城市公共交通逐车厢配齐安全锤、灭火器和必要的救生器材,同时安装必要的技防设施。

(三) 电动自行车和其他类型电动车交通安全法律问题

电动自行车作为一种重要的交通工具,以其便捷、环保、经济的特性,弥补着公共交通系统的不足。但是,电动自行车的兴起也提出了诸多管理难题。近年来,大量电动自行车不符合国家标准,驾驶员不遵守交通规则所引发的交通事故屡屡见诸报端。确保公共交通安全是电动自行车管理中最为核心的任务。电动自行车启动会行驶时造成加速后就有巨大冲量,以及他以其他非机动车辆混行时所存在的较大速度等特征,给公共交通安全提出了严峻考验。但是电动车毕竟是新能源车的发展方向,对电动自行车问题的管理涉及民众需求,产业利益和道路安全等多元利益的调和,考验政府的处理决心与能力。其他类型电动车[1]属于道路交通体系中的新生事物。北京市可以对相关立法进行探索,结合本地的自然环境、交通状况等实际条件出台相应的地方法规。

1. 电动自行车公共交通安全现实中的问题

近年来,在北京市范围内除电动自行车外,电动三轮车,老年代步车,残疾人电动轮椅车等电动车辆(以下统称为其他类型电动车)数量日益增加,引发了一系列问题。具体表现为:

---

[1] 其他类型电动车是指以蓄电池作为辅助能源和唯一能源,具有一个至四个车轮的车辆,具体包括以下车辆:自平衡电动独轮车,电动两轮平衡车,电动滑板车,电动三轮车,老年代步车,残疾人电动轮椅车。

（1）销售环节中的问题。北京市内并没有形成规模化的制造产业。目前在北京市面上销售的其他类型电动车，绝大部分是从外省市输入的。但是这些电动车产品质量存在较多问题。目前除残疾人电动轮椅车之外，其他产品至今还没有统一的国家标准。在行业标准方面也只有国家邮政局出台的快递专用电动三轮车行业推荐性标准。由于缺乏全国性的认定标准和北京市地方标准，工商部门无法对电动三轮车和老年代步车的产品质量进行判定。而自平衡电动独轮车，电动两轮平衡车，电动滑板车等新兴的电动车产品，还没有被纳入监管的范围之中。

而且当前电动自行车在生产与销售环节的产品质量问题十分严重。电动自行车电池质量不达标，车架断裂、控制器失灵、车辆自燃的问题十分突出。而且很多厂商在生产销售速度、重量、反射装置不达标等不符合国家标准的电动自行车，形成巨大的安全隐患。有的还通过违规拆卸零部件的方式减轻电动自行车的整车质量，以规避有关部门的检查。[1]或者对消费者做出承诺，在车辆完成登记上牌手续之后提供拆除或调节限速器的服务，以满足消费者对电动自行车速度性能的要求。[2]

（2）在路面通行中存在的问题。在路面通行中，电动自行车的违章行为也十分突出。首先，电动自行车普遍存在不悬挂车牌的现象。其次，电动自行车在道路上超速行驶的现象也十分突出。最后，电动自行车驾驶人普遍缺乏安全驾驶的法律知识和意识[3]。其他类型电动车在上道路行驶的过程中，普遍没有办理登记和悬挂号牌。在发生交通事故逃逸，以及车辆被盗抢时，无从确认车主的身份，也无法借助登记环节对车辆审核以防止不合格车辆驶入路面。而且其他类型电动车违法载客载货、闯红灯、超速、随意变道转弯等现象也较为突出。

（3）公安交通管理部门缺乏对不符合国家标准的电动自行车的鉴定权。在执法实践中，公安机关交通部门无法直接对电动车是否符合国家标准进行认定，只能交由具有法律资质的机关进行鉴定。为此，公安交通管理部门需要承担一笔很高的鉴定费用。鉴定权的缺失，消减了公安交通管理部门查处的力度，导致大量车辆违法行为无法进行认定。此外，对于在道路执法中查获的擅自改装、拼装或者拆卸的车辆如何有效地进行查处和纠正，也是一个难题。

公安交通管理部门对电动自行车超速行为的认定存在技术困难。现有的测速设备，仅适用于监测机动车是否超速，无法对电动自行车是否超速进行认定。

公安机关交通管理部门是否可以根据道路和交通流量的具体情况，限制或者禁止电动自行车在一定区域内通行？如果可以，应通过何种程序实施？对邮政、

---

〔1〕 胡俊超：《超重电动车怎么上牌？大卸八块！》，载《都市快报》2009 年 8 月 11 日。

〔2〕 尹训银：《电动限速器，想拆就拆》，载《中国消费者报》2009 年 8 月 11 日。

〔3〕 余凌云、施立栋：《醉驾、电动自行车与其他类型电动车的治理》，清华大学出版社 2017 年版。

快递等特殊行业是否应该做出除外规定？这些问题也缺乏相关制度规定。

2. 完善北京市电动自行车公共交通安全立法建议

政府对电动自行车的治理活动，是由标准制度、生产与销售管理以及路面管理等环节构成的。

（1）实行电动自行车生产企业目录和产品目录管理制度。质量监督部门对现有电动自行车生产企业的资质进行重新审查，对于生产设施、管理制度、技术力量、产品监测手段及产品质量等不符合法律要求的，责令限期整顿；逾期仍不达要求、许可已到期或已不再生产的企业，依法注销其生产许可资格。目前绝大多数地方已建立起电动自行车产品目录管理制度[1]，即各地质监部门会同工商、公安、环保等部门编制出台当地的合格电动自行车销售登记目录，将符合国家标准的电动自行车的生产厂家、产品种类、品牌、型号等信息向社会公布。对于未列入产品目录的电动自行车，不得进行销售和上牌登记。

在销售环节实施严格的目录管理制度，只有纳入北京市目录的其他类型电动车才能够在本地进行销售。相关管理部门应该出台相关产品目录。公安部门在为其他类型电动车办理注册登记手续时也需与目录为依据。北京市的销售地方标准应通过适当的方式进行公布，以便可以引导有意向进入北京市场的企业生产符合标准的车辆。电动车的目录应当做出动态调整。对于列入目录的产品，一旦发现其不符合国家标准，应及时启动撤销程序，将该产品从目录中删除。明确规定不符合国家标准的电动自行车生产企业、销售者的产品缺陷责任。对同型号的不合格产品实行全市下架。在销售环节，强化对购车人的审核。消费者应当提供相关的证件，以证明自己具有购买特定车型的资格。销售者应当对购车人是否具备使用资质进行审查核实。为便于电动车的管理，除休闲工具型电动车由于不能上路，而不办理登记之外，对于其他电动车均实行登记上牌制度。

（2）明确经营者强制性的信息披露义务。强制要求销售者承担向消费者提供电动自行车上牌目录信息说明解释等义务。电动自行车销售者应当在销售场所的醒目位置，张贴本地现行有效的电动自行车产品目录，并在消费者购买电动自行车之前向其说明该车辆是否能够在当地登记上牌。消费者购买了不符合国家标准的电动自行车，或者因销售者未向消费者说明，导致消费者购买的电动自行车不能够在当地登记上牌的，消费者有权要求销售者退货或者更换纳入目录的电动自行车。对于进行不符合国家标准的电动自行车生产和销售活动，拒不改正的企业或者多次开展不符合国家标准的电动自行车生产或者销售活动的企业，应当予

---

[1] 参见海口市《电动自行车管理办法》，福州市《电动自行车管理办法》，杭州市《关于加强电动自行车生产销售上牌登记管理的通告》，江苏省《关于加强电动自行车管理的意见》。

以曝光。与传统的罚款、没收违法所得等管理手段相比，曝光措施能够直接对电动自行车厂商的声誉施加影响。

（3）明确规定电动自行车生产企业、销售者的产品缺陷责任。如果生产企业或者销售者生产、销售不符合国家标准的电动自行车，应当按照《产品质量法》的规定承担相应的产品缺陷责任。明确规定生产者、销售者对于不符合国家标准的电动自行车的召回义务。对于不符合国家标准的电动自行车，生产企业、销售者应当主动采取警示、停止生产或销售、召回等补救性措施。质监、市场监督部门发现生产企业、销售者生产、销售不符合国家标准的电动自行车的，应当责令生产企业、销售者采取补救措施；生产企业、销售者拒绝或者拖延采取补救措施的，依照《消费者权益保护法》等法律、法规的规定给予行政处罚。

（4）妥善处理在道路上查获的非法改装、拼装和拆卸的车辆。对于在道路上查获的非法改装、拼装和拆卸车辆，公安机关交通管理部门应暂扣该非法车辆，责令违法行为人恢复车辆原始面貌，并给予相应的罚款。同时，公安机关交通管理部门应当加强道路执勤执法频率，强化对道路上非法改装、拼装和拆卸车辆的监控和查处力度。

（5）督促驾驶人及时领取牌证。对于在交通执法中查获的未依法办理登记的电动自行车，公安机关交通管理部门应当扣留车辆，并当场出具凭证，告知违法行为人在规定期限内到车辆管理部门办理上牌手续，违法行为人在规定期限内办理上牌手续的可以免于处罚，有条件的也可以现场办理，直接登记上牌。

（6）明确要求驾驶人购买保险。在《道路交通安全法》《道路交通安全法实施条例》等中央层面的立法中均未对电动自行车强制保险制度作出规定。在此情况下，地方立法不宜直接规定强制保险制度。而只能提倡电动自行车所有人、驾驶人购买车辆保险。未来应当积极推动《道路交通安全法》的修改，明确要求电动自行车应比照机动车购买强制保险。至于电动自行车保险的费率、赔付额度、理赔方式等内容由保险监管机构会同公安交管部门、保险行业协会和当地保险公司联合进行制定。

（7）对电动自行车通行区域和种类加以限制。《道路交通安全法》规定公安机关交通管理部门根据道路和交通流量的具体情况，可以对机动车、非机动车、行人采取疏导、限制通行、禁止通行等措施。考虑到城市道路和交通流量的具体状况，应当允许公安机关交通管理部门在特定的区域或者路段对电动自行车采取限制通行、禁止通行等措施。但是为了降低相关措施的影响，应提升决策的审慎性。公安交通管理部门在采取相关措施之前，应当召开听证会等程序征求相关方面的意见。此外，还考虑到目前在快递、外卖等行业普遍使用电动自行车作为交通工具的具体情况，建议规定特殊车辆在经公安机关交通管理部门核发专用标志后，可免受限制或禁止通行措施的影响。

（8）明确电动自行车在道路上的最高行驶时速。电动自行车产品的最高设计时速与其在道路上的最高行驶速度是两个不同的概念。最高设计时速是指车辆的设计标准，是车辆在生产和销售环节所必须遵循的产品标准，它由相应的车辆技术标准作出规定。而最高行驶时速是指车辆在路面上行驶的时速限值，其属于《道路交通安全法》的调整范围，因此不能以电动自行车国家标准中的最高设计时速 20km/h 作为其在道路上行驶的时速限制。电动自行车在道路上的最高行驶速度应当直接受《道路交通安全法》调整，其与产品标准上所设定的最高设计时速无关。《道路交通安全法》第 58 条规定的 15km/h 的最高时速，仅适用于非机动车道内行驶的车辆。电动自行车在诸如乡间道路等不设立独立非机动车道的混合车道上行驶时，可以不受这一时速的限制。

考虑到在道路交叉路口、学校附近、事故易发区域等重点路段极易引发交通事故。公安机关交通管理部门可以借鉴机动车限速的做法，根据道路交通管理的需要，在上述重点路段对电动自行车的最高行驶时速做进一步的限定，并设立相应的限速标志和减速装置。此外，公安机关交通管理部门应更新现有的测速设备和牌照制式，以便对不符合国家标准的电动自行车的超速行为能够进行有效监控和抓拍。同时，也应对此类违法行为，设置相应的罚则。

（9）对其他类型电动车进行分类管理。首先应对现有的电动车可以分为休闲工具型和非机动车型两个基本类别。休闲工具型电动车是指由蓄电池驱动的供娱乐消遣之用的电动车辆。目前市面上出现的自平衡独轮电动车、电动两轮平衡车、电动滑板车等电动车辆均可归为这一类别。这些车辆并不具有承担市民出行和载货的功能，而仅仅是一种休闲工具。这些车辆制动性能较差，且无固定座椅、后视镜、反射器等安全装置，在行驶过程中存在较高的安全隐患。因此，不应允许其上道路行驶。但是在相对封闭的厂区、公园、社区等场所内可以允许其使用。非机动车型电动车，是指由蓄电池驱动的，主要用于短距离出行或载货运输的交通工具。它们承担的功能与自行车、人力三轮车等非机动车大致相同。可以考虑将电动三轮车、残疾人电动轮椅车和老年代步车归为此类。残疾人电动轮椅车和老年代步车在为残疾人和老年人提供代步工具方面发挥了很大的作用。考虑到我国目前已步入老龄化社会，老年人出行困难之问题日趋严重，将会事实上限制该群体的移动空间以及与他人进行交流的可能性，影响到老年人个体的人格发展和自我实现。允许使用老年代步车对于解决老年群体的出行难题，切实保障其个性化交通工具以及寻求空间移动和交流的机会，具有很强的现实意义。针对非机动车型的电动车设计人性化的管理方案事关对交通弱者权益的保护。这里所谓的交通弱者，不仅限于身体残障者、老年人的等行动不便的人士，还包括社会中的低收入阶层。

应当在区分其他类型电动车种类的基础上，从行驶车道、行驶速度、载人等方面制定具体的通行规则。禁止休闲工具型电动车上道路行驶。对于电动三轮车、残疾人电动轮椅车和老年代步车，应按照非机动车的标准规定通行规则。驾驶这三类车辆无须申领驾驶证，代之以在登记环节进行安全驾驶培训。在行驶车道上，应规定这三类车在非机动车道内行驶。考虑到非机动车道上电动车与其他非机动车混行的特征，应当严格控制其行驶速度。在使用对象上，老年代步车的驾驶人必须年满60周岁。年龄在70周岁以上的老年代步车驾驶人还应当每年进行一次身体检查，以确认其具备驾驶该类车辆的身体条件。残疾人电动轮椅车必须是供残疾人使用的，且残疾部位和程度，不能影响到实际驾驶操作能力。在载人方面，对于电动三轮车，残疾人电动轮椅车和老年代步车应禁止载人。同时要求佩戴安全头盔，倡导购买车辆保险。

（10）引入公私合作治理机制，注重发挥行业协会、社会组织以及私人在治理电动车上的应有作用。对于残疾人电动轮椅车，由残疾人联合会负责对驾驶人的身份进行审核，并出具相关证明，作为销售商向其销售车辆以及公安交管部门为其办理注册登记和道路执法的凭据，以便确保该车辆是供残疾人使用的。对于老年代步车，也由老龄协会来对驾驶人的身份进行审核并出具相关的证明，以供销售、注册登记和道路执法使用。

北京市公共交通安全法律问题研究

——醉酒型危险驾驶犯罪法律实务问题研究

华列兵*

2018 年是醉驾入刑实施的第七年。在七年中，随着醉驾案件数量的持续上升，有关对醉驾行为打击处理的认识分歧和在司法实践中的争议性探究逐步显现，导致各省市乃至同一省市相邻地区的执法、司法部门在处理酒驾行为时所呈现的法律效果、社会效果也未尽一致。本文围绕醉酒型危险驾驶犯罪，以北京市为主要蓝本，通过对 2011 年 5 月至 2017 年 5 月期间，北京市各基层人民法院审结的醉酒驾驶机动车案件的 1199 份一审判决书进行抽样分析（抽样占比为 40%），尝试解析醉驾涉及的法律理论和实务问题，特别是公安机关执法工作中遇到的理论及实践困惑，层层剖析，对比研究，力争为改善北京市公共交通安全的相关制度设计、制订提供有益借鉴。

一、关于醉酒型危险驾驶罪的几大争议性问题

（一）犯罪构成要件要素

该罪客观构成要件中"醉酒""机动车""在道路上"均是带有法律评价的规范性构成要素，也是在实践中颇具争议的问题。

1. "机动车"要素分析

随着城市绿色出行的倡导和城市交通拥堵情况的日益加剧，为适应购买电动车的消费群体需求，市场上涌现出大量的"超标电动自行车"（以下简称"超标车"），即最高时速、整车质量、电机功率等方面超过国家标准。行为人醉酒驾驶"超标车"案件办理的难点在于是否认定超标车属于机动车。根据我国《道路交通安全法》第 119 条第 3、4 项的规定，"非机动车"是指以人力或者畜力驱动，上道路行驶的交通工具，以及虽有动力装置驱动但设计最高时速、空车质量、外形尺寸符合有关国家标准的残疾人机动轮椅车、电动自行车等交通工具。2018 年 1 月起施行的《机动车运行安全技术条件》（强制性国家标准

---

* 课题主持人：华列兵，北京市公安局法制总队党委书记、总队长。立项编号：BLS（2017）B007-2。结项等级：合格。

GB7258-2017，以下简称《机动车国标》）将摩托车界定为由动力装置驱动，具有两个或者三个车轮的道路车辆，并将符合电动自行车国家标准规定的车辆排除在外。而 2018 年同时修订的《电动自行车安全技术规范》（GB17761-2018，于 2019 年 4 月 15 日正式实施）已将电动自行车最高设计车速由 1999 年标准的 20 公里/小时调整为 25 公里/小时，含电池在内的整车质量由 40 公斤调整为 55 公斤，电机功率由 240 瓦调整到 400 瓦，并要求必须具有脚踏骑行功能。但实际使用中仍有部分电动自行车最高时速超过 40 公里/小时，整车重量超过 70 公斤。[1]据此，"超标车"不仅不符合非机动车标准，甚至完全可能达到摩托车标准。

在实践中，如何看待超标车的属性？对此，北京市各司法机关均存在不同认识。有一种观点认为：在有关部门明确将"超标车"纳入机动车产品目录之前，公检法机关不宜因醉酒驾驶"超标车"的行为对道路交通安全构成较大威胁，就将其认定为犯罪。理由如下：首先虽然按照《机动车国标》，部分"超标车"确实符合摩托车的技术条件，但《机动车国标》中也没有明确规定"超标车"属于机动车，只是规定符合国家标准的电动自行车不属于摩托车。即便是《机动车国标》明确规定可超标车属于机动车，其法律性质也有待确定，毕竟《机动车国标》属于强制性国家标准，但是否属于行政法规、部门规章，法律并无明确规定。从其实质要件和形式要件判断，只是接近于行政规范性文件。只有在行政法规或部门规章明确规定"超标车"属于机动车后，法院才能认定"超标车"属于法律意义上的机动车。其次，将"超标车"作为机动车进行规定和管理还不具备现实条件，公众也普遍认为"超标车"不属于机动车，不具有相关违法性认识。最后，将醉驾"超标车"以危险驾驶罪定罪处罚，打击面过大，社会效果不好。[2]

第二种观点认为应当将醉酒驾驶"超标车"的行为认定为危险驾驶罪。理由如下：一是"超标车"可以认定为属于机动车。根据《中华人民共和国道路交通安全法》，机动车与非机动车是非此即彼的关系，不符合最高时速、空车质量国家标准的电动自行车，就不属于非机动车。同时根据《机动车运行安全技术条件》（GB7258-2018），最大设计车速不大于 50 公里/小时的属于轻便摩托车，最大设计车速大于 50 公里/小时的属于普通摩托车，也就是"超标车"符合机动车类别中的摩托车标准，故属于机动车。二是出于安全保障需要。交通安全统计数据显示，"超标车"被广泛应用于物流寄递等行业，已经成为继摩托车之后事

---

〔1〕《电动自行车安全技术规范》，载 http://wapbaike.baidu.com/item.

〔2〕 中华人民共和国最高人民法院刑事审判第一、二、三、四、五庭：《刑事审判参考》（2013 年第 5 集·总第 94 集），法律出版社 2014 年版。

故最频发的交通工具之一，为保障道路交通安全和人民群众人身财产安全，有必要将其作为犯罪处理。三是目前尚无醉酒驾驶"超标车"不能入罪的统一司法解释。最高人民法院刑庭法官对已认定犯罪的个案判决结果分析阐述意见，既不是两高司法解释，亦不是最高法的正式答复，也不是最高法发布的指导判例，作为"一家之言"可以供基层司法审判人员参考借鉴，但在最高法无明文指引对醉酒驾驶超标车不宜入罪的情况下，各地审判机关不应据此采取"一刀切"做法。

而学术界则认为将"超标车"纳入机动车范畴实施管理，现阶段尚不可行。如果将"超标车"作为机动车管理，那么就会给按照生产机动车的要求规范生产和销售电动自行车的厂商带来生产及销售环节的一系列影响，同时将这种电动自行车作为机动车管理也存在很大的难度，如上路行驶必须由公安交通管理部门登记，驾驶员需要考取驾驶证，这样不仅耗费大量人力物力，也得不到公众的普遍理解与认可。

目前北京市各区的检、法机关对"超标车"的鉴定意见采信标准不同，甚至同一法院的刑事审判庭与行政审判庭对"超标车"的认识均不统一，这会损害执法权威，影响执法公信力。而各地的司法实践总体上以认定"超标车"为机动车并加以定罪处罚为主。例如，最高人民法院《人民司法·案例》2012 年第 12 期（总第 647 期）收录的浙江省杭州市萧山区人民法院（2012）杭萧刑初字第 603 号张某某危险驾驶案。该案被告人张某某酒后（血液酒精含量为 154.4mg/100ml）驾驶无牌的电动自行车与轿车发生碰撞，实测车速 30 公里/小时，空车重量为 73 千克，被判处拘役二个月十五日，并处罚金 2500 元。裁判理由为：张某某所驾驶的电动自行车超过有关国家标准被认定为属于电驱动两轮轻便摩托车类型，属于机动车范畴，达到了危险驾驶罪所规范的危险程度，法院认为构成危险驾驶罪。但在量刑时，体现了刑罚谦抑性，并非一律定罪，构成犯罪的，量刑时也要比照同等情形下驾驶其他机动车的行为人，适度从宽处罚。同样是载入《刑事审判参考》（2012 年第 5 集·总第 94 集）中第 894 号，某市林某危险驾驶案，林某是酒后（血液酒精含量为 179.4mg/100ml）驾驶超标电动车在村路口被查获，实测车速和空车重量具体不详（但车速大于 20 公里/小时，整车质量超过 40 千克），被以危险驾驶罪判处拘役二个月，并处罚金人民币 2000 元。经对裁判文书网 2017 年的相关判决文书进行统计梳理，在交通肇事罪中，"超标车"基本上都被认定为机动车并定罪处罚。

2. "在道路上"要素分析

对"道路"范围的理解和认定也是有关危险驾驶罪的另一个争论点。根据我国《道路交通安全法》规定，在单位管辖范围内但允许社会机动车通行的地方或者场所，以及公路、城市道路等均属于"道路"。[1]此外，广场、公共停车场也视为《道路交通安全法》上的道路。目前执法实践的问题主要聚焦在小区道路。小区道路是否属于《道路交通安全法》规定的道路，是由小区道路的特征来决定的，即该小区是否具有公共性，是否允许不特定多数人自由通行。就小区的管理方式而言，无外乎可划分为开放式管理、半开放式管理以及封闭式管理。如果属于第三种，只允许业主私家车辆进入，那么与其他公共区域相较而言，就限定了公共性的外延，这种与业主车辆特定的依存关系，就使得小区的道路不具有公共性。根据 2016 年 2 月中共中央、国务院《关于进一步加强城市规划建设管理工作的若干意见》，我国的新建住宅要实行街区制，在建小区原则上将不再封闭化。一些已经建设好的住宅小区，也将不断开放，确保区域内部道路真正实现公共化，从而妥善解决交通路网布局中所涌现出来的各种问题。那么这种情况下，小区道路就应当被认定为具有道路的公共属性，应逐步趋于社会公共道路进行管理。而除了判断道路的公共性特征外，醉酒后在道路上行驶是否存在危及他人人身及财产安全也是重要的前提，从这个意义上分析，小区作为人口密集区域，内部供车辆往来通行的道路还是会给小区居民带来极大的安全隐患，一旦发生醉驾行为造成的人员伤亡或财产损失严重程度可能还要大于普通公路。因此在封闭小区之门将逐步被打开的未来发展方向下，如果不将小区道路纳入《道路交通安全法》进行管理，则不利于保障小区内生活的人民群众的人身安全。

3. "醉酒" 要素分析

关于醉酒的标准，目前我国司法实践中按照不同区段区分行为人的责任，即不满 20mg/100ml 的不属于酒驾；满 20mg/100ml，不满 80mg/100ml 为饮酒驾驶，给予行政处罚；满 80mg/100ml 则构成醉酒驾驶，将面临行政和刑事的双重处罚。对此，学者认为法律法规仅考虑到血液酒精含量这一因素，并不能真正地衡量饮酒量对驾驶人员的实际影响程度，甚至会导致不公平的现象，具有客观归罪嫌疑。因为醉酒程度与人的酒量和身体状态等密切相关，酒精含量并不能准确反映出饮酒者的意识和反应状态。[2]还有学者认为，单纯以数字来判定就要做到数字最大程度的精准化，毕竟驾驶人员从饮酒再到被查获再到血液被送检，血液中的酒精浓度就存在动态的变化，而检测时对应的酒精分解的阶段不同，也会造成定罪量刑上的差异，尤其是出现标准的临界值时。而且实际上，醉驾行为的发生时间与酒精含量的抽血检测时间之间存在间隔也使得检测结果失去了实质证明意义。因此，不同案件中醉驾行为发生时间长短的不同以及出现的其他不同情况就

―――――――――

〔1〕 全国人大常委会《中华人民共和国道路交通安全法》，2011 年 4 月 22 日发布。

〔2〕 赵秉志、袁彬：《醉驾入刑热点问题探讨》，载《刑法论丛》2011 年第 3 期。

容易造成处罚上的不公平。[1]因此，科学合理地制订醉酒标准，才能达到共性和个性、统一性和差异性的辩证统一。[2]

（二）强制措施适用

对于醉酒型危险驾驶行为，北京市普遍适用刑事拘留强制措施，因身体原因无法入看守所执行的才采用取保候审或监视居住强制措施。经对 1199 份判决书抽样分析，直接采取取保候审强制措施仅 22 件，占 18.3%，刑拘后转取保候审或监视居住强制措施的为 10 件，占 0.8%。尽管学术界普遍认为取保候审强制措施因不具有羁押性特点，更适合危险驾驶罪等轻微刑事犯罪，但结合北京市的人口结构和特点，以及诚信体系建立情况，如果用取保候审强制措施代替刑事拘留强制措施，面临的最大难题是：保证人和保证金方式不足以约束犯罪嫌疑人，从而不能保证诉讼程序的顺利进行。尤其是在实践中保证人对犯罪嫌疑人的约束力极低，当犯罪嫌疑人不愿意接受审判时，就可以无所顾忌的脱保，而一旦犯罪嫌疑人在审查起诉或者审判阶段没有到案，就会直接导致案件诉讼进程的中断，并需要对犯罪嫌疑人采取逮捕强制措施，而刑事诉讼程序的停滞或者倒流都会对司法资源造成极大的浪费，造成诉讼效率低下。此外，对醉驾行为人采取非羁押性措施，也不足以降低违法驾驶行为的潜在社会危险性。因此，为避免被采取非羁押强制措施的被告人或犯罪嫌疑人在公诉机关审查起诉阶段或法庭审理阶段经传唤拒不到案或脱逃的情况，保障诉讼程序的顺利进行，还是有必要采取羁押性强制措施。毕竟，刑事拘留强制措施的重要意义在于能够保障诉讼。当然，对于轻微犯罪的羁押期限必须严格控制，才能兼顾效率与公正。2007 年，最高人民检察院发布了《关于依法快速办理轻微刑事案件的意见》（已失效），北京市高级人民法院、北京市人民检察院、北京市公安局也随之联合出台了《关于依法办理犯罪嫌疑人、被告人认罪的轻微刑事案件的意见》，2010 年 3 月北京市委政法委组织开展轻微刑事案件快速审理改革试点工作，明确要求北京市地区试点案件在 30 日内审结，即公安机关侦查、检察机关审查起诉、人民法院做出判决分别在 10 日内完成。"轻刑快审"逐渐成为全市办理危险驾驶案件的首选程序，实际上就是刑拘直诉程序。2014 年 8 月最高人民法院、最高人民检察院、公安部、司法部在《关于在部分地区开展刑事案件速裁程序试点工作的办法》中明确了在北京市、上海市等 18 个城市开展刑事案件速裁程序试点工作，并在次年的《刑事案件速裁程序试点工作座谈会纪要（二）》中要求严格把握羁押的合理性、必要性，尽可能采取非羁押性强制措施。2017 年 1 月 14 日在全国检察长会议上曹

---

〔1〕 冯军：《论刑法第 133 条之一的规范目的及其适用》，载《中国法学》2011 年第 5 期。

〔2〕 罗长斌：《我国危险驾驶罪醉驾标准之反思》，载《湖北警官学院学报》2012 年第 7 期。

建明检察长进一步强调，研究探索非羁押诉讼和刑拘直诉程序，让速裁程序进一步提质增速。

在司法体制改革大背景之下，学者们纷纷呼吁为体现人权司法保障理念，要构建与速裁程序相配套的非羁押诉讼，即在适用速裁程序的案件中最大限度地对犯罪嫌疑人、被告人采取非羁押性强制措施。目前在北京市的司法实践中，公安机关主要是将刑拘直诉作为广义上的非羁押诉讼运用于办理醉驾型危险驾驶案件速裁程序中，即公安机关对犯罪嫌疑人采取刑事拘留强制措施后，在 10 日内侦查终结，向检察机关移送审查起诉，检察机关审查案件并向法院提起公诉，基本上实现了从刑事拘留到法院审判一个月内完成。但刑拘直诉的合法性问题一直备受争议。有观点认为：刑事拘留期限延长的前提条件是认为需要逮捕，如果对不需要逮捕的犯罪嫌疑人继续羁押，并在延长刑事拘留的期限内移送审查起诉则违背了刑事诉讼法的立法本意。[1]也有观点认为：刑拘直诉中检察院法律监督作用趋于形式操作，《刑事诉讼法》规定的拘留期限延长也缺乏检察院的实质性控制，导致检察院法律监督权行使形式化，而脱离检察院监督下的"刑拘"和"直诉"存在间接扩大公安、法院自由裁量权限度的可能，使拘留异化为"以拘代捕"，审判异化为"审判形式化"。[2]因此，如何合理地对危险驾驶罪犯罪嫌疑人适用强制措施，做到兼顾司法效率和保障人权，有待理论和实务界进一步研究和探索。

（三）量刑方面

醉酒型危险驾驶罪属于轻微犯罪，根据《刑法》第 133 条之一规定：醉酒驾驶机动车的，"处拘役，并处罚金"。通过对醉驾入刑 6 年间 1199 份抽样判处书进行梳理，发现北京市醉驾案件在量刑方面存在以下特点和问题：一是对于相同情节，不同地区法院的判决结果存在差异。如同是发生在停车场内的醉酒驾驶小型轿车撞到其他车辆案件，酒精含量相近，犯罪嫌疑人有坦白、赔偿、取得谅解情节，A 区法院判处 4 个月，B 区法院判处 2 个月。再如在其他量刑情节均一致的情况下，A 区法院对含量为 125mg/100ml 的判刑 1 个月，B 区法院对含量 128mg/100ml 的判刑 2 个月。二是存在同一法院，对于案件在后果、酒精含量、量刑情节均相同的情况下，做出差异判决的情况。如海淀区人民法院对于酒精含量在 100mg/100ml 至 150mg/100ml 之间，其他情节一致的，判决从 1 个月到 4 个月不等。三是北京总体上不适用缓刑，大部分采用实刑，仅有东城、昌平、大兴等个别地区法院适用缓刑，但缓刑适用情形并不明确，从判处书看在适用缓刑的

---

〔1〕 顾顺生、刘法泽：《"刑拘直诉"的方式值得商榷》，载《人民检察》2016 年第 20 期。
〔2〕 熊波：《认罪认罚从宽改革视阈下"刑拘直诉"制度之重塑》，载《北京政法职业学院学报》2017
年第 2 期。

4 起案件中，酒精含量在 150mg/100ml 至 300mg/100ml 间，具有坦白、自首或积极赔偿等情节。四是量刑中基准刑增加的计算单位不相同。大部分法院以整月计算，个别地区法院判刑期限非整月计算，有零十五日、零二十日和零十日。五是对自首情节量刑不同。根据《刑法》规定，"对于自首的犯罪分子，可以从轻或者减轻处罚。其中，犯罪较轻的，可以免除处罚"。但在抽样 1199 份判处书中，酒精含量为 80mg/100ml 至 100mg/100ml 占比 6.9%。其中，具有自首情节，且为单方事故或者被当场查获、没有财产或人员损失，被判决 1 个月拘役的有 4 件；具有坦白情节，且为单方事故或者被当场查获、没有财产或人员损失被判刑 1 个月至 2 个月不等的有 57 件，占 68.7%。六是适用缓刑率极其低。在《刑事审判参考》896 号吴晓明危险驾驶案指出：审判实践中可以尝试从醉驾行为的社会危害程度和行为人的人身危险性大小入手，以"定性+定量"确定犯罪情节轻微，对于醉驾情节较轻的，依法可以适用缓刑。在 1199 份判决书中，没有发生事故也无从重情形，且酒精含量 150mg/100ml 以下，但没有适用缓刑的为 171 件，占总数的 14.3%。

综上，危险驾驶罪的法定刑为拘役，量刑幅度为 1 个月至 6 个月，刑罚幅度较窄，量刑轻重不易把握、轻重差别不大，难以充分体现刑罚适用的个别化。同时，面对司法实践中错综复杂的具体案情，由于影响量刑的情节和因素较多，不同地区法院对相近情节、危害后果、人身危险性的被告人判处的刑罚不尽相同，甚至是相同法院、不同法官对量刑尺度的把握与量刑要素的考量也存在较大差异。究其原因：一是缺乏统一的量刑标准，导致了类案不同诉、不同判的问题，实践中酒精含量作为重要的评判标准，不同法院对于各档位的划定也不均衡。二是随着司法体制改革的推进，独任法官、合议庭、员额检察官的权责落实到位，法官、检察官裁量权的范围更加广泛，但法官自身对案件的评判角度不同也会得出不同结论。

（四）处理效果

据公安部相关数据统计，"醉驾入刑"实施七年后，我国严查酒驾、醉驾违法犯罪工作取得成效，醉酒驾驶得到有效遏制。在一般交通事故方面，2011 年至 2017 年全国酒驾、醉驾导致的交通事故起数、死亡人数和受伤人数与入刑前的五年相比分别下降 8.9%、13.7%、17.8%。在查处案件数量方面，2011 年至 2017 年全国酒驾、醉驾查处量分别增加 2 倍、38 倍。从北京市醉驾案件查处情况看，根据市公安交通部门初步统计，从 2011 年 5 月至 2016 年 5 月每年查处数量总体持平，趋势相对平稳。但自 2016 年 5 月，查处醉驾案件数量逐年递增，并呈现大幅度上升，至 2018 年 5 月即醉驾入刑第七年，查处数量较入刑后第一年增加近 3 倍。应当说，经历了七年的司法实践，现实数据并不容乐观，犯罪数量螺旋式上升，已经呈现出刑不压罪的趋势，以入罪遏制醉驾的立法效果不明显。从我国台湾地区的实践看，醉驾入刑并非遏制醉驾的"灵丹妙药"。台湾地区醉驾入刑一年后，酒驾案件下降三成多，但随着时间推移，民众戒心松懈，此后台湾地区醉驾案件又呈上升趋势，危险驾驶行为入罪终将起不到预防或抑制此种行为的预期效果。与此同时，对醉驾行为保持刑事打击力度所产生的负面后果也不容忽视。中国刑法学研究会理事、清华大学周光权教授研究指出：醉驾入刑使得我国每年犯罪人数增加了4万左右，而一旦受到刑罚处罚，犯罪记录会影响公民的升学、就业等问题，甚至改变人一生。尤其是危险驾驶属于故意犯罪，有故意犯罪经历者不得从事法律、教师、公务员等职业，公司企业也可以此为由解除劳动合同。从抽取的1199份判决书中看，被交警查处的醉驾占全部案件的34.6%，可见被查处的酒驾案件除发生交通事故外，主要依靠交通管理部门的集中查处以及常态化工作机制，而受交通执法资源有限性的客观因素影响，不发生交通事故的醉驾行为很难被发现，漏网之鱼也确有存在。反之，如果不对醉驾案件保持高查处率，那么入刑的效果势必大打折扣，醉酒驾驶的侥幸心理仍然会存在。

二、解决对策及建议

针对上文所述有关醉酒型危险驾驶罪的理论与实践争议问题，笔者不揣浅陋，提出以下解决对策及建议，以期抛砖引玉：

（一）完善定罪依据

我国醉驾入刑采用的是单一标准，即每百毫升血液酒精含量达到80mg以上，但酒精含量测定结论的科学性和证明力也是一个备受争议的问题，主要集中在酒精含量值是否应当作为认定驾驶人构成醉驾的唯一证据，以及当驾驶人接受酒精含量测试的时间与驾车时间存在较长间隔时如何认定。

从域外立法来看，对于体内酒精含量检测值与醉酒驾驶行为的认定，存在两种模式：一是驾驶能力受损模式，其中酒精含量检测结果仅仅是证明醉驾事实的证据之一，如果有其他证据证明其驾驶能力未受到影响的，则不能对其以醉酒驾驶行为论处。二是以体内酒精含量检测值作为判断是否构成醉驾的标准，酒精含量检测值是认定驾驶人是否构成酒驾直接、唯一证据。加拿大、德国和日本是属于第一种模式。加拿大刑法典第254条第2款规定，"可以通过身体协调性测试或者呼气酒精测试来判断驾驶人是否存在醉酒驾车的犯罪事实"。在德国，是以酒精含量值的高低来区分"绝对的无驾驶能力"与"相对的无驾驶能力"，当血液中酒精含量超过110mg/100ml驾驶机动车，无须其他证据，法官可以直接判定为绝对的无驾驶能力。而当血液中酒精含量介于30mg/100ml至110mg/100ml之间时，为相对的无驾驶能力，此时酒精含量不再是认定醉驾事实的唯一因素，法官还需要结合诸如驾驶经验、酒精耐受度等其他证据，以此判定驾驶人的行为是否对公共安全造成了具体危险，进而判定其是否构成犯罪。日本则是主客观相结合，对于查获的酒后驾驶行为人员进行直线走、站立、语言逻辑等主观驾驶能力测试，最后综合主客观因素对其是否醉酒作出判定。而我国台湾地区借鉴了德国的做法，认为呼吸酒精浓度达到 0.55mg/L 或者血液酒精浓度达到千分之 1.1 以上，即已到达不能安全驾驶的标准，如果数值在此之下，但能够由其他客观事实辅助判断不能安全驾驶，也会予以刑罚处罚。当然在实践中，也有案例显示即使被告酒精浓度测试值超过入罪的临界值，但由于其能够通过生理平衡测试，也认为驾驶者驾驶时并不处于"不能安全驾驶"状态。

而美国是采取醉驾三级入罪标准，实际上是对人分而治之，即普通标准、青少年标准和职业司机标准。对于 21 周岁（包含）以上的驾驶非商业车辆的司机以 80mg/100ml 作为入罪标准，对于 21 周岁以下的青少年实施"零容忍"标准，即青少年驾驶车辆时人体血液中不得含有任何酒精成分，但根据各州的不同规定，分别采取了 0mg/100ml、10mg/100ml 或 20mg/100ml 的醉驾入罪标准，这主要是考虑到年轻人心智不成熟，醉驾后更容易超速行驶带来巨大危险。对于职业司机，1986 年美国通过《联邦商业机动车安全法》，将职业司机的醉驾入罪标准定为普通标准的一半 40mg/100ml。从 20 世纪 80 年代开始，欧盟委员会多次大力推荐欧洲成员国采取新的醉驾入罪标准。普通标准不超过 50mg/100ml，职业司机和新司机不超过 20mg/100ml。此后，越来越多的国家采纳欧盟委员会的建议。

笔者认为，相较于美国以及世界其他一些国家三级入罪标准及相似的标准，我国的醉驾入罪标准略显单一，在充分结合国情以及现实需要的基础上，可以适当借鉴吸收域外的合理经验做法，明确证明醉驾事实证据的多元性，采用多级的醉驾入罪标准，将体内酒精含量值作为主要的认定依据，同时建立一套测试组合。以呼吸测试与血液测试为主，以现场清醒测试为辅。前者可以客观说明醉酒状态，证明醉驾行为，后者可以说明醉酒程度，作为是否应当减轻处罚的依据，并对不同人群适用不同的刑事政策，将会使醉驾入罪更加具有针对性、更加科学、更加有效。具体为：

一是在检测酒精含量的同时，以现场录音录像的方式对醉驾行为人进行人体平衡性试验，具体分为步行回转和单腿直立两种方式，以此对驾驶者是否具有驾驶能力进行测试，有助于对不同驾驶者酒精含量耐受力的差异性判断。诚然此种方法如果由出警民警直接进行判断，受主观或其他因素影响，可能会有选择性执法的嫌疑，但可以将结果作为酒精含量测试的辅助手段，随其他证据移交法庭，由法官做出最终的判断，以此得出更科学的结论。

二是可参照设立职业司机和新司机标准，对于职业司机，要以其驾驶的车辆登记使用性质为主，以车辆实际使用用途为辅。职业司机标准所依据的车辆使用性质是指营运车辆，包括客运、租赁、教练、货运、危险品运输中所使用的车辆。车辆实际用途指车辆虽然不属于营运车辆，但却在实际用途上与营运车辆相一致，如个人的汽车用于出租或者租赁。对于此类机动车驾驶人，一旦酒后驾驶更容易造成交通危险或交通事故，不仅会使自己生命财产处于危险，更容易造成不特定多数人的生命和财产危险，更应当采取"零容忍"标准。而对于新司机，严格意义上应当既包括取得驾驶证时间较短的驾驶人，也应当包括虽取得驾驶证时间较长，但实际驾驶时间较短的驾驶人。当然对于后者从取证角度看认定确实存在一定困难，但有必要对新司机的入罪门槛加以降低，设定更为科学的酒精含量标准。

三是当对驾驶人进行酒精含量检测时间与驾车时间存在较长间隔时，由于随着时间推移，人体内的酒精含量会逐渐降低，如果以当前样本显示的酒精含量作为证据，则不利于有效惩治醉驾行为，如何确保酒精检测结果使用的科学性，实践中也可以借鉴目前很多国家已建立的回推制度，即基于科学数据，往回测算驾车时的酒精含量。如在英国，对呼吸、血液或者尿液样本进行检测后的酒精含量值被推定为不低于驾驶人在驾车时的酒精含量值。在时间间隔长的情况下，控方可以提供专家证据，证明在驾驶人驾驶之时其酒精含量高于当前样本显示的测试值。这一专家证据建立在对驾车时酒精含量进行往回测算的基础上，一般按照呼气样本中每小时减少 $8 \sim 9 \mu g/100ml$、血液样本中每小时减少 $18 \sim 21mg/100ml$ 的酒精清除率进行推算，且需要兼顾驾驶人体型、间隔时间长短、饮酒的类型等个体差异。这一专家证据需要达到合理清楚、直接、相对简单的程度，法院才能采信。德国是采取 $0.15mg/ml \cdot hr$ 的酒精消除率进行推算。加拿大和美国的一些州则设置了 2 个小时的最小间隔时间限制，即对于在驾车后 2 小时之内获取的血液酒精含量检测值，直接按照该检测的数值进行认定。超过 2 小时，则按 $0.10mg/ml \cdot hr$ 的标准往回推算。

(二) 统一醉驾案件的量刑标准

宽严相济的刑事司法政策不仅应当体现在处罚的"轻"与"重"上，还应当体现在定罪的"宽"与"严"上。[1]醉驾型危险驾驶案件作为轻微的刑事犯罪，应当在量刑上以定性分析为主，定量分析为辅，在确定量刑起点的基础上，充分体现从宽，确保罪责刑相适应。从北京市五年来办理醉酒驾驶机动车案件的

---

〔1〕 苗生明：《公诉环节贯彻宽严相济刑事司法政策若干案例分析》，载张仲芳主编：《刑事司法指南》（2007 年第 4 集·总第 32 集），法律出版社 2007 年版，第 169 页。

抽样分析情况来看，对于相同情节的案件，由于法官法律水平参差不齐以及解读角度不同，会得出不同的判决结果，而自由裁量权不稳定这一现实情况，很难更有效地保证判决的公正，因此有必要探索更加有效的判处依据支撑，统一执法尺度和适用标准。2017 年 3 月 9 日，最高人民法院下发的《关于常见犯罪的量刑指导意见》，要求"量刑要客观、全面把握不同时期不同地区的经济社会发展的治安形势的变化，确保刑法任务的实现；对于同一地区同一时期、案情相似的案件，所判处的刑罚应当基本均衡"。同年 5 月，最高人民法院制定的《关于常见犯罪的量刑指导意见（二）（试行）》规定了 8 种常见犯罪的量刑，其中对于危险驾驶罪明确要求，对于醉酒驾驶机动车的被告人，应当综合考虑被告人的醉酒程度、机动车类型、车辆行驶道路、行车速度、是否造成实际损害以及认罪悔罪等情况，准确定罪量刑。对于情节显著轻微危害不大的，不予定罪处罚；犯罪情节轻微不需要判处刑罚的，可以免予刑事处罚。对此，理论界大部分学者持支持态度，认为新规体现了"罪责刑一致"的刑法精神，体现社会公平，是对现行法律的强调和重申，也是对"醉驾一律入刑"的"纠偏"，并呼吁对醉驾程度进行综合判断，细化醉驾具体情形，特别是要明确界定方法，尽量缩小自由裁量范围，建立处罚案例公示制度。当然也有各种担心，认为标准、尺度、界限不好把握，自由裁量的空间会更大，可能会出现选择性司法，甚至公安机关对醉驾行为不再立案，检察机关也一律不再起诉，使得有些情节并不轻微的醉驾者逃过刑罚，有些情节确实轻微的反倒被判刑，还是应当详细列举，让法院在量刑时有更明确的依据，尽量压缩自由裁量空间，避免选择性司法。

对醉酒驾驶行为除了对号入座的违法性评价，还应重视对社会危害性的可罚性评价，要在法律事实的基础上综合分析犯罪情节，评价案件处理的价值取向，决定案件判实刑、缓刑、还是免刑。从数据来看，北京市基层人民法院缓刑适用率极低，法院普遍认为适用缓刑不利于打击和震慑醉酒驾驶者，影响入罪社会效果，有违立法初衷。但从另一方面看，缓刑使得行为人有了犯罪前科，对个人工作生活存在较大影响，足以起到震慑作用，同时又可以避免本无较大社会危险性的行为人受到其他犯罪的交叉感染，有利于一般预防，又节约了紧张的司法资源。[1]

从广东省深圳市龙岗区人民法院对吴晓明危险驾驶案作出的免于刑事处罚的判决理由中，[2]可以看到对于适用缓刑还是免于刑事处罚，在审判实践中可以尝试从醉驾行为的社会危害程度和行为人的人身危险性大小入手，以"定性+定

〔1〕 经鹏：《我国醉酒驾驶行为刑法规制研究》，苏州大学 2016 年硕士学位论文。
〔2〕 中华人民共和国最高人民法院刑事审判第一、二、三、四、五庭主办：《刑事审判参考》（2012 年第 5 集·总第 94 集），法律出版社 2014 年版，指导案例第 896 号。

量"方式来确定犯罪情节轻微。对于没有发生交通事故，行为人认罪、悔罪，无其他法定或者酌定从轻、从重处罚情节，可以依法适用缓刑；对于发生交通事故的，如果只造成轻微人身伤害或财产损失，且积极赔偿取得谅解，无其他从重处罚情节，也可以适用缓刑；对于既有从轻处罚情节又有从重处罚情节，是否整体上认定为情节较轻，应从严掌握。对于犯罪情节轻微可以免于刑事处罚，除了具备缓刑适用条件外，还应同时具备：①无从重处罚情节，原则上没有发生交通事故，即使发生也仅造成轻微财产损失或者轻微人身伤害，且积极赔偿，取得谅解。②至少具备一项法定或者酌定从宽情节，如自首、坦白、立功、自动停止醉驾等。③醉酒程度一般，血液酒精含量在 160mg/100ml 以下。④有符合情理的醉驾理由，如为救治病人而醉驾、在休息较长时间后误以为酒醒而醉驾、为挪动车位而短距离醉驾等。

对于犯罪情节显著轻微，可以不认为是犯罪的，除了不低于免于刑事处罚适用条件外，还要同时具备：①没有发生交通事故或者仅造成特别轻微财产损失或者人身伤害。②血液酒精含量 100mg/100ml 以下。③醉酒时间和距离极短，根据一般人的经验判断几乎没有发生交通事故的可能性。

(三) 重点解决"超标车"问题

无论是在《刑事审判参考》，还是《关于办理醉酒驾驶机动车刑事案件适用法律若干问题的意见》的理解与适用中，最高人民法院的法官均认为"相关法规未明确规定'超标车'属于机动车，有关部门也未将'超标车'作为机动车进行管理。在此情况下，公众普遍认为'超标车'不属于机动车，醉酒驾驶'超标车'的行为人不具有危险驾驶机动车的违法认识"，但又不得不承认目前在全国电动自行车普及程度高的形势下，部分无良厂商将电动自行车标准擅自更改提到较高时速，电动自行车发生事故所造成的损害不亚于机动车。据统计，2013 年至 2017 年，全国共发生电动自行车肇事致死 8431 人、受伤 6.35 万人、直接财产损失 1.11 亿元。同时 5 年来电动自行车肇事致使人员伤亡事故起数、死亡人数均呈现逐年上升趋势，年均分别为 8.6% 和 13.5%。

北京市作为全国政治文化中心，随着人口数量的不断增加，已成为电动自行车的输入型特大城市，尤其在城乡接合部等流动人口密集地区，电动自行车作为重要的出行工具，数量更是逐年快速递增，而其中绝大部分都是"超标车"。公安机关交通管理部门在路面上对"超标车"进行执法管理时遇到难题和障碍，究其原因是对电动自行车的源头监管和处理依据上存在空白。

要解决"超标车"带来的种种社会问题，最首要的任务是对"超标车"强调源头管理。随着电动车的兴起，针对超标电动车是否应视为机动车进行管理，一些国家和地区纷纷出台相应政策。如日本对电动车行业作出了诸多限制性规定，全国范围内只允许"智慧型电动辅助自行车上路，无论路况条件如何，最高时速不得超过 15km/h，电动车的动力必须小于人力，不过两者可以趋近；不论路况如何，时速只要超过 15km/h，速度增加必然要降低动力；一旦车的时速大于 24km/h，动力系统自动停止"。可见，日本是从车辆性能上降低速度，从而达到安全标准，所以根本不存在电动自行车超标现象。欧盟将电动自行车分为两大类，一类是电动辅助自行车，一类是电动自行车。电动辅助自行车是不需要申领驾照就可以合法上路的电动自行车，规定其最大功率限制为 250w，最高车速不超过 25km/h。而在我国香港地区，电动自行车则被视为摩托车，列为机动车进行管理，同时还要求驾驶人具备相应的驾驶资格。[1] 目前北京市也在积极采取立法措施规范电动自行车的管理，《北京市非机动车管理条例》完善了电动自行车的销售目录制度，规定禁止生产和销售超标电动自行车，并规定了 3 年的过渡期政策。过渡期满后，"超标车"将不得上路行驶，但对于"超标车"的属性，北京市地方法规中规避了这个敏感问题。

笔者认为在全市开展电动自行车治理工作进程中，在《电动自行车安全技术规范》正式出台以及在"超标车"有序退市之前的过渡时期内，北京市政法机关应当参考借鉴浙江省公检法 2017 年会签的《关于办理"醉驾"案件的会议纪要》（已失效）的相关做法，在市级层面尽快形成公开明确的意见，对区级检法机关审理醉酒驾驶"超标车"类案件发布统一指导性意见，以解决各区法律适用不一致问题，实现司法尺度的统一。公安机关作为社会管理的执法主体以及侦查办案主体，应从治理"超标车"乱象，维护道路交通安全秩序角度出发，对醉酒驾驶"超标车"案件，根据办理醉驾案件的相关规定，积极开展调查取证工作，依法推动诉讼进程。对于是否应当以国家强制标准判定"超标车"属性问题，检法机关在实践工作中也不能做"一刀切"处理，应综合考察车辆的质量和行驶速度，如果实质上具有机动车产生的危险性，则以机动车论处。但对情节较轻，尚未造成严重后果的，可结合具体案情酌情处理，在充分考虑"超标车"实际危险性的基础上，做到宽严相济，即对于醉酒驾驶"超标车"，没有造成他人轻伤及以上后果的，对可以不作为犯罪处理；造成他人轻伤及以上后果，酒精含量在 200mg/100ml 以下，符合缓刑适用条件的，可以适用缓刑；对于其中不需要判处刑罚的，可以不起诉或者免于刑事处罚。此外，呼吁国家层面能够尽快以法律形式，明确将国家强制标准作为判断机动车与非机动车的依据，从而将超过国家标准的电动自行车定义为法律意义上的机动车。

（四）完善快速处理程序

醉酒型危险驾驶犯罪作为一种轻微的犯罪行为，非常适合速裁工作模式。目

---

〔1〕 孙颖昊：《醉驾型危险驾驶罪疑难问题研究》，沈阳师范大学 2016 年硕士学位论文。

前，通过对北京市办理的醉驾案件情况统计来看，适用刑事速裁程序的案件占九成以上，应该说速裁程序在保障犯罪嫌疑人权益方面已体现出其独特的价值。刑拘直诉只是属于广义上的非羁押诉讼，如果全面采取狭义上的非羁押措施，就需要建立一系列的配套机制，但从现实情况来看，北京流动人口众多，诚信体系尚未全面建立，普遍适用非羁押强制措施，可能导致出现被采取非羁押强制措施的被告人或犯罪嫌疑人在公诉机关移送审查起诉阶段或法庭审理阶段经传唤拒不到案或脱逃的情况，因此并不适合现有市情。此外，完全不采用刑拘强制措施，现有阶段还存在社会公众认可度、侦查机关执法惯性、诉讼制度和执行问题以及律师参与程度等诸多障碍。但随着速裁程序在认罪认罚案件中的进一步推进，探索非羁押性强制措施的适用与速裁程序的有效衔接具有十分重要的意义。而要实现以非羁押性强制措施替代传统的刑事拘留强制措施就需要在侦查阶段引入非羁押观念，从这个层面可以看出，速裁程序能否最大限度地实现非羁押诉讼，与公安机关有着密不可分的关系。目前，为保障诉讼程序的顺利进行，北京市公安局基本上已经将刑拘直诉作为广义上的非羁押诉讼手段运用于醉驾案件速裁程序中，即公安机关对犯罪嫌疑人采取刑事拘留强制措施后，不经提请批准逮捕程序，在侦查终结后直接向检察机关移送审查起诉，基本上实现了从刑事拘留到法院审判1个月内完成。同时，面对刑拘直诉的合法性问题饱受争议问题，经过多年的司法实践和探索，海淀区推出的"48小时刑事速裁案件的全流程流转"，成为全市可推广借鉴的较为成功工作模式，为实现办理醉酒驾驶机动车等轻微刑事案件适用非羁押性强制措施做出了大胆尝试。海淀区公检法司机关利用了执法办案管理中心这一特殊"执法中枢"，以及犯罪嫌疑人被抓获送至执法办案管理中心，之后交送看守所前法定最长的48小时羁押期限，通过公安、检察、审判机关在执法办案管理中心内设立速裁办公区，公检法司机关就近办公实现"四合一"，即公安机关侦查、法制职能合一；检察院法律监督、审查批捕、审查起诉、案件管理职能合一；法院受立案、审判职能合一；司法行政机关法律帮助、法律援助职能合一。通过发挥集中办公优势，进一步压缩了案件在各机关内部的流转时间，通过合并行使各自的内部办案职能，实现案件在刑事诉讼各机关间的集中流转、侦查、起诉、辩护、审判全部程序的无缝衔接，48小时内完成从侦查到起诉、审判的全过程。此种模式一方面并不违反刑事诉讼法对诉讼时限的有关规定，另一方面也避免了对犯罪嫌疑人的实质性羁押，是保障犯罪嫌疑人权益，维护公平正义的有力举措，从根本上解决了刑拘直诉的理论与实践相结合的问题。

笔者认为，要在全市范围内的醉驾案件办理程序中完全实现非羁押性强制措施还是有赖于探索建立公安机关、检察机关、法院的联动机制，最大限度地从案件立案侦查起就进入非羁押诉讼的"快车道"，真正实现速裁程序与非羁押诉讼的有机结合，实现司法公正、司法效率与人权保障的三赢。[1]近年来，随着首都司法体制改革和公安机关执法规范化建设的深入推进，具有北京品牌特色的执法办案管理中心在各区纷纷亮相，公安机关通过创新探索"执法办案管理中心+"模式，逐步建立起刑事速裁法庭等一系列与"以审判为中心"刑事诉讼制度改革相衔接的配套机制和硬件设施，实现了执法办案管理中心的资源深度整合和功能拓展应用。在办理醉驾案件的过程中，可以充分结合首都公安改革成果，利用执法办案管理中心和刑事速裁法庭工作模式的逐步推广，因势利导合理使用快速处理程序。一是在已设立刑事速裁法庭并规范运转的地区，对于犯罪嫌疑人认罪认罚，案件事实清楚、证据充分，应当按照"48小时全流程流转"工作模式，在不采取刑事强制措施的基础上，快速审结醉驾案件。二是对于因区域发展差异，还未设立刑事速裁法庭的，或者公、检、法、司机关尚无条件集中人力、物力保证刑事速裁办公区的正常运转的地区，可创新思路方法，充分借助科技信息化手段，通过搭建政法系统的智能办案平台，并开发远程视频法庭技术等替代现场集中办公模式，进一步提高案件办理效率。对于犯罪嫌疑人认罪认罚，情节较为轻微，并在本市有固定住所、收入的，以及因醉驾导致受伤或者患有严重疾病的，公安机关可以采取取保候审或者监视居住强制措施后快速移送审查起诉；对于犯罪嫌疑人不认罪，对指控的醉驾事实有异议的，公安机关应在侦查阶段采取刑事拘留后直接移送审查起诉方式办理，在检察机关公诉及法院审理阶段，则不能适用速裁程序，应采用普通程序办理。

（五）注重社会整体环境的改善

很多国家和地区都在刑事法律规范中对醉酒驾车行为作出较为明确的规定，虽然在罪名确定和量刑幅度上不尽相同，但总体来说，处罚都较重。"重症用猛药，乱世用重典。"在欧美，文明的驾驶环境不是天然的，而是重罚形成的。一方面，对于醉酒驾驶这一较为普遍的行为，在靠个人的意志力很难避免的情况下，必须依靠法律的力量来尽力约束，而如果惩处力度不够，则很难取得真正的实效。交通执法不严、违法成本太低，会导致小到闯红灯，大到酒后驾驶行为屡见不鲜，而这种不文明的交通行为，基于社会和个人的多重因素，很难自我消化纠正反而极易扩散至他人，使得整个交通环境秩序混乱，陷入恶性循环之中。而另一方面，《刑法》对社会中出现的新情况新问题应做出适时回应，这一回应则必须是建立在充分考虑本国国情、文化背景基础上的。中国是非常重视人情世故的礼仪之邦，受传统观念影响，酒是沟通交流情感的重要媒介，其历史源远流

---

〔1〕 郑博：《构建与刑事案件速裁程序相配套的非羁押诉讼——访中国政法大学诉讼法学研究院教授顾永忠》，载《人民检察》2017年第20期。

长，酒文化几乎不分地域不分阶层地渗透于全社会之中。长期以来，酒后驾车在老百姓眼中被视为一种司空见惯的行为，最多只会与自身安危联系在一起。而酒后驾车出现的一些事故往往被人们当作是运气不好的极偶然事件，其中很多人仍会抱着不以为然的侥幸心理继续下次、下下次的酒驾行为。因此，如果忽略酒在人们社交生活中的地位和作用，一味地使用重罚，可能会产生大众找寻规避途径的副作用，也会给司法实践带来更多的困境。

我们需要用足用好法律法规，有法必依、执法必严，也需要多管齐下，从社会综合治理的角度出发，强化管理酒后驾驶行为的配套措施。首先，应注重对酒后驾驶行为的处罚衔接，强化行政处罚措施，充分发挥行政处罚与刑事处罚的互补作用，避免因打击面过大而造成司法人员工作量大、成本过高，反而抵消刑罚的效力，也得不到社会的普遍认可。根据公安交管部门统计，醉驾入刑以来，我市每年查处的饮酒后驾驶机动车人数都保持在 1 万人次左右，相较于醉驾查获数量，年均高于数倍甚至 10 倍，应当说酒后驾驶者的数字仍相当可观。而根据《道路交通安全法》第 91 条规定，对饮酒后驾驶机动车的处罚，除罚款外暂扣六个月机动车驾驶证；对于因饮酒后驾驶机动车被处罚，再次饮酒后驾驶的，吊销机动车驾驶证；饮酒后驾驶营运机动车，除拘留罚款还要吊销机动车驾驶证，五年内不得重新取得驾驶证。其实，饮酒后驾驶和醉酒驾驶行为酒精浓度测试数值在临界点附近时，很难对社会危害程度进行精确评判，同时饮酒驾驶者也是转换为醉酒驾驶者的潜在群体，故应当直接加大对酒后驾驶行为的行政处罚力度，从根本上掐断酒后驾驶的侥幸念头。可在拘留、罚款处罚之外，提高暂扣、吊销驾驶证的期限，如规定将饮酒后驾驶者机动车驾驶证暂扣的时间延长至 1 年，驾驶营运机动车被吊销驾驶证后，10 年内不得重新取得驾驶证；醉酒后驾驶机动车被吊销驾驶证的，重新考取机动车驾驶证的期限提高到 10 年后，并对醉酒驾驶营运机动车的，规定吊销驾驶证后终身禁驾。通过设置行政处罚手段的高压线，在当今的"汽车社会"，全面提升酒后驾驶者生活不便利的成本代价。其次，应在单纯的交通安全管理中融入社会道德整体规范的调整，使其形成对行政处罚手段的有效补充和完善。应在搭建个人信用平台的基础上，将酒后驾驶行为纳入个人诚信记录，与个人信贷、社会保险、职业准入等挂钩，让酒驾者的社会诚信信誉受到影响，并波及社会生活的多个方面，让酒驾者违法成本加大，感到得不偿失。同时设定不良记录的期限，鼓励督促酒驾者后期通过保持良好交通行为换取不良记录的删除。此外，将与酒驾行为发生有密切关系的人员，如明知开车还积极劝酒者、机动车提供者、共同乘车者，纳入行政法调整范畴，但不轻易动用刑罚措施，这样既追究了明知故犯人员的责任，也顾及到了公众的接受度。另外，对酒后驾驶者除吊销机动车驾驶证等手段外，借鉴刑法中禁止令的规定，禁止其从事饮酒等特定活动、进入酒吧、夜总会等特定场所，违者要从事社区服务等义工工作。与此同时，通过广泛的社会宣传教育和引导，提高广大人民群众同危险驾驶犯罪做斗争的积极性，推动公众对该类犯罪的规劝和举报，形成酒后驾驶人人喊打的社会氛围和公众对法律的敬畏之心，从根本上杜绝酒驾陋习。

三、结语

醉酒型危险驾驶犯罪作为回应群众呼声、加大民生保护力度而增设的罪名，旨在通过对尚未发生危害结果的醉驾行为处以刑罚，有力维护了道路交通安全。而醉驾入刑在经历了七年的司法实践后，对人民的日常生活也产生了深刻影响，人民的社会交往习惯也产生了一定变化，甚至催生了酒后代驾这一新兴职业。当我们重新对醉驾入刑效果进行审视和反思时，会感觉到当年在社会公众对醉驾行为"零容忍"舆论的左右下，醉驾审判的重刑主义和民意报应色彩十分浓重，而随着民众法律素养提升，社会迅猛发展，认知多元且逐步回归理性化，发现实际上减少醉驾行为并不能仅仅寄希望于重刑的威慑与阻吓，司法实践也证明这种手段日益显现出其局限性。

根据统计，2011 年至 2017 年，全国法院一审判决的危险驾驶案件一直呈现上涨趋势，危险驾驶案件在全部刑事案件中所占的比例也在持续升高，醉驾型危险驾驶案件已经从 2011 年占比 5.2% 到 2017 年占比 19.4%，高刑罚率并没有遏制高犯罪率，同时监禁型的"交叉感染"又会导致矫正的负面效应。有学者认为，短期自由刑不仅刑罚威吓力低，而且又不能收到刑事矫治的积极效果。受到短期刑罚的，多半都是初犯或者情节轻微的犯罪行为，此等行为人本来尚有羞耻心，若轻易让其入狱受刑，不免自暴自弃，最终适得其反。[1] 故减少醉驾行为不能过分依赖刑罚手段，片面强调从严惩治，判处实刑，限制对危险驾驶罪适用缓刑，导致醉酒驾驶机动车肇事构成交通肇事罪的可以适用缓刑，未肇事以危险驾驶罪处理的反而不能适用缓刑的"倒挂"现象。国家选择将醉酒行为作为犯罪处罚的初衷是借惩治之剑来强化公众的规则意识，而不是用严厉的刑罚来处罚轻罪。[2] 醉驾犯罪作为一种法定犯，其法律防线由交通行政法规和《刑法》组成，《刑法》应当时刻保持"手段最后性"特征。规制醉驾之法网应当是"严而不厉"，而不是"厉而不严"，切忌避免从一个极端走向另一个极端，过分夸大醉驾入刑的作用，而忽视了作为第一道防线的行政法应有的功效。[3]

遏制酒后驾车行为发生，这是每个法律工作者的立法初心，但刑事审判工作

---

[1] 林山田:《刑罚学》，商务印书馆 1975 年版，第 199 页。

[2] 冯军:《犯罪化的思考》，载《法学研究》2008 年第 3 期。

[3] 孙万怀:《反对违法交通行为的过度立法与司法犯罪化》，载《中国社会科学学报》2009 年 8 月 18 日，第 7 版。

不应当受公众对于醉驾行为的愤怒以及非理性情绪的影响，应当时刻保持理性和谨慎。而通过倡导积极健康的酒文化，弘扬遵守交通法规的现代文明，唤醒、强化民众对家庭和社会的责任感，对生命的尊重意识，从内心深处拒绝酒驾行为，根除酒驾陋习，才是标本兼治的根本举措。这不仅仅是法律问题，还是社会问题，更是一个需要拿出持之以恒的决心与力量，统筹协调、长远考量的系统性工程。

统一登记背景下的北京市不动产交易管理制度研究

尹 飞[*]

第一章 不动产统一登记与交易管理的基本理论

第一节 不动产登记与交易管理

不动产登记制度作为一种公示方法，不仅是财产交易有序化的条件，而且也是物权制度赖以生存的基础。[1]不动产登记行为与不动产交易管理行为有着本质上的差别。

一、不动产登记行为及性质

不动产登记，是不动产登记机构依据当事人的申请、有关国家机关的嘱托或依照法定的职权，将不动产的自然状况、权利状况及其他依法应当登记的事项记载于不动产登记簿，予以公示的活动。[2]由此定义可知，从事登记活动的主体包括登记机构、申请登记的当事人以及有关国家机关。不动产登记的客体限于不动产，而在登记簿上记载的内容主要就是不动产的自然状况、权利状况以及其他应当登记的事项等三个部分。在我国理论和实践中，一直存在登记行为究竟为公

---

* 课题主持人：尹飞，中央财经大学法学院院长、教授。立项编号：BLS（2017）B008。结项等级：优秀。

[1] 王利明：《试论我国不动产登记制度的完善（上）》，载《求索》2001 年第 5 期。

[2] 程啸：《不动产登记法研究》，法律出版社 2011 年版，第 41 页。有学者区分物权法上的不动产登记和不动产登记法上的不动产登记，认为前者是指不动产登记与否的事实状态，其关注点是不动产物权是否已经登记这一事实，该事实是人民法院作为裁判物权案件的根据；后者是登记机关实施登记的流程、过程，也就是登记机关怎样进行登记的工作程序或者说登记程序。（参见孙宪忠：《不动产登记基本范畴解析》，载《法学家》2014 年第 6 期。）确实学界存在此种混淆，但从《物权法》第二章第一节的规定来看，其所言的"不动产登记"显然是指不动产登记机构进行的登记行为，不能也不应是"不动产登记与否的事实状态"。

法上行为抑或私法上行为的激烈争论。[1]界定不动产登记行为的性质，根本标准在于行为主体是否为公权主体。[2]不动产登记行为本质上是不动产登记机构的行为。登记机构性质上为公权力机关，现行法完全肯认了登记行为的行政行为性质，不动产登记制度的核心在于对登记机构行为的规范。

二、不动产交易管理行为的目的

不动产交易是指房屋所有权、土地使用权、海域使用权、林权等的转让、租赁、抵押等，交易管理是对上述行为合法性的审查、确认和备案。不动产交易市场管理行为，其核心是及时发现损害、遏制损害消费者权益、损害国家利益的行为，其特点在于管理机构应当积极主动行为。

不动产交易管理行为与不动产登记行为有本质上的差别，二者是不动产管理链条中紧密相连的两个环节。不动产登记行为本质上是依申请的行政行为、被动的行为。不动产所有权的登记公示是保障不动产交易安全的基础，不动产交易管理又是防范不动产转移登记风险的前提。

第二节　不动产统一登记的目的

一、不动产统一登记的直接目的

（一）不动产统一登记旨在规范

实行不动产统一登记的直接目的在于规范登记行为。所谓规范登记行为，就是要使不动产登记行为有法可依，有章可循。[3]《不动产登记暂行条例》（以下简称《条例》）第1条开宗明义，将"整合不动产登记职责，规范登记行为"作为其首要立法目的。[4]登记行为作为行政行为的本质，决定了登记机构作为公权力主体，"有权不可任性"。[5]

（二）不动产统一登记重在统一

实行不动产统一登记的核心在于整合不动产登记职责，实现登记机构、登记依据、簿册权证、登记信息平台的"四统一"。统一登记的过程，并非从无到有的制

---

[1] 严格地讲，公法上行为并不仅限于行政行为，登记机构也未必限于行政机关；但在我国登记机构为行政机关且民法典编纂不会对此加以改变的情况下，以法院作为登记机构几无可能。故而本文语境下，公法上行为与行政行为基本上是等同的。

[2] 尹飞：《不动产登记行为的性质及其展开——兼论民法典编纂中不动产登记制度的完善》，载《清华法学》2018年第2期。

[3] 参见程啸、尹飞、常鹏翱：《不动产登记暂行条例及其实施细则的理解与适用》（第2版），法律出版社2017年版，第4页。

[4] 《不动产登记暂行条例》第1条："为整合不动产登记职责，规范登记行为，方便群众申请登记，保护权利人合法权益，根据《中华人民共和国物权法》等法律，制定本条例。"

[5] 尹飞：《不动产登记行为的性质及其展开——兼论民法典编纂中不动产登记制度的完善》，载《清华法学》2018年第2期。

度建构，而是在汲取既有经验、维护既有登记结果的基础上实现登记职责的整合。

（三）不动产统一登记的着力点在农村

目前，我国城市土地、房屋、海域等都已经进行了比较全面的登记，而广大农村的集体土地所有权、集体建设用地使用权、土地承包经营权、宅基地使用权、集体土地上房屋的所有权等的登记确权尚待进一步推进。集体土地使用权及其上的房屋转移、抵押等流转的条件、范围、方式还需要法律进一步的明确。

二、不动产统一登记的深层次意义

从经济和社会的角度而言，实行不动产统一登记的深层次意义进一步体现为以下四个方面：一是保护权利人的合法权益。国家对不动产权利归属和内容依法进行确认后，更加便于权利人在受到侵害时获得法律救济。二是维护不动产交易的安全。在进行不动产交易时，买方只需要查询不动产登记簿，就有理由相信登记簿记载的就是真实的权利状况，其据此进行的交易要受到法律保护。三是方便当事人。有必要把各种不动产登记统一起来，以方便人民群众。四是为简政放权、进一步厘清政府和市场关系提供了制度保障。

第三节 不动产交易管理的立法目标

一、不动产交易管理的正当性

不动产交易管理的目标对于不动产交易管理制度的构建至关重要，是政府对市场经济、私法自治的干预，应当符合比例原则。对于不动产交易管理，应当基于特定公共利益的目标而进行，其正当性主要体现在如下几方面：

（一）保护消费者、承租人等弱势群体利益

在不动产交易管理过程中，保障交易安全，确保消费者、承租人等弱势群体的利益，是不动产交易管理机关的职责所在，也是不动产交易管理的目的。因此，交易管理机关在工作中应加强配合，相互兼顾，统筹协调，按照方便群众办事、保障交易安全、提升管理效率的原则，切实维护消费者、承租人等弱势群体利益，确保房地产交易市场规范有序。《条例》和《不动产登记暂行条例实施细则》中的许多规定，都有助于贯彻落实不动产登记制度保护不动产权利人合法权益的立法目的。

（二）维护国家利益

国家利益的产生机制是政治权力的运作机制，国家利益强调统一性，通常以法律、法规、命令等形式来表达。[1]目前，在实践中，国有土地在转让和流通

---

〔1〕 参见王轶、董文军：《论国家利益——兼论我国民法典中民事权利的边界》，载《吉林大学社会科学学报》2008年第3期。

过程中，存在用地人回避合同约定的情形，从而造成国有资产的流失。因此，为了维护国家利益，则应当对不动产交易进行严格管理，以确保最大限度地维护广大人民群众的切实利益。

（三）保障交易秩序

不动产交易管理的目的除保护弱势群体利益和国家利益之外，还在于保障交易秩序。为了促进房地产商品流通，防止私下（黑市）交易，建立房地产流通的正常秩序，在大中城市建立市级或市、区（县）两级房地产交易市场，为交易双方提供接触、洽谈、协议的固定场所是十分必要的。此外，要建立房地产市场的良好秩序，政府主管部门必须严格执法。

二、比例原则的功能

如前文所述，不动产交易管理是基于消费者权益、承租人利益等弱势群体保护、国家利益维护、交易秩序的维护等公共利益目标而进行的，政府对市场经济、私法自治进行干预时必须符合比例原则的要求。所谓比例原则，是指行政机关在作出可能影响相对人权利的行政行为时，须保持选择的手段与所欲实现目的之间的适当比例。[1]

（一）实现国家权力结构的平衡

比例原则可以实现国家权力的合理配置。比例原则是规范所有公权力行为的基本准则，不管是立法者，还是行政者，不管是对基本权利的侵犯，还是对具体权利的侵犯，都不得违背比例原则。[2]

（二）实现权力与权利、权利与权利的平衡

比例原则不仅调整权力与权利之间的冲突问题，而且还调整权利与权利之间的冲突问题。换言之，政府在行使权力时，应当遵循比例原则，不得过度侵害公民权利，登记机构作为行政机关，其权力来自于法律的赋予，行使权力也要遵循法定的程序，体现的是依法行政的要求。[3]

（三）实现政府与市场的平衡

政府与市场之间应建立一种有效的选择和协调机制，探求政府与市场的平衡点，而平衡点的探寻便是比例原则之价值所在。政府不得过度干预市场经济和私法自治，比例原则与私法自治之间构成了另外一种意义上的"手段—目的"之关系：通过在民法中适用比例原则，以确保私法自治不被国家权力过度干预，也不会被私主体所滥用。[4]

---

〔1〕 参见张翔：《财产权的社会义务》，载《中国社会科学》2012年第9期。
〔2〕 参见刘权：《目的正当性与比例原则的重构》，载《中国法学》2014年第4期。
〔3〕 尹飞：《明晰法律责任规范登记行为》，载《中国不动产》2015年第5期。
〔4〕 郑晓剑：《比例原则在民法上的适用及展开》，载《中国法学》2016年第2期。

第四节　不动产统一登记对交易管理的影响

长期以来，我国形成了不动产多头登记的体制。各类不动产登记职责分散在不同的部门，登记机构与管理部门混同。不动产统一登记的推行，本质上就是因为过去的分散登记体制自身存在严重的问题。统一登记推行之前并非没有登记，只是采用的是分散登记的体制。分散登记体制的特点在于：任何一个领域，比如房、地、林，是由一个行政机构统一进行交易的管理、监督，然后再进行不动产的登记。而统一登记恰恰是为了打破由一个行政机构既主管交易管理又主管登记的体制。

随着不动产统一登记的推进，尤其是《条例》第 16 条专门明确了登记申请材料[1]，从而明确了这一问题。所以课题组认为，这样一个很微小的制度变化，充分体现了三中全会精神的要求：通过统一登记，严格区分登记与管理；在登记的环节更多地尊重当事人的私法自治、尊重当事人的交易，本质上是要尊重市场，有利于让市场在资源配置中起决定性作用；而在管理的环节，要更好地发挥政府的作用，也是为实现治理体系和治理能力的现代化提供了制度保障。

第五节　北京市交易管理机构的职责

在应然意义上，不动产交易管理机构承担的房屋交易和产权管理职责如下：楼盘表的建立和管理、新建商品房销售管理、存量房转让管理、房屋抵押管理、房屋租赁管理、房屋交易与产权档案管理、房屋交易与产权管理信息平台建设等11 项职责。

一、商品房楼盘表和商品房网签合同备案

商品房楼盘表建立并经核定后，与登记有关联的事项主要有：①以未售商品房设定在建工程抵押权。②预告登记。③预查封。④商品房初始登记。⑤商品房转移登记。[2]另外，交易管理机构也需要拓宽楼盘表信息容量，为不动产交易提供详尽的参考信息。

二、存量房转让与市场准入

存量房因其取得方式不同，房屋性质不尽相同，因政策性因素取得的房屋，转让时可能会受到限制。存量房买卖网签挂牌销售时，交易管理机构需依据登记信息和交易资料对房源信息进行审核，以确认房源真实有效、权属清晰，保障交易安全。网签信息需即时传送给登记信息库，以确保登记与交易信息的一致。

---

[1]　参见《不动产登记暂行条例》第 16 条。
[2]　成琳：《不动产登记与房屋交易管理》，载《中国不动产》2015 年第 11 期。

三、不动产交易信息系统服务平台

依法明确建立功能完善的不动产交易信息系统服务平台是房管部门的一项法定义务。另外，个人住房信息包含所有权登记信息、商品房销售备案信息、存量房网签信息，因此是登记和交易信息的集成。[1]房屋登记信息需即时传送到个人住房信息系统，住房政策的实施离不开准确完整的个人住房信息资源。

四、房屋租赁管理

不动产登记与交易管理的紧密联系还表现在租赁管理方面。房屋租赁备案管理需了解房屋所有权登记信息，房屋在通过买卖申请转移登记时，在登记和交易职能分设时，审查责任在交易管理机构，登记机构则根据法律法规的规定依据有关要件办理，会存在管理脱节的问题。

五、不动产抵押管理

不动产抵押行为本身属交易行为，该交易提供的抵押权需进行登记后才能实现私法效果。以房屋所有权设定抵押他项权的，被抵押房屋应权属清晰，无交易限制情况，交易时应审查其权利限制情况。

六、交易和登记档案

交易和登记一体化管理的，登记档案和与之关联的房屋交易档案融为一体，装订成册，没有明显的分割，以房屋完整档案记录房屋权利的演变过程，历史脉络清晰，一目了然。交易和登记分设的，档案各自管理，部分文件重复提交，不能完整体现房屋交易登记脉络和信息。[2]

七、中介信用管理体系

建立全国统一的中介信用评价标准，完善中介信用管理体系。房地产中介机构和经纪人的经纪活动不局限在一个省市，而是在全国范围内频繁流动。因此，各区域的信用评定标准难免存在偏差，不仅对各中介经纪机构和经纪人来说有失公平，也会降低信用管理的权威性。因此，加强房地产中介经纪机构和经纪人信用管理，建立全国统一的信用评定标准和信用管理体系是非常有必要的。

第二章　不动产单元

第一节　物权特定原则与不动产单元

一、物权特定原则

物权特定原则也被称为"物权客体特定原则"或"一物一权原则"，它是指

---

〔1〕 王尧、付涛：《房屋交易和产权管理亟需法律制度保障》，载《中国房地产》2016 年第 28 期。
〔2〕 参见沈志刚：《房屋交易管理信息平台的构建》，载《中国房地产》2017 年第 4 期。

物权的客体必须是特定的，或者至少在实现该物权时其客体是可得特定的。基于物权特定原则，不动产登记簿上当然需要将不动产的自然状况进行详细、清晰的记载。惟其如此，方能保证物权的客体是特定的，为下一步记录该不动产上的物权状况奠定坚实的基础。不动产登记法属于不动产物权程序法，自当遵循物权客体特定原则。

二、不动产单元的概念

不动产单元，也称不动产登记单元或不动产登记基本单元，是指不动产登记中，用以确定不动产能够作为一个独立的物被记载于不动产登记簿的最基本单位。[1]不动产登记中之所以有"不动产单元"这个概念，出于以下两个原因：首先，物权特定原则的要求。其次，不动产单元是不动产登记簿采取物的编制主义模式的必然产物。比较法上，不动产登记簿的编制方法有物的编制主义与人的编制主义。[2]二者的区别主要体现在内部划分的出发点不同。

三、不动产单元的要件

依据《不动产登记暂行条例实施细则》（以下简称《实施细则》）第 5 条第 1 款，所谓不动产单元，是指权属界线封闭且具有独立使用价值的空间。由此可见，一个不动产单元至少应当具备以下要件：

（1）权属界线封闭。权属界线封闭，是指不动产单元应当具有确定的界址或界线，从而与其他的不动产相互区分。

（2）具有独立的使用价值。一个不具有独立使用价值的不动产，它可能是权属界线固定封闭的，但不能作为一个不动产单元。

另外，不动产单元具有唯一编码。土地和房屋属于不动产，不可移动。因此，任何不动产都必须是能够从地理位置上加以确定的。

第二节　不动产单元的具体确定方法

一、车位、车库的具体确定方法

建筑区划内车位、车库的产权归属，历来是社会关注的焦点。就地下车库而言，其虽然占据一定地下空间，但系人工建造、不可移动的物，故而其乃房屋而非土地。且其规划用于停放汽车，旨在满足人们停放汽车这一需要，故而就其本质而言，显然属于房屋、建筑物而非土地。对其权属的确认，应当适用房屋而非土地的确权规则。

---

〔1〕 程啸、尹飞、常鹏翱：《不动产登记暂行条例及其实施细则的理解与适用》（第 2 版），法律出版社 2017 年版，第 84 页。

〔2〕 关于这两种不同体例的概述，可参见〔德〕鲍尔、施蒂尔纳：《德国物权法》（上册），张双根译，法律出版社 2004 年版，第 299 页。

地下车库中的车位，就其本质而言，是建筑物内的特定空间。其界限封闭固定。这些车位通常由建设单位委托交通警察施划，面积、高度足以满足正常的停车需要。经由车库中预留的道路（该道路由地下车库各车位全体所有权人共有），能够直接驰入小区道路，故而，地下车库中的车位能够构成不动产单元。无论是过去的《房屋登记办法》（已失效）还是《实施细则》，均认可其足以构成所有权的特定客体，可以办理登记。最高法院建筑物区分所有权司法解释也明确其系专有部分。[1]

二、林权的具体确定方法

在《条例》出台之前，《房屋登记办法》、《海域使用权登记办法》（已失效）等都分别对土地、房屋、海域的登记单元进行了规定。一是土地以宗地为登记单元；二是房屋以登记单元为基本单元；三是海域以宗海为登记单元。

至于林权登记单元，一方面林地属于土地的一部分，若无特殊规定理应适用土地法以确定登记单元。另一方面根据《集体林权制度改革档案管理办法》第10条的规定，林权登记单元与土地登记单元一致，均为宗地。《实施细则》第5条第1款对不动产登记单元作出了界定[2]，具体而言，如果一片森林、林地与其他森林、林地有明显的界线，那么其就可以作为一个登记单元进行登记。

第三节　楼盘表的内容与建立

一、楼盘表的内容

楼盘表是房地产交易管理的基础，也为其他不动产交易管理提供了重要例示。根据《房屋交易与产权管理工作导则》（以下简称《导则》）的相关规定[3]，楼盘表应当记载如下信息：房屋物理状态信息、交易与权利状况信息以及其他应记载的信息。并且为拓展楼盘表功能，满足社会其他部门或组织业务管理需要，楼盘表还可以记载但不仅限于以下可以与房屋相关联的信息：GIS地理信息系统状态信息、房屋租赁状态信息、物业管理状态信息、人口管理状态信息以及公共服务配套状态信息等。

二、楼盘表的建立

为规范和便于楼盘表系统与原住建部推行的七大子系统的关联，楼盘表应按《房地产市场信息系统技术规范》（CJJ/T155-2007）等标准建立，按项目、楼幢

---

[1] 参见《最高人民法院关于审理建筑物区分所有权纠纷案件具体应用法律若干问题的解释》第2条。

[2] 《不动产登记暂行条例实施细则》第5条第1款："《条例》第8条规定的不动产单元，是指权属界线封闭且具有独立使用价值的空间。"

[3] 《房屋交易与产权管理工作导则》第2.2条。

和套（间）进行层级管理。[1]因涉及与其他部门或组织业务系统对接，接口标准应兼顾其他相关行业的规范和标准。

根据《导则》的规定，楼盘表建立的程序具体包括以下三个步骤：第一，采集规划许可、土地审批、建设审批等相关信息；第二，采集测绘成果信息及相关电子图表；第三，构建楼盘表，实现相关信息关联。[2]实践中楼盘表建立的具体环节包括：①房屋测绘；②房屋测绘成果备案；③基础楼盘表建立；④基础楼盘表审核；⑤信息关联；⑥楼盘表建立。

第四节　楼盘表与登记簿

与登记簿相比，楼盘表作为房地产交易管理中的重要抓手，其不属于法定簿册，也不能作为判断房屋产权归属的依据，但是楼盘表可以根据房屋实际情况建立，预售房屋同样可以设置楼盘表，因此内容更加丰富，覆盖范围更加广泛，登记的信息更加全面。[3]

一、不动产登记簿的编制与效力

（一）不动产登记簿的编制

不动产登记是由不动产所在地的登记机构办理，由于不动产登记机构管辖的特定地域内的不动产的登记事项非常庞大，必须按照一定的方法来编制不动产登记簿。如前文所述，从比较法来看，不动产登记簿的编制方法分为两种：一种是物的编制主义，另一种是人的编制主义。[4]在我国，绝大多数不动产登记均以物即不动产为核心进行，采取的是物的编制主义。

（二）登簿的法律效力

首先，登簿意味着登记完成，而登记完成意味着绝大多数情况下基于法律行为的不动产物权变动的效力发生和少数情形下变动后的物权发生对抗第三人的效力。[5]其次，登簿形成后对当事人发生相应的法律效力。当事人不得撤回登记申请，更不存在撤销登记申请的问题，并且应当依法缴纳相应费用。最后，登簿对不动产登记机构也产生法律拘束力，即一旦登簿，不得任意修改，只能依据法律规定，进行更正登记或由当事人申请登记。

---

〔1〕　参见袁玮、胡渝清：《不动产统一登记背景下地、房数据如何关联——以重庆市渝中区为例》，载《中国房地产》2016 年第 22 期。

〔2〕　参见陈晖：《浅谈楼盘表的建立与应用》，载《中国房地产》2016 年第 28 期。

〔3〕　陈晖：《浅谈楼盘表的建立与应用》，载《中国房地产》2016 年第 28 期。

〔4〕　程啸、尹飞、常鹏翱：《不动产登记暂行条例及其实施细则的理解与适用》（第 2 版），法律出版社 2017 年版，第 90 页。

〔5〕　参见张双根：《论房地关系与统一不动产登记簿册　兼及不动产物权实体法与程序法之间的交织关系》，载《中外法学》2014 年第 4 期。

二、楼盘表与登记簿信息实施共享

楼盘表作为房地产交易管理中的重要抓手，原则上应当与不动产登记簿建立一一对应的关系，但楼盘表所涵盖的范围更加广泛，并且在记载权利类型方面，不受物权法定原则的限制。建立楼盘表的目的在于规范房屋交易与产权管理，保障交易安全，而不动产登记簿是为了实现不动产物权公示目的而设置的，二者应各负其责，实现信息实施共享，这不仅有利于指导政府调控，还有助于为市场经济规范化发展创造了更加有利的条件。《条例》在第四章专门规定了不动产登记信息的共享与保护。2015 年 7 月 10 日《国土资源部、住房城乡建设部关于做好不动产统一登记与房屋交易管理衔接的指导意见》也作出了明确要求。

此外，楼盘表建立之后，行政、司法机关决定对房屋等不动产采取查封等限制处分措施，发出协助执行通知书后，房产管理部门、不动产登记机构均有协助的义务。房产管理部门负责停止办理网签、备案，不动产登记机构负责停止办理转移登记。

三、交易资料与登记资料、政府信息公开的关系

不动产交易管理机构在进行交易管理的过程中会形成相应的资料，即交易资料和档案。如果民事主体或者国家公权力机关需要查询或者复制这些资料的，应当依据《档案法》的规定进行，《导则》第 8.6 条作出了相应的规定[1]。目前规范档案利用的法律法规主要就是：《档案法》和《档案法实施办法》。

第三章　土地交易管理

第一节　划拨土地使用权的性质与交易管理

一、划拨土地使用权的性质及其在我国未来物权法中的地位

在未来的立法中，对于现行的划拨土地使用权应当区分公益性用地和经营性用地而分别构造，前者作为人役权或者特别法上的物权来处理，严格禁止其流转或者转换为一般的建设用地使用权；而后者则应当按照一般的建设用地使用权来建构，只是在土地出让金的收取上由国家酌情减免。

二、人役权的价值及其在我国物权法中的构造

人役权是指特定人对他人之物享有的对其使用价值加以特定支配的用益物权。人役权在我国法律体系中具有重要的价值：

---

[1]《房屋交易与产权管理工作导则》第 8.6 条："房产管理部门应按《中华人民共和国档案法》等相关法律法规，提供房屋交易与产权档案查询、复制等服务。"

（一）兼顾私法自治与交易安全，缓和物权法定之僵硬

人役权制度能够有效缓和物权法定原则对私法自治的限制。还应当指出的是，受权利人利用需役地便利这一条件制约，地役权的适用空间也有其限制。而在规定人役权之后，二者相互结合构建的完整的役权制度，就能够基本上在用益物权层面，实现私法自治与物权法定的完美结合。

（二）解决特定人的生活问题

在罗马法中，人役权制度之设，主要用于解决特定人的生活问题。[1]在有人役权制度的情况下，如果被扶养方为自己设定用益权或者居住权，再将财产所有权转移给他人，获取金钱来解决自己的生活问题，而其死亡后人役权消灭，对方获得圆满的所有权。

（三）实现对财产的充分利用

目前学界已经普遍认为，财产的所有与利用的分离，更有利于财产效益的发挥。而人役权尤其是其中的用益权则提供了一个很好的所有与利用分离的法律手段：在设定用益权的情况下，用益权人可以对财产进行全面的使用和收益，而所有权人则能够仍然保留其所有权。

（四）统合现行法中的人役权类型，矫正特别法中私权行政特许化之弊端

人役权制度，能够统合现行法中的人役权类型，将这些行政特许权甚至公权力，还其民事权利的本来面目，按照人役权的规则对其公示、基本权利义务等内容加以规范，从而矫正特别法中私权行政特许化所造成的种种弊端。

（五）尊重财产权人的意志，避免继承过程中的相关纠纷

我国经济历经二十多年高速发展，民众私人财富也逐渐增加，加之离婚率高涨引起的家庭关系的复杂性，遗产纠纷有日渐增多之趋势。而人役权制度对于解决相关继承纠纷，具有重要意义。

三、关于划拨土地使用权向建设用地使用权的转换

关于划拨土地能否转让，在《城市房地产管理法》制定中也存在着三种不同的观点。课题组认为，对于历史上形成的划拨土地使用权在一定条件下允许其转换为建设用地使用权并无不妥，但是，其转换的方式应当区分情况分别处理：首先，对于历史上形成的用于经营的划拨土地，如国有企业占地，以及带有经营性的国家重点扶持的能源、交通、水利等项目用地，应当区别划拨时是否有偿来对待。其次，对于无偿划拨的经营性土地以及各种公益性用地，应当严格禁止其转换为建设用地使用权，禁止其转让、出租或抵押。最后，如果允许划拨土地使用权流转，在进行流转之前，其应当转换为一般的建设用地使用权，而且其转让

---

[1] 尹飞：《物权法·用益物权》，中国法制出版社 2010 年版，第 97 页。

或者实现抵押权时应当遵循法律对建设用地使用权出让公开竞价的规定，并由相关土地管理部门代理进行。

第二节 出让土地使用权交易管理

一、出让合同对建设用地使用权转让时的影响

我国现行法律强调建设用地使用权转让时，其仍然要受到出让合同的拘束。换言之，建设用地使用权转让性质上是一种合同转让。而且，此种合同转让是合同权利义务的概括转移，"转让人在转让土地使用权时，不能只移转权利而不移转义务，而必须将原出让合同规定的全部权利、义务移转给受让人"。[1]

课题组认为，囿于我国物权法以及物权观念的长期缺失，我国现行立法、司法实务以及学理上，经常将通过合同设定的用益物权与合同债权相混淆。现行法律强调出让合同对建设用地使用权转让的拘束力的做法，就是此种混淆的具体体现。

应当依据《物权法》的规定，充分区辨建设用地使用权出让合同与建设用地使用权初始登记的职能。如果法律认为出让合同中对建设用地使用权人所设定的义务，应当具有对抗效力，那么，可以通过两种途径来解决这一问题：一方面，可以通过完善土地登记制度来解决；另一方面，也可以通过法律直接规定法定义务来解决。

二、关于建设用地使用权转让的法律限制

（一）关于价格限制

建设用地使用权转让合同通常并不涉及国家利益，故而当事人可以自由约定建设用地使用权的对价，甚至可以采取无偿赠与的方式进行转让。《城镇国有土地使用权出让和转让暂行条例》第 26 条中规定的限制殊无必要。

（二）关于对投资开发的限制

所谓的"炒地皮"，无非是取得建设用地使用权之后，并未及时进行开发即将之转让。在市场经济建立初期，由于我国土地市场尚不完善，对此进行比较严格的限制是十分必要的。但是，在我国未来的法律中是否还要继续进行此种限制，值得商榷。课题组认为，随着我国土地市场的建立和逐步完善，应当取消上述限制，允许建设用地使用权自由转让。

---

[1] 吕来明：《走向市场的土地——地产法新论》，贵州人民出版社 1995 年版，第 137 页。

第四章 房地产交易管理

第一节 商品房预售许可制度

现行的相关法律法规对商品房预售许可法律制度并没有进行明确界定，商品房预售许可属于行政许可，从行政许可的角度来理解，可以将其界定为对房地产进行监督管理的部门将预售许可证发给符合条件的申请企业，批准其从事商品房开发建设的行政行为。[1]

一、商品房预售许可制度的目标

（一）维护预购方的合同利益

商品房的销售方，即卖方有义务将符合合同约定的标的物交给购房者并保证其能获得完整的所有权，因此具有两项瑕疵的担保责任，即要保证所交付的房屋没有权利瑕疵和物的瑕疵。标的物有瑕疵指的是标的物不符合规定或约定的质量标准。物的瑕疵担保即出卖人应担保标的物具有通常的品质或特别保证的品质，即符合国家规定的质量标准或者合同中约定的质量标准，权利瑕疵担保指的是出卖人应保证买受人不致因第三人主张权利而丧失其标的物。[2]

（二）保护消费者的合法权利

预购方作为消费者，享有《消费者权益保护法》规定的知情权、自主选择权、公平交易权、依法求偿权等权利。在商品房预售中消费者的权利主要体现在知情权和公平交易权。维护预购方的知情权是预售许可制度需要实现的目标，在现行的预售许可中对信息披露的要求体现在对预售广告真实性的要求、对申请许可资料不实的责任方面的规定以及预售方案制度公示义务。

二、商品房预售许可制度的完善

（一）不宜纳入商品房预售许可条件的事项

商品房预售许可的制度目的是为了保护消费者及预购方的合法权益，但同时商品房预售许可制度作为行政许可，其自由裁量权的滥用必须得到控制，应遵循"比例原则"，保障行政自由裁量权的公正行使。[3]以比例为检视工具，对许可条件进行分析后，课题组认为，预售许可对开发商资质的要求和一些地方政府对商品房预售许可价格的管制超出了立法自由裁量权的应有范围，是政府的过度干预，不宜纳入商品房预售许可制度范围内。

---

〔1〕 参见骆小春、李克明：《商品房预售法律制度本论》，合肥工业大学出版社 2011 年版，第 6 页。
〔2〕 梁慧星：《论出卖人的瑕疵担保责任》，载《比较法研究》1991 年第 3 期。
〔3〕 参见郑晓剑：《比例原则在民法上的适用及展开》，载《中国法学》2016 年第 2 期。

（二）住房质量保证机制的完善

我国现行的建设工程质量保修制度规定缺乏必要的配套措施，侧重规定开发企业、建设单位以及设计勘查各方之间的保证关系，缺乏整体的关联性。[1]对于住房质量保证保险制度的完善，可以借鉴 2015 年出台的《北京市建设工程质量条例》，其中对住宅工程房地产开发建设规定了建设工程质量保险制度[2]、建设单位工程质量保修担保制度[3]，并且细致具体的明确了建设、勘察、设计、施工等建设单位工程有关单位及其人员因违反规定应当承担的法律责任，并鼓励引入第三方机构开展建设工程质量认证、检测、咨询、培训、保险、担保、信用评价等服务。

（三）商品房预售项目资金投入比例的明确

预售项目资金投入比例达到 25% 的这一规定不具有适当性，在实践操作中过于抽象。课题组建议，应该取消资金投入比例 25% 这一规定，将更为清晰的适合操作的形象工程进度作为唯一的证明标准。为了进一步地明确该制度，应在规范预售的相关法律法规中对该制度进行统一的规定，在全国范围内，形象工程应当完成基础工程，即地基和打桩工程，并要求主体结构基本完成，如七层的楼房，要求主体结构封顶；较高层数的楼房，要完成主体结构 2/3 以上。各个地方可以据此结合地方经济发展情况，在此基础上制定具体的办法细则，也可以在此基础上提升标准。

（四）加强对商品房预售资金的监管立法

1. 统一商品房预售资金监管主体

这个主体要有一定的资金量来保持中立的地位，有独立、专业以及责任能力。课题组认为应该让多个主体共同监管，形成一种几个主体相互制衡、互相协调、整体的、系统的预售款监督管理模式。

2. 完善预售资金监管法律内容

对于预售资金监管的专款专用具体措施可以参考《北京市商品房预售资金监督管理暂行办法》（已失效）的制度设计。[4]在商品房预售许可制度中，要制定

---

〔1〕 参见张娜：《我国推行建设工程质量保修保险制度的必要性》，载《中国市场》2009 年第 9 期。

〔2〕《北京市建设工程质量条例》第 62 条："本市推行建设工程质量保险制度。从事住宅工程房地产开发的建设单位在工程开工前，按照本市有关规定投保建设工程质量潜在缺陷责任保险，保险费用计入建设费用。保险范围包括地基基础、主体结构以及防水工程，地基基础和主体结构的保险期间至少为 10 年，防水工程的保险期间至少为 5 年。鼓励建设工程有关单位和从业人员投保职业责任保险。"

〔3〕 参见《北京市建设工程质量条例》第 63 条。

〔4〕 参见《北京市商品房预售资金监督管理暂行办法》（已失效）的规定：房地产开发企业根据项目建设方案及施工进度编制预售项目用款计划。用款计划按照地下结构完成、结构封顶、竣工验收、完成初始登记并达到购房人可单方办理转移登记的条件等四个环节设置节点，并合理确定每个节点的用款额度。规定房地产开发企业在资金使用节点使用监管资金，应当持规定材料向监管银行提出书面申请，由监管银行进行审核，符合资金使用条件的才能发放。

配套的制度来具体落实商品房预售资金监管，使得《房地产管理法》能够与具体细则和部门法衔接。

（五）商品房预售项目抵押权问题的明确

目前的国家范围的法律法规并没有对在建工程上存在抵押权能否申请商品房预售的问题进行规定，只有各个地方据此做出了规定，课题组认为对这个问题应在调整商品房预售许可制度的上位法中进行明确规定。

（六）商品房预售许可制度中对信息披露管理的完善

1. 信息披露内容的完善

对于商品房预售中开发企业的信息披露的内容，可以借鉴学者的观点，将信息披露的内容分为开发商必须要披露的内容以及可以通过协商约定选择披露的内容。

2. 信息披露方式的明确

对于信息披露的方式，可借鉴销售说明书的方式，在销售现场显著位置公示并建立网上信息披露制度。为了完善信息披露制度，应建立完整的信息监管系统，系统要跟商品房预售交易的各个流程相配套，加强对预售各个环节如项目规划、申请、设计、施工的跟踪监管。[1]

第二节　房屋租赁的交易管理

一、房屋租赁的登记

承租人依据租赁合同取得的权利统称为租赁权，租赁权在现代民法上有逐步扩大的趋势，即承租人不仅依租赁合同享有对标的物占有、使用和收益的权利，还享有对抗第三人、处分租赁权等权利。我国《合同法》第 229 条规定，出租人在租赁期内将租赁物的所有权让与第三人，不管承租人是否已占有租赁物或租赁物是否登记，承租人都享有对抗权。我们认为，应当承认租赁权的登记能力，明确规定租赁权登记。未经登记的租赁权，不得发生对抗第三人的效力。

在实践操作中，行政主管部门不像对待房产买卖或抵押那样，通过网上签约或楼盘表来介入对房屋租赁的管理，而是直接通过登记进行管理（《城市房地产管理法》第 54 条），因此租赁登记是房屋租赁市场的管理手段，其登记机构也相应地设在该主管部门。在统一登记导致权力分置后，租赁登记机构无法便宜地从不动产登记机构取得房屋权属信息，那就不如把房屋租赁登记并入不动产统一登记，由不动产登记机构统一办理，以确保登记的准确度和高效性。

二、群租的交易管理

群租目前在法律上并无规范性的概念，大多数学者认为群租是将一个居住单

---

[1]　参见韩冰：《论基于域外经验的我国商品房预售制度实践与改革》，载《求索》2012 年第 11 期。

位的住宅出租给分属于不同家庭的两人以上个体的行为。其具体构成包括，承租主体应该是两人以上，群租的客体是同一住宅，群租的内容是建立两个以上租赁合同关系等。根据《城市房地产管理法》、《城市房屋租赁管理办法》（已失效）的规定[1]，房屋租赁当事人应当在租赁合同签订后 30 日内到直辖市、市、县人民政府房地产管理部门办理登记备案手续，这其中显然包括"群租"这一特殊的租赁关系。

对于群租带来的问题，课题组认为，可以考虑在立法中通过如下制度解决：一是借鉴住建部规章的规定，对租赁客体加以限制。二是参照《物权法》住改商的规定。对于住宅出租用作经营的，除遵守法律、法规以及管理规约外，应当经有利害关系的业主同意。同时明确，同一住宅出租给不属于一个家庭的多个（五个以上）自然人居住的，视为经营。

不动产交易管理机构对于租赁市场的发展，可以采取以下措施：第一，各地应积极培育和发展住房租赁市场，强化管理和服务，努力形成渠道多元、总量平衡、结构合理、服务规范、制度健全的住房租赁市场。第二，建立住房租赁信息政府服务平台，提供租赁房源信息、租赁需求信息发布服务；提供房屋租赁合同示范文本，公布经备案的房地产中介机构名单，房地产中介机构和从业人员信用档案等信息。第三，积极培育经营住房租赁的机构，鼓励机构长期租赁或购买社会房源向社会出租，支持房地产开发企业将持有房源向社会出租，推进住房租赁专业化、规模化经营。第四，各地应加强房屋租赁登记备案管理，积极推进房屋租赁合同网签。

第五章　林权交易管理

第一节　现有的集体林权体系与流转困境

一、集体林地所有权

集体林地所有权是指农村集体经济组织依法对集体所有的林地享占有、使用、收益和处分的权利。虽然集体自己使用土地的情况也有存在，但是在大部分情况下，集体一般是将土地交由集体成员使用，并由此形成了目前的林地承包经营权。

---

[1]《城市房地产管理法》第 54 条："房屋租赁，出租人和承租人应当签订书面租赁合同，约定租赁期限、租赁用途、租赁价格、修缮责任等条款，以及双方的其他权利和义务，并向房产管理部门登记备案。"《城市房屋租赁管理办法》（已失效）第 14 条："房屋租赁当事人应当在租赁合同签订后 30 日内，持本办法第 15 条规定的文件到直辖市、市、县人民政府房地产管理部门办理登记备案手续。"

二、林地承包经营权

林地承包经营权是指承包经营权人依法对其承包的林地享有占有、使用和收益及从事林业生产的权利。从目前来看，林地承包经营权只能在林户之间流转，社会其他主体不能参与。在抵押方面，在《物权法》规定的以家庭承包方式取得土地承包经营权的流转形式中，不包括抵押的方式；[1]相关司法解释也明确规定，承包方以其土地承包经营权进行抵押的应当认定为无效。[2]此外，对于农地承包权经营权的保护应当一视同仁，而不应根据耕地、林地、草地的类型作出区分。

第二节 集体林权流转的实现路径——经营权的设置

一、实践中的林地"经营权"

在林地经营实践中，基于集体成员身份获得的承包权与实际进行林木种植收益的经营权实际上已经通过多种形式进行了分离。主要形式包括：

第一，债权性质的经营权。林地租赁是集体以外成员使用集体林地的常见方式。一般来讲，承租人需要与村集体组织或者村民个人签订土地租赁合同以获得经营土地的权利。

第二，"股权"性质的经营权。分山到户之后，由于一家一户的生产经营模式组织化较低，于是林农之间本着自愿的原则将自己的林地承包经营权集合入股，联合生产。[3]

第三，"物权"性质的经营权。"林权证"记载的土地使用权本应属于物权，但是根据某些地方政府文件，一些地方对农村集体组织及其成员以外的一般民事主体通过林地租赁方式取得的债权性权利也颁发了林权证。这就使得通过租赁方式取得的使用土地的权利实际上被作为"物权"对待。

二、林地经营权的定性

结合林地经营的实践，林地经营权应当定性为用益物权，并且根据我国现有的物权体系，林地经营权应当是基于林地承包经营权而生成的次级用益物权。结合目前质疑之声，述理由如下：

第一，承包经营权和经营权都是直接占有、使用林地的权利，这就意味着在

---

[1] 《物权法》第128条规定：以家庭承包方式取得的土地承包经营权，可采取转包、互换、转让等方式流转，没有规定抵押的方式。

[2] 《最高人民法院关于审理涉及农村土地承包纠纷案件适用法律问题的解释》第15条规定："承包方以其土地承包经营权进行抵押或者抵偿债务的，应当认定无效。对因此造成的损失，当事人有过错的，应当承担相应的民事责任"。

[3] 参见胡玉浪：《集体林权法律制度研究》，法律出版社2012版，第218页。

同一宗农用地之上，产生了两个权利内容相互冲突的用益物权，违背了《物权法》"一物一权"的原则。第二，针对多层用益物权结构之弊病的担忧[1]，则应当考虑现有用益物权制度在我国土地公有制下的特殊性。综上，林地承包权人在其权利之上为第三人设定次级用益物权——林地经营权是完全可行的。

三、林地经营权的设置对相关问题的解决

首先，关于土地利用的问题。林地经营权的目的在于通过林木的种植获得收益。从林地经营权的生成路径上看，由于承包经营权权能的分离，使得经营权具备对林地的占有、使用和收益的权能。林木是土地一部分，对于林地的占有和使用当然包括了对其上林木的占有和使用。经营权还具备收益的权能，林地经营权人由此可以获得收取林地天然孳息的权利。

其次，关于规模经营的问题。实现土地的规模经营，本就是农地三权分置的政策目标，而并非是林权领域下的特殊问题。经营权是一种财产权，应当可以自由流通而具有市场性，进而贯彻林业规模经营之功能。根据前文的梳理可以看出，林地的实际经营主体已经由农民主体向其他民事主体转变，其中包括了集体以外的企业甚至上市公司，但碍于立法对于承包经营权主体的限制，这些主体只能采取租赁或者"合作造林"等其他方式获得经营林地的权利。而物权性质经营权的设置和自由流转能够加快工商资本进入农村经济，促进林业规模化经营。

最后，关于林业融资的问题。由于经营权不具有生活保障的目的，经营权人有权将林地经营权抵押，以获得银行贷款或者其他融资。当经营权人到期未清偿债务时，银行或其他金融机构可以通过拍卖、变卖等方式实现抵押权。对于林地之上的林木，作为土地的一部分，为经营权处分效力所及，不产生分离的问题，因此抵押权的实现当然及于其上林木。同时，林地上种植有林木，对于抵押价值的评估也有非常大的影响。[2]

第三节　国有林地使用权的法律定位

一、现行法中的模糊定位

国有林场主要通过划拨的方式设立国有林地使用权，但该权利的属性却无法依据现行法得以确定。同为农用地使用权，林地承包经营权主要调整的是农村农业土地，包括集体所有和国家所有依法由农民集体使用的林地，显然国有林地不

---

[1] 参见陈小君：《我国农村土地法律制度变革的思路与框架——十八届三中全会〈决定〉相关内容解读》，载《法学研究》2014年第4期。

[2] 日本《立木法》规定，在林木属于土地所有人的场合，仅其土地或林木为抵押权的标的时，抵押权设定人就拍卖场合，视为设定地上权。但其存续期间及地租，依当事人的请求，由法院斟酌地方习惯规定。

属于集体所有，也并非由农民集体使用。而《物权法》中的"划拨"仅在建设用地使用权中涉及，并未包括国有农用地。在《物权法》构造的权利体系中，难以找到国有划拨农用地使用权的对应位置。

虽然《土地管理法》规定，国有土地可以确定给国有或集体单位以及个人使用，但并未明确其使用权的性质。虽《土地登记办法》曾规定，"国有土地使用权包括国有建设用地使用权和国有农用地使用权"，[1]但是根据"物权法定"的原则，国有农用土地使用权难以视为一种独立的物权类型。

二、国有林地使用权的应然定位

国有林地使用权应当是一种用益物权，理由有三：其一，国有林场林地使用权通过划拨取得，且无使用期限限制，这显然不是债权的特征；而参照《物权法》将划拨建设用地使用权视为用益物权，将国有林地使用权作为一种用益物权具有合理性。其二，实践中，国家收回国有林地使用权是按照收回农民集体土地的标准进行补偿的，显然是将国有林地使用权作为一种物权对待。[2]其三，《不动产登记暂行条例实施细则》也规定对于国有林地使用权，应当进行登记。这种登记，显然是一种对物权的登记。

第四节　国有林地经营权之展望

一、职工承包经营权的性质辨析

《物权法》规定，对于国家所有的农用地实行承包经营的，参照土地承包经营权的相关规定。这是否意味着国有林场职工通过"承包"方式取得的林地使用权是一种与农村土地承包经营权性质相同的用益物权呢？考察实践情况，答案应当是否定的。虽然林场职工承包权在一定程度上也是依据身份而产生，但其与基于集体成员身份取得的土地承包经营权并不一样。国有林场与职工之间，既有由《劳动法》和《劳动合同法》等法律规范的企业与职工之间的劳动关系，又有由《合同法》规范的租赁关系，而林场职工土地承包合同的本质应当是土地租赁合同。

二、国有林地经营权之展望

国务院《国有林场改革方案》提出，为与"保护培育森林资源、维护国家生态安全"的功能定位相适应，需要合理界定国有林场属性。对于原为事业单位的国有林场，继续按从事公益服务事业单位管理；目前已经转制为企业性质的国

---

〔1〕　该办法现已失效。

〔2〕　参见国土资源部办公厅《对国有划拨农用地转为建设用地有关问题的复函》（国土资厅函〔2007〕170号），国土资源部办公厅、农业部办公厅《关于收回国有农场农用地有关补偿问题的复函》（国土资厅函〔2009〕850号）。

有林场，原则上保持企业性质不变，通过政府购买服务实现公益林管护，或者结合国有企业改革探索转型为公益性企业。内蒙古、吉林等重点国有林区，应逐步停止天然林商业性采伐。[1]实践中，部分地区已经初步完成了国有林场事业单位改革。

第六章　不动产中介与交易管理

第一节　不动产中介机构的现状

2018 年 8 月 22 日，北京市 12345 打击"黑中介"投诉举报热线正式开通，首日共接到投诉举报 52 条，共涉及朝阳、丰台、海淀、昌平等 9 个区的 30 余家经纪机构。[2]

目前，我国房屋登记方面还没有建立起相应的代理人制度，代为办理房屋登记的主要是房地产经纪人员。但实践中，在房地产办理前期的手续环节中，早已经出现了"代办"或"代理"的现象，只是尚未公开、尚未规范而已。[3]2011年，住建部、国家发改委、人保部联合出台了部门规章《房地产经纪管理办法》（已失效），对房地产经纪机构和人员、房地产经纪活动和监管作出了较为明确的规定。此外，全国和地方均建立了相应的房地产经纪人学会和协会。我国房地产经纪人行业组织通常和房地产估价师行业组织合并在一起，行业组织会员包括个人会员和单位会员。

第二节　台湾地区的做法及借鉴意义

我国台湾地区同时存在不动产经纪人和地政士两种中介人员，前者由不动产交易的"中人"所演化，主要负责促进交易达成，并成立了不动产经纪人协会；后者则是发端于我国清朝时期的土地代书制度，主要接受委托办理土地登记。

一、台湾地区不动产中介法律制度

早在 1999 年 2 月，台湾"最高立法机构"就审议通过了"不动产经纪业管理条例"。此后，主管机关相继发布了"不动产经纪业管理条例施行细则""不动产经纪业营业保证金缴存或提供担保办法""不动产经纪业或经纪人员奖励办法"等 10 余项规定。

---

〔1〕　参见国务院发布的《国有林场改革方案》和《国有林区改革指导意见》（中发〔2015〕6 号）。

〔2〕　参见 http://news.sina.com.cn/c/2018-08-23/doc-ihhzsnec4070349.shtml，最后访问日期：2018 年 8 月 27 日。

〔3〕　参见赵斌、宇卫昕：《我国房地产经纪行业现存问题及对策》，载《中国房地产》2007 年第 5 期。

台湾地区关于地政士、地政士事务所和公会的法律规范主要如下："土地法"对地政士作出了原则性规定；"地政士法"是全面规范台湾地政士、地政士事务所和公会的最高法律依据；"土地登记规则"和"地政士法施行细则"主要针对的是地政士的具体业务；"土地登记专业代理人检核办法"（已被废止）主要规范了地政士考试和退出登录管理的相关事项。地政士公会是非营利的行业自律组织，自下而上按区设立，组织结构较为合理。

二、台湾地区做法的借鉴意义

当前，台湾"不动产经纪业管理条例"确定的不动产经纪行业基本制度有：①成立不动产经纪机构须首先向业务主管机关提出申请并经其许可后，方可依法办理公司登记。②实行"人必归业""业必归会"制度。③不动产经纪机构在加入登记地所在同业公会前，应当向同业公会全联会缴纳营业保证金。④不动产经纪人员实行资格认证制度，不动产经纪人员分为不动产经纪人和不动产经纪营业员。⑤实行继续教育及换证制度，不动产经纪人有效期为 4 年，期满时应向有关部门提交 30 小时的继续教育证明，并办理换证。⑥不动产经纪机构应将相关证照及不动产经纪人证书放置在营业场所醒目的地方，不动产经纪机构为加盟的，也应当明示等。

目前，中国内地房地产经纪机构的网站内容及对房屋对象的呈现，与台湾地区以及以美、日等国为代表的国外房地产经纪发达国家的经纪机构网站相比，仍有较大改善空间。[1]总之，从市场发展的历程和成熟度来看，台湾地区房地产经纪行业明显超过大陆。由于大陆和台湾在房地产经纪市场发展、社会人文环境等方面存在众多的共同之处，因此，台湾地区不动产中介法律制度，值得大陆在规范发展不动产中介与交易管理制度时重点参考和借鉴。

第三节　将中介机构作为不动产交易管理的抓手

在中介机构模式革新的基础上，不动产交易管理机构应当将中介机构作为不动产交易管理的抓手，通过这一切入点实现对不动产市场多角度、高层次的管理。具体来说，可以采取以下措施：

一、完善相关的法律体系

我国需要建立条理清晰、结构分明的法律体系，并将相关机构与人员管理方面的内容具体化，从而使得行业管理更加全面与规范。[2]另外，还应增强对市场的管理与相关制度的完善，从而形成规范的市场体系。

---

〔1〕　参见李振宇：《台湾地区房地产经纪行业发展经验与借鉴》，载《面向 21 世纪的房地产经纪业——全国房地产经纪行业发展峰会论文集》。

〔2〕　沈芸：《论我国房地产中介服务发展研究》，福建大学出版社 2002 年版，第 25 页。

二、加强对行业组织的管理

加强对相关组织的管理，能够在一定程度上实现行业的规范化。主要内容：第一，加强对相关工作人员的从业管理，定期对中介人员组织相关的培训活动，督促中介人员诚信、规范工作；[1]第二，加强对违法行为的监督与惩戒；第三，对相关组织的法律地位给予一定的肯定，对登记中介工作的开展给予必要的认可与支持。

三、提升中介人员的综合素质

不动产登记工作对相关的从业人员具有较高的要求：第一，工作人员应该熟悉掌握必要的法律、地理等方面的专业知识；第二，不动产交易管理机构应该定期对中介人员组织相关的培训活动，提升其工作能力；第三，我国需要组织必要的行业协会，对相关的从业人员进行必要的管理。[2]

四、提高资质条件，严格资质审查

不动产中介机构要为社会提供规范、优质、高效的服务，必须进一步提高自身的资质条件，严格资质审查。资质条件中有两个最重要的条件，一是必须具有相应的专业人员，二是必须具有相应的注册资金。[3]

五、组织必要的行业协会

行业协会或经纪人协会是由本行业各企业自愿组建的行业组织，它的职能主要有两项，一是为本会会员提供服务，保护经纪机构的合法权益；二是制定行规行约，协助政府主管部门进行行业管理。

第四节 不动产中介的模式转型

一、不动产中介的居间模式

居间作为中介的一种形式，是为促成交易后取得合理佣金而把同一商品的买卖双方联系在一起的服务。[4]无论何种居间，居间人都不是委托人的代理人，而只是居于交易双方当事人之间起介绍、协助作用的中间人。[5]并且"居间"和"中介"所表达的概念是不同的。房屋买卖居间合同是一个典型的居间合同。在整个房屋买卖的过程中，居间人始终处于完全独立的民事主体地位，他虽然参加双方当事人的议价过程，但是最后的《房屋买卖合同》是买卖双方订立的，

---

〔1〕 张永岳：《我国房地产中介服务诚信体系的基本框架》，载《中国房地产》2003 年第 5 期。

〔2〕 参见蒋天雪：《房地产中介法律规制的重要性》，载《中国商界》2010 年第 6 期。

〔3〕 参见金茜：《房地产中介的作用、现状及解决问题的建议》，载《华章》2009 年第 7 期。

〔4〕 周峰、李兴：《房屋买卖居间合同纠纷中"跳中介"现象的法律问题研究——以居间合同的信息匹配属性与复合型构造为视角展开》，载《法律适用》2011 年第 10 期。

〔5〕 参见薛峰、李玉斌：《房屋买卖中介服务合同的若干法律问题——从司法角度考察》，载《苏州大学学报（哲学社会科学版）》2014 年第 6 期。

居间人不参加合同的订立，因此他不是任何一方的行纪人，而只是居于当事人之间起媒介作用的中间人。居间人既无权作为代理人代委托人与第三方签订房屋买卖合同，也无权作为行纪人以自己名义与第三人签订房屋买卖合同。

现阶段，不动产交易中对居间活动的交易管理存在以下问题：一方面，不动产居间活动缺乏完善的行业统筹规划和行业自律体制，致使一些不动产经纪机构及其工作人员片面追求短期利润和超额利润。[1]另一方面，对于不动产中介服务行业，目前现行的法律法规难以满足中介市场健康发展的需要，不能有效地规范和发展市场行为。此外，我国没有对相关的行业机构进行明确，尤其对于各个区域设置的社会中介行业组织数量没有严格的管理，使得不动产的中介机构往往分散在各个机关或主管部门及社会中，这也给不动产的统一登记增加了一定的难度。

二、从居间到行纪的转型

从起源上看，居间是大陆法上的概念，而行纪则是英美法上的概念。居间人和行纪人都处于民商事法律关系的中介人地位，在很多场合，居间人和行纪人被混称，比如保险居间合同中的保险居间人，传统上被称为保险行纪人。[2]可见，居间人和行纪人这两个概念的确很有相似之处。二者都是从事中介活动的经营主体，二者都可以为委托人报告提供订立合同的机会和订立合同的媒介服务，二者的业务活动都是有偿的。[3]

在互联网大数据的背景下，交易信息广泛传播，尤其是自媒体等因素的存在，当事人间的交易极易达成，不再需要中介机构或者中介机构发挥的作用大大降低。并且中介机构往往可能在交易中提供反作用，不利于交易管理机构对不动产市场的监管。因此，目前中介机构采用居间的方式提供服务已经无法适应现代经济生活的需要。此外，在中介机构现有模式下，极易造成个人信息的泄露。中介机构作为营利组织，在缺乏监管的情况下很有可能利用客户的个人信息牟利，侵犯消费者权益。[4]

因此，课题组认为，将中介机构的交易模式由居间向行纪转变是不动产中介管理的长远之道。这种转变下，中介机构的业务模式将发生根本性的革新，极大地拓宽其业务范围，能够更加契合我国不动产市场的长远发展，适应我国当前互联网经济的快速发展。

---

[1] 参见毛海波：《司法对房地产居间纠纷案件相关困境的解决路径》，载《法治研究》2013年第4期。
[2] 参见杜景林：《行纪中的给付障碍和法律救济——兼论〈合同法〉相关规则的问题及解决》，载《法律科学（西北政法大学学报）》2014年第3期。
[3] 参见王艳、王龙海：《关于间接代理制度的立法思考》，载《当代法学》2002年第7期。
[4] 参见鲁志聪：《构建与不动产统一登记相适应地中介组织的措施》，载《住宅与房地产》2017年第3期。

京津冀旅游一体化的法治保障研究

王惠静*

第一部分 本课题涉及的主要问题

一、课题研究背景

（一）国内旅游业和京津冀旅游业发展现状

2016 年，我国进入"十三五"时期。同年 12 月，李克强总理签批了《"十三五"旅游业发展规划》，旅游业首次被列入国家重点专项规划，从国家战略的高度确立了全域旅游的发展战略，与国家战略实现了前所未有的融合。这说明，国家对旅游业的发展越来越重视。从对旅游业扶持来看，国家层面出台多个行业促进政策。仅 2016 年，国家层面就旅游方面正式出台的政策、法律规范等就多达 9 项，其中国务院办公厅出台政策 2 项，转发 1 项；部委联合出台文件 3 项；国家旅游局单独出台旅游政策 2 项，通过法律规范 1 项，制定旅游服务规范 1 项。制定文件的机关范围既包括国家旅游主管部门，也包括多个部委机关，而且国家最高行政机关参与出台的就多达 1/3。无论是从高度、广度、深度都体现了前所未有的政策支持。

2018 年 3 月，十三届全国人大一次会议公布国务院机构改革方案，文化和旅游部正式组建。标志着我国旅游业进入了一个全新的发展阶段。

三省市的旅游市场已具有一定的规模。不过，在单打独斗中，北京、天津、河北三地的旅游市场在全国并不具有绝对性优势，且三省市的旅游市场也呈现出差异化和不平衡状态。

（二）京津冀旅游市场协同发展的基础

2016 年，李克强总理在《政府工作报告》中提出，加强旅游交通、景区景

＊ 课题主持人：王惠静，北京第二外国语学院国际法学院副教授。立项编号：BLS（2017）B009。结项等级：合格。

点等设施建设。《京津冀协同发展规划纲要》正式出台，京津冀协同发展被确定为国家重大战略。在此期间，京津冀三省市政府为实现三地协同发展，积极制定颁布了一系列政策与措施，旅游相关部门也就京津冀旅游业协同发展进行了多次磋商。

近年来，严重的雾霾不断影响着京津冀地区的空气质量，影响着人民幸福生活指数的提高，也阻碍着经济发展水平。在京津冀环境协同治理中，旅游业因具有低耗能、低排放、高收益的特点成为京津冀协同发展中的重要突破口。同时，京津冀地区拥有丰富的旅游资源，具有得天独厚的条件，也为京津冀三省市发挥资源优势，实现经济转型升级提供着重要的基础。因此，大力发展旅游业就成为寻求京津冀经济发展转型和解决首都周边环境问题的一条有效途径。在京津冀协同发展的战略下，京津冀三省市旅游业的协同发展对区域内经济发展以及环境的改善具有重要意义。

1. 京津冀旅游业协同发展之资源基础

京津冀地区地缘毗邻，历史上都属于直隶省，且有着丰富的旅游资源和人文资源。从自然环境来看，江河湖海、高山平地、温泉冰雪、森林草原等各类资源极其丰富多样。从人文角度来看，京津冀地区历史悠久，文化灿烂。丰富的自然资源和人文资源具有天然的联系性和互补性，成为京津冀旅游业发展的资源基础。

2. 京津冀旅游协同发展之经济基础

从旅游经济的要素来说，客源和收入是两个必不可少的指标。京津冀地区拥有密集的公路、铁路交通网，尤其是京津城际高铁、京沪高铁、京广高铁、津保高铁等高铁线路的开通，极大地缩短了三地之间的距离，为京津冀旅游发展注入了强大的活力。

3. 京津冀旅游协同发展之实践基础

早在20世纪80年代，京津冀就通过不同的方式开展旅游合作。2017年4月1日，中共中央、国务院决定在京津冀腹地河北保定雄县、容城、安新三县及周边地区设立国家级新区，京津冀一体化治理与协同发展上升为国家战略，为京津冀旅游市场一体化进一步夯实了战略基础。

二、京津冀旅游法治保障体系构建的必要性

（一）我国旅游立法现状

健全的旅游立法是旅游资源开发和旅游产业建设良性发展的法制前提。我国旅游立法主要体现在三个层次上：一是一般法律规范。这些法律主要是散见于民法、经济法、行政法、诉讼法以及刑事法律规范中，如《民法总则》《合同法》《公司法》《反不正当竞争法》《价格法》以及《消费者权益保护法》《文物保护法》《出境入境管理法》等。二是旅游专门法律法规。2013 年，《中华人民共和国旅游法》出台并正式实施（后经过 2016 年、2018 年两次修订），这是我国第一部专门规范旅游业的基本法。随后，国务院 2009 年颁布的《旅行社条例》经过修订，并于 2016 年开始实施。同年，《旅行社条例实施细则》也随之修订并通过。2018 年 1 月 1 日，《导游管理办法》也正式施行，在一定程度上补充了《导游人员管理条例》。除此之外，《中国公民出国旅游管理办法》《旅游行政处罚办法》《旅游行政许可办法》《旅游安全管理办法》《旅行社责任保险管理办法》《旅游投诉处理办法》《旅游规划设计单位资质等级认定管理办法》《国家旅游局关于旅游不文明行为记录管理暂行办法》《大陆居民赴台湾地区旅游管理办法》等规范性文件也相继出台。三是地方性旅游法规和针对当地实践的相关规定。自《旅游法》颁布以来，我国许多地方开始修订地方性旅游法规。截至 2018 年 6 月，我国 31 个省市区已有 25 个制定或修订了地方性旅游法规。北京于 2017 年 8 月 1 日正式实施新的《北京市旅游条例》。自此，我国立法上基本形成了以《旅游法》为龙头，以《旅行社条例》及其实施细则和《导游人员管理条例》等行政法规为主体，以《旅游行政许可办法》《旅游安全管理办法》《旅行社责任保险管理办法》等行政规章为先导，以地方法规为基础的旅游立法体系。

（二）京津冀旅游立法现状

京津冀先后制定了当地的旅游条例，其中《河北省旅游条例》于 2016 年颁布实施，《天津市旅游条例》于 2011 年出台，北京市则在 2013 年《旅游法》颁布后修订了《北京市旅游条例》。除此之外，三省市也分别制定了其他规范性文件，专门规范旅游法律关系，规制旅游经济行为。

北京、天津、河北在各自旅游条例的基础上制定了相应的规范旅游市场的规范性文件，主要有以下几个特点：①立法的范围上，北京基本上形成了在旅游条例引领下的，以旅行社、景区、饭店等旅游企业为主要规范对象，辅之有特色的在某些领域的特许经营，并对旅游奖励进行了规定，立法成一定的规模和体系性。天津立法的重点集中于旅游行政执法；河北省旅游法规继续沿用 2016 年的版本，在旅行社、导游、饭店等方面也有规范性文件。②法的及时废改立上，天津的立法相对较为落后，没有根据《旅游法》进行及时的修正。

完善的立法是法治建设的前提。近年来，在国家旅游政策的大力扶持下，旅游业进入纵深发展期。旅游关系亟须进一步理顺，旅游主体之间利益冲突需要立法进一步协调，新型旅游形态亟待规范。而且，2013 年颁布的《旅游法》对发展旅游事业、完善旅游公共服务、景区开放管理和流量管理、旅游投诉受理转办等做出了新的制度设计，也提出了明确要求。地方立法机关应根据当地的特点，及时修订地方立法中不符合上位法的内容，更具市场的需要增加新的规范要求，对旅游主体之间的权益进一步明确，加强保障力度，才能促进市场的良性运转。

（三）京津冀旅游执法现状

旅游行政执法是旅游治理的行政手段。课题组针对京津冀旅游执法部门进行了调研，发现存在的以下问题：

（1）存在旅游执法理念异化现象。旅游执法中同样存在着普通执法中的问题，即官本位思想下，导致执法中依人不依法，依权不依法，不告不理，不主动对旅游市场进行监察。即使有游客投诉，也做做样子草草了事。

（2）法律的真空地带造成旅游执法困难。长期的旅游基本法缺位、配套法律法规不健全、法的落地性不强等都造成旅游执法的效果不乐观。例如，《旅游法》出台后，主要规范"零负团费"的第 35 条有关在适用中存在前后矛盾、法条无法对接等问题，尽管国家旅游局发布了《关于严格执行旅游法第 35 条有关规定的通知》，其中对"购物""不合理低价""回扣"等问题作出了相应的解释，但实践中法条的落地仍然差强人意。这造成旅游执法中取证困难、处罚困难等诸多问题，同时也加大了执法的随意性，影响执法的公平公正。

（3）法律法规依据不统一。京津冀旅游执法中，不仅存在各地范围内各部门依据的法律法规规定衔接问题，而且还存在各地区之间的法律法规规定不统一的问题。前者如交叉执法、法律监管空白甚至法律条款抵触的现象也时有发生，交通部门和旅游部门对"黑车"的监管责任界定就不明确；后者如对同一不法行为，相应的行政处罚不一致。

（4）旅游执法队伍管理混乱。组建一支合格的旅游执法队伍是依法治旅的基本要求。课题组在河北保定调研发现，当地的旅游执法人员配备和装备严重不足。执法队伍中有行政编、事业编，还有无编制的临时工。很多走上一线执法的人员缺乏专业素质和责任心，文化素质偏低，执法水平不高。除此之外，执法装备也缺乏。例如执法车只有一辆，常常是等一个地区的执法人员回来了，才能到下一个地区去执法。这严重影响了执法的效率。部分地方旅游综合执法机构有财政全额拨款保障，部分地方旅游执法经费不到位，是由各成员单位自筹执法经费和提供设备，尤其是县一级旅游综合执法经费支撑不够，车辆和后勤得不到有效的保障，严重制约旅游综合执法职能的发挥。

（5）执法的效果有待提高。在近些年的旅游执法中，京津冀三省市的执法基本上沿用了一般的执法模式，即定期与不定期开展旅游联合执法检查，包括日常例行检查和对问题较多企业进行重点抽查。但常常是一阵风，来得快，去得也快，整顿结束后零负团费依旧我行我素，效果不理想。

（6）属地管理模式下鲜有地区合作共管机制。在属地管理的模式下，部分地方对发生在辖区内的不合法行为不能痛下决心根治。同时，对于跨辖区的违法行为，常常是管好自己这一段就万事大吉，鲜有彼此合作模式。近年来，在京津冀一体化的大背景下，旅游领域也展开一些联合执法行动。三省市联合旅游执法有各种形式，包括执法信息共享、联合执法等。不过，真正成为专项行动有统一部署规划的较少，有些是国家旅游局（现文化和旅游部）部署而成。

三、本课题要解决的主要问题

（一）如何解决京津冀旅游协同立法问题

从旅游产业的战略定位来看，区域旅游法律体系框架应该是这样的：由国务院文化和旅游部制定推进旅游产业一体化的行政法规；三省市人大协同立法制定京津冀旅游基本法，对旅游产业协同发展中的旅游统一规划开发、资源保护等重点问题进行规范；三省市政府协同制定政府规章，对旅游产业协同发展具体问题做出规定；最后是三省市政府制定符合各自地区旅游发展特点的旅游条例。

（二）如何发挥旅游标准等"软法"的作用[1]

旅游业非常适合发挥"软法"的作用，这是旅游产业的综合性与管理的特殊性、旅游产品和服务体验的主观性与法律规范的抽象性、旅游管理的严格性与依法治旅的目标性、旅游市场的竞争性与监管的必要性和法的滞后性和旅游业态的新发展性等因素决定的。

"软法"是指不能运用国家强制力保障实施的法规范体系。具体包括以下几个层面：①国家法律、法规和规章中具有宣示性、号召性、鼓励性、促进性、协商性、指导性的规范；②国家机关制定的诸如纲要、指南、非强制性的标准、规划、裁量基准、办法等规范性文件；③政治组织制定的章程和规范性文件；社会共同体制定的章程和规范性文件。因"软法"出台的灵活性、对现实反映的迅速性、与行业特点的契合性，更由于其试验试错的低成本性，"软法"也成为对"硬法"进行调整的必要程序和检验环节。如有偏颇则及时叫停总结教训，不会造成过大负面影响；如获得成功，则总结经验，通过立法程序，将"软法"升格为"硬法"。

（三）京津冀旅游协同执法体制如何合理构建

《旅游法》第 7 条首次以国家立法的形式从中央和地方两个层面确立了旅游综合协调机制，明确了国务院建立健全该机制以及综合协调旅游业发展的职责，并规定县级以上人民政府应当组织旅游主管部门等执法部门对旅游经营行为实施监督检查的职责。不过，尽管《旅游法》第 7 章专门规定了旅游监督管理的内容，但对旅游执法部门的权限、法律地位等重要内容并没有明确规定。2016 年 2 月 4 日，国务院办公厅印发《关于加强旅游市场综合监管的通知》，明确规定了

---

[1] 参见李广：《旅游行业软法之治初探》，载《中国旅游报（视野版）》2016 年 8 月 2 日。

多部门联合执法协调监管的工作机制，并要求整合旅游管理、公安、工商、交通运输、文化、税收、质检、价格主管、商务、通信主管、网络以及民航等部门的力量对旅游市场进行综合治理。

从国家对旅游业发展的战略布局来看，坚持政府（国务院和地方政府）、各相关部门、旅游企业和社会公众"四位一体"，以"政府主导、属地管理、部门联动、行业自律、各司其职、齐抓共管、公众参与"为原则的全域旅游发展的综合体制机制保障正在形成，多部门、多维度的综合执法以及加强旅游执法与司法衔接的旅游综合执法体制是今后的发展方向。京津冀旅游协同执法机制的建立，一方面应当结合国家对旅游发展的战略布局要求，另一方面要以京津冀旅游发展的要求为基础，形成跨区域、多维度的综合执法体制。

第二部分 京津冀一体化旅游法治相关理论

区域旅游法治，就是在国家旅游法治发展要求的基础上，根据不同区域发展的旅游法律需求进行的旅游法治实践活动。区域旅游法治发展不能脱离我国整体旅游法治的发展大背景而独立存在。同时，区域旅游法治发展是区域旅游经济的推动力量。

一、区域旅游法治建设的必要性和可行性

理论上，区域法治是法治在一定层面上的表现形式。厉行法治，可以将旅游经济行为的负面效应降到最低限度，消解人们对各种旅游经济政策的抵制，便于旅游政策的实施；同时，通过旅游法治整体性功能的发挥，便于构筑京津冀旅游一体化的利益新格局。协调好旅游建设中的区域利益、部门利益及特殊社会群体的利益关系，为旅游市场良性发展营造良好的外部环境。[1]

从实践上来看，区域法治是优化区域资源配置，推动区域旅游发展的理性选择。旅游产业发展到今天，在经历了景点竞争、线路竞争和城市竞争之后，已经进入到区域竞争阶段。区域旅游是社会经济和旅游产业发展到一定阶段的必然产物，是区域结合自身优势进行广泛合作、共同发展旅游业、促进区域发展的选择。[2]

二、京津冀旅游法治建设的核心内容

（一）京津冀区域旅游法治的主要任务

区域法治应当从建立和健全区域法治协调和合作机制入手，进而建立和健全

---

[1] 张义清：《现代区域法治的整体性与自主性——中西部毗连区域法治特点新探》，载《理论界》2006年第5期。

[2] 许虹、秦达郅：《我国区域旅游一体化发展比较研究——以京津冀和长三角旅游区为例》，载《天津商业大学学报》2015年第1期。

关于区域关系及区域开发的法律、法规及规范性体系，并有高效的旅游执法机制、公正权威的司法制度予以贯彻实施，以及严密的监督制衡机制进行保障，从而使其全区域内都一体遵循。[1]由此可见，京津冀区域旅游法治建设的主要任务就是建立和健全京津冀区域法治协调机制和合作机制，建立健全统一的旅游开发、旅游规划、旅游服务法律规范体系和协调合作的旅游执法机制，保障京津冀旅游大市场的建立，使规范成为全区域内一体遵循的规则。

（二）京津冀一体化旅游法治建设的立法原则

区域旅游立法应当既体现与整个国家旅游法治的统一性，又彰显区域旅游法律制度的创新性。因此，统一性和创新性就是区域旅游法治的基本原则。统一性一方面要求我们把区域旅游法治看成是我国旅游法治建设的一个层次内容，区域旅游法治建设应当体现社会主义法治精神，运用法律思维和法律方法看待旅游市场中的问题。另一方面体现在区域旅游立法不违背上位法的规定，与上位法的价值取向协调一致。创新性要求区域法治建设应当起到促进京津冀旅游市场发展的作用。这就需要我们客观地看待京津冀在经济、文化、自然资源、社会资源上的差异性，结合三省市的实际情况进行统筹立法，制定出适应京津冀实际的旅游法律体系。其中，统一性体现了区域旅游立法在整个旅游法治建设中的地位和作用，创新性则是区域旅游法治建设的灵魂所在。

（三）区域旅游立法与旅游政策的关系

目前，从京津冀一体化构建的途径来看，政策几乎占有绝对性的主导地位，旅游领域的合作也充分体现了这个特点。诸多区域法治实践往往是从政策开始的，由先出台政策到后正式立法的轨迹而发展。[2]京津冀旅游协同法治环境的构建是个渐进成熟的过程，其协作的规则就是区域旅游经济共同体共同遵守的、具有区域范围内普遍约束力的法律制度。只有用法律的手段固化的政策，才具有常态性和稳定性，才能不因政府和主管领导的更替或领导的注意力的变化而变化，协同治理机制才能更具有长效性、稳固性以及规范性。

三、京津冀一体化旅游法治建设应解决的重点问题

（一）京津冀一体化旅游协同立法模式的选择——政府主导推动型。

从我国旅游业的发展和治理轨迹来看，政策在旅游业的发展中有着关乎全局的重要性，它引领着整个行业的发展方向。自20世纪80年代以来，学术界就开始倡导京津冀区域旅游一体化，但也仅仅是停留在倡导上。直到2014年，国务

---

〔1〕 参见文正邦、文培阳：《构建和谐世界视阈下的区域法治研究和建设》，载《时代法学》2010年第3期。

〔2〕 张义清：《现代区域法治的整体性与自主性——中西部毗连区域法治特点新探》，载《理论界》2006年第5期。

院重新将京津冀一体化政策提出，才加速了该地区旅游产业一体化的进程。可见京津冀区域旅游的实质是一次自下而上的一体化。[1]

从我国大环境来看，法治道路的启动不具有社会内生性，而是通过政府的作用推动而为，区域法治建设选择政府推进型的模式在一定范围内具有合理性。就促进区域内资源的合理配置和区域间的协调发展而言，政府推动型更具有实效。[2]京津冀尽管地缘相近，但旅游市场存在着极大的差异和不平衡性。再加上旅游产业综合性很强，各种要素不但跨行业、跨地域，关联性也相当大，单个的市场主体无法担当资源整合的重任。通过政府的力量，组建跨区域、权威性的旅游合作机构，协调三省市合作关系，引导区域内的旅游合作，可以快速地形成区域旅游经济链。同时，政府推动型有助于完善旅游业的公共服务型设施。

（二）建立京津冀旅游综合协调机制

2013 年《旅游法》颁布实施后，国务院建立了旅游工作部际联席会议制度，并出台了《关于促进旅游业改革发展的若干意见》《关于进一步促进旅游投资和消费的若干意见》《"十三五"旅游业发展规划》《关于加强旅游市场综合监管的通知》等系列政策文件，在旅游业的发展中发挥了积极的作用。同时，各地也在推进旅游业发展过程中因地制宜地进行了各种探索。

但是，由于各个旅游要素隶属不同的行政主管部门，各种实质的利益关系难以协调。迄今为止，旅游宏观管理体制仍未建立，没有一个跨部门、跨行业的旅游管理机构来制定产业政策、规划产业布局、控制产业规模、调整产业结构，我国旅游业长期处于各自为政、条块分割的局面。这种局面不仅体现在同一个地区的不同政府部门之间，还体现不同的地区之间。在如今京津冀协同发展的背景下，旅游领域的地区配合与协调发展非常重要，也存在更大的难度。我国至今并没有实质意义上的跨行政区立法，在地方条例中探讨地区间的协调发展，增强地区之间的协调与交流则是推动跨行政区立法的前提。

第三部分　京津冀旅游一体化法治保障的主要建议

一、建立京津冀一体化旅游协同立法规划制度

京津冀旅游立法规划是京津冀三地有立法权的机关根据京津冀旅游发展现状和特点，对区域旅游做出统一的科学的立法预测，在一定的时期内对立法内容和立法步骤做出的方案和计划，以实现立法计划协同制定、立法项目协同起草、立

---

[1] 许虹、秦达郅：《我国区域旅游一体化发展比较研究——以京津冀和长三角旅游区为例》，载《天津商业大学学报》2015 年第 1 期。

[2] 李爱平、祝伟华：《我国区域法治的道路模式探析》，载《柳州师专学报》2008 年第 3 期。

法工作协同推进以及立法信息交流共享的目的。

京津冀旅游立法规划应遵循以下两个原则：全局性原则和公正性原则。全局性原则是指京津冀旅游立法规划站在全局性的高度，立法规划应当从全局出发，围绕国家对旅游业的规划、京津冀区域的总体规划和京津冀地区的政府规划，兼顾旅游业发展长远规划，统筹安排区域内旅游资源和旅游配置，分阶段性地征集、选择立法项目，坚持"以需定立""急需先立"。立法规划的公正性是保证今后制定的法律具有公正性的基础。协调区域内利益分配是区域立法的一个重要任务。

同时，区域立法规划还要注意中央与区域的关系。这体现在中央立法为主、区域立法为次的限制上。在内容上，中央立法具有普遍性、原则性，区域立法具有局部性、针对性，区域立法也不能超越中央立法所授予的权限，不得与中央立法相抵触，否则无效。体现在区域旅游立法规划上，就是要制定与国家旅游管理机关以及其他部门制定的立法文件相一致的规划。

二、京津冀旅游协同立法应解决的主要问题

（一）现有旅游法律规范的废改立问题

京津冀三地的旅游立法呈现出相对的不平衡性。当务之急，京津冀三地应完善现有的旅游立法规范，天津应尽快完成旅游法规的立法工作，使《旅游法》尽快落地，并制定针对当地旅游市场的有特色的地方旅游法规。京津冀三地在旅游协同立法中，应当注意法的位阶问题、法的内在统一问题等。

（二）立法应解决《旅游法》的落地和衔接问题

《旅游法》作为旅游业的基本大法，具有宏观性和原则性的特点，地方旅游立法应当将原则性的内容进一步细化，使其更具有执行性和操作性。同时，应注意法律规范之间内容的衔接，使规范保持一致性和协调性。为此，湖南省则将新修订的地方性旅游法规称为《实施〈中华人民共和国旅游法〉办法》，体现了地方法规的可操作性。京津冀未来的立法中可资借鉴。

（三）立法中应解决旅游市场中存在的重点和难点问题

北京市"一日游"为市场顽疾，多年来屡治屡犯，治理效果甚微，引起立法者的注意。2017 年颁布实施的《北京市旅游条例》中首次将"一日游"规制纳入到地方立法中，并规定了具体的处罚办法，提高了违法的成本。

有学者对天津市旅游投诉案件进行了研究，发现天津市投诉案件以出境游居多，境外出游的投诉占总投诉量的 76%，其中泰国及日本线路的投诉占了较大比重。这一调研结果也反映在《天津市旅游条例》修订立法可行性调研报告中。这说明天津旅游治理应突出这方面的规定。除此之外，天津和河北则根据本地旅行社分支机构众多、一些旅行社借助分支机构逃避法律责任的特点，对旅行社分支机构的违规违法经营展开专项整治，这些都是丰富的立法资源，可为今后的立法提供必要的实践依据。

（四）立法应促进和规范旅游新业态的发展

从京津冀的旅游实践来看，北京的民宿、天津的邮轮旅游、河北的乡村生态旅游等在京津冀旅游市场中占有越来越重要的份额，再加上体育旅游、教育旅游、研学旅游等新业态也在深刻地影响着京津冀旅游产业圈。从"旅游+"的作用来看，整合与旅游相关的产业，促进产业融合也是我国经济资源配置良性发展的题中之意。因此，在京津冀区域旅游立法中，对旅游新业态进行相应的规定，是今后区域立法的重要内容。

三、构建京津冀旅游综合协调机制

（一）建立京津冀综合协调机制的必要性和可行性分析

京津冀旅游一体化应重点考虑如何能打破行政区划，综合协调旅游业发展问题。考虑如何协调处理好地方与中央、地方政府之间、政府与旅游企业、非政府组织等利益相关主体之间的关系。[1]这就需要建立一个跨行政区域、跨部门的综合协调机制。一个有效的综合协调机制是京津冀旅游一体化的重要保障，也是区域旅游经济的内在要求，它能够有效维持区域旅游执法的公正性和有效性。

《旅游法》第 7 条首次以国家立法的形式从中央和地方两个层面确立了旅游综合协调机制，明确了国务院建立健全该机制以及综合协调旅游业发展的职责。第 89 条则赋予了县级以上人民政府联合相关执法部门查处、督办跨部门、跨地区违法行为的职权，并建立查处信息的共享机制。《旅游法》为京津冀区域旅游协调机制提供了框架性的法律规范。[2]

（二）建立京津冀区域旅游综合协调机制的建议

1. 协调京津冀区域旅游治理力量

《旅游法》对治理主体的层次关系做出明确的规定，将一些难以由职能部门履行的统筹责任和职能直接明确到县级以上各级人民政府，而不只是赋予旅游部门。区域协调机制要解决跨行政区域的问题，还要整合旅游治理的主管部门、文化、工商、产品质量、卫生、交通等多部门的力量，这就需要国家顶层设计和三省市的政府共同努力，为京津冀综合协调部门放权授权，在不同行政区域间协调行政目标，通过区际协议的方式明确三地政府相关的协作事宜，并以立法的形式确立协议的效力，最终形成跨区域、多部门的旅游综合治理协调机制。

---

〔1〕 白长虹、妥艳娟：《京津冀旅游一体化中的理论与实践问题——多中心治理理论的视角》，载《旅游学刊》2014 年第 11 期。

〔2〕 熊文钊、陈成：《京津冀协同发展视域下旅游区域协作的法制保障》，载《旅游学刊》2014 年第 11 期。

2. 加强对现有旅游综合协调制度的精细化设计

目前从中央到地方建立的旅游综合协调体制机制框架，应该说在形式上并不落后，但更关键的是要体现其实际协调效果。因此需要各地进一步加强对旅游综合协调制度精细化设计，明确协调机构设立、分工及运行的标准，使每一项旅游工作内容和协调任务都看得见、摸得着，确保政府旅游工作的各个流程、环节、部门之间都有良好的衔接与配合。联络员制度与综合协调机制在某种程度上相辅相成。东丽区曾建立过联络员制度，但是实际效果并不明显，逐渐流于形式。因此，新条例应当明确联络员的具体工作，特别是应当对联络员的职务、工作经验等作出规定，以有效发挥联络员制度的作用。

3. 协调京津冀旅游立法、执法以及司法工作

京津冀旅游协调机制的工作是协调立法、执法、司法工作。根据国家对京津冀一体化的发展要求和旅游业的政策导向，制定整体的立法规划，促进京津冀一体化旅游基本法的制定，协调三省市旅游立法的统一性和自洽性。

旅游执法工作目前比较容易实现的方案是，在现有的旅游执法格局上成立一个常态化的联合执法机构，负责协调现有执法格局下的各地旅游执法部门展开统一的部署和工作。工商、公安、城管等部门要通力合作，与旅游执法部门形成合力，齐心协力共同打击非法经营行为。例如建立信息共享平台与信息通报机制，定期举行联席会议，及时交流执法过程中遇到的难点疑点，共同磋商，寻求最佳解决方案。

京津冀旅游协调机制与司法部门的协调任务是：①协调组建在景区等游客相对集中区域派出法庭或建立巡回法庭。②协调人民法院与旅游主管部门就旅游纠纷解决形成双向交流机制。③形成旅游纠纷解决的"诉调对接"机制。④构建多元化解决纠纷机制，协调司法手段中多部门加入协作。

四、构建统一的旅游综合执法机制

（一）综合执法机制的模式

从京津冀旅游综合执法机制的构建来看，最理想的模式是成立一个跨地域的综合性的旅游执法协调机构，例如京津冀旅游综合执法局，可以随着京津冀旅游一体化的推进，直接由旅游综合协调机构统一领导，其不仅要有权力协调京津冀三地的旅游执法机关，也要有权力协调与旅游相关各部门的执法机关，如公安、工商、税务、交通等行业。但这个方案需要随着京津冀一体化建设的推进和重点项目的开展而考虑。这个模式的最大优势是跳出了地域和行业的局限性，有利于彻底解决旅游执法中组织协调难度大的问题，有利于提高执法效率，改善执法效果。在执法部门下，三省市各自的旅游执法部门各司其职，开展辖区内的旅游执法活动。

（二）综合执法机制与综合协调机制的关系

旅游综合协调机制是建立旅游综合执法机制的基础，前者主要进行政策、标准的引导，进行区域旅游发展方向的协调，对旅游产业管理中的问题进行规划与安排，而后者则主要对前者的成果进行实施。旅游综合协调机制的建立有助于使得旅游执法工作更加具有合理性，促进依法行政原则和合理行政原则的贯彻落实。另一方面，规划与部署层的协调统一又为执行中的部门配合提供了保障，尤其是在存在交叉执法、执法漏洞的领域，前者有助于部门间执法工作的合理安排。尤其是在遇有突发状况，需要紧急处理的情形时，二者间的协调配合十分重要。

五、京津冀区域旅游法治中如何发挥旅游标准等"软法"的作用

（一）制定并执行统一的旅游相关类标准

旅游标准作为典型的"软法"，尤其是旅游服务行业的标准多为推荐性标准，其制定程序较为简单、针对性较强、更适合在旅游行业中应用。2010 年，国家旅游局发布了《全国旅游标准化工作管理办法》，从而理顺了旅游标准化工作管理体制，将旅游标准纳入国家标准化管理的范畴。京津冀三省市也展开制定相应旅游服务标准，北京市的旅游标准多达 45 项，河北省也制定了乡村旅游服务标准和农家乡村酒店等级划分与评定等标准。

旅游行业区域标准可以从旅游产品标准和旅游价格标准、统一旅游示范合同文本或交易规则以及建立统一的旅游诚信体系等方面展开。

国家旅游局出台有《旅游不文明行为记录管理暂行办法》《旅游经营服务不良信息管理办法（试行）》。北京市出台有《北京市旅游不文明行为记录管理暂行办法》。可考虑由三地旅游主管部门或诚信体系建设部门，联合发布京津冀的旅游经营服务不良信息和不文明信息，对旅游主体的不文明、不诚信行为进行奖惩。

（二）以软法进行协同，促进旅游一体化立法需要注意的问题

在京津冀旅游一体化过程中，以"软法"切入确有必要性，也有其合理性和可行性。并且行业管理机关也在有意无意地加大"软法"治旅的力度，提高"软法"介入行业的深度。但毕竟"软法"并非具有强制力的"法律"，也不能完全取代"硬法"。同时其出台快捷、使用便利、针对性强的特点也导致其存在随意性、非程序化的缺点，稍有偏颇即可能有违法甚至违宪的风险，也可能存在聚焦一点而忽视其他环节的负面效果，产生一些预料不及的负面溢出效应。所以在鼓励、支持"软法"治旅的尝试时，更应对"软法"予以一定限制，需要特别关注以下几个方面的问题：

（1）旅游"软法"不得违反"硬法"规定，不得违背基本的法律原则。这

是"软法"合法的关键，也是"软法"获得权威性和执行力的效力渊源，"软法"治旅，需要遵循法律保留和法律优先原则。"软法"发挥作用的区域应当界定在"硬法"无明确规定的空白地带、"硬法"无明确禁止的"默许"区域。因此，无论是行业管理机关出台的规范文件，还是行业自治组织发布的社团章程，抑或行业标准、合同示范文本，都应遵循宪法原则，不违反法律、法规的强制性禁止性的规定。即使是迫切的试验、试点需求，也需通过合法程序获得授权调整适用法律。否则，"软法"将失去根基。旅游"软法"不仅要关注旅游相关法律法规中的强制性、禁止性规定，更要遵循基本法律原则，遵守其他相关法律的规定。

（2）旅游"软法"要合乎市场规律，符合行业特点。这是"软法"存在的根本。

（3）"软法"制定要充分协商，确保民主，程序正当。"软法"要获得现实的生命力和各方的自觉认可和接受，其制定过程就要充分听取利益相关方的意见，进行必要的调研和探讨，充分发挥民主，吸纳各方意见，平衡各方利益，各方适当妥协让步，以获得各方共同认可的"最大公约数"。完全以政策取向或长官意志制定的"软法"，甚至以行政命令的方式推行的"软法"，必定没有生命力。

（4）"软法"应成文化，逻辑合理，施行稳定，不同主体制定的"软法"应协调统一。"软法"之所以可称为"法"或"法规范"，其与风俗、习惯、道德、信仰、机关企业文化、潜规则等最大的不同就是有明确的制定主体，也有成文的表现形式。因此，上级口头通知、长官命令虽然在现实中有一定的约束力甚至更强的强制力，但由于其不成文、不可追溯和证明，不能传播和复制，并不能成为"法规范"。这些形式的规则如需要发挥约束力，就需要借助一定的成文化形式。

另外，由于"软法"对具体细节问题快速介入，其逻辑性、完整性、体系性欠缺，因现实变动而导致稳定性不足；由于"软法"制定主体多元，往往会出现针对同一问题体系规则矛盾、尺度标准不一等情况，导致调整对象无所适从。这都是"软法"容易出现的问题，都需要在"软法"制定和实施中规避。

# 北京市大气污染行政执法应急响应协同机制研究

高桂林*

一、北京市大气污染行政执法应急响应协同机制概述

（一）北京市大气污染行政执法应急响应协同机制的概念

1. 应急响应与应急响应机制

从法律制度角度来看，应急响应机制就是政府在应对公共管理事件过程中所要采取应急响应措施的规范性文件的总称，其目的就是要将公共管理事件对社会所造成的损失降到最小范围之内。当然，所谓的最小并不是物理意义上的"最小"，而是经济管理学意义上的"最小"，即不是数字上的"最小"，而是社会效果的"最小"，也就是将损失控制在社会所能够承受的范围之内，而并不是将损失降到没有发生的程度。

2. 行政执法的协同应急响应

行政执法的应急响应就是指多个行政执法机关，为了一个共同的目标，都在各自行使执法权，如果遇到特定问题，各行政执法机关联合起来，按照事先准备好的应急预案，同时采取应对措施的一项具体措施。

3. 北京市大气污染行政执法应急响应

北京市大气污染行政执法应急响应就是指，北京市在治理大气污染的过程中，各个行政执法单位要相互配合、共同协作按照自身的法律权限范围来行使管理职责，如果遇到特殊情况，应当启动事先准备的应急响应措施，按照应急预案的要求完成对实际情况的应对。[1]当然，在大气污染防治过程中行政执法单位所涉及的执法权限是有所不同的，应急响应的措施也应当按照应急预案的要求加以实施。

4. 北京市大气污染行政执法应急响应协同机制的概念界定

北京市大气污染行政执法应急响应协同机制就是指，北京市在大气污染治理

---

* 课题主持人：高桂林，首都经济贸易大学法学院教授。立项编号：BLS（2017）B010。结项等级：优秀。

〔1〕 王志强主编：《气象行政执法典型案例评析》，气象出版社 2014 年版，第 86 页。

过程中，各行政执法单位依照规范性文件的要求，联合在一起，依照自身的法律权限，共同实施应急响应措施的一项规范性法律制度。

（二）北京市大气污染行政执法应急响应协同机制的特征

1. 时间上的最短

北京市大气污染行政执法应急响应协同机制，就是要使北京市各个行政单位在参与治理大气污染过程中能够做到相互协调、彼此配合，最终用最短的时间实施应急响应措施。

2. 效率上的最快

北京市大气污染行政执法应急响应协同机制而言，不仅要求各执法部门之间的协同响应应当在最短的时间内完成，同时还要求在效率上达到最高，也就是在最短的时间内达到法律收益的最大化，即各部门在协调应对大气污染时，达到最佳效果，这样就可以实现效率上的最好。

3. 措施上的最全

北京市大气污染行政执法应急响应协同机制从实施层面来看，由于不是一个执法机关"战斗"在大气污染行政执法的工作上，因而北京市大气污染行政执法应急响应协同机制所涉及的治理大气污染的措施也是最全面的。

4. 损失上的最小

北京市大气污染行政执法应急协同响应就是要使各行政执法机关各尽其职、各负其责，各自采取相应的应急措施，用最短的时间将北京市大气污染所造成的实际损失降到最低的水平。

（三）北京市大气污染行政执法应急响应协同机制与相关法律机制的区别与联系

1. 北京市大气污染行政执法应急响应协同机制与北京市气象局应急响应预案

主要区别在于以下几点：一是实施主体范围不同。北京市气象局应急响应预案的实施主体仅仅是气象部门，而北京市大气污染行政执法应急响应协同机制的实施主体不仅包含了气象部门，还包含其他行政执法部门在内。二是实施措施不同。北京市气象局应急响应预案的实施措施主要是发布气象预警，并采取有针对性的干预措施，如：防风、防洪、防雷电的措施。[1] 北京市大气污染行政执法应急响应协同机制的实施措施则非常丰富，不仅包含了预防性的措施，同时还包含了现实的处罚、限制的措施，例如：机动车单双号限行、尾气检测等等。

2. 北京市大气污染行政执法应急响应协同机制与大气污染协同治理

从制度内涵来看，北京市大气污染行政执法应急响应协同机制是大气污染协同治理制度中的一个组成部分，行政机关行政执法应急协同响应的目标依然是为

---

〔1〕 冷兰兰：《气象灾害应急响应机制中的道德冲突与融合》，载《经营与管理》2015年第11期，第22页。

了将大气污染造成的损失降到最小，从而起到治理大气污染的目的。因此，北京市大气污染行政执法应急响应协同机制也属于大气污染治理中的一项机制。

3. 北京市大气污染行政执法应急响应协同机制与京津冀大气污染协同治理

从实践的角度来看，北京市大气污染行政执法应急响应协同机制即是京津冀大气污染协同治理的一个组成部分，同时也是京津冀协同发展下北京市在大气污染治理方面所做的一种努力和尝试。

（四）北京市大气污染行政执法应急响应协同机制的积极意义

1. 治理大气污染的必要之举

2017 年是"大气十条"收官之年，在年底北京市完成了"大气十条"规定的大气污染治理目标，将 PM2.5 的浓度降到年均每立方米 58 微克的程度。[1] 2018 年中央制定了打赢蓝天保卫战的计划，并对京津冀地区开展了针对大气污染治理情况的环保督察，[2] 也取得了实际的效果。而此时构建北京市的大气污染行政执法应急响应协同机制对于治理北京市的大气污染而言，具有积极的推动作用，是完善北京市大气污染治理措施的必要之举。

2. 应对紧急情况的必要之举

北京市大气污染治理过程中会遇到非常多的紧急情况，例如：当重雾霾天气发生的时候，如果北京市不及时加以应对，就会引发各种各样的风险。类似的情况在我们实践中是非常常见的，比如重雾霾天气中交通事故增多，引发呼吸系统疾病的情况大量增加。[3] 正是由于北京市在发生严重大气污染时出现这种公共事件的概率非常高，所以必须要通过专门的应急预案由各个行政执法机关联合在一起来应对重污染事件可能带来的损害，才能够将大气污染公共事件造成的损害降到最低。因此，北京市大气污染行政执法应急响应协同机制是应对紧急情况的需要。

3. 减少灾害损失的必要之举

2014 年北京市政府发布《2013 年北京市卫生与人群健康状况报告》（白皮书），其中指出影响北京市民健康的三大疾病分别是肿瘤、心脏病、脑血管疾病，占据死亡率的 74%，其中肿瘤以肺癌发病率为第一，65 岁以上的人口肺癌发病比率最高，并且从所公布的"肺癌地图"来看，城区发生肺癌的比率为 68.27% 郊区为 31.73%，城区远高于郊区。由此可以说明城市空气质量对人的身体健康影响是巨大的。为了彻底搞清 PM2.5 与城市人口身体健康之间的关系，研究人

---

〔1〕 蒋梦惟、王寅浩：《燃煤源降幅显著北京 PM2.5 污染结构转变》，载《北京商报》2018 年 5 月 15 日，第 2 版。

〔2〕 刘瑾：《督促加大大气污染治理力度》，载《经济日报》2018 年 8 月 2 日，第 3 版。

〔3〕 郎铁柱主编：《雾霾、空气污染与人体健康》，天津大学出版社 2015 年版。

员对北京、上海、香港、太原、武汉等城市进行了空气 PM2.5 浓度检测，并得出结论：城市大气环境中平均每立方米增加 10 毫克 PM2.5 的颗粒物，人群中患呼吸系统疾病的死亡率增加 1.43%，患心血管疾病的死亡率增加 0.53%，急性死亡率增加 0.4%。[1]从这些数据来看，大气污染极大地威胁着人体的健康，因此，建立北京市大气污染行政执法应急响应协同机制有利于应对大气污染给社会带来的实际损害，将损害降到最低的程度。

二、北京市大气污染行政执法应急响应协同机制的法律经济基础

（一）降低应急响应成本

1. 行政执法成本的分类

从法律经济学的角度来看，行政执法如果要想提升自身的效率，就应当想办法降低执法成本。而在现实中，我国行政执法的成本是比较高的，执法过程中除了人力、物力、财力的投入，还需要投入应对特殊情况的成本，这无疑加大了行政执法的成本，降低了行政执法的实施效率，这也是我国长期以来行政执法效率低下的原因之一。

2. 行政执法的隐性成本

从法律经济学的角度来看，隐性成本是不能直接看到且无法用金钱价值直接表述的成本，例如：时间成本，这种成本称之为机会成本。[2]所谓的机会成本，就是行政执法机关将行政执法的力量投入到某一个具体的执法事项之上，必然会消耗一定的时间，从而丧失了执法其他事项的时间以及从中获得利益的机会。[3]在实践中，行政执法的隐性成本表现还是比较明显的，最主要的是时间的付出以及处理其他执法事务的机会。而这些隐性的机会成本虽然是难以用金钱价值直接衡量的，但是在行政执法过程中也是非常重要的成本，如果行政执法浪费的时间和机会过多，就会严重降低行政执法的效率。

3. 大气污染行政执法应急协同响应的成本

从执法成本的角度来理解，治理大气污染过程中，行政执法应急协同响应比分头响应节省信息获取的成本以及响应措施实施的成本要低，尤其是可以节省机会成本这类隐形成本，即大气污染治理过程中行政执法机关若分头实施应急响应措施，则会浪费大量的时间成本，行政执法的效率则会有所降低，应对大气污染事件时并不会产生较好的效果。从这一角度来看，北京市在治理大气污染的过程

---

[1] 谢鹏等：《我国人群大气颗粒物污染暴露——反应关系的研究》，载《中国环境科学》2009 年第 10 期，第 1034~1035 页。

[2] ［美］罗伯特·考特，［美］托马斯·尤伦：《法和经济学》（第 6 版），史晋川等译，格致出版社 2012 年版，第 38 页。

[3] 张卿：《行政许可：法和经济学》，北京大学出版社 2013 年版，第 25 页。

中，应当建立行政执法应急响应协同机制，共同实施应急响应的行为，这样才可以提升大气污染行政执法应急响应的效率，从而达到应对大气污染紧急事件的效果。

（二）提升应急响应效率

1. 行政执法的效率

从法理学的角度来讲，公平与效率向来就是相互影响的概念，对效率的追求只有在有可能丧失公平的前提之下才是没有意义的。[1]换言之，就是法律行为应当追求效率价值，只有对效率价值行为的追求会损害公正价值时，才不应当再继续追求效率价值。[2]从这一角度来看，我们应当把行政执法的效率看成是行政执法所追求的目标，也即行政执法应当在最短的时间范围内完成基本的执法任务，以提升行政执法的效率。

2. 提升行政执法效率的方法

在法律经济学中，对执法效率的描述可以用公式来表达，即"行政执法的效率＝行政执法的收益÷行政执法的时间"。[3]从这个表达公式来看，行政执法的效率与两个要素有关，一是行政执法的收益，二是行政执法的时间。即行政执法的效率与行政执法的收益成正比与行政执法的时间成反比。具体而言，提升行政执法效率的方法有三种，一是提升行政执法的收益。也就是说行政执法的过程中应当尽量取得法律效果、社会效果、政治效果三者的有机统一，这样就可以实现行政执法收益的最大化。二是降低行政执法的时间。也就是说在行政执法收益一定的情况下，行政执法的过程应当尽量节省时间，用最短的时间来解决行政执法所要解决的事项，这样才可以提升行政执法的效率。三是在提升行政执法收益的同时节省行政执法的时间，这样就可以获得行政执法效率的大幅度提升。

3. 大气污染行政执法应急协同响应的效率

北京市治理大气污染的行政执法如果要提升执法效率就应当从执法时间和执法收益来入手，具体而言，一是大气污染行政执法协同应急响应可以节省应急响应的单位时间。也就是如果多个机关为了治理大气污染共同实施应急响应行为，就可以实现资源和信息的共享，从而节省了行政执法应急响应的时间。二是能够获得单位时间内更大收益，也就是多个行政执法机关通过共同实施应急响应措施可以实现法律效果、社会效果和政治效果的三重统一，这就提升了大气污染治理的实际收益。因此，从这两个方面来看，大气污染行政执法协同应急响应的效率

---

〔1〕 ［奥］凯尔森：《纯粹法理学》，张书友译，中国法制出版社 2008 年版，第 115 页。

〔2〕 ［德］古斯塔夫·拉德布鲁赫：《法哲学》，王朴译，法律出版社 2013 年版，第 96 页。

〔3〕 ［美］尼古拉斯·L. 吉奥加卡波罗斯斯（Nicholas L. Georgakopoulos）：《法律经济学的原理与方法：规范推理的基础工具》，许峰、翟新辉译，复旦大学出版社 2014 年版，第 182 页。

可以呈现几何式提升。

（三）提升社会福利水平

1. 帕累托效率与社会福利的提升

帕累托效率是经济学中的一个主要概念，是意大利著名经济学家帕累托提出的。意思是当社会中存在 A 和 B 两个任务目标，如果假设 B 目标不变，而后对 A 目标予以推进，此时就可以实现社会福利整体性的提升，而 B 目标的利益并没有受到损害。如果继续推进 A 目标时，就可以得到社会福利的整体性持续提升，但是如果继续推进 A 目标就会以牺牲 B 目标的利益为代价时，此时社会的效率达到了最大化。相应的，如果假设 A 目标利益不变，对 B 目标利益进行推进，则可以得到相同的效果。[1]我国改革开放 40 周年，经济建设取得了巨大成就，2010 年国民生产总值跃居世界第二，现在我国已稳居世界第二大经济体的地位。之所以有如此成绩，就是因为我国的改革开放与帕累托效率原理相一致。因为按照邓小平理论，让一部分人先富起来，先富带动后富，就是帕累托效率原理的真实体现。在当今社会中，帕累托效率原理广泛地运用于对效率问题的解决之上，该原理很好地解决了多目标博弈的权衡问题。

2. 大气污染治理与社会福利的提升

十九大报告中提出了生态文明战略，并明确指出，建设生态文明是中华民族永续发展的千年大计。十九大报告中用了 43 个"生态"这一词汇来表述生态文明，在历次党的代表大会中还是首次，说明党中央对生态文明建设的重视程度也是前所未有的。而大气污染治理属于环境治理的一项基本内容，治理大气污染不仅仅可以改善生态环境，更是对生态文明建设的支持。[2]因此，大气污染治理有助于社会福利水平的提升。

3. 帕累托效率与大气污染治理协同应急响应

按照帕累托效率原理来理解，当社会存在大气污染治理与其他环境污染治理的目标任务时，加大大气污染治理行政执法的力度，空气质量会变好，生态环境会有所提升，有助于社会福利的整体提升，这是显而易见的。而当我们增加大气污染行政执法力度时，当然也就增加了社会的总体福利水平。根据这一原理，我们来看大气污染治理行政执法协同应急响应，由于参与应急响应的机关增多，而且还有各个机关的相互配合与相互支持，这非常有利于解决北京市大气污染治理过程中的实际困难，从而提升北京市大气污染治理的效果，进而提升了社会福利

---

〔1〕 ［美］尼古拉斯·L. 吉奥加卡波罗斯斯（Nicholas L. Georgakopoulos）：《法律经济学的原理与方法：规范推理的基础工具》，许峰、翟新辉译，复旦大学出版社 2014 年版，第 78 页。

〔2〕 朱菊一：《新时代背景下大气污染防治面临的挑战及对策研究》，载《低碳世界》2018 年第 4 期，第 13 页。

的总水平。因此，北京市大气污染治理协同应急响应也符合帕累托效率原理的要求。

（四）提升权力博弈均衡

1. 行政执法的权力分配与权力博弈

从法理学的角度来理解，行政执法权的配置与运行其实就是法律对权力资源进行配置的过程。[1]就大气污染治理而言，行政执法权的分配不会被确定为一个机关行使执法权，而是将权力资源分配给多个部门来行使，在这些行政执法权中，会存在不同的权力构成，这些权力有可能会存在交叉关系，有可能会存在相互配合的关系，这些权力的存在必然会产生权力资源如何分配、如何配合的问题，这就形成了权力之间的博弈。因此，大气污染治理的过程实际上就是各个具有治理权的机关相互博弈、共同施治的过程，这是大气污染自身特点决定的，也是我国行政执法权权力体系运行的必然结果。

2. 大气污染治理过程中的纳什均衡

在大气污染治理的过程中，各个享有执法权的机关权力运行会产生权力的博弈，例如：环保部门、交通部门、工商部门都会对一定范围之内的大气污染行为进行施治，但是各个部门之间权力如何分配、治理过程如何配合都需要法律的规定，从法律经济学的角度来看，当两项或者多项权力形成博弈之后，如果博弈的各方都会根据对方的策略来改变自己的策略，当博弈各方谁都没有动力改变自己的策略行动时，则形成了一种均衡状态，这种均衡状态叫纳什均衡，此时的效率实现最大化。[2]对于大气污染治理而言，各个行政执法机关的执法权在相互配合的过程中如果实现了权力之间相互顺畅配合，谁也不愿意改变自己的策略行为时，此时行政执法的效率也就达到了最大化，治理大气污染的效果也会达到最佳。

3. 大气污染治理协同应急响应中的纳什均衡

北京市治理大气污染的过程中，各个行政执法机关在应对紧急事件时都会有自己的应急预案，而协同应急响应的过程，是行政执法权力在资源配置、矛盾利益冲突等方面进行博弈的过程，通过博弈，可以实现行政执法权的相互配合、相互支持，从而达到共同采取应急措施、应对大气污染紧急事件的效果。而在这一过程中，如果各行政执法机关协同采取应急响应措施时达到了通过相互配合来改变自身的策略行动时，最终也就可以通过博弈实现权力运行的纳什均衡，此时行政执法应急协同响应的效率达到了最大化，大气污染治理的效果也实现了最佳。

---

[1] 张文显：《法理学》（第3版），高等教育出版社、北京大学出版社2007年版，第128页。

[2] ［美］汤姆·齐格弗里德（Tom. Siegfried）：《纳什均衡与博弈论》，洪雷、陈玮、彭工译，化学工业出版社2015年版，第36页。

三、北京市大气污染行政执法应急响应协同机制的要求

（一）大气污染行政执法应急响应协同机制的设计思路

1. 制度理念的协同思想

大气污染行政执法应急响应协同机制，主要应当突出以下几点：一是同时性。即在顶层设计时要求北京市大气污染治理行政执法应急响应要同时实施，不能分头前后实施。二是联络性。即北京市在大气污染治理行政执法过程中应急响应时各个执法单位要相互有联络，因此联系机制、信息共享也应当是大气污染行政执法应急响应协同机制顶层设计的重点内容。三是一致性。即北京市大气污染治理行政执法应急响应应当步调一致，各司其职，各尽其责这样才能够做到真正的协同。

2. 实施过程的协同思想

北京市大气污染行政执法应急响应协同机制的顶层设计对于实施过程既要赋予行政机关协同响应的权力，同时也要分配给行政执法单位相互配合的义务。在这种思想指导下设计各行政执法权之间的权利义务。这样就可以实现大气污染行政执法权之间的协同应急。

3. 实施结果的协同思想

在北京市治理大气污染的过程中，各个行政执法机关应对大气污染紧急事件时会采取一些具体措施，而应急响应措施最终的目标就是要应对大气污染事件，将大气污染造成的损害降到最低。纵然每个行政执法机关所采取的应急响应措施是有所不同的，但是协同应急响应的结果则是要达到大气污染治理效果上的统一。

4. 实施责任的协同思想

应急响应协同机制除了规定各行政执法单位相互配合的权力义务之外，还应当设计协同配合的法律责任，即各行政执法单位在执法过程中，没有做到协同应急响应所要求的标准时，应当承担相应的法律责任。因而，在进行顶层设计时，要以协同的思想来设计应急响应的实施责任，这样就可以使应急协同响应的措施落实到位。

（二）大气污染行政执法应急响应协同机制的主体

1. 北京市综合协调指挥机构

应当在北京市设立大气污染行政执法应急响应综合协调指挥机构，这一机构可以隶属于北京市政府，由政府主管环境保护的领导负责管理，并建立日常的工作组，如果北京市遇到大气污染紧急事件需要启动应急响应协同机制的，应当由综合协调指挥机构按照法定程序和法定标准来负责审核，一旦认定大气污染事件达到应急响应的级别，就应当启动应急响应协同程序，通知北京市的各个区，实

施应急响应措施。

2. 北京市区级应急协调指挥机构

在大气污染行政执法应急响应协同机制进行顶层设计时，要明确北京市区级应急协调指挥机构的法律地位，即由区政府组建该机构，负责本行政区的应急响应。所以，北京市区级应急协调指挥机构也是大气污染行政执法应急响应协同机制的实施主体之一。

3. 应急响应实施主体

北京实施应急协同响应的各个行政执法机关也就成为北京市大气污染行政执法应急响应协同机制的又一类主体。当然，这类主体的范围是比较广泛的，也是协同应急响应的核心实施主体，例如：气象部门、环保部门、交通部门、工商部门等这些与大气污染治理相关的主体，都属于应急响应实施主体。[1]因此，该类主体是北京市大气污染行政执法应急响应协同机制的又一类主体。

4. 应急响应监督主体

为了保证各行政执法单位在应对大气污染紧急事件之时能够做到更好的协同应急，应当引入监督程序，对协同应急响应的过程实施监督，对于协同应急响应不利的行政机关，则给予相应的问责，这样就可以使应急响应更加体现出效果。[2]所以，应急响应监督主体也是北京市大气污染行政执法应急响应协同机制的又一类主体。

（三）大气污染行政执法应急响应协同机制的权力义务

1. 权力范围清晰

在顶层设计过程中，一是要明确协调主体的权力范围，应当将权力范围限定在命令权和协调权这样的权限范围。二是要明确北京市大气污染行政执法协同应急响应实施主体的权力范围，通常情况下，应当将协同应急响应的权力范围界定在实施应急响应的权力和请求其他行政执法机关支持配合的权力。

2. 义务承担明确

顶层设计还要对协调主体应当承担的义务进行规定。具体而言，一是要明确协调主体的义务，主要是具有协调义务。二是要明确北京市大气污染行政执法协同应急响应实施主体的义务范围，主要是相互配合、相互支持的义务，只有相互配合与相互支持，行政机关的行政执法所实施的协同应急响应活动才会更加具有秩序性。

---

〔1〕 高桂林、罗晨煜：《大气重污染应急管理制度建设与展望》，载《环境保护》2014年第22期，第54页。
〔2〕 李云燕、殷晨曦、孙桂花：《京津冀大气污染治理环境执法督察机制构建》，载《环境保护》2018年第10期，第48页。

3. 权力与义务分配恰当

权力义务分配要恰当，赋予权力的同时也要给予相应的义务与之对应，不应当出现权力与义务相失衡的状态。否则大气污染行政执法应急响应协同机制在运行过程中就会出现行政执法权配合不顺畅、应急响应措施相互难以衔接等问题。

（四）大气污染行政执法应急响应协同机制的责任承担方式

1. 约谈

约谈是当前政府巡视工作中常用的一种工作方式，为督促政府决策、执行上级命令起到了积极的作用。[1]约谈被运用最广泛的领域就是环境治理领域，环保约谈在实践中的效果是非常值得肯定的。以中央环保督查为例，第一轮督察共与768名省级及以上领导干部、677名厅级领导干部开展个别谈话，对689个省级部门和单位进行走访问询，使地方领导普遍受到教育，特别是通过督察问责，一批领导干部受到警醒，环保压力得到有效传导。[2]因此，在顶层设计时也要设计约谈机制，将约谈作为大气污染协同应急响应责任主体的一种责任承担方式来对待。

2. 整改

整改是巡视工作的一个重要组成部分，整改也带有浓厚的行政命令色彩。在实践中，中央环保督察巡视组对各地实施环保督察，在对一个地区督察完毕之后，往往会给该地区提出整改意见，通常情况下被巡视地区对于中央环保督察巡视组的整改意见基本上都能够积极予以落实，实践效果还是非常不错的。从这一点来看，北京市大气污染行政执法应急响应协同机制在构建责任机制时，也应当建立限期整改这种责任形态，对于北京市内具有应急响应职责的主体如果应急措施处置不利或者处置过程有问题的可以由上级机构要求其限期整改，以强化责任主体的责任意识，达到完善协同应急响应措施的目的。

3. 处分

在北京市大气污染行政执法应急响应协同机制运行过程中，如果协同应急响应主体存在懒政怠政、不及时整改、失职渎职等问题的，可以由上级机关部门或者监察委员会给予相应行政处分，从而督促责任者能够更加尽心尽力地完成大气污染行政执法协同应急响应工作。

---

〔1〕 孟强龙：《行政约谈法治化研究》，载《行政法学研究》2015年第6期，第99页。

〔2〕 张尼：《首轮中央环保督察：开14.3亿"罚单"问责超1.8万人》，载 http://news.163.com/18/0104/00/D791KF0Q00018AOQ.html，2018年5月28日。

四、北京市大气污染行政执法应急响应协同机制的权力配置

（一）预案制定权

1. 协同应急响应的审核

协同应急响应的审核就是在北京市发生大气污染紧急事件时，由北京市综合指挥协调机构对发生大气污染的事件进行综合评定，确定应急响应的等级，如果达到法定标准的，则应当按照应急响应事件来处理。[1]这一点就属于应急响应综合指挥协调机构的权力，因此要由顶层设计加以规定。当然，规定了应急响应综合指挥协调机构的审核权，同时应当规定审核的标准。

2. 协同应急响应的确认

协同应急响应的确认，就是在北京市发生大气污染紧急事件时，由北京市大气污染行政执法应急响应综合指挥协调机构对大气污染紧急事件进行审核后，如果认为确有必要实施协同应急响应措施时，应当将审核的结果上报应急协调指挥机构的决策组织，由决策组织来确认是否按照协同应急响应程序来处理大气污染行政执法的问题。

3. 协同应急响应预案的制定

在进行顶层设计之时，要赋予协同应急响应指挥机构制定协同应急响应预案的权力，当然这也是协同应急响应指挥机构的义务。

4. 协同应急响应预案的基本构成

协同应急响应预案应当包含以下内容：一是组织机构。首先是要规定应急指挥机构建设，包括工作机构设置，决策机构的人员组成，具体办事机构的设置等。二是运行程序。主要包括限期的处置和与恢复和重建。三是应急和保障，主要包括人力、物力、财力、医疗、交通等保障措施。四是监督管理。也就是应急预案的实施也要有专门的部门予以监管，因此在顶层设计中对于应急预案的培训、演练都要予以规定，并且要将应急预案的实施纳入监察委员会的管理范畴。[2]

（二）预警协同权

1. 预警协同权的概念

预警协同权，就是由北京市各个区的气象监测部门对本区的大气污染状况进行监测和大数据预测分析，并将数据的统计结果报北京市的协同应急响应指挥机构，由北京市的协同应急响应指挥机构负责对各区上报的数据进行分析，以决定是否可以实施协同预警。当然要做到北京市所有参与协同应急响应的主体协同实

---

〔1〕 张继权、刘兴朋、严登华：《综合灾害风险管理导论》，北京大学出版社 2012 年版，第 146 页。

〔2〕 吴建雄：《监察体制改革试点视域下监察委员会职权的配置与运行规范》，载《新疆师范大学学报（哲学社会科学版）》2018 年第 5 期，第 10 页。

施，就要在北京市大气污染行政执法应急响应协同机制中明确北京市各协同响应主体具有预警协同权，并建立各个主体协同预警的基本规则，这样就可以实现联合预警。

2. 协同预警的必要性

协同预警必要性体现为以下几个方面，一是协同预警是判断北京市大气污染是否达到整体性预警标准的依据。二是协同预警是北京市大气污染行政执法协同应急响应的基础，没有协同预警就不可能实现协同应急响应。三是协同预警是北京市实施大气污染联合治理的基础。

3. 预警协同权的权力配置

预警协同权主要包含以下内容：一是预测。也就是北京市各个区的应急响应主体要建立大气污染防御预警系统，通过对空气环境实施大数据分析来监测其质量变化，以达到预测大气污染紧急事件的目的。二是初步预警。也就是北京市各个区的应急响应主体在对本区域之内空气状况的数据进行分析之后，若达到预警等级标准的，则通过预警机制进入预警程序。三是风险分析。北京市各个区的应急响应主体通过对各自辖区的空气状况实施预测、初步预警之后，一旦事件进入了初步预警程序，就要对采取应急措施的风险开展分析，如果认为可以通过先期处理程序就可以解决的，则没有必要实施应急措施，更没有必要启动协同预警程序。四是信息共享。就是在北京市范围之内，每个区对空气环境实施的监测数据、大气污染预测分析、初步预警等相关的信息，要与其他区域实现信息共享，这样才能够实现预警协同权的良好运行。[1]

4. 预警协同权的具体要求

预警协同权主要有以下要求：一是要早发现。就是北京市各应急响应主体要通过自己的预警系统，及时监测、预测、分析大气环境的变化，要及早发现大气污染的警情，为大气污染治理协同应急响应留出充分的时间。二是要早处置。在确认本区域内的空气环境有可能达到应急响应标准的时候，就应当及早采取先期处理措施来应对有可能发生的大气污染事件，为下一步采取协同应急响应措施争取更多的时间和空间。[2]三是要早联系。在确认本辖区内空气状况已经达到预警等级的，要及时与北京市其他区沟通，尤其是地域相邻的区域，将预警的信息实现共享。四是要早报告。北京市各应急响应主体在对本辖区内空气状况进行预测分析后认为需要预警的，一方面要实现信息资源共享，另一方面要及早将相关信息向北京市的协同应急响应指挥机构进行报告，由北京市的协同应急响应指挥

〔1〕 郭施宏、齐晔：《京津冀区域大气污染协同治理模式构建——基于府际关系理论视角》，载《中国特色社会主义研究》2016 年第 3 期，第 81 页。

〔2〕 陈海嵩：《雾霾应急的中国实践与环境法理》，载《法学研究》2016 年第 4 期，第 152 页。

机构来审核决定是否要在北京市的范围之内实施大气污染行政执法协同应急响应措施。

（三）应急发布权

1. 协同应急响应的发布

协同应急响应的发布权可以分为两个层级，一是北京市应急响应综合协调指挥机构向区级应急协调指挥机构发布命令要求其开展大气污染协同应急响应工作。二是北京市区级应急协调指挥机构项辖区内各个应急响应的行政执法机关发布命令要求各单位在自己职责范围之内开展大气污染应急响应工作。这两层含义都是协同应急响应发布权的应有之意，均应当由规范性文件加以授权。

2. 协同应急响应的执行义务

各行政执法主体要在自己的职责范围之内，根据应急响应预案的规定，各自实施应急响应措施。[1]因为有发布权就应当有执行义务，只有认真执行，那么应急响应的发布才具有实际意义。

（四）区域协调权

1. 协同应急响应的协调权

北京市大气污染行政执法应急响应协同机制同时还要规定协调权，这一权力在协同应急响应机制中是北京市应急响应综合协调指挥机构的一项重要权力，同时也应当是一项重要义务。无论是北京市应急响应综合协调指挥机构还是区级应急协调指挥机构都应当具有该项权力，同时也都具有协调义务，即他们都有权力和义务协调各应急响应参与主体之间的相互配合与合作的关系。

2. 协同应急响应协调权的权力范围

协调权的范围应当包括以下内容：一是协调权的启动。在应对大气污染紧急事件过程中，各行政执法权之间若出现执法权相互配合有困难等实际问题时，就需要由相应的执法机关将请求协调事项报告应急协调指挥机构，由应急协调指挥机构来判断是否需要对各行政执法机构的行政执法活动进行协调，如果需要协调的及时加以协调，如果不需要协调的，则由各行政执法机关自行协调解决。[2]二是协调权的内容。一般而言，应急响应协调指挥机构应当是就重大事项行使协调权，也就是说涉及行政执法权之间需要界定权力界限，需要明确各执法单位的义务时，应当由应急响应协调指挥机构进行协调。三是协调权的实现。北京市大气污染行政执法应急响应协同机制在顶层设计时必须规定协调权的法律责任承

---

[1] 陈述等：《重大突发事件的协同应急响应研究》，载《中国安全科学学报》2014 年第 1 期，第 156 页。

[2] 陈述等：《重大突发事件的动态协同应急决策》，载《中国安全科学学报》2015 年第 3 期，第 171 页。

担，一方面要规定协调者的法律责任承担方式，另一方面要规定被协调者的法律责任承担方式。这样才能够使协调权得以实现。

3. 协同应急响应的处理权

北京市应急响应综合协调指挥机构或者区级应急协调指挥机构不仅有权力和义务处理各行政机关之间因为相互配合而出现的各种问题，同时还有权力与义务解决每一行政机关单独处理应急事务时所面临的实际困难。

五、北京市大气污染行政执法应急响应协同机制的基础制度构建

（一）应急机构统一建设

1. 应急机构统一建设的必要性

北京市应对大气污染紧急事件，必须多个单位共同实施应急响应措施，而多个部门同时行动必然会涉及行动秩序问题，北京市各个区实施分头应急响应的实施成本显然高于统一应急响应的实施成本，因而必须建立统一的应急响应机构来通知和协调各行政执法主体共同实施应急响应行为。

2. 常设性协同应急响应指挥协调机构的设置

必须在北京市建立常设性的协同应急响应指挥协调机构来协调各个行政执法机关之间的关系。具体而言，常设性协同应急响应指挥协调机构的设置应当包含以下机构：一是领导机构。北京市政府是大气污染行政执法协同应急响应指挥协调的最高领导机构，在北京市政府下设常设性的协同应急响应指挥协调机构，该常设机构的主任由北京市主管大气污染防治工作的副市长担任，副主任要配置其他相关市领导以及环保部门、交管部门、医疗部门的负责人担任，成员则根据实际情况具体配备。二是决策机构。决策机构就是北京市协同应急响应指挥协调机构中负责信息决策的机构，主要任务是审核应急信息能够作为应急响应事件来处理。该机构可以由协同应急响应指挥协调机构中的专业人员组成。三综合机构。综合机构主要是协同应急响应指挥协调机构中负责信息汇总、综合协调、后勤保障等工作的机构。四是工作机构。主要是负责业务工作，负责大气污染协同应急响应的预警、指令的传达、协调实施等具体的工作。

3. 常设性协同应急响应指挥协调机构的日常维护

从管理制度的角度来看，主要需要解决以下问题：一是人员的配置问题。要保证足够多的专业人员，提升决策的专业性。二是财物的配置问题。北京市的财政支出中每年要拿出专项资金作为常设性协同应急响应指挥协调机构的运行资金，以保障机构的正常运行。而且对于特定事件需要临时追加费用的，也应当给予财政支持。

（二）应急制度统一规划

1. 当前大气污染应急响应制度存在的问题

当前北京市应急响应制度存在以下问题：一是启动标准不一致。北京市的各个行政执法单位都在自己的权限范围之内具有自己的应急响应制度，其启动标准都并不一致，这就会出现当大气污染达到一定程度时，有的行政执法单位按照自己的标准认为已经达到了应急响应的标准，启动了应急响应程序，而有的行政执法单位却认为没有达到应急响应的标准，而未采取应急响应。二是协同性较差。各个行政执法单位之间缺乏相互的配合、交流与合作，各自为政，效率比较低下。三是优势发挥不明显。由于缺乏配合，每一行政执法单位所采取的执法行动都是相互独立的，因而各自的优势并没有形成充分的互补。四是缺乏整体的规划。通常情况下，计划性较差，缺乏整体的规划和管理制度，因而实施的过程效率并不高。

2. 大气污染行政执法应急响应制度统一规划的必要性

统一规划的必要性体现在：一是建立统一应急响应系统的需要。在每一时期应急响应制度的实施要达到什么样的成果、如何实施管理，人财物如何管理等等，都需要建立统一的规划制度，这样才能够建成统一的应急响应系统。[1]二是提升应急响应效率的需要。分头实施管理必然会降低北京市大气污染行政执法协同应急响应的效率。三是实施应急统一管理的需要。应当对应急响应制度实施统一的管理，将各个行政执法单位纳入统一协调监管的范畴。

3. 大气污染行政执法应急响应制度统一规划的基本方向

统一规划基本方向包括：一是资源的统一规划。各个区的人力、财力、物力要纳入统一的规划体系之中，每年增加的数量和比例也都应当由所规定，尤其是5年之内，北京市大气污染行政执法应急响应机构的建设要达到什么程度都应当有所规定。二是标准的统一规划。大气污染行政执法应急响应的标准应当是可以变化的，要根据北京市大气污染治理的现状以及各个区大气污染的实际情况来制定相应的应急标准，因此应急响应的标准也应当纳入统一的规划体系之内。三是措施的统一规划。就是大气污染行政执法的协同应急响应措施，应当按照科技发展的水平有所提升，因此，对于应急响应的措施也应当实施统一的规划。

（三）应急预警统一标准

1. 统一雾霾预警阈值

要以规划的形式来统一规定雾霾预警的阈值，而且这个阈值可以是根据北京市大气污染治理状况适当调低的，有了相同的标准，大气污染应急响应就有了统一实施的基础。

2. 统一信息收集标准

北京市对于空气质量状况，哪些信息资源是必须收集的，而哪些信息资源需

---

〔1〕 张恒：《重污染天气应急响应要抓好什么》，载《中国环境报》2017年3月1日，第2版。

要共享的，这些都需要有统一的标准，这样各个地方的行政执法部门按照同样的标准收集与大气污染相关的信息，就可以做到步调一致。

3. 统一信息分析方法

北京市在构建大气污染行政执法应急响应协同机制之时，对于大气污染的数据信息的统计和分析，也要采取统一的信息数据分析标准和方法，这样就可以保障各个行政执法单位所获得的数据信息统计结果是统一的，从而就可以实现应急预警的统一。

4. 统一规定警报标准

按照《北京市空气重污染应急预案（2017 年修订）》的规定："蓝色预警：预测全市空气质量指数日均值（24 小时均值，下同）>200 将持续 1 天（24 小时），且未达到高级别预警条件时"其中如果在白天的空气质量指数大于 300，而在晚上的空气较好小于 100，这样的空气质量指数日均值有可能小于 200，那就达不到预警的程度，但是白天的空气质量是非常差的，人们受到的侵害是非常严重的，此时不采取应急响应措施显然是不科学的。因此，预警标准还应当进一步细化，并进行统一规定，这样才能够使应急措施的启动更加合理。

（四）应急管理统一实施

1. 统一应急管理的概念

统一应急管理就是在一个地区之内，政府部门之间，针对突发公共事件而统一实施的应急管理活动。从概念来看，统一应急管理主要强调的是统一性，也就是政府的各行政管理机关在应对突发公共事件的过程中，统一采取事前预警、事中处置、事后恢复等管理措施。通常情况下，统一应急管理是由政府的一个特定管理机构来实施的。

2. 统一应急响应的事前事务管理

统一应急响应的事前事务管理，就是由北京市大气污染行政执法常设性的协同应急响应指挥协调机构来统一负责应急响应的事务管理，这些事务主要包含了以下几类：一是事前的统一防御。即大气污染紧急事件发生之前，要由协同应急响应指挥协调机构负责督促联系北京市各区的应急响应指挥协调机构检查本辖区内个行政执法机关是否能够按照规定准备好各项应急措施，是否可以达到联合预警的程度。二是事前的日常事务管理。包括与北京市应急响应指挥协调机构联系以及处理一些行政性的后勤保障事务等。

3. 统一应急管理的风险及其防范

统一应急管理的风险主要体现在：一是制度风险。也就是由于制度不完善所引发的应急管理时产生的风险，对于此类风险，北京市大气污染行政执法协同应急响应指挥协调机构应当及时完善制度规范，对有可能产生风险的地方加以弥补。[1]二是管理风险。应急管理时自身的行为产生的风险的防范要靠完善自身的管理制度来实现。三是实施风险。也就是北京市大气污染行政执法协同应急响应协调指挥机构在实施应急管理过程中所遇到的特殊事件、特殊情况所产生的风险，对于此类风险则需要由北京市大气污染行政执法应急响应协同机制授予协同应急响应协调指挥机构一定的处置权，以解决危机事件。

（五）应急措施统一对接

1. 个性化应急响应措施

在北京市大气污染行政执法机构实施协同应急响应过程中，北京市各个区所面临的实际情况有可能会有一定的差异，此时应急响应的措施有可能也会有所不同。

2. 个性化应急措施之间的相互协调

个性化的应急响应措施之间需要进一步的相互配合、协调。例如：医疗应急响应措施的运用，北京市各个区之间会有所差异，因而需要协调各区之间的医疗应急响应措施，来应对大气污染紧急事件。

3. 个性化应急措施向共性措施的转化

在对协同应急响应指挥协调机构应急管理权进行顶层设计之时，就应当授予协同应急响应指挥协调机构在应急响应措施范围之内享有命令、协调的职权，即协同应急响应指挥协调机构可以通过发布命令的形式来统一各个区之间的个性化应急响应措施。

（六）应急责任统一分配

1. 北京市区域应急响应的不平衡性

北京市范围之内各个区之间经济发展具有不平衡性，城区的经济发展状况较好，而郊区的经济发展状况则相对较差，人口活动的主要区域都在城区，而大气污染的状况相对而言比较复杂，与人口活动的区域关系并不大，而是与自然气象条件关系比较大，这就会使各个区的应急响应主体受自然条件和经济发展的不同，在大气污染行政执法的应急响应等方面作出不同的应对活动，也就形成了应急措施的不平衡性。

2. 应急响应措施的不平衡性

受自然环境状况以及行政执法力量等要素的影响，北京市各个区在大气污染行政执法应急响应的过程中实施措施以及强度都是有所差异的。因而，各个区在应急措施方面具有不平衡性，这就使得北京市应对大气污染的时候会出现应急措施不均衡的现象，从而大大地影响了协同应急响应的效率。

---

〔1〕 刘忠山：《应急指挥系统建设项目风险管理探讨》，载《价值工程》2018 年第 25 期，第 53 页。

3. 应急责任统一分配与应急均衡

北京市大气污染行政执法应急响应协同机制在顶层设计时，要平衡各个区之间自然环境、执法力量等关系，使北京市内各个区之间的应急响应措施达到均衡，此时就应当用强制规范的形式来实现区域间应急响应措施的均衡。从应急响应措施的状态来看，可以分为两类：一是静态均衡。就是各个区之间采取应急响应措施应当达到形式上的均衡，具体表现为各个区之间要采取统一的应急响应标准来实施应急响应措施。二是动态均衡。就是要根据北京市各个区大气污染以及行政执法力量的状况来统一配置应急响应措施的义务和责任，这样就比较好地践行了"共同但有区别原则"，[1]也就是说，应当根据以往北京市各个区应急响应措施的数据来综合确定各个区所应当采取的应急响应措施强度，并通过立法加以确定，这样就可以实现北京市大气污染行政执法协同应急响应的整体性均衡。

六、北京市大气污染行政执法应急响应协同机制的常态化配套措施

（一）应急机构独立调查

1. 北京市协同应急响应指挥协调机构的独立调查权

北京市协同应急响应指挥协调机构要统一管理北京市的应急响应事务，不仅要依靠预警系统来分析预测北京市可能发生大气污染的概率以及程度，同时还应当赋予北京市协同应急响应指挥协调机构具有独立的调查权，有了调查权，协同应急响应指挥协调机构就可以根据实际需要更好地处理协同应急的相应事务。

2. 北京市协同应急响应指挥协调机构独立调查权的权限范围

独立调查权的权限应当包含以下内容：一是调查应急响应机构的权力。就是由北京市协同应急响应指挥协调机构对辖区范围内各个区的协同应急响应指挥协调机构进行不定期的抽查，检查的内容主要是各个区应急响应主体的应急管理状况是否达到了规定的标准，是否可以做到随时启动应急响应措施。二是调查空气质量状况的权力。可以由协同应急响应指挥协调机构对空气质量状况定期实施抽样检查，收集到北京市空气质量的数据，从而为下一步开展应急响应的预警工作打下坚实的基础。

3. 各个区应急响应主体的调查权

各个区的应急响应主体在实施应急管理过程中，也需要按照规定的程序对空气质量状况实施调查，收集第一手材料，通过大数据分析来分析本行政区内大气污染以及行政执法的状况，为协同应急响应措施的实施奠定数据基础。[2]

---

〔1〕 孙玉中：《论我国区域环境治理中的共同但有区别责任原则》，载《云南行政学院学报》2017年第4期，第103页。

〔2〕 王磊、刘涛、王勇：《大气污染事故应急监测、预警与风险评估系统建设》，载《环境科技》2012年第2期，第54页。

4. 各个区应急响应主体调查权的范围

北京市各个区的应急响应主体调查权范围主要包括：一是对污染行为的调查权。这项职权在行政法上分散在各个部门法之中，例如：环保部门对环境污染行为享有调查权，交通部门对机动车尾气排放情况享有调查权，这些权力都是在相应的行政法中有所规定的。但是在北京市大气污染行政执法应急响应协同机制构建过程中，还要授予各区协同应急响应指挥协调机构独立的调查权，也就是协调机构也可以对污染行为进行抽样、调查、核实、收集相关的数据等，这样就可以使协同应急响应指挥协调机构的职权更加完善，便于统一行使协调、调度的职权。二是对应急管理过程的数据进行收集。北京市各个区具体实施应急响应措施的机构，除了收集本部门行政执法所需的数据之外，为了协同预警的需要，还必须收集其他关于行政执法所需要的数据材料。

（二）应急舆情统一管理

1. 舆情监控

要在规范中建立网络舆情监控机制，赋予北京市协同应急响应指挥协调机构及各个区的应急响应主体网络监控权，监控网络舆情，并根据《网络安全法》的规定，将监控获得的信息移送公安部门，由公安部门及时对舆情进行处理，构成犯罪的，则启动刑事程序来处理。[1]

2. 大数据采样

要规定北京市协同应急响应指挥协调机构及各个区的应急响应主体每一周都要对监控到的关于大气污染治理的网络信息与以往的信息进行合并汇总分析，完成大数据采样的工作，并对其中的对比结果进行分析，构成舆情的，按照舆情来处理，不构成舆情的，则按照采样规则收集信息数据，以做好对比工作。

3. 网络舆情信息分析

对于网络中关于大气污染治理相关的负面信息，如果可能会形成舆情的就要启动舆情分析程序来对网络舆情信息进行分析，因此，在北京市构建大气污染行政执法应急响应协同机制时也要建立网络舆情信息分析系统，规定舆情信息的标准和分析原则，对网络舆情应当按照潜伏期、萌动期、加速期、成熟期、衰退期等不同阶段加以分析处理，[2]并根据分析结果提出相应的应对措施。

4. 网络舆情的紧急处置

由于北京市协同应急响应指挥协调机构执法权限有限，需要北京市内公安机

---

〔1〕 王晰巍等：《基于社会网络分析的移动环境下网络舆情信息传播研究——以新浪微博"雾霾"话题为例》，载《图书情报工作》2015 年第 7 期，第 14 页。

〔2〕 郑昌兴、苏新宁、刘喜文：《突发事件网络舆情分析模型构建——基于利益相关者视阈》，载《情报杂志》2015 年第 4 期，第 71 页。

关协助进行处理，因此要建立网络舆情紧急处置的联系机制，若遇紧急状况时，则启动沟通机制，由北京市协同应急响应指挥协调机构于公安部门联合实施紧急处置措施，必要时还可以由工信部门以及其他相关机关共同参与处理。

（三）重污染的加重处罚

1. 重污染天气加重处罚的理论依据

从环境法的基本原理来看，对环境破坏的程度高，就应当承担更加严厉的处罚，[1]而从实践来看，重污染天气中的排污行为不仅会对空气环境造成更加严重的破坏，而且还会对人的健康造成更加严重的危害，因此从理论上讲，重污染天气的大气污染违法行为应当给予更加严厉的处罚。这一规则需要在北京市大气污染行政执法应急响应协同机制中予以明确。

2. 加大机动车违规出行的处罚力度

重污染天气中，一些人为了自身出行减少雾霾的伤害，而违规将限行车辆开上路，此时的罚款措施对于机动车驾驶人而言是无所谓的，因为罚款数额太少。而此时机动车驾驶人的违规出行行为属于明知故犯，以牺牲罚款换取自身的收益，但是却给大气环境和其他人造成了更加严重的损害。[2]因此，机动车违规出行以及违法排放的行为，不能按照平时的处罚标准处罚，应当按照加重处罚机制，实施顶格处罚或加倍处罚，这样就可以大幅降低重污染天气违规出行的行为。

3. 加大过境机动车违法的处罚力度

北京市建立大气污染行政执法应急响应协同机制时，除了建立重污染天气加重处罚规则外，还应当对过境机动车的违法行为加大处罚力度，即北京市实施应急响应时，如果有来自外地的机动车过境，此时过境机动车若尾气排放不达标，或者有老旧机动车过境的，都会给北京市的大气环境造成严重影响，因此要给予更加严厉的处罚。

4. 加大违规生产的处罚力度

在北京市实施大气污染行政执法应急响应的过程中，如果北京市协同应急响应指挥协调机构决定启动协同应急响应时，也应当对生产型的企业加大监管力度，如果企业在重污染天气应急响应期间违规开展生产活动的，应当给予比平时更重的处罚，这样才能够体现重污染天气加重处罚的基本原则。

---

〔1〕 邓玉华：《雾霾天气治理中的企业社会责任：理论与案例研究》，中国工商出版社 2013 年版，第 36 页。

〔2〕 黄震、吕田、李新令：《机动车可吸入颗粒物排放与城市大气污染》，上海交通大学出版社 2014 年版，第 86 页。

（四）跨区环境行政执法

1. 大气污染跨区环境行政执法的必然性

大气污染本身具有跨越行政区的自然属性，实践中北京市针对大气污染治理开展的跨区行政执法活动还是比较多的，例如：北京市机动车的治理，执法人员的调配有的时候是由北京市交管部门统一调配的，这样也就实现了行政执法的跨区管理。从实现来看，大气污染治理的跨区行政执法是实践中的必然现象，也是环境执法完善化的一个方向。

2. 大气污染跨区环境行政执法与协同应急响应

大气污染跨区环境行政执法有两种类型：一是在北京市范围之内的跨区环境行政执法，这种类型主要是北京市各个区之间在环境行政执法过程中实施的相互配合、相互合作、共同实施执法活动。二是超越北京市范围的跨区环境行政执法，这种类型主要是北京市与周边天津与河北在环境行政执法方面相互配合、相互合作、共同实施的执法活动，[1]例如：京津冀地区对跨境机动车尾气的检查，北京市与天津市、河北省都开展了一些执法合作。应当将大气污染跨区环境行政执法限定在北京市的范围之内，即第一种类型。

3. 跨区环境行政执法的权力义务

跨区环境行政执法的权力义务范围，综合起来，一是要规定跨区环境行政执法的范围。一般应当限于流动性违法的情况，例如：机动车尾气排放、露天流动烧烤等违法行为是随时随地可能发生的大气污染违法行为的情况。二是要规定跨区环境行政执法的启动条件。在取得上级部门批准或者区域间达成跨区环境行政执法协议的，可以依据法定程序启动跨区环境行政执法。三是要规定跨区环境行政执法的行使方式。需要明确属地管辖为主、跨区环境行政执法予以配合的权力行使方式。

（五）污染预警联席会议

1. 建立联席会议机制

联席会议是政府机关处理具体行政事务时经常采用的一种实践做法，顶层设计应当规定联席会议制度，并规定好大体的框架和程序，这样联席会议的运行就会更加规范，而且还能够大大提升北京市大气污染行政执法应急响应的效率。

2. 定期召开会议

联席会议实践中分为两类：一类是定期召开的联席会议，一般适用于常态化行政执法的情况。另一类是不定期召开的联席会议，一般针对特事特办的情况。[2]

---

〔1〕 王比学：《依法治理大气污染需区域联动》，载《人民日报》2015 年 6 月 3 日，第 17 版。
〔2〕 乔伟等：《联席会议制度的理论基础及实践研究》，载《四川水力发电》2017 年第 S2 期，第 105 页。

应当要规定北京市内各区内部的不同行政执法单位之间要每个月召开一次联席会议；各个区的应急响应综合指挥协调机构应当每个季度召开一次跨区联席会议。

3. 联席会议的内容

联席会议沟通的内容主要包括：一是相互通报本地违法情报信息，并交换执法信息，最大限度减少协同应急响应的壁垒。二是研究行政执法对策，主要是针对实践中大气污染行政执法应急响应过程中所遇到的特殊情况进行研究分析，找出解决对策。三是对联合执法进行布置。如果需要各个行政执法单位相互配合、共同完成行政执法行为的，可以在联席会议上进行总体布置。

（六）应急响应监察监督

1. 强化行政责任

应急响应协同机制的建立应当在其中明确强化应急响应主体的责任担当，对于未尽到相应职责的，应当承担相应的法律责任，对于法律责任的承担方式，在应急响应协同机制中也应当加以明确，一般应当以内部行政责任为主。

2. 监察委员会介入监督

北京市在建立大气污染行政执法应急响应协同机制时，也应当将监察委员会的监察监督引入对协同应急响应机制的监督之中。对于在实施大气污染行政执法协同应急响应措施中行政执法机关出现不作为、乱作为、怠于履行职责等情况的，应当由监察委员会实施监督，给予相关责任人相应的纪律处分或者行政处罚，这样就可以最大程度督促应急响应主体开展应急响应活动。

3. 构建线索移送机制

将监察委员会的监督纳入大气污染行政执法应急响应协同机制之中，对应急响应主体开展监察监督，还应当建立相应的线索移送机制，即北京市以及各个区的大气污染行政执法应急响应综合协调指挥机构在协调各个区应急响应主体之间的关系时，或者在各行政执法主体实施应急响应措施之时，发现某一应急响应主体不作为、乱作为、怠于履行职责等情况的，应当将案件线索移送监察委员会，由监察委员会对应急响应主体的行为进行判断，如果情节轻微的，则按照纪律处分条例给予相关责任人行政处分，如果情节严重的，则要按照渎职犯罪的相关规定对责任人启动职务犯罪侦查程序。因此，在顶层设计中要规定线索移送机制，并规定应急响应综合指挥协调机构和应急响应主体有权将案件线索移送监察委员会按照法定程序处理，这样就可以增强各行政执法主体的责任意识，从而能够大大提升其履行职责的效率。

七、结论

在当前北京市大气污染治理的现实背景下，北京市大气污染行政执法应急响应协同机制有利于提升大气污染行政执法应急响应的效率，而在进行顶层设计之时，应当坚持制度理念的协同、实施过程的协同、实施结果的协同、实施责任的协同等"四个协同"的基本思路，对应急响应主体的权力和义务进行规定，规定相应的责任承担方式，这样就可以使应急响应协同机制更加规范化。而从权力配置方面来看，大气污染行政执法应急响应协同机制应当着重配置预案制定权、预警协同权、应急发布权、区域协调权等"四项权力"，做到了权力范围清晰，就可以构建起应急响应机制的基本权力体系。而在基础制度层面，北京市大气污染行政执法应急响应协同机制的构建还需要从应急机构统一建设、应急制度统一规划、应急预警统一标准、应急管理统一实施、应急措施统一对接、应急责任统一分配等层面来实现"六个统一"搭建基本框架。当然，仅有基本框架还是不够的，还需要在常态化配套措施上完善辅助性制度，主要是应当建立应急机构独立调查、应急舆情统一管理、重污染的加重处罚、跨区环境行政执法、污染预警联席会议、应急响应监察监督等"六项机制"，这样北京市大气污染行政执法应急响应协同机制的基本体系才算初步建立。而通过建立协同响应机制，可以最大限度地平衡协调各行政执法机关在应对大气污染紧急事件时的权力义务关系，从而可以提升应急响应的协同性，提升应急响应的效率。

北京市住房租赁产业化的问题与立法应对

赵秀池[*]

一、研究背景与意义

（一）研究背景

十九大报告提出，要建立多主体供给、多渠道保障的，租购并举的住房制度。2015年中央经济工作会议中也提出，要大力发展租赁市场，建立购租并举的住房制度。并计划到2020年，基本形成供应主体多元、经营服务规范、租赁关系稳定的住房租赁市场体系。2017年7月，住建部等九部委联合印发了《关于在人口净流入的大中城市加快发展住房租赁市场的通知》，要求在人口净流入的大中城市，加快发展住房租赁市场，培育机构化、规模化住房租赁企业。其中选取的广州、深圳、南京、杭州、厦门、武汉、成都、沈阳、合肥、郑州等12个城市首批开展住房租赁试点，各地均公布了住房租赁扶持政策。北京市也出台了《关于加快发展和规范管理本市住房租赁市场的通知》，其中有"鼓励发展规模化、专业化的住房租赁企业，支持住房租赁企业通过租赁、购买等方式多渠道筹集房源，支持个人和单位将住房委托给住房租赁企业长期经营，满足多层次住房租赁需求"的内容。2018年两会更是提出要落实1亿非户籍人口在城市落户方案，探索租赁房屋的常住人口在城市公共户口落户，把租赁住房提到前所未有的高度。随着我国城镇化的迅速发展，房价不断提高，尤其以北上广深为代表的城市，住房租赁需求不断增加，住房租赁市场不断扩大。

当前城市主要的住房租赁需求来源于外来人口。2016年北京市常住人口为2172.9万人，北京市常住外来人口约807.5万人，占常住人口的37.2%。其中租住人口738万，占全部常住人口的比例为34%。根据相关统计外来人口有将近85%的人通过租赁住房解决居住问题。

住房租赁供应主要包括两部分：一是政府供应的公租房。其投资主体为政府

---

* 课题主持人：赵秀池，北京市房地产法学会副会长兼秘书长，首都经济贸易大学教授。立项编号：BLS（2017）B011。结项等级：合格。

或公共机构，保障低收入人群或人才的住房需求。二是市场供应的租赁房，包括个人、中介机构和开发商出租的房屋。

目前住房租赁市场尚未形成成熟规范的住房租赁行业。市场中仍以个人住房租赁为主，处于卖方市场阶段，承租人与出租人相比在经济实力上、合同利益上、市场上处于明显的弱势地位，因而在签约过程中的谈判能力和讨价还价能力较低。出租人则极有可能滥用其优势地位以损害承租人的利益为代价实现自身利益的最大化。市场中的不利地位加上政府有效管理和服务的缺失以及纠纷的司法救济时间和财力成本较高等种种原因，承租人的稳定居住权通常无法有效保障。常常出现房屋及设施设备老旧，租期不稳定，出租人随意违约，缺乏修缮服务，二房东多收费，不退押金和租金，租赁期间维修责任不明等诸多问题。

与全国住房租赁市场相比，北京房价高，租赁住房需求大，但供应不足，供需关系紧张，租赁市场发展不完善，承租关系不稳定，近期还出现了房租过快增长现象。在疏解整治促提升的背景下，如何建立租售并举的住房制度，建立规范健康的租赁市场，引入市场机制，推行住房租赁产业化，还有许多问题需要探讨。因此，亟须对北京市住房租赁产业化进行研究，以期在住房租赁产业的法律关系认定、法律适用、体系分配、监督管理等方面，提出相应的立法建议，形成一套较完备的制度，以规范住房租赁市场的运行秩序。

（二）研究意义

1. 理论意义

（1）有助于租购并举住房制度的建立，健全住房租赁市场。租赁市场是房地产市场的重要组成部分。通过该课题研究，探讨如何规范住房租赁机构行为，促进租赁市场的发展，使住房回归居住功能，建立购租并举的住房制度、维护住房租赁市场的运行秩序、促进房地产市场平稳健康发展。

（2）完善法律法规，推动住房租赁产业化发展。从 2014 年起，按照市人大、市政府的要求，市住建委会同相关部门一直在推动《北京市住房租赁条例》立法工作，通过条例规范租赁经营、促进企业持有经营租赁非常重要，因此，开展住房租赁产业化问题与立法研究对于推进北京市立法工作意义重大现实意义，也确实能起到贯彻中央和市政府精神的作用。通过该课题研究，为住房租赁产业化的发展提供相应法律支持。

（3）服务于北京市中心城区人口疏解，实现职住平衡。北京市作为首都，人口规模过大，"大城市病"突出，需要瘦身健体，因此，疏解非首都功能、疏解整治促提升成为当务之急。通过在非中心城区发展租赁住房，也能有效的促进北京市中心城区人口疏解。同时，北京交通拥堵严重，交通拥堵的一个主要原因就是职住分离，通过发展租赁市场，实现就近就业、就近居住，可以有效地缓解交通拥堵的大城市病。

2. 实际意义

（1）有效增加住房租赁房源，丰富供给侧改革的内容。我国住房制度过去偏重产权类的住房供给，导致现在住房租赁房源供给不足，通过该课题研究探讨住房租赁机构盘活存量房源的实现路径与规范化，丰富住房制度供给侧改革的内容。

（2）机构租赁与个人租赁有效结合，规范市场秩序。发展住房租赁产业化，住房租赁机构将个人房源进行收集、改造、经营，能够有效管理房源，避免一房多租、拖欠租金、前期合同无效等问题。若有租赁纠纷可由住房租赁机构统一处理，能得到妥善解决，使租住更加有保障。同时使承租人、出租人、机构之间的权利责更加明确，引导个人房屋租赁规范化。同时，通过对住房租赁产业化的研究，分析当前住房租赁企业存在的问题，有针对性地提出相应的立法应对措施，形成一套较完备地制度，可以规范住房租赁市场地运行秩序，促进租赁机构健康发展。

（3）增加对承租人和房屋的日常监管，使居住更安全。住房租赁机构相比个人出租房屋而言，有利于实现对承租人及房屋进行房屋日常监管，避免出租住房存在大量安全隐患。租赁机构会安排人员做定期检查，及时发现热水器超过使用期、煤气自来水软管老化、空调室外机托架锈蚀等设备老化问题，排除安全隐患。

（三）研究目的

本课题首先阐述住房租赁市场历史沿革与法律现状，在界定住房租赁产业化概念的基础上，通过对国外住房租赁产业化及立法政策的对比分析，结合对其他城市租赁市场的调研，全方位分析目前住房租赁产业化现状，梳理存在的问题。同时立足北京市疏解整治促提升的实际情况，站在公平交易、供求均衡角度提出北京市住房租赁业化的相关立法建议。

二、北京市住房租赁市场的历史沿革与现状

（一）北京市住房租赁制度的历史沿革

1978 年前我国实行计划经济，政府对住房实行实物分配的福利住房制度，提供租赁住房分为直管公房和自管公房两种形式。当时北京市住宅租赁标准为 0.11 元/m² （按使用面积计算），长期低租金福利体制导致"租不养房"。

20 世纪 80 年代初推行了住房商品化改革，此后住房体制改革一直是以住房所有关系为核心。1980 年邓小平就住房问题的讲话，勾勒了我国近 30 年住房体制改革基本思路，"城镇居民个人可以购买房屋，不但新房子可以出售，老房子也可以出售。住宅出售后，房租恐怕要进行调整，要联系房价调整房租，使人们考虑到买房合算。因此，要研究提高房租，房租太低了，人们就不买房子了。"从此，我国城镇住房改革一直沿用"以促进住房所有关系改革为目的，以改革租赁关系为手段"的改革思路。

去年十九大报告提出，要建立多主体供给、多渠道保障的，租购并举的住房制度，把租赁住房提到前所未有的高度。各地不断出台租赁新政，北京市也出台了《关于加快发展和规范管理本市住房租赁市场的通知》。根据《北京市 2017—2021 年及 2017 年度住宅用地供应计划》，五年内北京将供应 150 万套住房，包括产权类住房 100 万套，租赁住房 50 万套。

（二）北京市住房租赁市场现状

2015 年以来，伴随着推动住房租赁的政策不断推出，北京市住房租赁市场供需两旺。根据北京市住房租赁合同登记备案数据，以及住房和城乡建设委员会和房地产经纪机构的相关数据统计，2016 年北京市住房租赁成交大约 200 万套次，租赁状态的住房约有 150 万套，约占整体住房存量的 20% 左右。

住房承租人以常住外来人口为主。据北京市统计年鉴数据显示，2016 年北京市常住人口为 2172.9 万人，其中租住人口 738 万，占比为 34%。北京市常住外来人口约 807.5 万人，占常住人口的 37.2%，根据相关统计外来人口有将近 85% 的人通过租赁住房解决居住问题。

但目前住房租赁市场结构不均衡，北京市住房租赁市场中机构化、专业化、规模化租赁市场占比大约 15%，绝大多数还是房东通过房地产经纪机构分散出租；在租赁住房性质上，大部分租赁住房为已购公房（房改房）、拆迁安置房、集体土地上的农民房和小产权房。从房型来说，一居室供不应求，两居室供需基本平衡，三居室供过于求，90 平方米以下的租赁房源占 3/4，但是近年来新增的商品房以大户型居多。

从需求群体看，除求学、医疗等短期租赁人群外，长期租赁人群主要是以收入水平较低的外来务工人员、新毕业大学生和城市中低收入家庭人员为主。这类群体收入较低，住房支付能力有限，是决定我国租赁市场租金价格的根本因素。随着经济发展，中高端需求的租赁人群也已出现，主要包括商务派遣、旅游度假、养老等群体。

近些年来北京租金价格的相对平稳，与北京产业结构调整，人口疏解，轨道交通快速发展，使得越来越多的租房人群向近郊、远郊，甚至环京区域的租金价值洼地转移关系密切。人口的流动和租赁区域的远郊化在一定程度上平抑了租金上涨。

未来住房租赁市场发展空间较大。东京、洛杉矶、旧金山、纽约等城市，租赁住房占比超过 60%，租住人口占比超过 50%，我国香港地区也达到 45.5%，而北京约占房屋总存量的20%左右，租住人口刚到城市总人口的1/3，随着住房租赁政策日益规范，北京市住房租赁市场未来有较大的发展空间。

（三）住房租赁市场现有法律法规现状

1. 房屋租赁立法存在空白，相关规定位阶较低

国家层面房屋租赁立法滞后；从地方层面，北京市关于房屋租赁也还没有进行专门立法。

目前，《商品房屋租赁管理办法》是唯一一部全国范围内专门性房屋租赁管理的部门规章，然而北京市房屋租赁市场庞大，地方特性明显，该办法的适用性大打折扣。

《北京市房屋租赁管理若干规定》是北京市政府颁布的专门用于房屋租赁的政府规章，然而位阶较低，难以将房屋租赁涉及的各方面关系，包括行政主管部门与相对人之间的关系，尤其是涉及出租人、承租人以及房地产经纪机构之间的民事关系进行科学合理的界定、调整。

2. 房屋租赁相关方面的管理存在空缺

随着租赁市场的活跃，房屋租赁形式多样化，租赁过程中涉及的主体也增多，现有的法律及行政法规对房屋租赁的相关规定，远远不能满足规范市场的需要，缺乏对租金进行管制、机构发展租赁市场相关管理的规定。

例如，目前商品房预租是房地产交易的一种常见方式，为加大出租房屋的供应，我国也鼓励房地产开发企业建设住宅专门用于出租。在欧美发达国家，以"开发—出租"为主要经营模式的公司，已成为上市房地产企业的主体。未来住宅"开发—出租"经营模式在我国也必将得到很好的发展，然而现有房屋租赁相关法律法规对商品房预租及住宅"开发—出租"这两种房屋租赁形式未做任何具体的规定。

随着市场发展，房屋租赁关系中涉及的主体逐渐增多，除出租人、承租人外，一般还涉及政府管理部门、房地产租赁机构及其从业人员、物业企业等。现有房屋租赁法律法规主要从债权方面规定了出租人、承租人的权利义务关系，对承租人与政府管理部门、租赁运营企业之间的关系进行界定的较少。

3. 市场监管法律细则不清，增加了执法难度

《城市房地产管理法》第2条第2款规定：本法所称房屋，是指土地上的房屋等建筑物及构筑物。此房屋概念描述中又使用"房屋"二字，循环解释，概念界定不清晰。《城市房地产管理法》第53条规定房屋租赁，是指房屋所有权人作为出租人将其房屋出租给承租人使用，由承租人向出租人支付租金的行为。根据此法，出租人指的是房屋所有权人，但实际房屋租赁活动中房屋出租人的范围更广。现有房屋租赁相关法律法规对房屋租赁相关概念界定不清，只有原则性条

文，实际工作中容易造成混淆或异议，增大了执法难度。

4. 相关规定存在冲突，带来执法困惑

目前房屋租赁相关法律法规对同一行为的规定及罚则存在不一致的情况。例如《北京市房屋租赁管理若干规定》中对房屋租赁登记备案的期限要求、违反规定的处罚措施与《商品房屋租赁管理办法》中的相关规定存在不一致；同时，将不允许出租的房屋进行出租所应承担的法律责任也是不一致的。《租赁房屋治安管理规定》中对出租人将承租人信息登记备案的相关规定与《城市房地产管理法》存在冲突。这些不一致将给执法带来困惑，不利于效力的发挥。

5. 相关规定未设对应的罚则，缺乏威慑力

现有的部分法律法规仅仅规定行为模式，而无法律后果，如为稳定租赁关系，《商品房屋租赁管理办法》第9条第2款规定"房屋租赁合同期内，出租人不得单方面随意提高租金水平"；《北京市房屋租赁管理若干规定》第7条第2款规定"房屋租赁期限内未经承租人同意，出租人不得擅自缩短租赁期限、增加租金。"这对出租人随意哄抬租金的行为具有一定的约束作用，对于出租人违反这一规定的法律责任并没有进行明确。没有违法代价，则不利于对行为人形成法律威慑，防止违反规定的现象发生。

三、住房租赁产业化相关概念及研究范围界定

（一）产业化定义

产业化是指某种产业或行业在市场经济运作形式下，以行业需求为导向，以提高效益为目标，依靠专业服务和质量管理，形成的系列化、规模化、品牌化的经营方式和组织形式。

（二）住房租赁产业化定义

本文住房租赁产业化定义为：在市场经济运作形式下，住房租赁经营实现规模化且运营房屋在租赁市场到达一定数量或比例，形成的系列化、品牌化、专业化、一体化的经营方式和组织形式。住房租赁产业化能够有效降低成本、增加房源供给、提高房屋租赁效率、形成稳定租金关系、促进租赁市场规范化。产业化发展需要面向市场形成规模经营，又需要合理的专业分工，发挥"龙头"带动作用，加强与相关行业的配合，增强配套服务。

（三）住房租赁产业链定义

住房租赁产业链是以住房为核心产品的开发、设计、生产、运营、维护、更新等住房租赁产业发展全过程，以及与之相配套的土地、金融、劳务、技术等企业与政策支持。整个住房租赁产业链条包涵土地供应端、开发建设端、金融支持端、租赁交易监管平台、房屋运营商、租后服务方六个环节，以开发建设端的住房租赁企业为主体，彼此之间相互支持，不仅有利于住房租赁产业链内部效率的

提高，更使得产品质量得到保障。

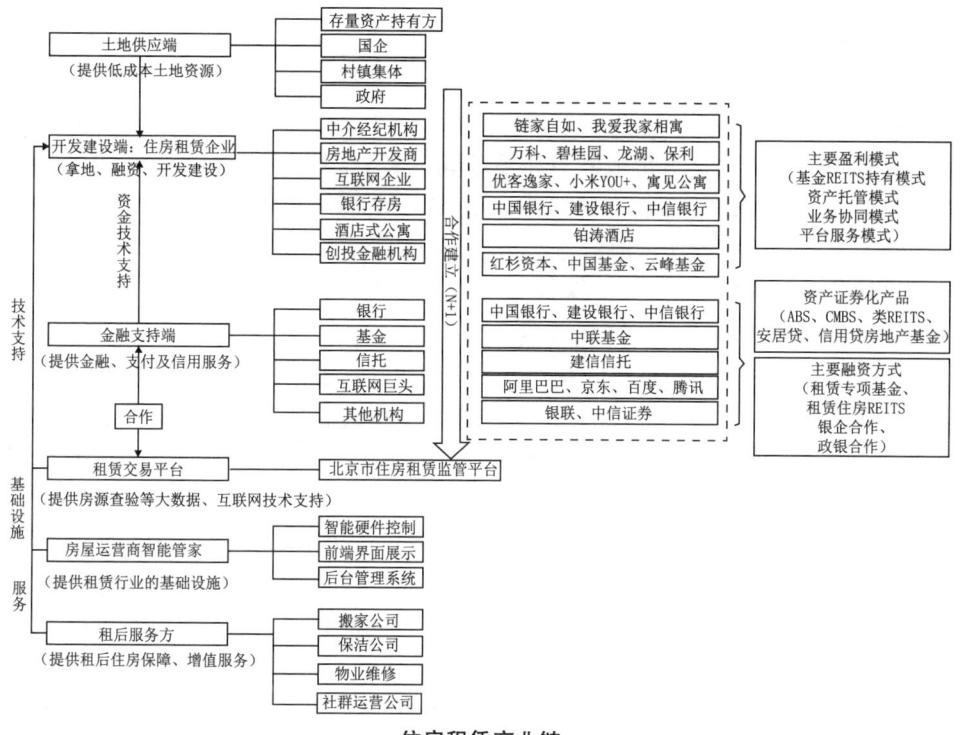

住房租赁产业链

　　土地供应端为住房租赁企业提供低成本土地资源，金融支持端为其提供金融、支付及信用服务，租赁交易平台为其提供房源查验等大数据、互联网技术支持，房屋运营商智能管家为其提供租赁行业的必要基础设施，租后服务方为其提供租后住房保障，增值服务。政府与住房租赁企业、金融端企业相互合作建立北京市住房租赁监管平台。只有将产业链上的各个环节的市场行为进行规范，才能够推动住房租赁产业化健康良性发展。

四、北京市住房租赁产业化现状与问题

　　（一）北京市住房租赁机构现状与问题

　　1. 住房租赁经营机构分类

　　住房租赁经营机构主要有三类，第一类是政策性住房租赁机构及管理中心，包涵公租房，集体建设用地上建设住房等与政府相关的政策性住房租赁机构。另外两类是按照所租赁经营住房的形态进行分类，将住房租赁企业分为分散式和集中式住房租赁企业。分散式住房租赁经营机构包括大中型房地产经纪机构、商业银行、物业服务企业；集中式住房租赁经营机构包括房地产开发企业、互联网创业型企业。

2. 住房租赁产业运营模式

住房租赁企业有 4 种不同运营模式，分别为开发运营模式、资产托管模式、运营服务模式与代建运营模式。

（1）开发运营模式。开发运营模式是指公寓所有者（主要是房企）成立专门的运营团队，负责存量房或新建租赁住房的运营，为租客提供租赁和增值服务，获取"资产增值和租金"，有万科、龙湖、招商蛇口等代表企业。

其特点为：①招拍挂拿地新建；②已有自持资产；③收购+持有运营；④集体建设用地租赁住房。

（2）资产托管模式。资产托管模式是房企将持有部分资产与专业长租公寓运营商战略合作。房企将公寓托管给运营服务商进行出租和租后管理，承担房屋维护费和装修费用，享受资产增值和租金收入；运营商负责公寓运营，支出一定管理成本，为租客提供租赁和增值服务，赚取托管费和租客增值服务费。代表企业有保利、绿城、阳光城、复星等房企。

（3）运营服务模式。运营服务模式是从资产所有者处承包公寓，对房屋进行标准化装修，并且负责出租其间的运营和维护，向房屋所有者缴纳固定租金，赚取租金差价和服务费，而资产所有者享受资产增值和固定租金收益。

（4）代建运营模式。代建运营模式是房企接受土地所有者或使用者的委托，提供土地规划、建造和运营服务，向所有者缴纳固定租金，收取租客租金和服务费，赚取租金差价和服务费，土地所有者需要支付房企建筑费用，享受资产增值和固定租金收益。房企担任代建+运营的角色。

3. 住房租赁产业盈利模式

当前住房租赁机构主要面临盈利不高问题。目前住房租赁企业长期盈利目标 6%~7%，当前大多数品牌回报率 1%~3%，依靠政府的税收减免维持。这是由于住房租赁企业的租金普遍高于市场 15%~20%，但即便租金水平高，房企在运营住房租赁业务的前期需要投入大额度成本，且利润回报率不高、汇报周期较长，这些痛点限制了盈利水平。目前，租赁住宅市场的盈利模式有四种：降本增效模式、资产托管模式、基金 REITs 持有模式与业务协同模式。

4. 住房租赁产业经营存在的问题

（1）土地成本高。土地成本高是长租公寓一直以来存在的问题。例如：万科翡翠书院项目，万科仅拿地价格就高达 109 亿元，地价决定了长租公寓的租金水平，再加上建安成本、配套设施、经营成本、维护成本等费用，使得多数长租公寓运营商不得不走高端路线，推高租金价格维持利润。

（2）税收负担较重。企业经营租赁税收成本中，公寓企业若按照不动产租赁服务缴纳增值税，税率为11%；按照生活性服务行业支持政策，增值税率6%。然而，分散经营模式的租赁企业通常面临个人业主为避税不愿开具增值税发票的情形，被迫接受个人业主转嫁的所得税与增值税（6%）。在加上城市维修建设费（增值税的7%）、教育维护费（增值税的2%）以及企业所得税，企业税赋成本占总体成本20%左右。

（3）租赁经营收益率低。根据链家研究院统计数据，北京租金回报率仅为1.36%，虽然租赁经营企业房租较周边个人房源有50%左右的溢价，但是分摊拿房和装修、管理成本后，基本没有盈利空间。目前虽然品牌租赁经营在强企业化提升非租金收入（服务管理、商业配套等），但是尚未探索出长久的盈利模式。

目前租赁企业交给业主的房租成本或者购买持有投入成本高，房源成本占比均超过60%，前期的装修改造成本占比10%~20%，税收成本占比10%~20%之间，融资成本占比2%~5%之间。这意味着扣除10%~20%的销售、管理等成本后，租赁企业基本处于亏损或微利的状态。

（4）融资成本高。目前融资渠道主要为银行贷款、互联网租约证券化，仅有部分企业尝试发布产业私募基金以及企业补贴租金分期利息提前回笼资金。其中，银行信用贷款成本仅为7.5%左右，但面临融资额度较小的问题，而其他融资渠道融资成本均在10%以上，如租金分期企业实际承担利息成本为10%，互联网金融租约证券化资金成本为10%~11%，产业私募基金成本10%。高额的利息成本导致盈利水平进一步下降。

（5）缺乏租金监管机制。住房租赁产业化发展不完善，近期我国重点城市住房租金价格不断上涨，虽然租金由很多因素决定，但是住房租赁机构争抢房源哄抬房租是房租上涨的一个重要因素。在北京、上海、深圳这类一线城市，市场上出租房屋供小于求，很多中介机构或长租企业在拿房时都是"控盘逻辑"：通过付出更多的拿房成本，拿下某个热门地区的大多数房源，甚至形成该地区的垄断，最终通过房租涨价赚取利润。因此，市场上经常会出现一套房源多家住房租赁机构争抢的局面，以高出市场20%到40%的价格收房，导致租房成本直接上升，往往是"价高者得"，进一步推动租金价格上涨，住房租赁机构缺乏相应的租金监管机制。

（二）北京市住房租赁产业链现状与问题

1. 北京市住房租赁产业链现状

（1）租赁住房资产证券化取得突破性进展。截至2017年11月，经由基金业协会备案确认的类REITs产品共有24单。累计发行规模近600亿元。国内类RE-ITs产品仅部分符合了国外成熟市场REITs产品标准，在交易结构、税负水平、运营方式、收入来源、收益分配方式、募集范围等方面仍具有一定差异，还应在实践中不断总结经验，并需通过立法对此进行规范和保障。

（2）信用租房模式开启，颠覆了传统押一付三模式。移动互联网助推了住房租赁行业加速发展。移动互联网浪潮的出现，促使住房租赁市场的规模出现快速的增长，也使在网上找房的租客越来越多。借助网上房源的发布，住房租赁经营者可以相对精准和便捷地获取客户，同时降低营销成本，提高效率。"互联网+"时代也使网上看房、签约、付款、备案都成为可能。信用分在 700 分以下，付租房方式为押一付一。而租客凭借自己良好的信用可以不付押金，省却押一付三或押二付三等麻烦和较大的资金占用。

（3）政府监管租赁平台上线，为企业经营租赁住房助力。2017 年 9 月北京市住建委等部门联合出台了《关于加快发展和规范管理本市住房租赁市场的通知》（京建法［2017］21 号），10 月 31 日起正式实施。现在北京住房租赁监管平台已经正式上线，提供线上线下租赁服务一体化，建立并完善了住房租赁交易服务平台。监管平台通过链接网络交易平台，为网络交易平台提供后台数据支持，由网络交易平台为租赁当事人提供更多公共服务。这会为企业经营租赁住房助一臂之力，也会在一定程度上提高住房租赁登记备案率。

首批上线的网络交易服务平台有北京房地产中介协会、链家、我爱我家和建设银行四家。业务全面覆盖居间成交、自行成交、公租、租赁经营、企业自持等租赁市场各种交易类型。市住建委还将不断扩大网络交易平台的规模，提升服务的便利性、可获得性。

2. 北京市住房租赁产业链存在的主要问题

（1）租赁物业与城市公共服务资源脱钩。虽然政府在努力给承租人赋权，但由于资源的稀缺性，目前北京市的租赁新政只是针对京籍无房户赋予其租房可以得到子女教育的权利，外来人口通过租房仍然无法享受子女接受教育的权利，导致很多人不得不买房居住。

未来随着非首都功能疏解任务的落地，更多的房企自持项目、集体建设用地供应的租赁住房地块位置也更偏远，其道路基建、教育医疗、生活服务等配套不足，也会影响租赁住房需求。

（2）缺乏快速司法的调停机制。在租赁关系中，出租人与承租人应当处于相等的法律地位。所以从权利义务对等的角度考虑，出租人在租赁关系结束后的房屋使用权的权益应当受到保护。在现有的司法环境下，若双方的租赁合同已解除或者到期终止，出租人无法快速通过司法救济保护自己的房屋使用权。

（3）住宅租赁企业税收负担较重。企业经营租赁税收成本中，公寓企业若按照不动产租赁服务缴纳增值税，税率为 11%；按照生活性服务行业支持政策，增值税率 6%。然而，分散经营模式的租赁企业通常面临个人业主为避税不愿开具增值税发票的情形，被迫接受个人业主转嫁的所得税与增值税（6%）。再加上城市维修建设费（增值税的7%）、教育维护费（增值税的2%）以及企业所得税，企业税赋成本占总体成本20%左右，税收负担较重，这使得住房租赁企业的利润进一步降低，是亟须解决的问题。

（4）房屋运营智能系统，租后服务标准尚不明确。住房租赁企业出租房屋后应当提供房屋装修、家用电器、搬家、物业、维修、保洁等服务，这些处于行业链上的企业对于住房租赁市场的影响力日趋明显，保障了出租人的房屋安全和承租人的租住安全。但是企业服务标准存在一定的规范化政策缺失。

五、国内外住房租赁产业化立法借鉴

（一）国内经验借鉴

1. 深圳经验借鉴

截至2015年，全市常住人口的住房自有率为34%，即约1/3的常住人口居住在自有住房中，2/3的常住人口需通过租赁住房解决居住问题。其中，户籍人口的住房自有率约70%，非户籍人口住房自有率仅10%左右。绝大部分非户籍人口依靠租赁住房特别是租住城中村住房和工业区配套宿舍解决住房问题。

目前，全市出租住房约740万套（间），面积约3.38亿平方米，约占住房存量套数的70%，租赁住房供应量大，房源结构多元，在全市租赁住房六大类中，城中村租赁住房占60.8%，工业配套宿舍占21.6%，商务公寓等用于租赁的占8.1%，商品住房用于租赁的占4.1%，各类保障性住房用于租赁的占1.7%。大部分人口租住城中村住房和工业区配套宿舍，以城中村住房为主体的租赁市场，租赁供应主体分散、交易活跃。根据租赁市场发展趋势与公租房建设和供应规划，未来租赁住房将达到800万套，可解决全市1600万人的居住。

深圳市去年出台了《深圳市住房租赁试点工作方案》，针对住房租赁市场的实际情况，明确了5大方面、20项重点任务和政策措施。其中主要有：①推进住房租赁交易服务平台建设；②大力培育机构化、规模化住房租赁企业；③加大租赁住房的供应力度；④支持住房租赁消费需求；⑤加强住房租赁管理。⑥通过积分制有条件地实施"租售同权"。

2. 厦门经验借鉴

厦门初步形成了供应结构多元、高中低并举的租赁市场体系。全市共有租赁房源100万间，约2200万 m²，其中：政府主导的保障性租赁房、公共租赁房（含人才租赁房）、直管公房，占18%；国有企业主导的各类产业园区配套公寓（如软件园二期、三期等），占2%；工业集中区周边利用农村发展用地建设的外口公寓、"金包银"工程，占2%；住房租赁企业提供的租赁房，占3%；城镇居民多余住房出租，占75%。

全市已有市场化、专业化、规模化租赁企业 15 家，其中较为知名的有魔方、盛捷、红璞、万科泊寓（从厦门起步走向全国）、UONE（优旺）社区、青友公寓等。业态门类齐全，主要有：酒店式公寓、青年 SOHO、白领公寓、创客公寓、青年长租公寓、高端服务式公寓等。目前租金均价：岛内 38 元／m² （思明区约 52.7 元／m²，湖里区 49.2 元／m²），岛外 25 元／m²。

发展住房租赁市场思路为：①鼓励市场主体多元化；②多渠道解决租赁房源问题；③健全住房租赁市场管理体系；④建立行业公会。依托厦门市房地产中介行业协会设立住房租赁行业公会。

3. 杭州经验借鉴

杭州计划未来三年，使新增租赁住房总量占新增商品住房总量的 30%，加大公租房供应力度，确保未来 5 年公租房保有总量不少于 8 万套。

杭州市扶持国有企业发展规模化租赁，市级层面发展 2 家国有企业开展规模化住房租赁业务；扶持发展专业化住房租赁企业，选择 15 家左右具有一定规模、品牌的住房租赁企业作为发展专业化住房租赁试点企业；规范住房租赁中介机构，促进中介机构依法经营、诚实守信、公平交易；鼓励和规范个人出租住房，支持个人委托住房租赁企业和中介机构出租住房。

杭州不断加强政策支持与市场监管力度。明确对依法登记备案的住房租赁企业、机构和个人，给予税收优惠政策支持。杭州市住房保障和房产管理局打造了全国首个智慧住房租赁监管服务平台。将租赁经营机构、开发企业自持租赁住房、中介居间代理房源、个人出租房源等纳入服务平台监管；通过房源委托、网上签约、房源核验、房源信息发布、签约备案等措施，实现住房租赁交易全流程监管；强化住房租赁信用管理，定期公布住房租赁经营主体信用等信息；推进部门间信息共享，为住房租赁经营主体、出租人、承租人提供网上"一站式"服务。

杭州利用"互联网+"思维，与阿里巴巴合作，搭建住房租赁监管服务平台。建立市、区、街道（镇）三级政府租赁住房管理体系，实行住房租赁网格化管理。市级由杭州市住房保障和房产管理局牵头，区级实行属地管理为主，区级政府协调相关纠纷，街道利用现有平台实现落地，近期会设置专门租赁管理事业单位，进一步完善住房租赁法律法规、充分发挥行业协会作用维护住房租赁市场健康有序发展。

（二）国外经验借鉴

世界各地更多地依赖市场自发调节与行业自律对租赁行业进行管理。大多数国家对于租赁机构并无明显监管要求，租赁机构有房屋托管行业和持有运营类两种。美国房屋托管行业管理比较松散，行业无准入门槛，仅部分州要求必须持有房地产经纪牌照。持有运营类机构视同业主，只需要符合相关租赁法律即可。英国持有住宅并进行管理的机构遵照业主的准则即可，因此只需满足租赁立法对于业主的职责需要即可。德国要求出租房屋必须由租赁机构或者开发商进行管理，禁止私人管理。日本要求运营机构不得虚假宣传，对承租人负有重要事项说明的义务，并且要求登记机构遵守《租赁住宅管理业务处理准则》，一旦登记机构违反相关准则就会被除名。此外，日本还规定包租管理机构从业者在业主进行包租合约签订时需将租赁经营中可能遇到的各类风险进行详细说明。

1. 德国经验借鉴

德国的主要经验为：提高购房门槛，引导居民向租赁市场流动；供求双向调节促进租赁市场发展。①鼓励租赁住房投资。一是提供资金支持。德国为住房合作社提供长期低息贷款。二是税收优惠。对于出租的住房，税收政策所规定的折旧率高于普通住房，要求建筑成本在 50 年内折旧完毕。三是鼓励建筑改造。政府通过提供低息贷款、改造后 10 年内每年可加租 11% 的规定，促进了房东对建筑进行现代化改造。②保护承租方权益。一是出台法律法规。德国颁布了《住房补助金法》《住房租赁法》等一系列法律，二是提供住房补助。为"社会竞争力较弱"的家庭提供货币补助。2009 年，450 万租房家庭（占租房家庭的 21%）获得 166 亿欧元补助。三是实施租金参考价格制度（Mietenspiegel，直译为租金镜子）。《租金参考价格表》通常由住房管理机构、租房者协会、房东协会、住房中介协会等共同制定。各州范围内，房租 3 年内涨幅不得超过 15%。超过租金参考价格的 20% 为违法行为，房客有权将房东告上法庭；房东单方面涨租超过 50% 被认为是赚取暴利，可判入狱三年。

2. 美国经验借鉴

（1）供给端与需求端相结合的住房政策取得了较好的效果。美国早期针对低收入家庭住房的供给端手段，是政府直接参与建设公房建设计划（public housing），但其实际效果令人失望，虽一定程度上解决了低收入住房问题，但未能提高低收入群体的就业率，未能改变贫困集中的趋势。

1970 年之后，公房建设计划逐步退出历史舞台，供给端低收入家庭住房建设的税收抵免计划（The Low-Income Housing Tax Credit，LIHTC）和需求端补贴的租房券计划（Housing Choice Voucher Program，HCVP）成为主导性的、相互竞争又相互补充的两种方案。

美国针对低收入家庭的住房租赁供给端政策，从扩大供给（公房建设计划）到财政支持、市场主导建设廉租房（LIHTC 计划），政策逻辑也从扩大供给逐步转移到提高住户住房可支付能力，从住房保障的初始目标转向范围更广泛的以扩大住户社会福利水平即减少贫困集中、实现就业机会均等化，并最大限度地追求经济效率。

（2）低收入住房返税计划扩大了低价租赁住房的供给。低收入住房返税计划是运用税收政策，激励私人资本进入低收入群体住房建设领域的成功典范。LIHTC 计划于 1986 年颁布的《税收改革法》设立，并于 1990 年后大规模实施。该方案针对建设低收入住房的企业进行税收抵免和补贴，其获得的税收抵免额度可以在市场上进行交易。

该计划最大的优势在于刺激私人投资，有效扩大了低价租赁住房的供给，1995—2007 年间，平均每年完成项目 1500 个，累计完成 18 865 个廉租房项目，140 多万个住房单元。其次，与传统公房相比，在解决贫困集中及种族隔离问题上有所贡献。31% 的项目建在贫困集中度相对较低的郊区。

（3）住房租赁市场结构与规模化专业机构 EQR 运营模式。美国住房租赁市场的成熟得益于政府为租赁市场发展提供了多重政策保障和法律保障，包括金融政策支持，大力发展 REITs；税收鼓励政策，分别有针对低收入群体的租赁住房税收鼓励政策和市场化租赁住房税收鼓励政策；还有住房租金补贴政策，美国住房和城市发展部将每年预算超过 50% 用于租金补贴，用于租金补贴的资金不仅在解决低收入群体的居住方面更有效率，而且还能撬动更多社会资金投入租赁住房供给领域。

成熟的住房租赁市场，使美国住房租赁专业机构渗透率达 30% 左右，是一个专业化的市场。企业发展模式大致为两类：重资产持有模式和轻资产运营模式。其中运用重资产持有模式的主要是公寓型 REITs 和房企开发商。

在 TOP10 的企业中，公寓 REITs、房企和分散托管型企业三分天下。美国租赁市场虽机构化专业化比重较高，但企业集中度不高，TOP10 的租赁企业共管理约 140 万房间，只占整个市场的 3.3%，拥有房源量最多的 Greystar 市场占比只有 1%。而中国目前所有租赁企业市场渗透率为仅 1%，远低于美国。

（三）国内外经验借鉴

1. 租赁市场逐步从中低端发展到高中低端共同发展

各国租赁市场在房地产市场中的比例逐渐扩大。由早期以中低端为主，到成熟期的高中低端共同发展。

随着租赁市场的发展，租赁住房品质不断提升。尤其是专业企业经营者的进入有助于针对目标群体进行设计，提升租户居住体验。成熟发达的租赁市场中租赁关系非常稳定。英国私人租赁平均 4 年变换一次住所，购房不再是生命历程中必须经历的阶段。

2. 住房租赁机构经营在租赁市场中占有一定地位

个人仍是租赁住房的持有主体。国际经验表明，多数国家均是以个人投资者为主体，机构持有租赁住房的比例会不断上升，最终占比稳定在 20%～30%，机构类型不断丰富，有以营利为目的的私营企业，也有如住房协会等非营利组织，还包括养老基金、保险公司等寻求稳定现金回报的主体。

政府、非营利组织是保障性租赁住房的持有运营主体。机构投资者持有租赁住房是有效补充。养老基金、保险基金等机构投资者基于资产配置、分散风险的考虑，也会持有运营租赁住房。

3. 政府是租赁市场秩序的维护者

发达国家政府普遍通过建立健全法律体系，从房屋质量、租金涨幅等方面约束市场主体行为，稳定规范租赁关系，维护租赁市场秩序。各政府通常都给予相应的政策支持租赁市场的发展。在需求侧，发达国家普遍有租赁补贴、租金抵扣个税等鼓励租赁消费的政策。在供给侧，发达国家对于出租房屋的行为普遍予以减税、加速折旧等优惠，以鼓励扩大租赁房源供给。通过租金管制、兴建公共住房等直接干预租赁市场方式进行管理的政府活动已越来越少，政府更多地通过租金补助、税收减免、建设许可等间接方式支持住房租赁。

4. 为发展住房租赁产业化政府会给予税费融资支持

发达国家普遍对住房租赁的建设和运营进行税收支持。美国对租赁住房建造的低收入住房返税计划（LIHTC），德国对出租房屋采取的加速折旧政策，都有效激励了资本市场。

5. 租赁企业发展需不断提供运营能力

我国租赁企业需要增强资产驾驭能力、精准客群定位、提高运营能力、提供给租户更好的服务体验。无论是哪种发展模式，中国式住房租赁企业都要走出一条特色道路，企业需要找准定位、明确方向，同时要不断优化战略和策略；企业要做大规模、提高竞争力，需要不断在市场需求判断、房源获取、运营能力提高等方面下功夫；立足现实、把握趋势，租赁企业将实现规模效应和品牌效应，最终实现更好的市场占有率，实现住房租赁产业化。

六、北京市住房租赁产业化立法应对建议

（一）完善相应地方法律法规，加强行业自律

为规范、培育企业持有经营租赁住房，应出台《培育企业持有经营租赁住房的意见》《北京市住房租赁行业管理办法》，对企业持有经营租赁住房进行规范，并给予相应的政策支持。

建议设立北京市住房租赁行业协会，加强行业自律。由住房租赁行业协会建立健全住房租赁行为规范、职业道德准则和争议处理规则等行规行约，加强自律管理，开展租赁从业人员的职业培训，拟订并推行行业标准，开展行业研究、交流和宣传等，提升从业人员的专业水平。

（二）明确住房租赁各主体的相关权利和责任

1. 明确集体建设用地建设租赁住房相关主体的权责利关系

首先要完善集体租赁住房建设和运营机制。村镇集体经济组织可以自行开发运营，也可以通过联营、入股等方式建设运营集体租赁住房。兼顾政府、农民集体、企业和个人利益，理清权利义务，平衡项目收益与征地成本关系。建立完善合同履约监管机制，土地所有权人和建设用地使用权人、出租人和承租人依法履行合同和登记文件中所载明的权利和义务。

其次要探索租赁住房监测监管机制，集体租赁住房出租，应遵守相关法律法规和租赁合同约定，不得以租代售。承租的集体租赁住房，不得转租，不得随意涨房租，不得提前收回土地。探索建立租金形成、监测、指导、监督机制，防止租金异常波动，对违规行为进行惩戒，维护市场平稳运行。国土资源、住房城乡建设部门应与相关部门加强协作、各负其责，在建设用地使用权登记、房屋所有权登记、租赁备案、税务、工商等方面加强联动，构建规范有序的租赁市场秩序。

除此之外，还要探索保障承租人获得基本公共服务的权利。

2. 住房租赁运营企业与房源供应主体的权责利关系

住房租赁运营企业与分散收房或集中收房的房源供应主体之间，需要有明确条文规定双方的权责利关系，并用法律形式进行规范，避免出现住房租赁运营企业因经营不善导致资金断裂。

住房租赁运营企业有责任先支付给原房源供应主体租金，并且建立专用资金账户，妥善管理租户交付的租金。不利用银行贷款等融资渠道获取的资金恶性竞争抢占房源；不以高于市场水平的租金或哄抬租金抢占房源；不通过提高租金诱导房东提前解除租赁合同等方式抢占房源。同时设置专门的监督机制和相应的法律措施，严格监管进入住房租赁运营企业的资本，对违规挪用资金的企业采取行政和法律手段，保护房源供应主体的利益。

房源供应主体要提供产权明晰的房源，保证具有较好的住房质量，保障住房租赁运营企业能够合法对外出租，需要建立严格的收集房源标准，避免产生各种租赁纠纷。

3. 产权式房屋租赁经营模式下相关主体的权责利关系

（1）房屋租赁经营机构的权利和责任。在产权式房屋租赁经营模式下，房屋租赁经营机构既是房屋业主又是实际出租人，因此具有一般出租人应有的权利，包括：①获得稳定的房屋出租收益，要求承租人为房屋及其附属物品、设备设施使用提供押金。②对承租人使用房屋情况进行监督，对承租人因保管不当或不合理使用造成的损坏或故障要求其维修或赔偿。③租赁期满或合同解除后收回房屋，要求承租人按照原状返还房屋及其附属物品、设备设施。

相应地，房屋租赁经营机构承担一般出租人应负的所有责任，包括：①保证出租房屋的安全，确保出租房屋的建筑结构和设备设施符合建筑、消防、治安、卫生等方面的安全条件，且房屋可以依法出租，满足正常的使用要求。②对承租人的身份信息进行核查，并对其使用行为进行监督，保证房屋合法使用（即用于居住）；发现承租人有利用出租房屋从事犯罪活动嫌疑时，及时向公安机关报告。③房屋出租后，及时通过北京市房屋租赁合同网上备案系统或者到房屋所在地的基层管理服务站进行登记，办理房屋出租登记手续。④对房屋及其附属物品、设备设施因自然属性或合理使用而导致的损耗负有修复责任，承担相应的修复费用。

此外，经营机构还应承担房屋和租住人员管理责任。

（2）承租人的权利和责任。承租人作为一般租客，应享有以下权利：①在租赁合同约定期限内占有、使用房屋。②要求租住房屋符合法律法规规定的安全条件，且符合出租条件。③租赁期满或合同解除后，要求经营机构返还房屋押金和剩余租金。④在经营机构出卖租赁房屋时，享有同等条件下的优先购买权利。

承租人应承担以下责任：①按合同约定向房屋租赁经营机构支付房屋租金和押金。②对房屋及其附属物品、设备设施进行合理、合法使用，不得擅自改变房屋的规划设计用途，从事非法生产和经营活动，损害公共利益或妨碍他人正常工作、生活。③配合经营机构进行房屋安全和使用情况检查。④对保管不当或不合理使用造成的损坏或故障，负责维修或承担赔偿责任。⑤按合同约定承担房屋使用过程中产生的水费、电费、电话费、燃气费等相关费用。⑥租赁期满或合同解除后，按照原状返还房屋及其附属物品、设备设施。

4. 托管式房屋租赁经营模式下相关主体的权责利关系

（1）房屋出租委托人的权利和责任。在托管式房屋租赁经营模式下，业主将房屋出租事项委托房屋租赁机构管理，业主作为委托人仅与经营机构产生直接的民事法律关系，享有相应权利，并承担基本的房屋出租责任。

房屋出租委托人的权利应主要包括：①获得稳定的房屋出租收益。②对经营机构的房屋管理行为进行监督，对其因保管不当或出租供他人不合理使用造成的损坏或故障要求维修或赔偿相应损失。③委托管理期满或合同解除后，收回房屋。

房屋出租委托人应负的责任应主要包括：①保障出租房屋的安全，确保出租房屋的建筑结构和设备设施符合建筑、消防、治安、卫生等方面的安全条件，且房屋可以依法出租，满足正常的使用要求。②向房屋租赁经营机构支付委托管理费用。③在出租委托管理期限内，对房屋及其附属物品、设备设施因自然属性或合理使用而导致的损耗负有修复责任，承担相应的修复费用。

（2）房屋租赁经营机构的权利和责任。房屋租赁经营机构作为房屋托管人，在委托管理期限内取得房屋占有、使用和收益的权利，对委托人（即业主）承担房屋保管和出租收益支付义务；另一方面，对承租人来说，经营机构是实际的房屋出租人，其享有一般出租人应有的权利，承担相应的责任和管理责任。

对于房屋委托人来说，经营机构应有以下权利：①在委托管理期限内，占有、使用房屋。②要求委托人的房屋符合法律法规规定的安全条件，且符合出租条件。③按委托管理合同约定对房屋进行装修、装饰或添置新物。④向委托人收取房屋出租委托管理费用。⑤要求委托人对房屋及其附属物品、设备设施因自然属性或合理使用而导致的损耗进行修复，或承担修复费用。

相应的，房屋租赁经营机构对委托人应承担以下责任：①按委托管理合同约定支付房屋出租收益。②与委托人签订房屋出租委托管理合同并完成交割后，及时通过北京市房屋租赁合同网上备案系统或者到房屋所在地的基层管理服务站进行登记，办理房屋出租委托管理登记手续。③保管房屋及其附属管理物品、设备设施，对保管不当或不合理使用造成的损坏或故障，负责维修或承担赔偿责任。④按委托管理合同约定的租赁用途进行出租，保障租住人员合法使用房屋。⑤未经允许，不得拆改变动房屋主体结构，进行装修、装饰。⑥委托管理期满或合同解除后，将房屋交还委托人。

（3）承租人的权利和责任。对于承租人来说，房屋租赁经营机构所处的地位与产权式房屋租赁经营模式下相同，可以行使一般出租人拥有的权利，承担相应的责任，并担负房租和租住人员管理责任。

（三）财税补贴政策支持

1. 设立专项自持补贴

建议在租赁市场培育初期要落实企业装修成本、家电成本作为进项税抵扣，缩小企业租金差税基，并且核实个人业主纳税额，减免个人业主转嫁成本。此外，对于持有牌照合规经营的租赁企业给予相应的税收优惠，根据企业规模、经营收入、是否持有房源等设定不同档位标准，给予相应的税收优惠政策，同时针对老年公寓、青年公寓、家庭公寓、职工宿舍等自持类公寓设立专项补贴，鼓励企业持有经营租赁物业。

2. 其他税收支持政策

一是出台针对性的税收政策。住房经营租赁行业是属于生活类服务业的新兴行业，过去往往被错误划分为包租行业或租赁中介行业，从而缺乏针对性的税收政策，对此应明确两个基本点：明确住房经营租赁行业属于居住类生活服务业，企业赚取的是服务收入；明确按服务收入作为计税依据。

二是作为低盈利的民生行业享受税收优惠。公寓行业提升了租客居住环境，属于民生类行业，但却面临利润微薄甚至亏损的现状。建议参考民生行业的税收优惠，给予所得减按50%计入应纳税所得额，按20%的税率缴纳企业所得税的优惠政策。

三是作为高新技术产业享受税收优惠。公寓运营需要庞大的IT系统来进行人员和流程管理。建议对公寓企业按照软件企业的税收政策给予优惠，对于满足自建系统并已投入使用、系统开发维护人员达到一定规模、研发维护费用在收入中占比大于3%的公寓企业，实行第一年至第二年免征企业所得税，第三年至第五年按照25%的法定税率减半征收企业所得税。

四是建立业主出租环节的征税体制或进一步降低个人出租房屋的税负。建议进一步降低个人业主出租房屋的税负或者综合征收率。

3. 分散式租赁机构税务优惠

基于在实践中碰到的困境，针对住房租赁企业提出以下税务安排：

一是分散式租赁业务按照简易计税办法依3%征收率，减按1.5%征收增值税。基于目前普遍存在难以取得个人业主的进项发票（个人出租房屋月租金3万以下2017年底前免征增值税），或者进项税税率远低于销项税税率的情况（个人出租住房减按1.5%征收增值税，而企业出租不动产适用11%的税率）；同时，充分考虑增值税制的法理和可行性，建议比照其他难以取得增值税进项发票的行业，对于向租客收取的租金采取简易计税办法，按照3%的征收率征收增值税，为避免个人和企业的税负差，企业减按1.5%征收增值税。

二是分散式租赁业务按照差额计税办法依6%计算缴纳增值税。如前所述，为配合营改增的指导方针，从搭建行业企业的增值税抵扣链条角度出发，可根据其对外出租价格，减去支付给业主的租金，以剩余的差额收入，按照现代服务业或生活服务业适用6%的税率计算增值税。

三是分散式租赁业务中，向租客收取的月房租金额低于一定标准，免征增值税，免税基数由省级税务机关核定。

四是分散式租赁业务中，住房租赁企业将面临租入和租出双重征收印花税的情况。希望为鼓励住房租赁市场发展，给予住房租赁企业在租入房屋环节或出租房屋环节免征印花税。

4. 集中式租赁机构税务优惠

集中式转租业务参照酒店住宿业按6%计缴增值税，纳税人以长（短）租形式出租酒店式公寓并提供配套服务的，按照住宿服务缴纳增值税。在集中式住房经营租赁市场中，存在大量营改增前的老项目，业主出租时按照5%简易计税办法计算缴纳增值税，租赁企业也只能按照5%进项抵扣，对于新取得的项目需要按照11%计算缴纳税收。

(四) 融资政策支持

1. 扩宽融资渠道

鼓励商业银行特别是城商行在自愿、依法合规、风险可控的前提下,一方面对具有一定规模、经营期限较长并获得资本市场融资认可的公寓企业提高授信额度;另一方面,专业化、多层次开展股权质押、租约应收账款保理业务等金融服务,帮助企业加快资金回流,降低公寓企业融资成本。

进一步加强对住房租赁行业的金融政策引导,发展融资担保机构,为公寓企业提供增信手段,提高融资主体信用,降低融资成本;引入保险产品风险机制,为公寓企业及资方提供双重保障,进一步降低企业融资成本。

另外,应鼓励银行对承租人发放租赁贷款。

2. 长期融资政策支持

建议降低规模化合规经营的公寓企业上市标准及发债条件,鼓励发展 REITs 试点,提供持有创新的融资手段。类 REITs、ABS 和租约贴现都应给予政策支持。

3. 建立标准化 REITs 制度框架

有关部门应建立协调机制,积极推动 REITs 试点工作,充分借鉴资产支持证券的成熟机制和模式,研究设计我国 REITs 的标准化模式、交易结构及退出机制,尽快建立全国性 REITs 市场体系,同时,就相关配套法律法规和政策进行研究。

同时制定相应税收优惠政策。

公募 REITs 对防控金融风险意义重大,建议因地制宜尽快推出公募 REITs 管理办法。

(五) 多维度增加经营租赁住房供应量

1. 增加租赁用房专项土地供应,利用集体建设土地提供租赁住房

建议提供划拨土地供应,或土地出让金分期支付,并推出专项家庭公寓、老年公寓等租赁住房的土地供应,并控制合理的土地成本,同时规划相应的城市配套以满足租客生活需要。

大力发展集体建设土地建造租赁住房,这也是增加租赁住房房源的重要渠道。集体经济组织开发租赁住房的成本较大,建议鼓励集体经济组织以土地入股与开发企业合作进行开发,并得到银行相应优惠贷款的支持。建议项目建设享受公租房的相关政策。

2. 鼓励存量用房改为租赁住房

盘活存量是增加北京城市区域中心地段房源的重要途径,鼓励商业、办公、

厂房等存量物业进入住房经营租赁市场，同时盘点北京此类存量且具备改造可能性的房源，建立健全以上此类房源报批标准化流程，简化报批手续。可参照利用存量工业用地开发创业产业园的模式进行，针对农村地区空置/闲置住房，鼓励相关投资主体进行改造开发后转化为租赁住房。或者改造部分闲置厂房、商场、写字楼来为用工单位提供租赁型职工集体宿舍，以此来解决城市运行和服务保障行业务工人员住宿问题。具体操作可由企业向市或区房管部门提出申请：按照"一事一议"原则，由规划、建委、公安消防、房产、国土等部门参与联席会商机制，通过会商将房屋等按规定改建为租赁住房，不改变土地使用性质、使用年限和容积率。按规定改建后的租赁，住房可参照宾馆业消防报验标准进行消防备案及验收申报。商业、办公、厂房改建的租赁住房应该适用民水民电价格。

3. 鼓励住房租赁企业与产业园区合作

对于在建、建成的园区，建议按照15%的比例作为住宿配套，解决园区企业职住平衡问题。园区宿舍不受产权性质限制，经管委会认定审批后，工商注册、消防审批等按照规定审批。鼓励园区管委会与专业化租赁企业合作，提供园区住宿配套管理服务。

4. 鼓励住房租赁企业参与公共租赁住房的运营管理工作

允许企事业单位、产业园区采取购买服务或政府和社会资本合作模式，将现有政府投资和管理的公租房、人才公寓交由专业化、社会化企业运营管理。专业化租赁企业可参与公共租赁住房房源筹集，在公租房、人才公寓等领域开展政企合作，实现多层次公寓专业化、社会化管理。经认定的合作项目可享受一定税收优惠及政府补贴。

（六）加快住房租赁信息平台建设

1. 完善住房租赁监管平台

目前北京市建委的住房租赁监管平台通过链接网络交易平台，为网络交易平台提供后台数据支持。目前平台的一些功能还没有实现，需要进一步完善平台的功能。

2. 制定并定期公布房租租金指导价

根据房屋租赁市场信息平台上的租金信息，结合房屋所处的区位、交通、环境等条件，政府可以制定并定期公布区域分地段的房屋租金指导价，为房屋租赁当事人提供参考，引导市场租金平稳增长。

北京市区域金融监管与中央金融监管职能协调机制研究

李爱君*

一、北京市区域金融监管与中央金融监管职能协调机制背景

健全金融监管体系是完善社会主义市场经济体制的重要环节，是深化金融体制改革系统工程的组成部分，是解决金融业与金融监管已暴露出的问题的有效方式。机构变动、机制调整、职能协调，从根本上遵循"发挥市场在资源配置中的基础性作用"以"更好地发挥政府作用"，目的在于使金融监管更好地回应金融市场乃至经济社会整体发展需求。当前，在新常态下，我国金融顺周期累积风险日渐明显。金融混业经营增强了机构、业务的关联性，加大了风险传染性与风险急剧扩散的可能性。防范系统性金融风险是我国金融工作的重中之重，应当以此为中心和导向，着力于金融风险的监测、提示、预警、化解、处置，形成全面协调的监管机制。

北京是我国首善之区，在国家发展中具有重要的战略地位和导向作用。同时，北京是全国科技创新中心，金融机构云集、金融业务活跃、金融创新迭出、金融消费者众多，一方面增强了区域发展活力，另一方面也使北京面临了更为复杂的金融风险形势。为保障区域金融安全，防范金融风险，发挥金融监管示范效应，有必要健全北京市区域金融监管与中央金融监管职能协调机制，实现依法科学有效监管。

二、北京市区域金融监管与中央金融监管职能协调机制演变与现状

（一）我国金融监管职能协调机制演变

金融监管职能的协调包括横向的中央各金融监管部门之间的协调以及纵向的中央与地方金融监管部门之间的协调。一直以来，我国在金融领域实行分业监管，各行业内都由中央垄断金融监管权，地方权力处于相对弱势。现行机制下，地方的具体监管职权、监管主体不甚明确，中央多是通过出台具有指导性的框架条款，为金融业的地方监管指明方向。按照中央统筹监管的部门的不同，我们把

---

* 课题主持人：李爱君，中国政法大学教授。立项编号：BLS（2017）B012。结项等级：合格。

我国金融监管协调机制的发展分为几个阶段。

1. 传统金融领域监管职能协调机制演变

从整体上来看，我国在银行业、证券业、保险业等传统金融领域，由一行三会行使监管职能，北京市金融工作局支持、配合、服务上述机构，协调帮助金融创新。

（1）中央横向金融监管协职能调机制演变。首先，在中央层面，我国对银行业、保险业、证券业、信托等传统金融领域的监管，大体上经历了以下三个阶段：2003年—2017年11月"一行三会"时期、2017年11月—2018年3月"一委一行三会"时期、2018年3月至今"一委一行两会"时期。

（2）中央与北京市纵向金融监管职能协调机制演变。近年来，在地方金融监管的央地协调上，中央相继出台了指导性意见，对地方金融监管机构的职能做出了框架性安排，同时北京市也结合自身的具体监管实际，对金融监管做出了安排。

2. 互联网金融监管职能协调机制演变

（1）中央金融监管职能协调机制演变。在互联网金融领域，中央层面于2015年出台了《关于促进互联网金融健康发展的指导意见》，将"协同监管"作为监管原则之一。2016年4月，《互联网金融风险专项整治工作实施方案》要求加强组织协调，落实主体责任。领导小组办公室设在人民银行，银监会、证监会、保监会、工商总局和住房城乡建设部等派员参与办公室日常工作，部门统筹，划分界限。

在网络借贷领域，《网络借贷信息中介机构备案登记管理指引》、《网络借贷资金存管业务指引》（以下简称《存管业务指引》）、《网络借贷信息中介机构业务活动信息披露指引》等相继发布，其中《存管业务指引》确定了国务院银行业监督管理机构为网络借贷资金存管业务监管信息共享协调机制的责任主体。

（2）中央与北京市纵向金融监管职能协调机制演变。2016年4月，《互联网金融风险专项整治工作实施方案》要求加强组织协调，落实主体责任，提出共同负责。在省级政府统一领导下，各金融管理部门省级派驻机构与省（区、市）金融办（局）共同牵头负责本地区分领域整治工作。

2016年8月发布的《网络借贷信息中介机构业务活动管理暂行办法》明确了中央地方监管职能分工，国务院银行业监督管理机构及其派出机构负责制定监督管理制度，实施行为监管，省级人民政府负责本辖区机构监管，中央机构指导地方做好机构监管和风险处置，地方金融监管部门负责办理备案登记。

在网络借贷方面，根据《网络借贷信息中介机构业务活动管理暂行办法》，北京市金融局负责本市网贷信息中介机构的机构监管。

(二) 当前北京市区域金融监管与中央金融监管职能协调现状

新型金融业态和金融机构不断壮大延伸，地方金融管理的范围拓展，中央监管部门掌握制定文件和推出新型机构的监督管理权，但是把具体批准权力和部分管理职能下放给地方政府，目前事实上形成了中央集中垂直监管为主、北京市政府协助配合为辅的金融监管体制。

1. 银行业与保险业金融监管职能协调现状

在银行业和保险业的金融监管中，由金融稳定发展委员会统筹协调银行业监管的重大事项；指导地方金融改革发展与监管，对金融管理部门和地方政府进行业务监督和履职问责。

2. 证券业金融监管职能协调现状

金融稳定发展委员会也是证券业的金融监管最高统筹协调机关，地方金融办是地方金融风险的监管者。中国证券监督管理委员会是证券业监管的主管机关，负责对上市公司，证券、期货经营机构，及与之相关的投资咨询机构、律师事务所、会计师事务所、资产评估机构等中介机构的证券、期货业务活动的监管，在地方层面，证监会总会下设省级证监局监管覆盖到省，实行垂直型管理，负责地方的证券业监管。

3. 其他金融业金融监管职能协调现状

对于部分民间金融，中央层面尚未明确具体的主导监管部门，主要由地方金融办负责其日常监管。具体到北京市，在其他金融业务方面，北京市金融局负责本市小贷公司和融资性担保机构的监管，指导金融中介机构，推进农村金融发展和金融信用体系建设，负责本市金融应急处理机制建设。

三、北京市区域金融监管与中央金融监管职能协调机制问题

(一) 部分领域金融监管立法缺位

1. 金融控股公司监管细则缺失

国家"十三五"规划纲要中曾提出，要统筹监管系统重要性金融机构、金融控股公司和重要金融基础设施，在 2018 年的政府工作报告中，又进一步强调，要"强化金融监管统筹协调，健全对影子银行、互联网金融、金融控股公司等监管"。可见，近年来，随着金融控股公司的逐步发展，建立一个完善的金融控股公司监管制度已经迫在眉睫。

2. 金融业综合统计立法缺失

一方面，目前我国在金融业综合统计方面，法律基础过于薄弱，相关立法落后，难以适应现实需要，具体涉及的人民银行法、银行业监督管理法、证券业监督管理、保险监督管理等方面的法规都尚未更新，针对行业内的综合统计立法缺失。

另一方面，我国目前制定了相对完善的短期目标和中期目标，但缺少明确的远期时间表目标，金融业的综合统计缺少宏观上的掌控，不利于长远协调发展。

（二）地方金融监管权力缺位

我国的金融监管权属于中央，实行中央垂直管理体制，地方金融监管机构没有实际的监管权力，而地方的金融日常监管，大多数以中央政策、部门规章或最高法院司法解释等方式委托或授予"一行两会"等中央金融监管机构行使。

这种制度上的安排，使地方金融监管主管部门无法发挥自身属地管理的优势，无法直接进行金融监管、应对金融风险，遇到突发性事件只能层层上报，导致效率低下、危险蔓延。

（三）央地监管职责划分不清

我国金融监管领域"一委一行两会"的监管格局确立后，在立法层面，上位规定的起草或发布主体更加集中化，这种格局有利于增强规则、标准的统一性，使金融监管的统筹协调能力大大提升，监管统一性逐步加强，将减少监管套利。

但是实践中，我国现有协调机制的原则性、框架性过强，在执行层面成文的细化程序、标准流程以及长效机制缺失，部分专门事项或具体领域的金融监管协调机制尚未确立，因此监管合力不足，缺少具有可操作性的具体执行规范，难以实现金融监管全覆盖。

（四）区域经济社会发展目标与中央金融监管目标存在冲突

我国地方金融办设立的初衷是为了协调、服务、规划与监管地方金融发展，其职能可以被划分为争取金融资源和实行金融监管两个方面。在这种一体两用的制度下，地方政府无法避免地会将地区利益放在首位，在对中央金融监管政策进行贯彻落实时，倾向于选择性地配合中央金融政策，导致金融监管和宏观调控在基层执行受阻，甚至滥用地方金融监管权，使其沦落为地方政府融资的工具。

（五）区域监管资源与职责不匹配

从行为监管的角度来看，一方面，小额贷款、融资性担保、商业保理、融资租赁等机构还在一定程度上存在着多头监管，地方政府承担的风险处置责任大于金融监管职责；另一方面，地方政府不拥有城商行、农信社等地方法人金融机构的监管权。权责不对称必然导致地方政府的工作被动，既难完整地建立事前风险防范体系，更难以有效确保事后处置效率，风险处置成本极高。

（六）地方金融监管存在问题

由于地方企业参与金融活动具有主体多样性和形式多样性，单纯依赖管控准入的资格监管已经很难适应现实状况，必须加强对金融行为的研究并有针对性地出台行为监管办法，强化细化业务行为的监管而不论其主体资格。

此外，地方政府金融监管最大的挑战还在于众多民间金融活动。由于我国金融市场体系的不完善、金融监管手段的落后、民间金融活动的非理性，我国民间金融经常与非法集资、非法金融活动联系在一起，特别是在当前实体经济回报率较低的情况下，民间金融绕过监管的投机活动此起彼伏，各地非法集资案件和融资崩盘事件时有发生。

（七）金融消费者权益保护职能亟须完善

金融从业机构和金融消费者地位实质不对等，金融消费者不仅在信息获取的数量和质量、数据分析和理解能力、专业性上与金融机构差异巨大，而且在向监管机构表达意见的能力上也明显低于金融监管部门。监管者作为"裁判员"，行为会受到从业机构"主场效应"的影响。监管者由于工作原因直接接触从业者群体，后者表达意见的渠道集中（一般是机构行为）、阻力小，诉求表达具有事前性（金融产品或服务面世前或面世之初），后者形成的"社会环境"对前者的心理、行为、决策有潜在影响。与之相反，金融消费者数量庞大但分散，个体声音微弱，组织程度低，诉求表达具有后发性。此外，监管机构工作人员工作变动导致监管者与被监管者的身份转换，也可能会偏离中立立场。

四、北京市区域金融监管与中央金融监管职能协调机制理论基础

（一）金融分权理论

1. 金融分权理论内涵及国外借鉴

金融分权就是对金融监管权进行划分，规定由不同层级、不同地区、不同机构的金融监管机关行使。具体到本文，指的就是金融监管权在中央层面不同监管机关之间的划分，以及中央金融监管权与地方金融监管权的划分。运用金融分权理论，有利于划分央地之间各自的责权利边界，积极推动地方金融创新，并以此提高金融体系的监管效率。

美国对于金融领域的监管，就是严格按照金融分权理论进行的。美国实行联邦与州共同参与金融监管的模式，保障地方金融事务的相对独立性，避免权力过于集中导致权力滥用。如在银行业监管中，中央层面由联邦储备体系、通货监理署、联邦存款保险公司、储蓄监管局以及国家信用合作社管理局负责；地方层面主要是各地方具有对在其辖区注册成立的银行进行监管的权力。

2. 金融分权理论的内容

金融分权理论的核心在于赋予地方发展金融的权力，减少中央对地方的干涉，地方能够在金融发展以及金融监管方面发挥一定的自主性，并对相关事务施加影响。

在金融分权理论下，要求赋予地方金融监管机关实质性监管权力，明确划分地方的监管区域和监管对象。在监管区域上，地方金融监管机构对于其所属辖区内的所有金融业、金融活动、金融产品都有监管权；在监管对象上，根据各地区的实际情况，对于具有区域性特征、民间特征的金融机构，要由地方主导进行监管，允许各地区结合本地区的实践经验进行日常监管。

（二）最优分权理论与偏好误识理论

1. 最优分权理论

美国经济学家乔治·施蒂格勒、夏普提出的最优分权理论从公众的地域性差异需求和如何更好发挥政府职能两个方面进行分析。施蒂格勒认为，与中央政府相比，地方政府更了解地方经济发展及经济发展对金融的需求，能充分收集区域性的信息从而发挥信息优势，能深入了解地方公众对公共产品的需求。

根据最优分权理论，北京市金融监管机构对北京市的金融市场更加熟悉，相较于中央金融监管机关，它更了解本地区的金融风险，也更能整合北京市的地区资源与监管优势，作出具有针对性的有效防御措施。并且能满足北京市对金融资源的差异化需求、发挥北京市政府的信息优势以及实现资源配置的最优化和提高政府的相关效率。

2. 偏好误识理论

美国经济学家特里西认为，中央政府对公众偏好的认识不如地方政府对各自管辖区域公众偏好的认识准确。在存在多级政府的政权体制中，地方政府要比中央政府更加了解公众的偏好，更具地区信息优势。一般情况下，地方政府更加了解地方的发展状况及公众的需求偏好，而通过各级政府相关渠道传达到中央政府的相关信息会发生扭曲甚至失真，从而导致中央政府做出的相关决策不一定符合全体民众或者大多数民众的需求，即中央政府在确定公众个人偏好时，存在"偏好误识"。

由于我国幅员辽阔，各省、各地区差异性大，在金融市场上也是如此，加之我国地区之间经济发展不平衡，各地区对于金融监管的目标也有所差异，在以北京为代表的经济发达地区与中西部经济落后地区，其金融监管机构的职责有所不同，但是它们都要统一受到中央金融监管机关的领导，中央金融监管机关为了顾全大局，总要制定适合于全国所有省份的金融监管策略。北京市金融监管机构能够更好地把握北京市金融消费者的金融偏好，针对这些消费偏好及时作出金融监管调整，顺应金融市场的发展潮流。

3. 现代公共管理理论

（1）现代公共管理理论的内涵。现代公共管理理论认为，政府的主要职能应是提供公共服务。具体到金融监管领域，要与奥茨的"分权化定理"相结合，分权化定理是指，地方政府更接近自己的公众，更了解其所管辖区选民的效用与需求，而且与金融机构没有利益相关性，所以对金融机构的行为监管由地方政府承担效果更佳。

根据现代公共管理论的要求，金融监管机构在进行金融监管时应当注重对金融机构的行为监管，关注金融消费者权益。

（2）现代公共管理理论在金融监管领域的运用。对金融消费者权益进行保护属于金融监管中的行为监管。消费者在市场中处于弱势地位，容易受到金融机构的侵害，金融监管机关应当积极履行职责，维护金融消费者的合法权益，并且，由于地方金融监管机构相较于中央，对于地方事务更加熟悉，能够发挥属地管理的优势；对于消费者群体性事件，能够更加迅速及时地作出反应；能够利用自身的日常监管优势把握风险，有效处理危机。因此，我们认为，对于维护消费者合法权益这种职责应当主要由地方金融监管部门承担。

五、北京市区域金融监管与中央金融监管职能协调机制目标

（一）金融安全

金融安全是金融监管职能协调中应实现的最基本的目标，也是金融监管要遵循的基本守则。首先保障了金融安全，守住不发生系统性金融风险的底线，才能为经济发展创造良好的生长环境，为金融消费者提供有保障的投资环境，为金融创新提供良好的基础，也正是基于保障和维护金融安全的需要，构建地方金融监管制度体系才成为一种必然。

对此，要着重预防各种系统性金融风险。严格把控市场准入监管，做好金融牌照的发放工作，对于金融创新要仔细审核，防范潜在的隐藏性金融风险；提高风险预警能力，做好金融风险的检测工作，关注金融市场波动，发挥地方金融监管部门的作用，做好各行业的风险评估，实现信息共享；建立风险通报制度，地方金融风险监管部门发现异常后应当及时向上级通报，畅通地区之间、中央与地方之间的沟通机制，中央应当定期听取地方的日常监管情况汇报，设立专门的沟通部门，及时应对各种系统性金融风险；同时要做好损失弥补、应对工作，贮备风险准备金，提高风险承受能力。

同时，还要更加重视中央一委一行两会的统筹协调作用，从整体上把控金融风险。随着金融创新的发展，地方金融监管部门由于缺少监管执行依据，无法立即对其作出反应，从而容易滋生新的金融风险，引发经济市场的动荡，对此，一委一行两会要发挥统筹作用，及时应对各种新兴风险，完善相关的立法，避免监管真空，完善协调机制。

（二）金融效率与公平

有效运行的金融系统必定会对社会经济生活带来有利影响。金融效率对于地方金融监管来说尤其重要，它应是地方金融监管机构的价值目标。金融效率要求地方金融机构在对地方金融机构进行监管时注重维护金融机构的正常经营活动，规范金融机构的经营行为。但是，这种金融效率并不代表着降低对金融机构的要求或是对金融机构不监管，相反，它要求金融监管机构必须对金融机构进行严格的监管，规范其日常行为，但在金融监管机构履行职责时，要考虑其对地方金融市场效率的影响，不能对地方金融市场配置金融资源的效率产生阻碍。

金融公平是基于消费者与金融机构的不对等地位提出的一大价值目标，由于信息不对称，消费者往往会遭受权益损害，因此金融监管机关在履职时必须对普通投资者实施特别保护，构建金融消费者对地方金融市场的信息，提高金融消费者对地方金融监管机关的信赖。

效率与公平作为一对相伴相生又相互冲突的目标，二者总是同时存在的。降低监管成本，提升金融效率，促进金融公平是任何金融监管部门都应遵守的永恒法则。任何金融监管执法机构在执行职务时都应保证行政效率，降低监管成本，提高行政资源的利用效率，但同时也要保持执法时的公平公正。北京市区域金融监管与中央金融监管协调的过程中，不能仅关注效率。中央应当把监管效率和监管公平共同作为衡量地方金融监管部门执法工作业绩的考核标准，使各级金融监管部门弥补监管短板，健全监管体系，切实提升金融风险监管的有效性和公平性，以谋求效率与公正的统一和优化结合，促进我国金融业稳定健康持续发展。

（三）金融消费者权益保护

维护社会公共利益一直以来都是经济法的基本价值取向，在金融监管领域，也是如此。金融消费者作为金融领域最基本的参与主体，对于金融行业的健康发展起着难以代替的重要作用，因此，维护金融消费者的基本权益是金融协调监管中必须实现的目标之一。

对此，各个金融监管部门应当积极履行对消费者的教育、保护功能，提高对金融机构违法违规操作的处罚力度。

（四）服务实体

监管部门应当充分引导金融机构为实体经济提供更加有效和充分的金融服务和金融资源。金融监管部门在对金融机构实施日常监管的过程中，应当运用激励原则鼓励金融机构服务实体经济，特别是针对中小微企业的融资服务，监管部门应当在资本充足率方面加以激励，为实体经济的发展提供相对宽松的发展环境，发挥其指引作用，统筹协调各方，平衡实体经济发展，避免金融业脱实向虚。

六、北京市区域金融监管与中央金融监管职能协调机制方式

（一）明确监管协调思路

中央金融监管部门安排区域兼容监管的职能时，应当把市场需求、监管机构的能力以及立法规范作为衡量的三个标准，明确北京市区域金融监管部门的具体职能和职责范围。

1. 以市场需求为考察标准

金融创新乏力、监管真空、监管权力不足等问题增加了金融体系的脆弱性，但这些问题本身并不足以成为引发金融危机的根本原因。相反，市场本身，才是一切监管制度设计的基础和检验指针，通过设置衡量因素，密切关注市场发展导向，及时、有效地作出反应，实施监管具体措施，在发生风险迹象、风险累积的过程中，不断适时地调整政策、法规、执法行为，方能有效地弱化风险，度过危机。市场运行情况本身就是对金融监管职能协调机制设计和实施效果的反馈，因此，中央金融监管部门在设置基层金融监管部门的职能时，应当首先以市场需求为标准，以各个地区市场当前的发展状况为研究对象，客观、合理、真实地评价地区金融市场的发展情况，根据市场的反应，有针对性地采取监管措施，实施监管行为。

具体来说，要根据地方市场需求，对于地区占比较大的金融行业，着重部署监管力量；对于容易引发突发事件、群体性事件的行业，设置专门的监管执行机构；对于地区的金融创新领域，及时吸收具备专业知识的监管工作人员；对于地区尚有监管真空、监管缺位的金融领域，及时安排地区金融部门对其覆盖；衡量地区监管对象与地区监管资源的比重，对于地区监管资源严重不足、权力不足的，应当及时作出调整改进，提高监管部门的监管效率。具体到北京市，中央金融监管部门应当针对北京市区域金融市场的实际发展情况，制定可操作性强、具有可行性的协调方案，实现具体问题具体分析。

2. 以监管机构的能力为考量因素

划分不同金融行业内部的监管职能时，要将包括银行业、证券业、保险业、金融控股公司等在内的全部金融业态、金融市场、金融机构、金融活动的综合监测能力作为考量因素，综合评价各金融业的监管机构能力，合理配置监管资源。

在衡量地方金融监管机构的监管能力时，要从监管工作人员队伍、监管效率、监管效果、风险识别与处置能力等方面来具体衡量。第一，在监管工作人员队伍上，要根据北京市区域金融监管机构的具体人员配备状况，划分地区监管职能，按照监管人员数量的多少，合理分配地方的监管范围与监管难度，不能超越地方监管能力设定监管要求，也不能浪费监管资源，造成人员闲置。第二，在监管效率上，根据各地区市场需求的不同，地方金融监管部门擅长监管的领域也有所差异，因此监管效率也有所不同，要将监管效率作为衡量因素，合理地协调地方与中央的监管职能。第三，中央金融监管部门应当合理评价地方金融监管部门的监管效果，对于地方监管有困难、监管效果差的领域，中央应当及时作出合理调整，发挥一委一行两会的作用，避免地方由于监管能力不足导致的无效监管。最后，风险识别能力与风险处置能力是协调中央金融监管与北京市区域金融监管的重要考量因素之一，由于技术设备、人员能力等方面的差异，对于一些隐蔽的潜在金融风险，地方往往难以识别，因此也无法就该风险及时进行风险处置，所以，要根据风险识别、处置能力的不同，合理协调中央与地方的监管职能。

此外，各行业的金融协会往往也具备一定的监管能力，可以根据行业协会的监管能力与监管效果，适当为其安排监管职能，借鉴国外的优秀经验，发挥行业协会的重要作用。

（二）确立监管规范

任何监管都应依法进行，需要有明确的、具有可操作性的监管规范的指导，对于尚未制定法律的金融监管领域，应当及时弥补法律空白，将目前存在的大量的原则性、框架性指导意见落到实处，明确具体的职能划分；对于职能已经明确的，或者是职能大体上明确，但是在细节方面还不够明确的，要及时确立具体的细化规则和流程。与此同时，地方应当以法律为依据，结合各地的实际情况，制定具有可操作性的执法规则，统一执法标准，保障监管效率和监管公平。

（三）把握监管协调两抓手

金融监管的主要目的不是"救火"，而是防患于未然。立法与执法是进行监管协调的两个重要抓手，一委一行两会想要实现监管协调，统筹行业发展，必须利用立法、执法两个渠道，在立法中明确职能划分，在执法中确定监管方法，使得各部门各司其职，弥补监管缺位，实现监管领域的全覆盖。

1. 立法层面

应当围绕着立法权、准立法权的配置，将法律、行政法规、部门规章、地方性法规、规范性文件、标准等不同层次的规定分别对应到具体机构，严格划分各个金融监管机构之间的职能范围，为金融监管机构履行日常监管职责提供法律依据，弥补监管漏洞。改善我国目前金融监管领域立法层级低、缺少配套实施细则的监管困境，及时更新《中华人民共和国中国人民银行法》等法律，顺应经济社会发展，保障金融监管的前瞻性，发挥法律的指引作用，统一金融监管执法标准，防止权力滥用，维护金融消费者的合法权益，科学匹配"剩余立法权"，避免主导规则制定的部门为自身谋取利益，避免权力寻租。

2. 执法层面

对于现实的金融监管部门调整以及监管权扩张应当作出相应的反应，虽然目前我国对于金融监管机构进行了一个较大规模的调整，改变了我国一直以来的一行三会的监管传统，但是，这种改变是否能够带来良好的监管效果，还未曾可知，这需要经过市场的检验。究其根本，是因为监管机构的合并分立以及监管权责的变化并不能和监管优化完全画等号，对监管机构进行合并并不意味着金融体系的稳定性增强。金融监管机构的责任、权力、能力匹配程度以及职能协调才是提升金融监管有效性的关键。因此，我们应当在执法中实现协调发展，严格划分中央与地方的金融监管责任，加强执法队伍建设，实现中央与地方的相互衔接配合，建立互动机制。

七、北京市区域金融监管与中央金融监管职能协调机制方法

（一）确立金融监管职能协调相关法律制度

建立长效有保障的协调机制，必须以法律的形式明确央地监管职能协调的具体内容，将协调机制上升到法律的高度，并出台相应的实施规范细则，为地方金融监管机构执法提供依据。同时北京市也应当根据法律法规，结合地方实践经验，根据金融业态的风险特征，尤其是引发系统性金融风险的可能性，出台适合于北京市的金融监管职能协调依据，通过制定地方行政法规来明确北京市金融管理局的具体监管职能。

（二）合理划分央地职权范围

要实现央地金融监管职能协调，形成有效的协调机制，就要根据金融业务的特点、功能、风险确定各项业务的主要监管机构及权责，进行权力优化配置。针对不同层次金融形态完善北京市与中央金融监管权力的纵向分权设计，强化北京市对本区域民间金融、农村金融、区域性金融创新的微观监管和日常监管，夯实中央机构的宏观审慎监管和行为监管，共同防范系统性风险。

具体来说，在划分中央与北京市的职能时，要遵循以下几个原则：第一，权责一致，即中央与北京市的金融监管机关的职责应当与其所拥有的权力相配套；第二，属地原则，北京市各辖区内的金融监管机关应当对本地区的金融市场进行监管；第三，国家金融监管权至上，北京市金融监管权力的行使要遵循中央的指导，不能超越国家金融监管的范畴。

（三）充分发挥科技监管的作用

随着科学技术的迅猛发展，我们对于风险的检测、识别能力也逐步提高，利用监管科技，金融监管机构能够及时有效地发现潜在的金融风险，使得金融监管机构能够正确选择风险应急处理机制，维护市场稳定。因此，在央地金融监管职能协调的过程中，要充分利用监管科技的作用，尤其是在群体性事件多发的地方，应当建立完善的科技监管制度，及时预警风险，有效地对地方金融市场进行监管。具体来说，第一，要建立金融业综合统计和数据信息共享法律制度，及时收集、共享实时监测数据，为风险识别提供检测对象与判断依据；第二，要加强舆情反馈，建立央地垂直沟通机制，地方要将自己收集到的信息及时反映给中央；第三，形成适应科技监管需求的监管队伍，吸收专业人才，完善后勤保障。

同时，要依托互联网技术的监管手段和方式，推进北京市金融监管和中央金融监管的协调发展。大数据云计算的应用使金融行为监管变得不仅容易实现，而

且成本很低，这对于地方金融监管机构来说，可以降低监管难度，提高监管效率。

（四）进一步发挥社会监督作用

行业协会、金融消费者等社会力量在金融市场中发挥着重要的作用，相较于金融监管机关，它们更接近于金融市场，对风险的感知也更加直接，因此，社会力量对金融机构的监督也不容小觑，这种社会监督是对公权力监督的有效补充。以行业协会为代表的社会监督能够成为个体权力与国家权力之间沟通的桥梁，切实维护金融消费者的权益，因此，在对央地金融监管职能进行协调的过程中，也要将社会监督纳入协调机制。

对此，首先要加强行业自律建设。行业自律是金融业自我管理、自我规范、自我约束的一种民间管理方式，可以在监管当局的鼓励、指导及社会舆论的倡导下，根据金融机构的不同类型、不同所在地建立不同的金融行业自律协会，并在此基础上形成全国同业联系机制。

其次，要注重社会舆论监督的作用。金融机构的经营行为、服务质量、公众形象等，时刻受到社会公众的评论和新闻媒体、社会舆论的监督。社会舆论的监督可以鼓励动员全社会成员都来关心和协助监督金融消费者权益保护，通过营造宽松的舆论环境，广泛聚焦媒体目光，对逃避监管、侵害金融消费者权益的行为形成强大的社会监督威慑力，督促金融机构以及更多的互联网金融平台依法经营和规范行事。

（五）建立北京市区域金融监管与中央金融监管职能协调责任机制

北京市区域金融监管与中央金融监管职能协调的责任机制主要是指对二者在风险处理中的责任分配。近年来，全国各地发生了若干起地方金融风险事件，对于这类事件的处置，存在着地方金融监管部门与国家监管机构相互推诿、地方政府承担过多处置责任等现象。由于缺乏相关的制度安排，也就导致危机发生后的责任归属难以确定。

在确立责任机制时，要遵循谁履职，谁担责的原则。特别是在风险防范方面，要严格划分央地的职责，进行风险责任界定。明确中央和地方各自所需防范的风险类型。按照防范系统性风险、防范区域性风险以及防范行业性风险的分类，分别明确中国人民银行、银保监会、证监会以及地方金融管理部门的责任。其中对于全国性的系统性金融风险，应当由中国人民银行、银保监会以及证监会予以负责；对于北京市的区域性金融风险则由北京市的人民银行、银保监会分会以及北京市金融管理局负责；对于行业性的风险，除了公权力，还要发挥行业自律组织的作用，集合社会各方力量，做好风险防范工作。

八、北京市区域金融监管与中央金融监管职能协调机制主体

我国金融业实行分业经营，分业监管，在银行业、保险业、证券业内部都形成了各自的金融监管机构，各机构相互协调，建立起了我国的地方金融监管与中央金融监管职能协调机制。

（一）银行业与保险业监管职能协调机制主体

在银行业与保险业内，中央层面，仍然由国务院金融稳定发展委员会作为北京市区域金融监管与中央金融监管职能协调的统筹协调机关，负责安排部署北京市与中央的金融监管职责，从宏观上明确二者的监管范围与监管对象。同时根据分业监管的原则，中国人民银行与中国银行保险监督管理委员会负责具体协调北京市和中央的监管职能，具体部署央地的协调措施，进行制度安排。同时，对于一些特殊金融机构以及互联网金融，必要时，应当与改革委、公安部、监察部、财政部、建设部、农业部、商务部、工信部等国家机关建立互动机制，发挥其他国家机关在本领域内的主导作用，协助建立起北京市区域金融监管与中央金融监管职能协调的机制。

在地方层面，北京市金融管理局以及下属区县的金融办是具体落实北京市与中央金融监管职能协调的主体，在中央金融监管权的授权范畴内行使职责，北京市金融管理局既要统领地方，又要做好中央与地方的上传下达工作，担当好协调机制的中间人角色。

同时，中国人民银行下设的中国人民银行北京市分行以及中国银监会在北京市下设的银监会分局应当贯彻执行中央的金融监管协调安排，与北京市金融管理局通力配合，建立起完整的北京市区域金融监管与中央金融监管职能协调机制。

同时，中国银行业协会应当在其行业自律范围内发挥协调作用，对国家监督形成有效的补充，监督国家机关履行职权，并指导协调北京市银行业协会的工作，在行业自律领域内做好金融监督的协调工作。

（二）证券业监管职能协调机制主体

在证券业内，中央层面，仍然有金融稳定发展委员会作为北京市区域金融监管与中央金融监管职能协调的统筹协调机关，负责安排部署北京市与中央的金融监管职责，从宏观上明确二者的监管范围与监管对象。同时根据分业监管的原则，中国人民银行与中国证券监督管理委员会负责具体协调北京市和中央的监管职能，具体部署央地的协调措施，进行制度安排。同时，对于一些特殊金融机构以及互联网金融，必要时，应当与国家发展改革委、公安部门、监察部门、财政部门、住房和城乡建设部门、农业部门、商务部门、工信部门等国家机关建立互动机制，发挥其他国家机关在本领域内的主导作用，协助建立起北京市区域金融监管与中央金融监管职能协调的机制。

在地方层面，北京市金融管理局以及下属区县的金融办是具体落实北京市与中央金融监管职能协调的主体，在中央金融监管权的授权范围内行使职责，北京市金融管理局既要统领地方，又要做好中央与地方的上传下达工作，担当好协调机制的中间人角色。

同时，中国证券监督管理委员会在北京市下设的证监会分局应当贯彻执行中央的金融监管协调安排，与北京市金融管理局通力配合，建立起完整的北京市区域金融监管与中央金融监管职能协调机制。

同时，中国证券业协会应当在其行业自律范围内发挥协调作用，对国家监督形成有效的补充，监督国家机关履行职权，并指导协调北京市银行业协会的工作，在行业自律领域内做好金融监督的协调工作。

（三）其他金融业态监管职能协调机制主体

在互联网金融业，应当根据具体的互联网金融业务，分别由中国人民银行、中国银行保险监督管理委员会以及中国证券监督管理委员会统筹北京市区域金融监管与中央金融监管的职能协调机制，并根据北京市的金融市场发展状况，合理安排部署北京市金融管理局的相关职责，具体安排与银行等传统金融业大致类似。

在小额贷款公司、金融控股公司中，地方金融监管机关发挥了主导的监管作用，因此北京市金融管理局是北京市辖区内的小额贷款公司、金融控股公司的金融监管协调主体，对北京市区县的金融办指导工作，上传下达，完成相关的金融协调监管。

对于普惠金融等民间金融，地方金融监管机构同样发挥着主导的监管作用。北京市金融管理局统筹北京市民间金融的管理工作。

九、北京市区域金融监管与中央金融监管职能协调机制内容

（一）合理划分北京市金融监管与中央金融监管的职能

1. 明确北京市和中央金融监管职能协调的层次性

要建立北京市区域金融监管与中央金融监管职能协调机制，就要对各层次金融业态赋予各类监管主体不同权限、理念和方法，传统金融如银行业、证券业、保险业等以中央监管为主，宏观审慎监管，普惠金融、民间金融、农村金融、金融创新等由中央机构负责行为监管，由北京市金融局负责微观监管、日常监管。同时，在民间融资、农村金融等领域应发挥地方监管的能动性，建立与一行三会派驻机构的联合执法和响应机制，划分不同层次金融业务的纵向权限配给和职能。根据金融业务的性质、功能、风险等特征优化配置主要监管机构权责，确立规则，推进监管协调制度化。特别是在金融监管部门调整后，"一委一行两会"监管机构格局形成，综合性监管特点逐渐突显。针对不同层次金融形态，完善北京市与中央金融监管权力的纵向分权设计，强化市金融局对辖区内民间金融、农村金融、区域性金融创新的机构监管及对金融活动的日常监管，夯实中央机构的宏观审慎监管、微观审慎监管和行为监管，共同防范系统性风险。为地方监管机构匹配与其职责相称的监管资源。

2. 推进北京市和中央金融监管职能协调行使

在现有协调机制的基础上，分析金融风险暴露与地方中央间金融监管职能行使不协调的关系、金融突发事件影响程度与金融监管职能行使不协调的关联度，根据重要程度、影响范围等标准确定监管职能归属不明确的事项。确立北京市和中央金融监管的细化协调程序和长效保障机制。完善央地信息互通的互动机制。

3. 优化中央各机构对金融监管的协同机制

一是"一行两会"设立的金融消费者保护机构，应在明确划分各自职权职责的基础上，建立部门间信息交流、联席会议以及对金融机构跨市场、跨行业业务风险监测、现场检查、责任追究等协调与合作机制，共同保护金融消费者。二是金融消费者保护部门也应加强与相关政府部门、金融行业协会、消费者协会、媒体舆论等方面的交流与沟通。三是要进一步优化中央与地方层面的监管协同机制，尽快统一地方监管部门在机构性质、管理权限、执法边界等方面的权限，搭建信息共享平台，建立监管联席会议机制，协商交叉职责监管权限争议处置程序、法律责任追究等内容，完善跨行业、跨市场金融风险的监测、评估、预警和化解系统。

4. 设立独立的北京市金融监管职能部门

在设置地方金融监管职能部门时，要同时安排地方金融监管的领导机制，要在北京市范围内建立起金融监管的垂直领导体制，集中地方金融监管职能。规定由北京市金融管理局（或者金融监管机构）对整个辖区内的区县金融办（或金融监管机构）进行领导，各区县在行使管辖权的同时要接受北京市金融管理局的工作指导，其权力行使范围不得超过北京市金融监管机构的权力范畴。

5. 整合北京市金融监管力量

随着具有相同性质的地方性金融机构形成规模，并具有一致的影响效果以后，应该出台针对这类金融机构的一致性监管政策，对北京市的金融监管权力进行系统性的整合。对于目前分散于地方发展改革委、经信委、国资委等部门的对股权私募机构、融资担保公司等的监管权力，也应当予以整合，应当统一交由北京市金融监督机关行使，改变目前多头监管的模式，实行功能性监管。

（二）赋予北京市地方金融监管权

长期以来地方政府一直是打击非法集资和处置相关风险的主要力量，各地一般都通过联席会议机制或领导小组的模式把地方部门和"一行三会"的派驻机构联系起来，共同应对金融风险，尤其是事后风险的处置。由于地方政府对许多金融机构不具有审批和审慎监管的权力（相信随着行政审批制度改革，地方政府的审批权限会越来越小），也由于许多企业实际从事着与金融相关的业务却可以不被监管或者刻意回避了监管，地方政府的监管行为只能更多地依赖行为监管方式，通过对市场主体行为进行约束和监管，达到保护金融消费者、维护地方金融稳定的目标。

1. 明确北京市金融监管的主要职能

就北京市的监管职能来说，总体上主要有以下方面：承担对辖区小额贷款公司、融资性担保机构、各类民间借贷中介组织和民间借贷活动的监督管理职责；承担对辖区内非上市企业股权、产权交易等权益类和金融资产交易市场活动的监督管理职责；会同政府有关部门监督管理典当行、创业投资企业、股权投资企业、创业投资基金、私募股权投资基金、政府投融资平台公司等投融资机构；在民间借贷和非法集资案件多发的形势下，目前还承担依法开展打击非法集资、非法交易所等违法活动职责，维护金融秩序，守住防范系统性、区域性金融风险这条底线。

其中，小额贷款公司的审批和监管是中国人民银行和中国银行业监督管理委员会通过共同发文《关于小额贷款公司试点的指导意见》交付于地方政府的，七部委又联合发布《融资性担保公司管理暂行办法》将融资性担保公司的审批权交给地方政府，商务部也推动了部分地政府关于商业保理和融资租赁的审批和监管试点，这都是地方政府重新行使监管权的重要标志。再者，地方政府是大多数地方中小金融机构出资者和融资性非金融机构的实际审批者，按照"谁审批谁负责、谁监管谁负责、谁主管谁负责"的原则，地方政府也应切实负起对地方中小法人金融机构、融资性非金融机构等风险处置的主要职责。事实上当前和今后时期，我国发生系统性金融风险的可能性不大，但区域性金融风险防控压力较大。而在防控处置区域性金融风险方面，地方政府应承担主要职责，地方政府已逐步成为维护区域金融稳定的重要力量。此外，地方性金融资产交易所的筹建和日常管理也都由地方政府负责，虽然这些交易平台的业务对象（银行、券商、保险公司、信托公司、租赁公司等）分别归属"一行三会"不同的主管部门监管，但是交易所这一主体并不直接由"一行三会"主管，银保监会、证监会等监管部门只能通过银行、证券等交易所业务对象来进行业务干预，发挥间接监督管理职能。

2. 清晰界定北京市金融监管机构的金融监管范围

从层级看，中央监管部门应主要负责监管跨区域的系统重要性金融机构，而地方金融监管部门则主要负责监管区域内的非系统重要性金融机构。从业态看，中央监管部门主要是分业划界，实施机构监管；而地方金融监管部门则必须顺应地方金融混业发展的实际，注重行为监管。按照上述原则，北京市金融监管的对象应限定于北京市区域性、非系统重要性的各类业态法人金融机构、有关金融机构组织及市场。包括北京市中小法人金融机构、融资性非金融机构、北京市辖区内的金融交易场所及民间借贷等。其中，权益类融资机构和市场应成为监管的重中之重，这符合地方金融发展趋势，其资本风险分摊机制也有利于缓释地方政府承担的风险处置责任。

3. 构建北京市监管动态调整机制

在协调机制中，北京市的地方金融监管的完善仍需时日，而监管对象数量、规模及其系统重要性也在动态变化，这就要求逐步拓展北京市的金融监管机构的金融监管的对象并进行动态调整。从时间维度上，应首先整合分散在北京市政府相关部门的金融监管职能，将不属于"一行两会"监管的各类具有融资功能的非金融机构纳入北京市金融监管局的监管范围。以此为起点，逐步将监管范围拓展至服务于社区的农信社、村镇银行及其他新设立的社区性商业或合作金融机构，并最终覆盖所有地方法人金融机构。

（三）明确金融突发事件和危机处理机制中北京市和中央金融监管部门的权限和职能

应对金融风险，处理金融突发事件是地方金融监管机构最主要的金融监管职能之一，因此，建立起金融突发事件和危机协调处理机制，明确北京市侧重事前预警，中央侧重事中协调和事后处置、对于减少群体性事件、防范系统性风险有着重要的意义。

1. 建立突发金融事件和危机处理的法律保障机制

首先，应制定相关行政法规，从法律上、制度上保障突发金融事件应急反应机制的运行。

明确对金融突发风险事件处理的职责划分，合理安排货币政策的权力行使，减少权力滥用的情形，降低道德风险带来的不良后果，通过法律明确不同部门在金融突发事件处置中职责、处置程序和方法，提高金融突发事件处置的透明度和效率。

2. 完善信息网络与信息披露

突发金融事件的出现与信息不对称有着密切的联系，由于不能及时地获取第一手信息，所以无法针对风险采取救助措施进行危机处理，因此，要建立起完善的信息网络和信息披露制度，建立起北京市与其他地区之间、中央与北京市之间的信息共享平台，完善北京市金融市场的信息披露机制，加强金融透明度建设，及时向社会公布货币政策目标、措施和实施情况以及各种金融法规；充分利用互联网公布有关数据、政策做好对突发金融事件的预测、预报，为及时采取有效措施创造条件。

3. 划分央地对金融突发事件的责任

应当根据央地的职能划分北京市与中央在金融突发事件中应分别承担的责任。由于地方更能发挥属地优势，更加接近突发事件，也更能掌握、收集各种信息，因此，北京市应当侧重于突发事件的事前预警，建立金融突发事件事前预警机制，做好风险监测防控，检测实时数据，及时分析金融市场的变动情况。而中央可以凭借其丰富的经验和危机处理能力，负责对金融突发事件的事后救助及管理。北京市对于自己检测到的金融风险应当通过信息网络及时上报中央，由中央对风险进行评级，制定风险处置方案。对于一些突发性的群体性金融事件，地方政府应当成立突发事件处置小组，在中央采取措施前及时制定暂时性处置方案，减少危机对金融市场的影响，降低损失。

具体来说，要由北京市金融局牵头负责区域内单一性封闭式金融突发事件和危机的事前预警，制定完善监测预警制度和程序，组织协调此类突发事件和危机发生后的处置工作。对于跨市场、跨区域、跨行业金融突发事件和金融风险，要根据对应的金融业态，由"一行两会"机构牵头处置和协调，国务院金融稳定发展委员会监督相关监管机构履职。同时，在事前预警、事中协调、事后处置的过程中，北京市网信、公安、市场监管、经信等部门予以配合。在权责明确的基础上加强各监管职能部门的磋商合作，对金融突发事件和危机快速反应，形成解决方案，各机构定期联合演练快速反应机制。

4. 金融监管机关重视提升金融消费者的素质

可以说，金融消费者自身提高风险防范意识是金融消费者保护的第一道防线。"一行两会"以及北京市金融监管机构应将金融消费者教育活动作为金融消费者保护工作的重要部分，鼓励和倡导金融机构向公众宣传金融知识，开展金融消费者教育的普及和推广工作。要考虑制定金融消费者教育规划和指标体系，形成长效工作机制，鼓励为金融消费者提供专业的法律、金融知识咨询服务。同时，进一步强化金融机构对客户的教育、引导责任，将其作为金融业务经营活动的必然组成部分，并考虑建立评估金融机构金融消费者教育有效性的指标体系。此外，还要注重提炼具有代表意义的业务实践，打造典型行为监管案例，用以宣传金融消费者权益保护，大力提倡消费者维权，倡导行为监管，普及行为监管。

北京市非物质文化遗产保护的
地方性法规制定[*]

韩赤风[**]

第一部分　总　则

一、国家和地方立法关于总则部分的规定

《中华人民共和国非物质文化遗产法》（以下简称《非物质文化遗产法》）的总则部分，包括立法依据、保护范围、适用方式、基本原则、基本要求、责任范围、经费来源、保护主体、辅助部门、奖励鼓励等要求，分为 10 条进行规定。主要起到一个总纲领和指导性的作用。在各省市自治区的非物质文化遗产保护条例里，在第 1 条立法依据中，都加入了结合本省市（自治区）实际，制定本条例，用以说明各个地方的保护条例是融合了国家的法律和地方实际情况而制定的。在第 2 条保护范围中，国家非物质文化遗产法里概括了六大类非物质文化遗产类型。在一些地区的保护条例中，如新疆、宁夏、江苏等多个省市自治区，都在这六大类文化遗产的基础上，增加了有关自然界和宇宙的民间传统知识和实践的规定，从而对国家层面立法中的六大类非物质文化遗产类型作出了进一步的扩展。

二、关于北京市非物质文化遗产保护条例总则部分的立法建议

（一）适用范围、定义、基本要求

第 2 条规定的法律的效力也就是法律的适用范围，主要解决法律在什么地方、对什么事情和在什么时间内具有效力。本条例将在空间上对北京市整个行政区域内具有约束力，在对事上专门针对非物质文化遗产保护活动产生效力。北京市是人类文明的发祥地之一，有着悠久的历史文化积淀，拥有大量的具有地方特

---

[*] 本文完成于 2019 年 6 月 1 日《北京市非物质文化遗产条例》实施之前。

[**] 课题主持人：韩赤风，北京师范大学法学院民商事法学教学研究中心主任。立项编号：BLS（2017）B013。结项等级：合格。

色的民族民间文化遗产。第3条是关于非物质文化遗产的定义及范围，定义主要依据我国《非物质文化遗产法》，但在范围方面略有扩展。本条意在用法规的形式把这些民族民间文化遗产确定下来，具有重大意义。本条尽可能全面地列举非物质文化遗产的表现形式，更有利于非物质文化遗产的传承和发扬光大。第4条是关于保护非物质文化遗产基本要求的规定，特别是强调了保护非物质文化遗产应注重其真实性、整体性和传承性。

（二）基本原则

作为一部地方性法规，第5条复述国务院在非物质文化遗产保护方面的指导方针，并不多余。结合北京市实际情况做适当的拓展和延伸，也可以使我市的非物质文化遗产保护工作开展得更合理、更科学、更全面。政府作为国家的行政机关，从宏观角度上来统领整个非物质文化遗产保护工作是合适的。第6条要求其能够把非物质文化遗产保护工作融入本级经济发展与社会发展的整体规划中，并在财政、人事等关键领域给予支持。如果没有人民政府作为领导机关，那么整个非物质文化遗产保护工作就会失去强大支持力量，失去了发展方向。

（三）文化主管部门及相关组织

第7条按照"现实有效"的原则来确定非物质文化遗产保护工作的主管机关，否则国家和各级政府的一系列保护举措就会流于形式，无法得到有效实施。把人民政府的文化行政部门界定为主管机关，是充分考虑了它的部门性质，能够发挥它的组织优势和职能、职权。此外，本条还规定了其他政府部门应在各自职责范围内，负责有关非物质文化遗产的保护、保存工作。非物质文化遗产保护工作作为一个系统性工程，需要整个社会的积极参与，仅仅依靠政府的力量是不行的，特别是需要社会上一些专门从事这方面研究工作的组织和个人参与进来，借助政府的强大政策支持来全面推进非物质文化遗产保护工作。北京作为一个重要的文化发源地，在图书馆、文化馆等文化机构以及高校和研究保护机构的数量和保护能力上，都有得天独厚的实力。所以第8条将非物质文化遗产的保护作为一种义务落实在上述部门中，既能辅助政府部门有效地推进保护工作，又能作为政府保护不到的方面的有益补充。

（四）文化生态保护区的设立

任何一种动态的、无形的文化遗产，都存在于一定的文化生态环境中。我们可以借助一定区域中民众的生产生活，使这些文化形式存在于当代人的现实生活中。很多文化遗产只有在特定的区域中才能显示其文化价值和艺术魅力，比如北京市原崇文区和原宣武区联合申报非物质文化遗产保护区等。第10条规定的这种建立特定的保护区也是北京的保护条例区别于其他一些省市保护条例的重要特点之一。

第二部分　非物质文化遗产调查

一、国家及各省、自治区、直辖市关于非物质文化遗产调查的规定

（一）国家关于非物质文化遗产调查的规定

2011 年 6 月 1 日起施行的《中华人民共和国非物质文化遗产法》第二章专门规定了非物质文化遗产的调查，内容包括调查主体、调查方式、方法及手段、建立档案及数据库、调查中应注意的事项等。

（二）各省、自治区、直辖市关于非物质文化遗产调查的规定

《非物质文化遗产法》颁布之后，贵州省也颁布了《贵州省非物质文化遗产保护条例》，该条例也单章规定了"非物质文化遗产调查"。该条例以国家的法律文件为指导，结合贵州省的实际，就一些细节问题作出了明确的规定。如省人民政府文化主管部门应当自受理境外组织或个人在本省进行非物质文化遗产申请后 15 日内作出是否批准的书面决定。

二、关于北京市非物质文化遗产保护条例调查部分的立法建议

北京市虽然还没有出台具体的非物质文化遗产保护条例，但早在 2005 年就展开了对非物质遗产的调查工作。调查工作历时两年，动用 8500 人，通过田野调查的方式，深入街道、乡村开展登记、采访、记录、摄影等工作，调查到非物质文化遗产 12 623 项。在对条文进行具体编写的时候，我们研读了国家关于非物质文化遗产保护的指导文件，认真学习了《非物质文化遗产法》，参考了各省、自治区、直辖市关于非物质文化遗产调查方面的规定，选取了其中有价值的条款，并结合北京调查工作的实际，完成了《北京市非物质文化遗产保护条例》的调查这一章。

（一）调查主体

1. 政府部门组织调查

市、区县人民政府文化主管部门和其他有关部门是这一环节调查的主体，这是一种普查性质的工作，也是大规模的调查活动，这种普查摸底工作是非物质文化遗产保护工作的基础性工作。所以在条文设计上应首先说明"非物质文化遗产调查由文化主管部门负责，市、区县人民政府其他有关部门可以对其工作领域内的非物质文化遗产进行调查。"该调查主体应该全面了解非物质文化遗产有关情况，为建立非物质文化遗产代表性项目名录摸底，因此就要求调查的规模要大，持续时间要长，方式要多样化。

2. 公民、法人和其他组织调查

公民、法人和其他组织也是非物质文化遗产调查的重要力量。与前一种调查

主体不同的是公民、法人和其他组织的调查不要求全面了解非物质文化遗产有关情况，一般规模较小，调查方式单一，持续时间较短。在设计时，条例将该部分的主体分为境内公民、法人和其他组织与境外组织和个人进行非物质文化遗产调查两种。

关于境内公民、法人和其他组织的调查，条例规定"公民、法人和其他组织在调查所在地人民政府文化主管部门的管理下可以依法进行非物质文化遗产调查。"这里的"依法"一方面是指依照《北京市非物质文化遗产保护条例》的有关规定进行调查，另一方面是指将来还要出台的本法配套性实施规定，公民、法人和其他组织进行调查时也要遵守。此外，还包括调查涉及的其他相关法律法规。

关于境外组织和个人进行调查，主要是从程序上对境外组织或个人在市内进行非物质文化遗产调查活动进行了规范，增加了必要的管理措施。考虑到调查的积极性，条例规定市人民政府文化主管部门应当自受理申请后 7 个工作日内作出是否批准的书面决定。需要注意的是，这种管理措施并不是禁止境外组织和个人对北京市非物质文化遗产进行调查，也不会影响正常的旅游观光活动和正常的文化交流。

（二）调查的方法和资料的处理

"市、区县人民政府文化主管部门和其他有关部门对在调查中取得的非物质文化遗产实物和资料，应当妥善保存，防止损毁、流失；其他有关部门取得的实物图片、资料复制件及电子档案，应当在 15 日内汇交给同级人民政府文化主管部门。文化主管部门应当全面了解非物质文化遗产有关情况，建立非物质文化遗产档案及相关数据库。除依法应当保密的外，非物质文化遗产档案及相关数据信息应当公开，便于公众查阅。"这是对北京市非物质文化遗产调查方法和要求的规定。在该条文设计是在国家规定的框架内，吸取了各地方条例的优点，还根据北京的情况缩短了其他有关部门取得的实物图片、资料复制件及电子档案，交给同级人民政府文化主管部门的时间。

（三）调查的要求

尊重和保护调查对象是进行非物质文化遗产调查的一项基本要求，因此在调查条文的设计上，规定"开展非物质文化遗产的调查，应当征得被调查对象同意，尊重民族风俗、信仰和习惯，尊重真实性、完整性，不得歪曲和滥用，不得非法占有、损毁非物质文化遗产的资料、实物，不得侵害被调查对象的合法权益。"也就是说，进行非物质文化遗产调查时，要注意对未经同意的调查，调查对象有权拒绝；调查前应先了解调查对象的风俗习惯；调查时应充分尊重调查对象的署名权、肖像权、表演者权等合法权益。调查是发现濒临消失的非物质文化遗产的重要途径，因此法条专条强调，"对濒临消失的非物质文化遗产项目，区、县级人民政府文化主管部门应当及时予以记录和收集有关实物，或者采取抢救性保存措施；对需要传承的，应当采取有效措施支持传承。"从而实现对濒临消失的非物质文化遗产保护、保存。

第三部分　非物质文化遗产代表性项目名录

一、国家及地方关于非物质文化遗产代表性项目名录的规定

（一）国家关于非物质文化遗产代表性项目名录的规定

2011 年 6 月 1 日生效的《中华人民共和国非物质文化遗产法》第三章专门规定了非物质文化遗产代表性项目名录的内容。首先，将非物质文化遗产代表性项目名录具体区分为国家级非物质文化遗产代表性项目名录和地方非物质文化遗产代表性项目名录。其中列入国家级非物质文化遗产代表性项目名录的必须是体现中华民族优秀传统文化，具有"重大"历史、文学、艺术、科学价值的非物质文化遗产项目，而地方非物质文化遗产代表性项目名录无"重大"要求，从而将国家与地方非物质文化遗产代表性项目名录区分。体现中华民族优秀传统文化，即要求该项非物质文化遗产属于中华民族传统文化的精华，是符合时代发展的方向、有利于增强中华民族认同感的先进文化，而不是那些不合时宜的落后文化。具有历史、文学、艺术、科学价值，即要求该项非物质文化遗产对历史、文学、艺术、科学方面的研究、创作、欣赏等活动具有积极的作用，确有保护的必要。这两个条件分别从不同角度对非物质文化遗产代表性项目进行了界定，是某项非物质文化遗产列入代表性项目名录的必要条件，缺一不可。

其次，《非物质文化遗产法》作出了推荐国家级非物质文化遗产代表性项目以及不同地区推荐相同主题项目时如何处理的具体规定。省、自治区、直辖市人民政府可以从本省、自治区、直辖市非物质文化遗产代表性项目名录中选择项目向国务院文化主管部门推荐，将其列入国家级非物质文化遗产代表性项目名录。同时还对推荐时应当提交的材料做出了具体规定，其中包括：①项目介绍；②传承情况介绍；③保护要求；④有助于说明项目的视听资料等材料。再次，《非物质文化遗产法》做出了公民、法人和其他组织对国家级非物质文化遗产代表性项目名录建议权的规定。最后，《非物质文化遗产法》做出了关于非物质文化遗产评审程序和评审原则以及国家级非物质文化遗产代表性项目名录的拟定和审批程序的规定和相关规划，监督检查办法。

（二）各省、自治区、直辖市关于非物质文化遗产代表性项目名录的规定

截止到 2018 年 4 月，浙江省、吉林省、广西壮族自治区等全国较多的省、

自治区、直辖市根据《非物质文化遗产法》的规定，对地方的非物质文化遗产代表性项目名录作出了更为详细的规定。

二、对北京市关于非物质文化遗产保护条例代表性项目名录立法建议

（一）北京市非物质文化遗产代表性项目名录的分级

北京市非物质文化遗产代表性项目名录分两级，市级和区县级。"市、区县人民政府应当建立本级非物质文化遗产代表性项目名录，将体现优秀传统文化，具有历史、文学、艺术、科学价值的非物质文化遗产项目列入名录予以保护。"此处不单纯强调属地管辖，也强调对非物质文化遗产自身品质级别的衡量后确定的高级别管辖。对于高级别遗产，应向上集权；对于低级别遗产（尤其是具有遗产要素的土地资源），应向下放权，包括以更灵活的方式，让社会去经营。对于不同等级的文化遗产，管理者的学术级别和业务能力的标准应当不同，管理制度也应有所区别。

（二）申请列入北京市非物质文化遗产代表性项目名录的条件

列入非物质文化遗产代表性项目名录的，应当符合什么样的条件，国家规定将体现中华民族优秀传统文化，具有重大历史、文学、艺术、科学价值的非物质文化遗产项目列入名录予以保护。各省、自治区、直辖市也做出了更加具体的规定。通过全面考虑，列入北京市非物质文化遗产代表性项目名录的应满足以下列条件：①具有突出的历史、文学、艺术、科学价值；②具有优秀传统文化的典型性、代表性；③具有在一定群体或者地域范围内世代传承传播的特点；④具有地域和民族特色，在本行政区域内有较大影响力。

（三）北京市非物质文化遗产代表性项目名录产生的程序

1. 专家评审小组和专家评审委员会制度

为保证最后形成的非物质文化遗产代表性项目名录既具有公信力，又符合非物质文化遗产保护工作的需要，在名录评审过程中，专家评审小组和专家评审委员会的作用就显得尤为重要。我国的非物质文化遗产博大精深、丰富多彩，因此要求专家评审小组和专家评审委员会的成员要由不同领域、不同门类的从事文学、艺术、民俗等各类学术研究或实务的专家和学者组成。北京在组织专家评审小组和专家评审委员会时也要注意专家的构成。此外，为了提高条例实施的可行性，在设计北京市非物质文化遗产专家评审小组和专家评审委员会时，明确了"组成专家评审小组和专家评审委员会的成员不得少于5名，专家评审小组的成员不得同时担任专家评审委员会的成员。"

2. 公示程序

非物质文化遗产关系到一个民族或一个地域内的公众的利益，在确认之前有了专家的论证很重要，然后向社会公示是更重要的一环。它可以弥补专家知识结

构不足导致的认知缺陷，还可以使公众借此进一步对非物质文化遗产的内容和形式进行深入的了解。国家立法规定了公示期间不少于 20 日。北京在此方面不但规定了 20 日的公示期间，还规定"公示期间，公民、法人和其他组织可以书面提出异议。市、区县人民政府文化主管部门经过调查，认为异议不成立的，应当在 15 日内书面告知异议人并说明理由；异议成立的，应当重新组织专家按照规定的程序进行评审。"这样规定可以保障公示期间公民、法人和其他组织权利的行使，也可以使非物质文化遗产代表性项目名录的最后公布更加具有公信力。

第四部分　非物质文化遗产传承

一、国家和地方立法现状

《非物质文化遗产法》在第四章"非物质文化遗产的传承与传播"中对传承人的认定、条件、义务和认定部门以及支持措施等工作做出相关规定。如第 29 条强调了代表性项目传承人认定的主体资格，同时还规定了传承人应当符合的三项基本条件：①熟练掌握其传承的非物质文化遗产；②在特定领域内具有代表性，并在一定区域内具有较大影响；③积极开展传承活动。在传承人认定方面，该条表示应参照执行该法代表性项目评审的相关规定。目前已有多个省份出台了地方非物质文化遗产保护法律，在传承这一环节都做出了相应的规定。经过分析比较，各省条例中有一些共通的条款，如均在传承相关章节规定了传承人及保护单位的认定部门，以及传承人享有的权利和应履行的义务。并且在具体认定传承人的办法上都是采用参照各自条例中代表性项目的认定的相关条款执行。例如自 2006 年 11 月 1 日起施行的《江苏省非物质文化遗产保护条例》，规定由县级政府文化主管部门有权对传承人进行认定和命名，并且列明了传承人和传承单位的权利与义务。

二、对北京市非物质文化遗产保护条例第四章传承的立法建议

（一）北京市非物质文化遗产代表性传承人才的保护与培养方面的问题

北京市在对非物质文化遗产代表性传承人才的保护与培养方面，采取了一系列措施。但随着工作的不断深入，也暴露出一些问题，概括起来大致有四个方面。

1. 生活条件有待改善

非物质文化遗产代表性传承人来自社会各个阶层，他们生活条件与工作条件各不相同。对于传统戏剧、曲艺类项目，代表性传承人多是隶属体制内各级院团的专业演员，个人收入、工作条件、传承经费均有保障。然而很多其他保存在民间传承于群众的非物质文化遗产项目如通州运河船工号子、大兴诗赋闲、西斋堂

山梆子戏,其代表性传承人多是普通百姓,他们只有微薄收入,生活拮据,正常传承工作的费用令他们不得不望而却步。导致代表性传承人生存条件不佳的主要原因有三个方面:一是政府保障性投入不足,代表性传承人日常工作和生活的经济扶助得不到有力的政策支撑,无法列入各级管理部门的经费预算;二是资源供给力不足,受社会公共文化设施资源总量的制约,代表性传承人的工作条件不能及时有效地得到改善;三是文化消费多元化引发的观众消费选择变化,致使一些非物质文化遗产项目的演出市场急剧萎缩。

2. 社会地位亟待提高

目前代表性传承人整体的文化水平、创新意识、发展能力等综合素质不高,且一些传统技艺民俗与现代化的生活有着天然的距离,群众对非物质文化遗产对国家文化战略的意义认知程度还较为落后,使得传承人在社会中处于边缘化的地位,不利于作用的充分发挥。随着非遗保护和宣传普及的程度不断加深,他们应逐渐成为社会公众人物,在参加各类社会活动作为中华传统文化的"代言人",这样才有利于项目传承活动的带动,以适应新形势下传承工作的需要。

3. 年龄结构偏大

在五类项目中,除杂技与竞技和民俗类项目的代表性传承人年龄结构相对合理外,民间音乐、传统戏剧、曲艺类项目的代表性传承人平均年龄分别为 60.2 岁、67.13 岁和 67.6 岁,60 岁以上代表性传承人所占比例分别为 60%、90.32% 和 80%,年龄结构明显趋于老龄化。这其中 75 岁以上的高龄代表性传承人占有相当数量,年龄最大的已经 89 岁。他们本身多要依靠别人照顾,开展传承工作更是十分困难。出现这种现象主要有两方面原因:一是许多非物质文化遗产项目处于濒危境地,以致后继乏人;二是中青年遗产持有人的成长速度相对缓慢。从有利于开展传承工作的角度考虑,45 岁~55 岁年龄段的遗产持有人,年富力强,技艺功底深厚,应加大培养力度,为他们的发展创造更为有利的条件,使其尽快成长为代表性传承人。

4. 权利保障不明确

非物质文化遗产的代表性传承人具有特殊的利益和需求,保障他们的权利是促进传承活动更好开展的有效方法。目前,国家的出台《非物质文化遗产法》《国家级非物质文化遗产项目代表性传承人认定与管理暂行办法》都仅在项目申报、代表性传承人认定、管理、义务等方面作出规范,对传承人所享有的权利规定的还不够明确,这种权利义务不对等的情况不利于激发传承人的积极性,还有待进一步建设完善。

(二)立法建议

针对以上传承人的现状,提出以下五个方面的立法建议:

1. 建设文化生态保护区

在非物质文化遗产保护工作实践中，建设文化生态保护区，将非物质文化遗产从单项的项目保护提升到与其依存的环境进行整体性保护，是遵循非物质文化遗产传承和发展规律的一种全新保护方式，是当前社会主义新农村建设和快速城市化进程中保护非物质文化遗产的重要举措。自 2007 年文化部启动文化生态保护区建设以来，目前，我国已相继设立了闽南文化、徽州文化、热贡文化、羌族文化、客家文化（梅州）、武陵山区（湘西）土家族苗族文化、海洋渔文化（象山）、晋中文化、潍水文化、迪庆民族文化、大理文化、陕北文化等 21 个国家级文化生态保护实验区。浙江、山东、云南、广西等省（区）也开展了省级文化生态保护区建设的探索工作。今天，各地对国家级文化生态保护区建设的思路更加清晰，文化生态保护区建设工作正在稳步推进。

2. 文化部门应支持代表性项目传承活动

非物质文化遗产强调精神与观念层面所具备的口头的、无形的、活态的文化属性，是需要建立在一定物质基础之上。我们不能因为要发掘传承人所持有的非物质文化遗产，而忽略了他们自身的物质文化生活。日本重要无形文化财富的保持者即"人间国宝"，每年可从国家得到 200 万日元补助金，用于磨炼并继承"技艺"，培养继承人，但须向国家报告该款用途。韩国政府制定了金字塔式的文化传承人制度，对于最顶层被授予"保有者"称号的最杰出的文化遗产传承人，国家给予他们用于公演、展示会等各种活动以及用于研究、扩展技能、艺能的全部经费，同时政府还提供每人每月 100 万韩元的生活补助，并提供一系列医疗保障制度，以保证他们衣食无忧。传承人进行传承活动，对于传承的场所有着特殊的要求，如景泰蓝项目一般都以相关的工厂作坊为传承场所，具备一定的基础，但另一部分传承人由于自身条件有限，往往不能提供与其传承需要相适应的场所，这就需要文化主管部门根据不同项目的特点和需要，提供传承场所的场地支持。通过社会公益活动和传统民俗节日等大型活动邀请传承人进行技艺展演，进一步宣传非遗项目，扩大其生存的文化土壤，有利于提高传承人的社会地位，以便传承工作更顺利地开展。

3. 保证传承人的权利与义务并行

根据相关的法律法规，得到认定的非物质文化遗产传承人受到法律层面的保障与约束，他们不仅承担相应的义务，还应享有特定的权利。传承人有权利没义务，或者有义务没权利，或者和权利义务都不沾边，都是传承工作中的非正常现象，同时也说明传承人的法律机制不尽完善，其缺陷在具体的非物质文化遗产保护工作中很快暴露出来。传承人应享有自主选择传承方式的权利。该项权利是指传承人有权决定以何种方式将其所掌握的非物质文化遗产向徒弟或学生传授。非物质文化遗产传承的实现形式大体包括自然性传承和社会性传承两种：前者是指在无社会干预性力量的前提下，完全依赖个体行为的某种自然性传承延续，最典型的就是个体之间的"口传身授"；后者是指在某些社会力量如行政部门、社会团体参与下的传承。对于某项非物质文化遗产来说，具体采取哪种传承方式，由传承人决定。

4. 开展传承工作动态评估审查及引入退出机制

我国《非物质文化遗产法》中也明确规定了代表性传承人的"退出机制"。非物质文化遗产代表性项目的代表性传承人无正当理由不履行义务的，文化主管部门可以取消其代表性传承人资格，重新认定该项目的代表性传承人；丧失传承能力的，文化主管部门可以重新认定该项目的代表性传承人。这是总结了中国非物质文化遗产保护工作实践经验的基础上逐步形成的，具有较强的应用性和针对性，成为非物质文化遗产保护工作在各个领域可持续发展的重要法律保障。2012年 10 月，文化部对 105 个国家级非物质文化遗产代表性项目保护单位进行调整撤销的处理，这标志着我国对国家级非物质文化遗产代表性项目的动态化管理有了实质性的开端。

5. 充分发挥教育科研在传承工作中的作用

另外，结合北京存在大量高等教育和科研机构的自身特点，应该注意到，高校应在非物质文化遗产传承人才保护方面有所作为，可以将高级别的传承人引进学校，保护起来，在高校培养弟子，进行技艺的传承。高校在非物质文化遗产人才培养方面更应大有作为，从相关人才培养类型来看，高校最适合培养非物质文化遗产的专业技术研究、咨询服务、经营管理人才，也可以培养部分非物质文化遗产的传承人才。在非物质文化遗产相关人才培养教学和科研工作中，高校应当承担起调查、收集、整理、保护、策划、申报等抢救和研究非物质文化遗产以及培养非物质文化遗产保护、传承、管理高级人才的历史使命。

第五部分　非物质文化遗产的传播与利用

一、国家及地方立法关于非物质文化遗产传播与利用的相关规定

在国家层面上，2011 年出台的《非物质文化遗产法》第四章"非物质文化遗产的传承与传播"中也集中针对这个主题做出了规定。其中第 28 条"国家鼓励和支持开展非物质文化遗产代表性项目的传承、传播"是关于本内容的原则性规定。在其后的几条规定中，有关非物质文化遗产传播和利用的内容分别有：促进传承人参加社会公益活动、开展社会公益宣传；要求政府部门组织宣传、展示非物质文化遗产代表性项目；鼓励开展非物质文化遗产代表性项目的整理、出版

等活动；规定教育机构和新闻媒体在传播非物质文化遗产知识方面的责任；鼓励公共文化机构开展非物质文化遗产代表性项目的宣传、展示；鼓励社会力量设立场所展示代表性项目；以及要求对非物质文化遗产进行合理开发利用的规定。在地方层面上，在国家非物质文化遗产保护法律出台之后，陆续有数个省级地方性非物质文化遗产保护法规颁布或者修改。其中，设置篇章来规定非物质文化遗产的传播和利用的有广东、贵州、湖北、江苏、重庆、安徽、河北、江西、海南、延边朝鲜族自治州、山东、西藏、上海、湖南、武汉、黑龙江、广西和吉林。其中贵州将"传播与利用"作为第六章，海南省将"开发与利用"作为第四章，武汉市将"利用与发展"作为第三章，广东则在第三章中涵盖了传承、传播和其他保护措施的内容。

二、对北京市非物质文化遗产保护条例传播和利用的立法建议

北京市关于非物质文化遗产的传播和利用内容的立法，也将在国家立法的精神指导之下，结合北京地区非物质文化遗产多、公共文化资源丰富、传媒教育机构集中等特点，做出具体的规定。并且在法条的设计当中，应该突出本章立法的逻辑思路和立法目的，力图呼应前后章节的法条规定，以实现保护北京地区非物质文化遗产，促进民族文化繁荣发展的最终目的。

（一）原则性规定

本章应该做出原则性的规定，确立北京市政府部门鼓励和支持非物质文化遗产的传播宣传和合理利用。在非物质文化遗产的传播和利用过程中，还需要确立一些保障性的规定。例如，传播与利用非物质文化遗产，应当处理好传播、利用和保护关系。该保证其产品不侵害非物质文化遗产资源的保护、不歪曲和滥用；尊重其文化内涵，保持原有风貌，传播与利用非物质文化遗产，不能泄露相应的国家秘密和商业秘密等。

（二）关于传播的规定

应当具体规定本地区非物质文化遗产的传播内容。非物质文化遗产的传播的对象是广大人民群众，而主导、组织各项传播活动的则分别是政府部门、教育单位、媒体机构、公共文化机构等。具体规定中，可以从不同的传播主体角度进行规定。

1. 政府部门主导

政府部门主导并且鼓励支持代表性项目传承人和保护单位参与的传播活动主要有：组织开展非物质文化遗产的文化公益活动，包括：非物质文化遗产展览、展示以及各种形式的群众性节日活动，爱国主义主题教育活动，非物质文化遗产公益性宣传节目和公益性广告，对外、对港澳台文化交流活动等；以及组织文化主管部门和其他有关部门宣传、展示非物质文化遗产代表性项目，包括改造和发

展民间传统节庆，完善中华民族祭典活动，组织开办非物质文化遗产博览会，邀请组织非物质文化遗产的表演、演出等。在这类别的活动中，政府应当建立健全非物质文化遗产代表性项目的代表性传承人政策扶持机制，采取措施，支持其开展传播活动。政府部门不仅要制定传播普及宣传的计划，花费人力、物力落实各项安排，还应该为代表性项目传承人提供参与的便利和机会，并且在此过程中坚持和人民群众紧密联系起来，通过多种有效且民众喜闻乐见的形式让人民真正意识到非物质文化遗产保护的价值，让更多的人了解非物质文化遗产、喜爱非物质文化遗产。

2. 其他机构和单位参与

教育单位参与的非物质文化遗产传播活动主要是学校按照各级教育主管部门规定，因地制宜地开展非物质文化遗产知识的普及、教育、宣传活动。例如将优秀的非物质文化遗产项目纳入各级课本，在学校中组织建立相关兴趣社团和学生组织，以及利用学校资源组织非物质文化遗产的实践活动等。媒体机构参与的非物质文化遗产传播活动主要是利用报纸、杂志、广播、电视、图书、音像、网络等方式，对于非物质文化遗产代表性项目进行传播和普及。各类新闻媒体既可以通过开设专题、专栏等方式，介绍文化遗产和保护知识，宣传保护文化遗产的先进典型；也可以及时曝光破坏文化遗产的违法行为及事件，发挥舆论监督作用。

公共文化机构参与的非物质文化遗产传播活动即指各级图书馆、文化馆、博物馆、科技馆等开展对非物质文化遗产的传播和展示。这些公共文化机构往往也同时是非物质文化遗产资料的存储和保护单位，而在传播和利用非物质文化遗产的过程中，要求这些单位使用生动、形象的方式来展示和普及相关资料，让静止的历史变成鲜活的文化体验。

3. 社会力量参与

除了以上这些主体之外，非物质文化遗产的传播中也应当鼓励和支持社会力量参与其中。同国家立法一样，北京市也应当鼓励非物质文化遗产保护的有关研究和传播，并且鼓励非物质文化遗产代表性项目资料的整理、出版。与此同时，应当充分调动社会力量，让公民、法人和其他组织投身、参与到非物质文化遗产的保护中来。应当鼓励公民、法人和其他组织设立非物质文化遗产展示场所，展览和表演非物质文化遗产代表性项目，并且允许收取合理的报酬。

（三）关于利用的规定

首先，应当明确地方政府的责任和义务，即市场调研和市场管理。北京市、区县级政府应该对本地区非物质文化遗产项目进行认真研究，并且考察相关项目的市场潜力和发展环境。只有在调查的基础上制定合理的开发利用计划，并且引导相关单位企业进入文化市场，才能防止一哄而上，盲目发展。而为了做好相关市场的管理，应当在鼓励符合政策要求的单位和个人进入文化、贸易、旅游市场，开发利用非遗资源的同时，禁止和打击粗制滥造、以假乱真的非遗项目。北京市政府应当制定相关文化产业市场的准入机制和产品标准。其次，地方政府应该确立给予非物质文化遗产合理利用单位税收财政优惠政策的基本原则，并且结合实情况制定具体标准。科技主管部门应当支持公民、法人和其他组织开展非物质文化遗产的科学技术和创新利用的研究，对符合科研课题立项的项目予以支持。最后，应该明确开发利用单位的相应义务，除了支持传承人开展活动、保护场所之外，还应该明确其所获得利益的分配应该适度倾斜于非物质文化遗产的传承与保护活动。依据以上的思路制定出来的"传播与利用"章节，应当可以有效地实现立法目的，让北京地区的非物质文化遗产在传播和利用的过程中，获得更好的传承与保护。

第六部分　非物质文化遗产的保障措施

一、国家及地方立法关于非物质文化遗产保障措施的相关规定

在已有的非物质文化遗产保护立法中，大部分都对非物质文化遗产的保护工作做出了相关的规定，但由于其对应的具体情况（包括社会、历史、文化、自然等）不同，所以关于保护和保障措施的规定也有不小的差异，比如侧重点不同，规定的详略不同等。《非物质文化遗产法》是我国在国家层面关于非物质文化遗产保护的立法，虽然其颁布的时间相对于一些省份来说比较晚，但其对于各个地方的非物质文化遗产保护的立法工作仍然具有宏观的指导意义。基于全国各省市非物质文化遗产的状况相差较大，该法并没有就保障措施单列章节做出具体的规定，而只是在总则中做出了一些概括性的规定以及在各个章节中规定了一些相应的保障措施。比如第25条规定，国务院文化主管部门应当组织制定保护规划，对国家级非物质文化遗产代表性项目予以保护。省、自治区、直辖市人民政府文化主管部门应当组织制定保护规划，对本级人民政府批准公布的地方非物质文化遗产代表性项目予以保护。制定非物质文化遗产代表性项目保护规划，应当对濒临消失的非物质文化遗产代表性项目予以重点保护。因为国家立法具有宏观指导性，所以各省市有必要在其指导下，对非物质文化遗产的保障措施做出具体而明确的规定。

二、关于北京市非物质文化遗产保护条例保障措施部分的立法建议

综合以上国家及各个省份对非物质文化遗产保护立法中关于保障措施规定的分析，我们认为，对非物质文化遗产保障措施单独列为一个章节进行专门的规定，将从各个方面进行保护的措施统一于这个章节中，将使关于非物质文化遗产

的保障措施的规定更加清晰，从而更加有助于在实践中对其进行更好的保护。所以，在北京非物质文化遗产保护立法的过程，我们应当采取这种更为合理的模式，将保障措施单列出一章进行规定，从而更好地指导之后的非物质文化遗产保护工作，取得更满意的保护效果。在对条文进行具体设计时，我们参考了国家以及各地方立法中关于非物质文化遗产关于保障措施的条款，并且对其进行了斟酌和筛选，结合北京市的具体情况，选择其中合理而且具有实际价值的条款，将其进行整理和完善，形成了《北京市非物质文化遗产保护条例》的保障措施这一章节，具体的规定从以下几个角度出发：

（1）关于非物质文化遗产物资。我们在第 52 条和 53 条，分别从严禁非法获取或者盗卖同非物质文化遗产相关的天然原材料和规范个人和单位持有的非物质文化遗产资料和实物或者载体两个方面出发，对与非物质文化遗产相关的物质资料的保障进行了规定。

（2）关于保障资金。我们在第 54 条和 55 条，分别从政府和社会的角度，对非物质文化遗产保障措施相关的资金来源及使用进行了规定。因为资金是进行非遗保护工作的根本，所以对这方面做出具体的规定，使相关的资金来源有了切实的保障，非物质文化遗产保护的工作才能顺利的开展和进行。

（3）关于人才、专家和公民。我们在第 56、57 和 58 条，分别规定了加强非物质文化遗产人才队伍建设、建立稳定的专家咨询制度以及督促相关单位和个人履行非物质遗产保护义务。非物质文化遗产的保护工作需要相关人士的积极参与，并履行相关的义务，才能很好地落实，所以这几条的规定无疑具有非常重要的作用。

（4）关于知识产权保护。非物质文化遗产与知识产权之间具有十分密切的联系，将知识产权保护制度引入非物质文化遗产领域，并结合非物质文化遗产的特殊性进行必要的变革，是保护非物质文化遗产的重要方式。我们在第 61 条对非物质文化遗产的知识产权护进行了相应的规定，但还是很原则的规定，如何结合非物质文化遗产的特点进行相应的变通，还需要相关部门作出具体的规定，这样才能保障非物质文化遗产的知识产权保护工作更好地开展。

（5）其他方面。我们在第 62 条~65 条分别从申报代表性名录、保障非遗项目的真实性、非遗项目的商业开发以及尊重同非物质文化遗产相关的民族性、地区性等方面对非物质文化遗产的保障措施进行了规定，这些规定能够从不同的侧面对非遗保护工作进行规范和指导。

相信这些详细而且具体的规定能够在非物质文化遗产的保护工作中起到良好的作用，发挥其价值，使北京市的非物质文化遗产保护工作落到实处，更好地服务于社会主义现代化建设的进程。

第七部分　法律责任

一、国家和地方立法关于非物质文化遗产保护法律责任的规定

（一）国家立法关于非物质文化遗产保护法律责任的规定

国家层面的《非物质文化遗产法》第五章专设"法律责任"一章，共规定五个法律条文，分别涉及国家工作人员在非物质文化遗产保护、保存工作中渎职的法律责任、国家工作人员在非物质文化遗产调查中侵犯调查对象风俗习惯，造成严重后果的法律责任、破坏非物质文化遗产组成部分的实物和场所的法律责任、境外组织或者个人违法进行非物质文化遗产调查的法律责任以及关于刑事责任的规定。

（二）地方立法关于非物质文化遗产保护的法律责任的规定

国家层面的立法颁布实施以后，重庆、广东、江苏、贵州、山西、湖北、上海等多个省、直辖市先后颁布了地方非物质文化遗产保护条例；另外，浙江省在国家立法出台之前已存在地方非物质文化遗产保护条例。地方立法关于法律责任的规定基本在国家层面立法的基础上，结合自己实际做了一些细致的规定。就法律责任的类型来看，我国非物质文化遗产立法采用行政责任为主的模式。这部法律在全国人大常委会审议期间由法工委行政法室做具体工作，更说明它是 20 部保护非物质文化遗产的行政法，但该法中尚有少许民事保护的条款。行政责任重点在于非物质文化遗产保护的行政机关在执法过程中的依法行政。《非物质文化遗产法》第 38 条、第 39 条对主管部门及其工作人员的行为规定了法律责任。地方性法规亦作了类似规定。刑事责任主要由刑法规定，刑法作为国家法律体系中重要的规制手段，对于破坏非物质文化遗产行为，显示出重要性和正当性。《非物质文化遗产法》第 42 条规定了刑事责任。地方性法规均作了类似规定，有的在列举行为后根据情节规定追求行政责任或刑事责任，有的像国家立法一样，用单独一条加以规定。民事责任制度对非物质文化遗产的保护及侵权的救济方面将发挥其独特的作用，它既可以追究侵权者的民事责任，使文化遗产的侵权者在经济上得不偿失，从而自觉地增强其对文化遗产保护意识，同时也能对广大公民起到教育作用。《非物质文化遗产法》第 40 条规定了民事责任，地方性法规依据各自地方情况有的沿用国家立法规定，有的采用行政责任方式。

二、对北京市非物质文化遗产保护条例法律责任的立法建议

（一）法律责任的设立原则

1. 合法性原则

法律责任设定必须有法律、法规的依据，不得违反法律的规定。例如，《中

华人民共和国行政处罚法》第 11 条规定，地方性法规可以设定除限制人身自由、吊销企业营业执照以外的行政处罚。法律、行政法规对违法行为已经作出行政处罚规定，地方性法规需要作出具体规定的，必须在法律、行政法规规定的给予行政处罚的行为、种类和幅度的范围内规定。因此北京市非物质文化遗产保护条例设定行政处罚时要不能设定限制人身自由、吊销企业营业执照。此外，法律责任的程序合法性是也是合法性原则的要求之一。

2. 协调性原则

关于协调性原则，需要注意的是：第一，作为下位法，北京市非物质文化遗产保护条例设定的法律责任不能与上位法设定的法律责任相抵触，不能与上位法的基本原则、精神相抵触。北京市非物质文化遗产保护条例法律责任的设定应当与相关部门法之间保持协调。首先，北京市非物质文化遗产保护条例行政责任的设定应当与《行政处罚法》《治安管理处罚法》《公务员法》等行政法律保持协调；其次，刑事责任设定应当与《刑法》保持协调；最后，民事责任的设定应当与《民法通则》《侵权责任法》等民事法律保持协调。第二，不能与同阶位的地方性法规相互矛盾或不一致。例如涉及同一违法行为的，其他地方性法规已有规定的，如果北京市非物质文化遗产保护条例做出不同规定，就会因依据不同的地方性法规，带来不同的法律后果，造成实际执法的混乱。

3. 实际性原则

要从实际出发，符合北京实际情况。作为北京市的地方性法规，法律责任的制定，在不违反上位法有关规定的前提下，还应该结合地方实际，具有地方特色。照抄照搬国家法律条文，会使制定的地方性法规篇幅冗长，内容繁杂，缺少特色。由于实际情况是发展变化的，因此应从实际出发，展开调研，从中找到规律性的东西，且对于正在出现的一些新情况，产生的一些新问题，必须予以关注。根据调研，在北京市涉及非物质文化遗产的司法实践活动中，缺少可以直接适用的法律依据，在"安顺地戏"案件中，由于没有对侵犯非物质文化遗产来源地的法律责任，就出现了没有法律依据的尴尬。因此，北京市非物质文化遗产保护条例法律责任制定应吸取实践经验。

（二）法律责任的主体条款

法律责任的主体是指因违反法律、违约或法律规定的事由而承担法律责任的人，包括自然人、法人和其他社会组织。北京市非物质文化遗产保护条例法律责任主体应包括以下几类：

1. 主管部门及其工作人员

"政府主导、社会参与"是非物质文化遗产保护工作的一项基本原则。所以主管部门及工作人员的行为将会极大程度影响非物质文化遗产保护的进程。对于主管部门及工作人员要切实加强考核机制，从源头上遏制对非物质文化遗产的破坏行为。对于在非物质文化遗产保护、保存工作中玩忽职守、滥用职权、徇私舞弊的，主管部门及其工作人员应承担责任。主管部门及其工作人员主要承担行政责任，严重的还要承担刑事责任。行政责任包括内部行政责任和外部行政责任，前者比如公务员法上的责任；后者指行政行为被撤销或确认违法、无效，以及行政赔偿等责任。

2. 行政相对人

主要是指申报人、传承人和保护单位的行政责任。申报人、传承人和保护单位依据非物质文化遗产保护地方性法规享有一定的权利，也应履行一定的义务，对此，也设立了对应的法律责任以保证权利得以正确行使、义务得到有效履行。行政相对人需要承担行政责任的情形主要是指申报人在申报材料弄虚作假等情形，由行政机关所采取的一系列制约措施。

3. 民事主体

参照《非物质文化遗产保护法》以及各地的非物质文化遗产保护条例对于法律责任的规定，主要集中于为各主体设置行政责任。同时，还包含了部分民事责任的规定。民事责任主要是指在非物质文化遗产保护中对于一切侵占、破坏列入非物质文化遗产名录项目的实物、场所等的个人和组织，均应依据民事法律承担民事责任。对于在非物质文化遗产保护中所发生的民事纠纷，则适时采用民事纠纷解决规定进行解决，该规则属于准用性规则。

（三）法律责任条款表述方式应当规范化

法律责任条文的表述模式，是指集中排列的法律责任条文对"违法行为"与"法律后果"两个构成要素的处理方法。在我国立法实践中，依据集中排列的法律责任条文对违法行为的描述特点，法律责任条文表述模式大致可以划分为"行为叙述式""条（款）序对应式""综合表述式"和"笼统设定式"四种。行为叙述式是指违法的概括性规定+具体违法行为+法律责任。条（款）序对应式是指违反的条（款）序+法律责任。综合表述式是指违反的条（款）序+具体违法行为的描述+法律责任。该种模式结合了行为叙述式和条（款）序对应式。笼统设定式是指违法的概括性规定+法律责任。综合表述式既能准确指出违反的条（款）序，又能指出需要承担法律责任的具体违法行为，是比较不错的表述模式。但需要注意的是，在描述具体违法行为时，应避免过于冗长，做到精炼概括具体的违法行为。综合以上模式，建议北京市非物质文化遗产保护条例法律责任条文采用综合表述法，扬长避短并充分发挥每一种法律责任表述方式的优势。

京郊农村宅基地及房屋继承纠纷化解难点及对策研究

刘双玉*

近年来，伴随着城镇化的发展和土地的升值，在法院受理的继承类纠纷中，因农村房屋和宅基地而引发的纠纷数量愈发突出。与一般的继承标的物相比，农村房屋和宅基地具有一定的历史性、限制性和自然性。所谓历史性，是指我国宅基地制度的发展过程伴随着政策的数度调整和权利主体的多次变化；所谓限制性，是指与城市房屋之物权主体所具有的普遍性不同，我国农村房屋和宅基地的享有主体具有一定的身份限制；所谓自然性，是指与不动产物权登记的常规原则不同，我国农村房屋的登记制度缺失，多地农村房屋的新建、翻建等行为处于自然性状态，建成房屋的权利归属也处于"熟人认同"的自然占有状态，缺乏不动产物权登记性质的公示规则。上述特点的存在，构成了人民法院审理农村房屋和宅基地继承类纠纷的现实基础，然同时也形成了诸多的审理难点，概括言之，主要体现在继承标的物的确定和分割、分家及共居行为和标的物归属的认定、当事人身份属性和契约效力的判断三个方面。基于此，课题组以司法实践为研究基础，紧密结合裁判文书和调查资料，在梳理化解难点类型的基础上，尝试从司法和行政两个角度寻求解决路径。

一、实践考察：近三年京郊农村宅基地及房屋继承纠纷情况分析

为了更全面地观察京郊农村宅基地及房屋继承纠纷的现状，课题组以"无讼"案例网上北京法院公布的裁判文书为基础，选取了 2015 年、2016 年、2017 年相关的文书作为分析的样本来源。

关于检索方法，课题组以"继承纠纷+原告、村、房（同一段落内）+北京市+基层法院"为搜索关键词，检索出文书 1460 份，通过浏览比较，挑选出有效文书 1436 份，以此作为观察纠纷焦点及问题所在的依据。

此外，以上述关键词搜索为基础，将法院层级定位在中级人民法院，检索出

---

* 课题主持人：刘双玉，北京市西城区人民法院党组书记、院长。立项编号：BLS（2017）B014。结项等级：合格。

有效文书 100 份，并结合课题组梳理的实践问题，以此作为分析裁判观点的基础。

（一）趋势分布——区域性及类型化表现突出

（1）纠纷的区域性分布。就样本文书涉及的北京市区域而言，其分布情况如下：东城区 13 件，西城区 22 件，朝阳区 50 件，海淀区 107 件，石景山区 18 件，丰台区 94 件，通州区 253 件，顺义区 135 件，大兴区 110 件，昌平区 146 件，房山区 108 件，门头沟区 35 件，延庆区 71 件，怀柔区 107 件，平谷区 79 件，密云区 88 件。

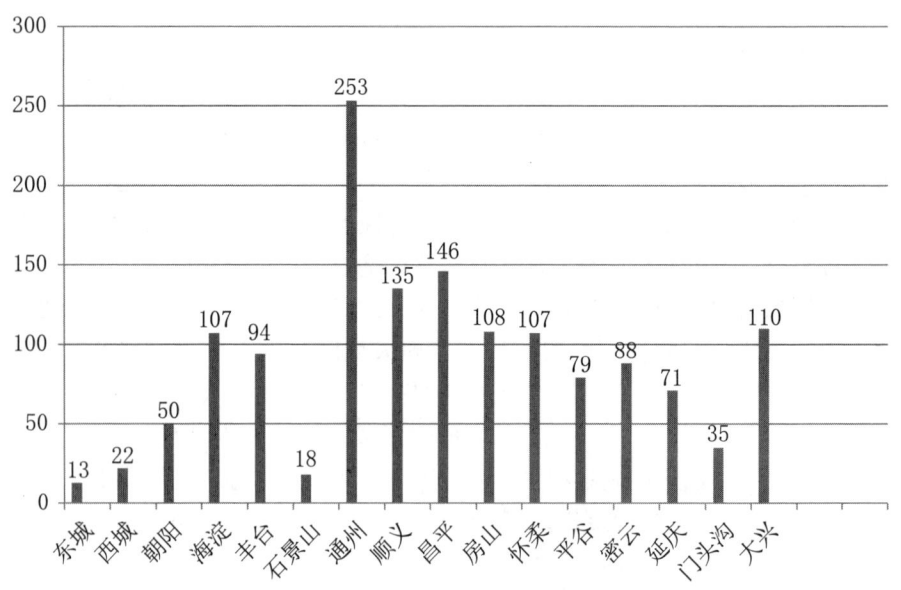

图 1　纠纷的区域性分布图

（2）诉讼请求的类型化分布。与普通的商品房不同，农村房屋和宅基地继承中涉及的"变量"较多，且上述变量时常成为案件审理的焦点所在，因此，对原告诉讼请求的内容进行分析并大致归类，是梳理难点所在的基础。课题组通过解析原告的诉讼请求，发现其大致可分为以下五类：其一，要求继承的标的物仅涉及农村房屋；其二，要求继承的标的物包括农村房屋和宅基地；其三，作为遗产的农村房屋已被拆迁，故以继承为由要求分割拆迁款或确认遗产份额；其四，作为遗产的农村房屋已被他人翻建后，要求分割翻建而成的新房；其五，其他类型。就上述类型在样本裁判文书中所占数量而言，具体如下：第一类案件的数量为 740 件，第二类案件的数量为 141 件，第三类案件的数量为 179 件，第四类案件的数量为 259 件，第五类案件的数量为 117 件。

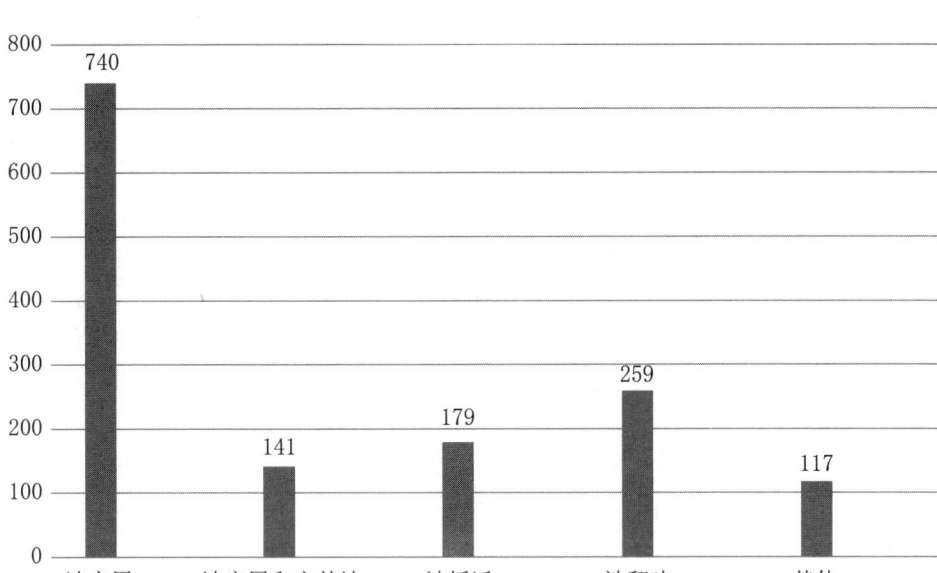

图2 诉讼请求的类型化分布

（二）特点归纳——城镇化的诱发因素明显

（1）近郊区成为纠纷集中地。就城六区而言，其城市化进程或已完成或大部分完成，现存的农村数量不多，故相比较而言，因农村房屋和宅基地引发的纠纷数量较少。近郊区当中，通州被确定为北京城市副中心，城镇化进程提速，顺义、昌平、大兴、房山[1]为北京市重点打造的四个卫星新城，与其他郊区相比，城镇化进程较快。在此背景之下，上述近郊区范围内时常涉及集体土地的拆迁补偿事宜，土地及农村房屋的升值对比明显，在利益的驱动下，通州、顺义、昌平、大兴也成为此类纠纷集中的地区。对于远郊区（怀柔、密云、延庆、平谷）而言，其城镇化进程相对较慢，城市功能定位大多为生态涵养区，且相对而言，诸多农村风俗的制约性较强，故与近郊区相比而言，此类纠纷较少。

（2）翻建活动成为重要诱因。所谓原标的物，是指父母遗留的旧房，之所以出现翻建行为，主要包括两种情形。其一，在土地升值的背景下，部分继承人擅自将父母遗留的旧房拆除翻建新房，以此作为将来拆迁时获取更多补偿利益的基础；其二，部分子女进城居住或搬出涉诉村落，对父母遗留的院落采取了漠视或放任不管的方式，而部分依然居住在村落内的子女于多年前翻建旧房建成新房。在因翻建导致原标的物灭失的情况下，翻建人和其他子女对于翻建后新房的

---

〔1〕 参见《北京城市总体规划（2016—2035 年）》，载 http://zhengwu.beijing.gov.cn，最后访问日期：2017 年 5 月 2 日。

归属时常会产生争议，翻建人坚持认为因其全部出资建设故当归其所有，其他子女则认为因其在旧房中享有继承份额故要求分割新房份额，由此引发大量的诉讼。

（3）无争议型诉讼突出。所谓无争议型诉讼，是指原告和被告之间并不存在真正的争议，原告提起诉讼的目的只在于通过法院获取裁判文书，以作为其获取其他利益的基础。城镇化进程中，农村房屋和土地的升值空间明显，且户口在农村地区的自然人往往能够因此获取比城镇户口更多的利益，故部分子女在户口进城之后，便基于上述目的开始将户口迁回农村或直接获取农村房屋的所有权，而父母也会基于利益均分或多得的想法，与子女之间达成析产、分户的默契，然单纯的自然人之间的协议，时常难以得到相关行政部门的认可，故此，父母和子女之间为了让其协议更具执行力，便需要借助于公证或诉讼，在对比两者的"成本价格"之后，更多的当事人便相约选择了法院诉讼，以获取裁判文书的方式为其后续利益"背书"。

二、难点呈现：标的物属性和自然人身份的多重反映

与一般的商品房相比，农村的房屋具有两个独特之处：一是主体的特殊性，农村房屋依附于宅基地，而依据现行《土地管理法》的规定，宅基地使用权的享有主体原则上当限制在集体经济组织成员之中；二是登记的缺失性，虽然同为不动产，但是我国目前对于农村房屋并未建立起统一的登记制度。农村房屋所具有的上述两个独特之处，也成为实践中的难题所在。

（一）性质相关——宅基地或院落能否成为继承的标的物

司法实践中，当事人要求继承的内容与宅基地或院落相关时，其具体的表现形式主要有以下两种：

其一，直接形式，即原告要求继承宅基地使用权。由于全家人口进城长期居住，部分农村房屋因年久失修而倒塌，在房屋所有权人去世之后，不乏个别村委会为了宅基地的统一利用而收回宅基地重新分配的情形，进而就此事与房屋所有权人的子女之间发生争议，子女一方时常会提起诉讼，要求法院确认继承宅基地使用权。

其二，间接反映，即原告要求排除妨害或确认物权。所谓排除妨害，是指当事人各方对父母遗留的房屋进行了分割，各自获得了同一宅基地上一定份额的房屋。居住使用的过程中，部分继承人在院落内新建房屋时，遭到了其他继承人的反对，继而建设方起诉其他继承人，要求排除妨害不得阻止其建房，而其他继承人则认为宅基地使用权归属于全体继承人，个别继承人无权在上面擅自建房。此类纠纷背后，涉及的本质问题不仅包括宅基地使用权能否成为继承的标的物，还包括宅基地使用范围的确认是否属于人民法院受理民事案件的范围。

所谓确认物权，是指在继承类纠纷中，原告要求法院确认房屋及院落归其所有，关于房屋的确认，当无异议。然院落能否成为确权的标的物则较为复杂。关于院落，广泛意义上而言，其不仅包括房屋还包括院墙和宅基地。一旦法院确认了院落的所有权，某种意义上也就意味着确认了宅基地的所有权。

针对上述问题，课题组发现，理论界、实务界的认识均不一致，其背后原因，涉及宅基地本源性问题的辨析，即宅基地使用权是何种性质的权益，能否成为继承的标的物。《物权法》颁布之后，该项权益的性质趋于明确，即属于用益物权的一种，然对于宅基地使用权本身能否成为继承的标的物，依然存在不同的观点。

第一种观点认为，我国《物权法》《土地管理法》《担保法》及国家有关政策实际上禁止宅基地使用权流转，亦即宅基地使用权的买卖、赠与、投资入股、抵押等均不允许，例外情形是宅基地使用权可以继承，以及宅基地使用权随宅基地上的房屋所有权的转让而流转。[1]

第二种观点认为，根据我国现行立法精神，宅基地使用权不得转性，不具有流转性，不能作为遗产而继承。[2]个人房屋为遗产的，继承人继承房屋，同时也享有该房屋占有的宅基地范围内的土地使用权，但宅基地使用权不是遗产，不是因继承宅基地使用权而是因继承房屋所有权从而取得宅基地使用权的。[3]

（二）风俗相关——分家或共居行为对于标的物归属的影响

1. 分家行为与遗产的认定

与农村房地相关的继承纠纷中，分家行为是否存在对于遗产的归属亦会产生重要的影响。与诸多农村地区一样，京郊地区也存在分家的风俗，即子女成婚之后，由父母或中间人主持，将家庭中的财产及债务在子女之间进行分割，并明确子女赡养老人的义务。结合多年的农村习俗，分家单大都存在两个特征：一是父母在分家单上不签字或不完全签字；二是女儿在分家单上不签字或者不参与。在父母和儿子签订完分家协议多年之后，不乏出嫁女儿起诉主张继承遗产的事实，且时常以其未参与或不知晓分家协议、侵犯其权益为由主张分家协议无效。

此类纠纷的难点在于，如何认定分家单的效力。一种观点认为，家庭财产的分割，需要全体家庭成员确认，故无论时间长短，只要女儿未曾在分家单上签字，就应当认定分家单无效；另一种观点认为，分家单应当结合农村地区的风俗和财产的性质综合判定，如果是老人在世时主持的分家，且分割的财产属于老人所有，则当推定老人具有赠与的意思表示，故此无论女儿是否签字，都不影响分

〔1〕 梁慧星、陈华彬：《物权法》（第 4 版），法律出版社 2007 年版，第 282 页。
〔2〕 杨立新：《家事法》，法律出版社 2013 年版，第 382 页。
〔3〕 郭明瑞、房绍坤：《继承法》（第 2 版），法律出版社 2004 年版，第 87 页。

家单的效力；如果分割的财产中涉及女儿的出资出力，则在适当考虑债权的基础上给予女儿补偿，但不能因此否认分家单的效力。

2. 共居行为与遗产的认定

共居子女，一般是指父母的其他子女结婚后分别居住在其他宅基地上或迁移进城定居，只有一个成年子女与父母共为一户且共居在父母名下的祖宅之中，该子女名下没有其他宅基地。此种情形下，父母去世之后，关于父母名下宅基地上的房屋归属时常会产生争议。

第一种观点认为，共居行为并不影响房屋的性质，未有分家单或其他证据证明分家时，父母遗留的房屋应当属于遗产的范围，在各个继承人之间进行分割。

第二种观点认为，已分家另行取得宅基地的子女再行主张获得父母宅基地上房屋权利的，由于房地一体原则，该子女的主张包含了获得宅基地使用权利益，这违反了"一户一宅"的宅基地使用原则，也侵害了与父母共同居住儿女的宅基地使用权。因此，对于已分家另过的子女请求继承父母宅基地上房屋的，人民法院不予支持，对于可作为遗产分割的房屋，人民法院应释明当事人对父母生前享有的宅基地房屋共有部分价值主张继承，实践中可参照房屋重置成新价计算。[1]

(三) 身份相关——受赠方或子女身份性质对于民事法律行为的效力影响

1. 受赠方身份性质与遗赠类协议的效力关系

就遗赠而言，依据《继承法》的规定，公民可以立遗嘱将个人财产赠给法定继承人以外的人。就法定继承人来说，其身份为城镇居民还是农村村民，都不会影响其基于亲属关系而获得的法定继承权利。然在因遗赠而建立的法律关系中，受赠人权利的取得与亲属身份并无关系，而是基于合同关系，此时如果受赠人与赠与人并非同一集体经济组织成员时，该行为的效力应如何认定？实践中认识不一，分歧主要集中在受赠人的身份属性（户口性质）是否为判断遗赠行为效力的重要依据。一种观点认为，遗赠行为中的受赠人必须与遗赠人为同一集体经济组织成员，此一条件是遗赠行为有效的前提基础，否则就意味着公民可以通过遗赠的方式将农村房屋包括宅基地使用权赠给非本村村民或者城镇居民。另一种观点则认为，遗赠的标的物是农村房屋且时常附有条件，故无论受赠人的身份如何，都不能因此而影响遗赠行为的效力。

就遗赠扶养协议而言，扶养人（受赠人）则可分为两类。一类是与老人同为本村村民的远房亲戚、邻居或其他人员；另一类是与老人并非同村的远房亲戚或朋友。就第一类主体之间签订的遗赠扶养协议的效力而言，实践中的争议不

---

[1] 参见《北京市高级人民法院关于审理继承纠纷案件若干疑难问题的解答》第8条。

大。争议集中在第二类协议之中，同样是扶养人的身份属性是否影响协议的效力。一种观点认为，因为扶养人与被扶养人并非同一集体经济组织的成员，如果允许此类协议有效，则可能发生与前文所述相同的变相买卖宅基地的后果，故应遵循与遗赠行为效力认定的同一规则，此类协议应为无效。另一种观点认为，遗赠扶养协议的被扶养人多为鳏寡孤独老人，且协议的履行具有长期性，故从鼓励善良风俗的角度出发，此类协议应当有效，无须考察扶养人的身份问题。

2. 子女身份性质与权属约定类协议的效力关系

父母与子女之间，时常会因多种原因而发生分家、赠与、出资翻建等行为，并在此基础上形成诸多与房屋所有权归属相关的契约类文件。具体言之，即宅基地使用权登记在父或母一方名下，房屋亦属父母所有，后父母与子女之间通过签订分家单、赠与协议、出资翻建协议等方式，将全部或部分房屋的所有权约定归子女一方所有。如果在上述协议签订时，子女的身份为同一集体经济组织成员，则协议的效力问题更多集中在上文所述的意思表示是否真实的形式要件层面。然如果子女与父母并非同一集体经济组织成员，则因为涉及宅基地使用权的身份限制问题，同样引发了诸多争议：一种观点认为，为了避免无争议诉讼的泛滥和限制宅基地使用权的变相转让，在子女与父母并非同一集体经济组织成员的前提下，应当认为该子女不符合宅基地使用权的取得条件，进而认定双方之间关于宅基地上房屋权属的约定无效；另一种观点认为，父母对于房屋的处分具有一定的自主权，父母与子女之间关于房屋归属的约定不应受限于子女的身份，故此类协议当为有效，然如果协议同时写明处分了宅基地，则关于宅基地的部分无效。

（四）形态相关——翻建或拆迁行为对于继承内容的影响

1. 翻建行为对继承内容的影响

在土地升值的背景之下，农村居民为了获得更多的拆迁补偿利益，经常会拆除旧房，翻建为新房，翻建行为的直接后果是改变原有房屋的形态甚至数量，由此带来诸多与继承相关的新问题，根据翻建的情形不同，具体分述如下。

其一，父或母在世+协议翻建。一位老人去世后，将导致继承事实的发生，此时原有旧房的性质就变成了在世的老人和其他子女共有的"遗产"范围。如果在世老人与同为集体经济组织成员的子女达成了出资翻建并由该子女享有房屋所有权的协议，则其效力如何判断。一种观点认为协议应全部无效，因为共有物的处分未经全体共有人同意，故该新建房屋依然属于在世老人和其他子女共同共有的遗产范围。另一种观点认为，该协议部分无效，即使将翻建后的房屋依然视为遗产的话，在世老人的份额占据了很大比例，所以，上述协议中属于在世老人份额归属的约定依然有效，属于其他子女的份额的约定无效，故该新建房屋应当成为翻建子女和其他子女的共有财产。

其二，父母在世+无协议翻建。此类情形更多针对的是父母均在世的情形，在未有产权归属协议的前提下，同一集体经济组织成员的子女出全资翻建了旧有房屋，随后父母全部去世。对于新建而成的房屋应该如何确定其归属，观点存在分歧。一种观点认为，依照《物权法》的规定，当事人可依建造取得物权，故此，新建房屋应当归属于翻建子女所有。另一种观点认为，未有协议的前提下，仅凭出资行为无法确认房屋归属于翻建子女，因为宅基地登记在父（母）名下，翻建而成的房屋依然应当属于父母所有，在父母去世后，房屋则属于遗产范围，对于翻建子女的出资，可以作为债权债务关系处理。

其三，父母去世+单方翻建。父母去世后，遗产分割前，如果一位继承人翻建房屋，其他继承人对此或知情或不知情，若干年后，其他继承人以继承纠纷为由要求分割被翻建后的房屋当如何处理？此类纠纷主要涉及两个基本问题。其一，翻建后的房屋性质如何确定，是否属于可分割的遗产范围？其二，其他继承人知情甚至帮扶翻建房屋的行为，能否视为放弃了继承权？对此主要存在两种观点。

第一种观点认为：继承是对被继承人遗留的属于其个人的合法财产进行分割，故当以遗产的实际存在为前提，如果作为遗产的旧房已被他人翻建，则继承的标的物已灭失，无法直接对新房进行继承分割，故其他继承人只能主张恢复原状或赔偿损失。

第二种观点认为：关于翻建而成的新房，因其形成的基础为部分继承人对原共有物的重大处分，即拆除原有旧房并在原宅院内建设新房。从公平角度出发，不宜简单认定新房仅为翻建人所有，原有旧房的灭失导致了其他继承人丧失共有权利。而应结合《物权法》的规定，认为共有物的处分应当经全体共有人同意，然共有人的同意并不意味着其权利的丧失。故结合宅基地的登记权利人和原有旧房的权属，在翻建而成的新房中酌情确定各个继承人应当享有的份额，更为妥当。如无法确定其他继承人存在明确的放弃继承的意思表示，则全体继承人对于原有旧房当享有继承的权利。

2. 拆迁行为对继承内容的影响

城镇化进程中，对于农村院落的拆迁不可避免，就京郊地区而言，被拆迁人因为拆迁而能够获得的利益主要包括三个部分：优惠面积购房指标、补偿款、安置房，由此引发的继承纠纷具体情形如下。

（1）继承标的物的"异化"——优惠购房面积指标、已被拆迁的房屋。农村房屋被拆迁之后，拆迁部门除了给付被拆迁人补偿款之外，北京多个地区还分配给被拆迁人一定面积的优惠购房指标，使用该指标购房的价格远远低于市场价格，因此该指标具有明显的财产价值，在被拆迁人去世之后，安置方一般也不会收回该指标，故此，该指标能否成为继承的标的物就成了实践中的争议问题。

第一种观点认为，该指标虽因为房屋拆迁而得，但其是一种具有人身依附性的资格，不属于被继承人死亡时遗留的合法财产，故此不能成为继承的标的物。

第二种观点认为，从房屋购买的结果来看，该指标具有明显的财产价值，如果不把其作为可以继承的财产性利益，将与实践产生很大的脱节，故此，在房屋安置方就指标问题没有异议并同意安置给逝者的继承人时，当依照遗产的规则对此进行分割。

（2）拆迁补偿款分割原则——宅基地区位补偿价与房屋的权属比例。京郊地区农村房屋被拆迁后，被拆迁人所获得的补偿款大致包括三个方面：因为宅基地获得的宅基地区位补偿价[1]、因为房屋获得的房屋重置成新价、因为安置获得的其他补偿。如果宅基地登记在父母名下，其中一名子女与父母共居（为本集体经济组织成员、在本集体经济组织未另行分配其他宅基地、与父母长期共同居住生活），此时对于宅基地区位补偿价的归属如何认定，是当全部归属于共居子女，还是应当依照遗产规则在所有子女间分配？

第一种观点认为：综合考虑农村宅基地使用权的身份属性，按照"一户一宅"原则，宅基地使用权一般登记在户主名下，由家庭成员共同使用。老人去世后，与老人构成共居关系的子女，作为宅基地使用权人有权单独享有拆迁获得的宅基地区位补偿款，此款项不应作为遗产进行继承。

第二种观点认为：依据居住习惯和农村风俗，共居子女获得的是房屋的所有权，可以完全获得房屋的重置成新价。但是宅基地依然登记在父母名下，如果完全排除其他子女对于宅基地区位补偿价的继承权利，有违公平。故对于宅基地区位补偿价，应当依照继承原则在各子女之间进行分割。

此外，还有一种情形，是涉诉宅基地上原有的房屋已经过诉讼程序进行遗产分割，各个继承人对于房屋都享有大小不等的份额。此后，该院落拆迁，对于拆迁而得的宅基地区位补偿款在各继承人之间应如何分割，存在不同观点。

第一种观点认为，宅基地的使用与房屋密不可分，故应当以房屋的分割比例为基础，确定各个继承人所享有的宅基地区位补偿价的比例。第二种观点认为，对于一户之内的人口而言，宅基地使用权应平等享有，即只要在宅基地上享有房屋的所有权人，对于宅基地都共享使用权，故此，宅基地区位补偿款应当在各个继承人之间进行均分。第三种观点认为，应当将房屋和宅基地区分开来，地上物的补偿归属房屋权利人，至于宅基地使用权的补偿，因其具有很强的身份属性，

---

[1] 区位补偿价是指被拆迁范围内房屋每平方米平均土地使用权价值。按照《北京市集体土地房屋拆迁管理办法实施意见》及《北京市宅基地房屋拆迁补偿规则》的规定，宅基地区位补偿计算公式：宅基地区位补偿价 =（当地普通住宅指导价–房屋重置成新均价）×户均安置面积÷户均宅基地面积。

并且按户计算，故应属于该户内的成员共同所有，若该户已无农村集体经济组织成员，或虽为农村集体经济组织成员，但在他处已取得宅基地使用权的，该宅基地使用权的补偿款一般由该户房屋原权利人的继承人取得，但集体经济组织明确表示反对的除外。

三、成因辨析：房地关系和自然人身份影响力的认识性分歧

（一）房地关系——房地一体抑或房地分离

单就农村房屋的流转而言，我国法律层面并不存在绝对的禁止性规定。如《土地管理法》第 62 条第 4 款规定："农村村民出卖、出租住房后，再申请宅基地的，不予批准。"上述条文的立法意旨在于"防止农村农民以建住宅为名搞房地产"[1]，并未禁止农民出卖房屋，只不过对房屋出卖后的后果进行了明确，"此种法律效果仅在出卖人与宅基地审批机关之间发生，管制对象仅仅是作为出卖宅基地以后再度申请的农村村民"[2]。司法实践中，对于农村房屋买卖合同的效力问题、遗赠扶养协议的效力问题，诸多地区法院之所以存在观点差异，其重要原因即在于对房地关系的认识分歧。有观点坚持房地一体主义，即农村房屋和宅基地不可分离地融为一体，故处理涉及房屋的任何民事行为时，都应当将房屋和宅基地作为一个整体考虑，并重点强调宅基地使用权的独特之处即与使用者的身份属性紧密相关，以此作为与普通城市房屋处分行为的重要区别。另有观点则认为"宅基地因承载社会保障功能，流转极度受限，但农村住房却是自《宪法》到《民法通则》《继承法》《物权法》等均予明确肯定的私人财产，其流转自不因与其有天然联系的宅基地流转受限而受到影响"[3]，故从实践处理的便利角度而言，农村房屋和土地可适度分开，即对于司法裁判机关而言，宅基地的使用权范围以及宅基地的取得资格都非民事争议的受理范围，而应当着眼于房屋本身，以此来避免因为宅基地诸多基础理论模糊而带来的司法困惑。上述分歧的存在，也造成了司法实践中的诸多裁判结果差异。

（二）身份属性——影响合同效力抑或与合同效力无关

就民法的传统理论而言，民事法律行为的效力一般涉及的是当事人意思表示是否自由真实、当事人行为能力是否具备、是否违反法律行政法规的强制性规定，并不涉及当事人的户口性质等身份属性。然而就农村房屋及宅基地的继承而言，当事人的身份属性对其行为效力的影响却成为一个无法绕开的问题。除了就

---

[1] 卞耀武主编：《中华人民共和国土地管理法释义》，法律出版社 1998 年版，第 176 页。

[2] 王卫国、朱庆育：《宅基地如何进入市场？——以画家村房屋买卖案为切入点》，载《政法论坛》2014 年第 3 期。

[3] 高圣平：《宅基地制度改革试点的法律逻辑》，载《烟台大学学报（哲学社会科学版）》2015 年第 3 期。

继承问题达成共识之外，该领域内的诸多问题都存在与此相关的认识分歧。如遗赠扶养协议中，遗赠的相对人是否必须具备同一集体经济组织成员身份等。此外，对于同一集体经济组织成员的身份应采取何种认定标准？成员身份确定之后对于宅基地及农村房屋的继承、分割具有何种影响力等问题，实践和理论界的认识均不一致，由此也导致民事行为的效力以及相关继承利益的分割中出现了多种裁判观点。

（三）物质形态——继承标的物已灭失或转化

农村房屋继承纠纷近些年的增多，与农村土地升值和拆迁背景具有很大的关系。城镇一体化的进程中，诸多农民不仅实现了从农村搬进楼房的转变，而且还会因为上述改变而获得巨额的补偿款。在利益的诱惑之下，诸多隐藏的继承类纠纷或突破习俗类的继承纠纷（如出嫁女与兄弟之间分割父母遗产）开始爆发。与此相伴随，农村房屋及宅基地的形态较之于传统，也出现了复杂化的趋势。举例言之，传统继承纠纷中，标的物存在则作为分割的标的，标的物灭失则丧失继承的基础，侵权人当承担赔偿责任。然对于农村房屋而言，其灭失的后果较为复杂，首先，房屋灭失不代表宅基地的必然灭失，部分原因是因其他继承人拆除旧房翻建成新房导致，在此过程中，其他继承人基于土地的利益增加，并不主张损害赔偿，而是要求分割新房或确认旧房的份额；其次，房屋灭失的原因还可能因拆迁导致，然该灭失的后果是出现了拆迁补偿款作为替代物。上述标的物形态的转化或变化的结果，能否依然成为继承的标的物？被侵害权益的继承人应当通过何种方式救济权利？上述问题的认识分歧也是导致诸多难点存在的原因之一。

四、出路探索：基础理论和标的物归属规则的细化

（一）基础性理论——宅基地使用权的性质和归属依据

1. 宅基地使用权是一种用益物权，但不能单独成为继承的标的物

就宅基地使用权的性质而言，曾存在过一段时间的争论。然《物权法》出台之后，其性质趋于明确，即用益物权，然就宅基地使用权本身能否成为继承的标的物，如上文所述，观点并不一致。

课题组认为，对于缺乏建筑的单独的宅基地使用权而言，"宅基地使用权是农村居民以户的名义享有的权利，即农民家庭享有的权利，而不是个人享有的权利"[1]，换言之，户的概念对应的并非单独自然人，故以"户"为权利主体前提来分析继承权缺乏理论基础。如果一户当中的个别人去世，其他户内人口当继续享有宅基地使用权，此时并不存在继承的情形。

根据《物权法》的立法精神及《土地管理法》的规定，我国农村村民宅基

---

[1] 孙宪忠编著：《物权法》，社会科学文献出版社 2005 年版，第 275 页。

地使用权是由集体经济组织依法无偿分配的；就宅基地使用权消灭的原因，理论界的总结主要有两种：第一种是宅基地使用权人不按照批准的用途使用土地，第二种是长期闲置宅基地[1]；再结合一户一宅的立法原则，故课题组认为，在户消失之时，其宅基地使用权本身并不能成为继承的标的物，而应当由集体收回或进行其他处置。就继承本身而言，其标的物只能是农村房屋，只不过因为房地无法分离的现实，导致了宅基地"跟随式"的处理结果。

2. 因继承房屋而引发的宅基地使用界限争议并非法院受理民事案件的范围

在因继承而获得农村房屋之后，如果各个继承人享有的房屋依然处于同一宅基地之内，则在使用过程中时常会发生争议，对此，上文已经作出论述。面对此类纠纷，课题组认为，实践中之所以出现疑难之境，其重要原因在于相关的土地确权发证工作并未彻底得以贯彻。具体而言，依据 2011 年《国土资源部、中央农村工作领导小组办公室、财政部、农业部关于农村集体土地确权登记发证的若干意见》第 6 条规定，已拥有一处宅基地的本农民集体成员、非本农民集体成员的农村或城镇居民，因继承房屋占用农村宅基地的，可按规定登记发证，在《集体土地使用证》记事栏应注记：该权利人为本农民集体原成员住宅的合法继承人。由此可知，继承房屋之后的各继承人，当可以向相关行政部门申请办理建设用地使用权证书，从而让不同的房屋对应不同的宅基地使用权，如果未完成上述工作，并由此引发了各继承人对宅基地使用范围的争议，就其性质而言，并不属于法院受理民事案件的范围。

然还需要说明的是，在排除妨害的案件中，法院审理的思路应集中在是否构成了妨害，即使在土地使用权争议并未解决的前提下，如果在同一宅基地上，因为个别继承人的建设行为对于其他继承人的生活造成了严重妨害，则可依法予以排除，但这并不意味着法院对于宅基地使用范围做出了裁判。

3. 宅基地使用权归属主体的概念界定

宅基地使用权对应的权利主体应当是"户"，然对于户的概念应当如何理解，存在诸多分歧。从法律的角度出发，作为一种用益物权的归属主体，户的概念当具有严格的法律定义，然实践中的矛盾恰恰在于，户的概念在我国法律体系中并不明确。

目前，从法律层面而言，与户相关的概念主要体现在《户口登记条例》当中，其在第 5 条明确规定了，户口登记以户为单位。同主管人共同居住一处的立为一户，以主管人为户主。单身居住的自立一户，以本人为户主。居住在机关、团体、学校、企业、事业等单位内部和公共宿舍的户口共立一户或者分别立户。

---

[1] 梁慧星、陈华彬：《物权法》（第 4 版），法律出版社 2007 年版，第 282 页。

户主负责按照本条例的规定申报户口登记。从条文规范的含义而言，登记在一个户口簿当中的即为一户，其主要成员包括户主及其他与户主存在特定关系人员。然而就农村的习俗而言，所谓的一户，一般指父母子女等家庭成员，然随着城镇化及拆迁进程的加快，登记在一个户口本上的人与户主之间并不一定具有传统的一户意义上的亲属关系，故此，如果以户口簿作为判断户的唯一依据，缺乏实践的土壤。

从农村的习俗而言，存在成家立户之说，即成年子女结婚即可视为"成家"，成为农村人眼中的一户。然而，如果该子女希望单独办理户口本，即想完成登记意义上的分户，尚需满足其他条件方可。对此，各地公安机关的规定存在一定差异，如《北京市公安局关于印发派出所办理常住户口登记工作规范（试行）的通知》第 7 条规定了如下分户内容：

分户指公民因生活或居住条件发生变化，由一户分为数户的户口登记。分户的基本条件是实际住房有两个以上自然间，且单独生活。单元楼房的分户仅限于离婚分户，筒子楼的分户按平房分户办理。自建房等违章建筑不予分户。受理条件：①已在房屋管理部门办理了房契分户手续的；②已办理了私房析产、赠予以及继承手续的；③经法院判决或调解的离婚当事人或房产纠纷当事人有房屋居住权，且确实在此居住的；④平房住户因结婚单独居住，不在一起生活的；⑤夫妻离婚后要求分户或迁出的，如一方当事人不愿交出《居民户口簿》，经派出所动员说服无效后，由派出所按法院判决书或调解书直接办理分户或迁出手续，为迁出人单独打印《居民户口簿》，加盖迁出章，并在《常住户口登记表》上注明迁出或分户原因和日期。

课题组认为，单就宅基地使用权归属对应的户的概念而言，判断时不仅需结合户口簿的登记和农村的风俗，尚需考虑宅基地使用权独特的主体限制条件。如果成年子女已经并非集体经济组织成员或另外获得了宅基地，即使其户口依然登记在父母的户口簿中，也不能认定其属于父母的户中人口，不能再以户中成员身份对父母名下的宅基地享有使用权。换言之，如果成年子女依然为本村集体经济组织成员且并未获得独立的宅基地，其户口依然在父母的户口簿当中，则当认定该成年子女依然属于父母的户内成员，对于父母户下的宅基地享有使用权。

（二）共有性前提——物质形态转化不影响权利归属

1. 翻建不影响遗产性质，放弃继承需要明示

课题组认为，如宅基地上的房屋属于遗产，在部分继承人拆除原有旧房建设为新房，其他继承人主张分割时，需要查明建设房屋时其他继承人是否知晓及是否存在放弃继承的意思表示。如无法确定其他继承人存在明确的放弃继承的意思表示，则全体继承人对于原有旧房当享有继承的权利。

与普通标的物灭失的"彻底性"不同，农村房屋被拆除后宅基地依然存在，而非"整体性"的彻底灭失，且对于农村房屋而言，其价值体现的重要基础就在于宅基地，故如果他人翻建房屋的侵权行为导致的结果是认定标的物灭失进而其他继承人只能主张赔偿损失（恢复原状缺乏现实性）的话，一则赔偿数额难以确定标准，且其他继承人看重的土地未来利益将会丧失；二则从另一个角度"鼓励"了翻建人的侵权行为，且其可能从侵权行为中获利。

基于上述分析，课题组倾向认为，新房的形成基础为部分继承人对原共有物的改造性处分，即拆除原有旧房并在原宅院内建设新房。从公平角度出发，不宜简单认定新房仅为翻建人所有，原有旧房的灭失导致其他继承人丧失了共有权利。而应结合《物权法》的规定，认为共有物的"改造"应当经全体共有人同意，然共有人的同意或不知并不意味着其权利的丧失，进而将翻建而成的新房认定为原共有房屋的替代物，各继承人依然共有。

2. 翻建房屋的分割应以原继承份额为基础

课题组认为，房屋虽然被其他继承人擅自翻建，但是不影响已确定的该宅基地上的房屋遗产份额划分。关于翻建而成的新房的具体分割方式，可依据当事人的诉求并结合居住状况、便利程度、矛盾解决等因素，确定为数字比例、具体房屋间数或给付补偿金额。

3. 拆迁后的"遗产"分割应考虑房屋比例

如果农村房屋已经被拆迁，房屋和宅基地已经完全转化为拆迁补偿款时，则遗产的分割又会出现新的变化。具体而言，难点集中在宅基地区位补偿款的分割比例如何确定。举例言之，在同一宅基地上，兄弟二人分别对同一排房屋享有两间和三间的所有权，拆迁之后，关于房屋重置成新价的分配，可以依据房屋数量比例，参考评估价格作出分割。然对于宅基地区位补偿价款如何分割，如上文所述，实践中存在按照房屋比例和均分等不同的观点。对此，课题组认为，兄弟二人各自分得房屋之后，依照现行的政策，房屋所有权人可以申请确立单独的集体土地使用权证，只不过因为实践中的执行问题，多地并未开展此项工作。然在缺乏宅基地使用权确认的前提下，法院应当对上述款项如何分割呢？课题组认为，一般当在房屋所有权人之间依照房屋比例进行分割。究其原因，主要集中在两个方面。第一，程序方面，如果依照土地使用权确定不属于法院受理民事案件范围的逻辑，则上述情况中的宅基地区位补偿价当也因缺乏权利基础而无法确认。然结合国情，拆迁之后，再让房屋所有权人去寻求行政部门确认宅基地使用权范围，根本不可能得以实现。故最终的结果不仅导致诸多此类矛盾无法解决，还会使得部分继承人"侵害"宅基地区位补偿价款的行为难以纠正。综合上述因素，司法实践中，对于宅基地区位补偿款都采取了实体处理的方式。

第二，实体方面，具体到裁判观点，课题组认为可在征询土地部门对宅基地使用权的划分原则后酌情确定。就北京地区而言，北京市高级人民法院曾在2003年向北京市国土局发函征询相关事宜，原北京市国土局回函相关内容如下：2003年8月1日施行的《北京市集体土地房屋拆迁管理办法》（市政府124号令）第14条规定：拆迁宅基地上房屋实行货币补偿的，拆迁人应当向被拆迁人支付补偿款。补偿款按照被拆除房屋的重置成新价和宅基地的区位补偿价确定。对被拆迁人给予货币补偿的，不再进行房屋安置或者另行审批宅基地。据此，因国家建设征地拆迁，宅基地上的房屋拆迁补偿款支付给被拆迁人，即宅基地房屋的所有权人。通过继承房屋享有宅基地使用权的，其拆迁补偿款分配问题，应由房屋所有权人和共有权人按照约定分配，没有约定且协商不成的可以通过司法途径解决，具体分配数额可根据房屋共有比例计算。结合上述土地部门的意见，可知对于宅基地区位补偿款的分配，当以房屋所有权的比例为基础进行分割。

（三）区别性判断——身份属性对于继承和其他民事法律行为的影响力差异

1. 身份属性不影响农村房屋的继承及房屋所依附宅基地使用权的取得

对于子女的身份性质是否影响继承农村房屋的问题，实践中的观点已趋于一致，即无论子女的身份性质是否为城镇居民、是否与父母同为集体经济组织成员，都不构成继承的障碍，且该子女不仅能够继承宅基地上的房屋，还可基于继承而获得相应宅基地的使用权。至于其权利来源，主要是原国家土地管理局颁布的《确定土地所有权和使用权的若干规定》和《国土资源部、中央农村工作领导小组办公室、财政部、农业部关于农村集体土地确权登记发证的若干意见》。前者第49条规定，接受转让、购买房屋取得的宅基地，与原有宅基地合计面积超过当地政府规定标准，按照有关规定处理后允许继续使用的，可暂确定其集体土地建设用地使用权。继承房屋取得的宅基地，可确定集体土地建设用地使用权。后者第6条规定，已拥有一处宅基地的本农民集体成员、非本农民集体成员的农村或城镇居民，因继承房屋占用农村宅基地的，可按规定登记发证，在《集体土地使用证》记事栏应注记，该权利人为本农民集体原成员住宅的合法继承人。

2. 身份属性是确定遗赠类和权属类协议效力的重要因素

就自然人处理遗产的方式而言，一般存在三种：继承、遗赠、遗赠扶养协议。关于继承，其人员范围已由法律规定，除却特殊情形之外，一般规则是第一顺序的配偶、子女、父母；第二顺序的兄弟姐妹、祖父母、外祖父母。关于遗赠，《继承法》规定："公民可以立遗嘱将个人财产赠给国家、集体或者法定继承人以外的人"；关于遗赠扶养协议，《继承法》规定："公民可以与扶养人签订遗赠扶养协议。按照协议，扶养人承担该公民生养死葬的义务，享有受遗赠的权利。"结合上述规范，可知遗赠和遗赠扶养协议的相对方，首先排除了法定继承人，其次对于受赠人、扶养人身份并无明确的规定。在区分概念的前提下，再来分析受赠人（包含扶养人）的身份问题，即受赠人与遗赠人、被扶养人是否为同一集体经济组织成员的事实对上述协议效力的影响。换言之，上述协议的有效，是否必须以受赠人和遗赠人为同一集体经济组织成员为前提。对此，课题组认为，就买卖和赠与法律行为的本质而言，受赠人的身份不应当成为效力的障碍。然而，农村房屋却具有一定的特殊性，究其原因，在于我国法律对于宅基地使用权和集体经济组织成员身份采取了相关的管制制度，换言之，宅基地使用权是集体经济组织赋予本集体内部成员所享有的与身份紧密相连的财产性权益，不具备相应身份者，一般无权享有宅基地使用权。就遗赠和遗赠扶养协议而言，其重要内容之一包括所有权人对于其财产的处分行为，然由于上述宅基地的特殊性存在，接受农村房屋赠与的一方应当具有一定的身份限制。究其目的，一则是为了避免农村宅基地使用权流转至诸多非集体经济组织成员手中，另一方面是为了避免当事人以赠与名义行买卖之实。故此，对于遗赠和遗赠扶养协议而言，如果受赠方（扶养人）与赠与方（被扶养人）不具有同一集体经济组织成员身份，应当认定上述行为无效。至于受赠人（扶养人）已经履行的义务，当由赠与人（被扶养人）或权利承受人支付一定的损失赔偿。然而，需要指出的是，对于遗赠扶养协议，因其具有一定的道德性质，且有利于鼓励善良风俗，故此，课题组虽以现有的法律制度为基础提出了解决方式，然从长远来看，如果能够结合土地改革制度的内容，适度将宅基地的所有权、使用权、资格权分别登记、区分主体，则上述遗赠扶养协议的效力认定便可突破宅基地使用权的主体障碍，进而获得一个圆满的解决方式。

至于子女和父母之间所签订的与分家、赠与、出资翻建等相关的权属类协议的效力问题，结合上述遗赠类协议的分析，可知其原理基本相同，虽然父母与子女之间可因继承的发生而取得房屋并进而获得宅基地的使用权，但除却上述途径之外，当父母健在时，子女能否依据协议而获得农村房屋的所有权，其判断原则依然需要独立考察各民事主体的身份性质。如果该子女并不具有同一集体经济组织成员身份，则应当认定其与父母之间签订的权属类协议无效，如此不仅可有效遏制实践中大量无争议诉讼的出现，亦符合我国现行法律对于宅基地使用权主体进行限制的基本规则。

（四）风俗性契约——分家单及权属协议的效力需考察物权主体

1. 分家单的性质与物权归属

京郊诸多农村地区都存在分家的事实，即子女成家之后，父母通过书面分家单或者口头的形式与子女分家单过。从农村习俗的角度而言，所谓分家即子女成家后已经独立成户，应当与父母分开居住、生活、消费，各自成为独立个体。然而，需要面对的现实是，所谓的分家，其不仅是形式上的单独分开生活，还包括各种财产的归属约定。一般而言，京郊地区的分家单存在两种形式，一种是口头形式；另一种是书面形式，就书面形式而言，时常还具有中证人，或者是同族长辈，或者是基层组织成员。就分家的内容而言，主要包括三类，其一，老人的赡养；其二，家庭财产的分割；其三，债务的分割。客观而言，分家单的性质与传统的协议不同，其中不仅包含人身关系的内容如赡养，而且还包括赠与（父母的财产分给其他子女）、共有物的分割（父母与子女共同财产混合时）、债务承担等诸多法律关系。与宅基地使用权具有密切关系的应当是其中涉及的共有物分割。

共有物分割在分家单上的表现形式主要有三种：其一，父母将一块宅基地上的房屋分给两位子女，宅基地共用。其二，父母为子女各自分得独立宅基地和房屋，父母单独居住在其名下的宅基地。其三，父母为子女分家后，一名子女因分家取得独立宅基地，另一名与父母共住，但分家单显示其分得父母所在院落。

课题组认为，因分家单具有赠与、析产、赡养等多重混合的性质，故当分家行为完成后，诸多财产的归属亦已明确。以子女具有同一集体经济组织成员身份为前提，对于上述第一种情形而言，则意味着房屋各自所有，宅基地由各子女所代表的户共同使用；对于上述第二种情形而言，则意味着各子女所代表的户获得居住房屋的所有权和相对应的宅基地使用权，父母保留己方居住房屋的所有权和宅基地使用权，进而可能成为继承的标的物；对于上述第三种情形而言，与父母共居的子女，其获得了父母房屋的所有权，自然获得了旧宅的宅基地使用权，此时就宅基地而言，当然对应的是共居子女的户，且该宅基地使用权不能再单独作为父母的遗产，在拆迁补偿中分割。

然需考虑的特殊情形在于，如果父母在分家或赠与时明确房屋仅给其子女一人，或者此时分得房屋的子女尚未结婚，则宅基地使用权的归属如何判断。一种观点认为，既然房屋都属于该子女婚前个人所有，如果婚后并未建房，则房屋和宅基地使用权当然都应属于该子女的个人婚前财产。另一种观点认为，房屋的所有权依照取得时间判断属于个人所有还是夫妻共有，而宅基地使用权对应的使用权主体应当是户，那么户内的人口不可避免地会因为结婚、离婚、子女出生而发生变化，且实践中一般也不会因为户内的上述成员变化而增加或减少宅基地使用权的面积，故此，当户内人口增加时，增加的人员依然共享宅基地使用权。

上述问题的重要意义在于拆迁补偿时，宅基地区位补偿价款如何分配及继承的问题。具体来说，京郊地区的拆迁补偿款项主要包括三部分：宅基地区位补偿价、房屋重置成新价、其他补助。对于房屋重置成新价和其他补助而言，其一般都会因为原有财产的权利人特定而确定。然对于宅基地区位补偿款而言，因为对于户的理解不同会产生争议。举例言之，男方张三婚前分得祖宅，与女方李四结婚后未进行任何院落建设即被拆迁，对于房屋的补偿归属并无争议，因婚前财产转化所得，当归属于张三。然对于宅基地区位补偿价的归属，则存在争议。张三会认为都是婚前个人财产，李四则会认为房屋虽然是婚前财产，但是宅基地属于一户使用，其与张三结婚后自然属于户内人口，故宅基地区位补偿价中自然应当有其份额。

解决上述问题之前，尚需考虑一个类似的相关情节。即如果张三、李四两人离婚之时，并未发生拆迁，则宅基地上的房屋属于张三的婚前财产，李四不能分割房屋，当然也无法脱离房屋直接确认宅基地使用权，且离婚之后女方一般都会将户口迁出，随后或因再婚而入户其他人家，或独立成户，但无论何种情况，离婚之时，女方脱离男方的"户"内人口已成为通常状况，此一情节将成为我们考虑宅基地区位补偿价分割时的一个事实背景。

再回到宅基地区位补偿价款的分割，课题组认为，既然宅基地区位补偿价对应的是宅基地及户的概念，那么作为户中的一员，女方在离婚前虽然对房屋不享有所有权，但对于宅基地当享有使用权，进而对于宅基地区位补偿价也享有相应的权利。但是需要结合上文所述的事实背景，考虑分割的比例和方式，如果完全均分，对于拥有祖宅时间很长的男方而言，未免有失公平。所以当结合宅基地使用权的由来、申请人以及婚姻关系的存续时间，确定给付女方一定数额的补偿。

2. 分家单的效力与签字形式

分家单形成之后，不乏其他子女对其效力提出质疑的情形，特别是分家单上没有女儿和父母的签字时，当如何确认其效力。课题组认为，一般而言，诸多农村地区的分家单签署时都会有见证人在场，且大多时候父母并不在上面签字。故此，对于父母签字缺失的分家单，如果有中证人的证言证明或者已经实际履行多年，则一方子女以父母未签字为由主张无效的，不应得到法院的支持。对于女儿未签字的分家单，情形则比较复杂，在京郊诸多地区的传统习俗中，女儿出嫁之后，对于父母和儿子之间的事宜则不再过多参与，一般由儿子进行处理。故多数分家单签订的过程中，都缺乏女儿的参与，也没有女儿的财产份额。面对此种情形，如果女儿以其未签字不知晓为由要求确认分家单无效的，如何处理？对此，课题组认为，所谓分家单，一般而言当指父母均在世时对于家庭共有财产作出的处理，正如上文所言，分家单的含义不仅包含财产的分割，尚包括父母对子女进行的财产赠与。故此，女儿未曾签字是否构成分家单的效力瑕疵，首先当考虑分割的财产是否涉及女儿的权利，如果其中不存在女儿的财产，则作为全部或主要权利人的父母与儿子之间的协议当约束各方，女儿是否同意不影响分家单的效力；如果女儿对于家庭财产的形成曾存在明显的贡献，则从风俗和法律规范基础出发，也应当视为女儿对父母的帮助、赠与或债务，而不影响房屋的物权归属，故此，依然不影响分家单的效力，只不过需要视情况而由取得财产方支付女儿一定的补偿。

3. 房屋权属协议部分无效，不影响其他部分的效力

父或母一方去世后，在世一方单独与部分子女签署的关于翻建房屋权属的协议效力如何判断，较为复杂。具体而言，一位老人去世后，便会发生继承的事实，此时两位老人原共同共有的财产便会变成在世老人与其他子女（所有继承人）共同共有的财产。此种情形下，如果一位老人与部分子女签署了翻建后房屋归属翻建子女（同为集体经济组织成员）的协议，无疑侵犯了其他共有权人的利益。然此时，需要讨论的是，对于整个协议而言，是整体无效还是部分无效。课题组认为，在世老人的表态与遗嘱比较而言，具有一定的相似性，只不过后者在性质上是死因行为，即老人去世之后才生效，前者是老人生前已经生效，那么参照遗嘱的处理规范，在世老人处理他人财产部分的行为无效，处理自己部分财产的行为有效。

（五）行政性建议——拆迁政策与审批登记制度的完善

1. 拆迁政策的完善

如上文所述，农村房屋及宅基地继承纠纷中，部分环节难点的出现与拆迁政策直接相关。京郊诸多地区的拆迁政策中，补偿名目繁多，除却宅基地区位补偿价之外，尚有诸多利益与"户"及"户口"直接相关，具体项目如下。

其一，优惠面积指标。只要户口登记在被拆迁的村庄，即使该人名下没有任何财产，也可在拆迁过程中享受一定的安置面积指标。其二，分户补偿款。根据宅基地的面积大小和赡养、婚姻状况的不同，部分区域的拆迁政策中存在分户补偿款项目，即面临拆迁时，可将同一宅基地上的一"户"分成两"户"，进而可以享受更多的补偿利益。其三，安置补助和生活补助费。依据部分区域的拆迁政策，享有安置面积的"户"上人口，可以享受与人员数量或安置面积相关的安置补助和生活补助费用。

有"户"或"户口"者，可享受巨大利益，由此，多地出现了大量城镇人口回流农村的现象，并催生出上文所述的无争议诉讼，当事人希望以"手拉手"的方式获取确权、分户的法律文书，进而再以此为基础获取相应的拆迁利益。如此一来，不仅对于司法秩序及法律的严肃性造成了冲击，亦会损害拆迁资金的合理分配。

针对上述问题，以司法实践为基础，从预防和化解纠纷的角度出发，提出如下行政性建议：

其一，在拆迁政策制定和完善时，将拆迁利益的确定与"户"及人口因素适度分离，即无论涉诉宅基地上存在多少人员的户口登记，也无论宅基地上存在几个独立户口，都与拆迁利益的确定无关。与拆迁利益直接相关者乃是拆除的"标的物"本身，即以宅基地及房屋的面积、价值作为确定补偿来源的"硬性"依据。

其二，在拆迁政策和补偿协议中明确各种补偿数额的归属，细化到自然人主体。"户"以及"户内人口"的认定，本身就具有一定的行政色彩，且明确上述两者的内涵界限亦是确定拆迁利益的基础。故此，建议行政部门在拆迁政策的制定中，结合司法实践中的纠纷类型，明确"户"及"户内人口"认定标准，细化补偿协议中各种名目归属的自然人主体。

2. 审批登记制度的完善

就审批和登记制度而言，主要集中在房屋建设许可和权利确认两个层面。

就房屋建设许可而言，《北京市村庄规划建设管理指导意见（试行）》中规定了申请利用原有宅基地进行住宅建设的，需向乡镇人民政府申请乡村建设规划许可证。但实践中极少有地区严格执行上述措施，进而导致了村民随意翻建房屋并引发继承、相邻类的纠纷。故此，从行政管理的角度，提出如下建议：

其一，进一步细化并强化乡村建设规划许可手续的审批程序，根据新形势下农村房屋建设的不同情况，以行政规章的形式制定出详细的规划许可条件，明确基层自治组织、乡镇政府、县级主管部门的职责划分。其二，严格执行程序和追责程序，对未经规划审批擅自建设者，应在规章中明确勘验和认定权限部门，严格依照法定程序及时下发认定和处罚、拆除通知书，消除盲目建设的情况。此外，对于未依法履查处违法建设者，可参考民事诉讼的认定及当事人的举报，依法启动对主管部门和责任人的追责程序。

就权利确认而言，可尝试完善宅基地使用权与农房所有权的登记制度，为"三权分置"改革的推进做好准备。2018 年中央一号文件首次提出，探索宅基地所有权、资格权、使用权"三权分置"，适度放活宅基地和农民房屋使用权。多地也在积极探索允许农户通过转让、赠与、出租、抵押等方式流转宅基地使用权。结合改革背景和现实需要，建议行政机关积极探索农村房屋的物权登记制度，并将房屋的所有权与宅基地的使用权、资格权统一考虑，明确不同权利的归属主体。对于司法实践而言，房屋和宅基地各项权利的明确，不仅有利于纠纷的化解和裁判，亦可最大限度避免房屋和宅基地诸多权利交织和混同引发的争议。

北京市司法人员依法履职保障机制问题研究*

安凤德**

第一章　法官履职保障状况及其完善

一、法官履职保障的规范分析

（一）宪法、法律的条文分析

《中华人民共和国宪法》（以下简称《宪法》）第 131 条规定："人民法院依照法律规定独立行使审判权，不受行政机关、社会团体和个人的干涉。"通过宪法对职权进行保障，是对法官履职保障最为权威、层级最高的法律保障形式。类似表述同样出现在《中华人民共和国法院组织法》（以下简称《法院组织法》）第 4 条、《中华人民共和国刑事诉讼法》（以下简称《刑事诉讼法》）第 5 条和《中华人民共和国民事诉讼法》（以下简称《民事诉讼法》）第 6 条中。

虽然法官的履职保障进入了效力等级最高的《宪法》层面。然而，《宪法》中的这段表述对于全面保障法官的职权仍然存在较大缺陷。在《宪法》及上述这些法律条文中，体现的是人民法院的独立审判，而不是法官的独立审判。这一字之差，却引发诸多的争议和误读。不少学者就此认为，我国法律保护的是法院的独立行使审判权，而不是法官独立行使审判权。其实，如果只是在法院层面上保护审判权独立行使没有任何意义，因为案件毕竟是由每个法官单独予以裁判的，案件的多样性导致其无法进行批量处理。如果只是强调法院的独立性，不承认法官自身的独立性，那么在法院内部法官与院、庭长仍然是一种领导与被领导的关系。应当独立、不受外界干预的审判权必然集中到几个法院领导手中，审判权独立行使的初衷就无法实现。

---

*　本文完成于 2019 年 4 月 23 日《中华人民共和国法官法》修订之前。

**　课题主持人：安凤德，北京市第三中级人民法院党组书记、院长。立项编号：BLS（2016）B015。结项等级：合格。

《中华人民共和国法官法》（以下简称《法官法》）第8条第2项对于法官履职保障是这么规定的，"法官依法审批案件，不受行政机关、社会团体和个人的干涉。"第45条第2款规定："行政机关、社会团体或者个人干涉法官依法审判案件的，应当依法追究其责任。"与《宪法》相比，《法官法》确定的审判独立的主体是法官而非整个法院，显然有较大的进步意义，然而，其对于法官履职的保障仍不尽完美。

原因在于：其一，这个规定还比较原则化。虽然审判不受行政机关、社会团体和个人的干涉是法官独立行使审判权的核心内容，但是仅仅规定这个还远不足以保证法官行使审判权不受干扰。没有配套的制度和具体的处罚和实施细则，审判不受干涉在现实中往往就是一纸空文。

其二，《刑事诉讼法》《法院组织法》中均规定了审判委员会对重大疑难案件享有讨论决定权，这一审判权必然与法官的独立审判权相冲突。《法院组织法》被称为法院的小宪法，而《刑事诉讼法》也是由全国人民代表大会通过的基本法律，其法律效力均在《法官法》之上。因此，这些法律条文的规定与《法官法》的这条规定直接冲突，使得《法官法》中关于法官依法审判不受干涉的规定在法院内部就无法实现。

其三，法院在各个权力部门中处于弱势地位，难以避免外部的干涉。对于同级行政部门，"地方法院的经费由地方政府供给，因此法院的财权受制于同级政府的部门财政；法院的人员编制由地方政府决定；法院工作条件的改善和装备的更新有赖于地方政府的批准。"[1]因此，在审判面临当地政府干预时，法院和法官都是束手无策。对于同级党委，其本身就是法院的"上级部门"，由政法委出面协调公检法的案件，并提出判决结果的情况并不鲜见。此外，法院的领导干部任命也离不开地方组织部门的认可。对于同级人民代表大会，依据宪法，法院院长本身由同级人民代表大会产生，向同级人大负责。此外，中国还形成了每年向同级人大提交工作报告的"宪法惯例"，法院的年度工作报告由人大代表投票通过，于是人大及人大代表对法院工作形成了很大的威慑力，一些人大代表也由此打着法律监督的名号堂而皇之地干涉和过问法院审理的案件。因此，如果没有其他制度配套，《法官法》这一条文很容易被人大代表以"法律监督"的名义架空。

其四，法院内部的等级分明，法官管理中的行政化特征十分明显，不利于法官独立行使审判权。法院内部的法官不仅有院长、副院长、庭长、副庭长与普通法官的区别，还有行政级别上的科级、处级、局级的分野，此外，《法官法》将

---

[1] 邹开亮、黄树光、徐少华：《略论法官独立》，载《理论月刊》2002年第11期。

法官分为四等十二级，造成法院内部的上下级分明。另外，根据法院内部的《人民法院审判人员违法审判责任追究办法》（试行）、《最高人民法院关于完善人民法院司法责任制的若干意见》（以下简称《责任制若干意见》）等规范性文件，法院的院、庭长要对属下法官办理的错案"负责"，在这个逻辑下，院、庭长就理应享有对于下级法官审理案件的裁判结果相应的干涉甚至决定的权力。

（二）其他规范性法律文件的分析

1. 《保护司法人员依法履行法定职责规定》

2016 年 7 月颁布实施的《保护司法人员依法履行法定职责规定》（以下简称《履职规定》）对法官履职的保障有了较大突破，体现在第 2 条，法官、检察官依法办理案件不受行政机关、社会团体和个人的干涉，有权拒绝任何单位或者个人违反法定职责或者法定程序、有碍司法公正的要求。对任何单位或者个人干预司法活动、插手具体案件处理的情况，司法人员应当全面、如实记录。有关机关应当根据相关规定对干预司法活动和插手具体案件处理的相关责任人予以通报直至追究责任。与《法官法》相比，该条文对法官独立审判案件的规定不仅仅是原则性的"不受干涉"，而是明确了对干预、插手具体案件处理，法官等司法人员应全面、如实记录，而且规定对干预、插手案件的相关责任人予以通报和追究责任。这相当于赋予了法官履职保障制度以利齿，至少在法条上制定了明确的操作规范。

其次，该《履职规定》第 3 条明确了，任何单位或者个人不得要求法官、检察官从事超出法定职责范围的事务。人民法院、人民检察院有权拒绝任何单位或者个人安排法官、检察官从事超出法定职责范围事务的要求。法官的履职保障，除了应涵盖法官独立行使审判权之外，法官不应从事与审判无关的其他事务也应是题中应有之义。但是，在现实生活中，地方政府往往将法院看作自身的一个部门，向法院安排各种与审判工作无关的行政事务。这些司法外的行政事务包括从法制宣传到社会维稳，从上街维持秩序到招商引资不一而足。《履职规定》第 3 条明确了法院、法官应当专事法律规定的司法职能，有助于法官的专业化和职权的切实保障。

2. 《最高人民法院关于完善人民法院司法责任制的若干意见》

《责任制若干意见》第 3 条规定了，法官依法履行审判职责受法律保护。法官有权对案件事实认定和法律适用独立发表意见。非因法定事由，非经法定程序，法官依法履职行为不受追究。

《责任制若干意见》第 39 条规定了，法官依法审判不受行政机关、社会团体和个人的干涉。任何组织和个人违法干预司法活动、过问和插手具体案件处理的，应当依照规定予以记录、通报和追究责任。

"领导干部干预司法活动、插手具体案件和司法机关内部人员过问案件的，分别按照《领导干部干预司法活动、插手具体案件处理的记录、通报和责任追究规定》和《司法机关内部人员过问案件的记录和责任追究规定》及其实施办法处理。"

《责任制若干意见》是 2015 年最高人民法院在司法改革过程中制定的规范性文件，对于法官履职保障的规定比较完善，第 3 条除了原则性规定"法官依法履行审判职责受法律保护"，还明确了法官对案件事实认定和法律适用有权"独立发表意见"，这对于法官的履职保障更加明确，也是《法官法》规定的"法官独立行使审判权"的进一步细化。

该意见第 39 条与《履职规定》的规定相一致，而其能否在实践中发挥作用，也仍然需要进一步观察。

二、北京市法官履职保障现状

近年来，我国处于社会改革转型时期，社会矛盾日益复杂，司法环境持续恶化，缠诉闹访、哄闹法庭、暴力抗法事件屡有发生，法官及其近亲属人身安全受到严重威胁。市高院详细梳理了法官及其近亲属在日常工作生活中容易发生安全风险的环节、时间地点和行为类型（详见下表）：

风险类型		具体内容	发生时间	发生地点
语言类	1. 辱骂、言语攻击	使用污言秽语对法官进行无端指责、谩骂、诅咒、骚扰；每天持续拨打电话，进行言语攻击；纠集人到法院咆哮叫骂。	多发生在庭审过程中、宣判后或者执行阶段。	从法庭、法院周围，已经延伸到住宅小区、公园等处。
	2. 使用威胁性或暗示性语言	"我记得你""你等着"；使用"法官该死"等过激话语；甚至扬言"杀掉审判人员和庭长"；电话威胁"哪天卸你胳膊、卸你腿"。		
	3. 以法官家属要挟	"我知道你有孩子"；电话中扬言要整死法官女儿，炸死其全家。		
	4. 以自残相威胁	采取虚假自残等方式向法院和法官施加压力；某代理律师短信威胁法官："如不能妥善处理此案，将跳楼自杀，逼迫法官让步"。		
	5. 以危害公共安全相威胁	"不给满意的赔偿数额就背着炸药包去天安门"等。		

续表

风险类型		具体内容	发生时间	发生地点
行为类	1. 滞留、缠闹、行为侮辱	围堵法官，不让离开法庭；强闯办公区；聚众滋扰、张贴横幅；冲法官吐口水；当众脱衣撒泼；穿侮辱法院及法官的状衣坐在法院门口；污蔑法官强奸。		
	2. 偷拍偷录视频	庭审结束后，故意俯卧地上，摆拍照片，以上传到网上相威胁，引发负面舆情。		
	3. 邮寄信件	写恐吓信"一定采取行为，观察你们不是一两天了，你们住哪儿我全都知道，大不了咱们同归于尽!"；邮寄冥币、写血书，扬言要杀死承办人。		
	4. 跟踪威胁	开车尾随承办人到家附近；带黑社会人员跟踪、威胁法官。		
	5. 故意出现在特定场所	如再现在法官子女幼儿园门口、配偶工作地点、居住地点或其他亲属居住地附近，等等。		
	6. 制造舆论压力	在微博、论坛等网络媒体上大肆发布对法院及法官不利的不实言论。		
	7. 殴打法院工作人员	抢夺办案设备及资料、拉扯殴打法官法警、抓伤法官；打法官耳光；咬伤法警；故意推操、碰撞、碰瓷等行为时有发生。		
	8. 毁损物品	撕毁法律、砸毁交通工具。		
	9. 暴力行凶	马彩云法官因公牺牲事件；有法官在下晚班回家路上，遭到不明人员袭击，头破血流。		

综合上述情况，从行为方式看，有谩骂侮辱、诬告陷害；有跟踪威胁、扬言报复；更有暴力行凶等极端事件发生。从发生的时间点看，存在于法院审判的各个环节中，如送达文书、庭前调解、法庭审理、执行以及案件审结之后。从发生的地点来看，由法庭、法院周边，已经延伸到法官的住宅小区、孩子学校以及公园等公共场所，可谓危险无处不在。从案件审级看，绝大多数发生在基层法院审

判一线。典型案件包括如下几种情况：

案例1（暴力行凶）：马彩云因公殉职事件。马彩云同志生前任昌平区人民法院回龙观人民法庭审判员，年均结案近400件。2016年2月26日晚，为避免无辜群众受到伤害，马彩云同志勇斗持枪行凶歹徒，不幸壮烈牺牲，年仅38岁。事件迅速引发广泛关注。"滴血的彩云，锥心的痛"，马彩云不幸遇害，令我们感到无比的沉重！然而更令人痛心的是，个别当事人竟以此为由头，经常使用"马彩云""枪杀法官""法官该死"等字眼故意刺激、谩骂，甚至威胁审判人员，以此挑起事端，发泄私愤。如2016年3月9日，昌平区人民法院未审庭宣判的一起抚养关系纠纷案件，被告情绪激动，在电话中扬言：你们回龙观马彩云已经出事了（连说两遍），我明天就到学校整死夏某某（其女儿），炸死她全家……。当晚，未审庭开展了相关应急处置工作。

案件2（暴力抗拒执行）：在朝阳区人民法院受理的一起执行案件中，被执行人王某某因拒不履行生效判决，执行法院对其决定扣留并采取了强制腾退措施。王某某多次到院采取打横幅等方式提出不合理诉求，承办法官均耐心接待。2015年9月7日，王某某带着事先准备的墨汁到执行局，将墨汁倒入一次性大纸杯中，未经准许冲入法庭，将满满一杯墨泼向承办法官脸上、身上及头上，并大声辱骂相关区委领导和法官，造成法官身上、脸上、嘴里满是墨汁，法庭地面、墙面及部分案卷被污染，承办法官的正常接待工作被迫中止。王某某不但没有悔改之意，还声称这次向法官泼墨就是为了报复。该法院对王某某拘留15天，并拟追究其刑事责任。

案件3（信件威胁）：2016年5月，东城区人民法院民七庭两名法官收到匿名信，信件内容以及收件人部分均为机打，信件内落款部位被撕去。信件内容有"一定采取行动，观察你们不是一两天了，你们俩住哪里我全知道，兔子逼急了也要咬人的，大不了咱们同归于尽！"，同时信件中还写有"马彩云的结果你们都知道吧。到时候你们别后悔"字样。

案件4（扰乱法庭秩序）：2015年4月，西城区人民法院张法官在公开宣判一起意外伤害保险合同纠纷案件时，原告的法定代表人不服，哄闹法庭。不顾法庭纪律，在宣判过程中从原告席走到宣判台前，将法官手部和耳部抓伤，在被法警控制后，又对法警进行攻击，造成法警腿部瘀青。

案件5（公然打砸人民法庭）：2015年，涉案人勾某多次到大兴区人民法院安定派出法庭扰乱秩序，因情节轻微，法庭工作人员多次对其进行训诫和教育；2015年10月21日上午10时许，勾某携带砖头打砸立案庭的窗户玻璃，被法警及时发现并拦下，期间，勾某以各种言语相威胁，并掏出匕首比画，并扬言明天（10月22日）继续打砸法庭。安定派出所的民警到达现场后，将勾某带走，但未向法庭通报对勾某的处理结果，故不知当天下午勾某已被释放。2015 年 10 月 22 日早上 7 时 10 分至 8 时 20 分，勾某骑装有十余块砖头的电动三轮车至法庭暴力打砸法庭门窗，现场一片狼藉，严重破坏公共财产，扰乱公共秩序，致使法庭不能正常工作。8 时 30 分，经法庭干警报警，勾某被派出所带走。

三、完善法官履职保障的对策建议

（一）宪法层面的完善和修订

法官独立行使审判权并不仅仅是法官法的内容，也应该上升到宪法的高度。正如上文所述，目前，我国《宪法》虽然规定了法院审理案件不受干涉，初步确立了法院独立行使审判权的原则。但是，对于法官独立行使审判权语焉不详，远远落后于国外的法官履职保障法律制度，也远不能适应当下法官履职保障的现实需求。从司法审判权运行的特点上来看，法院行使审判权不受干涉，而没有明确规定法官行使审判权不受干涉，法官对案件审理没有决定权，那么保障独立行使审判权的目的和意义——确保司法公正就不可能落到实处，法院独立行使审判权也就成了一纸空文。从国际公约和外国立法例都可以发现，这些立法文件确立的审判权独立的对象无一例外都是法官，而非仅指法院。可以说，法官履职保障到位了，能够独立行使审判权了，那么法院独立行使审判权就不成问题；反之，即使保障了法院的独立审判权，法院内部的行政管理体制仍然无法保证法官中立、超脱、不受干涉地审理案件。因此，建议在《宪法》修订时应与《法官法》相契合，明确"人民法院法官依照法律规定独立行使审判权，不受行政机关、社会团体和个人的干涉。"且规定"国家应另行制定具体法律，对法官独立行使审判权予以保障。"

（二）完善《法官法》的相关规定

《法官法》是调整法官制度的基本法律，而法官履职保障之于法官制度具有极端的重要性，因此，法官法的整个设计都应围绕如何保障法官职权的行使。

具体而言，可以借鉴国外法律，在法官职务保障、物质保障、建立责任豁免制度、退休制度、教育培训制度等方面，充分保障法官行使职权。明确法官应专注以法律和良知裁判的基准，心无旁骛，不因法律认识错误或者裁判被追究责任或者不被民众、领导所喜好等而遭受任何不利益。具体应制定哪些条文，则在本章其他章节中予以细化。但鉴于中国法官独立审判制度仍存在争议，建议在总则部分必须强调"法官独立审判，不服从任何权威，只服从法律和自己良心履行自己的职责"等内容。

第二章　法官的身份保障现状及其完善

一、中国法官身份保障的规范分析

中国的法官身份保障制度主要由《法官法》《人民法院工作人员处分条例》（以下简称《处分条例》）《责任制若干意见》以及《履职规定》等法律法规构成。

（一）法官身份保障的总则性条款分析

《法官法》第8条第3项是对法官身份保障的总体规定，即"非因法定事由、非经法定程序，不被免职、降职、辞退或者处分。"

《处分条例》中对法官身份保障的规定也只有1条，即第3条规定："人民法院工作人员依法履行职务的行为受法律保护。非因法定事由、非经法定程序，不受处分。"

《责任制若干意见》第3条后半段："非因法定事由，非经法定程序，法官依法履职行为不受追究。"

《责任制若干意见》第38条规定："在案件审理的各个阶段，除非确有证据证明法官存在贪污受贿、徇私舞弊、枉法裁判等严重违法审判行为外，法官依法履职的行为不得暂停或者终止。"

《履职规定》第4条则再次明确了"法官、检察官依法履行法定职责受法律保护。非因法定事由，非经法定程序，不得将法官、检察官调离、免职、辞退或者作出降级、撤职等处分。"

以上四个法律文件的文字表述非常近似，条文的主体都是规定了"非因法定事由、非经法定程序，"不得如何如何，这是对法官身份保障最重要和最原则性的规定。具体而言：几个条文的主语并不一致，《法官法》《责任制若干意见》的主语是法官，《处分条例》是"人民法院工作人员"，《履职规定》则是"法官、检察官"。人民法院工作人员的外延显然要比法官大得多，《履职规定》则扩大于"检察官"，这反而说明了"非因法定事由、非经法定程序，"并不是考虑到法官作为维护社会公平正义特别重要的一种职业而进行的特殊保障，而是针对任何主体都可以适用的套话，法律法规对于法官的身份保障并没有任何特色。另外，通过与《公务员法》的对比，课题组发现，在该法第15条第2项公务员享有的权利中也赫然写明"非因法定事由、非经法定程序，不被免职、降职、辞退或者处分"与《法官法》的规定一字不差。

上述条文中，只有《责任制若干意见》第38条的规定有较大突破，该条文明确了除非有明确证据证明法官存在"贪污受贿、徇私舞弊、枉法裁判"等严重违法审判行为外，法官依法履职的行为不得暂停或者终止。这相当于给《法官法》等几个条文中出现的"法定事由"进行了补充说明。在此之前，由于《法官法》等的规定过于原则和空泛，在没有其他具体条文对"法定程序"加以明确限定的情况下，法官身份受到法外事由、法外程序威胁的事件屡见不鲜，法律条文中法官的身份保障无法落到实处，"非因法定事由、非经法定程序，不被免职"的规定形同虚设，法官身份无法得到实保障。

（二）法官免职的相关条款分析

除了原则性的规定，对法官的免职、撤职、开除等处分，辞职辞退以及调离都有可能对法官身份产生重大影响。法官的免职规定主要体现在《法官法》第 13 条和《履职规定》第 6 条中，具体的条文及对比如下：

表 1　《法官法》《履职规定》中法官免职条款的对比表

《法官法》第 13 条	《履职规定》第 6 条
（1）丧失中华人民共和国国籍的；	（1）丧失中华人民共和国国籍的；
（2）调出本法院的；	（2）调出本法院、检察院的；
（3）职务变动不需要保留原职务的；	（3）职务变动不需要保留原职务的；
（4）经考核确定为不称职的；	（4）经考核确定为不称职的；
（5）因健康原因长期不能履行职务的；	（5）因健康原因超过一年不能正常履行工作职责的；
（6）退休的；	（6）按规定应当退休的；
（7）辞职或者被辞退的；	（7）辞职或者被辞退的；
（8）因违纪、违法犯罪不能继续任职的。	（8）因违纪违法犯罪不能继续任职的；
	（9）违反法律、党纪处分条例和审判、检察纪律规定，不适合继续担任法官、检察官职务的其他情形。

通过列表对比，可以发现，上述两个条文对法官免职的规定十分近似，只是《履职规定》的对象是法官和检察官两类，在第 5 项中将《法官法》中的长期不能履行职务，改成了"超过一年"，更加明确和严格。另外，《履职规定》还增加了违反法律、党纪处分条例和审判、检察纪律规定，不适合担任法官的其他情形。总的来说，法律和规范性文件中法官免职的事项较多，从国籍、考核、职务到健康原因等。但是上述规定的缺憾在于没有明确到底通过履行什么程序，由谁来决定法官的免职？

（三）法官辞职、辞退的相关条款分析

辞职、辞退也是法官免职的事由之一，但是对于法官辞退，《法官法》和

《履职规定》也做出了明确而详细的规定，再次列表比较一下两个条文的异同：

表2　《法官法》《履职规定》中法官辞职辞退条款的对比表

《法官法》第 40 条	《履职规定》第 7 条
（1）在年度考核中，连续两年确定为不称职的；	（1）在年度考核中，连续两年被确定为不称职的；
（2）不胜任现职工作，又不接受另行安排的；	（2）不胜任现职工作，又不接受另行安排的；
（3）因审判机构调整或者缩减编制员额需要调整工作，本人拒绝合理安排的；	（3）因机构调整或者缩减编制员额需要调整工作，本人拒绝合理安排的；
（4）旷工或者无正当理由逾假不归连续超过十五天，或者一年内累计超过三十天的；	（4）旷工或者无正当理由逾假不归连续超过十五天，或者一年内累计超过三十天的；
（5）不履行法官义务，经教育仍不改正的。	（5）不履行法官、检察官法定义务，经教育仍不改正的；
	（6）违反法律、党纪处分条例和审判、检察纪律规定，不适合继续担任公职的其他情形。

通过表2能够显而易见看到法官辞退的规定存在以下几个特点：第一，法官辞退的事由多。《法官法》和《履职规定》关于法官辞退的事由分别有5项和6项之多；第二，辞退法官的事由比较宽泛，体现在"不胜任现职工作"以及"审判机构调整或者缩减编制员额需要调整工作"等事由外延广泛，只要发生机构调整、缩编等法官自己无法预料、不能控制、没有过错的事项，都有可能触犯第3项规定而遭辞退。第三，《履职规定》对法官辞职、辞退的规定几乎就是《法官法》的翻版，只是在最后增加了第6项"违反法律、党纪处分条例和审判、检察纪律规定，不适合继续担任公职的其他情形"这一兜底条款，没有明确的、刚性的规定，导致几乎所有法官在任何情况下都有可能被辞退！

《履职规定》与《法官法》的差异和进步之处体现在该规定第10条后半段，不得以办案数量排名、末位淘汰、接待信访不力等方法和理由调整法官、检察官工作岗位。以否定的方式禁止了实践中一些法院创立的"末位淘汰""办案数量排名"等变相剥夺法官职务的创新做法。

（四）法官调离的相关条款分析

法官还可能因为"调离"而被自然免除法官的身份，而《法官法》并没有调离的规定，而是在《履职规定》第5条规定明确了法官、检察官的调离条件，①按规定需要任职回避的；②因干部培养需要，按规定实行干部交流的；③因机构调整或者缩减编制员额需要调整工作的；④受到免职、降级等处分，不适合在司法办案岗位工作的；⑤违反法律、党纪处分条例和审判、检察纪律规定，不适合在司法办案岗位工作的其他情形。

虽然，《履职规定》第 5 条规定只有具备下列情形之一的，方可调离，但是课题组发现，这 5 项条款规定十分宽泛，特别是第 2 项干部培养需要，第 3 项因机构调整或者缩减编制员额，在这两条之下，几乎所有的法官，都可以按照这两个"软性"条款，无须其他任何法定事由，也无须征求法官本人的意愿或者经过严格的法定程序就调离原岗位，由此造成对法官身份保障的巨大潜在威胁。

（五）法官受处分的相关条款分析

除了上述的事由外，《法官法》和《处分条例》中关于开除的处分，也会影响法官的职务和身份。

《处分条例》第 9 条规定：受开除处分的，自处分决定生效之日起，解除与人民法院的人事关系，不得再担任公务员职务。既然都与人民法院解除了人事关系，显然就不能再任法官之职了。至于开除的事由，《法官法》中没有明确规定，只是在该法第 32 条规定了法官不得有的散布有损国家声誉的言论等 13 种行为。《处分条例》中涉及法官在内的人民法院工作人员处分的事由共计 84 项，其中涉及到开除的事由多达 81 项，内容涵盖违反政治纪律、违反办案纪律、违反廉政纪律、违反组织人事纪律、违反财经纪律、失职以及违反管理秩序和社会道德七大类行为，可谓事无巨细。以那么复杂的条款来约束法官的必要性和妥当性都值得质疑。

综上，从法律规范角度看，我国法律对于法官身份的保障还很不健全，主要体现在以下几个方面：

第一，保障少追责多。从上述法条的规范分析来看，各法律及规范性法律文件中，对于法官身份保障性条款，只有原则性的"非经法定程序""法定事由"这一项，而对于免除法官身份的情形包括免职、辞退、调离、开除等四项，而在每一项涉及大量的事由，法官被剥夺身份的事由过多过滥，导致法官身份保障十分不到位。

第二，在免职、辞退、调离、开除等四种情形中，每种情形规定的剥夺法官身份的事由内容宽泛，解释的空间很大，很容易发生故意陷害、倾轧或者损害法官权益的事情发生。以《法官法》为例，第 13 条第 2 项"调出本法院的"以及第 3 项"职务变动不需要保留原职务的"的免职事项中，对于调出本法院和职务变动，具体是基于何种原因没有明确界定，也没有征得法官本人的同意甚至经过专门机构审查等明确的程序要求。由此，可能为当权者随意调动、变动法官工作，为达到免除法官职务的目的提供了便利。第 40 条第 3 项因"审判机构调整或者缩减编制员额需要调整工作"，法官如果得罪了上级领导，后者很容易找到一个调整审判机构的理由，把一个民事法官调整到立案庭、刑庭、甚至其完全不熟悉、不擅长的审判管理部门，法官如果拒绝，则会导致辞退，法官身份无从保障，所谓的身份保障制度形同虚设。

第三，剥夺身份法官的法定程序不明确。《法官法》第 41 条规定，"辞退法官应当依照法律规定的程序免除其职务。"但又缺乏明确的法定依据，规定辞退法官的法定程序是什么？谁或者哪个机构有权对法官做出辞退决定？法官是否有申辩权利？于是法官被随意免职的事例屡见不鲜。

第四，不同条文中，免职、辞退、调离、开除的事由还存在相互重叠、交叉。例如，《法官法》"经考核确定为不称职的"为免职事由之一，而"在年度考核中，连续两年确定为不称职的"又成为辞退事由之一。《履职规定》免职和辞退事由中均有反法律、党纪处分条例和审判、检察纪律规定，不适合继续担任公职的其他情形的表述，那么，如果法官违反了这条到底应该对其进行免职还是辞退？另外，免职、辞退、调离、开除本身之间的关系就相互交叉、混乱，如果说辞退就是免职的一种，那么调离、开除是否也就自然免职，但是在《法官法》免职中又没有规定。另外，辞退和开除又是什么关系？其中几项规定分别指向的是法官身份、聘用关系、岗位匹配和纪律处罚，相互交叉重叠，让人眼花缭乱，结果势必是根据任何一项规定都可以对法官施以大棒，免除法官身份。

二、外国法官身份保障制度比较

在其他国家或地区，法官的身份保障也比较严格。一方面，各国给予法官长期、稳定的任期，通常情况下，没有特殊情况，不会免职，甚至是终身任职。

在英国，高等法院法官的任职是终身的，或者任职到法定退休年龄为止。美国法官除非因违法犯罪受弹劾或者自动辞职，其职务是终身的，工作也是终身的。澳大利亚法官实行终身制，除非由于行为不端，否则可一直任职到退休年龄。法国的宪法和法院组织法均规定，法官实行终身制，法官在任期内，非因可弹劾之罪，并经法定程序不得被免职，撤换或强令退休。俄罗斯《联邦宪法》（1993 年）第 121 条第 2 款规定："法官的职权只能基于联邦法律规定的程序和理由予以剥夺或是中止。"

另一方面，对于法官任职的终止，乃至暂停，均规定了严格的法定事由和法定程序。

其中，英美法系国家法官的罢免，往往由立法机关通过法定程序进行。美国《联邦宪法》规定，罢免联邦法官必须经过弹劾程序，经参众两院通过，方可成立。弹劾程序与对总体的弹劾程序相同。其严格程度可见一斑。在英国，只有当法官犯有严重罪行，今上议院和下议院一致通过才可以撤职。

美国联邦法院的法官只有犯叛国罪、贿赂罪等弹劾之罪方可免职。法官撤销职务须经弹劾程序，经参众两院通过，方可实施。弹劾法官的程序和弹劾总统的程序是一样的，由下议院提出弹劾案，上议院审理。上议院以出席人数 2/3 多数通过时，才可判决。所以美国从 1776 年至 1974 年，共有 9 名联邦法官受到弹劾，只有 4 名被撤职定罪。[1]

印度宪法规定，"最高法院和法官不得被免职，除非两院于同一会期中以该法官行为失检或不适任为由向总统同时提出咨文，由总统下令免除其职务。上述咨文须由两院分别以全体议员的过半数及出席投票议员的 2/3 多数通过方可提出。"[2]

大陆法系国家则多采用法院判决方式决定法官是否应该被撤职或罢免。意大利《宪法》第 107 条第 1 项规定："法官是常任的。除非遵照最高司法委员会根据法院组织法规定的理由并严守法院组织法规定的辩护保障所作出的决定，或征得本人同意，法官不得被免职。"法国《宪法》第 64 条确立了法官终身制原则，即除了法官因行为不当依据程序撤职外，其他任何法官职位的变动，包括法官的晋升必须首先取得法官本人的认可。韩国的法律规定，除非被指控犯罪，法官不得被免职。在日本宪法和裁判所法中，法官被罢免、转官、转院、停止职务和减少报酬，仅限于以下四种情形：因身心故障不能执行职务；受国会弹劾裁判；在国民审查中被罢免；渎职经裁判的。丹麦王国《宪法》第 64 条规定："法官在履行职务时，完全依据法律行事，非经审判，不得将法官免职，也不得未经本人同意，而将法官调职，因法院重新组织而调职除外。"

中国台湾地区的"法官法"法官保障一章对于法官免职事项作了区分，即区分实任法官和候任法官、试署法官。实任法官乃台湾正式法官，因此，"法官法"规定的法官身份保障也是以实任法官为基础，其他法官参照实任法官执行。故本报告仅列其对实任法官的身份保障。第一，不得免职的条款，该条的例外只有①当法官犯内乱、外患、故意渎职罪被判处刑罚的；②故意犯罪受有期徒刑以上刑罚，并有损法官尊严的（缓刑除外）；③受监护宣告者。也就是说法官免职的条款界限非常清晰、确定，而且范围十分有限。也就是犯特定的罪、严重故意犯罪或者丧失行为能力的三种情形。第二，停职的规定。一共七项，主要涉及法官身体或精神不能胜任法官职务的；在刑事诉讼中，或者判决劳役等不能履行职务的；以及受到其他处分、处罚不适宜担任公务人员的情形。第三，调动的规定。实任法官除法律规定或经本人同意外，不得将其转任法官以外职务。甚至法官审级调动和地区调动都需要符合法定的事由。第四，法官免职、停职等的程序

---

〔1〕　赵震江主编：《法律社会学》，北京大学出版社 1998 年版，第 452 页。
〔2〕　赵震江主编：《法律社会学》，北京大学出版社 1998 年版，第 452 页。

非常严格。对司法机构大法官免职、停职的，需经司法机构大法官现有总额 2/3 以上之出席及出席人数过半数之同意，由司法机构呈请"台湾地区领导人"停止其职务。

三、法官身份保障的立法研究

（一）适时增加《宪法》条文的保护

《宪法》乃一国之根本大法，司法制度也是国家的重要政治制度，司法的基本制度乃是各国宪法的基本内容之一。为了提高司法和法官的地位，有必要在宪法中规定法官的基本制度，法官的身份保障就是法官的基本制度之一。对于身份保障，宪法中只需要进行原则性的规定，如增设一条，非经法定事由，未经法官惩戒委员会决定及刑事审判庭审判程序，法官不得被免职。实施细则由《法官法》等法律进行具体规范。

（二）统一法官免职的法定事由

目前的《法官法》中，既有对免职的规定，又有辞职、辞退的法条，同时还有对法官惩戒撤职、开除等处分的规定。过多过滥的处罚种类和免职事项，不仅会在对法官不当行为进行惩处时无所适从，而且更容易导致法官身份保障的不确定性。因此，建议统一法官的免职类型，对于法官而言，违法的唯一的处罚应当就是免职，至于降级、撤职、开除等行政处分，以及辞退等人事关系处理，则不应与法官的惩戒混为一谈。

（三）删除一些不合时宜的法官免责事由

种类繁多，相互交织的免职类型是由法律对于法官身份定位不明确造成的。既将其作为公务员，套用《公务员法》中的一些免职、处分类型，又单独为法官设立了一些免职的条件。因此，要根治法官免职事由多且相互交叉的乱象，有必要改变直接将《公务员法》中纪律处分的条款套用到《法官法》中的做法。

对于现行法律中的一些过时或者不符合法官职业特点的免职事由应予整合或者彻底删除。如调出本法院的，经考核确定为不称职的，职务变动不需要保留原职务的，因健康原因长期不能履行职务的，退休的，辞职或者被辞退的。这些事由要么界限过于模糊，无法对法官身份进行真正保障，要么不符合法官的职业特征，或者本身就是毋庸讳言的事情，所以建议删除。

（四）在《法官法》中明确法官的免职事由

对于法官免职事由必须在统一、明确的前提下，进行严格限缩，这样才有利于保障法官身份地位。

那么，针对法官免职应设置哪些条件？必须是由于法官不再适合担任法官职务的情形出现，这些情形包括：①丧失中华人民共和国国籍的；②由于自身原因不愿因担任法官职务并提出书面申请的；③因违法犯罪受到刑事处罚的；④因身心健康原因无法继续从事审判工作的。

对于第 3 项，必须由于法官犯罪，而不能是一般违法，且需经过刑事审判认定的，这样也是为了最大限度对法官身份加以保护。

第三章　法官的安全保障现状及其完善

一、法官安全保障的规范分析

（一）《宪法》和《法官法》中法官安全保障的条文分析

我国《宪法》中缺乏对法官安全保障的规定，对于法官安全保障，主要散见于《法官法》、《中华人民共和国刑法》（以下简称《刑法》）、《民事诉讼法》以及《履职规定》等法律、规范性文件之中。

《法官法》除了第 8 条第 5 项这一项规定，法官享有的权利中包括人身、财产和住所安全受法律保护之外，对于法官安全保障就再无其他规定了。其次，该法中对于法官安全保障的规定仍然过于宽泛，缺乏具体可操作的条款。法官的人身、财产和住所安全受法律保护，这一条款的规定当然没错，但是任何人的人身、财产和住所安全都应受法律保护，而法官作为直接处理矛盾纠纷，甚至是犯罪分子的公职人员，他们的人身安全往往受到更大的威胁，因此有必要对法官的人身、财产和住所加以特别保护。该法对法官人身、财产和住所安全的未提供任何具体保护措施。所以，近年来，法官被袭、法院爆炸，法官被当事人威胁，乃至捅伤、枪杀的恶性事件层出不穷，该条规范无法起到切实保障法官人身安全的作用。

（二）基本法律中法官安全保障的条文分析

基本法律中，《刑法》第 309 条体现了对法官的安全保障。该条罪名为"扰乱法庭秩序罪"，明确规定以下四种情形之一的可以处三年以下有期徒刑、拘役、管制或者罚金："①聚众哄闹、冲击法庭；②殴打司法工作人员或者诉讼参与人的；③侮辱、诽谤、威胁司法工作人员或者诉讼参与人，不听法庭制止，严重扰乱法庭秩序的；④有毁坏法庭设施，抢夺、损毁诉讼文书、证据等扰乱法庭秩序行为，情节严重的。"

《刑法》第 309 条是第九次刑法修正案修改的重点条文之一。其中，第 3、第 4 项都是新增的内容，在原条文中的"聚众哄闹、冲击法庭，或者殴打司法工作人员"等行为的基础上，将殴打诉讼参与人以及侮辱、诽谤、威胁司法工作人员或者诉讼参与人，不听法庭制止等严重扰乱法庭秩序的行为纳入犯罪范畴，旨在有效维护法庭的秩序，提高和维护司法权威。然而，从法官安全保障的角度来考察，这一条文仍有不足：第一，该条文的规定保护范围非常窄，只是针对扰乱法庭秩序，而不是法官个人的人身保护，这从该条罪名中就可见一斑。而现实生活中，大量对于法官威胁、恐吓乃至伤害的行为都不是发生在法庭上，而是在接待当事人的过程中，或者法院之外。例如，最常见的威胁语言，如果自己不能胜诉，则与对方当事人、法院同归于尽等等，这些严重的威胁言语和行为，第 309 条却无能为力。第二，入罪的标准比较严格。且不说聚众哄闹、冲击法庭的行为，敢于"聚众"哄闹法庭那已经是十分严重乃至恶劣的行为；此外，不管是"殴打"司法工作人员、诉讼参与人还是抢夺、损毁诉讼文书、证据本身已经严重威胁了诉讼秩序甚至打乱了正常诉讼程序的严重行为，但是法条中都注明"严重"作为入罪的标准，使得犯罪的构成更加严格。第三，适用程序复杂苛刻。由于本罪缺乏特别的规定，根据刑事诉讼法扰乱法庭秩序罪仍然需要由公安机关配合侦查、检察机关起诉。由于程序复杂、苛刻，导致审判实践中虽然扰乱法庭秩序的现象屡禁不止甚至愈演愈烈，但是实际受到刑事处罚的实例却是寥寥无几，起不到震慑的作用。[1]

此外，诉讼法中也有些条文体现了法官安全保障方面的要求。依据《民事诉讼法》第 110 条[2]、第 111 条第 1 款[3]都可以对违反法庭秩序和威胁法官安全的行为进行司法惩戒。然而，第 110 条中虽然出现了"侮辱、诽谤、威胁、殴打审判人员"的行为，但其仍有"严重扰乱法庭秩序"的限定语；该条的立法主旨仍然是维护法庭秩序，而不是审判人员本身。第 111 条第 1 款第 4 项的规定与《刑法》309 条第 3 项内容接近，具有可比性。本条的特点在于，其对司法人员的保护不再局限于法庭，且在违法形式方面增加了诬陷和打击报复两项内容。另外，依据《民事诉讼法》，人民法院可以根据情节轻重对违法者予以罚款和拘留，相对于刑事责任，程序更加便利，也更容易操作。然而本条规定的内容仅适用于民事诉讼活动，存在一定的局限性，且该条虽然规定了"构成犯罪的，依法追究刑事责任"，但是由于缺乏相应的刑事法律法规配套，实践中追责并非易事。

（三）其他规范性文件中对法官安全保障的条文分析

最高人民法院 2015 年 9 月 21 日发布并实施的《责任制若干意见》对法官安

---

[1] 中国裁判文书网中涉及"扰乱法庭秩序罪"的裁判文书共计 28 份，扣除二审、再审重复裁判文书及 1 份不予受理裁定书，2013 年以来适用该法条的案件只有 20 件。

[2] 《民事诉讼法》第 110 条："诉讼参与人和其他人应当遵守法庭规则。人民法院对违反法庭规则的人，可以予以训诫，责令退出法庭或者予以罚款、拘留。人民法院对哄闹、冲击法庭，侮辱、诽谤、威胁、殴打审判人员，严重扰乱法庭秩序的人，依法追究刑事责任；情节较轻的，予以罚款、拘留。"

[3] 《民事诉讼法》第 111 条第 1 款：诉讼参与人或者其他人有下列行为之一的，人民法院可以根据情节轻重予以罚款、拘留；构成犯罪的，依法追究刑事责任，其中第 4 项为："对司法工作人员、诉讼参加人、证人、翻译人员、鉴定人、勘验人、协助执行的人，进行侮辱、诽谤、诬陷、殴打或者打击报复的。"

全保障的规定与《法官法》相比有所进步和突破。该意见第 40 条〔1〕明确了法官受到诬告陷害名誉受损时，应当由法院公开负责澄清；第 43 条〔2〕将惩治威胁、骚扰法官的范围扩大至了法庭之外，并规定严格保护法官的个人信息不受泄露；第 44 条〔3〕则规定要加强法官安全保障，并落实到立法和配套制度上去，这显然是一个务实和有进步意义的做法。

最近出台的《履职规定》第 17 条、第 18 条、第 19 条对法官安全保障也有比较详细的规定。第 17 条〔4〕是加强对司法人员人身安全的保障以及公安机关配合的相关规定，第 18 条〔5〕则是对特殊案件司法人员特殊保护的规定，第 19 条〔6〕是关于司法人员个人信息保护的特殊规定。

与《法官法》相比，《责任制若干意见》《履职规定》对法官安全的保障明显进步了很多，特别是对于法官的人身安全给予更加明确的保障。但是，第一，《责任制若干意见》是最高法院出台的文件，《履职规定》是两办出台的规范性文件，效力层级较低；第二，《责任制若干意见》《履职规定》中规定的法官惩

---

〔1〕 《最高人民法院关于完善司法责任制的若干意见》第 40 条：法官因依法履职遭受不实举报、诬告陷害，致使名誉受到损害的，或者经法官惩戒委员会等组织认定不应追究法律和纪律责任的，人民法院监察部门、新闻宣传部门应当在适当范围以适当形式及时澄清事实，消除不良影响，维护法官良好声誉。

〔2〕 《最高人民法院关于完善司法责任制的若干意见》第 43 条：法庭内外的威胁法官安全的行为的惩治：依法及时惩治当庭损毁证据材料、庭审记录、法律文书和法庭设施等妨碍诉讼活动或者严重藐视法庭权威的行为。依法保护法官及其近亲属的人身和财产安全，依法及时惩治在法庭内外恐吓、威胁、侮辱、跟踪、骚扰、伤害法官及其近亲属等违法犯罪行为。侵犯法官人格尊严，或者泄露依法不能公开的法官及其亲属隐私，干扰法官依法履职的，依法追究有关人员责任。

〔3〕 《最高人民法院关于完善司法责任制的若干意见》第 44 条：加强危害法官安全行为的处罚力度，并推动相关立法：加大对妨碍法官依法行使审判权、诬告陷害法官、藐视法庭权威、严重扰乱审判秩序等违法犯罪行为的惩罚力度，研究完善配套制度，推动相关法律的修改完善。

〔4〕 《保护司法人员依法履行法定职责》第 17 条：对干扰阻碍司法活动，威胁、报复陷害、侮辱诽谤、暴力伤害司法人员及其近亲属的行为，应当依法从严惩处。对以恐吓威胁、滋事骚扰、跟踪尾随、攻击辱骂、损毁财物及其他方式妨害司法人员及其近亲属人身自由和正常生活的，公安机关接警后应当快速出警、有效制止；对正在实施违法犯罪行为的，应当依法果断处置、从严惩处。对实施暴力行为危害司法人员及其近亲属人身安全的精神病人，在人民法院决定强制医疗之前，经县级以上公安机关负责人批准，公安机关可以采取临时保护性约束措施，必要时可以将其送精神病医院接受治疗。

〔5〕 《保护司法人员依法履行法定职责》第 18 条：人民法院、人民检察院办理恐怖活动犯罪、黑社会性质组织犯罪、重大毒品犯罪、邪教组织犯罪等危险性高的案件，应当对法官、检察官及其近亲属采取出庭保护、禁止特定人员接触以及其他必要的保护措施。对法官、检察官近亲属还可以采取隐匿身份的保护措施。办理危险性较高的其他案件，经司法人员本人申请，可以对司法人员及其近亲属采取上述保护措施。

〔6〕 《保护司法人员依法履行法定职责》第 19 条：司法人员的个人信息受法律保护。侵犯司法人员人格尊严，泄露依法不应公开的司法人员及其近亲属信息的，依照法律和相关规定追究有关人员责任。

戒委员会等至今尚未建立，《履职规定》的实际效果有待进一步考察。

综上，我国的法官安全保障制度存在以下特点：第一，虽然我国在《刑法》《民事诉讼法》《法官法》以及其他一些规范性文件中都有法官安全保障方面的规定，但是这些规定比较分散，每一个法律规定最多不过三五条，少的甚至只有一条甚至一项；第二，安全保障制度规定的层级不高，《宪法》中没有规定，《法官法》只是在总则部分简单地提了一句，而法官安全保障显然也不是《刑法》《民事诉讼法》的立法主旨和主要保护对象；第三，法律保护的核心法益往往侧重于法庭秩序，而不是法官自身的安全，法官安全保障仅仅是法庭秩序的附属品，只是在保障法庭秩序时，对威胁、殴打法官的行为予以惩处，这在刑法中表现的尤为突出；第四，除了《责任制若干意见》和《履职规定》，其他法条对法官安全保障的规定都十分概括，规定过于原则化，很多威胁法官安全的行为无法可依，往往很难对法官安全起到切实的保障作用。

二、完善法官安全保障制度的比较研究

在对我国现有法官职业保障机制作出分析后，我们有必要将视野放宽，用比较法考察其他国家的配套机制和经验做法，进而寻求破解的方法。

（一）人身保障

1. 专门的立法

美国于 2007 年制定了《法院安全改善法案》。内容主要包括：增加法院安保资金，增加联邦法警局雇员，提供安保电脑系统，修改关于编纂联邦法官财务信息报告的法案，禁止在联邦法院区域内持有危险性武器，关闭诉讼中的可能危及联邦司法机构雇员及其家属的通道，允许法官在驾照和身份证上用法院地址替代居住地址，提高威胁司法人员犯罪的最高刑期等等。

2. 专门的机构

美国联邦法警局是负责法院安保任务的主要机构。1789 年，美国国会授权成立美国最高法院，美国联邦法警局同时成立并隶属于美国司法部。联邦法警局人事编制独立，招录的警务人员由内设的人力资源部门负责。在联邦层面，法官安保工作由联邦法警局负责，州法院的安保工作由各地的司法行政官负责。联邦法警局内部还成立了专门的司法安全处，负责法院和法官的安保工作。联邦法警局有雇员 5000 名，其中 3500 名法警分别在全美 94 个司法管辖区的 94 个办事处、218 个警务办公室和 3 个国外办事机构开展执法活动，另外还有 1500 名行政人员和拘留执法官。

3. 专门的人员

1982 年，联邦法警局与美国法院行政办公室联合制定了法院安全警卫计划，特别安排了 4700 名安保人员加强安全警卫和其他执法工作。这些法院安保人员多由私营保安公司委派，通过保安公司与司法部签订授权委托合同，履行部分警察职能。这些安保人员采取聘用制，不占法警局编制，身着警服开展执法活动。他们的一项重要任务就是保证联邦法官和法庭审判工作的安全。

4. 专门的资金

联邦法警局在经费保障方面获得联邦预算的财政支持，并可以从没收的犯罪财产收益中获得一部分经费。联邦司法系统的安保设备采购费用高达 3.3 亿美元。仅在 2012 年，联邦法院系统在安保工作方面的预算就高达 4.2 亿美元。

5. 专门的培训

联邦法警局在 2008 年设立了国家司法安全中心，为司法机关工作人员提供有关本人及其家人安全保障的知识培训。

6. 专门的保护策略

美国于 2010 年 6 月发布了保护法院人员安全的十大策略，该十大策略为有效保障法院人员的安全提供了重要指南。通过一系列防范工作，收到了明显的效果。据美国联邦法警局统计，从 1980 年到 1993 年，有 3096 名曾经在言语上间接或直接威胁法官的人员，其中有 8% 转换为更严重的针对法官的人身伤害事件作案人，法院对他们做了依法处理。2012 年，联邦法警局排除了 1370 件针对联邦司法人员的威胁行为。

(二) 法官生活保障

生活保障包括除法官工资以外的福利内容。

1. 保险

日本法官及其家属参加了医疗保险，法官负担本人医疗费用的 10% 和家属医疗费用的 30%。加拿大法官享有人身保险、健康险、意外死亡险。墨西哥法官享有医疗补助。巴西法官及其家属享有医疗补助。

2. 住房

印度最高法院法官可免费使用公宅 1 处。日本法官也有国家专门安排的住房。泰国为法官提供了低租住房或房租津贴。

3. 休假

巴西法官每年享有 60 天休假。印度法官每年享有 2 次带薪休假。

4. 交通

泰国府法院为院长、庭长提供了公用汽车，供上下班使用。墨西哥为每一位大法官配备了 2 部汽车。

5. 退休费

法官退休后没有工资，但有充裕的退休费。一是退休年龄可迟延。日本最高法院法官和简易法院法官退休年龄为 70 岁，高等法院、地方法院和家庭法院法官的退休年龄为 65 岁。二是退休后享受全薪。美国联邦法院法官服务期超过 15 年，其退休后的收入与其退休前一年的收入相同。墨西哥、巴西的法官退休后都要享受全薪。三是对家属的后续安排。在印度，凡是法官死后，其家属可得其养老金的 50%。

（三）法官任职保障

法官的任期分为三种：一是终身制或常任制，二是任期制，三是兼用这两种制度。

终身制是除非有法定事由，可持续担任法官职务直至退休，不得辞退、调离、罢免，如印度、泰国、菲律宾、马来西亚、巴西、阿根廷、墨西哥、澳大利亚、新西兰等国。任期制是有任职期限规定，到期后需离职或需经过再次任命程序，如朝鲜。美国是兼用终身制和任期制的代表，联邦系统法院和少数州法院的法官由任命产生，实行终身制；多数州法院的法官由选举产生，实行任期制。法官任职保障制度有以下四项：

1. 权力和地位由宪法确认

亚太各国和地区为了明确法官的政治地位，多将法官的政治地位、任职条件和程序、职级待遇等项纳入宪法。美国宪法规定，司法权属于各级法院。1946 年的日本宪法规定，法官以良心独立行使职权，受宪法和法律的约束。1867 年的加拿大宪法法案规定，法官除非因违法犯罪受弹劾或自动辞职，实行终身制。澳大利亚宪法规定，由国会设立的高等法院和其他法院的法官应当由联邦总督任命。

2. 免职程序复杂严格

印度宪法规定，最高法院法官不得免职，除非两院于同一会期中以该法官行为失检或不适任为由向总统同时提出咨文，由总统下令免除其职务。宪法还规定，总统或邦长不能自行罢免法官。在美国，罢免法官的事由必须是犯叛国罪、贪污受贿罪或其他重罪以及犯有应判死刑或监禁的罪状。

3. 弹劾条件苛刻

日本对法官的弹劾实行议会专门机关弹劾方式。为了审判遭到罢免起诉的法官，国会设立由众议院和参议院议员组成的弹劾法院。日本《法官弹劾法》规定，有下列情况之一的法官应予以弹劾罢免：一是明显违反职责义务，或者过于懈怠职务；二是做出大失威信的行为。被弹劾的法官拥有辩护的权利，可以自己辩护，也可以委托律师为自己辩护。

4. 实行司法豁免

法官执行审判职务的过失行为不受法律追究。相关法律规定，法官个人应免于其在履行司法职责时的过失行为或不当行为而受到要求赔偿金钱损失的民事责任。美国最高法院认定，法官对于他们的司法行为，民事诉讼中可以不负责任。当然，如果法官有行为不检或其他触犯法律的行为，仍应承担相应的行政、民事或刑事责任。

（四）法庭环境保障

法官的工作环境如果险象环生，审判工作将无从进行，法官也自身难保。他们的处置办法是，赋予法官强有力的指挥权，以利法官及时调度和处置。

1. 对行为人进行人身约束

美国伊利诺伊州法院的法官认为，法官的自由裁量权包括法官采取措施维护法庭秩序的权力。除了适用藐视法庭罪之外，还可以对行为人进行约束，如对被告人予以捆绑并用胶布或其他材料封其嘴等。美国联邦第七巡回法庭对此意见表示原则同意。联邦最高法院的最终相关裁决认为，被告人的行为扰乱了法庭的秩序，法官可对他提出劝诚并警告他如再这样做会被押解出庭，如果被告人一意孤行，不遵守法庭规范，就失去了宪法赋予的出庭权。

2. 责令行为人退出法庭或将行为人逐出法庭

《美国联邦刑事诉讼规则》规定，如果被告人扰乱法庭秩序不听警告以致被押出法庭的，应被视为放弃到庭的权利。司法实践中可先将扰乱庭审秩序的行为人押出法庭，直到行为人保证不再扰乱法庭后才准予其返回法庭，继续参加庭审。如果被告人不在场，审判照常进行。日本刑事诉讼法也规定，审判长可以根据情况命令被告人退出法庭，在被告人不在场的情况下可以继续进行审判。

3. 执行法庭警察权

在日本，法庭警察权由审判长或法官负责实施，具体由法庭警察来配合。法庭警察负责在法庭中维持秩序，联络案件当事人，向当事人及被告出示案件的证据，管理开庭的登记簿等。新加坡、斯里兰卡、马来西亚、菲律宾等国，都有类似的规定。各国将这个惯例分为两个部分来执行，即既要保持不减少，又要保持有适当的增量。

三、构建相关配套机制设想

如果法官的人身安全得不到保障，维护法官的尊严无从谈起。"徒法不足以自行"，依法治国离不开法官队伍这只不可或缺的力量，维护法官的职业安全，关系着法治的实现。结合司法改革的背景以及上文中对于国外相关制度的分析借鉴，本文认为法院应以司法改革实践为契机，不断完善法官职业保障体系，构建科学有效的法官职业保障机制，切实维护法官的人身安全与身心健康。

（一）完善法官职业安全法律体系

1. 细化法官职业安全保障法律

如本文第二部分所阐述的，我国在《刑法》《法官法》中对于法官的人身保护缺少具体的实施细则。因此，在我国应当在《刑法》中增设侮辱、威胁、袭击法官罪，或者在《法官法》中专章规定危害法官职业安全的法律规范，在立法中设定明确法律条文，给予法官职业安全强有力的保障，确保危害法官职业安全的违法行为，做到有法可依，违法必究，从而遏制危害法官职业安全行为的发生，减少法官的职业危险。

2. 扩大法官安全保护界定范围

首先，目前的法律体系中，仅有《法官法》提到了法官的住所安全应当受到保护，其他规范性文件对于法官的安全保护都现定于"法庭"这个特定场所。但是在现实中，法庭之内，法官受到一般是言语上的责难与威胁，虽然会给法官的心理带来伤害，但是相对来讲这种威胁是易控的。法庭之外往往才是针对法官恐吓、暴力伤害的高发区域，如法官在住所、执行现场、法院办公室、法院周边、接待室、立案大厅、法官孩子学校周围，等等。目前仅通过维护法庭秩序的方式保护法官的人身安全，显然远远不够。因此，有必要扩大对于法官安全保障的区域范围的界定，对于法官的安全保障不应局限在法庭、法院内、法院周围，而应涵盖法官及其近亲属的生活区域。

其次，受到各种人身威胁、报复的不仅仅有法官个人，还包括法官的家人。马彩云被枪杀案中，马彩云的丈夫被歹徒打伤；奔波在甘肃陇南大山深处的法官张鹏曾被威胁灭门；浙江金华婺城区人民法院的胡法官正是因为不能忍受当事人徐某对其女儿安全赤裸裸的威胁，才出手把徐某掀倒在地。可见，法官亲属的安全也容易因法官职业的影响，受到当事人的威胁。因此，法官保障的对象范围也不应局限于法官个人，还应及于其近亲属。对法官保护的范围还应当扩展到法官的配偶、子女、父母以及同住的其他近亲属等。

(二) 引进法官职业安全保障机制

2017 年 7 月 18 日上午，第一届中国法官协会法官权益保障委员会第一次会议在北京召开，会上徐家新表示，要畅通救济渠道，建立起"应急处置、调查取证、依法惩处、跟踪反馈"的全流程处置工作机制。对于保护法官的人身安全，本文也是秉持着这种全流程的职业安全保障理念，在尊重我国法院现实的基本前提下，通过吸取国外在法官职业安全保障方面的有益经验，试图从以下几个方面对我国法官职业安全保障机制加以补充完善。

1. 健全法官风险评估预警机制

除了对暴力伤害法官的行为予以严惩外，预防此类事件的发生比事后的追责和惩罚更为重要，也能够体现出对法官安全更进一步的保障。除加强当事人安检制度，实行办公区与审判区隔离等常规保护措施之外，人民法院还应当建立一套完整的法官风险评估及预警机制。在案件审理之前，提前对当事人及案件进行初步评估，筛选出那些当事人有暴力倾向、经常冲闹法庭、上访闹事、扬言威胁法官的有关人员；判断出哪些案件矛盾纠纷大、双方当事人矛盾激化严重的高风险案件。对于承办此类案件的法官，接待这种类型的当事人的司法工作人员都应实施重点保护。有必要时可采取由司法警察提供的 24 小时保护或者持续保护等特殊保护措施。同时，对受到威胁、恐吓的法官亲属也应及时提供救济措施，及时提供救助，同步做好内部保障与外部支持，为法官依法履职创造良好环境。

2. 建立法官履职保障专业团队

以美国为例，成立了负责法院安保的主要机构联邦司法局，而联邦司法局平均派驻在各司法办事机构的法警有 11 名，另外还包含很多由私营安保公司委派的安保人员。我国目前也包含政法专项编制的司法警察以及聘用制法警相结合的人员配备模式，但是也存在着缺少统一调配、人员数量不足的问题。为了加大对法官的人身保护，是否也可以考虑成立专门的安全保障团队。2017 年《人民法院落实〈保护司法人员依法履行法定职责规定〉的实施办法》，规定建立法官权益保障委员会，并由各院人事部门承担保障委员会具体工作。但是考虑到法官权益保障的核心在于保障法官的履职安全，尤其是履职中人身安全，而法警队在安保工作方面更具有专业上、经验上、人员上优势，借鉴美国设立联邦法警局负责法院司法人员职业安全保障的经验，笔者认为，应将各院法警队列入法官权益委员会成员中，并由其负责法官的安全。在各院法警队内成立专门的司法安全处，专门应对和处理法官受威胁、跟踪、侮辱、人身伤害事件，并对法官可能面临的人身安全威胁进行预警。

同时，做好对法警开展工作的装备保障。配备齐全警用工具，包括警服、警棍、手铐、催泪喷射器、强光手电、警用制式刀具、警用水壶、急救包、多功能腰带、防割手套、枪支、对讲机、警务通、防刺服或者警用装备包等。

另外，法警以及聘用制法警的人员数量也是一个亟待解决的问题，针对目前法警队没有时间专门为某位法官提供专业保护，可发挥政府购买的优势以及第三方的力量，与一些安保公司合作，为法官提供更为充足的专业人员保障。

3. 兼顾法官及其家属隐私安全

近年来，随着人民群众对司法工作知情权、参与权、表达权、监督权的需求和期待，"阳光司法"、司法公开、审判公开在司法改革中不断前行。其中，司法公开也包含法官信息的公开，法官信息的公开虽然一方面能够方便当事人与法官的沟通，加强对法官的监督，但是另一方面也提高了法官的工作风险。

在对法官的人身保障措施中，应在公开法官信息的同时兼顾对于法官个人隐私的保护。例如，通过审判流程信息公开平台对外公开法官姓名、照片、职务、等级、办公电话和工作邮箱之外信息的，应当征得法官本人同意；允许法官在驾照和身份证等涉及个人住址等隐私的证件上填写法院地址来代替居住地址；对于泄露或者公开司法人员其近亲属信息的，应当及时屏蔽相关信息，对于发布者、泄露者予以治安处罚。

（三）建立系统化心理健康引导机制

基层法官承受着越来越大的心理压力，怎样缓解法官的心理压力、维护法官的心理健康。笔者认为应当围绕内外部同时开展工作，建立一整套维护法官心理健康的机制。

1. 完善法官心理辅导长效机制

维护法官的心理系健康，要注重心理疏导减压，通过专家讲座、心理咨询等方式，及时帮助法官减压，舒缓紧张情绪。特别是邀请专家举办专题心理健康辅导讲座，帮助法官排解心理难题、舒缓心理压力，引导法官学会自我放松、自我调节和自我减压，提升心理抗压能力，建立起心理训练、咨询服务、危机干预"三位一体"的法官心理健康工作体系，为法官提供心理健康服务，加强心理疏导，强化心理训练，建立法官心理危机干预工作机制，引导法官保持良好心态[1]。同时，要注重采集法官心理健康数据，研究探索法官心理健康发展规律，不断完善心理辅导长效工作机制。此外，坚持年度例行体检和专项体检，组织健康讲座、心理健康咨询和特殊岗位心理疗养等能够有效释放法官及干警工作压力的活动[2]。

2. 提高法院改善公共关系能力

首先，法院的工作人员应当要有公关意识。人民法院每一位干警的一言一行，都关乎组织形象。每一位干警都应当具有公关意识，对于突发事件的舆情预警意识，并落实到行动中。

其次，人民法院要重视构建良好公共关系工作，宣传的信息、案件的审理是否会引起公众误解。开展传播活动时，要考量是否采用了有效的传播形式，有没有以适当形式倾听公众反馈意见，能不能预防和管理好舆情危机，有没有通过传播沟通改进自身工作[3]。

加强舆论监督与宣传，对发生暴力抗法的事件以及对事件的处理结果，要通过新闻媒体曝光，将扰乱法庭秩序、辱骂殴打法官、冲击法庭的当事人公之于众，使得有暴力抗法想法的当事人心存畏惧，通过正当途径反映诉求。

（四）统筹法官各类福利待遇机制

随着法官工资制度改革的稳步开展，法官的工资有别于其他公务员的工资制

---

[1] 李天全：《给一线法官 更多些关爱》，载《人民法院报》2016年12月7日，第2版。

[2] 李强：《切实维护法官的心理健康》，载《人民法院报》2017年7月27日，第2版。

[3] 柳乐安：《基层人民法院如何构建良好公共关系》，载《人民法院报》2017年10月17日，第2版。

度，工资水平普遍高于当地其他公务员工资收入。其他各类福利也应紧随工资改革的进程，逐步推进。

1. 改善法官经济生活保障

经济待遇作为职业保障的一向基本内容，目前案多人少的矛盾突出，虽然司法改革显著了提高了法官的收入，但是与其他法律相关职业相差甚远。在提高法官的工资待遇、科学分配绩效奖金的同时，可以将福利扩展到干警的生活中，开展丰富多彩文娱活动，例如开辟健身运动场地、开办各类业余兴趣课程；加强对干警的人文关怀，定期组织文化活动，丰富活动形式；完善报销制度，譬如增加旅行费用报销等。

2. 补充法官医疗保险福利

建立有效的法官身心健康保障机制，需要以疾病预防、就医保障和大病救助三个维度为基础。疾病预防，除了要保障一年一度的全面身体检查，还应当包括身体指标定期监控，比如血压、血糖、心率等指标定期检测，并记录在健康档案内，以便法官对自己身体状况有动态的掌握，及时发现和预防可能发生的健康风险。同时，定期开展心理测评，及时发现法官存在的心理问题，并提供心理咨询便利，设立情绪宣泄室，加强法官心理健康保障。便捷就医，就是为法官就诊提供绿色通道，在挂号、就诊、检查化验、住院等提供便利，减小法官就医花费的时间和精力，保证法官有病及时治疗，避免因看病困难而治疗延误，病情恶化。大病救助，就是为法官建立大病补充医疗保障。目前法官享受的是职工基本医疗保险待遇，在大病保障上力度不足。考虑到基层法官群体高强度的工作任务和高压力的工作责任，基层法官面临着较高大病风险，因此有必要为基层法官购买大病医疗保险，增强基层法官应对大病风险的能力。此外，可以建立市级统筹的法官大病救助基金会，为不幸罹患大病的法官提供援助。

（五）建立判后解疑制度

中央政法委《关于建立律师参与化解和代理涉法涉诉信访案件制度的意见》（试行）指出，律师以法律服务者身份参与涉法涉诉信访工作，容易取得信访群众信任，有利于涉法涉诉信访案件得到依法解决。判后解疑制度，就是基于以上制度的基础上，将律师参与范围从涉法涉诉信访扩展到整个诉后解疑工作。判后解疑工作的内容主要针对信访案件的解疑，同时包括对判决的释法释理。律师参与判后解疑后，他们能从第三方的角度为当事人解释法律、分析案情、提供建议，避免当事人的抵触情绪，促进当事人理清法律事实和主观事实的差异，促进当事人服判息诉，及时化解矛盾，避免当事人因对判决不满威胁法官的安全。判后解疑服务运行的机制如下：

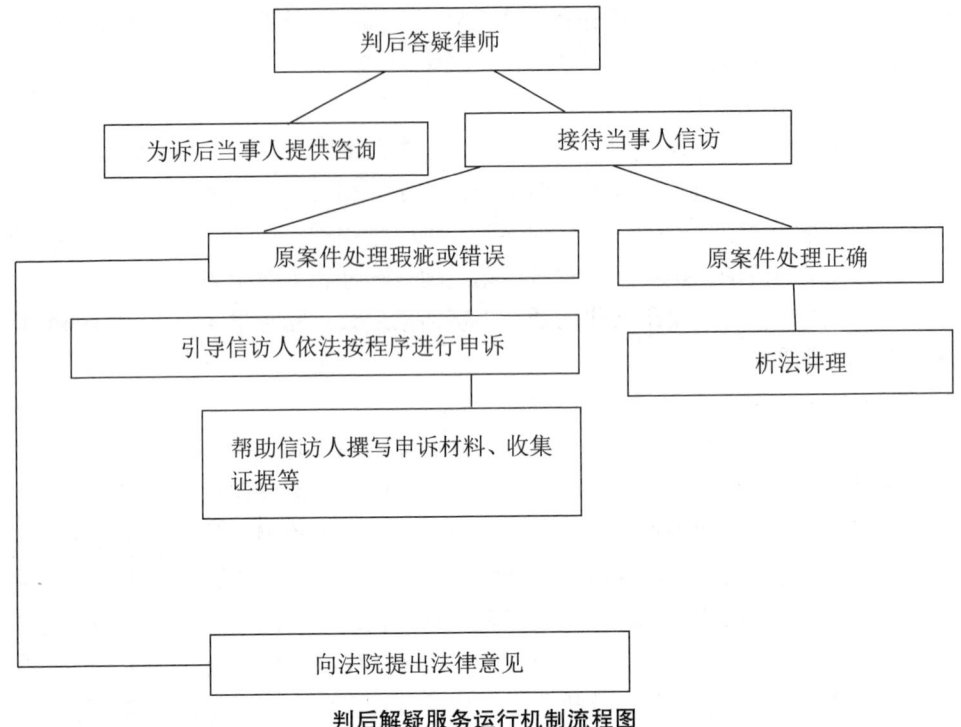

判后解疑服务运行机制流程图

1. 选取律师

可以依托现有的村（居）法律顾问制度，采用和司法局、律师协会合作的形式，邀请司法局在各居委会、村委会选出的法律顾问，轮流作为法院判后解疑窗口的服务律师。这些村（居）法律顾问，是司法局以政府购买服务的形式，选出的为村、居委会居民提供法律服务的专业律师。目前，北京、广东大部分地区实现了法律顾问进社区和居委会，这为法院和司法局合作，探索在法院的诉后解疑中引入律师参与判后解疑提供了律师资源。同时，这也为这些法律顾问搭建了平台。通过将律师的擅长领域、联系方式等信息在法院判后解疑窗口公示和告知，让当事人可根据自身诉求特点和类别，根据意愿选择相对应的律师寻求帮助。

2. 确定律师的工作内容

律师负责的判后解疑工作，主要有两方面，首先，为对判决有疑问的当事人解疑解惑，提供法律咨询。其次，以公益律师的身份做好释法劝访工作。对案件进行分析、评议，认为原案件处理正确、信访人诉求不当的，通过摆事实、讲道理、析法理，耐心劝导信访人服判息诉。经过分析、评议，认为原案件处理存在执法错误或瑕疵的，及时向法院提出法律意见和工作建议。最后，引导当事人依法申诉。对信访诉求符合法律规定的，律师可帮助信访人撰写申诉材料、收集证据、接受询问，引导信访人依法按程序进行申诉。信访人需委托律师代理申诉的，可自行决定是否委托原接待服务律师或另行委托其他律师。条件成熟时，对聘不起律师的，纳入法律援助范围。

第三方社会力量参与涉法涉诉信访工作实证研究

钟达先[*]

十九大报告提出，打造共建共治共享的社会治理格局，加强社会治理制度建设，提高社会治理社会化、法治化、智能化、专业化水平，加强预防和化解社会矛盾机制建设，正确处理人民内部矛盾。当前，随着社会矛盾多元化发展，传统的单一矛盾化解机制显得捉襟见肘，为破解这一困境，必须大力发展社会力量，充分发挥第三方社会力量在社会矛盾化解协同机制中的作用。北京市由政法委主导、多部门联动，形成了一套多元化解涉法涉诉信访案件的新机制、新模式，即第三方社会力量参与涉法涉诉信访工作。通过成立"北京市公益法律服务与研究中心"，统筹组织第三方参与化解工作及终结工作，建立了以"政法机关——第三方——信访人"为矛盾化解新格局的"第三方矛盾化解模式"，成为新时期首都涉法涉诉信访矛盾多元化解的新路径。

一、引入第三方社会力量参与矛盾化解工作的客观需要及历史演进

（一）客观需要——社会矛盾多元化发展

改革开放四十年来，我国发展取得了举世瞩目的成就，人民生活有了质的飞跃。但是不发展有不发展的问题，发展起来也有发展后的问题，贫困人口、结构性就业矛盾、生态环境问题以及发展不平衡、不充分等问题突出存在。随着改革步入深水区，触及利益群体越来越多，小范围的个体利益诉求常常容易触动群体的敏感神经，引发群体性事件，导致矛盾的深化和叠加。总体而言，当前社会矛盾多元化的原因可以从以下几方面探求：

1. 体制改革

以经济体制改革为中心的全面深化改革蓝图已经清晰显现，经济生活的变化必然产生价值观的转变，同时经济体制改革必然要求政治、文化领域对其做出相应的回应。"经济生活以效益至上原则为核心价值观，政治生活以追求稳定与合

---

* 课题主持人：钟达先，北京市人民检察院检察管理监督部主任。立项编号：BLS（2017）B016。结项等级：合格。

法性为主要目标，而文化则是人民生产生活方式的表达。在市场经济逐渐形成的过程中，政治体制以不断追求更加广泛的民主和提升法治水平为途径对经济体制改革作出了回应。"[1]但是在这个过程中二者也不可避免地产生了矛盾，这一矛盾集中体现在效率与公平的对立统一中。由此，全面深化改革的进程中，必然会出现矛盾在多个领域集中性的爆发。

2. 社会结构调整

十九大报告中指出，要扩大中等收入群体。总体而言，1978 年以前中国一直是一个农业结构的国家。随着改革开放，中国开始由计划经济向社会主义市场经济的体制转轨，同时又面临着从传统农业社会向现代工业社会、工业社会向后工业社会的社会转型，体制转轨在很大程度上推动了社会转型，社会转型又反作用于体制转轨。而"这种转型和转轨的同时进行，正是中国自改革开放以来经济发展取得巨大成就的主要原因，但同时也是中国当前产生了如此众多的经济、社会问题、社会矛盾和冲突凸显的根本原因"[2]。在《中国社会结构的变化及发展趋势》一文中陆学艺提到：就社会结构形态而言，中国目前的社会结构还不尽合理，基本上形成了一个中上层没有壮大，最上层和底层都比较小的洋葱头形态。而较为稳定和合理的社会结构应该是橄榄型的，而这种社会结构在中国尚未形成。

3. 多元价值观形成

无论是体制转轨还是社会转型，社会生活的大规模变革，带给人们的是多元价值观的形成。多元价值是当代价值领域最为显著的特点，这一特点对处于转型期的中国尤为突出。"我们身处一个全球化的时代，原本彼此独立、分割的生活样态开始有了交流与接触，各自原有且自以为是、自然而然的价值取向突然成为众多旨趣各异的价值理念中的一元。当我们走向开放，这种多元就成为无可回避的命运。"[3]特别是，当中国处在这样一个特殊的转型时期，多元价值所产生的碰撞与冲突被放大。价值观的冲突必然在社会生活中表现为矛盾丛生。

（二）历史演进——矛盾化解方式多元化发展

在新的历史时期，面对社会矛盾日益复杂的客观情况，传统单一化的调解模式已无法满足现实需要，因此，多元矛盾化解机制应运而生。从"枫桥经验"、

〔1〕 刘怀光、季文君：《多元价值观时代的价值共识》，载《山西师大学报（社会科学版）》2012 年第 3 期。

〔2〕 陆学艺：《中国社会结构的变化及发展趋势》，载《云南民族大学学报（哲学社会科学版）》2006 年第 5 期。

〔3〕 刘怀光、季文君：《多元价值观时代的价值共识》，载《山西师大学报（哲学社会科学版）》2012 年第 3 期。

大调解机制，到运用法治思维和法治方式引入第三方力量化解矛盾，都是努力在解决社会矛盾过程中做到情法兼顾，寻求社会环境和谐稳定。

1. "枫桥经验"

1963 年，浙江省诸暨县枫桥镇的干部群众在社会主义教育运动中创造出了"发动和依靠群众，坚持矛盾不上交，就地解决，实现捕人少、治安好"的"枫桥经验"。当年 11 月毛泽东同志亲自批示"要各地仿效，经过试点，推广去做"。为此，中央先后两次作了批转，"枫桥经验"得以在全国推广，成为我国政法综治战线上的一面旗帜。近半个世纪以来，"枫桥经验"经历了从计划经济到社会主义市场经济两个历史时期，伴随着我国社会的发展而不断完善、发展和创新，在实践和探索中不断被赋予新的内涵和时代特征，显示出持久的生命力。习近平总书记曾就坚持和发展"枫桥经验"做出重要指示，强调：各级党委和政府要充分认识"枫桥经验"的重大意义，发扬优良作风，适应时代要求，创新群众工作方法，善于运用法治思维和法治方式解决群众切实利益的矛盾和问题，把"枫桥经验"坚持好、发展好，把党的群众路线坚持好、贯彻好。

2. 大调解机制

2005 年 12 月中共中央办公厅、国务院办公厅转发了《中央政法委员会、中央社会治安综合治理委员会关于深入开展平安建设的意见》，在该意见中指出，要进一步健全矛盾纠纷排查调处工作机制、工作制度和工作网络，在各级党委、政府的领导下，强化社会联动调处，将人民调解、行政调解和司法调解有机结合起来，把各类矛盾纠纷解决在当地、解决在基层、解决在萌芽状态。这成了大调解机制最早的文件依据。

3. 引入第三方社会力量，运用法治思维和法治方式化解矛盾

2009 年经中央政治局常委会审议，中办、国办转发了《中央政法委员会关于进一步加强和改进涉法涉诉信访工作的意见》，明确了加强和改进涉法涉诉信访工作的思路和原则。2014 年 1 月，结合检察工作实际，最高人民检察院印发了《最高人民检察院关于进一步加强新形势下涉法涉诉信访工作的意见》，对检察机关推进涉法涉诉信访改革提出了总体要求和路径指引。

十九大报告指出，加强社会治理体系建设，推动社会治理重心向基层下移，发挥社会组织作用，实现政府治理和社会调节、居民自治良性互动。社会组织作为重要的第三方力量，生长于公众，是不同群体实现自身意愿、维护自身权益的利益共同体。社会组织对于引导群众理性、合法表达利益诉求具有非常重要的作用，不但可以成为政府和民众之间沟通的桥梁，及时有序地释放"健康信号"，

而且能够引导民间声音向着温和化、理性化的方向发展。[1]莱斯特·萨拉蒙在描述 20 世纪 90 年代以来全球性社团革命蓬勃发展时指出："我们置身于一场全球性的'社团革命'之中……其结果是出现了一种全球性的第三部门，即数量众多的自我管理的私人组织，它们不是致力于分配利润给股东或董事，而是在正式的国家机关之外追求公共目标。"[2]

随着我国改革的不断深入和社会主义市场经济体制的逐步完善，计划经济时代的"总体性社会"被瓦解，大量"自由资源"和"自由活动空间"涌现，社会组织迅速发展起来，涉及政治、经济、文化、教育、体育、卫生、科技等各个领域，其在社会生活中的话语权已不可小觑。

二、第三方社会力量参与涉法涉诉信访工作机制概述

（一）规范基础

为贯彻落实中央对涉法涉诉信访机制改革总体部署，北京市委政法委先后出台了《市委政法委、市委社会工作委员会、市司法局关于深化第三方社会力量参与涉法涉诉信访工作的意见（试行）》《市委政法委关于进一步组织第三方社会力量参与涉法涉诉信访工作的实施方案》和《市委政法委关于第三方社会力量参与涉法涉诉信访工作实施办法（试行）》等有关文件，建立健全了北京市第三方社会力量参与涉法涉诉信访工作制度，形成了"1+6"制度体系。引入第三方社会力量参与到诉访分离、评查纠错、依法终结、司法救助等工作中，促使"导入难、纠错难、退出难、救助难"等问题有效解决，探索破解无限申诉难题，努力减少涉法涉诉重信重访存量，控制涉法涉诉初信初访增量，推动矛盾纠纷妥善化解，维护首都社会和谐稳定。

第三方社会力量参与涉法涉诉信访工作，是指身份独立于执法办案机关和案件当事人、与各方诉讼参与人无利益关系的第三方社会力量，利用专业能力、借助社会公信力优势参与涉法涉诉信访的接待、化解、监督、终结等工作，引导信访群众依法反映诉求，劝导信访群众息访服判，维护群众合法权益，提高司法公信力。

第三方社会力量参与涉法涉诉信访工作，秉承合法性、中立性、专业性、公益性的原则，主要工作内容为：①参与涉法涉诉信访接待工作。在市法院系统信访接待站开展第三方社会力量参与接待工作的基础上，组织律师、心理咨询师等第三方社会力量全面参与政法机关的信访接待工作。认真听取信访人陈述，详细阅读信访资料，准确了解信访人诉求，疏导情绪、解疑释惑，提供法律咨询解

---

[1] 范铁中：《社会组织参与社会矛盾化解的作用探析》，载《青海社会科学》2013 年第 1 期。

[2] Lester M. Salamon, Helmut K. Anheier, *Defining the Nonprofit Organization*, New York: Walter de Gruyter, 1997.

答，提供依法维护合法权益的建议，促进信访人接受正确的法律结论、息诉罢访或引导其依法理性表达诉求。②参与涉法涉诉信访化解工作。对重信重访等疑难复杂的涉法涉诉信访案件，充分利用第三方社会力量的身份优势和专业优势进行化解，促进矛盾纠纷妥善解决，使当事人息诉罢访。对信访诉求符合法律规定，需要向政法机关提出申诉的，律师可帮助信访人撰写申诉材料、收集证据、接受询问，引导信访人依法按程序进行申诉。对生活有困难的信访人，符合国家司法救助条件的，可帮助其向政法机关申请国家司法救助；给予国家司法救助后仍有困难或不符合国家司法救助条件的，可帮助其向政府有关部门申请其他社会救助方式。③参与涉法涉诉信访终结工作。通过第三方社会力量参与终结案件工作，提高终结案件的公信度和认可度。经过分析、评议，认为原案件处理正确，信访人诉求不当的，通过摆事实、讲道理、析法理，耐心劝导信访人服判息诉。对信访人仍有异议的案件，可应政法机关要求，邀请相关领域专家、对方当事人、群众代表、有信访经历的人员，公开评议信访人诉求是否合理合法。对已依法终结的案件，当事人继续信访的，组织调解员、心理咨询师等第三方社会力量做好心理疏导和说理劝导等工作。④参与监督政法机关执法办案工作。经过分析、评议，发现案件确实存在错误或瑕疵的，可通过第三方工作平台提出意见建议，并及时反馈给政法机关。

（二）价值目标

第三方社会力量参与涉法涉诉信访工作是为实现以下价值目标：

（1）通过非诉讼法律服务预防矛盾发生，防患于未然。律师、心理咨询师通过向社会提供法律咨询、非诉讼代理等法律服务，以自己的专业知识和实践经验，引导群众依法规避风险，避免不必要的损失；向当事人宣传法制、普及法律知识引导社会成员以正当、合法的手段来行使权利，疏导社会成员过激行为，构建安定有序社会环境。

（2）通过诉讼代理缓解和化解社会矛盾，夯实和谐社会基础。通过案件调解致力化解社会矛盾。现有的社会矛盾和纠纷，固然可以通过司法途径加以解决，但法院判决不能从根本上预防和化解社会矛盾，不能解决深层次的矛盾根源问题。同时判决的特点决定了法院不可能满足双方的诉争利益，合法与合理往往会成为双方诉争的焦点和法院判案的难点。律师、心理咨询师要把诉讼代理和矛盾调解结合起来，自觉配合司法机关，利用当事人对委托律师、心理咨询师的信任度与依赖感，协助检察机关促进当事人通过调解化解矛盾。

（3）通过参与信访接待，信访事项听证，提高信访接待质量，积极化解信访矛盾，缓和社会矛盾。律师、心理咨询师受聘于第三方，人员身份客观中立，可更有效地为信访人答疑解惑。同时，通过律师、心理咨询师对信访人进行正确引导，信访人更容易接受法律从业人员的建议和意见，对消除信访人员对法律和政策理解误区能起到事半功倍的效果，从而有效地起到缓和、化解社会矛盾的功效。

（4）帮扶弱势群体，拓展渠道开展公益活动，积极消除不稳定因素。律师、心理咨询师面向基层，为残疾人、农民工、妇女儿童等弱势群体提供及时便捷的法律援助，努力为弱势群体撑起法律保护伞，解决弱势群体因合法权益得不到保护而引发的矛盾，防范和消除各种不稳定因素，维护社会稳定。

（5）催化公平、公正价值理念的树立。律师、心理咨询师参与涉法涉诉信访工作，既是对群众诉求的保障，也是对检察机关严格依法办案的外部监督。律师、心理咨询师等人员对公平、公正价值理念的传播，有助于提升检察公信力。

三、北京市检察机关工作实践

2015 年 10 月，北京市委政法委印发了《关于深化第三方社会力量参与涉法涉诉信访工作的意见》，初步建立了"一五六"工作模式，全面覆盖矛盾化解、依法终结、评查纠错等各环节。"一五六"工作模式即一个平台、五大社会力量、六项工作机制。自 2015 年 10 月 14 日该项工作正式启动以来，北京市检察机关主要通过以下措施运用第三方社会力量化解矛盾：

一是建立"第三方"人才库，整合人力资源。依托市律师协会，建立了律师人才库；依托市法学会，建立了法律专家学者人才库；依托市人民调解协会，建立了人民调解员人才库；依托市卫计委、北京社会心理研究所及首都医科大学等，建立了心理咨询师人才库；根据司法实践需求，建立了其他领域——如，医疗鉴定、劳资社保、食药监督等方面的专业人才库。每个人才库由 100 人组成。市人民检察院与市公安局、市高级人民法院、市司法局相关部门共同制定了《关于参与涉法涉诉信访工作第三方人才库选任和管理办法》，明确了选任基本条件、入库资格标准、对入库第三方人员的管理、培训、考核、激励等。目前，五个人才库建库工作已经完成，保障了第三方工作顺利推进。

二是按照"诉访分离"原则，提供区别化法律服务。属于"诉"的信访事项，即能够进入诉讼程序或正在侦查、起诉、复查、复议程序中的事项，符合法律援助范围的，检察机关主动为当事人协调解决律师援助，通过律师代理案件，从源头上防范信访问题产生。属于"访"的事项，包括信访人诉讼权利已经行使完毕、拒绝行使或者丧失，仍然对人民检察院作出的决定不服的信访，通过第三方参与评查、终结、化解等方式，促进信访问题的妥善解决。在"诉访分离"的基础上，分别实施律师代理案件和第三方参与化解两种手段，为不同性质的案件提供区别化的法律服务，满足群众司法需求。

三是规范第三方工作流程，加强监督管理。第三方工作采取日常接待和预约办案相结合的方式。信访人可以向检察机关提出提供第三方服务的申请，经过检察机关审查同意后，信访人自行或委托检察机关在人才库中挑选第三方人员提供法律服务。第三方参与涉检信访主要包括四项工作：接访或约谈当事人、评查案件、评议终结案件、参与化解。针对以上四项工作分别规定了工作内容、工作的方式方法、工作标准、办案期限、出具的书面工作意见的格式要求等事项，对第三方各项工作进行了细化管理，使工作有章可循。

四是建立信息化管理平台，实现需求与服务的即时对接。与市公安局、市高级人民法院、市司法局共同开发了互联网工作平台——"北京市第三方社会力量公益法律服务"平台，检察机关与第三方人员进行网上互动，实时对接。需要第三方提供服务时，检察机关进入"平台"，打开"信访案件服务"页面，网上提交信访类型（个人访、单位访、集体访）、信访来源、案发时间、信访时间、信访问题管辖单位、信访问题发生地、当事人信访诉求、预约第三方人员方向（律师、心理咨询师、专家学者、人民调解员、其他）、服务事项（接待、评查案件、评议终结案件、参与化解）等，便于"平台"了解需求和提供精准的服务。第三方人员在"平台"上填写咨询日期、咨询时间、咨询地点、咨询案件数、处理结果、后续建议、书面意见等，全部服务事项网上录入、网上传递，便捷高效。此外，在市检察院西区接待室配备了供第三方人员和信访当事人同时浏览的双屏电脑、便于当事人查阅第三方人才库名单的大屏幕显示器、并且摆放了第三方工作宣传手册，向来访群众宣传介绍这项工作，这些都得到来访群众的充分肯定。

习近平总书记反复强调，维权是维稳的基础，维稳的实质是维权。2015 年11 月，中央政法委出台了《关于建立律师参与化解和代理涉法涉诉信访案件制度的意见（试行）》，2018 年，北京市人民检察院出台了《北京市检察机关引入第三方参与化解涉法涉诉信访矛盾的实施办法（征求意见稿）》。律师参与涉法涉诉信访工作，根本目的是帮助信访人维护自身权益，提高办理涉法涉诉信访案件的透明度和公信力。

根据该《征求意见稿》的规定，检察机关建立第三方人员信息库，以供信访人查询或选择。检察机关在化解涉法涉诉信访矛盾过程中认为需要引入社会第三方参与的，一般应当经信访人同意；信访人主动申请的，由检察机关审查决定是否同意。第三方的主要职责是对检察机关作出的信访处理决定或拟作出答复意见的合法合理性进行评判，为信访人提供法律咨询意见，并协助检察机关开展释法析理和矛盾化解等工作。

第三方参与化解涉法涉诉信访矛盾工作的范围如下：①信访人与检察机关对涉法涉诉信访事项的事实、证据或法律适用的认识存在重大分歧，信访人不接受检察机关解释疏导、久访不息的；②经检察人员多次释法说理、信访人对检察机关作出或拟作出的处理决定不服，重访、缠访、闹访的；③对不属于检察机关管辖的信访事项，已经引导信访人到相关部门反映问题，但信访人坚持认为应由检察机关管辖的；④检察机关认为第三方适宜参与的重大、敏感信访案件；⑤信访人申请要求第三方参与的；⑥导入涉法涉诉信访依法终结程序的；⑦其他。此外，根据该《征求意见稿》规定，涉及国家秘密的涉法涉诉信访案件不得引入第三方参与矛盾化解工作；涉及商业秘密、个人隐私和未成年人犯罪的涉法涉诉信访案件，引入社会第三方参与矛盾化解工作的，不得采取公开审查的方式进行。

四、工作中存在的问题及完善的对策建议

（一）工作中存在的问题

1. 律师、心理咨询师轮值方式有待调整

目前，值班律师、心理咨询师采取轮班值守制度，每周一换，与接访的连续性存在冲突。尤其是针对一些缠访老户，或者想进一步咨询的群众，人员的轮换，不利于群众诉求的及时解决。

2. 律师、心理咨询师队伍化解矛盾的能力有待提高

部分律师、心理咨询师尚未熟练掌握矛盾化解的专业技巧，对于同一案件、证据存在分歧意见，而这些存在分歧的意见极易引发信访群众的认同，坚定信访人持续上访、闹访的信心，对于进一步化解矛盾和稳控会造成不利的影响。

3. 群众对于第三方参与矛盾化解工作的认识不准确

当前，较多的群众从新闻媒体上得知北京市政法机关引入第三方参与矛盾化解这一工作创新后，到检察机关寻求免费的法律咨询人数增多，这部分群众既不是向检察机关举报、控告和申诉，也不是反映司法案件问题，只是向律师进行其他事项的法律咨询。这部分群众占用了律师、心理咨询师接待信访、化解矛盾的时间，不利于此项工作开展。

4. 心理咨询师地位尴尬

信访人对心理咨询师有抵触情绪，认为自己被"精神病"了，从信访群众接受程度看，绝大多数不接受、不配合，甚至情绪会受到刺激，引起新的矛盾，心理咨询师只能在不暴露身份的情况下与信访人交谈，亮明身份开展工作的难度较大。目前，心理咨询师只为信访群众服务。实践中，信访接待工作人员往往更需要心理咨询师进行疏导，以缓解压力。

5. 律师、心理咨询师当场答复比例低

律师、心理咨询师出于慎重和对信访人负责的角度，对于接待事项，能当场答复的，当场答复；不能当场答复的，需要接收材料研究后再行答复。实践中，

当场答复的少，绝大多数都是接收材料再答复，反复答复后，造成重复访量增加。

6. 律师、心理咨询师参与涉法涉诉信访地位、身份不明确

作为自由经济市场中的法律、心理服务提供方，律师、心理咨询师等第三方在检察机关处理涉法涉诉信访工作中所处的地位模糊，既没有身份参加案件办理，又没有接受委托代表群众表达诉求；一方面拿着政府支付的费用，一方面代表群众表达诉求。

（二）对策建议

1. 完善相关机制，保障第三方社会力量切实发挥作用

社会力量参与涉检矛盾化解工作，"首先，要明确目标定位，具体而言，社会力量设定的目标可以是解答信访人的疑惑、帮助信访人反映问题，也可以是参与疏导信访人情绪，提出方案化解矛盾等，不同的社会力量因其特点、专长不同，介入的目标也不同。"[1]其次，明确第三方角色定位，律师、心理咨询师可以接受司法机关委派主动参与涉检信访矛盾化解，也可以依信访人申请参与到涉检信访矛盾化解中，其在明确目标定位后，即要根据委托内容和工作范围确定自身在服务项目中担当的主要角色。最后，明确第三方介入后的法律效果。针对一些群众不断缠访闹访案件，在引入第三方介入机制后，可以考虑启动终结退出机制，减少涉检信访案件存量，保障律师、心理咨询师化解个案的社会效果。

2. 提供资源支持，激发第三方社会力量参与活力

适当扩大第三方社会力量参与主体范围，由现在的五项人才库，适当扩充适格人员进入。针对第三方社会力量加强专业培训，打造一支素质过硬的人才队伍。涉法涉诉信访问题涉及政法机关执法办案的各个环节和领域，往往是法律问题和心理问题、社会问题相互交织，法度之外和情理之中的问题相互交织，法律诉求和利益诉求相互交织，情况复杂，不仅难化解，甚至还可能因处理不当激化矛盾。因此，必须有一支综合素质能力较强的人才队伍。

---

[1] 参见杨柳：《社会力量参与信访矛盾化解的实践与思考》，华东政法大学 2015 年硕士学位论文。

冬奥会背景下奥林匹克法制研究

杨素娟[*]

一、冬奥会背景下奥林匹克的相关法制问题

冬季奥林匹克运动会（以下简称"冬奥会"），是与夏季奥林匹克运动会相对应的奥林匹克赛事，均应按照《奥林匹克宪章》进行组织和运作。因此，冬奥会与夏季奥林匹克运动会共用奥林匹克大部分的标志，适用同样的宪章规则。其中，该宪章第 3 条明确规定：奥林匹克标志（Olympic symbol，即狭义的奥林匹克五环标志）、旗帜、座右铭、奥运会会歌、专有名称、徽记、火焰、音乐作品，视听作品，以及与奥林匹克有关的其他有作品或艺术品等都是国际奥委会的财产；第 14 条规则的细则（Bye-law to Rules 7-14）第 1.3 目规定："主办国奥林匹克委员会对于奥林匹克五环标志或者任何其他奥林匹克财产获得该成员国法律、商标注册或者任何其他形式赋予的权利，仅能根据本宪章以及国际奥委会的指示进行行使。"第 50 条规则的细则（Bye-law to Rule 50）第 4 目规定，"奥运会组委会必须为了国际奥委会的利益，在国内和国际上确保奥林匹克运动会会徽和吉祥物的财产权。同时，只有奥运会组委会以及奥运会组委会解散后的主办国国家奥委会才可以在奥林匹克运动会的筹备、举行期间以及在举办当年的年底以前利用上述会徽和吉祥物以及其他与奥利匹克运动会有关的标记（marks）、图案、纪念章、海报、物品和文献。上述期间届满后，所有对上述会徽、吉祥物以及其他标记、图案、纪念章、海报、物品和文献的权利及相关权都将全部归属于国际奥委会。奥委会组委会和（或）国家奥委会，视情况需要并在必要限度内，应当为了国际奥委会的专有利益（以受托人的身份）担任这方面的托管人。"

二、冬奥会背景下奥林匹克的相关法律问题

冬奥会背景下奥林匹克的相关法律问题主要包括奥林匹克标志的保护问题和奥林匹克赛事转播的规制问题。其中，奥林匹克标志的保护问题分为奥林匹克标志的管理问题和救济问题。管理问题主要指的是针对奥林匹克标志应当进行商标

* 课题主持人：杨素娟，中国政法大学副教授。立项编号：BLS（2017）B017。结项等级：合格。

注册、作品登记、特殊标记登记、奥林匹克标志公告中的一种途径还是多种途径获得保护，进而做好相应的申请、管理和授权。奥林匹克标志的救济则主要指发生侵权后如何获得高效的救济，其中包括打击奥林匹克标志的商标抢注、域名抢注、隐性营销和使用与奥林匹克标志相近似的标志。

奥林匹克体育赛事非法转播的规制问题指的是未经许可对奥林匹克赛事进行转播是否构成侵权及其侵权责任。该问题的核心在于确定奥林匹克赛事直播画面的法律属性，目前国内主要存在作品说、录像制品说、广播信号说、反不正当竞争法保护对象说等争议，一旦确定了其法律属性就可以判断未经权利人的许可进行的奥林匹克体育赛事转播是否构成侵权、侵犯何种权利以及相应的侵权责任。

此外，奥林匹克相关法律问题还涉及一些合同法问题以及国际奥林匹克惯例与我国现行法的协调问题。其中，合同法问题是对国际奥委会与我国冬奥会主办组织（2022 年北京冬奥组委）之间签订的合同、2022 年北京冬奥组委与赞助方、赛事转播方签订的合同的条款及其解释的分析，但因合同的相对性，其处于保密状态，无法成为本课题的研究对象。奥林匹克国际惯例方面的协调问题指的是各国在举办奥林匹克赛事时已经形成的国际惯例与我国现行法的冲突与协调，例如艾滋病患者有权参加奥运会比赛，但我国禁止此类外籍人员入境，但针对这些国际惯例，我国已经在 2008 年奥运会主办期间成功进行协调并形成了经验，在北京 2022 年冬奥会期间协调起来也就不再是问题。因而，这两个次要问题都不是本课题的研究重点。

奥林匹克标志在概念上有狭义和广义之分。从狭义来说，奥林匹克标志仅包括奥林匹克五环图案。例如，《奥林匹克宪章》第 8 条和《内罗毕公约》附件在规定奥林匹克标志时都使用英文"Olympic symbol"，在内容上都仅指奥林匹克五环图案 ⬤⬤⬤⬤⬤。从广义角度来看，奥林匹克标志不仅仅包括奥林匹克五环图案，还包括奥林匹克旗帜、奥林匹克格言、奥林匹克会歌、奥林匹克会徽、奥林匹克火炬以及国际奥委会、各国奥委会、各国奥组委，以及相关可使公众产生联想的奥林匹克相关名称。

北京 2022 年冬奥会所要保护的奥林匹克标志至少包括我国《奥林匹克标志保护条例》第 2 条列举的前 3 项内容（国际奥林匹克委员会的奥林匹克五环图案标志、奥林匹克旗、奥林匹克格言、奥林匹克徽记、奥林匹克会歌；奥林匹克、奥林匹亚、奥林匹克运动会及其简称等专有名称；中国奥林匹克委员会的名称、徽记、标志），以及北京 2022 年冬季奥林匹克运动会申办委员会名称、徽记、标志，第 24 届冬季奥林匹克运动会组织委员会的名称、徽记，第 24 届冬季奥林匹克运动会的吉祥物、会歌、口号，"北京 2022"、第 24 届冬季奥林匹克运动会及其简称等标志；《奥林匹克宪章》和《第 24 届冬季奥林匹克运动会主办城市合同》中规定的其他与第 24 届冬季奥林匹克运动会有关的标志。

由于我国对奥林匹克标志采用广义定义，因此，奥林匹克标志在法律属性上既可以属于知识产权的客体，也可以属于其他特别法保护的客体。例如，五环图案既可以属于著作权保护的作品，也可以属于商标，基于五环图案设计的产品还可能构成专利权的客体——外观设计。又如，与奥林匹克标志相关的名称可以作为特别法保护的对象，如果经过使用且具有可识别性，也可以作为未注册商标进行保护，例如"2008 北京"。因此，《北京市奥林匹克知识产权保护规定》第 3 条在术语上将奥林匹克标志统一定性为"创作成果"，即"本规定所称与奥林匹克有关的商标、特殊标志、专利、作品和其他创作成果"。

冬奥会奥林匹克标志的一般法保护是相对于冬奥会奥林匹克标志《奥林匹克标志保护条例》的特别法保护而言的，指的是《商标法》《著作权法》《专利法》《特殊标志管理条例》对冬奥会奥林匹克标志提供的一般性保护。

首先，奥林匹克标志可以通过商标注册获得《商标法》保护。我国《商标法》第 8 条规定，任何能够将自然人、法人或者其他组织的商品与他人的商品区别开的标志，包括文字、图形、字母、数字、三维标志、颜色组合和声音等，以及上述要素的组合，均可以作为商标申请注册。因此，与奥林匹克有关的文字、图形、字母、数字、三维标志、颜色组合和声音等，以及上述要素的组合都可以申请注册为商标。由于《奥利匹克宪章》规定国际奥委会对奥林匹克标志享有财产权，因此国际奥委会在我国申请了与奥林匹克有关的 2114 个商标，其中包括"OLYMPIC""GAMESOFTHEOLYMPIAD""奥运会""奥林匹克""伦敦2012"等文字商标、图形商标。

北京冬奥组委在 2017 年 3 月 16 日至 2017 年 12 月 15 日期间已经对"冬奥""冬奥会""第 13 届冬季残奥会""北京 2022""北京 2022 年冬奥会和冬残奥会""北京 2022 年冬奥会""北京 2022 年冬残奥会""第 24 届奥林匹克冬季运动会""北京冬奥组委""BEIJING 2022""BEIJING SZ 2022""BEIJING 2022 O-LYMPIC WINTER GAMES"等文字商标和"冬梦"会徽等图形商标，提出了 855 项商标注册申请。一旦获得了商标注册，奥林匹克标志的权利人就可以获得商标专用权，他人未经许可使用奥林匹克标志就构成商标侵权，同时权利人也可以禁止他人在相同和类似商品上注册相同或近似商标。此外，商标注册可以在注册使用期届满之前进行续展，每次续展可以获得与第一次注册时同样的保护期，还可以无限次续展，因而将奥林匹克标志进行商标注册，通过后续的续展其可以获得永久的保护。

其次，奥林匹克标志可以通过作品登记获得《著作权法》保护。作品是作者思想的独创性表达，我国《著作权法》将作品分为文字作品、音乐作品、美术、建筑作品、摄影作品、图形作品等作品。冬奥会奥林匹克标志中的奥林匹克五环图案标志、奥林匹克旗、奥林匹克格言、奥林匹克徽记、奥林匹克会歌、徽记、吉祥物绘图、会歌等都可以作为著作权法中的作品进行保护。原则上，作品的著作权自作品创作完成之日起即获得保护，无须再进行作品的登记，但作品的登记可以进一步向公众公示作品的完成之日、作品的内容和权利人。在筹办冬奥会的过程中，北京冬奥组委对"冬梦"会徽按照美术作品进行了版权登记。北京冬奥组委指出，冬梦会徽以其线条、色彩和其他组合方式充分展现了具有审美意义的平面艺术作品，满足美术作品的独创性要求；会徽图形上半部分展现滑冰运动员的造型，下半部分表现滑雪运动员的英姿；中间舞动的线条流畅且充满韵律，代表举办地起伏的山峦、赛场、冰雪滑道和节日飘舞的丝带，为会徽增添了节日喜庆的视觉感受，也象征着北京冬奥会将在中国春节期间举行；会徽以蓝色为主色调，寓意梦想与未来，以及冰雪的明亮纯洁；红黄两色源自中国国旗，代表运动的激情、青春与活力。值得注意的是，由于著作权法保护的作品通常而言有五十年保护期的限制，因此，奥林匹克五环图案标志等通过著作权保护的作品在保护期届满之日起将不再受到著作权保护。

再次，奥林匹克标志可以通过申请外观设计获得《专利法》保护。外观设计指的是对产品的形状、图案或者其结合以及色彩与形状、图案的结合所作出的富有美感并适用于工业应用的新设计。一旦北京冬奥组委将奥林匹克标志申请为外观设计，将获得十年的外观设计专利保护。然而，奥林匹克标志如申请外观设计保护，还须满足外观设计的新颖性、区别性和富有美感的三性要求，在实践中较难满足。而且，外观设计与著作权法保护的美术作品有一定的重合。因此，将奥林匹克标志申请外观设计保护并没有任何制度上的优势。当然，这并不代表北京冬奥组委禁止他人申请与奥林匹克标志有关的外观设计。事实上，在筹办2008年北京奥运会期间，我国国家知识产权局曾于2003年制定《涉及奥林匹克标志的外观设计专利申请审查规定》，并明确规定，任何人未经奥林匹克标志权利人许可，在其外观设计专利申请中使用《奥林匹克标志保护条例》规定的奥林匹克标志的，其申请属于专利法第5条规定的"妨害公众利益的发明创造"……其申请应当予以驳回。

最后，奥林匹克标志可以通过特殊标记登记获得《特殊标志管理条例》保护。《特殊标志管理条例》第2条规定，特殊标志是指"经国务院批准举办的全国性和国际性的文化、体育、科学研究及其他社会公益活动所使用的，由文字、图形组成的名称及缩写、会徽、吉祥物等标志"。奥林匹克比赛是国际性的体育赛事，奥林匹克标志中的"由文字、图形组成的名称及缩写、会徽、吉祥物等标志"需要获得特殊标志保护的，应当向国务院工商行政管理部门提出登记申请，经国务院工商行政管理部门核准登记后获得该条例的保护。国务院工商行政管理部门收到申请后，如果认为符合该条例有关规定、申请文件齐备无误的，自收到申请之日起15日内，发给特殊标志登记申请受理通知书，并在发出通知之日起2个月内，将特殊标志有关事项、图样和核准使用的商品和服务项目，在特殊标志登记簿上登记，发给特殊标志登记证书。特殊标志经核准登记后，由国务院工商行政管理部门公告。特殊标志的有效期仅为4年，自核准登记之日起计算。不过，特殊标志所有人可以在有效期满前3个月内提出延期申请，延长的期限由国务院工商行政管理部门根据实际情况和需要决定。

值得强调的是，特殊标志的核准登记的时间相对于商标注册而言非常短，通常在75日以内就能获得核准登记，而且在这个过程中也没有异议程序，申请核准登记也不存在商标注册时需要选择核准注册的商品或服务类别的限制，一旦核准，主动、自动获得类似于注册商标的全类保护。因此，北京2022年冬奥会和冬残奥运会组织委员会在其发布的《关于北京2022年冬奥会会徽和冬残奥会会徽的公告》中声明，北京冬奥组委对"冬梦"会徽已经申请了国内的特殊标志登记，并同时将其申请为注册商标、登记为作品。因此，"冬梦"会徽将首先按照作品获得保护（创作完成即获得著作权保护），在提出特殊标志申请的75日后将同时作为核准的特殊标志获得保护，此后如获得商标注册核准，还可以获得第三重法律保护。

在2008年申奥成功后，尽管依照我国现有的知识产权法和特殊标志管理条例等一般法，奥运会知识产权能够得到保护，但在实践中还是有所缺漏，正如时任北京奥组委法律事务部副部长刘岩所说，"我国商标法、著作权法等知识产权法律法规在保护奥运会知识产权上还存在缝隙"。例如，在2001年至2002年期间，在讨论"北京2008"这样的"城市+年份"组合的保护时，当时认为"依据我国商标法，无法作为商标注册，同样，由于并无独创性，也无法在版权领域得到保护。这为'北京2008'字样的使用、管理和保护带来法律障碍"。更为重要的是，在2001年北京奥组委与国际奥委会签订《第29届奥林匹克运动会主办城市合同》时就承诺在不迟于2001年12月31日前确保国际奥委会产权的权益。其中的承诺包括三个部分：一是将履行在奥林匹克宪章中规定的所有规定；二是将履行中国国家体育总局和北京市政府与国际奥委会签署的合同中所有的规定；三是将履行在北京申办奥运会期间，领导及其他工作人员所做出的各种口头承诺。

为了在全国范围内执行《奥林匹克宪章》和相关承诺，国务院在2002年2月4日出台了《奥林匹克标志保护条例》。[1]《奥林匹克标志保护条例》（2002

---

〔1〕 李立：《解读〈北京市奥林匹克知识产权保护规定〉》，载《北京晚报》2001年11月1日；安建：《奥林匹克标志保护的背景及其权利范畴》，载《工商行政管理》2002年第9期。

年）共 15 条，明确了国家对奥林匹克标志的保护范围，奥林匹克标志权的权利人、权利内容、权利的许可，奥林匹克标志权的权利侵权行为及法律救济。

其中，奥林匹克标志权指的是依照该条例对奥林匹克标志享有的专有权。其中，权利人指的是国际奥林匹克委员会、中国奥林匹克委员会和第 29 届奥林匹克运动会组织委员会。而且，条例也明确国际奥林匹克委员会、中国奥林匹克委员会和第 29 届奥林匹克运动会组织委员会之间的权利划分，依照《奥林匹克宪章》和《第 29 届奥林匹克运动会主办城市合同》确定。奥林匹克标志权在性质上属于财产权，并不包括人格权，在权利内容分为专用权和禁止权，禁止权指的是"未经奥林匹克标志权利人许可，任何人不得为商业目的（含潜在商业目的）使用奥林匹克标志"，专有权指的是权利人可以许可他人使用奥林匹克标志。

为了弥补一般法的不足，《奥林匹克标志保护条例》专门规定了强有力的奥林匹克标志权的法律救济机制。首先，条例明确了侵害奥林匹克标志权的行为指的是未经许可为商业目的使用奥林匹克标志，但条例施行前（2002 年 4 月 1 日）已经依法使用奥林匹克标志的，可以在原有范围内继续使用。其次，对于哪些行为构成"商业目的的使用"进行明确列举：①将奥林匹克标志用于商品、商品包装或者容器以及商品交易文书上；②将奥林匹克标志用于服务项目中；③将奥林匹克标志用于广告宣传、商业展览、营业性演出以及其他商业活动中；④销售、进口、出口含有奥林匹克标志的商品；⑤制造或者销售奥林匹克标志；⑥可能使人认为行为人与奥林匹克标志权利人之间有赞助或者其他支持关系而使用奥林匹克标志的其他行为。

继而，条例为权利人提供三种法律救济途径：①民事救济，即权利人可以向法院提起民事诉讼，法院确定损害赔偿数额，按照权利人因被侵权所受到的损失或者侵权人因侵权所获得的利益确定，包括为制止侵权行为所支付的合理开支；被侵权人的损失或者侵权人获得的利益难以确定的，参照该奥林匹克标志许可使用费合理确定；但销售不知道是侵犯奥林匹克标志专有权的商品，能证明该商品是自己合法取得并说明提供者的，不承担赔偿责任；②行政救济，即权利人可以请求市场监督管理部门处理。工商行政管理部门处理时，认定侵权行为成立的，责令立即停止侵权行为，没收、销毁侵权商品和专门用于制造侵权商品或者为商业目的擅自制造奥林匹克标志的工具，有违法所得的，没收违法所得，可以并处违法所得 5 倍以下的罚款；没有违法所得的，可以并处 5 万元以下的罚款。此外，进出口货物涉嫌侵犯奥林匹克标志专有权的，由海关参照《中华人民共和国海关法》和《中华人民共和国知识产权海关保护条例》规定的权限和程序查处；③刑事救济，即利用奥林匹克标志进行诈骗等活动，触犯刑律的，依照刑法关于诈骗罪或者其他罪的规定，依法追究刑事责任。

依据《奥林匹克标志保护条例》，我国工商行政管理机关于 2008 年在全国范围内组织开展了保护奥林匹克标志专有权专项行动，共查处违法使用奥林匹克标志案件 1721 件，案值 1659 万元，罚款 727 万元；查处侵犯奥林匹克标志专有权案件 5858 件，案值 3484 万元，罚款 2976 万元，同时没收并销毁了一大批侵犯奥林匹克标志专用权的各类商品。同时，全国海关在 2008 年扣留了侵犯奥林匹克标志专有权货物和物品约 45 万件，案值约人民币 383 万元，有效遏制了侵犯奥林匹克标志专有权货物和物品的进出口。

然而，《奥林匹克标志保护条例》的制定略显仓促，而且制定的目的局限在服务 2008 年奥运会。因此，该条例在内容和立法上都存有一定的缺陷，限制了条例的后续适用，尤其是适用于 2022 年的冬奥会。例如，条例第 2 条一共列举了 6 项奥林匹克标志，但第 4~6 项都仅针对 2008 年奥运会，无法扩展适用于冬奥会奥林匹克标志。又如，条例并未直接禁止隐性营销和使用与奥林匹克标志相似且容易引起误认的标志。

为了满足筹办 2022 年北京冬奥会的要求，国家体育总局、原国家工商总局于 2017 年 7 月向国务院报送了《奥林匹克标志保护条例（修订草案送审稿）》。原国务院法制办在此基础之上形成了《奥林匹克标志保护条例（修订草案）》。2018 年 6 月 28 日，国务院总理李克强签署第 699 号国务院令，公布修订后的《奥林匹克标志保护条例》（以下简称"新条例"），自 2018 年 7 月 31 日起施行。

首先，新条例删去旧条例特指 2008 年北京奥运会的主办方、"北京 2008"等术语，采用立法中立的技术修订第 2 条第 4~6 项的列举，扩大了奥林匹克标志及其权利人的范围：中国境内申请承办奥林匹克运动会的机构的名称、徽记、标志；在中国境内举办的奥林匹克运动会的名称及其简称、吉祥物、会歌、火炬造型、口号、"主办城市名称+举办年份"等标志，以及其组织机构的名称、徽记；《奥林匹克宪章》和相关奥林匹克运动会主办城市合同中规定的其他与在中国境内举办的奥林匹克运动会有关的标志。相应地，新条例第 3 条也修订了奥林匹克标志权利人中特指 2008 年北京奥运会的主办机构"第 29 届奥林匹克运动会组织委员会"，改成"中国境内申请承办奥林匹克运动会的机构、在中国境内举办的奥林匹克运动会的组织机构"。

其次，新条例明确奥林匹克标志权利原始取得的方式、权利保护期和许可程序的备案制度。奥林匹克运动会组织者将奥林匹克标志提交给国务院知识产权主管部门后，在国务院知识产权主管部门对该标志发布公告之日起取得奥林匹克标志权，保护期为 10 年，自国务院知识产权主管部门公告之日起计算。新条例同时新增条款规定，奥林匹克标志权利人可以在有效期满前 12 个月内办理续展手续，每次续展的有效期为 10 年，自该奥林匹克标志上一届有效期满次日起计算；

国务院知识产权主管部门应当对续展的奥林匹克标志予以公告。新条例把原来规定的奥林匹克标志权利人将奥林匹克标志及其使用许可合同向国务院工商行政部门备案、公告程序，修改为权利人应当将奥林匹克标志提交国务院知识产权主管部门并由其公告，同时要求权利人应当将合同中许可使用奥林匹克标志的种类、被许可人、许可使用的商品或者服务项目、时限、地域范围等信息及时披露。

再次，为了弥补旧条例在打击隐性营销和使用与奥林匹克标志相近似标志的行为方面的不足，新条例增设了禁止隐性营销的条款和新增了为商业目的使用奥林匹克标志相近似标志构成侵权的规定。其中，新条例第 6 条专门规定，利用与奥林匹克运动有关的元素开展活动，足以引人误认为与奥林匹克标志权利人之间有赞助或者其他支持关系，构成不正当竞争行为的，依照《反不正当竞争法》处理。新条例第 12 条规定，未经奥林匹克标志权利人许可"使用足以引人误认的近似标志"构成侵犯奥林匹克标志专有权。如此一来，新条例并未一味禁止使用近似标志，而要求近似标志"引人误认"才构成侵权，因而能够防止奥林匹克标志权过于扩大，比较好地实现了权利人、社会公众的利益平衡。

最后，新条例加大了行政处罚力度。旧条例原本仅规定侵害奥林匹克标志权的，工商行政管理部门处理时，"有违法所得的，没收违法所得，可以并处违法所得 5 倍以下的罚款；没有违法所得的，可以并处 5 万元以下的罚款。"对此，新条例将其修订为"违法经营额 5 万元以上的，可以并处违法经营额 5 倍以下的罚款，没有违法经营额或者违法经营额不足 5 万元的，可以并处 25 万元以下的罚款"。由此，对奥林匹克标志权侵权的打击力度更强，能够更有效地震慑非法使用奥林匹克标志的行为人。

三、冬奥会背景下奥林匹克赛事转播的法律问题

为了有效解决资金问题、举办高水平的奥林匹克赛事，1958 年《奥林匹克宪章》第 49 条首次规定，奥林匹克赛事组委会有权出售赛事的电视直播权，但必须获得国际奥林匹克委员会的批准，且所得收入应当根据国际奥林匹克委员会的指示进行分配。由此，奥林匹克赛事直播进入商业化阶段。1972 年国际奥委会修改《奥林匹克宪章》，在第 51 条明确一国主办方不得将赛事转播权进行转许可，国际奥林匹克委员会可以将一国内的奥林匹克赛事播放权许可给一家广播组织，前提是该获得授权的广播组织承诺不再将该独家直播权分销给任何其他组织，不论是在该国内还是该国外。当独播权许可给一国的一家广播组织后，该国内任何其他广播组织都不得广播任何的奥林匹克赛事。

根据国际奥委会公布的数据，奥运赛事播放权是国际奥委会全权管理和运营的首要项目，奥运赛事播放权的收入占 2008 年北京奥运会总收入的 60%。由此，奥林匹克赛事直播在一国内的独播权就成为一国内不同广播公司的竞夺对象。此

外，国际奥委会还允许一国竞得赛事独家直播权的广播公司可以在该国内分销该权利给该国内其他媒体，其他媒体就可以合法进行同步转播。

因此，冬奥会背景下奥林匹克赛事转播的问题就在于：在中国范围内未经中国冬奥会奥组委的许可通过任何方式（尤其是网络实时转播）转播冬奥会赛事是否侵权？侵犯何种权利？需要承担何种责任？具体而言，冬奥会奥林匹克赛事转播涉及几方面的问题：一是冬奥会赛事直播及其转播所涉及的内容是冬奥会赛事直播的画面，并不是赛事本身，前者是通过摄像设备对正在进行的体育赛事进行摄制并同步播放的内容，二者不得混淆；二是冬奥会体育赛事直播画面构成作品还是录像制品是整个问题的关键，这直接决定了冬奥会体育赛事直播的权利人的权利范围及其后续授权的有效性；三是网络实时转播行为受制于哪种权利尚存在争议，因为信息网络传播权仅规制交互式传播而并不适用于网络实时播放行为，广播权是否可以规制网络实时转播也存在争议；四是如果现有的法律并无法有效规制非法网络实时转播，在冬奥会举办前是否需要出台专门法律法规禁止非法转播。

围绕这些问题，冬奥会奥林匹克赛事直播在理论上可以通过五种模式来保护：①著作权保护模式；②录像制品制作者权保护模式；③广播组织权保护模式；④反不正当竞争法保护模式；⑤特别法保护模式。

著作权是典型的知识产权，指的是作者对其创作的作品享有的民事权利。与专利权、商标权所不同的是，著作权的取得，根据《伯尔尼公约》，无须经过著作权行政管理部门的批准，也无须缴纳版权年费，自作品完成时自动产生。此外，著作权的作者，既可以是创作作品的自然人，也可以是实际创作者的雇主或者委托方。我国《著作权法》借鉴了大陆法系的著作权法律制度，即规定狭义著作权和与作品保护相关的邻接权。作品的保护属于狭义的著作权，即相当于英美法系的版权。

相较于邻接权，作品的著作权保护是更为宽泛和全面的，因此对于体育赛事直播的权利人而言是最为有利的保护模式。现行《著作权法》既规定作者享有人格权，也详细规定了 13 种财产权，包括但不限于复制权、发行权、表演权、广播权、信息网络传播权以及兜底性的"应当由著作权人享有的其他权利"。其中，广播权指的是以无线方式公开广播或者传播作品，以有线传播或者转播的方式向公众传播广播的作品，以及通过扩音器或者其他传送符号、声音、图像的类似工具向公众传播广播的作品的权利；信息网络传播权指的是以有线或者无线方式向公众提供作品，使公众可以在其个人选定的时间和地点获得作品的权利。体育赛事直播或转播具体涉及广播权、信息网络传播权还是其他权利，需要根据直播或转播的技术来确定，但只要冬奥会体育赛事直播画面构成作品，具体受制于哪个权利并不影响其可以有效地禁止未经许可的体育赛事转播。

此外，冬奥会赛事直播是举世瞩目的体育赛事，世界各国通常都会进行直播或转播，而以作品保护体育赛事直播画面，则可能在全世界其他国家也能获得作品的著作权或者与之相当的保护。这是因为我国是《伯尔尼公约》177 个成员方中的一员，该公约规定了国民待遇原则，即公约成员国的作者的作品在其他成员国享有其他成员国授予本国国民的保护，以及本公约所授予的特别权利。

不过，冬奥会体育赛事直播画面是否构成作品还需要根据作品的要求——是否具有独创性——进行判断。在理论上，作品独创性的判断区分为三大标准：以德法为代表的大陆法系标准、以英美为代表的英美法系标准和二者之间的中间标准。其中，大陆法系标准对于作品的独创性要求必须体现作者人格的高度，因为大陆法系国家认为作品是作者人格的影子。例如，在法国的司法实践中，每个案件中法官对独创性的解释所使用的表达方式略有不同，如"作者个性的烙印""作者个性的反映"等，但其含义基本相同，都是指独创性源自于作者在创作作品中融入了作者的人格。英美法系标准中美国的司法实践颇具代表性，美国在司法实践中还曾出现过"额头出汗"原则，即作者在创作中投入了劳动即可满足独创性的要求。不过，额头出汗原则后来被推翻，美国联邦最高法院除了要求独立创作之外，还要求作者的创作必须具备少量的创造性。中间标准则要求独创性表现在体现作者人格和具有少量创造性的创作之间，意即作者在作品创作过程中是独立完成的，并体现了作者的技能和判断，而不仅仅是机械反映客观事实。值得注意的是，随着国际贸易的发展和 TRIPs 的缔结，世界各国的独创性标准都在趋同，都在向美国的独创性标准靠拢。

然而，在我国目前的司法实践中，审级较高的法院普遍认为体育赛事的直播画面并没有达到独创性的高度，而审级较低的法院则认为具有独创性。例如在新浪公司诉北京天盈九州公司体育赛事转播侵权案（下称"新浪案"）中，一审法院采用比较类似于英美法系的独创性标准，并具体阐述了体育赛事直播画面表现出独创性的地方："从赛事的转播、制作的整体层面上看，赛事的转播、制作是通过设置不确定的数台或数十台或数几十台固定的、不固定的录制设备作为基础进行拍摄录制，形成用户、观众看到的最终画面，但固定的机位并不代表形成固定的画面。用户看到的画面，与赛事现场并不完全一致、也非完全同步……这个过程，不同的机位设置、不同的画面取舍、编排、剪切等多种手段，会导致不同的最终画面，或者说不同的赛事编导，会呈现不同的赛事画面。就此，尽管法律上没有规定独创性的标准，但应当认为对赛事录制镜头的选择、编排，形成可供观赏的新的画面，无疑是一种创造性劳动，且该创造性从不同的选择、不同的制作，会产生不同的画面效果恰恰反映了其独创性。即赛事录制形成的画面，构成我国著作权法对作品独创性的要求，应当认定为作品。"

不过，北京知识产权法院作为二审法院却坚持大陆法系国家的独创性标准，并认为除作品具有独创性之外，邻接权的客体也具有独创性，只是其独创性低于作品的独创性要求："独创性强调个性化的选择，个性化选择的多少既受创作主体主观因素的影响，同时亦受客观因素的制约。主观因素属于个案考量范畴，但客观因素则可以进行类型化分析。通常情况下，客观限制因素越多，则表达的个性化选择空间越少，相应地，可能达到的独创性高度越低……通常情况下的中超体育赛事公用信号所承载的连续画面均属于上述类型中客观限制最多的情形，即便考虑具有较大独创性空间的集锦部分，其亦无法使得整体公用信号承载画面达到较高独创性程度。因此，就类型化分析而言，完全受上述因素限制的中超赛事直播公用信号所承载的连续画面，在独创性高度上较难符合电影作品的要求。"

该案二审后，原告并未提出异议，因此体育赛事直播画面在我国现有的司法实践中并不被认定为作品。也因此，未经许可进行冬奥会体育赛事的转播在我国司法实践中很可能不被认定为构成著作权侵权。

录像制品制作者权是邻接权的一种，通常指的是对于作品的表演录制的有伴音或者无伴音的连续相关形象、图像所享有的权利，但也包括对政治事件、都市风光、自然景色的录像享有的权利。根据我国现行《著作权法》的规定，该权利包括"享有许可他人复制、发行、出租、通过信息网络向公众传播并获得报酬的权利"，权利的保护期为首次制作完成后五十年。对录像制品提供邻接权保护，最重要的是保护录制者的劳动和投资，鼓励他们积极传播作品。

在我国的司法实践中，法院认为体育赛事直播画面构成录像制品。例如，在央视国际公司诉北京暴风科技公司案（下称央视案）中，北京市石景山区人民法院判决："摄制者在拍摄过程中并非处于主导地位，其对于比赛进程的控制、拍摄内容的选择、解说内容的编排以及在机位设置、镜头选择、编导参与等方面，能够按照其意志做出的选择和表达非常有限，因此由国际足联拍摄、经央视制作播出的'2014巴西世界杯'赛事电视节目所体现的独创性，尚不足以达到构成我国著作权法所规定的以类似摄制电影的方法创作的作品的高度，但是符合我国著作权法关于录像制品的规定，应当认定为录像制品。"

然而，将体育赛事直播画面认定为构成录像制品并不代表非法转播该体育赛事直播画面就侵害录像制作者权。我国现行《著作权法》赋予录像制品制作者的权利仅仅包括"享有许可他人复制、发行、出租、通过信息网络向公众传播并获得报酬的权利"。因此，录像制品制作者并没有权利禁止他人对其录像制品进行广播或者信息网络传播（仅控制交互式传播）控制之外的网络实时转播。

根据我国现行《著作权法》第45条规定，广播电台、电视台有权禁止未经其许可的下列行为：①将其播放的广播、电视转播；②将其播放的广播、电视录制在音像载体上以及复制音像载体；广播组织权的保护期为五十年，截止于该广播、电视首次播放后第五十年的 12 月 31 日。因此，根据该规定，广播组织有权禁止他人未经许可对其广播信号进行"转播"，不论该组织对其播放的内容（即广播、电视）是否享有著作权或者录音录像制作者权。

质言之，不管体育赛事直播画面是否构成作品或者录像制品，广播组织对其广播的体育赛事制作的广播信号都享有禁止他人"转播"的权利。

然而，广播组织权在我国现行《著作权法》下受到两大限制：一是广播组织仅包括"广播电台、电视台"，不包括其他组织，例如 2022 年北京冬奥会组委会；二是广播组织者对广播信号享有的禁止他人"转播"的权利，按照我国现有的理解，仅限于通过无线方式进行转播。例如，北京知识产权法院 2018 年 4 月在新浪案中指出，《著作权法》第 45 条的"转播"仅规制"无线方式重播"，"并未涵盖网络直播这一有线转播行为"。因此，广播组织权并无法为冬奥会体育赛事的转播提供有效的救济。

《反不正当竞争法》所保护的对象，并不要求是法律明确规定的绝对权，也不要求有一个法律明确的边界。只要经营者违反《反不正当竞争法》的规定，就可以构成不正当竞争，被搭便车的一方就可以获得法律的救济。其中，我国《反不正当竞争法》第 2 条对于不正当竞争行为的原则性规定，为不断发展的经济活动提供了广泛的法律依据。

在我国现行《反不正当竞争法》下，未经许可对他人广播信号利用互联网进行盗播、盗链仍然可以通过该法予以阻止。例如，在伦敦奥运会案中，二审法院并不考虑涉案的奥运会赛事直播画面是作品、录音录像制品还是广播信号，而直接根据反不正当竞争法的逻辑判决上诉人构成不正当竞争："在本案中，上诉人我爱聊公司未经被上诉人央视国际公司的授权，擅自在互联网环境下通过其运营的'电视粉'客户端转播 CCTV1、CCTV5、CCTV22 等电视频道的节目，并通过在歌华有线电视平台上投放开机广告用于宣传'电视粉'客户端，其行为客观上减少了被上诉人央视国际公司的网站访问量，使得目标群体无须登录央视国际公司的网站，或者无需使用央视国际公司的客户端即可实现通过互联网观看中央电视台相关频道节目的目的，这在一定程度上替代了央视国际公司的类似网络服务，因此，上诉人我爱聊公司的上述行为明显有违公平竞争的市场原则，恶化了正常的市场竞争秩序，违反了诚实信用原则和公认的商业道德，具有不正当性，属于《反不正当竞争法》第 2 条第 1 款规定的不正当竞争行为。"

然而，《反不正当竞争法》的优点也正是其缺点。首先，《反不正当竞争法》第 2 条的规定已经在司法实践中过于泛化，任何不在该法具体列举的反不正当竞争行为，只要满足反不正当竞争法的规制思路——具有竞争关系的经营者+违反诚实信用原则和公认的商业道德——即可提供兜底性保护。这种兜底性保护往往导致反不正当竞争法规制的边界难以预测，也因此颇受诟病。其次，对于严重的非法转播行为无法以侵犯著作权罪进行刑事打击。再者，这种反不正当竞争法保护具有不确定性，难以在国际上得到像著作权保护模式的普遍支持，例如《巴黎公约》仅明确禁止仿冒、损害商誉、虚假宣传。最后，对于权利人而言，在进行权利许可时，难以像典型知识产权那样进行明确许可，因为反不正当竞争法保护的是一种法益，本身具有不确定，容易让当事人捉摸不透。况且，我国当事人与国际奥组委等国际赛事主办方签订的体育赛事直播许可通常也是版权许可，与法院仅提供反不正当竞争保护相去甚远。

因此，反不正当竞争法保护模式仅仅是权宜之计，并不适宜作为我国体育赛事市场发展的长久之计。

如果我国专门出台了体育赛事方面的保护法或者在体育法中规定了体育赛事的保护，那么冬奥会体育赛事转播的问题也就迎刃而解。例如，匈牙利和法国通过专门立法来保护体育赛事方面的权利。其中，《匈牙利体育法》第36条第1款规定：对体育活动和比赛进行录制或通过电视、广播和其他电子或数字手段进行传播以及对上述行为进行商业许可的权利属于组织这些活动和比赛的体育协会。《法国体育法典》《意大利版权法》也有相关的特别法保护体育赛事的播放权。

尽管奥运会等体育赛事直播及其转播的问题可以按照特别法进行保护，但是这种保护需要立法部门专门经过一系列复杂的立法程序方能达成，故必须还要考虑该国本身的体育赛事市场和其他现有法律能否提供充分保护等诸多因素，因而是可遇而不可求。例如，此前我国为了举办2008年北京奥运会，国家版权局、工业和信息化部、国家广播电影电视总局三个部门联合发布了行政规章层级的《关于严禁通过互联网非法转播奥运赛事及相关活动的通知》，将体育赛事直播画面视为享有著作权的作品，进而将非法转播定性为盗版进行打击。不过，该通知不仅法律效力层级底，而且也仅是针对北京奥运会赛事在执法上所作的权宜之计。

四、结论和建议

奥林匹克标志的保护可以根据其内容、商用频率、权利归属进行划分，实行分级、分环节、分类管理。其中，分级管理指的是管理奥林匹克标志时可以根据其商用频率区分为高中低三级：对于商用频率高的奥林匹克标志（如冬奥会会徽），应当尽可能获得商标注册、作品登记、特殊标志登记、奥林匹克标志公告（由国务院知识产权主管部门）等多重保护，其中的商标注册也应尽可能进行全类注册；对于商用频率中等的奥林匹克标志则可以通过商标注册、著作权登记、特殊标志登记、奥林匹克标志公告中的一种或者两种途径进行保护，且申请商标注册时可无须进行全类注册；对于商用频率低的奥林匹克标志，建议进行奥林匹克标志公告即可。

分环节管理指的是奥林匹克运动会分为申办、筹办和善后三个环节，不同环节的奥林匹克标志的法律工作并不相同：①在申办期间，申办组织主要保护的是该组织的名称、徽记和标志，由于只是申办期间的临时使用，通常而言并不涉及企业的赞助问题，因此只要向国务院知识产权主管部门提交奥林匹克标志请求公告就可以获得充分保护；②在筹办期间，中国境内举办的奥林匹克运动会的组织机构（如北京冬奥组委）就需要管理大量的奥林匹克标志，而且涉及与国际奥组委、中国奥委会、奥运会赞助商等奥林匹克标志的许可使用问题，因而是需要最多法律工作的环节，不仅需要确定何种保护路径、如何获得许可或者许可赞助商使用以及相应的许可合同备案，同时还要为善后阶段的奥林匹克标志财产权转让事宜提前做好准备；③在善后期间，中国所有奥林匹克标志权利人都要将其拥有的奥林匹克标志的财产权无偿转让给国际奥组委，并进行相关手续的交接；对于未及时交接的，相关权利人还需要以受托人的身份做好托管工作。

分类管理指的是根据奥林匹克标志所属的权利人进行分类管理：①对国际奥委会拥有的奥林匹克标志，应当及时与国际奥委会签订授权许可协议，并做好授权协议的备案；②对中国奥林匹克委员会拥有的该机构的名称、徽记、标志，应当分析这些奥林匹克标志是仍在该机构名下，还是处于为了国际奥委会的利益进行托管的状态。例如 2008 年奥运会结束之后，中国奥林匹克委员会按照《奥林匹克宪章》的规定应当将其拥有的名称、徽记和标志的财产权无偿转让给国际奥委会，或者为了国际奥委会的利益进行托管。如果处于托管的，仍可以直接为了国际奥委会的利益进行管理和使用；如果已经转让给国际奥委会，冬奥会期间的使用就还需获得国际奥委会的授权许可；③对中国境内申请承办奥林匹克运动会的机构拥有的该机构的名称、徽记、标志，应当及时确定是否申请商标、进行著作权登记、进行特殊标记登记，或者向国务院知识产权主管部门提交奥林匹克标志公告请求；④对中国境内举办的奥林匹克运动会的组织机构拥有的奥林匹克标志，将是该组织所要保护的重点对象，具体包括北京 2022 年冬奥会和冬残奥会组织委员会及其简称北京冬奥组委，冬梦徽记、口号"纯洁的冰雪·激情的约会""北京 2022"，以及未来创作出来的吉祥物、会歌、火炬造型等标志。

对于奥林匹克标志的维权，则应以加强行政执法为主要保护手段。为便于行政执法的高效开展，奥林匹克标志权利人应当将奥林匹克标志及其已经获得保护的类型、许可情况及时通过公告或者其他方式传达给执法部门，通过行政管理与执法部门的数据共享，以利于开展重点执法。

此外，刚刚修订的《奥林匹克标志保护条例》新增了关于对隐性营销和使用足以引人误认的近似标志行为的处罚规范，因此，期望伴随着该条例 2018 年 7 月 31 日的实施，上述两种违法行为能够得到有效的抑制和惩治。

本研究认为：采用著作权保护模式是实现冬奥会赛事直播保护、有效打击奥林匹克赛事非法转播的最佳做法。即将冬奥会赛事直播画面认定为构成著作权法所保护的作品，沿袭 2008 年北京奥运会的实际做法，由国家新闻出版广电总局（亦是国家版权局）联合工业和信息化部等多个部门发布禁止冬奥会体育赛事非法转播的部门规章，以盗版定性非法转播冬奥会体育赛事。也就是说，未经许可盗播奥林匹克赛事的行为构成了侵害著作权的行为，严重情形下，还将涉嫌构成著作权犯罪。

基于此，我们支持目前《著作权法》第三次修订草案中有关视听作品保护的提议，即将"电影作品和以类似摄制电影的方法创作的作品"修改为"视听作品"，并将其界定为有伴音还是无伴音的连续画面。由此，以实现无论是有伴音还是无伴音的连续画面，都能依视听作品的规定而获得相应的法律保护，结束民事、行政保护双轨并行的著作权保护之烦琐做法，实现对所有体育赛事直播画面的平等对待与依法保护。

《人民检察院组织法》的修改与完善

敬大力*

检察院组织法是关于检察机关组织建设的基本法，是检察机关的"小宪法"。随着我国民主法治建设不断加强、检察工作的快速发展，尤其是司法体制改革的深入推进，现行组织法有许多地方已不能适应我国法治发展形势和检察工作需要。修订检察院组织法事关检察制度的成熟定型，事关检察工作的科学发展，事关司法体制改革成果的固化、深化，意义十分重大。

一、关于检察院组织修改应当坚持的基本原则

（一）坚持党的领导原则

当代中国的政党制度是中国共产党领导下的多党合作制度，中国共产党是执政党，是社会主义事业的核心领导力量。坚持党的领导，是社会主义法治的一项根本原则，也是检察机关进行人民检察院组织法修订的根本原则。检察机关在对人民检察院组织法进行修订过程中，只有坚持党的思想、政治、组织领导，才能把握正确的政治方向，担当起党和人民赋予的重大政治责任和政治任务。实现党的领导、人民当家作主和依法治国三者的有机统一，关键在于党要坚持对立法工作的领导。[1]具体来说，在对人民检察院组织法中的任何制度内容进行修改时，必须始终要坚持党的领导原则，要严格贯彻党中央对司法体制、机制改革的各项要求。

（二）以宪法为根据，与诉讼法等相协调原则

宪法是确认一国民主制度，通过规范和控制国家权力以保障公民权利，具有最高法律效力的国家根本法，在国家法律体系中居于最高的法律地位，宪法是立法的基础与依据，任何法律、法规不得同宪法相抵触。[2]关于人民检察院组织

---

* 课题主持人：敬大力，北京市人民检察院党组书记、检察长。立项编号：BLS（2017）B018。结项等级：合格。

〔1〕 丁以升：《加强党对立法工作的领导——"学习十六届四中全会精神座谈会"观点综述》，载《法学》2004年第12期，第106页。

〔2〕 参见胡锦光、韩大元：《中国宪法》（第2版），法律出版社2007年版，第27页。

法与宪法的关系，理论上存在着人民检察院组织法是宪法性法律，还是宪法之下规范具体部门的部门法的争论。人民检察院组织法的不同定位，决定了人民检察院组织法规定的内容的限度及其与三大诉讼法的关系。人民检察院组织法属于基本法律。同理，依据《宪法》和《立法法》的规定，我国的三大诉讼法也属于基本法律。人民检察院组织法虽属于宪法性法律，是对宪法相关内容的最直接的延伸和细化，它是法律体系中最靠近宪法的那部分法律，最集中、最突出地反映了宪法的规定，但不能据此认为，人民检察院组织法的效力比三大诉讼法的法律效力高，实际上，他们的法律位阶是一样的，具有同等的法律效力，不存在谁服从谁的问题。按照处理法律位阶的冲突规则，同一位阶的法律渊源之间的冲突，公认的规则有二，即特别法优先适用于普通法，后法优先适用于前法。[1]具体到人民检察院组织法与三大诉讼法的关系上，他们之间主要存在先法与后法的冲突问题，按照前述处理同一位阶的先法与后法的冲突规则，特别规定与一般规定不一致的，适用特别规定，新的规定与旧的规定不一致的，适用新的规定。由于现行人民检察院组织法制定的时间比较早，其中的一些规定同现行诉讼法及其他法律的规定不一致，在进行人民检察院组织法修订时，应对其中不一致的部分进行修正，使各法律规定协调一致，在人民检察院组织法修订之后，有关诉讼法及其他法律在进行后续修订时，也要充分协调自身规定与人民检察院组织法协调一致。

（三）保障人权原则

人权保障原则不仅仅是刑事诉讼的一项重要任务，更是刑事诉讼的一项重要指导原则，刑诉法的立法和执法，都要以人权保障作为一项重要的指导原则。[2]在修改人民检察院组织法的过程中，要贯彻保障人权原则，主要体现在以下几个方面：

一是基于保障人权的原则，应将诉讼和行政执法活动及其他可能侵犯人权的国家权力行为都纳入检察机关的法律监督范围之内。在刑事司法活动中，公安机关要逮捕犯罪嫌疑人必须由人民检察院行使，但实际上公安机关对嫌疑人实施刑事拘留的权力本身仍然过大，公安机关很容易以各种理由将嫌疑人的拘留期限延长至30天，即使后来没有被批准逮捕或公安机关后来根本没有提请批准逮捕。公安机关的刑事拘留行为本身已具有严重的侵犯人权风险，但针对这一风险，检察机关的法律监督仍不充分。与此同时，在行政执法领域，还存有如行政拘留等未纳入检察机关法律监督范围的可能严重侵犯人权的行为。基于保障人权的强烈

---

〔1〕 舒国滢主编：《法理学导论》，北京大学出版社2006年版，第77页。

〔2〕 樊崇义：《人权保障原则得到充分具体体现》，载《检察日报》2012年5月9日，第3版。

要求，人民检察院组织法中应设立一条基本原则，即要求一切涉及公民人身自由的处分行为，均应纳入人民检察院法律监督的范围，加强人权保护。

二是在对人民检察院行使职权的程序等部分进行条文设计时，要更加注重体现对人权的尊重和保障。如 2012 年修订的刑诉法对律师辩护制度进行了较大的修正，提前了辩护律师介入诉讼的时间，扩大了律师的辩护权，把律师参加刑诉活动落实到了各个阶段。2012 年修订的刑诉法还对严禁刑讯逼供、加强对弱势群体的人道主义保护等多方面进行了新的规定，以体现对人权的尊重和保护，人民检察院组织法在修订的过程中，在对职权行使程序进行制度设计时，应在参考相关法律规定的基础上，结合检察机关的活动特点，重视吸收体现人权保护的内容。

（四）立足国情借鉴国外经验原则

修订人民检察院组织法必须立足我国的实际情况，不能不顾实际情况，简单模仿国外的立法。具体来说，修订人民检察院组织法，首先必须立足于我国的人民代表大会制度。在我国的政体结构中，检察权和行政权、司法（审判）权处于同一序列之中，既不属于行政权，也不隶属于司法权，而且按照法律规定的范围和程序，对行政权和司法行为的合法性实行监督。如果不了解我国基于人民代表大会制度构建的检察制度与西方基于"三权分立"制度构建的检察制度的不同，脱离我国的现实国情，简单按照西方的检察制度来对我国的检察制度进行改革，不符合我国的国情，会严重损害我国基本的政治制度。

其次，在进行人民检察院组织法的修订时，还必须深刻认识到我国正处于并将长期处于社会主义初级阶段的社会发展现实。在这样一个特定的历史阶段进行人民检察院组织法的修订工作，既不能事无巨细，对诸多实际上还不成熟的问题，作过多细致的规定，为今后法律的改进人为的设置不必要的障碍，也不能因为当前各相关法律制度变化较快，就故步自封，在人民检察院组织法修订的过程中犹豫不定，总想等其他相关法律的修正都成熟以后，再对人民检察院组织法进行修正，应基于我们在实践中对人民检察院组织法研究的成熟成果，积极借鉴国外成熟的一些做法，及时、大胆对其进行修正，以更好地指导我们的检察实践，也为其他相关法律的修正提供借鉴。

最后，在立足我国国情的前提下，我们应积极借鉴国外检察制度的先进做法，完善我国检察制度。不同国家基于各自不同的法律传统及法律发展背景，在检察官起诉裁量权、检察机关侦查制度、民事检察制度、行政检察制度等诸多方面都具有重要差异，在深入分析各国检察制度差异的历史背景及实际效果的基础上进行积极借鉴，对完善我国检察制度无疑具有重要的意义。法国有关检察院职权的规定和我国的相关法律规定及实践做法既有相同的地方也有诸多差异，有许多值得我们借鉴的地方。

（五）检察改革成功经验法治化原则

人民检察院组织法的修改应当及时体现司法体制改革的要求，如果法律修改不能及时体现改革要求，不能为推进改革服务，中央对司法体制改革的要求就无法落实。在修订检察院组织法的过程中，应当最大限度地吸收司法体制和工作机制中的改革成果，为进一步完善检察制度提供组织法上的依据。近年来，检察机关大力推进检察改革，一些改革措施已初见成效。如最高人民检察院于 2007 年 8 月印发的《关于加强上级人民检察院对下级人民检察院工作领导的意见》明确提出要"加强检察工作一体化机制建设"，这一体制对于防止检察权地方化、部门化和分散主义等倾向的出现，整合上下内外的检察资源，维护检察权的整体性、统一性意义重大。此外，还有检察长列席审委会制度、检察机关领导机构组成、任职条件、检察官选拔和任用程序、主诉检察官制度等等，中央司法改革文件已经强调或确定，在最高人民检察院与最高人民法院等有关部门之间能够达成共识的，在人民检察院组织法中应但确定下来，已保证诸多成功有效的改革能长期有效的发挥作用。基于我国现在正处于并将长期处于社会主义初级阶段的基本国情，实践中存在的一些尚未成熟的检察制度改革，在近期的人民检察院组织法的修订中，不宜急于将其上升为法律，仍应积极探索实践，在成熟的时候，再考虑将其立法化，以保证法律的稳定定和权威性。

二、关于检察机关机构设置的问题

修改后组织法关于机构设置的规定，应该既立足解决现实问题，确认和巩固检察改革的成果，回应上述新出现的检察机关机构在组织法层面的法律缺位问题，又要保持组织法的适度弹性，为下一步改革留出空间，避免组织法的朝令夕改。

（一）关于专门检察院的设置

专门检察院是根据检察工作的需要，在特定组织系统内设置的、具有专属管辖性质的人民检察院，主要特点是：不按行政区划设置，而是在特定的组织系统内形成完整体系，对特定范围的案件实行专门管辖。我国目前设置的专门人民检察院只有军事检察院。在《人民检察院组织法》修改过程中，对于是否应当设立海事检察院、知识产权检察院、少年检察院的讨论十分热烈。有观点认为专门检察院不应列那么多，也有观点认为应多列，争取不成后再删掉。我们认为，专门检察院不应列明过多，除已有的军事检察院之外，设立海事检察院、知识产权检察院、少年检察院这三类专门检察院有其合理性和必要性。理由如下：

一是历史上曾设立多种专门检察院。1954 年 8 月《中华人民共和国检察署条例草案（初稿）》第 22 条规定："专门检察署为：军事检察署、铁路运输检察署、水上运输检察署"。1954 年 11 月《中华人民共和国最高人民检察院组织条例（草稿）》第 13 条规定："本院设铁路、水上运输和军事检察院，其组织条例另行拟定"。1979 年 7 月《中华人民共和国人民检察院组织法》第 2 条规定："……专门检察院包括：军事检察院、铁路运输检察院、水上运输检察院、其他专门检察院。专门检察院的设置、组织和职权由全国人民代表大会常务委员会另行规定"。由此可见，在我国检察机关的体系内，专门检察院的范畴一度比较广泛，有先例可循。

二是符合国际通行做法和发展方向。从各国检察机关的发展立场上看，基于多种原因，检察机关不断分化并呈现出高度的多元化和专门化。以法国为例，在普通检察机关系统之外，军事法院、海商法院和财政法院还存在自成一体的检察机关。德国在普通检察机关系统之外，在联邦行政法院还设有联邦利益代表人，作为一个介于行政机关和法院之间的特别司法机构。

三是符合对应设置原则。依据该原则，检察机关应当与审判机关对应设置。目前，在审判系统，除军事法院之外，专门法院还包括海事法院和知识产权法院。此外，最高人民法院也在积极推动少年法院的设立。而与之相对应的专门检察院则尚属空白，这就带来一个对这些专门法院所办理案件的专属监督问题。

四是可以为将来改革预留一定空间。从长远来看，专门检察院的细化设置是一个必然的发展方向，组织法作为基本法，在立法设计上应当有一定前瞻性，为将来专门检察院设置的多元化预留空间。在当前，设立海事检察院、知识产权检察院、少年检察院的理论准备和实践基础相对充分，阻力相对较小，可以先行写入组织法。同时，用"等专门检察院"的立法方式为将来设置其他类型专门检察院预留法律空间。

值得注意的是，鉴于对专门检察院案件量和工作量的预判，从提高司法效率和精简设置机构的角度出发，对应设置主要基于"专业对应"的考虑，在实践中并不意味着一定要"一一对应"，可以由一个专门检察院对应多个专门法院。

（二）关于跨行政区划检察院的定位和设置

自十八届四中全会决定探索设立跨行政区划人民检察院以来，2014 年 12 月上海三分院和北京四分院相继挂牌成立。一年多来，北京、上海两地分别结合当地实际，制定出台了管辖文件，对中央试点方案确定的跨行政区划检察院案件管辖范围进行细化，整合了内设机构，充实了办案力量，办理了一批典型案件，跨行政区划检察院改革试点已取得阶段性成果。组织法修改，应当对跨行政区划检察院改革成果予以确认，存在争议的问题是跨行政区划检察院在组织法上的定位，是作为宪法第 135 条规定之外的第四种检察院，还是作为专门检察院或最高检、省级检察院的派出机关？

我们认为，应将跨行政区划检察院定位为专门人民检察院，理由如下：一是可以最大限度地降低法律障碍。根据《中华人民共和国宪法》第 135 条规定：中华人民共和国设立最高人民检察院、地方各级人民检察院和军事检察院等专门人民检察院。在现有法律框架下，检察院的类型没有跨区划检察院。二是可以最大限度地体现中央设置初衷。专门检察院是在特定的组织系统内设置的检察机关，以其专属的管辖权和所保护的特定社会关系而有别于其他检察机关。中央设置跨区划检察院为了排除地方干扰，构建普通类型案件由地方检察院办理，特殊类型案件由跨行政区划检察院办理的诉讼格局。这表明跨区划检察院办理的就是特殊类型案件，有别于地方检察院。三是从跨行政区划检察院的设置基础看，其是依托铁检分院而设立，铁路运输检察院的定位直接关系到跨区划检察院的定位。铁路检察机关 1980 年筹建时是依照 1979 年人民检察院组织法中"专门检察院包括：军事检察院、铁路运输检察院、水上运输检察院、其他专门检察院"的规定而设置的。从文字表述和实践分析看，将铁路运输检察院视为专门人民检察院应当是应有之义。据此，基于铁检分院为依托设置的跨区划检察院也应当视为专门人民检察院。四是跨区划检察院也不宜定位为派出机构。探索设立跨行政区划的人民法院和人民检察院，目的是为优化司法职权配置，保障法院和检察院依法独立公正行使审判权和检察权，维护法律公正实施。如将跨区划检察院设置为某省、自治区、直辖市的派出机构，跨省检察院的设立将无法实现。

为最大限度实现设立跨行政区划检察院的初衷，建议跨区划检察院应当设立为三级，第一级为跨县、区人民检察院。可以根据地理位置、交通状况、人口、辖区面积、案件数量等因素进行设置；第二级为跨自治州、省辖市人民检察院；第三级为跨省、自治区、直辖市人民检察院。结合特殊案件的分布情况，可以设置与传统意义上的大行政区不相对应的检察院，可以在华北、东北、华东、中南、华南、西南、西北等区域各设置 1 个。跨省管辖的跨行政区划检察院均由高检院派出，人财物实行统一管理，法律职务任免均由全国人大常委会决定。跨地市的跨行政区划检察院人财物委托由所在省统一管理，法律职务任免由所在省人大常委会决定。跨区县的跨行政区划检察院由所在省统一管理，法律职务由驻地所在人大常委会决定。之所以要设立跨区县、市州、省三级检察院，主要考量有两点，一是通过构建完整的诉讼层级体系，最大限度实现跨行政区划检察院的改革初衷。跨行政区划检察院改革的目的是排除地方干扰、解决诉讼"主客场"问题，确保司法公正。设置跨区县、市州、省三级检察院，可以让易受干扰的案件，自始至终都在跨行政区检察院体系中办理，回应对"案件上诉、抗诉后回流至地方"的质疑。二是充分利用现有司法资源，降低改革成本。对现有铁路运输检察院本身就是两级，可以进行适当改造，将现有基层铁检院改造为跨区县的跨行政区划检察院（定位为基层院），把铁检分院改造成跨市州的跨行政区划检察院的上级院（定位省级院的分院），再单独设立若干跨省、自治区、直辖市人民检察院。

（三）关于新疆建设兵团检察院的定位

新疆建设兵团检察院在组织法中的定位是一个较为敏感、复杂的问题，在组织法起草过程中也争议较大。主要观点有四种，第一种观点是将新疆建设兵团作为专门检察院，第二种观点是将新疆建设兵团检察院作为不同于地方检察院、专门检察院的一个特殊类型检察院，第三种意见是将新疆建设兵团检察院作为新疆维吾尔自治区人民检察院的派出机关，第四种意见是将新疆建设兵团检察院作为地方检察院。上个月，我们在起草报高检院的组织法修改建议稿过程中，就专门与新疆建设兵团检察院进行了座谈，听取兵团检察院的意见，他们坚持认为兵团检察院应当作为地方检察院，在组织法中予以明确。我们认为，兵团检察院的管辖范围与地方检察院无异，将其定位为专门检察院在理论上说不通；将其定位为一种特殊类型的检察院，在宪法上也行不通；在我国这个单一制政权结构下，在新疆一个行政区划内，不可能出现自治区检察院和兵团检察院两套地方检察院，把兵团检察院定位为地方检察院更不可取。

事实上，兵团检察院的法律定位是非常明确的。1998 年全国人大常务委员做出的《关于新疆维吾尔自治区生产建设兵团设置人民法院和人民检察院的决定》对新疆建设兵团检察院的地位以及人员任免做出了明确规定，该决定第 2 条规定：新疆维吾尔自治区人民检察院在生产建设兵团设置下列人民检察院，作为自治区人民检察院的派出机构：①新疆维吾尔自治区生产建设兵团人民检察院；②新疆维吾尔自治区生产建设兵团人民检察院分院；③在农牧团场比较集中的垦区设置基层人民检察院。新疆维吾尔自治区生产建设兵团人民检察院领导生产建设兵团人民检察院分院以及基层人民检察院的工作。该决定第 4 条规定：新疆维吾尔自治区生产建设兵团人民检察院检察长、副检察长、检察委员会委员、检察员，新疆维吾尔自治区生产建设兵团人民检察院分院检察长、副检察长、检察委员会委员、检察员，由自治区人民检察院检察长提请自治区人民代表大会常务委员会任免；基层人民检察院检察长、副检察长、检察委员会委员、检察员，由新疆维吾尔自治区生产建设兵团人民检察院任免。从上述规定可以看出，新疆生产建设兵团检察机关的定位是新疆维吾尔自治区人民检察院的派出机构。但在实践中，受多种因素影响，兵团检察院的现状与全国人大常委会的决定并不相符，兵团人民检察院下设分院、基层院，具有省级院的架构，并直接受高检院直接领导，不受自治区检察院的领导，形成了与自治区检察院地位同等、互不隶属的现实状况。这种定位与现实情况相脱节的问题，是历史原因形成的。兵团检察院在组织法上的定位纷争，主要不在于理论上的争议，而在于利益上的纷争。我们认为，立法在利益纷争中应有政治决断力，要扭转现实与全国人大决定背离的窘境，维护全国人大决定的权威性，兵团检察院的定位应当回归到全国人大常委会的决定上来，将其定位为新疆维吾尔自治区检察院的派出机关。

（四）关于在经济开发区、保税区、保税港等特定区域设立的检察院的法律定位

经济开发区、保税区和保税港区检察院的法律地位与经济开发区、保税区和保税港区的法律地位密切相关。经济开发区、保税区、保税港区不是同一层次的概念，三者之间有一定的交叉，不同层次、类型、性质、级别的经开区、保税区、保税港区的监管模式不同，法律地位也不尽相同。经济开发区有纯政府型（一级地方政府）、准政府型（实际承担着政府行政管理和社会管理职能，但不是一级政府）、政府"派出组织"型、行政与企业管理并存型（作为行政管理主体的开发区管委会及其他职能部门和市场化运营的开发公司同时并存）、独立公司型等多种类型。保税区和保税港区管理委员会无论是作为政府部门的派出机构还是政府设立的独立的管理机构，其均不具有独立的行政主体地位，更不是一级独立的行政机关。除作为一级政府的经济开发区外，其他经济开发区、保税区和保税港区无论其法律地位是派出机关还是派出机构，均是政府或其职能部门的派出单位。按照我国的权力体制，派出机关仍不属于一级国家行政机关，也没有相应级别的人民代表大会及其常委会。因此，除作为一级政府的经济开发区外，在其他经济开发区、保税区、保税港区设立的检察院均不具有独立的主体地位（在作为一级政府的经济开发区设立的检察院具有独立地位），其法律地位应当界定为经济开发区、保税区、保税港区所在行政区域的人民检察院的派出机构。作为一级政府的经济开发区设立的检察院，法律职务由所在经济开发区人大常委会决定，不具有独立的主体地位的经济开发区、保税区、保税港区检察院，法律职务由其派出检察院所在地人大常委会决定。

根据现有的实践，大量的国家级经济开发区、保税区、保税港区是由自治州、设区的市一级政府派出设立的，相应的这些开发区、保税区和保税港区的检察院须由所在行政区域的分州市级人民检察院派出，而按照现行《人民检察院组织法》的规定，省一级人民检察院和县一级人民检察院，根据工作需要，提请本级人民代表大会常务委员会批准，可以在辖区内特定区域设立人民检察院，作为派出机构。也就是说分州市级检察院是不能作为派出主体。区县检察院作为基层检察院，不宜再设置派出检察院（可以设置派出基层检察室），应取消其派出检察院设置权。同时，现行组织法规定列举的区域、场所不全面，开发区未包括在内，使派驻开发区的检察院缺乏法律依据。为使法律规定能够更好地适应改革和派出检察机关的实际需要，检察院组织法修改应对派出检察机构的区域、场所不

作规定，只原则性规定最高、省、市三级检察院根据工作需要，提请同级人民代表大会常务委员会批准，可以设置派出人民检察院，具体在哪些区域、场所派出检察机构，可由相关检察院根据法律原则和实际工作需要进行审批。

（五）关于内设机构和办案组织

1. 内设机构设置问题

内设机构是检察权运行的载体。在此轮司法体制改革中，内设机构改革启动普遍相对较晚，各地模式各不相同。在推进四项改革过程中，北京市检察院将内设机构改革作为各项改革的先导，坚持去行政化和扁平化的方向，弱化内设机构的办案色彩，将其定位为专业平台和管理单元，缩减领导职数。遵循"三个适当分离"、专业化、精简效能的原则，突出因地制宜、按需设置，不搞"上下一般粗"，不要求上下级院内设机构完全对应，优化整合三级院内设机构，撤销、合并同质化机构，全市检察机关形成了司法办案、检察监督、综合业务、综合管理、检务保障五类机构。同时，适应首都功能定位和经济社会特点，大力推进检察专业化建设，在市院和部分分院、区院设立国家安全和公共安全检察部、经济犯罪检察部、网络和电信犯罪检察部、金融检察部、科技犯罪检察部等 14 个专业化检察部门，除"流水线、链条式"办案模式之弊，兴"专业化、专门化"办案机制之利，专案专办、术业专攻。

《中华人民共和国人民检察院组织法（修订草案）》第 24、25 条将检察机关内设机构分为办案机构、综合业务机构、检察辅助机构和司法行政管理机构四类，有利于规范内设机构设置过乱，职能定位不清晰等问题，提高检察权运行效能，但四类型划分法，不尽科学。基于内设机构的新定位和此项改革的渐近性内设机构设置应是动态的，不是一成不变的。因此，在组织法规定大的机构分类的情况下，不需对数量、名称、对应关系作出具体规定，各地可依据实际需要，在大的类型范围内，因地制宜、动态设置内设机构。

2. 办案组织设置

建立健全办案组织，是此次检察机关司法责任制改革的一项重要任务。在司法责任制改革过程中，北京市检察机关建立以检察官为主体的检察官基本办案组、组合或协同办案、专案组三种办案组织形式。检察官基本办案组由一名检察官和必要数量的检察辅助人员组成，检察官负责办案组工作，并在职责范围内承担相应责任。根据办案实际需要，可以由两个或两个以上的基本办案组组合或协同办案。组合办案由检察长（副检察长）直接担任负责人，指挥各检察官共同办案；协同办案由检察长（副检察长）指定一名检察官作为负责人主办案件，其他检察官参与协办。办理重大复杂案件，可以跨部门、跨院组建专案组，由检察长（副检察长）统一组织、指挥、协调和管理。经过一年多的实践检验，三种办案组织形式在实践中运行良好。

《修订草案》在第三章单独规定"人民检察院的办案组织",对于巩固和深化司法改革成果,意义重大,是此次组织法修改的一大亮点。但第 30 条关于办案组织的规定,仍有不完善之处。一是主任检察官的称谓不尽合理。主任检察官办案责任制在司法责任制改革之前所推进的一项改革举措,在司法体制改革后,主任检察官办案责任制已经被司法责任制改革所吸收或取代,主任检察官的称谓基本等同于员额制改革的检察官称谓。在实践中,只有在办理重大、复杂、敏感案件中才会采用两名以上检察官组成办案组的方式,并指派其中一名领导干部或工作能力较强的检察官担任办案组的负责人,这些办案组多为"因需设置""人随案生""案随人走""案结组散",办案组负责人多为临时指定,是短期的办案组织者、指挥者,非为职务称谓。在办案组中设置主任检察官,不好划分办案组内检察官和主任检察官的办案权限,难以明确划分主任检察官与部门负责人、分管检察长在办案管理和行政管理中的职能和角色,容易形成主任检察官是"检察官之上的检察官"的印象,导致主任检察官异化为一种行政层级,不利于司法权责的统一化和明确化,也不利于检察办案的去行政化,在检察机关办案组多为临时设置、非常态设置的情况下,在检察官办案组中设置主任检察官,没有多大实际效用。我们认为检察官办案组可以指定负责人,但不宜设置主任检察官。二是检察机关办案组织的构建有其自身特点和要求,应不同于法院的办案组织。检察机关到底构建什么样的办案组织,不能参照法院。法院实行独任制、合议制的办案组织。但检察机关并没有这样的办案组织和办案原则。检察机关构建办案组织,必须建立在检察官负责制基础上。一般情况下,由 1 名检察官配备必要的辅助人员组成基本办案组办理案件,只有在办理重大、疑难、复杂案件时,才需要由两名以上检察官组成办案组,由检察长指派其中一名检察官担任办案组负责人,实行组合或协同办案。

(六)关于巡回检察厅、基层检察室的设置

对于巡回检察厅的设置问题,我们认为,应设置最高人民检察院巡回检察厅。理由如下:一是对应监督的需要。2015 年 1 月最高人民法院根据《关于巡回法庭审理案件若干问题的规定》设立巡回法庭,受理巡回区内相关案件。第一巡回法庭设在广东省深圳市,巡回区为广东、广西、海南三省区。第二巡回法庭设在辽宁省沈阳市,巡回区为辽宁、吉林、黑龙江三省。对此,最高人民检察院应当根据对应原则设置相应机构,以便准确履行法律监督职责,防止巡回法庭成为法律监督的空白地带。二是有利于司法便利。从域外情况看,与审判机关对应设置以及按区域设置是检察机关设置的一般原则,但为了适应检察工作的实际需要,便利公民快速高效地寻求法律救济以及保护国家利益,有时需要对检察机关的设置进行一定的调整，设置最高人民检察院巡回检察厅突出体现了司法便利原则。

对于基层检察室的设置问题，我们认为，基层检察室是检察机关服务群众的"第一窗口"，是强化法律监督的"前沿阵地"，是促进基层社会治理法治化的"重要力量"，设立基层检察室具有十分重要的意义。一是解决基层法律监督缺位问题。在现行司法体制框架下，公安在乡镇设有派出所，法院设有派出法庭，司法局设有司法所，只有检察机关在乡镇未设法定派出机构。设立基层检察室可以实现检察工作重心下移，检力下沉，延伸法律监督触角，与司法权、行政权共同构成权力制衡体系，有助于完善县镇一级司法体系。二是实现社会矛盾源头治理的要求。设立基层检察室契合社会治理转变、社会矛盾源头治理、检察工作重心转移的时代要求。2010 年 10 月高检院下发的《关于进一步加强和规范检察机关延伸法律监督触角促进检力下沉工作的指导意见》也指出，"促进检力下沉的组织形式"最重要的是"加强和规范派出检察室建设"。

当前，基层检察室已在各地检察实践中遍地开花，在拉近与群众距离、倾听群众意见、延伸法律监督触角、提升检察机关执法公信力等方面均发挥了重要作用。这次组织法修改应当为基层检察室正名，在组织法上确立其派出机构法律地位。对于当前基层检察室建设存在着定位不清、职责不明、机制不健全、运行不规范、设置不科学等问题，属于运行管理层面的问题，不是在组织法上应当设立或不设立的问题，运行管理层面的问题，应严格其设置的准入和强化运行管理。

三、关于检察机关职权方面的问题

近年来，随着我国法治建设发展，《刑事诉讼法》《民事诉讼法》《行政诉讼法》的修改完善，司法改革、监察体制改革和检察工作的不断推进，检察机关的职权范围有了较大变化。尤其是监察体制改革，将检察机关行使反贪、反渎与职务犯罪预防等职能的部门转隶至监察委员会，这种调整对检察机关的职能产生重大影响，可谓伤筋动骨。

（一）关于检察机关职务犯罪侦查权

1. 应当保留检察机关部分渎职犯罪侦查权

在监察体制改革过程中，最大的变化是将检察机关反贪、反渎与职务犯罪预防等部门，整体转隶至监察委员会。本次监察体制改革，对我国政治权力分工，尤其是检察机关产生了巨大影响。检察机关是否还有侦查权，社会各界普遍十分关注。按照《关于在北京市、山西省、浙江省开展国家监察体制改革试点工作的决定》的规定，监察委员会调查涉嫌贪污贿赂、滥用职权、玩忽职守等职务违法和职务犯罪行为，对涉嫌职务犯罪的，移送检察机关依法提起公诉，也就是说监察体制改革后监察委员会行使职务犯罪案件的调查权，而检察机关负责对监察委移送的案件提起公诉，检察机关不再享有职务犯罪侦查权。从各地试点来看，各地检察机关无一例外都将职务犯罪侦查权进行了剥离。笔者认为，在国家监察体制改革过程中，应当保留检察机关部分渎职犯罪的侦查权。

职务犯罪侦查权是检察机关履行诉讼监督职责的基本保障。当前，人民群众对执法、司法领域中存在的腐败、不公现象反映十分强烈，执法、司法也确实存在一些违法甚至犯罪的行为，要解决这些问题，仅靠检察建议、纠正违法是远远不够的，只有赋予检察机关部分职务犯罪侦查权，让检察机关把查办执法不严、司法不公背后的职务犯罪与对诉讼活动的监督结合起来，才能有效监督执法、司法活动，维护国家法制的统一。从实践来看，侦查权剥离后，检察机关开展诉讼监督工作普遍感到监督无力、监督疲软，被监督单位对监督意见不回复、不配合、不接受的情形比比皆是，像是"无牙老虎"。建议保留检察机关部分渎职犯罪的侦查权，即国家工作人员利用职权实施的非法拘禁等 14 个罪名：非法拘禁罪（刑法第 238 条），非法搜查罪（刑法第 245 条），刑讯逼供罪（刑法第 247 条），暴力取证罪（刑法第 247 条），虐待被监管人罪（刑法第 248 条），滥用职权罪（刑法第 397 条，限于执法司法人员），玩忽职守罪（刑法第 397 条，限于执法司法人员），徇私枉法罪（刑法第 399 条第 1 款），民事、行政枉法裁判罪（刑法第 399 条第 2 款），执行判决、裁定失职罪（刑法第 399 条第 3 款），执行判决、裁定滥用职权罪（刑法第 399 条第 3 款），私放在押人员罪（刑法第 400 条），失职致使在押人员脱逃罪（刑法第 400 条第 2 款），徇私舞弊减刑、假释、暂予监外执行罪（刑法第 401 条）。

2. 保留检察机关机动侦查权

《刑事诉讼法》第 19 条第 2 款规定：对于国家机关工作人员利用职权实施的重大犯罪案件，需要由人民检察院直接受理的时候，经省级以上人民检察院的决定，可以由人民检察院立案侦查。该款规定从三个方面说明了我国检察机关机动侦查权的构成样态：①就机动侦查权的对象而言，应当是国家机关工作人员，包括国家权力机关、行政机关、司法机关、军队机关以及中国共产党各级机关内从事公务的人员。此外还包括 2002 年全国人大常委会专门作的《关于〈中华人民共和国刑法〉第九章渎职罪主体适用问题的解释》中规定的主体。②就机动侦查权的范围而言，指上述人员利用职权或者职务便利实施的，在特定时空内影响力较大，损害国家、集体或者人民利益，且除《刑事诉讼法》第 19 条第 2 款规定中的三种类型外的其他犯罪案件。③就启动程序而言，具有严格的等级限制。需要经过省级或最高人民检察院决定，省级以下检察院不得自行启动。检察机关对一些其他国家机关不愿管、不便于管的国家机关工作人员犯罪的立案侦查权，应继续保留给检察机关，防止出现处罚漏洞。需要指出的是：在检察机关行使机动侦查权的过程中，根据案件的实际需要，会产生通缉、技术侦查、执行强制措施等附随后果。受检察机关人力、物力等各种因素的影响，很难直接实施。立法者出于这方面的顾忌，根据现行《刑事诉讼法》规定，对于这些附随后果均由检察机关决定、公安机关具体执行。与一般侦查权相比，机动侦查权主动性、积极性较差，因此综合立法意旨与实际需要，重构机动侦查权应在原有规定的基础上，突出互相配合的原则，增加类似规定，凸显其他侦查机关的协助义务，实现叠加聚力的效果。保留上述渎职犯罪的侦查权，从根本上说是贯彻落实十八届四中全会"完善检察机关行使监督权的法律制度"的精神的需要，只有这样，才能保障检察机关更好履行法律监督职能。

（二）检察机关公诉权和审判监督权的关系协调

中国特色检察制度的鲜明特色在于，检察机关集诉讼职能和诉讼监督职能于一身，检察机关既是法律监督机关，具有诉讼监督职能；也是司法机关，具有诉讼职能。一方面，法律赋予检察机关通过诉讼的形式处理有关案件，有权依法审查批捕、审查起诉、侦查职务犯罪等；另一方面，我国检察机关具有独特的宪法定位，有权依法对诉讼活动进行法律监督。诉讼职能、诉讼监督职能这两种不同性质、不同种类的职能对于检察机关都是必不可少的，两项职能是并行不悖的。二是诉讼职能和诉讼监督职能需要适当分离。诉讼职能和诉讼监督职能都是检察机关的法定职能，但运行规律、职能配置方式、形成的法律关系、司法程序和模式不同。无论是从加强部门之间监督制约的需要来看，还是提高诉讼监督工作的专业化水来看，在坚持检察机关两种职能都必不可少的前提下，二者不仅可以适当分离，而且也需要适当分离，实行一定意义上的"诉讼不监督、监督不诉讼"。三是诉讼职能和诉讼监督职能的分离要"适度"。诉讼职能和诉讼监督职能的分离不是强行分离、硬性分离、完全割裂，而是维持相互联系基础上，加强协作配合，能分则分。各部门不能"各办各案"，对于发现的应当由其他部门办理的案件线索视而不见、置之不理，而是要加强协作配合，通过建立线索发现、移送及办理反馈机制，线索、案件统一管理机制，工作协调配合机制等一些工作机制，保障两者在适当分离的同时，做到有序衔接、互相促进。从湖北省检察机关的实践看，通过诉讼职能与诉讼监督职能的适当分离，优化了职能配置，整合了检察资源，加强了内部监督，强化了法律监督，有效解决了诉讼职能和诉讼监督职能"一手硬、一手软"的问题。以侦查监督和刑事审判监督为例，对比实行分离前的 2009 年和分离后的 2014 年办案情况，湖北省检察机关监督侦查机关立案监督数上升 154%，监督侦查机关撤案数上升 561%，监督纠正侦查活动中的违法行为数上升 797%，提起刑事抗诉数上升 299%，监督纠正刑事审判活动中的违法情形上升 1293%。北京市检察机关在前些年也在刑事检察部门设立诉讼监督组，统一负责办理本部门的诉讼监督案件，对诉讼监督和诉讼职能实行一定程度的分离，成效非常明显，各类诉讼监督案件也经历快速上升，但随着近年来业务考核的调整，诉讼监督案件数量下降较为迅速，办案人员在一定程度上又回到了"重办案、轻监督"的老路。因此，有必要对诉讼职能和诉讼监督职能进行分离，实行机构分设，彻底解决"一手硬、一手软"的问题。

公诉权和审判监督权之间的关系是诉讼权和诉讼监督权关系的具体化，如前文所述，两者之间的冲突可以通过职能的适当分离、建立协作配合机制等方式进行协调。具体如下：一是对公诉部门和刑事审判监督部门进行机构分设。按照诉讼职能与诉讼监督职能适当分离的原则，在检察机关内部分设公诉部门和审判监督部门，分别行使公诉职能和审判监督职能，实现两者职能的分离。二是要建立健全相关工作机制，保障两部门之间有序衔接配合。要坚持检察工作统一性、整体性，在公诉部门和刑事审判监督部门分设以后，建立相应工作机制，如诉讼监督线索发现、移送及办理反馈机制，线索、案件统一管理机制，工作协调配合机制、资源优化整合机制等一些工作机制，来保障两部门在职能适当分离的同时，做到有序衔接、协作配合，增强工作合力和效率。

（三）检察机关提起民事、行政公益诉讼的理论依据和在公益诉讼中的法律地位

检察机关提起民事、行政公益诉讼有着坚实的法理依据。一是检察机关提起公益诉讼符合检察机关的宪法定位。检察机关作为国家的法律监督机关，是国家和社会公共利益的当然代表，提起公益诉讼是法律监督权的组成之一。任何主体对于公益的损害，都是违法行为的表现，对此违法行为，检察机关拥有监督权，提起诉讼即为该监督权的行使形式之一，也是检察机关履行法律监督职责的应有之义。二是检察机关提起公益诉讼有一定的历史渊源。我国立法上曾有检察机关履行公益诉讼职责的规定。如1954年《检察院组织法》第4条第6款规定"对于有关国家和人民利益的重要民事案件有权提起诉讼或者参加诉讼"。1979年《检察院组织法》修订后，检察机关参与民事诉讼的职责被取消了。三是检察机关提起公益诉讼在现行法中可以找到一定依据。现行法律有一些法律条文能够为检察机关提起公益诉讼提供支持。如《民事诉讼法》第15条规定"机关、社会团体、企业事业单位对损害国家、集体或者个人民事权益的行为，可以支持受损害的单位或者个人向人民法院起诉"；《刑事诉讼法》第101条第2款规定"如果是国家财产、集体财产遭受损失的，人民检察院在提起公诉的时候，可以提起附带民事诉讼"，从这些法律条文的立法本意来分析，可以得出检察机关提起公益诉讼的正当性依据。四是检察机关提起公益诉讼符合国际惯例。纵观英美法系和大陆法系的主要国家，大多有检察机关作为国家利益和公共利益代表参加诉讼的规定和实践。如美国早在19世纪末就从法律上确定了检察机关作为环境民事

诉讼原告的资格。德国确定了公共利益代表人的制度，由联邦最高检察官作为联邦公共利益的代表人参加民事诉讼和行政诉讼。法国检察理论认为检察机关的职责就是维护公益。五是检察机关提起公益诉讼符合全面推进依法治国的形势需求。检察机关提起公益诉讼是党中央在依法治国框架下赋予检察机关的重要使命。党的十八届四中全会提出探索建立检察机关提起公益诉讼制度，为探索检察机关提起公益诉讼提供指引和方向，随后十二届全国人大常委会第十五次会议审议通过了《全国人民代表大会常务委员会关于授权最高人民检察院在部分地区开展公益诉讼试点工作的决定》，确立了检察机关提起公益诉讼的依据，为检察机关提起公益诉讼从理论步入实践奠定基础。

检察机关在公益诉讼过程中应定位于"公益诉讼人"。依据最高人民检察院发布的《检察机关提起公益诉讼试点改革方案》，检察机关以公益诉讼人的身份提起民事、行政公益诉讼。这种"公益诉讼人"的法律定位类似于刑事诉讼中"公诉人"，可以做以下两方面的理解：一是检察机关不是代表自己而是代表公共利益和国家利益提起诉讼，检察机关与案件本身并没有直接的利害关系，其提起的是公益诉讼而不是私益诉讼。检察机关在民事公益诉讼中是民事"公诉人"，在行政公益诉讼中是行政"公诉人"。这种公益诉讼人的定位既与检察机关在刑事诉讼中的"公诉人"相区分，又保持了内在的一致性。二是检察机关在诉讼中具有双重身份。作为原告，检察机关在诉讼中享有当事人的地位和权利义务，需要履行提供证据、参加法庭辩论等职责。同时作为法律监督机关，检察机关在公益诉讼中对诉讼进行法律监督，如果法院审判公益诉讼案件存在程序违法现象，检察院可以提出检察建议；如果法院作出的生效裁判存在错误，检察院可以抗诉。

（四）应当赋予检察机关监督行政违法行为和行政强制措施职权

检察机关监督行政违法行为和行政强制措施具有必要性和可行性。一是在《检察院组织法》中增加行政违法行为监督的内容，符合党的十八届三中、四中全会精神。二是可以完善对行政机关的监督制度，促进依法行政。三是检察机关监督违法行政行为是检察机关作为法律监督机关的应有之义。四是现阶段行政机关违法行为大量存在，侵犯公民权益和公共利益，具有监督必要性。五是检察机关较行政机关的自我监督更中立，较法院的被动监督更主动，具有对违法行政行为监督的主体优势。六是检察机关享有公诉等职权，履行职责中发现行政违法问题具有现实可行性，也能够通过内部多部门的配合更好地进行违法行为监督。

在对行政违法行为的监督范围方面，主要包括两项内容：一是行政机关及其工作人员违法行使职权的情形，二是行政机关及其工作人员不行使职权的情形。之所以不建议对行政违法行为的具体监督范围以列举的方式进行规定，主要是考虑如下两点：①行政机关的管理活动涉及社会生活的方方面面，行政行为的种类亦纷繁复杂，不仅包括行政处罚、行政许可、行政强制、行政裁决、行政征收、行政登记等众多有名的行政行为，而且还包括大量无名的行政管理行为。因此，无法以列举的方式进行规定；②检察机关对行政违法行为的监督属于新生制度，尚处于实践摸索阶段。虽然检察机关对行政违法行为的监督要保持谦抑原则，在监督范围上应当有所限定，但是在目前无论学界还是实务界对检察机关究竟如何监督行政违法行为尚无成熟理论的前提下，如果组织法对监督范围进行限定，可能会影响检察机关的改革探索。因此，组织法的修改要有前瞻性的考虑，要为后续的改革留有空间，具体的监督范围可留待配套法律或高检院的司法解释进行具体规定，组织法主要应当做赋权的规定。

在对行政违法行为的监督程序方面，行政违法行为监督应以穷尽其他救济手段为原则，并做好与行政复议、行政诉讼和行政公益诉讼等程序的衔接。如前文所述，组织法不可能详细规定检察机关履行职权的程序，对行政违法行为的监督程序也不可能细化规定。因此，对行政违法行为的监督程序，可由在配套法律或高检院的司法解释中进行规定。具体可以做以下程序："检察机关监督行政违法行为以穷尽其他救济手段为原则，但有下列情形之一的除外：①检察机关认为行政违法行为侵犯国家和社会公共利益的；②检察机关认为确有必要进行监督的；③法律、法规规定的其他情形。""检察机关审查后认为行政机关存在违法行为的，依检察监督程序处理；认为行政机关工作人员存在违法违纪问题且不涉嫌犯罪的，移送行政监察机关；认为规范性文件存在问题的，移送有权机关并提出意见。"

行政强制措施属于行政行为的一种，检察机关对涉及公民人身财产权益的行政强制措施实行监督的必要性的理由，可参见前文。

四、关于检察院组织法修改的特殊问题

（一）关于如何系统规定检察一体化领导体制的问题

我国宪法明确规定："最高人民检察院领导地方各级人民检察院和专门人民检察院的工作，上级人民检察院领导下级人民检察院的工作。"中央政法委原书记孟建柱和最高人民检察院原检察长曹建明在讲话中也多次强调，司法改革要坚持检察一体化领导体制。但何为一体化领导机制？其应包括哪些制度要素？现行组织法对此未作出系统安排，实践中，一些地方的检察机关在落实中存在不够充分到位的现象。为此，在草案中，除了高检院现行草案已经增加的内容以外，应增加规定以下内容：

（1）明确下级检察院要定期向上级检察院汇报工作。检察机关由人大产生，受人大监督。为体现这种监督关系，检察机关要向同级人大汇报工作，并对同级人大负责。依据宪法规定，检察机关上下级也为领导关系，但实践中，下级人民检察院并不需要向上级检察院汇报工作，检察机关的上下级领导关系更多是通过个案的指导来体现。在司法责任制改革背景下，各层级的办案责任更加明确，高检院也下发专门意见，从严限制了下级院请示案件的范围，规定案件事实、证据不能请示，只能请示法律适用问题、程序问题等。以后上下级院间的个案指导必将弱化，但上下级院之间的领导关系不能弱化，因此，我们建议在组织法中明确规定，下级检察院应当定期向上级检察级院报告工作。

（2）明确直辖市人民检察院分院应当对直辖市人民检察院负责并报告工作。直辖市分院与一般省辖的地市级人民检察院最大的不同是没有同级的党委、人大与政协。依据法律规定，直辖市分院检察长、副检察长、检察员由直辖市人大任命，但直辖市分院却并不向直辖市人大汇报工作，同时，由于没有法律、法规的明确规定，直辖市分院也不向上级检察院汇报工作，这可能导致对直辖市分院监督的弱化，也不能很好地体现检察一体以及上级检察院对下级检察院的领导关系。因此，我们建议在组织法中进一步明确：直辖市人民检察院分院应当对直辖市人民检察院负责并报告工作。

（3）规定检察长的职务收取或移转权。作为检察长领导检察工作的具体体现，建议明确：检察官违法办案或者拒不执行检察长指令和决定的，检察长认为确有必要时，可以依法将案件收归自己办理或者转由其他检察官办理。

此外，省级检察院有权对全省检察官员额进行统筹管理使用、检察官在本省范围内的检察机关异地履职资格等问题，也是检察一体化的具体体现，我们对此也作了相应规定，后文有详述。

（二）关于完善检察机关行使法律监督职权的程序问题

如前所述，检察权是复合性权力，具体职权类型丰富多样，大体可以分为诉讼和监督两大类。但三大诉讼法历次修改都侧重完善诉讼程序，较为"忽略"监督程序。当前，检察机关法律监督的相关规定散见于宪法、检察院组织法、刑事、民事、行政诉讼法等法律及高检院制定的相关司法解释和规范性文件中，法律规定相对原则，立法位阶较低，配套机制匮乏，不但有碍于全社会对法律监督形成完整的认知，也大大影响了检察监督职能的规范行使。从有利于检察监督工作的长远健康发展来看，有必要制定专门的《人民检察院法律监督法》。此次修改检察院组织法，虽然可以适当增加相关规定，但考虑到组织法的定位，不可能规定得过细。故建议在组织法中设置一个授权性规定，为下一步推动检察监督工作走向法治化道路预留空间。我们建议在组织法中写入"授权性条款"，明确规定人民检察院履行法律监督职能的具体程序，由全国人大常委会另行规定，最高人民检察院制定实施细则。

（三）关于检察官异地履职的身份问题

实践中，检察机关办理重大复杂案件，经常需要调配检察官异地履职，这既是办案的现实需要，也是检察一体化的内在要求。但检察员由同级人大常委会进行任免，一定程度上限定了检察官履职的地域范围。若 A 地检察员到 B 地履职，在员额制改革以前，一般采取由 B 地检察长将其任命为本院助理检察员，依法代行检察员职责，解决检察官的履职资格和身份问题。但司法体制改革以后，只有经过省级统一遴选、地方人大分级任免的检察官才有资格独立办案，检察辅助人员无权独立承办案件，检察官异地履职面临身份不适格的问题。这将是司法体制改革后各地检察机关即将普遍面对的紧要、棘手问题。为解决这一问题，我们建议在现行省级统一遴选、人大分级任免的程序中，增加一个统一批准的环节。即对于省级以下检察院的检察官，在省级统一遴选后，由省级院检察长提请同级（省级）人大常委会批准后，再由同级人大进行分级任免，并规定，"经统一遴选和任命的检察官可在本省、自治区、直辖市范围内的检察机关履行职责。"

（四）关于人民监督员制度

关于人民监督员制度，我们认为不宜在人民检察院组织法中予以规定。理由有三：一是人民监督员制度不属于组织法规范的内容。人民监督员制度与人民陪审员制度有本质的区别。人民陪审员参与案件审理本身就属于审判权、审判组织、诉讼程序的一部分，纳入人民法院组织法规定是理所应当的。而人民监督员不同：从身份讲，人民监督员不属于检察机关管理的人员，也不参与检察机关的任何办案组织；从法律效力上讲，人民监督员对特定案件的监督也不能对案件的决定直接产生法律效力；从职权性质上讲，人民监督的监督就是对检察权行使的一种外部监督权，或者叫人民群众的监督权，与检察机关自身行使的法律监督职权本身并没有关系。简言之，人民陪审员是直接参与办案，人民监督员则是督促检察机关依法履职。人民检察院组织法主要规定的是检察院的性质、任务、职权、组织设置和人员组成等。而人民监督员既不属于人民检察院的组织和人员，其行使的职权也不属于检察机关的法律监督职权，因而人民监督员制度不属于检察院组织法规范的内容，不宜在人民检察院组织法中规定。二是人民监督员制度的根基已经发生变化。设立人民监督员制度的初衷，主要是加强对检察机关查办职务犯罪的外部监督，避免因自侦、自捕、自诉造成权力滥用。根据《最高人民检察院关于人民监督员监督工作的规定》，人民监督员主要是对人民检察院办理直接受理立案侦查案件工作中的"三类案件、八种情形"进行监督。随着监察体制改革的推进，对于职务犯罪将实现调查权与逮捕权、公诉权彻底分离，分别由监察委员会和检察机关行使，再由人民监督员对职务犯罪案件进行外部监督已无太大必要。三是人民监督员制度是否需要保留、如何转型发展需要进一步研究和改革探索。鉴于人民监督员制度的根基已经发生变化，是否需要保留该项制度，如果保留其监督的重点在哪里目前尚缺乏充分的论证和有效的实践经验。如有的提出，人民监督员制度不仅是对检察权行使的外部监督机制，也是人民群众参与司法的重要体现；有的提出，监察体制改革后，人民监督员制度可以保留，监督重点转向检察机关的不捕、不诉案件等。我们认为这些观点有一定的道理，但目前尚缺乏充分的论证，也没有经过有效的实践探索，甚至该项制度是否需要进一步改革探索，中央的政策尚不明朗，因此目前就在基本法中予以规定时机尚不成熟。

监狱民警依法履职免责制度研究

刘鹏涛 *

一、监狱民警依法履职的基础及属性

（一）监狱民警依法履职的基础

1. 监狱的政治属性和法定职能

监狱是国家执行刑罚机关，由国家依法设置与管理，负责对判处死刑缓期二年执行、无期徒刑、有期徒刑的罪犯执行刑罚，基本职责是"惩罚和改造罪犯、预防和减少犯罪"，基本方针是"实行惩罚和改造相结合，教育和劳动相结合的原则，将罪犯改造成为守法公民"。[1]具有明确的政治和法律定位。

（1）监狱是具有鲜明政治属性的国家司法行政机关。政治属性是监狱机关的根本属性。我国监狱是中国共产党领导下的人民民主专政机关，是巩固和维护国家政权及政治安全，保障国家法律正常实施，为中国特色社会主义事业保驾护航的重要力量。在法律上，监狱是惩罚和改造罪犯的刑罚执行机关，隶属司法部管辖。有别于权力机关、行政机关、司法机关（即法院、检察院）和军队。

（2）监狱的法定职能是执行刑罚，即惩罚与改造罪犯、减少和预防犯罪。执行刑罚是监狱的首要的基本职能，由于国家通过《刑法》明确规定了以剥夺自由为核心的刑罚制度和运用，在刑罚执行方面，监狱承担了绝大部分的刑罚执行任务。因此，监狱有责任保证刑罚执行得以完成、刑罚目的得以实现。通过对罪犯进行惩罚和改造，到达预防和减少犯罪的效果，是刑罚执行活动的实质内容，监狱应当积极构建以政治改造为统领的五大改造新格局，努力实现把罪犯改造成为守法公民的法定目标。

①监狱执法的对象。监狱执行刑罚的对象仅限于被法院判处死刑缓期二年执行、无期徒刑、有期徒刑的罪犯。如果被判处有期徒刑的罪犯，剩余刑期不满三

---

* 课题主持人：刘鹏涛，北京市监狱管理局清河分局政委。立项编号：BLS（2017）B020。结项等级：合格。

[1]《中华人民共和国监狱法》。

个月，则不由监狱执行。[1]现行《监狱法》也明确规定，将看守所代为执行的有期徒刑的刑期范围缩短为 3 个月。

②监狱依法执行刑罚的惩罚功能。

I. 监狱对罪犯权利的剥夺或限制。

《宪法》规定了我国公民的基本权利，同时也规定"国家维护社会秩序，镇压叛国和其他危害国家安全的犯罪活动，制裁危害社会治安、破坏社会主义经济和其他犯罪的活动，惩办和改造犯罪分子。"既是监狱保障罪犯权利的最高法律依据，也是剥夺罪犯权利的最高法律依据。据此，《刑法》对刑罚作出实体规定，《刑事诉讼法》对刑罚作出程序规定，《监狱法》对刑罚作出了执行规定。

其一，监狱执行刑罚主刑主要是剥夺罪犯人身自由。《刑法》第 46 条规定："被判处有期徒刑、无期徒刑的犯罪分子，在监狱或者其他执行场所执行；凡有劳动能力的，都应当参加劳动，接受教育和改造。"《刑法》没有明确规定有期徒刑、无期徒刑两种自由刑具体剥夺什么，但《监狱法》关于"监管""分别关押""采取不同方式管理"的规定，均是对罪犯人身自由的限制，这就意味着罪犯在监狱服刑期间被剥夺一定的人身自由。

其二，监狱执行刑罚中对罪犯政治权利的剥夺。根据《刑法》第 54 条规定的立法本意，监狱执行刑罚期间，如果罪犯被判处剥夺政治权利的附加刑，那么执行主刑期间也要剥夺政治权利。

基于以上，监狱执行刑罚的惩罚功能集中体现为剥夺或限制罪犯的自由，主要体现在四个方面：

一是剥夺或限制罪犯的政治权利自由。

二是剥夺或限制罪犯的社会生活权利自由。

三是剥夺或限制罪犯的个人生活权利自由。

四是剥夺或限制罪犯的家庭生活权利自由。

II. 监狱剥夺或限制罪犯权利的时空效力。

剥夺或限制罪犯权利的时间效力，唯一依据是法院生效判决。剥夺或限制罪犯权利的空间效力是监狱场所。除了依法假释、依法释放和依法离监等外，罪犯自行实施的一切脱离监狱场所的行为都属于违法犯罪行为。

③监狱依法执行刑罚的改造功能。

I. 教育改造罪犯是监狱法定职能。

《监狱法》的第 4 条规定，监狱对罪犯应当依法监管，根据改造罪犯的需要，

---

[1] 2012 年修订的《刑事诉讼法》规定，对被判处有期徒刑的罪犯，在被交付执行刑罚前，剩余刑期在 3 个月以下的，由看守所代为执行。

组织罪犯从事生产劳动，对罪犯进行思想教育、文化教育，技术教育。明确了监狱教育改造罪犯的法定职责和内容，在《监狱法》颁布的 24 年实践中实现了良好的法律效果和社会效果。2018 年 6 月 28 日，全国监狱工作会议在此基础上，深入分析监狱的政治属性、法律属性和社会属性，系统总结教育改造罪犯的实践经验，进一步提出了"以政治改造为统领，统筹推进政治改造、监管改造、教育改造、文化改造、劳动改造的监狱工作'五大改造'新格局"。进一步阐释了监狱教育改造法定职能的内涵。

需要明确，"五大改造"新格局是《监狱法》第 4 条在新时代监狱工作中的具体体现。从法律规定上看，推进"五大改造"新格局并未违背《监狱法》，而是在其基础上进一步明确教育改造内容和方式方法，将法定的教育内容涵盖其中。从立法本意上看，"五大改造"符合"将罪犯改造成为守法公民"的法定目标，是法律在新时代实践中的发展和应用。从执法实践上看，是对监狱执行《监狱法》经验成果的总结和提炼，提出的将罪犯改造成为"认同党的领导、认同伟大祖国、认同中华民族、认同中华文化、认同中国特色社会主义道路"的守法公民的具体目标，将更加有力的实现监狱工作政治效果、法律效果和社会效果的统一。

II. 教育改造必要的现实条件。

监狱要完成其改造罪犯的任务，必须具备物质条件、人员条件和管理条件。物质条件是监狱完成其改造任务的基础，包括必要、适宜的监舍，良好的狱内卫生条件，以及必要的教育设备等。人员条件是监狱完成其改造任务的关键因素，改造任务最终由监狱人民警察实施，所以没有高素质的监狱人民警察队伍，将无法实现将罪犯改造成为守法公民的目标。管理条件是监狱完成改造罪犯任务的重要保障，科学、有效的规章制度不仅能够保障改造工作的顺利进行，而且能够调动罪犯改造积极性。

2. 监狱民警的法定职权

人民警察是全国统一的整体性组织，是武装性质的国家治安行政力量。根据《人民警察法》第 2 条规定，人民警察包括公安机关、国家安全机关、监狱、劳动教养管理机关的人民警察和人民法院、人民检察院的司法警察。监狱人民警察简称监狱民警，是指依法从事监狱管理、执行刑罚、改造罪犯工作的人民警察。本文所指监狱民警主要是指各级监狱管理机关的公务员以及监狱、未成年犯管教所的公务员。

监狱民警是承接并落实监狱法定职能的载体，除《人民警察法》一般性规定外，监狱民警主要职责是落实管理监狱、执行刑罚，主要包括以下权力：收押权、监管权、侦查权、教育权、劳动管理权、刑罚变更建议权、暂予监外执行建议权、释放权，除以上八项基本权力以外，监狱民警还有执行驱逐出境等法律赋予的其他权力，在此不赘述。

（二）监狱民警依法履职的属性

（1）法定性。《监狱法》规定"监狱的管理人员是人民警察""监狱的人民警察依法管理监狱、执行刑罚、对罪犯进行教育改造等活动，受法律保护。"

（2）竞合性。监狱民警履行职责是以个体为表象的，每名监狱民警均独立行使权力。这种形式使监狱民警个体履职行为同监狱履职行为高度竞合、不可分割。

（3）功能性。监狱民警依法履职行为不仅追求程序效果，更加是实体的政治、法律和社会功能。

二、影响监狱民警依法履职的因素

（一）国家立法的影响

国家立法的影响主要表现在法律依据空缺、法律依据冲突两个方面。

1. 法律依据空缺

《监狱法》总计78条，条文过于简单概括，且实务操作性不强，所涵盖的内容不能满足于执法所需的法律保障，从而在执法依据、执法方式、执法保障等方面出现了较多的空白，监狱民警在具体执法活动中往往出现无法可依的局面。

2. 法律依据冲突

由于《监狱法》的配套实施细则未出台，目前监狱民警的执法依据主要来自司法部一些规章和各省级监狱管理局出台的一些具体的执法操作细则，而各省级的执法依据在执法规则和程序上存在不一致，如罪犯会见通信的次数、计分考核规定、处遇等级待遇等，严重影响了全国刑罚执行的统一性，导致在不同省份服过刑的罪犯对国家刑罚执行政策一致性提出质疑，影响民警依法履职的信心。

（二）社会舆论的影响

近年来，随着经济、社会和文化多元化发展的影响，加之监狱信息化建设和狱务公开工作的不断推进，改变了长期以来的监狱相对封闭、与社会长期隔离的现状，监狱的执法工作受到了各方面的监督和关注，由于社会逐渐信息化，社会公众和媒体通过网络的传播，其速度之快，范围之广，对监狱民警的执法活动的关注度空前增强。

（三）监狱自身的影响

进入新时代，司法部提出了"坚守安全底线，践行改造宗旨"的监狱工作要求，既强调"维护监狱安全稳定是最大的政治责任"，同时也要求"坚持以政治改造为统领，统筹推进政治改造、监管改造、教育改造、文化改造、劳动改造五大改造新格局"，明确了安全和改造两大重点任务，其中安全是基础，改造是责任。从监狱实践来看，监狱安全稳定是相对的，确保绝对安全同诸多不稳定因素之间的矛盾，增加了监狱民警依法履职的压力。

（四）罪犯因素的影响

1. 押犯结构的变化

近几年来，"三涉""四史""多进宫"累惯犯、团伙类罪犯的数量占所押犯总数比例逐渐增大；高智商高文化高职务类罪犯、涉网络经济类罪犯、智能型犯罪罪犯等新犯罪类型罪犯的押犯数量也在不断增加。对于一些新犯罪类型的罪犯，监狱民警缺乏对这类罪犯监管改造的经验，往往因依法履职不讲求方式方法而导致被追责。

2. 罪犯过度维权

随着监狱执法的监督体系的逐步完善，罪犯维权渠道增多，维权意识逐渐增强。但是，由于罪犯对权利保护的曲解，一些罪犯在主张和诉求基本权利时，不切实际地扩张和滥用自己的权利，直接导致监狱民警执法难度增强。

三、监狱民警履职行为的法律后果

法律行为必定产生法律后果。监狱民警按照法律授权履行职务，作用于受法律制裁的罪犯，履职行为属于法律行为，必定产生一定的法律后果。这种法律后果来源于履职行为过程和履职行为造成的结果。

（一）监狱民警履职行为的法律后果

监狱民警履职行为受诸多因素的影响，势必产生不同的法律后果。评价法律后果应从两个层面考量：一是履职行为的过程，二是履职行为造成的结果。

1. 履职行为过程考量

监狱民警的职责是按照法律授权管理监狱、执行刑罚，履职行为受法律的约束。程序正义优先于实体正义，因此履职行为过程是否符合法律规定或法律精神，直接影响履职行为结果的性质。

一般情况下，监狱民警履职行为过程有三种性质：一是履职行为符合法律规定和法律精神；二是监狱民警滥用职权超越法律规定、违背法律精神；三是监狱民警失职渎职未完全执行法律规定、违背法律精神。

除符合法律规定和法律精神的履职行为外，其余两种均直接造成不利法律后果，需要承担法律责任，甚至受到法律制裁。

2. 履职行为结果考量

监狱民警履职行为的结果有三种：一是符合法律预期的积极结果；二是违背法律精神的消极结果；三是介于符合法律规定但尚未达到法律预期的中间状态。

3. 履职行为的法律后果

监狱民警履职行为过程、结果、法律后果是统一的整体，但也存在内部的分裂：

一是监狱民警履职行为过程同履职行为结果不是绝对对应关系。不符合法律规定和法律精神的履职行为一定带来消极后果，但符合法律规定和法律精神的履职行为未必一定带来积极效果。

二是监狱民警履职行为结果同履职行为法律后果不是绝对对应。积极的履职行为结果一定带来有利的法律后果，但消极的履职行为结果未必一定导致不利的法律后果。

三是不符合法律规定和法律精神的履职行为一定导致不利的法律后果，但符合法律规定和法律精神的履职行为是否一定带来有利法律后果值得商榷。

（二）监狱民警履职行为风险

监狱不同于普通单位。一是具有代表国家执行刑罚的权威性；二是封闭环境下包括警察和罪犯两个对立群体；三是监狱工作不是临时的、阶段性的，而是稳定的、长期。涉及监狱的风险无处不在、无时不在、无事不在，决定了监狱民警具有特定的履职风险。

监狱民警履职风险，是指从事监狱民警履职行为过程中所必然面临的各类风险，即监狱民警因为执行刑罚而遭受伤害、损失等不利后果的可能性。监狱民警履职风险，不同于其他履职风险，一是作为机关工作人员具有履职风险，包括决策风险、领导风险、行政风险、执行风险；二是作为固定封闭工作场所的工作人员同时面临自然风险、人为风险；三是监管改造工作性质带来的行业风险，如突破警囚界限的风险、遭受罪犯侵害的风险、执法犯法的风险、社会不理解的风险。

监狱民警履职风险有自身的特点，一是风险存在的绝对性，二是风险存在形式的不确定性，三是风险发生时机的不可测性，四是风险危害后果的不确定性，五是风险受害对象的无过错性，六是风险在时空的永恒性。

1. 监狱民警履职的直接风险

从古到今，尽管世界各国都通过立法、设立相应机关部门应对人们的犯罪，尽管我们经常还不时地高喊"严打"，但是犯罪从来就没有消亡甚至减少的迹象。犯罪就存在于我们生活的社会环境中，成为社会风险的一种现象。那么，除死刑立即执行的以外，众多的犯罪人被押送到监狱服刑，带来了监狱民警依法履职面临履职风险。

监狱民警履职风险主要有罪犯脱逃的风险、刑罚执行本身的风险、民警自身人性的风险、政策的风险，自然的风险、社会的风险。

（1）来自罪犯脱逃的风险。罪犯是最难管理、最难控制、最难教育的特殊群体，是监狱民警履职风险的根本源头，来自罪犯的风险包括罪犯越狱逃跑、自杀自伤自残、伤害监狱民警及其他犯人以及其他违法犯罪行为。其根源在于追求自由的人性因素。

（2）来自执行刑罚本身的风险。监狱把罪犯监禁起来执行自由刑，是刑罚的进步，相比生命刑处死罪犯、肉体刑残害罪犯及其行刑方式更为人道，但同时也带来特有风险。对罪犯执行刑罚本身就会引发监狱民警受危害的履职风险。

（3）来自监狱民警自身人性的风险。在监狱封闭的环境内，改造罪犯成为守法公民的转化过程是极其复杂艰巨烦琐的人文社会工程，监狱民警必须长年累月同罪犯打交道且要改造他们，同时还必须面对随时可能发生的种种危险。

（4）来自政策的风险。国家对监狱工作的各项具体政策，为监狱职能顺利实现发挥了重要作用。但政策本身是逐步完善、逐步发展的过程，具有滞后性特征。

（5）来自自然的风险。是指自然界中发生的、能造成监狱里人员死亡与财产损失的自然灾害，往往使监狱物资遭受损失，监狱人员伤亡，监狱秩序瘫痪。

此外，还有来自社会的风险，社会中的普通民众或者不了解监狱的状况，或者不知道监狱的情况，或者不满意监狱的工作，往往表现为抵制监狱工作，或者帮助狱罪犯罪，或者故意犯罪以便入狱生活看病养老等。

2. 来自特定法律关系的风险

监狱民警与罪犯之间形成的改造与被改造关系是一种特定的法律关系，从根本上区别于监护关系、血缘关系。监狱是自由刑的执行场所，在剥夺或限制罪犯自由的同时，还要采取一定手段对罪犯实施矫正。

（1）改造与被改造关系的特点。监狱对服刑罪犯实施惩罚改造，必须通过监狱民警察采取相应措施作用于罪犯。而这个过程，必然使监狱民警和罪犯产生一定联系，即改造与被改造关系。但改造与被改造关系与一般管教关系不同，具有鲜明的特点：法定性、强制性、行政性、统一性。

（2）被改造对象的特点。罪犯因自己的犯罪行为而受到法律制裁，罪犯作为监狱人民警察的工作对象具有以下特点：身份的特殊性、改造的复杂性、作用的可变性、形式的多样性。

（3）被改造对象的作用。罪犯是社会秩序的破坏者，他们在没有得到彻底改造之前，对社会的作用是消极的，对他们处以刑罚，其目的是要通过惩罚将其改造成为守法公民。但罪犯的犯罪心理和犯罪个性不会因投入监狱而很快地、完全地解体消失。那些自卑、纵欲、欺诈、报复等欲望和要求还会继续表现出来，一方面形成一股负面感染力量去对抗监狱民警的正面教育影响力；另一方面继续支配其行为，做出与罪犯角色要求不相符的举动。在这种情况下，要矫正罪犯，监狱民警必须对罪犯施以较罪犯负面感染能量更大的正面教育能量，方能逐渐化解罪犯负面能量，促使罪犯逐渐朝着监狱为其设定的目标发展。作为被改造对象在与监狱民警的互动关系过程中，罪犯作用表现为良性和恶性两个方面：

第一，良性作用。罪犯的错误思想观念逐渐被正确的思想观念所取代，其恶劣的行为习惯逐渐得到矫正。

第二，恶性作用。表现为两个层次。第一层次，表现为罪犯恶习所形成的负面感染能量。第二层次的作用，表现为各种负面感染能量抵消或抵制来自监狱民警的正面教育能力。

（三）监狱民警履职不利法律后果的追究

监狱民警责任追究的方式是"过错责任"，其法理依据即前文所述不符合法律规定和法律精神的履职行为一定导致不利的法律后果。

1. 监狱民警履职过错责任追究的必要性

追究监狱民警履职过错行为法律责任，对于取得刑事法制实践的积极效果、行刑的公正落实、监狱行刑公信力的社会认可具有重大意义。当前，监狱民警履职过错行为追责，不仅是反腐败斗争的一项内容，也是扫黑除恶的一项内容，对于从严治警、纯洁监狱民警队伍具有重大作用。

2. 监狱民警履职过错责任追究现行制度

1999年5月31日，司法部发布了《关于监狱劳教人民警察执法过错责任追究办法（试行）》，确定了监狱民警履职过错责任追求制度。明确了应当追究监狱民警过错责任的二十种情形，公开公正、法纪面前人人平等、处分与教育相结合的三项原则，同《公务员法》对应的四种处理结果和查处工作程序。2012年5月21日，司法部又会同监察部和人力资源社会保障部共同出台了《监狱和劳动教养机关人民警察违法违纪行为处分规定》，其中对监狱民警履职行为过错追究的情形及处分类型进行了细化和明确。

（四）民警依法履职的后果及认定

1. 监狱民警依法履职的后果

回归前文所述民警履职行为、结果和法律后果三者之间的割裂，有必要对符合法律规定和法律精神的履职行为的法律后果进行讨论。即民警履职行为是否承担不利法律后果应当认真分析。

笔者认为，基于监狱民警工作实际情况的复杂性，在法律和制度框架下监狱民警的履职行为依然有可能出现不良后果，是否承担不利的法律后果，应当从三个方面看。一是要看不良后果是否在法律制度容忍范围内，"两害相权取其轻"，如果该不良后果可避免或维护了更大的国家社会利益遭受损害，则可视为在法律制度容忍范围内；二是要看监狱民警履职行为与超出限度的不良后果有无直接因果关系，意外事件的责任不应由监狱民警承担，监狱民警的紧急避险行为、正当防卫行为应当受到保护，除此之外的酌情处理行为直接造成的不必要损失应当由监狱民警承担。三是监狱民警履职时的自身情况也需要具体考虑，总的原则是不能要求监狱民警做出超越其认识判断、越超出其能力的行为。酌情处理行为主要见于突发事件中，监狱民警情急之下根本来不及做出周全且精确的判断，依靠的是日常训练中形成的反应本能和行为惯性。

如果民警履职行为符合法律规定和法律精神，具备以上三项条件，则不应当承担不利的法律后果。

2. 监狱民警依法履职被追责必定带来消极后果

监狱民警依法履职被追责将引发诸多不利影响，择其要着主要有：执法高压力、执法高难度、执法高风险和执法低保障。

（1）监狱民警执法压力增大。所谓监狱民警执法压力就是指监狱民警在具体执法活动中受到来自监狱内部和外部因素的影响力。

一是监管安全的压力。这是来自监狱内部的压力，"维护监狱安全稳定是首要政治责任"，足以见得安全稳定在监狱民警履职中的重要地位。防罪犯脱逃、防非正常死亡、防重大恶性案件成了监狱民警考核的硬指标。在"三防""三无""零指标"等监管工作要求的重压下，监狱执法民警如果在执法活动中稍有疏忽或者过失，发生了罪犯脱逃、罪犯自杀自伤自残、罪犯非正常死亡、重大恶性案件就会受到严厉的行政处分或刑事责任追究，这样的监管安全压力是难以想象的。

二是社会舆论的压力。这是来自监狱外部的压力，随着狱务公开工作逐步开展，社会公众和媒体对监狱的关注度越来越高，特别是对监狱罪犯权益保护的关注，监狱的负面事件或者一些合法的执法活动被媒体曝光后，媒体更多是将矛头直指监狱，视罪犯群体为社会弱势群体进行特别的关注和报道，而将监狱民警视为强势群体进行看待，在一定程度上断章取义或者直接扭曲事实，给监狱民警执法带来了巨大的舆论压力。

（2）监狱民警执法难度增加。监狱民警执法难度就是指监狱民警监管罪犯工作的困难程度。民警依法履职被追责将严重损害民警执法权威、弱化罪犯改造意识。当前的罪犯义务意识弱化的现象较为严重，罪犯在监狱服刑期间，只注重自己应享有的权利，而忘却自己应尽的义务，往往表现出消极改造、规避管理、胡搅蛮缠等行为，甚至出现对抗管理、顶撞刁难民警、威胁挑衅民警、栽赃诬赖民警的情况，其影响极其恶劣，极大地增强了监狱民警的执法难度。

（3）破坏"过错责任"原则，影响民警执法心理。如罪犯的自伤、自残、自杀行为本来就是难以控制的，就算在监狱外面的普通公民也都会出现这样的行为，唯一不同的是普通公民出现这样的行为是没有人负法律责任的，而如果是监狱罪犯出现了这样的行为，监狱执法民警就要受到被动的责任倒逼，追究其连带责任，轻则行政处分，重则追究刑事责任，导致一些民警在执法活动中提心吊胆，不知道哪一天自己所承包的监组罪犯会出什么事情，导致自己被追究责任；其次，体现为合法执法活动中出现的责任倒逼，这种责任倒逼主要是指监狱民警依法合理的执法行为产生了不可控的后果而导致的责任倒逼，一定程度上也造成了监狱民警执法高风险。

　　3. 监狱民警依法履职的认定

　　监狱民警依法履职免责制度的本质是监狱民警依法履职受法律保护，而受法律保护必然要求具备一定条件。监狱民警依法履职免责需要符合两个条件，一是行为合法即符合法律制度，二是行为履职即属于职权职责的公务行为，最关键的是依法履职免责。

　　(1) 行为是否合法。监狱民警行为合法，需要从两个层面进行认定。首先是在法律层面，可分为二种情况。一是法律有明确规定的，监狱民警履职行为属于《监狱法》规制的范围，《监狱法》明确规定的监狱民警履职行为属于合法，《监狱法》明确禁止的行为属于违法。二是法律没有明确规定的，监狱民警履职行为属于酌情处理，必须符合法律精神，而不能肆无忌惮，应尊重和保护罪犯合法权益，如果履职侵害罪犯合法权益自然应追责。其次是制度层面，监狱民警履职行为必须符合监狱主管部门依程序制定的执法规则。监狱主管部门制定具体规则，代表并落实细化法律意向，是监狱民警履职的依据和标准，监狱民警履职必须遵守，如超出或违反则构成违法。

　　(2) 行为是否履职。依法履职免责制度保护的是监狱民警的履职行为，不保护非履职行为。监狱民警在工作期间的行为是否属于履职行为，应从以下三个方面判断。一是在时间上，以公务时间为标准，必须要求是在从事工作期间，可细化到在岗时间，如被责令"下岗学习"的监狱民警在离岗期间对罪犯下达的指令明显不属于受保护的履职行为。二是在行为上，以公务行为为标准，要求监狱民警的行为属于履职行为，如利用监狱民警身份为谋取个人利益而实施的行为明显不属于履职行为，如监狱民警要求罪犯为其办理私事等。三是在岗位上，以岗位职责要求为标准，要求监狱民警的履职行为符合岗位职责内容条件，如越权行为或滥权行为或未经授权的代理行为或谋私行为均不能视为履职行为。

四、监狱民警依法履职免责制度探索

(一) 建立监狱民警依法履职免责制度的意义

　　法治建设必然要求监狱民警依法履职，监狱民警依法履职免责制度，从制度上确定监狱民警依法履职，受法律保护，不受法律追究责任，具有重大现实意义。

1. 健全监狱民警依法履职免责制度是全面落实依法治国战略的基本要求

2014 年党的十八届四中全会对全面推进依法治国做出重大部署，提出了政法机关要"督促依法履职""保障宪法和法律实施"，从依法执政的高度强调了政法干警要依法履职。在 2017 年，中共中央印发了《关于新形势下加强政法队伍建设的意见》，明确指出要健全政法干警依法履职保障机制。监狱民警作为政法干警的组成部分之一，依法履职保障是依法治国的必然要求，只有保障监狱民警依法履职才能维护刑罚运行的正常秩序，树立法律权威。

监狱民警依法履职保障就是确保监狱民警依法履职不受追责。"依法"是前提，"履职"是要求，不受追责是后果结局。强调依法履职免责，本身即是对"不依法、不履职"行为追责的有力补充，不仅是对"依法履职"的鼓励，更是对"依法履职"的保障。因为，监狱民警面临的工作比其他行业更复杂、更艰巨，其风险更加突出，尤其是在改革开放的新时期，对监狱民警正当执法行为的威胁始终存在，抹黑、煽动、对抗等现象时有发生，需要国家对"依法履职"行为的给予有力保护。强调依法履职免责，同时也是对不法分子不法企图的权力宣示和警示，彰显依法行刑的决心。

2. 健全监狱民警依法履职免责制度是推动监狱工作发展的现实需要

监狱行刑职能是否正确落实，不仅在于监狱民警依法履职，也在于健全监狱民警依法履职免责制度，尤其是后者对监狱民警既是约束也是保护。监狱民警依法履职免责制度，从根本上消除了监狱民警依法履职被追责的后顾之忧，有利于坚定监狱民警依法履职的信念，有利于提高监狱民警在改造与反改造斗争中的主动性，有利于调动监狱民警依法履职的积极性，有利于增强监狱民警执法的权威性，推动监狱行刑工作。

3. 健全监狱民警依法履职免责制度是鼓励监狱民警依法履职大胆创新的基本保障

监狱工作面临诸多风险，监狱民警职业属于高危行业，监狱民警依法履职始终伴以种种风险，如果以发生某种问题为由，对依法履职的监狱民警追究责任，势必严重挫伤监狱民警依法履职大胆创新的积极性。因为一经发生问题，即使依法履职，监狱民警也要被追究责任，就意味着该监狱民警的某些切身利益就会受到损失，轻者名誉一落千丈，重者开除丢职，这显然有失公允。可见，只有健全监狱民警依法履职免责制度，才能促进监狱民警依法履职，大胆改革创新，主动干事创业，形成想干事、敢干事、善干事、干成事的良好工作风尚。

（二）依法履职免责的核心

依法履职免责制度的核心是"免责"，既要确保监狱民警依法履职行为不受追责，也要确保监狱民警依法履职行为造成轻微不利后果免除追责。就本文而言，这里"责"是指不利后果，免责有两种类型，其一，本身没有责任；其二，免除追责。免责的价值是监狱民警依法履职行为不受责任追究。

（三）监狱民警依法履职免责制度的构想

监狱民警依法履职免责制度不可能孤立地存在，至少涉及四项工作，即制定监狱民警依法履职标准、监狱民警依法履职行为的认定、监狱民警依法履职免责的决定、监狱民警依法履职被追责影响的消除。判定监狱民警是否依法履职的前提是要有监狱民警依法履职标准，监狱民警依法履职标准应由相应的监狱管理机关经法定程序制定，明确具体细化监狱民警的依法履职事项。监狱民警因履职问题被追究责任时，监狱民警是否依法履职的认定需要由专门机构作出，该机构或固定设置或临时组建，既要反映国家法律意志，也要体现主管部门意见，还要回应基层民警呼声。监狱民警是否依法履职的认定书提交给裁判委员会，裁判委员会采取听证会的形式，广泛听取各方面意见，以票决制作出是否免除监狱民警追责的决定。该裁判委员会由监狱长、监狱的监察部门、政工部门、案件情况涉及的业务部门、专业领域的社会专家、基层民警代表构成，同时邀请检察机关列席。监狱民警依法履职免责的决定作出后，需要对事件本身的不良后果进行处理，其一对监狱民警依法履职行为进行宣告，澄清事实并保护涉事监狱民警合法权益，维护监狱行刑的正常秩序；其二做好善后工作，教育监狱广大民警，对监狱行刑秩序和客观损失进行修复。

1. 监狱民警依法履职免责的原则

主要有：职责法定原则、鼓励实干原则、实事求是原则、纠错改错原则、客观公正原则、有效保护原则。

2. 监狱民警依法履职保障委员会

省（市、自治区）监狱管理局应成立监狱民警依法履职保障委员会，保障委员会下设办公室。局属各单位对应成立民警依法履职保障委员会及办公室。

保障委员会是监狱民警依法履职免责保护的领导决策机构，主要负责制定监狱民警履职规范和免责标准，认定是否符合免责情形、受理申诉复议、落实权益保障等相关事宜。办公室在保障委员会领导下开展工作，具体负责单位、民警依法履职免责和民警合法权益保障等工作的组织协调、调查核实和监督实施。

3. 依法履职免责情形

监狱民警在依法履行各项职责、推进监狱行刑工作中出现失误，但没有违法违纪且未造成重大监管安全隐患、安全生产责任事故、较大群体性事件，以及其他重大损失或恶劣影响，且符合下列情形之一的，可予以免除追责。

（1）决策部署方面。

一是在具体落实措施中，因上级政策界限不明确或不可预知的因素或因监狱风险，在创造性开展监狱工作中出现一定失误或造成一定影响的；

二是因大胆履职、勇于创新工作，为解决特殊困难和现实问题，出现工作失误和偏差，但没有为个人、他人或单位谋取私利，且积极主动消除影响或挽回损失的；

三是执行单位领导班子集体决策或对错误决策提出明确反对意见但未被集体采纳，出现工作失误或不良影响的；

四是在推进监狱工作改革创新和推动重大项目、重点工作中，因缺乏经验，出现先行探索性失误或未达到预期效果的；

五是发生社会负面舆情，且与监狱履职无直接责任关系的；

六是其他经保障委员会认定的在决策部署或贯彻决策部署方面可以免责的。

（2）监督管理方面。

一是在坚持从严管理中，坚持原则、敢抓敢管，出现一定偏差失误的；

二是在监督执纪问责工作中，因大胆工作，积极作为，打破不良习惯，触及作风顽疾，出现一定偏差或在民警中引发非议和矛盾的；

三是在严格落实监督管理职责中，及时指出相关单位或民警个人在业务工作中存在的问题，并要求及时纠正、整改，但仍出现问题并造成一定影响的；

四是在落实八小时以外监督管理时，能严格落实教育、监督、管控措施，民警违规违纪行为与工作履职无直接关系的；

五是在化解矛盾纠纷、解决历史遗留问题中，主动担责、积极作为，但仍出现一定失误或效果未达到预期的；

六是其他经保障委员会认定在日常监督管理方面可以免责的。

（3）民警依法履职方面。

一是民警严格按照有关法律法规、规章制度认真履行岗位职责，但因客观条件限制、硬件设施功能滞后等外部因素影响，造成不良后果，影响较小的；

二是民警因公外出、因私请假、休假、正常轮休时，按照规定将岗位工作移交其他民警，由于其他民警工作落实不到位，造成不良后果，且不良后果与被移交前岗位民警工作履职无直接关系的；

三是民警在办理罪犯减刑、假释、暂予监外执行、离监探亲、工种安排和考核奖惩等重要执法环节过程中，对不符合有关法律法规和监狱制度的情形提出异议，但未被采纳或由上级机关直接决定，而发生问题的；

四是民警在办理罪犯减刑、假释、暂予监外执行、离监探亲、工种安排和考核奖惩等重要工作环节过程中，能依法依规，但非因主观故意且未谋取私利，造成工作失误，并导致一定后果的；

五是民警依据罪犯现实改造表现，按照法定条件、程序办理罪犯假释且未徇私舞弊，但罪犯在假释考验期重新犯罪或者因其他违反法律法规行为被依法收监的；

六是民警依法履职监管罪犯，但罪犯不服从管理，辱骂、顶撞、挑衅民警，危及民警或他人人身安全、监管安全，民警在及时组织处置过程中，动用警戒具且在事后及时报告、补办审批手续的；

七是民警严格按规定报批使用警戒具，但在使用过程中，因警戒具故障造成罪犯意外伤害的；

八是发生罪犯袭警或罪犯打架斗殴，民警采取劝导和其他合法处置措施无效，被迫正当防卫、紧急避险，造成涉案罪犯或其他罪犯身体受到轻微伤害的；

九是监狱医院或民警医生正确落实医疗制度，医疗流程符合要求，病情处置得当，但罪犯病情救治要求超过监狱现有医疗条件和医务人员专业能力，导致病情恶化，产生不良后果的；

十是因专业医务人员缺乏、罪犯病情危急等客观原因，监狱医务人员跨科、跨专业从事相应医疗工作，导致诊断偏差、罪犯病情恶化，产生不良后果的；

十一是在监管安全事故防范工作中，民警在事发前根据掌握情况已做预防计划或方案并认真落实各项安全防控措施，但仍然发生罪犯自杀、自伤自残、故意伤害等监管安全事件的；或事发后能严格按突发事件应急处置预案要求及时正确处置，但事态仍恶化升级的；

十二是在应对处置各类突发事件时，因明显超出单位现有能力条件或民警个人专业技能水平而导致事态恶化或产生不良后果的；

十三是因其他司法机关、政府部门、罪犯及其家属等隐瞒真实情况或提供虚假证明材料，致使民警依法履职发生过错的；

十四是其他经保障委员会认定在民警依法履职方面可以免责的。

（4）生产经营及行政后勤管理方面。

一是在生产管理工作中，认真落实安全生产责任体系要求，严格执行监狱相关规定及管理，但仍然发生问题，造成一定经济损失的；

二是在生产经营管理中，严格执行生产接单管理和合同签订审批管理制度，但由于市场原因或企业自身管理等客观原因，虽及时采取法律诉讼等相关措施且没有营私舞弊、吃拿卡要等现象，但仍出现合同纠纷，导致发生恶意欠款、扣款等问题，造成一定经济损失的；

三是在生产投资决策、加工项目调整和推进产业升级等工作中，严格履行调研论证、集体研究、民主决策和有关报批程序，没有贪污受贿，但因市场原因或其他客观因素，导致决策失误造成一定经济损失的；

四是在安全生产管理工作中，严格落实罪犯收工后巡查车间等安全防范职责后，在非出工时间段因场所、设备设施等发生火灾或生产设备设施、产成品毁损等安全事故的；

五是在大宗物资采购验收工作中，严格执行有关物资采购招标、投标、验收制度，但因供货方恶意隐瞒或提供虚假材料，以及受专业技术水平限制，未能及时发现问题而造成一定经济损失或不良后果的；

六是在土地、山林和房屋等不动产以及车辆、办公设施设备等固定资产管理工作中，认真落实有关管理制度，没有为自己或他人谋取私利，但因自然灾害、物资折旧老化等客观原因造成资产毁损、流失的；

七是其他经保障委员会认定的在生产经营及行政后勤管理方面可以免责的。

（5）其他方面。

一是法律法规和党纪政纪没有明令禁止，且失误行为没有产生重大影响或损失的；

二是按照事发当时法律法规和有关规定，免于问责的；

三是因自然灾害等不可抗力因素，导致工作未达到预期效果或造成负面影响和损失的；

四是其他经保障委员会认定可以免责的。

4. 依法履职免责程序

依法履职免责程序启动包括申请启动和提请主动启动两种情形，即依法履职免责程序由当事人申请启动和有关部门主动启动。

一是当事人申请启动。发生失误和错误的单位或民警，认为符合依法履职免责条件的，可以主动向所在单位保障委员会提出依法履职免责申请书，并提供相关证明材料。

二是有关部门主动启动。纪检监察、组织人事及上级有关部门在受理信访投诉、干部考察、绩效考评、纪律审查、组织处理、事故调查、审计监督和警务督察等过程中，发现符合依法履职免责情形、应当给予免责处理的，应及时提请保障委员会，主动启动依法履职免责保护程序，为民警澄清是非，提供保护。

5. 依法履职免责结果

经依法履职保障委员会决定，对于依法履职的监狱民警，可在以下方面予以免责：

一是在单位年度工作目标绩效考核及队伍建设、党风廉政、教育改造等相关工作绩效考核中免予扣分；

二是在干部任职试用期满考核和年度考核、任期考核等干部考核时，不作为负面评价的依据；

三是在干部考察、提拔任用、轮岗交流、挂职锻炼等方面不受影响；

四是在表彰奖励、评先评优、教育培训、平时考核，以及绩效奖金、岗位津贴发放等方面不受影响；

五是在民警系统内部调配、警衔晋升、职称评定、职务套改等方面不受影响。

需追究党政纪责任的，经依法履职保障委员会认定，可依据党政纪有关规定，酌情从轻或减轻处分。

6. 防错纠错机制

纠错防错包括事前防错、及时纠错和跟踪问效三个方面，对被认定免责的监狱民警，实施分类处置，督促纠错纠偏，挽回损失，消除影响。

7. 权利救济机制

监狱民警遭受不实举报澄清保护机制，积极借助公检法机关力量，切实落实监狱民警依法履职受到侵害保障救济措施。

8. 组织保障机制

组织保障包括三个方面的工作，即加强组织领导、严明纪律要求、注重正面激励。各单位党委要从深化过硬队伍建设，从加快推进监狱改革创新发展的高度，重视民警依法履职免责保护工作，切实负起责任，强化制度措施，支持和保护民警依法履职、大胆创新、担当作为。要加快建立健全与民警依法履职有关的制度体系，及时清理废止和修订完善不合时宜的制度规范，严格把握政策法规界限，严格执纪监督，通过合理容错、及时免责、澄清保护，消除民警顾虑，鼓励积极作为。

在支持和保护民警依法履职的同时，严禁打着容错免责、改革创新的旗号，搞执法不公正不文明、徇私舞弊、贪污受贿、假公济私，以及严重侵害群众利益等行为，对不履行或不正确履行职责的单位和民警，坚决按照有关法规制度严肃问责。

对执法严明、敢抓敢管，面对歪风邪气敢于坚决斗争，在监狱改革发展中敢于触及矛盾、迎难而上，在急难险重任务和重大突发事件面前敢于挺身而出、攻坚克难，在基层一线和艰苦危险岗位默默奉献、实干苦干的民警，注重正向激励，要及时表彰奖励，重点培养使用，大势宣传引领，大力营造依法履职、干事创业的浓厚氛围。

附　录

青年课题核心成果

北京市宅基地使用权纠纷司法实证研究

聂卫锋*

一、当下宅基地使用权的政策导向

在我国现行体制之下，包括宅基地使用权在内的农村土地上的权利，受到国家政策的强烈影响，并且也体现在行政执法实践和司法实践之中，因此有必要先行梳理国家关于宅基地使用权的当下政策导向。

（一）《中共中央国务院关于实施乡村振兴战略的意见》（2018年1月2日）

《中共中央国务院关于实施乡村振兴战略的意见》第九点"推进体制机制创新，强化乡村振兴制度性供给"之（二）规定："（二）深化农村土地制度改革。系统总结农村土地征收、集体经营性建设用地入市、宅基地制度改革试点经验，逐步扩大试点，加快土地管理法修改，完善农村土地利用管理政策体系。扎实推进房地一体的农村集体建设用地和宅基地使用权确权登记颁证。完善农民闲置宅基地和闲置农房政策，探索宅基地所有权、资格权、使用权'三权分置'，落实宅基地集体所有权，保障宅基地农户资格权和农民房屋财产权，适度放活宅基地和农民房屋使用权，不得违规违法买卖宅基地，严格实行土地用途管制，严格禁止下乡利用农村宅基地建设别墅大院和私人会馆。在符合土地利用总体规划前提下，允许县级政府通过村土地利用规划，调整优化村庄用地布局，有效利用农村零星分散的存量建设用地；预留部分规划建设用地指标用于单独选址的农业设施和休闲旅游设施等建设。对利用收储农村闲置建设用地发展农村新产业新业态的，给予新增建设用地指标奖励。进一步完善设施农用地政策。应当说，《中共中央 国务院关于实施乡村振兴战略的意见》政策提出的农村宅基地所有权、资格权、使用权"三权分置"的改革方向，是当下宅基地使用权实践中的最为重要的政策导向。在既有法律规范未作相应修改的前提下，该政策将对宅基地使用权的行政管理和司法实践产生深刻的影响，甚至可以直接影响到司法裁判的结论。"三权分置"意味着对农民宅基地使用权的权能释放，这就意味着宅基地使

---

* 课题主持人：聂卫锋，北京联合大学讲师。立项编号：BLS（2017）C001。结项等级：优秀。

用权的价值化实现程度、价值实现方式将在很大意义上改观，增强宅基地使用权流转的合法性，增加宅基地使用权的流转可能性，可谓是影响深远。最高人民法院发布的《最高人民法院关于认真学习贯彻〈中共中央、国务院关于实施乡村振兴战略的意见〉的通知》（法〔2018〕52号），已经明确要求地方各级法院妥善审理涉及宅基地"三权分置"的案件，相信该政策必定会反映在司法裁判实践之中。

（二）《中华人民共和国土地管理法（修正案）》（征求意见稿）

2017年国土资源部发布的《中华人民共和国土地管理法（修正案）》（征求意见稿）中，于原来的第62条的基础之上增加1款，国家鼓励进城居住的农村村民依法自愿有偿退出宅基地。腾退出的宅基地可以由本集体经济组织与宅基地使用权人协商回购，主要用于满足本集体内部的宅基地再分配，或者根据国家有关规定整理利用。宅基地使用权有偿退出是宅基地使用权价值化的实现方式之一，也是适应国家城镇化发展的农村土地改革举措之一。由于宅基地使用权具有集体经济的色彩，权利人具的集体成员的身份，在宅基地使用权的有偿退出的背景之下，如何实现集体成员与集体经济组织的关系维持，宅基地使用权如何与农村土地承包经营权实现政策上的衔接，均还需要社会各界进行研究和讨论。

（三）全国人民代表大会的决议

除了全国人民代表大会明确授权在试点地域暂停某些法律规则的适用或制定专门的规定之外，最近一些年全国人民代表大会每年的大会决议当中几乎都会涉及宅基地使用权改革的问题，通过决议即可理解为对决议内容的肯定。这类决议虽然涉及很多事项，但对于变动中的国家社会事务而言，在一定意义上也可以视为是一种法律政策的宣示。比如早在第十二届全国人民代表大会第一次表决通过的《关于2012年国民经济和社会发展计划执行情况与2013年国民经济和社会发展计划草案的报告》，就提到要"改革和完善农村宅基地制度，规范集体经营性建设用地流转。"这从政策角度上讲，即可理解为全国人大作为立法机关对于宅基地使用权流转性的一种政策性支持，司法机关在个案裁判之中完全可以遵从相关的精神处理纠纷。

2015年3月15日第十二届全国人民代表大会第三次会议通过的《关于2014年国民经济和社会发展计划执行情况与2015年国民经济和社会发展计划的决议》，关于宅基地使用权表达为："审慎开展农村土地征收、集体经营性建设用地入市、宅基地制度、集体产权制度等改革试点。开展农村土地经营权抵押贷款试点，引导农民以土地经营权入股合作社和龙头企业，推进多种形式适度规模经营。"这更鲜明地表达了立法机关关于宅基地使用权流转性的肯定态度。另需强调的是，宅基地使用权的政策导向的变化，并非突然而至。中央一直在通过各种方式逐步试点进行改革，近几年几乎每年全国人大及其常委会、相关专门委员会和国务院的报告、各种计划、意见之中，都屡屡强调宅基地使用权的改革，有很多全国人大代表在持续地提出修法的议案。现在政策导向已经明确，期待立法机关能够尽快做出回应。考虑到我国现行法律行政法规的层面，宅基地使用权的规范相对简单、粗略，有很多漏洞、空白或模糊之处，司法裁判机关不宜直接援引具体的条文进行裁判，因此需在具体案件之中基于政策的转向做出适应性的调整。

二、法律

我国《宪法》之中对宅基地使用权只有一个条文涉及，即第 10 条第 2 款后段："宅基地和自留地、自留山，也属于集体所有。"《宪法》的这一规定与宅基地使用权没有直接关系，仅是对土地公有制度的一种集中表达。

（一）《土地管理法》

《土地管理法》是目前关于宅基地使用权最为重要的法律文本，《物权法》第十三章"宅基地使用权"在法律实践之中，也必须依赖于《土地管理法》。《土地管理法》提及宅基的条文包括第 8 条、第 62 条两个条文，其中第 62 条设计宅基地取得的基本条件、取得的基本程序、宅基地使用权的基本使用方式等，最具规范意义。不过，考虑到宅基地政策的变动性宅基地使用或取得的地方性特点，以及第 62 条自身的笼统性特征，该条在法律实践之中究竟有多大价值，存有疑问。《土地管理法》第 16 条虽然没有直接提及宅基地，但该条统一规范了土地所有权和使用权争议的纠纷解决机制问题，涉及行政权与司法权在宅基地使用权争议解决中的主管顺序问题，因此被适用的概率相当高，对于该条文而言，需要注意的是，如何理解条文中表达的"争议"两个字，因为实践证明并非所有的土地使用权争议都必须得先经由政府解决。

（二）《村民委员会组织法》

《村民委员会组织法》第 24 条第 1 款第 6 项规定，宅基地的使用方案必须经村民会议讨论决定方可办理；第 34 条也规定，宅基地使用方案必须放入到村务档案之中。《村民委员会组织法》在宅基地使用权的实践当中引发的问题，就是如何理解村民的宅基地使用权与村民自治之间的关系。比较典型的争议是，村集体组织（村委会）决议收回某特定的宅基地使用权，属不属于村民自治的范畴，以及村民与村集体因此而引发的争议，法院是否有权力、有职责去解决。

（三）《妇女权益保障法》

《妇女权益保障法》第 32 条规定："妇女在农村土地承包经营、集体经济组织收益分配、土地征收或者征用补偿费使用以及宅基地使用等方面，享有与男子平等的权利。"该条主要规定宅基地使用权取得、使用方面的男女平等问题。但在很多地方实践之中，并非所有的女性集体经济组织成员都可以取得相应的宅基地使用权，该条的落实程度有很大的欠缺，权威不足。不过，在1992年版的《妇女权益保障法》中曾经有一条（第50条）规定："有下列侵害妇女合法权益情形之一的，由其所在单位或者上级机关责令改正，并可根据具体情况，对直接责任人员给予行政处分：……⑤划分责任田、口粮田等，以及批准宅基地，违反男女平等原则，侵害妇女合法权益的；……"。这一法律责任条款本来可以为落实妇女在宅基地取得等权利方面提供真切的保障，但很遗憾不知为何后来被删除。

（四）《担保法》

《担保法》第37条第2项否定了宅基地使用权的可抵押性，即流通性。但由于宅基地使用权的可抵押性在实践中已经放开，1995年制定的《担保法》也几乎被实质性修改并很快就被《民法典》取代，该规定已经没有实际意义。

（五）《全国人大常委会关于授权国务院在北京市大兴区等232个试点县（市、区）、天津市蓟县等59个试点县（市、区）行政区域分别暂时调整实施有关法律规定的决定》及《全国人民代表大会常务委员会关于延长授权国务院在北京市大兴区等三十三个试点县（市、区）行政区域暂时调整实施有关法律规定期限的决定》

这两个决定从宅基地使用权的角度看，主要涉及现行的某些不利于宅基地使用权流转的法律规定，需让位于"集体经营性建设用地入市、宅基地管理制度改革试点"的政策，属于临时性的法律层级的规范文本。暂停实施的法律文本，是"《中华人民共和国物权法》《中华人民共和国担保法》关于集体所有的宅基地使用权不得抵押的规定"，但这两个决定仅适用于全国范围内选择的若干区域。

（六）《城乡规划法》

《城乡规划法》第41条第2款规定："在乡、村庄规划区内使用原有宅基地进行农村村民住宅建设的规划管理办法，由省、自治区、直辖市制定。"该条规定宅基地建设的规划问题。

三、行政法规

（一）《政府信息公开条例》

《政府信息公开条例》第21条规定，宅基地使用的审核情况属于乡（镇）人民政府应当主动公开的信息。该条在司法实践之中主要涉及行政权力程序正当与否的问题，在行政实践之中则有助于村民了解宅基地使用权取得与否及进程的信息。

（二）《村庄和集镇规划建设管理条例》

《村庄和集镇规划建设管理条例》第18条第1款规定："农村村民在村庄、

集镇规划区内建住宅的，应当先向村集体经济组织或者村民委员会提出建房申请，经村民会议讨论通过后，按照下列审批程序办理：……②使用原有宅基地、村内空闲地和其他土地的，由乡级人民政府根据村庄、集镇规划和土地利用规划批准。"涉及宅基地建房的规划审批问题，对于行政行为和行政诉讼而言有意义。

（三）《国务院批转国家土地管理局关于加强农村宅基地管理工作请示的通知》（国发［1990］4号）

该通知的效力等级上因为经由国务院的批转，应该属于行政法规，并且至今并没有被明确废止，似乎处于继续生效的状态。但该通知明确表明"在1990年和1991年两年内，深入开展关于'人多地少，节约用地'的国情、国策观念教育；建立健全宅基地管理制度，加强法制建设；宅基地有偿使用的试点工作"，应该是自我限定了效力期间。此外，该通知中的内容更多是从宅基地行政管理的角度表达的阶段性政策，现阶段社会环境和生活条件已经发生巨大改变，能否仍然影响当下居民申请取得宅基地使用权、宅基地建房等行为，存有疑问。

四、司法解释

（一）《第八次全国法院民事商事审判工作会议（民事部分）纪要》

《第八次全国法院民事商事审判工作会议（民事部分）纪要》第五点"关于物权纠纷案件的审理"之"（一）关于农村房屋买卖问题"有两条规定与宅基地使用权有关："19.在国家确定的宅基地制度改革试点地区，可以按照国家政策及相关指导意见处理宅基地使用权因抵押担保、转让而产生的纠纷。在非试点地区，农民将其宅基地上的房屋出售给本集体经济组织以外的个人，该房屋买卖合同认定为无效。合同无效后，买受人请求返还购房款及其利息，以及请求赔偿翻建或者改建成本的，应当综合考虑当事人过错等因素予以确定。20.在涉及农村宅基地或农村集体经营性建设用地的民事纠纷案件中，当事人主张利润分配等合同权利的，应提供政府部门关于土地利用规划、建设用地计划及优先满足集体建设用地等要求的审批文件或者证明。未提供上述手续或者虽提供了上述手续，但在一审法庭辩论终结前土地性质仍未变更为国有土地的，所涉及的相关合同应按无效处理。"

很明显，宅基地使用权的流转、担保的合法性问题，受制于前述试点政策的直接影响。

（二）《最高人民法院关于当前民事审判工作中的若干具体问题》（2015年12月24日）

在《最高人民法院关于当前民事审判工作中的若干具体问题》第七点"关于涉农案件的审理问题"的"第二，关于农村房屋买卖问题"中，报告人时任最高人民法院民事审判第一庭庭长程新文认为："这个问题比较复杂，我们的总体意见是，要密切关注国家相关政策规定，在非试点地区，对于农民将其宅基地上的房屋出售给非本集体经济组织成员的，应该依法认定合同无效。但是可以探索合同无效后的损失范围和过错比例的研究。比如，出卖人因房屋涨价、拆迁补偿等原因主张合同无效，要求返还房屋或拆迁补偿款的，可以考虑根据案件实际情况，扩大信赖利益范围，合理确定过错大小，避免出现利益严重失衡的情况。"最高人民法院特别强调了国家的政策导向，但囿于制定法的规定以及司法机关固有且必需的保守性，并不能在司法上有很大的突破，仍然得坚持试点与非试点地区司法处理上的差异。不过，可能还是受到了国家试点政策的触动，尝试注意"合同无效后的损失范围和过错比例"问题，试图"避免出现利益严重失衡的情况。"因为在严格意义上讲，如果认定买卖宅基地上房屋不具有合法性，那么此种违法性显然对于交易当事人而言是应知的，谈不上过错比例的问题。

（三）《最高人民检察院关于贯彻落实〈中共中央关于全面推进依法治国若干重大问题的决定〉的意见》

《中共中央关于全面推进依法治国若干重大问题的决定》是对法制系统的全方面要求，人民检察机关也同样需要贯彻落实。在落实意见之中，"三、推进法治经济建设，依法服务发展、保障民生"之"13.积极保障和改善民生"中，最高人民检察院明确表达了"依法查办和预防农村土地征收、集体经营性建设用地入市和宅基地制度、集体产权制度改革试点等环节的职务犯罪，保障农户的土地承包权、经营收益权和宅基地使用权。"

（四）《最高人民法院关于个人违法建房出售行为如何适用法律问题的答复》（法〔2010〕395号）

宅基地所建房屋买卖不仅仅涉及买卖合同的合法性问题，就该行为自身而言，还涉及到关行为人是否因为该行为的不合法，而承担刑事责任。最高人民法院在法〔2010〕395号答复之中，基于土地政策的导向正在朝着相反的方向调整，表达了较为温和的态度："在农村宅基地、责任田上违法建房出售如何处理的问题，涉及面广，法律、政策性强。据了解，有关部门正在研究制定政策意见和处理办法，在相关文件出台前，不宜以犯罪追究有关人员的刑事责任。"

（五）《最高人民法院关于进一步贯彻"调解优先、调判结合"工作原则的若干意见》

宅基地引发的纠纷，当事人通常邻里之间，或者是亲人之间，因此在诉讼程序上引入调解机制，可能会取得最佳的社会效果。最高人民法院此意见"二、完善调解工作制度，抓好重点环节，全面推进调解工作"之"进一步强化民事案件调解工作"，要求宅基地纠纷在开庭之时要先行调解。

（六）《最高人民法院关于为推进农村改革发展提供司法保障和法律服务的若干意见》

此意见发布于 2008 年，针对宅基地使用权而言，目的不是为了促进宅基地使用权的流通，而是在居住保障的意义上保护农村居民，避免其由于不正当的转让行为或其他行为而丧失宅基地使用权。意见第二点"充分发挥审判职能，确保农村改革创新的大力推进和农村制度建设的进一步加强"之"（二）努力维护严格规范的农村土地管理制度"之"4. 依法保障农户宅基地用益物权，促进宅基地制度的严格管理与完善"规定："宅基地使用权承载着广大农民居者有其屋的社会功能，是农村土地管理制度的重要内容。对违反法律、行政法规以及相关国家政策的宅基地转让行为，以及其他变相导致农民丧失宅基地使用权的行为，应当依法确认无效。要着眼于宅基地制度的严格管理和完善，着眼于农户宅基地用益物权的维护与保障，做好相关案件的审判和执行工作。"

（七）《最高人民法院关于贯彻执行民事政策法律若干问题的意见》（［1984］法办字第 112 号）

该意见发布于 1984 年，其中第七部分规定宅基地问题。但该意见规定的宅基地相关的问题，已经被 1986 年制定后又陆续修改《土地管理法》中的相关条文所取代，规划问题也被相关法律取代，因此可以认为已经在实际上失去了效力。除了上述理解的若干司法解释之外，还有一些与宅基地有关的司法解释，要么不具有针对性或操作性要么距今时间久远（至少 20 年以上，甚至 50 年以上）——虽然没有被明确废止，但应该已经失去了实用价值，不再一一赘述。

五、部门规章

部门规章从司法裁判的角度看，并不能够约束法院，但对于申请宅基地使用权的当事人而言，则具有现实的约束力，至少是影响力。原国家土地管理局《确定土地所有权和使用权的若干规定》（［1995］国土［籍］字第 26 号）在至今在司法实践中还会被少数法院适用，该规定第 45 条至第 52 条规定宅基地相关的问题，主要涉及宅基地收回、宅基地面积以及宅基地相关的历史问题。

六、北京市地方性法规、规章

（一）《北京市旅游条例》（2017）

随着宅基地使用权权能释放国家政策的支持，2017 年 5 月 26 日通过的《北京市旅游条例》在其第 58 条明确要求："区人民政府应当支持农民专业合作社接受其成员委托，以成员自有宅基地上的合法房屋从事民宿经营。"这不仅是为了旅游产业的发展，首先应当看到的是对宅基地使用权权能行使的充分尊重和支持。

（二）《北京市城乡规划条例》（2019）

宅基地使用权的行使特别是建房行为，往往会和政府的区域规划联系在一起。2009 年制定《北京市城乡规划条例》第 40 条第 2 款对于农村规划区域内宅基地建房行为的规划批准职责和程序问题进行了规定。

（三）《北京市人民政府关于加强农村村民建房用地管理若干规定》（2007 修改）

2007 年修改后适用至今的《北京市人民政府关于加强农村村民建房用地管理若干规定》，其中第 4、6、7、8 条分别规定了宅基地的申请条件、审批权限、宅基地的面积、宅基地的收回等问题。

（四）《北京市集体土地房屋拆迁管理办法》（2003）

该管理办法针对宅基地的拆迁安置做出了具体的规定，需特别注意的是，宅基地拆迁安置除了实行货币补偿或者房屋安置外，还可以采取另行审批宅基地的方法。（第 13 条）

（五）《关于加快本市绿化隔离地区建设暂行办法》（京政办发〔2000〕20 号）

从该办法第 16 条"从今年 4 月 1 日起至新村建成前"的表达来看，本办法属于阶段性的办法，但至今仍然没有被废止，根据课题组的调查了解，该办法仍然适用于北京市拆迁安置等有关的事宜之中。第 16 条为了促进阶段性任务的有序完成，甚至不惜采取没有上位法依据的措施："从今年 4 月 1 日起至新村建成前，在规划确定的绿化隔离地区内，公安部门停止办理居民的迁入审批手续。各有关单位和部门不得新批宅基地用地，农民也不得在原宅基地上建房。"此外还有第 8 条、第 11 条、第 13 条规定具体的宅基地拆迁安置问题。除了上述几个地方性法规、行政规章涉及妇女权益保障、计划生育等特殊事务领域的宅基地事宜，与国家层面的规范文献内容基本上一致，不再赘述。

七、北京市法院系统规范性文件

（一）《北京高院关于审理继承纠纷案件若干疑难问题的解答》（2018 年 6 月 19 日）

2018 年北京市高级人民法院发布的此解答中，第 7~10 条针对与继承相关的宅基地问题提出了司法意见，分别针对"农村宅基地上房屋能否适用遗赠？""农户家庭中父母与部分子女共为一户，该子女未另行分家并新分宅基地。父母死亡时，已另行分家的子女能否主张对相应宅基地上房屋进行继承？""被继承人死亡后所遗宅基地房屋被翻扩建，如何处理？""在被继承人生前对宅基地房屋翻扩建存在贡献的人，主张宅基地房屋权利的，如何处理？"等四类问题解答。法院总体意见是坚持了宅基地使用权及其上房屋的身份性，宅基地使用权的非遗产性等立场。

（二）《北京市高级人民法院关于行政审判适用法律问题的解答（二）》（京高法发〔2007〕113 号）

京高法发〔2007〕113 号第 7 条针对此类问题："法院在审理涉及农村房屋

买卖的有关土地行政案件时，如果存在原告起诉时已经不是本村村民，或者在本村另有宅基地的，应当如何处理"，北京高院的意见是："如果涉及的农村房屋买卖合法有效，且存在原告起诉时已经不是本村村民，或者已经转为居民，或者在本村另有宅基地等情况，可认定其与具体行政行为无法律上的利害关系，裁定驳回起诉。"

这一条文并没有讲清楚适用的场景，因此很难判断如此设计规则的原因何在。"农村房屋买卖的有关土地行政案件"，如果涉及合法性的问题，应该属于民事案件的范畴；如果涉及宅基地使用权的争议，似乎特别强调房屋买卖有关的土地行政争议就失去了意义；如果涉及农村房屋买卖引发的宅基地使用权确权问题，但认为在"原告起诉时已经不是本村村民，或者已经转为居民，或者在本村另有宅基地等情况"下，均与具体行政行为无法律上的利害关系，似乎有点绝对化。

（三）《北京市高级人民法院关于审理土地行政案件有关问题的意见（试行）》（京高法发〔2005〕9 号）

该试行意见的第四点"关于法律适用问题"之规定："农村村民之间的宅基地使用权争议，由乡级以上人民政府处理。当事人对人民政府的处理决定不服的，适用《中华人民共和国土地管理法》第 16 条第 3 款的规定，可以申请行政复议，也可以直接向人民法院提起诉讼。"该条看似仅仅重复了《土地管理法》第 16 条的规定，但是泛泛地把农村村民之间的宅基地使用权争议都交由乡级以上人民政府处理，可能过宽地解读了《土地管理法》第 16 条第 1 款中"争议"的含义，至少在语义表达方面不够严谨，也不符合后文第三部分北京市司法系统的裁判实践。宅基地使用权争议类型非常广泛，并非都属于行政机关擅长的划界确权等问题。

（四）《农村私有房屋买卖纠纷合同效力认定及处理原则研讨会会议纪要》（京高法发〔2004〕391 号）

此纪要详细记载了参与讨论的法官对于农村私有房屋买卖纠纷合同效力的观点和立场，与会人员多数意见认为，农村私有房屋买卖合同应当认定无效，原因有四："房屋买卖必然涉及宅基地买卖，而宅基地买卖是我国法律、法规所禁止的。""宅基地使用权是集体经济组织成员享有的权利，与特定的身份关系相联系，不允许转让。""目前，农村房屋买卖无法办理产权证书变更登记，故买卖虽完成，但买受人无法获得所有权人的保护。""认定买卖合同有效不利于保护出卖人的利益，在许多案件中，出卖人相对处于弱者的地位，其要求返还私有房屋的要求更关涉到其生存权益。"

法官们否认农村私有房屋买卖纠纷合同效力的理由可以简化为，宅基地的集体性、身份性、保护弱者、缺乏配套登记制度。总体而言，2004 年的司法态度非常固守当时的土地政策，虽然认可买卖双方都是同一集体经济组织的成员之间的合同效力，但也必须是"经过了宅基地审批手续的。"法官们认定农村房屋买卖违法性的依据是国务院办公厅 1999 年颁布的《关于加强土地转让管理严禁炒卖土地的通知》和国家土地管理局〔1990〕国土函字第 97 号《关于以其他形式非法转让土地的具体应用问题请示的答复》中的相关规定，但这两项通知和答复在合同违法性判断的依据方面，如果按照现在《民法总则》的精神来理解，显然不能够成为所谓的强制性规定或禁止性规定。虽然认定为无效，但法官们也考虑到农村房屋买卖的特殊背景，强调审理此类案件要兼顾"尊重历史，照顾现实""注重判决的法律效果和社会效果""综合权衡买卖双方的利益"等多项因素，虽然目的是要达到"制约农民审慎处分自己房屋的积极效果"。不过，2004 年的这个纪要，现在不一定对北京市的法院系统再具有规范意义，第三部分列出的(2017) 京 0112 民初 21833 号和（2017）京 03 民终 13608 案例即明确表达出了相反的意见："宅基地之上房屋所有权买卖合同并不违反法律、行政法规的强制性规定，应属有效。"这可以视为司法政策和法律认识的改观和进步。

京津冀人大立法规划协同机制研究

张 欣*

一、立法对京津冀协同发展重大战略的引领和推动

在京津冀协同发展的重要开局阶段，深化对京津冀协同发展重大国家战略的理解和认识，着力对京津冀立法规划协同机制进行深入研究具有重要的理论和实践意义。京津冀协同立法的过程是三地政府将共同追求的发展和治理目标一致化、制度化、规范化的过程。协同化立法为区域协调发展实践的多元需要、为适应和推动区域经济社会的进步提供坚实的制度基础和稳定预期。因此，区域立法在区域协调发展中具有重要的意义和功用。

（一）区域立法有助于克服京津冀三地集体行动的"非理性"特征并破解原有制度壁垒

有关区域经济发展的规律表明，在区域经济发展过程中，市场往往"失灵"。区域内各方可能由于自身的利益出发点有所差异导致协调发展机制失效，基于个体发展的理性反而容易导致集体在区域发展过程中的非理性。[1]对这一问题的纠正需要依靠政府发挥力量，实施适当的区域政策并将其法律化，同时新的区域立法体例的建立可以破除陈旧的、与实践发展不相符的制度规范，[2]由此破解单纯依靠市场配置无法破除原有市场壁垒的难题。[3]

（二）区域立法有助于区域内部法律规范的系统化从而降低京津冀协同发展的制度成本

从区域内部法律规范的衍生和发展规律而言，区域立法还有助于内部法规的系统化。京津冀区域立法主体众多且各自为政的模式可能导致重复立法、立法冲

---

* 课题主持人：张欣，对外经济贸易大学法学院助理教授。立项编号：BLS（2017）C002。结项等级：优秀。

[1] 薄文广、陈飞：《京津冀协同发展：挑战与困境》，载《南开学报（哲学社会科学版）》2015年第1期。
[2] 刘水林、雷兴虎：《区域协调发展立法的观念转换与制度创新》，载《法商研究》2005年第4期。
[3] 豆建民：《区域经济理论与我国的区域经济发展战略》，载《外国经济与管理》2003年第2期。

突现象严重。面对部门规章和规范性文件冗杂、冲突、重复严重的问题[1]，必须通过协同立法清理不符合区域协同发展要求的法规规章，通过对核心区域的法律规范进行协调规划、适度调整，建立与京津冀区域发展战略相协调的立法体系，降低京津冀发展的制度成本。

二、立法规划协调机制对于京津冀协同立法的意义和功用

与中央立法和传统地方立法相比，区域立法具有自身特殊性，更多依托于地方立法主体的通力合作。协调机制是保证地方立法合作效果的关键。立法规划环节的协调机制更是保证协同立法顺利推进的重要基础。

（一）立法程序对于京津冀协同立法的重要功用

立法是一种动态的、有序的活动过程。[2]立法过程中所遵循的立法程序属于法律程序的一种。[3]从宏观角度来看，在改革时期，立法程序具有"防止认知能力弱化、扩大法制变革契机"[4]的重要功用。从微观视角而言，立法程序还可以使有权主体，在制定、认可、修改、补充和废止法的活动中，遵循法定的步骤和方法，[5]使得立法活动可以依次、有序、稳步展开。因此立法程序对于区域协同立法首先具有一系列以民主、理性、效率和平等等多元价值为核心的重要意义和功能。具体就京津冀立法而言，三地协同治理过程中伴随着社会结构的迅速转变，协同性立法决策所需的信息更新速度增快，与一般地方立法相比所需信息规模增加，信息多元性和分散性亦有所增强。[6]在这一决策环境下，立法主体获取准确立法需求信息的难度增加，更需规范科学的立法程序来确保立法决策的有效形成，保证三地协同立法过程有效遵循理性化目的而展开，从而有助于立法质量的提升。京津冀协同发展，始于一域、意在全局，既解近忧、更谋长远。面对这一大思路、大战略，首先应当确保立法主体遵循科学、民主的立法程序，为协同制定的良法良策奠定重要的程序基础。[7]

（二）立法规划对于京津冀协同立法的重要意义

立法过程的实质是具有立法权的主体在各种约束条件下做出集体选择的过

---

[1] 王娟、何昱：《京津冀区域环境协同治理立法机制探析》，载《河北法学》2017 年第 7 期。

[2] 周旺生：《关于中国立法程序的几个基本问题》，载《中国法学》1995 年第 2 期。

[3] 参见孙笑侠：《法律程序剖析》，载《法律科学》1993 年第 6 期；季卫东：《法律程序的意义》，中国法制出版社 2012 年版。

[4] 季卫东：《法律程序的意义》，中国法制出版社 2012 年版，第 17 页。

[5] 周旺生：《关于中国立法程序的几个基本问题》，载《中国法学》1995 年第 2 期。

[6] 黄文艺：《信息不充分条件下的立法策略——从信息约束角度对全国人大常委会立法政策的解读》，载《中国法学》2009 年第 3 期。

[7] William N. Eskridge, Philip P. Frickey, "Legislation Scholarship and Pedagogy in the Post-Legal Process Era", *University of Pittsburgh Law Review*, Vol. 48, pp. 696-698.

程。在立法活动过程中，影响有权主体开展集体选择的重要环节不仅包括法案到法的环节，还包括立法准备环节。在立法准备环节中，立法程序虽未正式展开，但其决策性特征使其常成为"决定众多立法命运"的重要节点，也同时成为衔接立法供给和社会变革的重要触点以及法律制度变迁的重要前提。在京津冀协同立法过程中，由于涉及的政策议题众多，某一议题是否可以获得公共性从而获得立法者的注意力将直接影响立法资源的部署和分配，从而影响京津冀协同发展战略的落实和推进。对立法资源进行部署和分配的过程就是立法议程的创建和形成过程。这一过程才是立法活动实质意义上的起点，具有基础性、源头性特征。因此，京津冀协同性立法规划具有筛选立法议题、配置立法资源的重要作用，是协同立法实效发挥的核心和基础环节。

三、立法规划协同域外经验的镜鉴与启示——以美国联邦管制和解除管制行为统一议程为例

在立法议程设置环节，通过特定的制度设计对立法活动进行设计、规划和部署以科学地协调和分配立法资源[1]并非完全是中国特色。[2]立法规划制度不仅能够帮助立法主体探索法律供给和社会需求的良性平衡，进而实现科学、民主、有序和高效地立法，还可以增强立法主体的预见性和有序性，提升立法决策者的信息能力和决策质量，减少立法的盲目性和被动回应性。通过对域外立法协调实践加以广泛梳理和深入对比，可以发现在域外相关实践中，虽然与我国相比适用的制度运行环境不同，但美国联邦管制和解除管制行为统一议程（以下简称美国统一议程）制度能够为我们带来启示。美国统一议程虽然仅适用于行政立法领域，但其制度建构的主要目的之一在于确保各行政立法主体与总统优先权的一致性，以及有效协调和统筹多元主体在立法资源分配环节的利益平衡，在科学管理和部署立法资源、扩大公众对立法议程设置环节的知情权和参与权等诸多方面发挥了重要作用。本部分拟对其制度构造进行详细的梳理和分析。

（一）美国统一议程的制度运行框架

自1983年开始，美国总务署下属的联邦规制信息服务中心与联邦行政机关会定期汇编以未来12个月为周期、涵盖所有享有行政规章制定权的行政机构将要开展规章制定行为的清单。该清单被称为联邦管制和解除管制统一议程。自

---

[1] 关于对英国立法规划概况的介绍可以参见李雅琴：《立法规划研究——以中国全国人大常委会和国务院立法规划为研究对象》，中国人民大学2010年博士学位论文。

[2] 刘松山：《立法规划之淡化与反思》，载《政治与法律》2014年第12期。

1983 年到 2003 年间，联邦公报[1]每年公布两次。除便于行政机关科学管理和部署行政立法资源之外，该程序最初设立的目的还在于及时提示社会公众对即将到来的草案规章加以关注，以便在"公告——评论程序"中充分对草案规章发表意见，增加规章制定的透明度和参与度。

这一半年度的报告凸显了很多行政立法程序的基础性特征。以"通告和评论程序"为例，这一报告提供草案通知的具体日期、评论日期、最终规则公布日期等。统一议程的条目按照联邦行政机关为标准进行组织。每一条目与相应的规章制定阶段相互联系。统一议程不仅具有规划、协调行政立法活动、合理分配立法资源的重要作用，还极大增加了公众对于行政立法活动的知情权和参与权。[2]

（二）美国统一议程的运行机制

美国 12866 号行政命令的第四节对联邦行政机关的立法规划作出了全局性规定。该部分包括机构政策会议、监管计划、统一议程、监管工作组、讨论会等[3]多项制定年度性规制计划的主要程序。

第一，召开机构政策会议。每个年度的规划编制周期伊始，管理和预算办公室的主任应当召集顾问和机构负责人召开会议，磋商对总统优先权的一致理解，协调该年度中将要完成的监管计划。[4]

第二，联邦管制和解除管制行为统一议程的提交。统一议程由各个独立的监管机构按照信息和监管事务办公室指定的方式准备一份计划拟议或者要审核的所有规章的议程。[5]

第三，规制计划。该计划是统一议程秋季版的政府文件。该文件确定了规制行为的优先级和行政机关预期在来年要采取的规制行为。该计划被视为统一议程

---

[1] 参见 https：//www.federalregister.gov/。联邦公报是由美国档案局印行的联邦规章简讯，包括各联邦机构的法规、通知，总统发布的行政命令等，每个工作日一期，非常注重时效性。也有学者将其翻译为"联邦登记"，如席涛译：《立法评估：评估什么和如何评估》，中国政法大学出版社 2012 年版，第 6 页。

[2] Curtis W. Copeland, *The Unified Agenda*：*Implications for Rulemaking Transparency and Participation*, CRS Report for Congress, p. 11, http：//www.fas.org/sgp/crs/secrecy/R40713.pdf，最后访问日期：2018 年 7 月 28 日。

[3] 监管工作组和讨论会主要是对政府有独特的、重大影响的现有规章或者拟议规章。具体讨论规定可以参见 12866 号总统命令。中文版翻译参见席涛译：《立法评估：评估什么和如何评估》，中国政法大学出版社 2012 年版。

[4] 席涛：《立法评估：评估什么和如何评估》，中国政法大学出版社 2012 年版。

[5] 席涛：《立法评估：评估什么和如何评估》，中国政法大学出版社 2012 年版。

的一部分。[1]在每年的 6 月 1 日前，各行政机构须向信息和规制事务办公室提交规制计划。在收到各机构提交的规制计划的 10 日内，信息和规制事务办公室将该计划印发给其他有关的行政机构和顾问组。若有行政机构认为其他机构的规制计划与自身的规制行为或者规制计划相矛盾，应当书面通知信息和规制事务办公室。同时信息和规制事务办公室要及时与发布机关取得沟通。若信息和规制事务办公室认为行政机关提交的计划与总统的优先权或者 12866 号行政命令相冲突，则信息和规制事务办公室应当及时以书面形式通知行政机构和顾问组。每个行政机关提交的规制计划需要在当年 10 月发布在统一议程中。且所有信息向社会公众公开。所有对规制计划的评论和意见都将直接反馈给发布机构并在信息和规制事务办公室进行备案。[2]

（三）美国统一议程制度的评析

总体而言，以统一议程为核心的美国联邦行政立法规划机制具有下列优势：

第一，联邦行政立法规划机制已经法定化且相关法律依据位阶较高，从而增加了该规划机制的权威性和统一性。第二，设有专门的机构负责规划的启动、实施、协调和沟通等诸事宜。依据 12866 号总统行政命令，由联邦管理和预算办公室下属的信息和规制事务办公室主要负责行政立法规划的启动、实施、协调、沟通等制定过程中及规划公布后的重要事宜，对于协调和处理具有冲突性规章制定议程的行政机构而言具有较大的话语权。第三，美国行政立法规划与行政立法评估机制紧密衔接，使行政规则在立法规划阶段就被纳入影响评估机制中。尤其是成本效益分析评估框架的纳入使得行政立法资源的分配更加理性化[3]，产生了较好的社会效益。第四，统一议程的设定与行政规则制定过程中的公众参与有序衔接，保障了公众的知情权，提升了公众参与规则制定的心理预期。

（四）美国统一议程制度对完善京津冀人大立法规划协同机制的启示

京津冀协同发展是一项巨大的系统工程，不仅涉及京津冀三地政府层面的协同和规划，还需要对三地立法中所涉及的多元主体进行协调，调动各方面的积极

---

[1] 需要包括的内容有：①行政机构规制的目标、重点与总统的优先权有何种关系的陈述；②总结每一重大的规制行为的计划，尽可能包括所能考虑到的选择性方案，并且尽最大可能对其预期成本和收益进行初步评估；③总结每一规制行为的法律依据，包括此项规制行为是否因法律规定或者法院判决而实施以及对这些法规、裁判和其他法律规范性文件的明确引用；④对每一规制行为必要性的陈述，如果实施该规制行为将如何减少公共健康、安全或者环境方面的风险，以及该规制行为风险的大小如何与行政机构权限内的其他风险相联系；⑤行政机构规制行为的时间表，包括对所有生效法律和司法时限的陈述。

[2] 席涛译：《立法评估：评估什么和如何评估——美国·欧盟和 OECD 法律法规和指引》，中国政法大学出版社 2012 年版。

[3] 美国的行政规章统一议程形成阶段还需要对所有规章进行成本效益分析；而英国目前在立法规划阶段除进行成本效益分析之外还要进行对多元备选方案的考量。

性。对此，美国统一议程制度带来四项启发。

1. 应当找准京津冀人大立法规划协同机制的多元化功能定位

虽然具有立法规划性质，美国统一议程的建立并非单纯为行政立法主体设定必须要实行和完成的"立法时刻表"，其目的还在于为立法议程创建环节构造制度性平台，在规范化、制度化的协调和评估机制下对多元利益需求主体进行沟通、协商和疏导。也是出于这一系列目的，其在规划形成的各个阶段都尽量注重程序设计的公开性和科学性。反思京津冀当下的规划协同机制，虽然出台了《京津冀人大立法项目协同办法》，但在协同机制上仍然采取较为松散的运行机制，在制度设置的功能定位上也较为单一。因此在协调机制上应当探索建立制度化的运行机制，搭建精细化的制度框架，确保三地的协调工作能够平稳、有序、科学进行。与此同时，在协调三地的立法资源优先等级以及后续立法活动中，所要面临的复杂性程度较之任何一个地方性立法规划都要更高，因此需要适时思考立法规划协同机制的多元化功能定位。京津冀立法规划协同机制不应仅局限于京津冀三地人大或者政府层面的沟通和协调之用，还应当服务于促进三地内部立法资源分配的调和统一，提升三地立法议程协同发展的民主化和科学化程度，最大限度地为社会公众、相关团体等多方主体提供立法资源有效分配和科学部署的协商平台这一丰富功能定位。

2. 应当推动京津冀人大立法规划协同机制建构的精细化和制度化

目前的《京津冀人大立法项目协同办法》仍然较为原则化，虽然进行了整体性、框架性的规定，但仍然缺乏可操作性的制度设计以对京津冀立法项目的协同工作加以引导和规范。对比美国统一议程制度，围绕第 12866 号总统行政命令，一系列行政命令和国会立法[1]对其进行了丰富、细化和完善。系列性的总统行政命令和国会立法不仅为行政机构创建规制议程提供了清晰的指导，还为行政立法资源在整体上的分配、协调和部署提供了明确的法律依据。因此，为尽快将京津冀三地立法项目协同机制进行细化，应当在更加丰富的功能定位下尽快制定更具操作性的执行性制度规范。需着重探索立法规划协同机制中对立项主体和参与主体、编制程序、立项来源和渠道以及立项标准和立项内容展开协调的制度设计。特别要注重对各个环节的信息交流共享机制、科学的起草论证机制、协同审议和批准机制、公布机制以及规划项目的保障实施机制、调整机制和纠纷解决机制的建构和探索。围绕着丰富化、规范性、精细化的功能定位，从协同立项的主体和程序、来源和渠道、标准和内容等多个环节进行精细化设计，才能够从立

---

[1] 如《管制灵活性法》、12866 号总统行政命令、13132 号总统行政命令、13563 号总统行政命令、1995 年《非资助性命令改革法》和 13211 号总统行政命令等。

法议程设定环节保障京津冀三地立法资源的分配符合改革战略的推进步伐，起到立法引领和推动作用。

3. 应当推动京津冀人大协同立法项目论证的科学化和制度化

在围绕全局性和战略性的核心目标确定重点立法项目时，应当在对立法项目进行科学立法论证的基础上形成协同立项的系列决策。如上文所述，美国统一议程制定过程中，信息与规制事务办公室作为协调主体，在履行规章审查职责和促进统一议程的形成时，配备了专业化的顾问团队以确保其在有限的时间内审查专业化的立法项目。在机构级别、人员配置、决策支持系统等方面均体现出较强的专业性优势地位。〔1〕与美国统一议程的协调和负责机构相比，京津冀三地的立法属于地方层级，并不需要也难以保证相应部门的人力资源构成达到与美国统一议程协调机构类似的规模和水准。但结合京津冀协同发展的实施情况，逐步打造和探索专业化立法人才团队围绕京津冀三地协同立法的必要性、可行性、合法性和合理性等重要指标开展立法项目的评估和立项论证，这有助于准确识别、科学判断关键立法需求，有效避免各方基于个体利益影响有益于全局性决策的达成，从而保证立法规划的质量和效率，妥善处理全局与局部、整体规划与分步实施的关系。〔2〕

4. 尝试推动公众有序参与京津冀人大立法规划协同过程

京津冀协同发展已经进入深入推进阶段，其艰巨性、复杂性前所未有。在这一背景下，需要以法治来聚合各方力量和各种要素，推动改革的进一步深化。〔3〕因此确保京津冀协同发展的有序推进，既离不开政策推动，更需要来自社会层面的市民、社会组织和相关团体的积极参与和支持，实现立法与社会需求的有效衔接和良性互动。伴随社会转型中多方利益主体的出现，在立法议程创建环节中，如果立法主体长期忽略社会公众的参与，就可能出现立法资源分配未能充分"回应与人民群众切身利益相关的热点问题"〔4〕等情况。这可能导致立法质量受到负面评价，难以获得人民群众的支持，从而难以在实施层面凝聚共识和整体合力。因此，在京津冀三地协同立法过程中，作为立法议程创建的核心表现形式，立法规划的制定过程理应将区域内的社会公众、利益相关方、人大代表、社会团体等多元主体纳入到决策过程中，使立法议程的设置和部署真正惠及广大

---

〔1〕 OIRA 办公室官方网站：http://www.whitehouse.gov/omb/oira/about，最后访问日期：2018 年 2 月 28 日。

〔2〕 天津市人大法制委员会、天津市人大常委会法制工作委员会：《京津冀协同发展立法引领与保障的研究与实践》，载河北人大网，http://www.hbrd.gov.cn/system/2018/07/05/018928990.shtml，最后访问日期：2018 年 7 月 5 日。。

〔3〕 丁祖年：《运用法治思维和法治方式推进全面深化改革——兼论增强立法引领和推动作用的路径》，载《法治研究》2014 年第 2 期。

〔4〕 新华社：《民意、民智、民主——科学立法的地方实践》，载 http://www.gov.cn/xinwen/2014-10/10/content_2762299.htm，最后访问日期：2017 年 12 月 6 日。

人民群众，从而形成区域内具有较高公信力的制度规则，促进法治理念在区域内得到高度认同。在具体的衔接机制上，美国统一议程提供了一个参考方案，即可以将三地协同立法的规划分为短期、中期、长期等不同的类别，在统一的官方平台上公布。与此同时，社会公众还可以随时登录查询自己关心的某一项立法的制定进度，如查询是否最终被提上了制定日程从而及早着手对草案征求意见环节的准备。此外，还可以借鉴美国统一议程制度，建立统一化电子平台或者将三地人大立法公开网络平台互联，按照立法项目的成熟程度和立法时机，将需要协同展开的立法项目按照短期、中期、长期以年度为单位进行划分并予公开。

四、京津冀人大立法规划协同机制的理念、原则与机制

（一）京津冀人大立法规划协同机制的理念

在对区域立法协同机制的构造上，京津冀人大立法规划协同机制应当着重遵循三个理念：

1. 以引领区域协调发展的规范体系完备性为目标

纵观世界范围内较为成功的区域发展案例可知，法律规范对保障区域协调发展具有至关重要的作用。区域发展的战略可以分为宏观、中观、微观等不同面向。因此，应当逐步建立起位阶清晰、重点突出、衔接紧密的规范体系。例如，由广州、佛山、肇庆、深圳、东莞、惠州、珠海、中山、江门9市和香港、澳门两个特别行政区形成的城市群，即粤港澳大湾区的发展就以国家文件为指引，构建省际地方性法规、省政府规章和规范性文件并存的多层次保障体系。实践证明，该体系较好地引领了该城市群在协同建设和发展层面的各项改革措施。因此，在立法规划阶段，协调机制要首先围绕制定规模、制定速率、位阶层次、制定重点等多角度以促进区域协调发展的法律规范的体系完备性而展开。

2. 以京津冀区域协同发展的纲领性文件为指导并注重多层次协调机制的沟通和配合

如前所述，京津冀协同发展需要多层次法律规范的支撑。因此京津冀人大层面的协调机制首先应当围绕京津冀区域发展的纲领性文件来探索设定，同时还应当注重与其他层面协调机制的沟通与配合，形成多层次区域协同机制相互联动、协调发展的良好局面。在大气污染联合防治与水污染联动协调机制的实践层面已经积累了一些构建协同机制的经验。因此在京津冀人大层面就相应领域立法项目进行协同时，就可以充分借鉴和吸收大气污染联动协调机制的经验，与政府层面的协同机制进行充分沟通、统筹推进、有效衔接和良好协作。

3. 以多元化协同方式探索协同机制的创新性路径

建立健全京津冀协同立法的工作机制是立法保障和引领京津冀协同发展这一重要战略的重要途径。京津冀人大层面的立法协同机制还可以根据协同治理对象属性因事因地制宜地采取切合实际的多元化发展路径。对于协同治理事项具有稳定性且需要区域内共同规范予以规制的，当三地立法主体都具备立法能力时，可借鉴美国州际协定的缔结方式，依据严格的程序制定相对完备的区域间立法协同协议。虽然该程序需要花费相对较长的时间协商才能形成较为完备的规范性文本。对于现有协同治理事项需要区域法治协调，但较为紧迫或者一时难以形成完备规范性文本的，可借鉴国际条约中主协议附加子协议、补充协议的形式，通过渐进式的方式，先行制定能够暂时适用的规范，随后逐渐完善。[1]此外，还可以借鉴《东北三省政府立法协作框架协议》的方式，由三省人大常委会签订相应的框架性协议，通过紧密型、半紧密型、分散型协作方式[2]，探索不同领域立法的具体协同机制。

（二）京津冀人大立法规划协同机制的设立原则

1. 主体平等原则

京津冀立法规划协同机制首先应当遵循主体平等的原则。京津冀虽然在立法权限和地位上属于同一层级，但长期以来的行政区划、体制机制等因素造成客观发展层面河北省与北京市、天津市的政治地位悬殊，北京、天津两个直辖市形成了"极化效应"。[3]因此在三地协同机制上，长期存在的政治经济文化的不平衡可能导致京津冀人大在实质性和主导性层面的影响和作用差异明显。因此，在立法规划协调机制的设计上，首先应当明确形式和实质意义上三方的主体性平等地位，做到真正的平等、协同，避免实践中为带动某一地区经济发展而对其他地区利益有所牺牲的现状。区域立法合作最终要达到的目的是在几方自愿、协商的基础上促进区域内各方利益的最大化和可持续发展。例如，北京市对大气污染治理的立法需求可能一定程度上比河北省强烈，但立法规划的编制不应仅由北京市一方主导[4]，而应当三地协同、平等协商、共同推进。

2. 权利义务对等原则

立法过程就是各种利益主体进行利益表达和博弈以及立法者进行利益衡量和整合的过程。[5]区域协同立法更加可以被视为多方立法主体平衡权利义务的过程。[6]

---

〔1〕 肖萍、卢群：《跨行政区协同治理"契约性"立法研究》，载《江西社会科学》2017年第12期。

〔2〕 《京津冀立法研究报告》第52页。

〔3〕 杨晖、贾海丽：《京津冀协同立法存在的问题及对策思考——以环境立法为视角》，载《河北法学》2017年第7期。

〔4〕 焦洪昌、席志文：《京津冀人大协同立法的路径》，载《法学》2016年第3期。

〔5〕 陈舒：《立法过程应当注重全面真实体现相关利益群体博弈》，载中国人大网，http://www.npc. gov.cn/npc/bmzz/llyjh/2016-06/06/content_1991141.htm，最后访问日期：2018年6月28日。

〔6〕 杨晖、贾海丽：《京津冀协同立法存在的问题及对策思考——以环境立法为视角》，载《河北法学》2017年第7期。

良性的区域协同性立法过程体现为各方利益群体有序参与、寻求共识、达成平衡的过程。[1]协调机制作为最为重要的寻求共识和达成平衡的机制，还应当在主体平等的原则下遵循权利义务对等原则。这就要求参与协调机制的各方充分表达自身利益的同时应当承担相应的义务，履行应当承担的责任。戈登·塔洛克曾指出，立法者为代表的政策制定主体在公共市场中所做出的决策具有公共产品属性。以集体决策为运作模式的立法决策市场中，错误决策的成本将直接转移到整个社会。因此虽然一项立法决策的最终产品对于国家和社会将产生至关重要的影响，但对决策者个人而言却缺少激励使其付出时间、精力等成本以追求正确的决策。[2]由此可知，在正常状态下，立法决策的公共产品属性本已存在决策成本难以内化的问题。面对三地需要联合攻关的重大立法决策时，更可能出现某一方立法决策者搭便车概率增加，出现信息投资不足的问题。[3]因此，在协同机制的构建上，应当通过各种机制设计确保各方权利义务对等，既享有充分的利益表达渠道和沟通协商空间，又确保各方履行职责，可以形成长效、稳定、高效的协同机制。

3. 互惠互利原则

立法归根结底是社会物质条件的反映。利益是法产生的基础，利益决定着法；同时法也对利益有调整的基本功能。[4]协同立法在本质上是区域主体平衡各方权利义务的结果。在平衡多方权利义务的过程中，缓解利益冲突的关键在于遵循互惠互利原则，在协调机制中设定制度化的纠纷化解、利益磋商和商谈机制，重视各方立法需求，从而达成协调区域发展的目的。现下三地的状况存在发展不平衡、资源不均衡的情况，可能导致合作过程中出现激烈利益博弈，区域市场分割、重复建设、资源要素流动困难等问题。[5]在这种客观情况下，应当明确京津冀协同立法绝不是一次扶贫攻坚战，"既不能搞成'扶贫式'协同，也不能搞成'服从式'协同"[6]。应当在遵循互惠互利原则的基础上，寻求平等互利、优势互补，在相互协同中谋求多方共赢，从而实现区域整体利益最大化。

4. 重点推进梯次拓展原则

由于立法资源的有限性以及决策过程人力物力支持资源的稀缺性，在京津冀

---

〔1〕 陈舒：《立法过程应当注重全面真实体现相关利益群体博弈》，载中国人大网，http://www.npc. gov. cn/npc/bmzz/llyjh/2016-06/06/content_1991141. htm，最后访问日期：2018 年 6 月 28 日。

〔2〕 Gordon Tullock, "Public Decision as Public Goods", in *Journal of Political Economy*, Vol. 79, 1971.

〔3〕 Matthew C. Stephenson, "Information Acquisition and Institutional Design", in *Harvard Law Review*, Vol. 124, 2011.

〔4〕 黄夕彪：《区域立法协调基本原则之探讨》，载《法制与社会》2011 年第 32 期。

〔5〕 葛胜亮：《区域立法协作机制浅探》，载《人大研究》2016 年第 8 期。

〔6〕 杨晖：《京津冀协同立法存在的问题及对策思考——以环境立法为视角》，载《河北法学》2017 年第 7 期。

三地协同发展的立法规划协同机制制定中，还应当集中优势力量，分清轻重缓解，重点解决当前的紧迫问题，同时注重统筹长远发展。因此在协调机制的构建过程中，可以按照不同立法项目的紧迫程度和重要等级遵循特定化的协同流程，将立法协同机制的重点放在联合攻关项目领域，努力实现良性互动、协同发展。与此同时，还要充分考虑各地不同的立法能力，在协同机制的构建上一定程度遵循渐进性拓展的原则。要形成滚动发展、梯次推进的良性协调格局，既需要找准协同决策的关键领域形成牵引，又要统筹推进，开展多种形式的立法协同工作，促进协同发展向深度广度拓展。

（三）京津冀立法规划协同机制的重要构成

1. 信息交流共享机制

根据目前颁布实施的《关于加强京津冀人大立法工作协同的若干意见》可知，目前采取的信息交流共享机制为三省市人大常委会法制工作部门在拟定立法规划和年度计划时要将总体思路向其他省市及时通报。在立法规划和年度计划征求意见过程中，也要同时征求其他省市的意见。对三省市共同关注的重点立法项目、关联度高并且需要协调推动的立法项目，要尽可能同步安排在立法计划的同一档期。在接下来的推进过程中，除采取传统性的通报总体思路、相互征求意见的方式外，还可以在实践条件成熟的基础上，率先尝试建立京津冀协同立法数据平台，以信息化协同机制的方式，实现常态化信息交流与区域立项协同工作。在具体的操作层面，可以借鉴本报告前述的美国统一议程电子数据平台的创建思路，运用电子政务的方式，开展三地立法项目数据的集中登记与协同共享，尝试重点立法项目信息的实时流转和跟踪督办，建立健全立法项目信息共享的工作流程，确保立法规划阶段信息共享的无缝衔接。因此，建议在条件成熟时，率先尝试京津冀协同立法立项环节的工作机制创新，通过信息化建设的方式，形成动态、优化的信息交流和共享，推动立项环节协同程度的精细化发展。

2. 协商沟通机制

根据《关于加强京津冀人大立法工作协同的若干意见》可知，目前采取的协商沟通机制主要是对年度立法计划中相同主题的立法项目在工作进度上以同步推进的方式展开。这种做法在实践中可以较好地保障三地立法进度的协调统一，但未能对立法项目利益协调机制加以制度化。实际上，三地立法项目的立法进度协调只是立法协同的一个重要方面，更为重要的是立法规范要在各省市配置权利义务时围绕重点目标依据一定的标准和程序，在多元利益主体充分表达诉求的基础上，对各种利益进行识别、评价、权衡、选择。这不仅需要京津冀三地的立法人员在观念、知识、利益、立法动机、价值取向上达到更深层次的协同一致，还需要具体到某一立法项目时，具有制度化、流程化的纠纷磋商和协调机制。在具体操作上，在联席会议制度外，还需要尽快建立一套协商规程，对协商沟通的原则、内容、形式、工作机制、结果反馈与运用等方面进行详细化规定，以促进立法协调的规范化和常态化运作，推动立法规划环节协商的法治化。另一方面，积极运用法治思维和法治方式，探索和创设多元、灵活、开放的协商程序性机制，广泛听取各方立法机关的意见和建议，增加各地人大在协调各方利益中的组织和协调功能。

3. 保障实施机制

《关于加强京津冀人大立法工作协同的若干意见》中规定，三省市人大法制工作机构建立的立法工作协同机制是促进京津冀立法工作协同的重要平台，三省市人大常委会要在人力、物力、财力等方面予以保障。[1] 但对于人力、物力、财力的保障工作如何展开，目前仍然处于探索过程中。京津冀自身发展极不平衡，各地预算编制过程无法横向配合，这可能导致三地协同立法的经济基础差异化明显，从而影响协同立法的进度。京津冀人大协同立法以及区域协同发展的实现还离不开行政管理体制的变革。但富有成效的行政管理体制改革不仅需要观念上的革新，还需要在实践层面加以稳定落实。目前两者之间仍然存在巨大鸿沟。在立法协调机制层面，虽然难以解决长期以来在财政和行政管理体制上存在的问题，但仍然可以在协同立法的人才对接和共享、区域内公众参与制度的推动以及理论研究层面展开探索，形成三位一体的协同保障机制。首先，探索优势互补、互利共赢的立法人才资源整合机制，弥补立法人才短缺现状，最大限度地发挥协同推进优势。[2] 可以分别在三地加强建设地方立法的人才队伍，通过"轮值主办活动"和"日常对接"两种方式，促进三地立法人才队伍的交流和合作。其次，应当探索京津冀协同立法项目的公众参与制度，拓展公众参与的广度与深度，不断优化和创新公众参与机制。未来应当积极探索不同利益群体权益诉求的收集、整合、协调和平衡，将三地公众有序纳入到协同立法的过程中来。还应当建立协同立法的专家库，通过专家参与协同立法的规划工作来提供咨询支持，帮助各方在具有冲突或者难以协同的事项上理清各种立法关系[3]，提高立法协同的效率。最后，应当加强地方立法理论研究的协作，除开展有关地方立法重大课题的理论研究协作外，还应通过分别研究、定期通报、阶段汇总的方式作为理论支持，提供稳定的理论研究保障基础。

---

〔1〕《京津冀立法研究报告》第 66 页。

〔2〕周宵鹏：《京津冀人大协同立法重大项目联合攻关》，载《法制日报》2015 年 5 月 5 日，第 3 版。

〔3〕莫纪宏：《中国立法工作中的公众参与》，载中国法学网，http://www.iolaw.org.cn/showNews.aspx?id=19481，最后访问日期：2017 年 8 月 12 日。

4. 纠纷解决机制

在京津冀发展一体化愈加紧密和区域环境污染同质化程度加深的背景下，要不断深化跨区域协同治理，在合理竞争中获得区域公共利益的最大化[1]，就需要顺畅地解决区域协同立法过程中可能存在的利益冲突，效率性地协调立法推进过程中可能遇到的障碍。三地人大常委会达成的立法合作协议是京津冀三地的公共利益需求以及达成共同治理意志的体现，但由于其并不表现为权力（利）义务关系，且其是通过协商的方式在联席会议或者座谈会议缔结，协商程序存在不明确的问题。因此还应当探索协同立项的纠纷解决机制。尤其是对于协同立法项目涉及的难点、重点和焦点问题如何确定统一标准，在执行过程中若某一方对标准执行有所偏离，以及涉及重大体制和重大政策调整的问题如何与三地同级党委决策相衔接等问题都需要进一步细化和落实。尤其在涉及共同会商的问题上，在何种情况下如何启动会商机制也是需要进一步探索和关注的重点。与此同时，仍然需要于中央京津冀协同发展领导小组下增设法制工作组[2]，负责统筹规划和协调京津冀协同发展重大国家战略实施中的立法问题，从而整合资源，为建立多元化纠纷解决机制提供组织基础。

---

[1] 肖萍、卢群：《跨行政区协同治理"契约性"立法研究》，载《江西社会科学》2017 年第 12 期。
[2] 《京津冀立法研究报告》第 65 页。

对虚假仲裁的检察监督

胡思博*

一、对虚假仲裁的认定

虚假仲裁是指双方当事人在无真正民事纠纷、无实质性民事争议或不以真实民事争议的解决为目的的情况下，恶意串通虚构仲裁合意及相关法律关系或法律事实，进而提起形式合法的仲裁程序，旨在误导仲裁机构作出错误但具有强制执行力的仲裁裁决，从而将不真实的法律关系合法化、不正当的权利合法化，最终造成案外第三人合法权益损害的不法现象。虚假仲裁在近些年来呈逐步增长的趋势，其隐蔽性强，具有合法的外观与非法的实质，双方当事人在形式上的对立性与实质利益上的一致性使得仲裁程序沦为被利用的载体，产生负面外部效应。

（一）虚假仲裁的形成基础

在中国当前诚信机制缺失、逐利意识浓重的社会背景之下，当事人的社会心理和纠纷解决心态处于特定的历史发展阶段。之前仲裁和诉讼相比尚属于较小纠纷解决方式，很多当事人并不了解，而目前法院在案多人少的情况下积极推进多元化纠纷解决机制的发展。本以市场经济的契约自由精神为基础的仲裁制度作为诉讼外的纠纷解决机制，必须以当事人的善意和诚信为前提。如果仲裁制度被滥用，则将成为非法侵占权利的工具，并由此衍生出新的纠纷。为此，部分当事人企图通过仲裁获取为诉讼做准备的免证事实[1]、对抗生效判决的执行、侵占案外人财产、直接完成所有权的变更[2]、规避禁止转让政策、获得法定登记手续、逃避税费、增减共同财产分配、获得参与执行分配的优先债权等案件呈上升趋势。当然，上述不良情况首先在诉讼中广泛出现并得到了法院的重视，目前打击虚假诉讼的活动已积极开展并产生了良好的效果。但是，也正是由于虚假诉讼

---

* 课题主持人：胡思博，中国政法大学副教授。立项编号：BLS（2017）C003。结项等级：合格。

[1] 《最高人民法院关于适用〈中华人民共和国民事诉讼法〉的解释》第93条规定，下列事实，当事人无须举证证明：……⑥已为仲裁机构生效裁决所确认的事实；……。

[2] 《物权法》第28条规定，因人民法院、仲裁委员会的法律文书或者人民政府的征收决定等，导致物权设立、变更、转让或者消灭的，自法律文书或者人民政府的征收决定等生效时发生效力。

遭到堵截，致使虚假仲裁处于上升态势。此外，仲裁本身所拥有的自治性、合意性、秘密性、封闭性、灵活性、效率性等传统优势更易于被"虚假"所利用，仲裁优势发生了中国化变异，所产生的危害性更高于诉讼。从一定程度而言，秘密性限制了仲裁案外第三人知晓案情、主张权利，而合意性则限制了案外第三人加入仲裁。仲裁制度的上述标志性优势在一定程度上可能会影响仲裁的公正性，而实体公正则是中国当事人最主要的价值追求，为此仲裁这一国际化的纠纷解决方式有时难免会与中国本土国情发生冲突。

（二）虚假仲裁的社会危害

当前多元化纠纷解决机制得到广泛的强调和认同，仲裁行业面临着进一步蓬勃发展的大好机遇。虚假仲裁的出现无疑严重损害了仲裁行业和仲裁机构的公信力，在浪费社会资源、侵害民事权利人自身权益同时，严重扭曲仲裁制度的设置初衷和现实价值，阻碍了仲裁行业的良性发展。最高人民法院在对判决的执行过程中，已发现存在部分当事人企图通过虚假仲裁裁决对抗执行的情形，为此《最高人民法院关于适用〈中华人民共和国民事诉讼法〉的解释》第 479 条规定，在执行中，被执行人通过仲裁程序将人民法院查封、扣押、冻结的财产确权或者分割给案外人的，不影响人民法院执行程序的进行。应该说，上述规定在一定程度上降低了仲裁裁决的效力，有违诉讼法的一般性原理，但却又是对中国现实国情的回应。不可否认，中国目前仲裁行业本身也具有一定程度的商业性，案件来源的市场化对商业名誉提出了较高要求。打击和防范虚假仲裁不仅是民事权利受损人本身的要求，也是仲裁机构和整个仲裁行业的目标。仲裁行业对虚假仲裁应秉持正视的态度，不能回避和否认该问题的存在，而应配合相关机构采取有效措施，主动打击并积极防范，实现打击虚假仲裁的"双赢"效果。同时对于参与虚假仲裁的仲裁机构和仲裁员，行业内部更应坚决制裁。

（三）虚假仲裁的表现形式和判断方法

对虚假仲裁的判断涉及对相关人员是否存在"通谋虚伪意思表示"的认定，显然不存在能够证明主观心理状态的直接证据，为此只能以民事交易中主体的行为、交易结果和仲裁过程中当事人的态度和行为为基础，运用间接证据对相关主体的主观心理进行推定，其中推定所达到的"可能性"程度是认定关键。就民事交易行为和交易结果而言，当事人关系密切、交易金额与主体经济状况不符、使用非格式性仲裁条款等通常为判断要点。就当事人在仲裁过程中的态度和行为而言，独认仲裁、缺席仲裁、临时仲裁、异地仲裁、书面仲裁、网络仲裁或者视频仲裁、首席仲裁员由双方当事人共同选定、仲裁中极易达成调解、当事人只提交直接证据、证据以陈述和自认为主、庭审气氛平和（部分也表现为表演式对抗）、急于结案等通常为判断要点。此外判断主体亦应对证据链条的逻辑性、双方当事人言语和神色等加应以注意和观察，综合判断是否存在虚假。鉴于推定本身的难度，对虚假仲裁的判断具有一定的困难，判断主体拥有一定的自由裁量权。

对仲裁员是否参与通谋在判断上更为困难。虚假仲裁以恶意串通为实质性认定要件，而恶意串通的主体除了达成仲裁协议的双方当事人外，鉴于仲裁员是由当事人选择而定，为此仲裁员也可能参与恶意串通，出现当事人与仲裁员乃至裁判机构的共同通谋。在仲裁员参与通谋的情况下，对虚假仲裁的判断无法在仲裁进行中完成，也无法由仲裁庭完成，仲裁裁决作出后的外部救济成为唯一方式。此外，对不以从本次仲裁裁决中获取直接利益为目的，而意在使本案裁决结果影响他案进而在他案中获取非法利益的虚假仲裁在判断上更为困难。此时无法在仲裁进行中乃至仲裁裁决作出后立刻察觉，只能等到相关诉讼的发生才能有所注意。

某些创新式仲裁方式更易被虚假所利用。2016 年起湛江仲裁委推出"先予仲裁"机制，先予仲裁也称无争议同时仲裁，是指双方当事人在合同签订的同时，为保障其合法权利将来得以实现，预防纠纷，避免以后再去仲裁或诉讼的麻烦，迫使双方履行确定的条款，而约定通过本仲裁机构就合同所涉及的内容提前仲裁，以调解方式结案，并出具调解书或据双方要求制作裁决书的一种仲裁形式。[1] 笔者认为，此种"先予仲裁"不仅违背了仲裁作为纠纷解决方式以纠纷的业已发生作为适用前提的基本原理，而且如果双方当事人存在恶意串通，则意味着该串通直接产生强制执行力，仲裁庭审查和防范的功能被严重削弱。

二、对虚假仲裁进行查处的基本原则

"社会本位权利观念的勃兴打破了传统仲裁理念中对意思自治的'神化'，仲裁欺诈破坏了个体利益与社会利益的平衡，法律规制的目的在于纠正失衡的利益分配状态并实现对受害人的充分救济。"[2] 对虚假仲裁的查处不能简单套用对虚假诉讼的处理办法 [3]，应首先尊重并维护仲裁的基本精神，不能打破仲裁制度的基本原理，必须保持仲裁制度的特性。当对案外第三人的权益保护与仲裁制度的基本价值发生冲突时，应首先维护仲裁制度的基本价值，在此基础上间接地实现对案外第三人的权益保护。"保护仲裁法律关系中案外人的利益需要较多的步骤，程序较为曲折烦琐。但这是仲裁制度本身所要求的终局性和司法干预的相

---

[1] 《湛江仲裁委员会、湛江国际仲裁院之无争议同时仲裁（先予仲裁）》，载湛江仲裁委员会、湛江国际仲裁院官方网站，www.zjac.org/page/121/166.htm.

[2] 于锐：《论仲裁欺诈的法律规制》，载《中国仲裁法学研究会 2014 年年会暨第七届中国仲裁与司法论坛论文集》。

[3] 《最高人民法院关于防范和制裁虚假诉讼的指导意见》第 11 条规定，经查明属于虚假诉讼，原告申请撤诉的，不予准许，并应当根据民事诉讼法第 112 条的规定，驳回其请求。

对性决定的，以确保仲裁机构相对独立性并限制司法干预的范围、程度，也是仲裁相对于诉讼的优势所在。"〔1〕

（一）维护仲裁的合意性及相对性

首先，合意性是仲裁的基本特征。案外权利人即仲裁第三人，其未能参加仲裁程序、导致自身权利受到损害的原因在于以仲裁协议为基础的合意性及由此产生的仲裁程序的封闭性。纵观仲裁第三人制度的发展状况，我国现行的《仲裁法》中并没有直接规定第三人制度，虽然域外相关法律或我国个别仲裁委员会所制定的仲裁规则中规定了仲裁第三人制度，但都以第三人和双方当事人再次签订新的仲裁协议为前提。《比利时仲裁法》规定，仲裁的一方当事人可以要求第三方参加仲裁程序，第三方也可以自动请求加入仲裁程序。仲裁庭必须一致接收第三者的加入，而且原先的当事人和加入的当事人必须签订一份仲裁协议。〔2〕日本商事仲裁协会《商事仲裁规则》第40条规定，任何非仲裁案一方的当事人，凡经本人同意，而且该仲裁案当事人也同意后，均可作为申诉人或者被诉人参加该仲裁程序，但如果仲裁庭认为这样加入仲裁程序会迟延仲裁程序的进行，则仲裁庭可以据此理由或其他适当的理由，予以拒绝接受。〔3〕《中国海事仲裁委员会仲裁规则（2000）》第45条规定，对当事人的仲裁请求或反请求，当事人以外的关系人如认为案件处理结果同其有法律上的利害关系，经与双方当事人达成协议，并经仲裁庭同意，可以申请作为当事人参加仲裁。《中国广州仲裁委员会仲裁规则》第24条规定，无仲裁协议的案外人加入仲裁程序成为共同申请人、共同被申请人或者第三人的，须经案外人、当事人双方一致同意并达成仲裁协议。是否接受案外人加入仲裁程序，仲裁庭组成前由本会决定，仲裁庭组成后由仲裁庭决定。本会决定接受案外人加入仲裁程序的，仲裁庭的组成按照本规则第30条第2、3款规定进行。仲裁庭决定接受案外人加入仲裁程序的，由仲裁庭继续审理。可见，第三人参加仲裁的基本前提均为取得双方当事人的同意并达成新的仲裁协议，实际上属于合并仲裁。"在仲裁程序方面，还是应该尊重当事人的意思自治，如果认为第三人可以不经已开始仲裁程序的当事人同意，通过自己申请或者依据仲裁庭通知而参加仲裁程序，必然会增加仲裁的非契约性和强制性。"〔4〕此外，"仲裁协议效力扩张理论"虽认为可以将仲裁协议的效力扩张至仲裁协议当事人之外的人，但被扩张人必须认可仲裁协议，为此原仲裁协议的一方当事人可

〔1〕 沈德咏主编：《最高人民法院民事诉讼法司法解释理解与适用》，人民法院出版社2015年版，第1273页。
〔2〕 乔欣：《仲裁权论》，法律出版社2009年版。
〔3〕 乔欣：《仲裁权论》，法律出版社2009年版。
〔4〕 林一飞：《论仲裁与第三人》，载《法学评论》2000年第1期。

能因此退出仲裁协议法律关系而不再参加之后的仲裁程序，且该理论也只是适用于某些特定的事由。[1]可见"仲裁协议效力扩张理论"针对的是特殊情况下的仲裁协议非签字第三方而非仲裁第三人。应该说，在仲裁制度中是否设立、如何设立第三人制度有一定的探讨空间，但该制度对打击虚假仲裁的作用微乎其微，因为第三人加入仲裁是以原仲裁双方的同意为基础，案外第三人的利益不可能得到虚假仲裁当事人的代为提出和主张。[2]笔者认为，在打假虚假仲裁的程序设计上，仲裁的合意性仍应继续遵守，不能为了保护案外第三人的合法权益而放弃仲裁的基本特征，因为这是仲裁制度基本原理所在。

其次，仲裁裁决的更强相对性是仲裁的又一基本特征。就判决的既判力而言，既判力具有相对性，仅发生在判决的法律关系主体之间，案外第三人不受他人判决既判力的拘束，由此也在一定程度上防范他人通过诉讼侵害案外第三人的民事权益。"既判力原则上只在当事人之间发生，符合既判力作为诉讼法制度设置的本质要求。"[3]当然，既判力存在主观扩张的情形，有时会对法律文书以外的第三人发生作用，此乃源于社会关系的相互依存与牵制、实体法律关系的复杂性以及法律处理争议及其所牵涉的相关争议的完整与统一。但既判力的主观扩张是有限的，就对台湾相关制度的考察，只有在台湾"民事诉讼法"第 401 条关于既判力主观范围的规定、第 582 条有关身份关系判决的对世效力的规定以及台湾"民法"第 275 条关于连带债务的判决效力扩张的规定下，判决效力方及于第三人。就仲裁而言，仲裁裁决同样具有既判力，德国《民事诉讼法典》第 1055 条规定，仲裁裁决在当事人间产生的效力等同于终审的、具有约束力的法院判决。[4]法国《民事诉讼法典》第 1476 条规定，仲裁裁决一经作出，即对其裁决的争议具有已决事由之既判力。[5]《国际商会仲裁规则》第 28 条第 6 款规定，仲裁庭作

---

〔1〕 有学者将适用"仲裁协议效力扩张理论"的情形归纳为代理、当事人变更、利他合同、"揭开公司面纱"、海运提单等情形，参见乔欣：《仲裁协议的"长臂"效力：突破与扩张》，载《司法改革评论》2009 年第 9 辑；刘晓红：《论仲裁协议效力扩张的法理基础》，载《北京仲裁》2004 年第 1 期；王小莉：《仲裁协议效力扩张的主要表现形式及其问题研究》，载《仲裁研究》2010 年第 2 期。

〔2〕 也有观点认为，当双方当事人恶意串通损害案外人利益时，仲裁申请人和被申请人可能通过拒绝与案外人（第三人）签订仲裁协议的方式来抵制其进入仲裁程序，此种情况下如果坚持案外人必须签订仲裁协议方能进入仲裁程序将极大地损害案外人的权益。因此建议在受理后裁决作出前，如果案外人获悉了可能诈害自己权益的信息，可凭借满足"与仲裁结果有实体上的利害关系"的要件而申请参加到仲裁当中，及时地主张和维护自己的权益。参见于锐：《论仲裁欺诈的法律规制》，载《中国仲裁法学研究会 2014 年年会暨第七届中国仲裁与司法论坛论文集》。

〔3〕 ［德］罗森贝克、施瓦布、戈特瓦尔特：《德国民事诉讼法》，李大雪译，中国法制出版社 2007 年版，第 1174 页。

〔4〕 参见宋连斌、林一飞译编：《国际商事仲裁资料精选》，知识产权出版社 2004 年版，第 401 页。

〔5〕 罗结珍译：《法国新民事诉讼法典》，中国法制出版社 1999 年版，第 1476 页。

出的每一项裁决对当事人均有约束力。依照本规则将争议提交仲裁，各当事人便负有毫无延迟地履行裁决的义务，并且在法律容许的范围内放弃了将争议诉诸其他形式的上诉权利。[1]"一旦仲裁裁决被确定，按照其裁决的内容发生实体上的确定力（即既判力），因此，仲裁庭或者法院不再作出于该裁决相反的决定，并且当事人不能提出与之相反的主张或者答辩，即当事人不能对已生效的仲裁裁决确定的事实或者法律上的理由主张在其他纠纷解决程序中进行争议或者重新审核。"[2]与判决既判力相比，基于仲裁协议合意性的先行存在，仲裁裁决既判力中所蕴含的主观相对性较判决更为突出。当然，仲裁裁决仍然具有对世的效力，依旧存在因其可能影响到案外第三人的权益而形成仲裁裁决既判力主观范围的扩张。

为此，在案外第三人没有参加虚假仲裁程序的情况下，其不能直接针对仲裁裁决实施相应的救济，此乃不应允许案外第三人直接向法院申请撤销仲裁裁决的根本理由。[3]但是，案外第三人的利益并不会因没有参加仲裁而不能得到保护，[4]其可以以控告人、举报人、证人的身份就虚假仲裁存在的相关事实进行意思表达，有权处理虚假仲裁的相关主体应加以分析和判断，只是在认定虚假仲裁成立的同时不能将民事权利直接判定归案外第三人所享有。同时在实践中应注意区分案外第三人申请和其举报、控告的区别。

此外，不能建立普世性的案外第三人撤销仲裁裁决之诉。《民事诉讼法》在2012年修改中为打击虚假诉讼、虚假调解，创设了第三人撤销之诉制度，加大对恶意串通行为的打击力度。域外法亦有相类似的制度设计，《法国新民事诉讼法典》第1481条规定，对仲裁裁决，不允许提出缺席裁判异议，也不允许向最高法院提起上诉。仲裁裁决，可以向如不诉诸仲裁即有权管辖案件的法院提出第三人异议，但第588条第1款之规定除外。[5]为此有观点认为，应将第三人撤销之诉的适用客体扩展至仲裁裁决，即允许仲裁案外第三人向法院提起诉讼，请求法院撤销既已生效的仲裁裁决。[6]就对判决的第三人撤销之诉而言，"主观方面，判决的既判力只对提出请求及相对的当事人（包括诉讼系属后当事人的继受

〔1〕 赵秀文、谢菁菁编著：《国际商事仲裁法参考资料》，中国人民大学出版社2006年版，第287页。

〔2〕 李井杓：《仲裁协议与裁决法理研究》，中国政法大学出版社2000年版，第181页。

〔3〕 也有观点认为，如果能够明确债权人的代位债务人行使的权利中包括申请撤销仲裁裁决的权利，则在仲裁裁决当事人息于行使时，当事人的债权人在符合条件的情况下，可代为提出相应的申请。见沈德咏主编：《最高人民法院民事诉讼法司法解释理解与适用》，人民法院出版社2015年版，第1273页。

〔4〕 有观点认为仲裁事宜可因案外第三人主张而改由法院一并审理，对此笔者持否定意见。

〔5〕 [法] 让·文森、塞尔日·金沙尔：《法国民事诉讼法要义》（下），罗结珍译，中国法制出版社2005年版，第1470页。

〔6〕 相关文章参见刘东：《论仲裁裁决案外人利益的保护——以案外第三人撤销仲裁裁决之诉为中心的研究》，载《法治研究》2015年第2期。

人以及为当事人或者继受人占有请求标的物的人）有拘束力，即所谓判决效力相对性原则。从否定的角度而言，也就是判决对被裁判的请求（或诉讼标的）所涉及的对立当事人以外的人不发生既判力。正是按照这一原则，诉讼外的第三人一般不会受到他人之间法判决的直接影响。第三人也就没有必要通过撤销或推翻这一判决维护自己的权益。即使在双方共谋的虚假诉讼中，判决认定了原告的请求权，确认了某财产所有人属于原告，但因为判决对第三人没有拘束力，因此，第三人还可以向法院提起诉讼，要求确认该财产所有权归属。"[1]为此，第三人撤销之诉的适用前提应当为该第三人是判决或仲裁裁决既判力主观范围扩张所致的案外第三人。

（二）执行程序中的相关措施难以对虚假仲裁实施有效规制

首先，相互串通的虚假仲裁当事人在获得裁决后申请执行的可能性较小，往往以直接履行为常态，基本不会通过强制执行，但也存在获得权利的一方不申请执行而只是保持仲裁裁决生效、权利义务确定的状态。而基于仲裁的秘密性和封闭性，很多情况下只有在仲裁裁决的自觉履行过程中需要直接占有、控制、处分案外第三人财产时，虚假仲裁才被发现和识别。而案外第三人提出执行性救济措施前提是仲裁裁决执行的启动，为此执行异议之诉、申请不予执行的功效难以有效发挥。当然，对已经被执行或执行完毕的虚假仲裁裁决，相关的规制手段也不同于已经做出但尚未执行的仲裁裁决。

其次，执行阶段的相关救济措施本身也存在功能的局限性。第一，执行异议之诉对于"确认和变更等不需要执行或者没有执行内容的裁决，其作用其实很有限"[2]。第二，不予执行对虚假仲裁的处理仅限于对裁决执行效力的否定。在对不予执行制度的存废目前尚存在理论争论的情况下[3]，有法院提出，"由案外人在案件执行过程中提出执行异议，执行局经审查认为仲裁裁决可能存在错误

---

[1] 张卫平：《第三人撤销判决制度的分析与评估》，载《比较法研究》2012年第5期。

[2] 林剑锋、时辉：《以虚假仲裁裁决书提出案外人异议的规制与对策》，载《北京仲裁》2014年第2期。

[3] 目前所存在的对不予执行仲裁裁决制度的争论，主要在于其与撤销仲裁裁决存在一定的竞合，相关观点请见谭兵主编：《中国仲裁制度的改革与完善》，人民出版社2005年版，第430页；胡荻：《论我国仲裁裁决不予执行与撤销制度重叠的困境及其重构》，载《法治研究》2013年第10期；饶艾、刘玲：《论撤销与不予执行仲裁裁决两者的取舍——以仲裁裁决的司法监督为视野》，载《中国仲裁法学研究会2013年年会暨第六届中国仲裁与司法论坛论文集》；李登华、许敏：《再论仲裁不予执行制度之废除》，载《中国仲裁与司法论坛暨2010年年会论文集》；黄海波：《从我国仲裁司法审查制度看仲裁法有关条款的修改与完善》，载《第三届中国仲裁与司法论坛暨中国仲裁法学研究会2009年年会论文集》（下）；郭伟文：《论中国仲裁司法监督机制及其完善》，载《第三届中国仲裁与司法论坛暨中国仲裁法学研究会2009年年会论文集》（下）；王亚明：《仲裁不予执行制度的反思与重构》，载《法律适用》2007年第10期。

的，将执行异议提交审判委员会讨论；审委会讨论后，认为裁决违反社会公共利益、有必要启动审查机制的，由立案庭决定立案，交由民四庭负责审查；民四庭审查后，认为仲裁裁决错误的，裁定不予执行仲裁裁决。"[1]虚假仲裁的根源在于无正当的仲裁利益，为此应从根本上进行否定。在仲裁裁决业已作出的情况下，对虚假仲裁的否定形式不能只限于阻止已生效仲裁裁决的执行，对仲裁裁决的强制执行力进行否定并没有解决原裁决效力问题，更没有确认案外第三人的实体权利的效果，只是排除法院的执行效力，故应以撤销或取代的方式否定该仲裁裁决。"任何试图将执行救济制度当作拯救审判程序中有欠完善的第三人制度的努力，亦同样会产生捉襟见肘、拙于应付的局面。"[2]2018年出台的《最高人民法院关于人民法院办理仲裁裁决执行案件若干问题的规定》创设了案外人就仲裁案件当事人恶意申请仲裁或者虚假仲裁、损害其合法权益的情形申请不予执行仲裁裁决或者仲裁调解书制度[3]，人民法院裁定不予执行仲裁裁决的，当事人可以根据双方达成的书面仲裁协议重新申请仲裁，也可以向人民法院起诉。可见，上述规定实际上将"不予执行"的后果不只是限于对执行力的否定，而是对仲裁裁决和仲裁合意本身的推翻，有名不副实之嫌。为此，现行法所规定的不予执行仲裁裁决和撤销仲裁裁决的法律后果一致，该法律后果更符合撤销仲裁裁决制度的本质。

（三）拒绝和防范对虚假纠纷的再次解决

"绝对的虚伪意思构成法律上的零态。"[4]虚假仲裁的本质是仲裁权的不存在，为此无论何种主体启动对虚假仲裁的处理，最终结果都应为在认定仲裁协议无效的基础上使申请仲裁的双方当事人回归到申请仲裁前的民事权利义务状态，无论双方之间是否存在真正的民事权利义务争议。虚假仲裁被查处后，双方当事

---

[1] 章宁旦：《珠海中院首创仲裁案件案外人救济司法审查机制，仲裁当事人恶意串通错误裁决不予执行》，载《法制日报》2015年1月6日，第5版。

[2] 赵秀举：《论民事执行救济——兼论第三人执行异议之诉的悖论与困境》，载《中外法学》2012年第4期。

[3] 《最高人民法院关于人民法院办理仲裁裁决执行案件若干问题的规定》第9条规定：案外人向人民法院申请不予执行仲裁裁决或者仲裁调解书的，应当提交申请书以及证明其请求成立的证据材料，并符合下列条件：①有证据证明仲裁案件当事人恶意申请仲裁或者虚假仲裁，损害其合法权益；②案外人主张的合法权益所涉及的执行标的尚未执行终结；③自知道或者应当知道人民法院对该标的采取执行措施之日起三十日内提出。第18条规定：案外人根据本规定第9条申请不予执行仲裁裁决或者仲裁调解书，符合下列条件的，人民法院应当支持：①案外人系权利或者利益的主体；②案外人主张的权利或者利益合法、真实；③仲裁案件当事人之间存在虚构法律关系，捏造案件事实的情形；④仲裁裁决主义或者仲裁调解书处理当事人民事权利义务的结果部分或者全部错误，损害案外人合法权益。

[4] 沈达明、梁仁洁编著：《德意志法上的法律行为》，对外贸易教育出版社1992年版，第108页。

人虽回到了民事权利义务的最初状态，但其不当心态未必能得到有效纠正，可能存在双方当事人在继续伪装（比如更换仲裁机构）后再次达成仲裁协议申请仲裁或另行通过诉讼处理，此时相关机关面临着再次打击虚假仲裁或虚假诉讼的任务。为此，应充分发挥当代大数据科技、人工智能以及互联网办案的优势，在仲裁机构之间、仲裁机构和法院之间建立信息共享机制，实现案件基本信息的内部共享，在保持对仲裁审理过程以及审理内容不公开的同时，对仲裁案件的基本信息应当予以内部公开，实现对既有仲裁案件的跨地域互联网查询。对当事人过往已有虚假仲裁记录的案件，法院或仲裁庭在立案审查时要格外谨慎，但凡发现存在雷同案情及再次虚假的，一律不予立案。

三、民事检察监督对虚假仲裁的规制

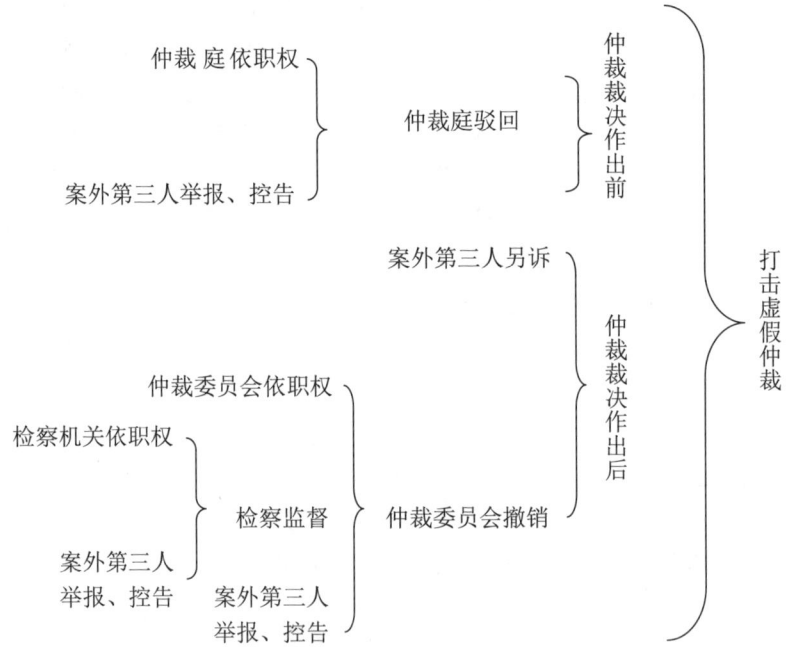

对虚假仲裁的规制措施（整体）

（一）检察监督权覆盖仲裁的理论基础

仲裁权具有准司法属性，是民间性和公权性相结合的复合性制度。"如果过分强调司法的谦抑与克制，貌似坚持了仲裁的非诉讼化理念，却会丧失对案外人利益保护的周严性，二者之间充满了张力。倡导适度积极的司法监督，发挥有限的司法能动性对仲裁欺诈的规制和救济作用，并非逆势而行，与仲裁的非诉讼化

理念，在终极目标上殊途同归。"〔1〕仲裁的公权属性主要源于仲裁裁决具有强制执行力，为此仲裁权应被纳入检察监督的范畴。〔2〕"检察机关监督的主动性一定程度上可以弥补审判机关监督的不足。"〔3〕2000 年 7 月 15 日起施行的《最高人民法院关于人民检察院对撤销仲裁裁决的民事裁定提起抗诉，人民法院应如何处理问题的批复》中规定，检察机关对发生法律效力的撤销仲裁裁决的民事裁定提起抗诉，没有法律依据，人民法院不予受理。该规定否定了检察机关就法院对仲裁的司法审查实施以抗诉为方式的监督〔4〕。2015 年《最高人民法院关于适用〈中华人民共和国民事诉讼法〉的解释》再次对检察机关可抗诉的裁定范围进行了限制，该解释第 414 条规定，人民检察院对已经发生法律效力的判决以及不予受理、驳回起诉的裁定依法提出抗诉的，人民法院应予受理。随着国家监察委员会的设立，检察机关的权能和工作重点发生了较大的变化，监督成为日后工作的中心。在民事诉讼监督领域，打击和查处虚假诉讼已成为检察机关的日常工作。〔5〕检察机关应在秉持民事纠纷双方当事人平等性、自由处分性和检察监督谦抑性的基础上，适度介入对虚假仲裁的依职权监督，加大对虚假仲裁的打击。"无论是赋予法院的司法监督还是检察监督，虽有理论与现实之必要，但都应当以不动摇上述（仲裁）根基为前提，必须时刻注意维护好仲裁与司法之合理边界，让两者相得益彰、协调发展。"〔6〕此外，如案外第三人可以向仲裁庭实施举报、控告一样，其亦可以向检察机关提供案件线索，在检察机关公权力监督的基础上使案外第三人达到遵循仲裁的合意性、相对性与自身权益保护之间的平衡，让检察机关成为案外第三人和仲裁制度之间的有效连接桥梁。

（二）检察监督权规制虚假仲裁的范围

就监督的对象和方式而言，仲裁机构本身对虚假仲裁负有审查的义务，为此

---

〔1〕 于锐：《论仲裁欺诈法律规制的理论困境与思维进路》，载《学术交流》2009 年第 10 期。

〔2〕 近年来检察机关对仲裁实施监督的相关案例请见：江苏省首例成功监督虚假仲裁裁决案件，唐颖：《江苏徐州：监督虚假诉讼不是"隔靴搔痒"——形成工作合力，细致审查取证，通过监督执行纠正虚假仲裁》，载《检察日报》2013 年 11 月 18 日，第 2 版。《重磅！检察长首倡"仲裁打假"》，载"湖南检察"微博，https：//weibo.com/ttarticle/p/show？id=23093510022741 84788192891383#_0，2017 年 12 月 24 日。卢志坚：《仲裁庭来了检察官》，载《检察日报》2012 年 12 月 19 日，第 8 版。

〔3〕 张利兆：《民商事仲裁发展与检察监督》，载《检察日报》2013 年 6 月 17 日，第 3 版。

〔4〕 在现行法下，检察机关可以实行对仲裁的间接监督，即对法院撤销仲裁裁决的行为实施"对违法审判行为的监督"，对法院不予执行仲裁裁决的行为实施"对违法执行活动的监督"，但上述两种方式对虚假仲裁的监督效用有限。

〔5〕 2017 年 1 月至 11 月，全国检察机关对 1560 件虚假诉讼案件提出监督意见，参见高旭红、刘淑娟：《最高检民事行政检察厅厅长胡卫列做客高检网正义网接受访谈：紧紧围绕民生推进公益诉讼》，载《检察日报》2018 年 2 月 14 日，第 2 版。

〔6〕 徐阳光：《越南检察机关监督商事仲裁探析及其对我国的启示》，载《法制与经济》（专家评点）2014 年第 12 期。

检察监督的对象可直接为生效的仲裁裁决，但裁决本身不具备再审可行性，为此检察机关不能直接提起抗诉或再审检察建议，无法通过再审程序进行纠正。同时，虚假仲裁中仲裁机构本身也处于受害地位（仲裁员参与恶意串通的除外）决定了检察监督的目的不是对仲裁机构"纠错"，而是助仲裁机构"纠错"，通过启动再次判断程序实现对整个司法秩序的维护。为此检察机关实施监督的方式为"纠正违法检察建议"，一来符合仲裁本身的准司法属性〔1〕，将对虚假仲裁存在与否的最终判断权交由仲裁机构本身，使仲裁机构自我补救与检察监督相结合，检察机关并不做根本的认定和强制；同时，正因为此种监督的"柔性色彩"，为在仲裁委员会不予撤销仲裁裁决情况下案外第三人提起更为复杂的另诉程序留有余地。"仲裁裁决必须接受法律监督，如各级人大提出监督意见，检察机关提出检察意见、检察建议等，但无须以检察院行使抗诉权方式进行监督。若是正确的法律监督意见，可由仲裁委员会撤销原错误裁决，重新组成仲裁庭仲裁，由自身纠正错误。"〔2〕但是，笔者不主张检察机关介入正在进行中的仲裁程序，不赞同检察机关对仲裁活动实施监督。《民事诉讼法》所规定的检察机关对民事诉讼的监督对象除裁判、调解书和执行活动外，审判行为也包括在内。我国民事检察监督制度的基础在于公权监督，仲裁的"准司法"属性乃契约属性和强制执行力的混合。仲裁程序的依据是各仲裁机构在遵循《仲裁法》基本规定之下所各自制定的仲裁规则，"仲裁规则对相关当事人的效力相当于契约的关系"〔3〕，特色性、差异性的存在是当事人自愿选择仲裁机构时所考虑的因素之一，为此仲裁程序不应直接纳入检察监督的范畴。综上，对虚假仲裁检察监督的构造设计可促进对"非诉"程序检察监督制度的全新建立和特殊建立，非诉检察监督的理念和方式应在诉讼监督的基础上进一步发展。

（三）检察监督权规制虚假仲裁的方式

目前《仲裁法》规定了法院撤销仲裁裁决制度，但申请主体仅限于仲裁当事人。笔者认为，仲裁委员会在仲裁裁决作出后进行审查，如果认定存在虚假仲裁，应直接撤销该仲裁裁决。〔4〕仲裁委员会对仲裁裁决的撤销不同于法院司法审查下的撤销，两种撤销存在属性上的区别。法院撤销仲裁裁决是对仲裁庭本身

---

〔1〕《民事诉讼法》2012 年修改时所设立的检察建议制度一直存在争议，对审判权进行监督的"柔性"受到质疑。

〔2〕关今华：《析民事调解和仲裁裁决法律监督的论争》，载《国家检察官学院学报》2001 年第 2 期。

〔3〕赵秀文：《论仲裁规则的性质及其与仲裁法之间的关系》，载《河北法学》2008 年第 6 期。

〔4〕目前仲裁实践中对虚假仲裁的处理措施，出现了仲裁委员会发现自己作出的仲裁裁决存在当事人双方的虚假串通后，因自身无权撤销该仲裁裁决，进而致函中级人民法院，建议中止或不予执行由该仲裁委员会自行作出的仲裁裁决。参见王巍：《商人因超额查封提 12.7 亿国家赔偿，法院已立案》，载中国网，http://news.china.com.cn/2018-01/25/content_50297707_2.htm，2018 年 1 月 25 日。

所犯错误的纠正，而在虚假仲裁中仲裁庭可能本身也是被蒙蔽者乃至司法秩序破坏中的受害者，其在通常情况下对虚假裁决的作出并没有主观的直接错误。为此应将撤销虚假仲裁的任务交由对仲裁庭负有管理职责的仲裁委员会，而法院继续保持在法定事由下根据当事人的申请撤销仲裁裁决的地位〔1〕。

首先，就仲裁委员会撤销仲裁裁决的启动而言，虚假仲裁双方当事人的恶意申通决定了其申请撤销的可能，加之之前在仲裁程序中对案外第三人所秉持的态度，为此也不能将申请撤销仲裁裁决的主体扩展至案外第三人，仲裁委员会不宜根据案外第三人的申请直接对仲裁裁决予以审查。第一，仲裁委员会可自行主动撤销虚假仲裁裁决。仲裁委员会在仲裁裁决已经做出后又发现系虚假仲裁的，可能是源于自行复核时发现，也可能是源于案外第三人的举报和控告，此时根据案外第三人的举报和控告的撤销与对其禁止的直接申请撤销在属性上截然不同。第二，仲裁委员会可根据检察机关提出的检察建议撤销虚假仲裁裁决。案外第三人在仲裁裁决作出后如能向检察机关提供相关证据、证明仲裁双方当事人存在恶意申通的，检察机关应启动监督程序，向仲裁委员会制发纠正违法检察建议，仲裁委员会可根据纠违检察建议再次对原纠纷进行以真实性判断为主要目的的审查。根据上述制度设计，当事人向法院申请撤销仲裁裁决是在申请仲裁机构对民事权利义务关系进行判断基础上的第二次救济，而检察机关对案外第三人监督申请的审查属于第一次救济，检察机关根据监督申请向仲裁委员会制发检察建议要求撤销属于第二次救济，实现了案外第三人与仲裁当事人救济阶梯的平衡。

其次，就撤销虚假仲裁的事由而言〔2〕，不能简单地归结于《仲裁法》第58条所规定的"没有仲裁协议"这一程序性撤销事由或"裁决所根据的证据是伪造的"这一实体性撤销事由，而是相关情形的复合体。〔3〕"没有仲裁协议"是指当事人之间从未达成过仲裁合意、达成的仲裁合意未以书面形式呈现以及仲裁协议因形式性问题而被认定无效或被撤销。《北京市法院执行局局长座谈会（第八次会议）纪要——关于仲裁裁决执行与不予执行申请审查若干问题的意见》第13条规定，仲裁条款或者书面仲裁协议未签订、不成立、未生效、已撤销、已解除、无效的，属于民事诉讼法第237条第2款第1项规定的"当事人在合同

---

〔1〕 就现行法所规定的双方当事人向法院申请撤销仲裁裁决的程序中，存在撤销事由的设置、与申请不予执行的竞合及对法院准予撤销裁定或不予撤销裁定的救济等有待进一步解决的问题。

〔2〕 《最高人民法院关于人民法院办理仲裁裁决执行案件若干问题的规定》第18条所创设的案外人就仲裁案件当事人恶意申请仲裁或者虚假仲裁、损害其合法权益进而申请不予执行仲裁裁决或者仲裁调解书制度中，并没有对申请事由进行明确。

〔3〕 目前对当事人申请撤销仲裁裁决事由的设置本身有一定的争议，程序性事由和实体性事由的关系及比重不能达成完全一致的意见，特别是在中国现实国情下实体性撤销事由是否应加重更是争论中的重点。

中没有订有仲裁条款或者事后没有达成书面仲裁协议的"情形。"主合同的变更、解除、终止或无效只是'不影响对仲裁协议的效力另行认定',而非绝对不影响其效力,尤其在主合同存在合谋欺诈时,主合同因非法而无效的后果就实质性地影响了仲裁条款的效力。"〔1〕《北京市法院执行局局长座谈会(第八次会议)纪要——关于仲裁裁决执行与不予执行申请审查若干问题的意见》第16条规定,同时符合下列条件的,属于民事诉讼法第237条第2款第4项规定的"裁决所根据的证据是伪造的"情形:①该证据经审查查明确属伪造的;②该证据已被仲裁裁决采信的;③该证据属于认定案件基本事实的主要证据的;④被申请人在仲裁裁决作出前并不知悉该证据系伪造,或者虽知悉该证据系伪造,但向仲裁庭提出后其意见未被采纳的。虽然《仲裁法》第58条规定了"人民法院认定该裁决违背社会公共利益的,应当裁定撤销",但对社会公共利益的界定实为一难题。"公共利益是一个不确定的法律概念,其没有确定的边界,或者说无法准确描绘其边界,其本身呈现一种开放性状态。"〔2〕综上,应将仲裁委员会撤销虚假仲裁裁决的事由另行单独明确,确立为"双方当事人之间恶意串通,构成虚假诉讼",该仲裁裁决撤销事由既不属于程序性事由,也不属于实体性事由,而是对仲裁合意成立与否的基础性事由。

最后,就仲裁委员会撤销仲裁裁决的效力而言,为了实现对虚假仲裁这一特殊情况的有效规制,只能突破仲裁裁决的既判力。在仲裁裁决业已生效并有可能正在执行乃至已经执行完毕的情况下,也应允许仲裁委员会撤销虚假仲裁裁决。

四、对虚假仲裁进行规制的其他并行措施

(一)仲裁庭在仲裁进行中的自行审查

仲裁庭在仲裁进行中应及时开展案前审查与案中审查,以公共立场进行适度的职权介入,对正在进行中、尚未作出裁决的虚假仲裁及时制止后驳回仲裁申请。"相比于法院的事后纠错机制,若仲裁机构可以及时识别和叫停虚假仲裁程序,则可以从源头上杜绝虚假仲裁可能造成的危害。"〔3〕传统上的仲裁程序奉行严格的当事人主义原则,仲裁庭并不主动调查取证,但基于对虚假仲裁的打击,应适度赋予仲裁庭在仲裁中依职权探知相关仲裁事项的权利。同时仲裁程序原有的秘密性也可适度放宽,通过适当公开、部分公开相关不涉密信息,使得案外第三人能获得相关的知情权。仲裁庭发现存在虚假仲裁的嫌疑并可能牵涉案外第三人的权益时,应主动依职权将案件的有关情况通报案外第三人,将案外第三人以证人的身份引进仲裁程序中,其目的在于协助识破虚假诉讼,但不能将相关民事

---

〔1〕 王克玉:《合谋欺诈视角下的合同仲裁条款独立性问题研究》,载《法商研究》2014年第3期。
〔2〕 胡鸿高:《论公共利益的法律界定——从要素解释的路径》,载《中国法学》2008年第4期。
〔3〕 董暖、杨弘磊:《虚假仲裁案外人权利的司法救济研究》,载《法律适用》2017年第21期。

权益直接认定于案外第三人，因为外第三人不属于仲裁当事人。当然，某些虚假仲裁的隐蔽性极强，仲裁庭在仲裁进行中仅从当事人提交的证据中无法判断出案外第三人相关权益的潜存在。[1] 此外，案外第三人在仲裁过程中主动向仲裁委员会主张存在虚假的，仲裁庭可接受其提供的相关举报、控告材料并进行审查。

（二）案外第三人通过民事权利义务分配之诉获得新判决以认定民事权利义务

"如果存在一般救济程序，是否还有必要适用特殊的事后救济程序。而且，对他人的诉讼判决如果对该第三人本身就没有约束力，是否还有必要推翻他人之间的裁判就存有疑问。"[2] 在诉讼中，"相比于专门针对案外第三人权益保障的路径和方法，另行起诉并未被普遍作为解决虚假诉讼问题和保障案外第三人权益的基本途径。在案外第三人权益程序保障相关制度的研究和实践中，存在着以特别程序代替一般程序的趋向。与另行起诉制度相比，我国专门针对案外第三人设定的若干保障措施依旧相对单一，无法充分回应案外第三人的诉求。为了充分保障案外第三人的程序权利和实体权益，应当重视和加强另行起诉制度。"[3] 仲裁中也存在着相类似的情况，但又呈现出特殊之处。案外第三人可不依附于虚假仲裁当事人之间的仲裁协议和由此获得的仲裁裁决而单独提起民事权利义务分配之诉，通过提交不同于先前仲裁的诉讼请求和证据以获得新判决来认定民事权利义务，二者的争议事项并不一致。后诉的争议不同于仲裁主体之间的争议，提起后诉的当事人也没有参加前仲裁程序，没有行使相关程序性权利和获得程序保障，为此后诉讼并未突破仲裁裁决既判力的主观范围和客观范围，前仲裁所做出的判断就不能对后诉的原告（仲裁中的案外第三人）产生约束力。此时案外第三人的起诉既不不违反一事不再理原则，也未否定仲裁裁决既判力的主体相对性。

1. 另行起诉的属性

另行起诉遵循了仲裁裁决效力相对性原则，属于通常的诉讼路径。案外第三人可就民事权利主张提出各种类型的诉（有可能以仲裁申请人或被申请人为被告、也有可能以仲裁双方当事人为共同被告），其针对的是自己与仲裁当事人之间的利益纠纷，而非以虚假仲裁者的侵权行为对对象的侵权之诉（以仲裁双方当事人为共同被告）。侵权之诉的本质是对仲裁欺诈行为的追责，而非对之前民事

---

[1] 有观点认为，可建立仲裁裁决预公开制度，给予受害人寻求救济的机会。仲裁庭在制作裁决书之前，如果仲裁裁决的结果涉及第三人利益的，仲裁庭可将裁决结果先行告知仲裁利益第三人，给予第三人一定期限的异议期。参见马金叶：《恶意利用仲裁程序及其规制》，西南政法大学 2010 年硕士学位论文；李冰洁：《论恶意仲裁的法律规制》，黑龙江大学 2015 年硕士学位论文。笔者认为，在案外第三人相关权益在仲裁中潜存在的情况下，上述制度设计难以发挥功效。

[2] 张卫平：《中国第三人撤销之诉的制度构成与适用》，载《中外法学》2013 年第 1 期。

[3] 张卫平、任重：《案外第三人权益程序保障体系研究》，载《法律科学》2014 年第 6 期。

活动所产生的民事权益的救济，与案外第三人与仲裁当事人之间的原有民事纠纷存在实质区别。"侵权责任这一特殊构成要件，受害人在明知自身权益有遭受侵害的危险时，却不能采取有效措施消除，而只能等到损害实际发生后，才能请求侵权损害赔偿。"[1] 此外，"案外人欲提起侵权损害赔偿之诉，裁决需生效并经法院撤销。如果相关案外人并未申请法院依职权撤销该涉嫌欺诈的裁决，不能够直接起诉要求侵权损害赔偿，故裁决的依法撤销是侵权损害赔偿之诉的前置程序，否则有违仲裁裁决的公信力。"[2] 鉴于案外第三人在起诉时可能存在仲裁裁决是否已经做出并进入执行的不同情况，为此应根据仲裁裁决是否进入执行程序来划分不同的情形。[3]

2. 另行起诉的时间

如果案外第三人另行起诉，根据诉讼和仲裁的进展流程可出现三种程序交叉的情形，一为案外第三人在仲裁裁决作出前起诉且在仲裁裁决作出前获得判决（先判决、后裁决）；二为案外第三人在仲裁裁决作出前起诉且在仲裁裁决作出后、申请执行前获得判决（先裁决、后判决）；三为案外第三人在仲裁裁决作出后、申请执行前起诉并获得判决（先裁决、后判决）。有观点认为此时应当实行先仲裁与后诉讼的合并审理，或中止前仲裁的审理。笔者认为在程序冲突问题的处理上，实行程序的合并与关联并不具有现实可操作性，为此应通过对各自程序所产生的法律文书的效力竞合实现有效处理。

3. 另行起诉所得判决与仲裁裁决的效力竞合

在诉讼中，"另行起诉的缺陷：如果生效判决由二审法院作出，基层法院能否撤销上级法院裁判；如果另行起诉后做出的裁判与原判不同，如何处理两个不同的生效裁判，前判不被撤销或变更，是否继续具有强制执行力。"[4] 为此有观点指出，"因为前诉判决是根据前诉当事人的主张和事实，是依据当事人双方在前诉中对主张和事实辩论的结果作出的判决，在后诉中案外第三人提出了支持自己主张的事实和法律依据，法院根据当事人双方主张的事实和法律，认可案外第三人的诉讼请求，是完全可以理解的，不存在矛盾的问题。又因为前诉判决仅对该诉讼的原告和被告有拘束力，因此，后诉被告（前诉原告）不可以用前诉判决对抗后诉判决。基于确定判决的执行力，若后诉被告不自动履行义务，后诉原

---

〔1〕 刘东：《论仲裁裁决案外人利益的保护——以案外第三人撤销仲裁裁决之诉为中心的研究》，载《法治研究》2015年第2期。

〔2〕 于锐：《论仲裁欺诈法律规制的理论困境与思维进路》，载《学术交流》2009年第10期。

〔3〕 相关观点参见汪祖兴：《完善仲裁案外人权利救济制度的建议》，载《法制日报》2015年11月25日，第9版。

〔4〕 全国人大常委会法制工作委员会民法室编著：《中华人民共和国民事诉讼法解读》，中国国法制出版社2012年版，第137页。

告向法院申请强制执行时，后诉被告也不能以前诉判决予以对抗。一些人仅仅看到两个判决对所有权的确认不同，没有看到两个判决是在不同诉讼程序、不同的当事人之间依据不同的事实作出，并对不同的主体有拘束力，误以为前后裁判有矛盾。"[1]此外，"应否定裁决理由的既判力，原则上只有仲裁裁决结果才可以发生既判力，所以，只有当仲裁结果与其他已发生既判力的判决、裁决的主文、裁决结果发生冲突时，才能认定存在所谓的矛盾裁决。如果仅是与内容其他部分发生冲突，那么，还不能构成真正意义上的矛盾裁决。"[2]

就仲裁裁决和法院判决的效力竞合与冲突而言，在一般情况下基于或裁或审原则，不可能出现。现因打击虚假仲裁的程序设计而必然出现同时存在的法院判决和仲裁裁决的效力冲突，此时裁决和判决所处理的不是同一争议，但必定是相关联争议，后诉讼请求（仲裁请求）可能包含前仲裁请求（诉讼请求）所针对同一标的物的给付内容，可能存在对某一民事权利认定的不一致。笔者认为，在仲裁裁决和法院判决不可能同时作出的情况下，先裁决（先判决）会对后判决（后裁决）产生预决力，形成免证事实。免证事实本身具有相对性，为此免证事实的可被推翻成为解决效力冲突的关键。[3]比拟诉讼中的相关情形，"如果生效裁判中不属于判决主文，即判决理由部分的认定，侵犯了第三人利益的，那么其有证据能够证明该认定错误的，且可提起新的诉讼进行救济的，则依据其持有的证据在诉讼中即可推翻原生效判决中认定的事实，而不必以提起第三人撤销之诉的方式来纠正原判决书中判决理由认定错误之部分。"[4]比照诉讼中的既判力相对性原理，"禁止重复起诉及既判力制度背后的矛盾判决是相对的。该相对性的具体含义是指，只有在同当事人并同诉的前提下法院禁止做出矛盾判决，若不属于同一当事人之间且诉讼标的相同或矛盾（即不同诉），哪怕法院对于前诉判决中已决的事项（事实问题、判决理由中有关法律关系的判断、有关诉讼标的的法律判断）作为后诉的部分或全部被提起，后诉法院不仅应当受理，而且也可以不受前诉拘束来做出独立判断。而允许矛盾判决相对化的存在，是认可既判力

---

[1] 张卫平：《既判力相对性原则：根据、例外与制度化》，载《法学研究》2015 年第 1 期。

[2] 卜元石：《仲裁裁决既判力案例研究与中国民事诉讼法的精细化》，载《中国应用法学》2017 年第 1 期。

[3] "然而在司法实践中，即便案外第三人在另诉中有证据可以推翻被人民法院生效裁判所确认的事实，一些法院依旧存在不予受理或者驳回起诉的做法，这种倾向在事实认定为上级法院作出时尤为明显。为了充分保障案外第三人在另行诉讼中的程序权利，一方面应当要求法院在民事司法实践中严格遵守和贯彻《证据规定》第 9 条第 2 款规定，在符合条件时依法作出与上级法院不同的事实认定；另一方面，建议通过司法解释明确预决事实的效力范围及其例外。"上述观点参见任重：《论虚假诉讼：兼评我国第三人撤销诉讼实践》，载《中国法学》2014 年第 6 期。

[4] 王合静：《论第三人权益之程序救济——兼论第三人撤销之诉制度的完善》，载《河南财经政法大学学报》2014 年第 6 期。

相对性原则的必然结果。"〔1〕鉴于后判决（后裁决）是建立在以相反事实推翻先裁决（先判决）的基础上成立的，已对先裁决（先判决）所认定的事实进行了再次评判，属于作出与先裁决（先判决）已决事实相冲突的新认定，为此后判决（后裁决）的效力自然取代先裁决（先判决），先裁决（先判决）视为撤销，二者并非冲突性平行存在，后判决（后裁决）成为唯一的执行依据。如果先裁决（先判决）被申请执行了，后判决（后裁决）可以据以提出执行异议之诉。此外，也有观点认为仲裁裁决所形成的免证效力不能扩张至仲裁当事人之外的第三人，"此项效力应当限于参与仲裁的双方当事人之间，第三人若在其他诉讼中主张仲裁裁决中认定的事实，不能免除其举证证明的负担"〔2〕。当然，在先裁决已经做出的情况下，如果法院所作的判决中未将相关的民事权利分配给原告即仲裁中的案外第三人，则可能意味着虚假仲裁的不成立。在法院驳回原告诉讼请求的情况下，仲裁裁决成为唯一的执行依据。

---

〔1〕 林剑锋：《既判力相对性原则在我国制度化的现状与障碍》，载《现代法学》2016 年第 1 期。

〔2〕 参见肖建华主编：《民事证据法理念与实践》，法律出版社 2005 年版，第 146 页。

共同犯罪的认定方法

秦雪娜[*]

正犯标准的独立性背后是犯罪参与体系问题。有关共同犯罪的处理，单一制与区分制的争论早已不新鲜，双方始终各执一词，互不相让。虽然区分制体系在大陆法系的立法规定及教义解释上占有优势，但不得不承认，区分制对单一制的很多批评都已显得苍白无力。因此，要想保留区分制参与体系，就必须从其他角度作出更有说服力的说明，这是探讨正犯标准的前提。

笔者以为，区分制和单一制的取舍是无法从立场优越性得出结论的，最终只不过是哪一种方式在共同犯罪的处理技术上更有利于提升结论的全面性、准确性的问题。遵循发展规律，法律亦是从原始走向成熟、从粗糙走向精细。相较单一制，区分制正是体现了刑法的精巧性发展。对犯罪行为的否定评价是通过定罪和量刑两方面来实现的，其中，刑罚适用是狭义上的刑事责任承担方式，犯罪论关于是否符合犯罪构成、罪名、罪质、罪态、罪数的认定则是一种广义上的刑事责任承担方式，后者同样可以反映出对犯罪行为的差异性否定评价，而且具有与刑罚评价不同的独立意义。奇怪的是，在共同犯罪领域，学界似乎更关注对共同犯罪人的量刑问题，对关键的定罪问题的探讨非常薄弱。既然不同于单独犯罪，对共同犯罪在定罪上就不能仅仅满足于是否该当构成条件、各自触犯的罪名为何等这样普适性的问题，必须结合共同犯罪参与犯的特点，应在定罪阶段就体现出参与人之间互动的区别性评价。而区分制的保留或进步意义关键就在于通过划分正犯和共犯，在定罪阶段就体现出两种参与类型在不法规范层级上的差异，从而使二者在定罪层面即受到他们本应获得的差异性价值评判，这是在共同犯罪的定罪处理上追求精细化的表现。

不得不承认，单一制最成功的地方就是在共同犯罪中引入个人责任原则。而区分制自形成之日起似乎就与共犯从属性绑定，有将共犯责任依附于正犯责任之嫌，这背离了近代刑法上的个人责任原则，成为区分制之殇。笔者以为，区分制

* 课题主持人：秦雪娜，北京理工大学讲师。立项编号：BLS（2017）C004。结项等级：合格。

要想保留自身优势，必须放宽对共犯的从属性要求，着力从共犯的"规范从属"走向"自然从属"，以实现向个人责任原则的接轨。详言之，虽然承认共犯具有从属性，但这种从属应仅仅是基于共犯并未着手实行的自然限制，至于违法性和有责性的价值判断理应因人而异，并无从属之说。有单一制的学者指出，一旦立足于区分制采取共犯的最小从属性说，共犯从属性的意义就名存实亡，已趋向于单一制。笔者并不这样认为。承认共犯违法性的独立不等于认可共犯具有与正犯等价的违法性，如前文所述，区分制的进步关键在于始终找寻参与类型的规范差异，以为应然的定罪层面作区别评价。

笔者以为，罪刑法定的明确性要求意在保障人权，因而指向的是罪和刑的明确化，而犯罪参与体系只是处理共同犯罪问题的方法手段，方法如何选择，端赖于解释。而且如学者所言，共同犯罪立法的不明确抑或缺失，亦提供了足够的解释空间，区分制或单一制都难为我立法所排斥。需要再次重申的是，目前单一制和区分制阵营过于关注双方的立场分歧，甚至有将此种立场对立夸大的嫌疑，笔者更愿意将单一制和区分制看作处理共同犯罪问题的不同方法，而区分制方法的优越之处就在于细微地体察参与类型的差异，并从这种差异出发给予参与人定罪和量刑层面的区别性及复合性评价。如前文所述，这种对共同犯罪处理的精细化就是参与体系的解释导向，就是区分制的全部目的理性。

笔者以为，现今在欧陆法系占据优势地位的正犯标准各自存在无法解决的问题，不仅没有体现区分制的益处，反而引致强有力的质疑。

重要作用说是日本的通说，我国也有很多学者支持该立场。根据重要作用说，对于正犯标准不能局限于形式上的行为样态，而是要看行为人对犯罪的完成是否在实质上起到必要的或重要的作用。而判断是否起重要作用，主要参考参与人的地位、对实行行为加工的有无、样态、程度等综合判断。可见，重要作用说的基准就在于"客观上的可见作用"。重要作用说标识的是量刑阶段的主犯概念，而非定罪阶段的正犯类型。笔者坚持，如果区分制相较单一制还有胜出的优势，这个优势一定就在于区分制通过对正犯类型的划分，在定罪阶段就彰显出参与行为规范层级的差异，并在此实现了对不同规范类型在罪上的区别性价值评价。基于此，正犯和共犯的划分理当是一种先于量刑阶段的事前判断。而重要作用说在认定正犯时，判断基准是参与人对个案结果实际发挥的作用，这种对"客观上可见作用"的认定原是一种量刑阶段才发生的事后判断，据此界定的正犯类型自然与我国刑法上的主犯概念是重合的，并未显现出正犯类型的独立特征。

德国学者罗可辛（Roxin）是犯罪事实支配论的集大成者。自其从"行为支配""意思支配"及"功能性支配"多个维度系统地提出犯罪事实支配理论以来，该正犯标准获得了广泛认同，不仅是德国的主导学说，在韩国也占多数观点地位，我国亦支持者甚众，并且仍呈上升趋势。犯罪事实支配论包含实质的目的性思考，并非纯粹的存在论概念；虽然要同时考虑主观要素，但这仍属于一般人标准的不法判断，而且是构建"客观的"犯罪事实支配概念所必须。因此，犯罪事实支配理论亦属于客观实质标准。英美刑法也有"行为支配"的见解。如有观点主张，共犯规则不适用于以下情形，即如果犯罪的实行行为成为他人强制或操纵的工具，导致原本的实行犯如同木偶一样被他人支配，那么"背后牵线的人"即便没有亲自实行犯罪，也应当被认定为正犯。虽然不确定所有法院都注重该项区分，但部分学者仍然视"无罪之工具"原理为共犯规则的例外。还有观点直接指出，如果共犯成为犯罪行为的主导性贡献者，就理应被视为正犯。犯罪支配理论用"现实作用"取代"支配能力"，已与重要作用说无异。如果立法将正犯类型与量刑功能绑定，任何正犯标准最后都会沦为重要作用说。西田典之教授就曾论断如下："在不法的实现中发挥重要作用的支配者是正犯，因此，行为支配理论应视为重要作用说的下位概念"。我国也有学者认为，德国刑法上的"正犯"与我国刑法上的"主犯"完全可以画等号，具有犯罪事实支配能力的正犯一定是起主要作用的主犯、不具有犯罪事实支配能力的共犯也一定是起次要作用的从犯。但这种与重要作用说无异的犯罪支配理论，同样是量刑为主的单一制思路，反而失去了学说本身的进步意义。

形式客观标准是早期欧陆法系的主流见解。区分制的起源观念在于对实行行为进行定型性的严格维护，因此，最初以自然的限制正犯概念为基础，在正犯和共犯的区分上，纯粹以形式上是否实施了实行行为为标准。这种简单直接的表象识别，至今仍有学者支持，并且大有回暖之势。正犯是规范意义上的核心参与类型，非机械的形式客观标准所能标识。且不说本文强调的定罪阶段正犯与共犯规范层级的差异，既然采取区分制，初衷自然是要划分出核心参与类型与次要类型，而所谓"核心""次要"的定位均是价值评判的内容，正犯标准自然也应是包含评判性思考的法律判断，不能只是纯自然意义上的事实认定。所以，象形、简单的形式客观标准是无法准确标识核心的正犯类型的。

由于形式客观标准从具象外表限制了核心参与角色的认定，固守该立场的很多学者开始松动，主张从规范意义上理解实行行为，即不限于直接的身体性行为，将他人作为工具加以利用的，也视为实施了实行行为。这种规范的形式客观说在我国亦支持者甚众。个别学者提出的"新形式客观说"，也是建立在对构成要件规范理解的基础之上。规范的形式客观说与前述实质客观标准逐渐趋同。采取规范形式客观说的学者，对实行行为"规范含义"的指涉不完全相同，但无论外延如何划定，共通之处都是被迫从具象形式走向规范实质。也正因为如此，规范的形式客观说虽然冠以形式之名，实际上早已脱离了形态上的实行行为标准。既然如此，就同样面临着实质正犯概念与扩张正犯只一线之隔的质疑。

就支配理论，笔者认为该说应当从"内含性"的角度进行修正。详言之，正犯和共犯的区分以是否具有犯罪事实支配性为标准，是比较妥当的，但笔者以为，这种犯罪事实支配性应当是正犯原本就具有的、内含性的东西，因而对其有无应进行事前判断，不能根据个案中参与人实际发挥的作用进行事后判断。罗克辛教授在论及共同正犯时也曾简要提及，共同正犯的功能性支配是"溯及将来"而非"溯及既往"，即共同正犯的功能性支配，并不取决于从事后来看其对共同犯罪的完成是否起到多不可或缺的作用，而是取决于从事前来看其是否本身就具有这种功能性支配力。遗憾的是，罗克辛教授并未对此展开论述，也未从整个犯罪事实支配理论的视角，突出犯罪事实支配性"溯及将来"的特点。笔者以为，为彰显犯罪事实支配理论的精髓，避免学界对该说的曲解，有必要从"内含性"的角度对犯罪事实支配理论做出如下修正：正犯和共犯的区分标准在于对法益侵害事实是否具有支配能力，并且，这种犯罪事实支配能力是内含于正犯之中的，对其有无应进行事前判断，与正犯在个案中实际发挥的作用并无必然关联。

（1）依据是否具有犯罪事实支配能力划分正犯和共犯，还原了参与行为原本就具有的实质性差异，使得不同的参与类型在定罪阶段能够受到其本应获得的层级不同的规范评价。

（2）强调犯罪事实支配能力具有"内含性"而非"现实性"，使得正犯和共犯与主犯和从犯各自分离，有利于实现共同犯罪在量刑上的个别化。

（3）以内含的犯罪事实支配能力划分正犯和共犯，能够为共犯从属性的研究提供更精准的理论前提。笔者以为，根据犯罪事实支配能力划分共犯和正犯，在此基础上强调共犯对正犯的实行从属性，可以使得间接正犯、共同正犯的未遂问题独立于实行从属性之外单独探讨，这使得对不同参与类型未遂标准的认定更加精细化。

（4）限制正犯概念的相应修正。区分制犯罪参与体系最初以严格的限制正犯概念为理论基础。根据这种原始的限制正犯概念，只有亲自实施符合构成要件行为的人才是正犯，只有实施了符合构成要件的行为才应当受到刑罚处罚；而教唆犯、帮助犯并未实施符合构成要件的行为，故不是正犯，之所以处罚这种不符合构成要件的行为，是借由刑法总则的规定扩张刑罚适用范围的表现。但这种严格的限制正犯概念已受到学界的有力批判。笔者以为，作为区分制理论基础的限制正犯概念确实应当做出修正，即不应当从构成要件以及可罚性、而应当从犯罪事实支配能力以及价值层级的角度限制正犯类型，这便解决了正犯和共犯区分标准实质化的问题。

探讨正犯和共犯区分标准的前提是解决犯罪参与机制的选择问题。虽然区分制体系在大陆法系的立法规定及教义解释上占有优势，但不得不承认，区分制对单一制的很多批评都已显得苍白无力。因此，要想保留区分制，就必须对其积极意义做出更有力的阐释。本文认为，区分制的保留或进步意义关键在于，通过划分正犯和共犯，在定罪阶段就体现出两种参与类型在法规范层级上的差异，从而使二者在定罪层面即受到他们本应获得的差异性价值评判，这是在共同犯罪的定罪处理上进行精细化的表现，也应当成为刑法教义解释的目的导向。在区分制犯罪参与体系之下，关于对正犯和共犯区分标准的研究，既有的观点尚且无法回应质疑。已有的实质客观说导致正犯类型丧失独立性。其中，重要作用说认定的是量刑阶段的主犯概念，而非定罪阶段的正犯类型；犯罪事实支配理论在对"支配"概念的解释上，用"现实作用"取代"支配能力"，已与重要作用说无异。上述实质客观标准混同主犯概念与正犯概念，已滑向单一正犯体系。正因为如此，很多学者开始复归形式客观说。然而，严格的形式客观说无法标识核心的参与类型，而所谓规范的形式客观说与前述实质客观说大同小异。关于正犯和共犯的区分标准，建议对犯罪事实支配理论从"内含性"的角度进行修正，即不以"实际作用"而是以"内含的犯罪支配能力"区分正犯和共犯，这样的区分标准使得正犯和共犯与主犯和从犯分离，从而立足于区分制也能实现刑罚个别化。

面对涉医犯罪的高发态势，近几年来，我国立法机关、司法机关作出了系列反应。司法机关会同相关部门先后出台了维护医疗秩序的规范文件，并陆续开展了打击涉医违法犯罪专项行动。《刑法修正案（九）》亦明确将"医疗秩序"纳入刑法第 290 条的规制范围。但笔者以为，这些刑事应对措施受制于传统调整模式，存在"先天性缺陷"，难以收到实效。事实上，我国对涉医犯罪的刑法规制存在诸多漏洞与盲区。

我国刑法并未就侵害医务人员、扰乱医疗机构秩序的行为设置专门罪名，对涉医犯罪主要用第四章的侵害人身罪以及第六章的扰乱公共秩序罪加以规制。这种粗疏的立法模式无从体现涉医犯罪的构成特点，能够涵盖的侵医行为类型有限，加之分则罪名的入罪门槛较高，实体法规制不力问题便逐渐显露。

对涉医犯罪适用最多的扰乱秩序类罪名，在适用中亦存在诸多问题。其一，违背罪刑法定原则。第 290 条聚众扰乱社会秩序罪和 第 291 条聚众扰乱公共场所秩序、交通秩序罪是规制涉医犯罪的主要罪名，特别是《刑法修正案（九）》实施以后，对严重医闹行为适用第 290 条的判决明显增多。但笔者发现，对医闹行为适用第 290 条时，很多判决只认定了积极参加者，而未认定首要分子。其二，对入罪标准的把握尺度不一。如对于第 290 条聚众扰乱社会秩序罪的入罪标准，实务中，有的严格掌握，有的则宽松处理。这种冲突现象凸显了医闹入刑的踌躇与困惑。其三，罪名之间的逻辑关系不清。如行为方式相似的扰乱医疗秩序的行为，有的被认定为聚众扰乱社会秩序罪，有的被认定为聚众扰乱公共场所秩序、交通秩序罪，还有的被认定为寻衅滋事罪，罪名之间的逻辑关系混乱。

涉医犯罪的行为类型多样化，这些行为又常常重合、交叉、并合出现，因此，在罪数认定上多需斟酌。而我国司法实务对涉医犯罪的罪数处理明显粗糙、不充分。其一，在罪名宣告上未对想象竞合犯完全评价。其二，认定连续犯时未考虑"个人专属法益"的特殊性。其三，对牵连犯的处理没有体现实质竞合之实质。

近年来，我国司法机关对涉医犯罪采取了严打、高压的刑事政策。从2012年至今，司法机关会同原国家卫计委等相关部门先后发布了多个维护医疗机构秩序的通告、意见，要求依法严厉打击侵害医务人员和扰乱医疗机构秩序的违法犯罪行为。对比之下，我国实务基于医患关系背景对涉医犯罪在量刑上普遍从宽的倾向，似依据不足，有助长、纵容涉医犯罪之嫌，还有待区分不同情况，分别考量。

涉医犯罪的高发虽然引起了我国司法机关的重视，但在讲求"以和为贵"的本土环境之下，考虑到医患关系的特殊背景，我国对涉医犯罪的处理呈现明显的行政、民事甚至私人化现象，这导致涉医犯罪的犯罪黑数问题非常突出。

在涉医犯罪中，刑事和解的适用率较高。但司法实务中，由仅仅作为直接受害者的医务人员、医疗机构，就涉及公共卫生利益的犯罪行为，广泛行使刑事和解的权利，甚至有司法机关明确将刑事和解制度适用于第六章聚众扰乱社会秩序罪这样的公法益犯罪，并不合适。

对涉医犯罪的起诉，刑事自诉制度的适用几乎为零。法律搁浅，权利闲置，同样值得反思。

我国刑法对犯罪的立法模式突出特点是"定性+定量"，且法网稀疏。这种立法模式虽然严格恪守了刑法的最后手段性，但相较德日"立法定性、司法定量"的犯罪设立模式，失之于国民规范意识的培养，亦不利于犯罪预防。值得注意的是，晚近我国刑事立法活跃，开始注重建设行为规范、加强社会管控。并且，我国刑法通过增设犯罪类型、降低入罪标准以强化行为规范的变化趋势，首先瞄准的就是具有"公共性""特殊性"的领域和群体。

笔者以为，涉医犯罪侵害的法益具有公共属性，并且指向的犯罪对象属于特殊群体，顺应我国刑事立法的功能转型与发展趋势，应考虑通过增设犯罪类型、降低入罪标准来加强行为引导、培育规范意识，以达到缓解高发的侵医行为之效果。

第一，关于立法形式的分散化。笔者以为，如果通过增设犯罪类型、降低入罪门槛以强化对侵害医务人员、扰乱医疗秩序行为的刑法规制，那么顺应立法形式的发展变革，在基本的医疗法律中，以附属刑法的形式设置涉医犯罪的罪与刑，或许比较可取。

第二，关于涉医犯罪行为的类型化。笔者以为，将主要的涉医类型，即以殴打、强制、侮辱、恐吓、胁迫等方式侵害医护人员人身法益的；在医疗机构以陈尸、设灵堂、封堵通道、强行进入、占领诊室、病房或办公区等方式阻碍其他患者就医、扰乱医疗秩序的；破坏医疗设备、设施，抢夺、毁损病历等医用材料妨碍诊疗行为的；任意毁损、占有、强拿硬要医疗机构其他财产的，以统一的构成要件进行类型化的思路，就现阶段来说似乎更可取，也更符合我国当下的犯罪设置模式。此外，如果分散立法的实现需逐步完成，以我国目前的刑法体系来看，将增设的涉医犯罪类型置于第六章第五节危害公共卫生罪中，可能更适合。

第三，关于入罪标准下调的阶段与尺度。以类型化的构成要件规制涉医犯罪，与既有犯罪相较，还应体现降低入罪标准的发展趋向。

第四，关于对罪数的特别提示。新增涉医犯罪类型，对其中突出的罪数问题及其处理原则，在尊重与保护法益、精细认定与充分评价、有利犯罪预防的基础上，可做出提示性规定。

第五，法定刑设置时应注意的问题。笔者以为，如果新增涉医犯罪类型，与其违背罪刑法定原则，不如正视处罚需求，不以"聚众""首要分子"硬性地捆绑和限制处罚角色。但应特别注意，应以参与范围、参与次数、参与时间长短等条件，限制处罚边界的不合理蔓延。至于聚众实施涉医犯罪行为的，纠集残疾人等专业医闹的，对正在执行重要医疗业务的医务人员实施侵害行为的，可考虑作为法定刑升格情节。

立法调整之前，面对涉医犯罪屡禁不止的高发态势，更应充分利用既有罪名实现梯队补位。

第一，对第 290 条第 1 款的拓宽解释。刑法分则第六章第一节的几个扰乱公共秩序犯罪是规制涉医犯罪的主力罪名。其中，适用最多的是聚众扰乱社会秩序罪。但前文已提到，该罪的入罪门槛较高，不仅行为方式要求"聚众"，而且必须"情节严重，致使工作、生产、营业和教学、科研、医疗无法进行，且造成严重损失"。这使其适用范围受到限制，无法满足对涉医犯罪的处罚需求。但笔者以为，可通过法律解释释放空间，即将"情节严重"作为总体把握的灵活标准，对作为具体表现形式的"医疗无法进行""造成严重损失"进行稀释解释。

第二，第 291 条的补位作用。相较于第 290 条第 1 款，第 291 条聚众扰乱公共场所秩序、交通秩序罪的门槛偏低，"情节严重"的单一设置使解释的空间更富弹性。因此，对于侵害医护人员、扰乱医疗秩序的行为，不能认定为第 290 条第 1 款、但达到了第 291 条的入罪标准的，可积极运用第 291 条补位。

第三，第 293 条的兜底适用。由于第 293 条寻衅滋事罪未要求"聚众"方式，所以对于少量亲友自发聚集、确无首要分子，但在医疗机构起哄闹事、造成医疗场所秩序严重混乱的，仍可适用第 293 条。加之，寻衅滋事罪网罗了殴打、恐吓、辱骂等多种行为类型，可相对全面地规制涉医犯罪行为。

为保障上述应对涉医犯罪的实体举措发挥实效，程序上的配套跟进与支持不可或缺。其一，对涉医犯罪的程序应对，关键在于侦查机关的执法作为。其二，发挥刑事自诉的控告功能，助力涉医犯罪案件的司法暴露。其三，限制刑事和解程序在涉医犯罪中的大量适用。其四，涉医犯罪程序处置的特殊要求。一是快速处置。二是专业化办案。

检察机关内设机构改革实证研究

陈威杰[*]

检察机关的内设机构是检察权分解的结果和组织表现形式，其设置随着我国检察制度的发展而处于不断变革之中。新一轮司法体制改革已经全面展开，如何科学设置检察机关的内设机构并确保内设机构平稳高效运行，成为检察改革的瓶颈及焦点问题之一。已有不少论著就检察机关内设机构改革进行了较为深入的理论研究，课题组将重点放在实证研究上，通过查阅高检院司改办刊发的检察改革动态、调阅各地方内部检察信息网发布的文件及信息、走访部分地区检察人员、发放调查问卷等方式，就试点单位的内设机构改革情况进行了初步调研，总结特点经验，在此基础上提出内设机构改革方案设计的几点反思。

一、当前检察机关内设机构改革的背景介绍

由于本轮司法体制改革的重心在司法责任制改革、人员分类管理改革，并非所有的试点单位均进行了内设机构的改革。但随着司法体制改革进程的不断深入，围绕检察业务工作的变化，内设机构改革作为司法体制改革的配套性改革也逐渐受到重视。为深入考察当前检察机关内设机构改革，有必要对检察机关内设机构改革的历史沿革，以及全国司法体制改革和检察机关司法体制改革进行背景性的了解。

（一）检察机关内设机构改革的历史沿革

我国检察机关内设机构的设置是伴随着检察制度建设的进程逐步发展的。自新中国成立以来，内设机构设置经历了初期的建设、1978 年检察机关恢复重建至 1983 年内设机构进一步发展和规范、1983 年至 2000 年内设机构调整、2000年至 2003 年检察机关集中改革完善内设机构设置，以及 2014 年以来内设机构整合改革等发展时期。在这个过程中，根据 1949 年《中央人民政府最高人民检察署试行组织条例》的规定，我国检察机关形成了 3 类设内设机构，即领导机构、

---

[*] 课题主持人：陈威杰，北京市昌平区人民检察院政治处主任。立项编号：BLS（2016）C005。结项等级：合格。

业务机构和综合管理机构的设置模式。同时，也形成了依据检察职能划分内设业务机构的设置标准。而在规范方面，1979 年曾经强调上下相对一致，到 1983 年则突出灵活性，2000 年始进行综合调整。其后，随着新一轮检察改革方案的提出以及检察工作专业化的加强，围绕检察业务工作的变化，内设机构出现了新的特色，如设立未成年人专门工作机构、案件管理机构、民行检察机构分设等。改革开始向纵深发展。

（二）当前检察机关内设机构改革的司法体制改革背景

1. 全国司法体制改革总体情况

深化司法体制改革的重大决策是党中央做出的。党的十八届三中全会《中共中央关于全面深化改革若干重大问题的决定》提出了 17 项司法改革任务，党的十八届四中全会《中共中央关于全面推进依法治国若干重大问题的决定》提出司法领域 84 项改革任务，对新一轮司法体制改革做出全面系统可行的顶层设计和战略部署，提出一系列完善司法管理体制和司法权力运行机制的改革举措。

2. 全国检察机关司法体制改革总体情况

早在 2013 年 11 月，高检院即印发《检察官办案责任制改革试点方案》，在 7 个省的 17 个检察院部署了主任检察官办案责任制试点。2015 年，高检院在总结主任检察官办案责任制试点及中央确定的四项司法体制改革试点等试点经验的基础上，修订《关于深化检察改革的意见（2013—2017 年工作规划）》，制定《关于完善人民检察院司法责任制的若干意见》。截至 2017 年 9 月，中央部署由高检院承担的 29 项改革任务已基本完成或结项；高检院改革规划提出的 91 项具体改革举措，有 82 项已出台意见或结项。总的来看，全国检察机关面上的司法责任制改革基本完成，检察机关司法体制改革主体框架已基本确立，符合司法规律的体制机制逐步形成，改革深层次效应不断显现。

二、当前检察机关内设机构改革的基本情况

司法体制改革背景下进行的检察机关内设机构改革，经历了由少到多、自下而上的过程。改革之初，顶层态度尚不明朗，仅少数试点单位进行自发的改革探索，但改革数量、规模、力度等多为浅尝辄止。随着司法体制改革主体框架确立，顶层设计逐渐明确，多数试点单位遵循上级要求并结合自身地区特色进行大范围的改革实践。

（一）检察机关内设机构改革的顶层设计

高检院于 2009 年出台《2009—2012 年基层人民检察院建设规划》。高检院政治部于 2014 年出台《检察官办案责任制改革试点实施工作指导意见》（高检政［2014］33 号），明确提出"检察机关内设机构不超过 6~8 个"的要求，要求改革后的业务机构称为"局"，综合管理部门称为"部"。高检院于 2015 年颁行《关于深化检察改革的意见（2013—2017 年工作规划）》（2015 年修订版），对规范内设机构设置提出要求。高检院于 2017 年 4 月 10 日至 11 日召开全国检察机关司法责任制改革推进会，研究讨论了《关于实施〈省以下人民检察院内设机构改革试点方案〉有关问题的指导意见（讨论稿）》，后下发《省以下人民检察院内设机构改革试点方案》。

中共中央办公厅于 2017 年 10 月 25 日出台《关于加强法官检察官正规化专业化职业化建设全面落实司法责任制的意见》，对法院、检察院内设机构改革进行了明确规定，即⑬改革内设机构：坚持精简、务实、效能的原则，在理顺职能、优化分工的基础上，整合法院、检察院内设机构，减少不必要的管理层级。综合考虑业务划分、法官和检察官数量、人员编制、案件数量等因素，科学设置机构，内设机构数量原则上只减不增，编制 50 人（含 50 人）以下的基层法院、检察院，内设机构总数一般不超过 5 个，51 至 100 人的一般不超过 8 个，101 至 200 人的一般不超过 10 个，201 人以上的可以适当增加。员额较少的法院、检察院应当设立综合业务机构，杜绝 1 人或者 2 人庭（科、室）现象。上下级法院、检察院的机构设置不必一一对应，上级法院、检察院不能要求下级法院、检察院对口设立相应机构，不能以考核评优、经费划拨等方式变相限制下级法院、检察院整合内设机构。内设机构整合后，相关领导职数继续保留。基层法院的人民法庭、基层检察院的派出（驻）检察室不纳入内设机构改革范围。综合考虑不同地区、层级、业务特点，从案件类型、难易程度，人员结构等实际情况出发，组建灵活多样的专业化办案团队，优化人员配置，提升办案效能。

（二）检察机关内设机构改革的各地实践

北京市于 2016 年 6 月制定出台《关于北京市检察机关内设机构优化设置的实施意见（试行）》，区别三级检察院进行不同的内设机构优化。明确将检察机关内设机构类型区分为司法办案机构、检察监督机构、综合业务机构、综合管理机构、检务保障机构等五大类。

上海市于 2018 年出台《上海检察机关内设机构改革实施方案》，全市 17 个基层院均进行了内设机构改革，多数基层院采取 6+4 模式，即 6 个业务部门和 4 个综合部门，少数基层院基于其地区特色或辖区案件数量进行个别调整，采用 7+4 或 8+4 模式。

天津市检察院于 2016 年下发《基层院内设机构改革试点方案》。党的十九大召开前，全市市以下检察机关已全面完成内设机构改革工作。改革后基层院一般设侦查监督部、公诉部、刑事执行检察部、民事行政检察部、控告申诉检察部、检察业务管理部等业务部门，设办公室、政治处、监察室和检务保障部等综合部门，分院增设了刑事审判监督部、未成年人检察部和检察技术信息部。目前，已圆满完成了全市市以下检察机关内设机构改革。精简机构 128 个，精简比例为 41.4%。

重庆市于 2016 年即选取部分检察院作为试点开展内设机构改革。2018 年 3 月，重庆市出台《重庆市人民检察院 2018 年深化司法改革工作方案》，要求"深化内设机构改革。深入开展内设机构设置专题调研，制定内设机构改革方案，以基层检察院为重点，坚持在专业化建设基础上实行扁平化管理，进一步规范检察机关内设机构、派出机构设置，推动机构整合、职能优化。结合检察职能调整和市级统管的现实需要，研究市院机关内设机构调整。"拟定于 2018 年 9 月完成内设机构改革。

安徽省检察院在 2017 年即根据中央司法体制改革有关精神，出台《安徽省编制较少基层检察院内设机构改革试点方案》，决定在全省政法专项编制 50 名以下 33 个基层检察院推开内设机构改革试点工作。此次内设机构改革试点设置 4 个业务机构和 1 个综合办公室，即刑事检察部、职务犯罪侦防部、诉讼监督部、综合业务部、综合保障部。原核定的编制、领导职数及待遇暂维持不变。其他非试点地区，可以参照试点方案，并结合本地实际情况开展探索。同时，认真做好省检察院的机关内设机构改革各项准备工作，力争在年底前完成。

江苏省检察院于 2016 年 11 月会同省编办印发了《江苏省基层人民检察院内设机构改革试点方案》，后于 2018 年 2 月 28 日制定下发《江苏省基层人民检察院内设机构改革全面试点方案》转隶后全省基层院政法专项编制 50 人以下的院 24 个，51 至 100 人的院 82 个，101 人以上的院 7 个，提出了按照编制"50 人以下、51 至 100 人、101 人以上"三个类别，考虑不同院的体量和办案工作需求等，分别采取"1+4""2+5+1""2+7+1"的模式设置内设机构。"1+4"模式，即 1 个综合管理机构、4 个检察业务机构；"2+5+1"模式，即 2 个综合管理机构、5 个检察业务机构、1 个专业性办案机构；"2+7+1"模式，即 2 个综合管理机构、7 个检察业务机构、1 个专业性办案机构。

湖北省于 2016 年出台《关于全面推进基层检察院内部整合改革工作的指导意见（试行）》，2017 年 2 月，省编办核定 8 个试点基层院编制、机构，后省检察院下发了《关于深入推进基层人民检察院内设机构改革试点工作的通知》。8 个试点基层院已经对相关机构职能进行了调整，基本架构已形成，实际运行"四五七九"大部门制。

湖南省于 2015 年 7 月确定宁乡县院、石鼓区院、炎陵县院、韶山市院、武冈市院、平江县院、津市市院、永定区院、安化县院、苏仙区院、汝城县院、祁阳县院、洪江院、双峰县院、泸溪县院等 15 个基层院为内设机构整合改革试点院。各试点院现已基本完成改革试点工作。改革后，15 个试点院的 222 个内设机构被整合为 102 个，平均精简率为 54.1%。

江西省选择 7 个市级院探索开展内设机构改革，内设机构平均数量由原来的 21 个减少至 10 个；110 个基层检察院全部启动了内设机构改革，内设机构数量平均由原来的 14 个减少至 7 个。

福建省于 2017 年制定《市级院内设机构设置优化指导意见》和《基层院内部整合工作实施意见》，全面推开市县两级院内设机构改革。根据市县两级院人员编制情况，将基层院司法办案部门整合为职务犯罪检察、侦查监督、公诉、刑事执行与刑事申诉检察、民事行政与生态检察等 5 个左右的部门，市级院司法办案部门优化为职务犯罪检察、审查逮捕与侦查监督、公诉与审判监督、刑事执行与刑事申诉检察、民事与行政检察、生态环境资源检察等 6 个左右的部门。两级院统一设立检察业务管理监督部。将相近的综合岗位精简合并为 3 大类部门。除平潭院、铁检院、鼓山院和青草盂院的整合还未到位外，9 个设区市院原有机构 189 个，83 个县级检察院原有机构 1274 个，内部优化或整合后，市级院内设部门精简 42%，基层院必设部门精简 35%。

辽宁省于 2017 年 4 月审议通过了《辽宁省检察机关内设机构改革指导意见》（辽检发办字〔2017〕4 号），同年 9 月通过《辽宁省市、县两级检察院内设机构改革指导意见（试行）》。省院内设机构设置 18 个部门，其中，综合业务部门设置 2 个，分别为案件管理部、法律政策研究部。市院内设机构设置 12 个，综合业务部门可设置 1 至 2 个，主要承担案件管理（检委会办公室）、法律政策研究等职责。县（区）院内设机构可设置 8 个左右，编制数不足 50 人的内设机构设置 7 个，编制数不足 100 人的内设机构设置 9 个，编制数不足 200 人的内设机构设置 10 个。其中，综合业务部门、检察辅助部门、司法行政部门可统筹设置 2 个左右。

吉林省检察机关于 2015 年即按照大部门制的模式，全部完成了机构改革。其中，省检察院将原来的 17 个办案处室整合为 5 个部，办案部门不设二级机构，分别是职务犯罪检察部、刑事检察部、民事检察部、行政检察部、控告申诉和刑事执行检察部；把 17 个非办案部门整合为 4 部 1 委，即政治部、检务管理部、检务保障部、监察部、机关党委。市县院的机构整合到 8 个以下，有 7 个基层院实行不设业务部、由副检察长直接领导办案组的工作模式。

内蒙古自治区出台《盟市、旗县试点院内设机构改革指导意见（试行）》，两个试点地区按照自治区院下发的指导意见进行机构改革。如包头市院将原有的 18 个内设机构组建为"10 部"，其中业务类部门 6 个：侦查监督部、公诉部、刑事执行检察部、控告申诉检察部、民事行政检察部、业务监督管理部，检察辅助类部门 1 个：警务技术部，司法行政类部门 3 个：检察行政部、检务保障部、纪检监察部。包头市昆都仑区检察院将现有内设机构整合，按照"六部"模式设置6个职能部门，即检察行政部、侦查监督部、公诉部、民事行政检察部、业务监督管理部、纪检监察部。

河北省检察院高度重视内设机构改革工作，已经完成了全省市、县两级院内设机构设置指导意见的征求意见稿。初步设想是市级院原则上统一设置17个职能部门，基层院原则上统一设置9个职能部门。保定市检察院根据内设机构和员额比例的要求，将34个内设机构整合成15个。

山西省出台《山西省县级人民检察院内设机构改革实施方案（试行）》，于2017年7月完成了市、县两级院内设机构改革工作。其将内设业务机构分为司法办案部门、综合业务部门、司法行政部门和检察辅助部门。县级院内设机构改革的基本模式是5个机构，，还有5+2，5+1，5-1等模式作为补充，并鼓励探索综合机构+办案组模式。市级院全部采用7+5模式。通过机构改革，12个市级院由原来的268个内设机构减少为现在的153个，减少了43%；126个县级院由原来共1313个内设机构减少到现在的623个，原来平均每院10.4个内设机构，现在仅为4.9个，减少幅度达52.6%。

陕西省全面完成市、县级检察院内设机构改革任务。2017年3月，省院与省编办共同制定并下发了《陕西省省以下人民检察院内设机构改革试点方案》，确定了两个市级院和10个基层院作为内设机构试点先行单位。2017年7月初，省院制定了《陕西省检察机关市、县级检察院内设机构改革方案（试行）》。截至2017年8月29日，全省除省人民检察院和5个专门检察院按照规定暂不参加本次改革外，其余10个市级检察院、107个县级检察院全部完成了内设机构改革任务，各院均已按照新的内设机构设置模式运行。

甘肃省于2017年出台《甘肃省检察机关市、县两级院内设机构改革指导意见》，开展市、县两级院内设机构改革工作。区别编制50人以下的基层院、编制50~100人的基层院、编制100人以上的基层院、编制70人以下的市级院、编制70人~100人的市级院、编制100~200人的市级院、编制200人以上的市级院、矿区分院、林区分院等不同类别检察院设置不同内设机构。

青海省检察院于2016年6月出台《关于在检察机关办案责任制改革试点中推进内设机构整合的指导意见》。其后，海东市检察院作为试点院，将内设机构整合为：政治处、纪检监察处、行政事务部、刑事检察部、民事行政检察部、控告申诉检察部、综合业务部、检察事务部、机关党委。

新疆维吾尔自治区于2017年与自治区机构编制委员会办公室联合印发《新疆维吾尔自治区地县检察机关内设机构改革指导意见》，于当年11月底全面完成全疆地县两级119个检察院内设机构改革任务。其中，将15个分州市检察院分为两种情况，设置不同数量的内设机构，多的可设 15 个，少的原则上设 11 个；对县级检察院，则分为政法专项编制 50 名以上、31～50 名、30 名以下三种情况，分别设置不同数量的内设机构，多的可设到 10 个，少的原则上设置 3 个。

云南省于 2016 年 12 月出台《云南省检察机关内设机构改革试点工作方案》。截至 2017 年底，云南省基层院内设机构改革基本完成。70 个政法专项编制 50 名以下的基层检察院分别设置 5 个内设机构，分别是侦查监督部、公诉部、检察监督部、案件管理部、检务管理部；59 个政法专项编制 51～100 名的基层检察院分别设置 8 个内设机构，分别是侦查监督部、公诉部、刑事执行检察部、控告申诉检察部、民事行政检察部、案件管理部、政治部、检务管理部；2 个政法专项编制 101 名以上的基层检察院设置 9 个内设机构。改革后，内设机构大幅精简，全省 131 个基层检察院共设置 842 个内设机构（不含反贪、反渎、预防共 390 个），精简率高达 59%。

西藏自治区于 2017 年出台《西藏自治区检察机关内设机构改革实施意见》，明确 50 人（含本数）以下的基层检察院，根据自身实际设置内设机构，总数不超过 5 个；51 人以上的基层检察院，内设机构总数不超过 8 个，坚决杜绝内设机构设置后只有 1 人或 2 人的情况。基层院内设机构不与市分院上下对应。员额较少的检察院，特别是员额检察官在 5 人以下的检察院，可设立综合性业务机构。

广东省将深圳两级院、佛山市院和顺德区院作为试点院，于 2016 年开展了内设机构整合的探索。其中，深圳市院设置了公诉部、职务犯罪侦查部、诉讼监督部、业务管理部、业务保障部、综合管理部和政治部。2016 年以来，深圳市院又重新组建了公诉部、侦查监督部、刑事执行检察部、控告申诉部、民事行政检察部，部长由员额内检察官担任。顺德区院将各内设机构整合为公诉局、诉讼监督局、检察长办公室和 3 个派驻检察室。

广西壮族自治区出台《广西基层人民检察院内设机构改革指导意见》，于 2017 年 2 月全面推进全区基层检察院内设机构"大部制"整合。其中，50 人以下基层人民检察院内设机构整合为 5 个左右，即刑事检察部、反贪污贿赂局、诉讼监督部、业务管理部、检务保障部；50 人以上基层检察院内设机构整合为 7 个左右。全区 116 个基层检察院完成了内设机构改革，基层检察院内设机构从改革前的 1687 个整合为 732 个，减少 56.6%，部门领导减少 45.7%。此外，南宁市、贺州市检察院也开展了内设机构改革探索，为其他市级检察院内设机构改革提供了经验。

海南省出台《海南省基层人民检察院内设机构设置方案》（琼检发［2016］18 号），全面开展基层院内设机构改革工作，形成了"五局一部＋检察室"的格局。改革后，全省基层院内设机构从平均 14.7 个减为 7.8 个，内设机构总数下降到 173 个，减少了 47%，内设机构改革工作取得了明显成效。

河南省在《2018 年河南省人民检察院司法体制改革重点任务分解方案》中明确，"积极稳妥推进编制管理和内设机构改革工作，协调配合省编办，推动实施市县两级院政法专项编制和事业编制实施省级统一管理，确保顺利完成编制上收工作。根据高检院统一部署，推进落实内设机构改革。"

浙江省制定《贯彻实施〈关于推进司法体制综合配套改革的框架意见〉重点任务分工方案》（浙司改〔2018〕1 号），明确为贯彻落实中央和省委决策部署，根据省司法体制改革试点工作领导小组印发的《贯彻实施〈关于推进司法体制综合配套改革的框架意见〉重点任务分工方案》（浙司改〔2018〕1 号），推进省以下法院、检察院内设机构整合及职能优化，在 2018 年年底前完成内设机构改革任务。

山东省检察院起草了《检察机关内设机构改革指导意见（讨论稿）》，要求按照省院统一部署要求，以基层院为重点有序推进内设机构改革。淄博、聊城等首批试点院结合检察辅助人员和司法行政人员分类定岗，研究提出内设机构改革意见。2018 年，在《山东省检察机关深化司法体制改革 2018 年重点任务分工方案》中，对内设机构改革进行部署，计划在 2018 年 12 月底前全省三级院内设机构全部改革到位。

此外，根据调研发现，贵州省、四川省、黑龙江省、宁夏回族自治区、新疆生产建设兵团等地正在进行内设机构改革的基础信息调研，将根据中央、高检院和省委的部署要求，立足当地检察实际，开展检察院内设机构改革全面试点工作。

三、当前检察机关内设机构改革的特点分析

（一）从改革理念看，内设机构改革的基本理念相近

中共中央办公厅出台《关于加强法官检察官正规化专业化职业化建设全面落实司法责任制的意见》，明确内设机构改革原则为："坚持精简、务实、效能的原则，在理顺职能、优化分工的基础上，整合法院、检察院内设机构，减少不必要的管理层级。"当前各地进行的内设机构改革基本亦秉持相近的改革理念。如，山西省县级人民检察院内设机构改革提出如下原则：以执法办案为中心，以队伍专业化职业化建设为方向，以提升法律监督能力和执法公信力为目标，遵循整合机构设置、优化职能配置、推行扁平化管理的基本原则，突出基层一线办案特点，合理设置内设机构，形成职责明确、权责统一、协作紧密、制约有力、运行高效的检察工作组织机构体系。再如，安徽省明确编制较少基层院内设机构改革应遵循以下原则：以强化法律监督为中心，精简、务实、效能，积极稳妥，协同推进等。

（二）从改革进程看，实行由少而多、自下而上的探索

从改革范围看，内设机构改革并非自上而下进行的，而是多数由基层院开始初步尝试，自下而上逐步探索。具体而言，就全国范围看，高检院首先出台的是《省以下人民检察院内设机构改革试点方案》，要求从省以下检察院开始内设机构改革的尝试。就省级范围看，各省、市、自治区也注重基层实践，改革试点首先从基层院开始探索。例如，已开展内设机构改革的 23 个省、市、自治区，全部都将基层院检察机关纳入内设机构改革的首批试点范围。当然，亦有部分地区将市级检察机关列入改革试点中，如山西、陕西、甘肃、青海、内蒙古、新疆、辽宁、安徽、广东、福建等地，对全部或部分市级检察院进行了内设机构改革。同时，仅有如北京、吉林二地在地方三级检察机关均开展了内设机构调整改革。

从改革时间看，检察机关内设机构改革经历了早期仅有少数试点单位的尝试，到后期多数检察院大规模开展的进程。如吉林、湖南二地在 2015 年即开展内设机构改革，区别在于吉林省是在全省三级检察机关全面推行，而湖南省则选择 15 个试点院进行。北京、重庆、青海、内蒙古、新疆、广东等五地在 2016 年开展改革试点。其余山西、陕西、甘肃、辽宁、西藏、湖北、广西、江西、安徽、海南、福建等地于 2017 年开始改革探索。上海、江苏两地则在 2018 年开始改革试点，改革幅度较大。此外，也有部分省、自治区，如贵州省、四川省、黑龙江省、宁夏回族自治区、新疆生产建设兵团等，则计划待顶层设计明确后，再开展改革工作。

（三）从改革全局看，注重多项改革工作协同推进

中央提出的司法体制改革是包括检察人员分类管理改革、司法责任制改革、职业保障制度改革、人财物省级统管等在内的改革。这四项改革从根本上破解司法体制性、机制性、保障性障碍，涉及深层次的体制调整，难度很大。因而，各试点院进行内设机构改革时均将其置于基础性、先导性地位而开展改革工作，注重与其他司法体制改革紧密结合，统筹研究，协调推进。如吉林省检察改革共有六项主要内容：实行检察人员分类管理制度，实行机构改革，完善办案责任制，完善检察官职业保障制度，建立省级统一管理地方各级检察机关人财物的体制，实行充实贫困边远基层检察官队伍的过渡政策。重点抓检察官的员额制、司法办案的责任制、内设机构的大部制"三大制度"改革。此外，在国家监察体制改革全面推行的情况下，各试点单位，无论是已开展改革者还是拟进行改革者，均将内设机构改革等司法体制改革与国家监察体制改革等紧密结合起来，统筹研究，协调推进，及时调整，研究是否需结合实际设立职务犯罪检察部，履行相关检察职能，部分地区如北京市、上海市、福建省、吉林省、安徽省、兰州市等省市均设立专门机构，专办职务犯罪检察案件。

（四）从改革部署看，注重区分不同部门、不同院的特点

客观而言，检察机关内设机构区分为领导决策机构、业务办理机构和综合管理机构三大类。试点单位内设机构改革一般坚持这种三分法设置模式，尤其注重内设业务机构与非业务机构的分离，确保检察权与检察院司法行政事务管理权的适当分离。如北京明确将检察机关内设机构类型区分为司法办案机构、检察监督机构、综合业务机构、综合管理机构、检务保障机构等五大类。山西省亦明确将内设机构分为司法办案部门、综合业务部门、检察辅助部门和司法行政部门等类别。再如，上海市多数基层院采取6+4模式，即6个业务部门和4个综合部门，即检察一部（普通公诉）、检察二部（职务犯罪、经济案件）、检察三部（诉讼监督案件）、检察四部（刑事执行检察）、检察五部（民行公益诉讼）、检察六部（业务管理）；办公室、监察室、政治处、检务保障部。

而从内设机构改革涉及的试点院来看，各地亦遵循分级分类设置原则，注重区分不同级别检察院、不同类别检察院的特点，而分别设置数量不同的内设机构。如甘肃省开展市、县两级院内设机构改革工作，区分编制50人以下的基层院、编制50人~100人的基层院、编制100人以上的基层院、编制70人以下的市级院、编制70人~100人的市级院、编制100人~200人的市级院、编制200人以上的市级院、矿区分院、林区分院等不同检察院类型设置内设机构。另如，新疆维吾尔自治区则将15个分州市检察院分为两种情况，设置不同数量的内设机构，多的可设15个，少的原则上设11个；对县级检察院，则分为政法专项编制50名以上、31名~50名、30名以下三种情况，分别设置不同数量的内设机构，多的可设到10个，少的原则上设置3个。

（五）从改革标准看，业务机构整合优化的标准并不统一

当前检察机关内设业务机构整合优化标准不统一，既表现为不同检察院遵循不同原则或标准进行机构整合优化，也表现为同一检察院以不同标准对内设业务机构进行整合优化。就不同检察院之间的差异而言，大部分地区进行的内设机构改革的主要方式是内部整合，旨在实现横向大部制、纵向扁平化。这一改革特点以吉林省为典型代表。吉林省确定将三级检察院机关各处（科、室）按照相同或相近的职能，合并为职务犯罪检察部、刑事检察部、民事行政检察部、控告申诉和刑事执行检察部，省检察院本级在上述基础上，将民事行政检察部分立，设立民事检察部和行政检察部；综合部门方面，设立政治部、监督部、检务保障部、检务管理部。但也有个别院遵循"优化"原则进行机构调整，典型代表为北京市。北京市坚持诉讼职能与监督职能适当分离、案件管理职能与案件办理职能适当分离，将内设业务机构区分为司法办案机构、检察监督机构和综合业务机构三大类。

但遵循"整合"原则的检察院之间也有分歧，如是否单设诉讼监督部门，新疆维吾尔自治区、重庆市、上海市、广东佛山顺德区等地区主张单设诉讼监督部门，而海南省、山西省等地则未予单设；主张单设诉讼监督部门的，其部门职能也有不同，如重庆市人民检察院第二分院的诉讼监督局履行原监所检察处的职能，新疆维吾尔自治区的诉讼监督部则合并原民事行政检察处、控告申诉检察处、监所检察处的职能。但同时，在高检院明确捕诉合一要求之后，各院均将公诉与批捕、侦监职能予以整合，统一由一个部门行使，但个别方式之间亦有差异。如山东省淄博市检察院实行"1+1"办案组织模式，即 1 名侦监检察官与 1 名公诉检察官（或助理），和 1 名公诉检察官与 1 名侦监检察官（或助理）搭配建组的方式。而北京市则保留审查逮捕部，由该部门检察官对审查逮捕案件进行备案复查。此外，同一检察院在内部的机构改革中也采用不同的标准进行机构整合优化。

（六）从专业构建看，内设业务机构的设置多注重专业化

各试点地区在内设业务机构改革中均较为重视专业化建设。多数地区重在机构整合、设立大部制，将改革前基于专业化而分设的部门予以合并整合。例如，改革前为专门管辖未成年人案件，特设未成年人案件专门办理机构承担该类案件的复合职能，但改革后将这类机构与公诉、侦监等部门进行合并整合，这类试点地区主要以海南省等地为代表。但亦有部分地区保留并壮大内设机构的专业化设置，这类试点地区以北京市为代表，该市在市院设立了国家安全和公共安全检察部、经济犯罪检察部，在分院设立了职务犯罪检察部、金融犯罪检察部、经济犯罪检察部，在基层院设立了轻罪案件检察部、网络和电信犯罪检察部、科技犯罪检察部、知识产权案件检察部等专业化部门。同时，个别试点地区在进行大部制整合时，也在一定程度上突出专业化设置，如吉林省院特别将民事行政检察分设，单独成立了全国第一家"行政检察部"。亦有地方结合自身地域特色及工作实践，设立生态环境资源保护方面的检察部门，如河北保定市检察院设立"生态环境检察部"；福建省市级检察院设立"生态环境资源检察部"、基层院设立"民事行政与生态检察部"；西藏基层院设立"生态安全检察部"。

（七）从检察管理看，内设非业务机构合并分设存在差异

就内设综合管理机构的整合而言，政治部门与监察部门基本保留，但就原办公室、行政装备部门、技术处、法警大队等如何合并分设，各试点改革方案存在差异。例如吉林省将内设综合行政机构整合为政治部、监察部、检务管理部、检务保障部，其中，检务管理部内设检察长办公室、检察委员会办公室、案件管理办公室、人民监督工作办公室（司法协助工作办公室）、技术和信息化处、司法警察总队，检务保障部内设综合审计处、计划财务处、行政装备处。而海南省则

采取不同的合并分设方案，其综合行政机构整合为检务管理局、政治监察部，检务管理局是将原办公室、计财、新闻宣传、检察技术等职能整合，司法警察职能与原案管、研究室、检办等职能共同整合为案件管理局。再如赤峰市检察院组建4个综合类部门，检务综合部作为检察长和检委会的办事机构，负责政务运转和宏观指挥及决策参谋、理论研究事项；政治工作部作为党组的办事机构，承担党组抓党建主体责任和监督责任；检务监督管理部整合申诉复查、内部制约与案件统一管理的职能，实现对检察官工作业绩、能力一体评价和办案流程、质效一体监控；检务保障部为履行检察职能提供计财装备保障、科技信息保障、警务保障，支持强化主责主业。

（八）从机构名称看，内设机构名称并不统一

当前检察机关内设机构改革已经在一定程度上进行了名称的规范统一，但改革后的内设机构名称仍然存在不统一问题。具体表现在，一是内设机构名称的拟定标准没有统一。有的按职权行使的方式命名，有的按职权的行为对象命名，有的按职权的行为性质命名，有的直接以数字形式命名。如吉林省对内设机构的名称进行了统一，改革后的内设机构统称为××部，具体包括职务犯罪检察部、刑事检察部、民事行政检察部、控告申诉和刑事执行检察部、民事检察部、行政检察部、政治部、监督部、检务保障部、检务管理部等。而反观上海市，该市17个基层院均以数字命名内设业务机构，即检察一部、检察二部、检察三部、检察四部、检察五部、检察六部，具体职能可根据改革需要适时调整。二是同一检察院内设机构的名称不统一。如北京市变更内设部门称谓，明确除法律政策研究室外，其他业务部门一般统称为"××部"；非业务部门名称可以为"部""处""局""室""中心"等。其他地区一般将内设机构整合为"×局×部""×部×局""×部×室""×局×部×室"等。如海南省基层院就整合为"五局一部"。三是不同检察院内设机构的名称不统一，即职能基本相同的内设机构在不同的检察院有不同的名称。如履行检察业务管理职能的部门，吉林省称"检务管理部"，北京市称"检察管理监督部"，海南省称"案件管理局"，新疆维吾尔自治区称"检察管理部"，上海基层院称"检察六部"。

（九）从人员调整看，内设机构改革减少了管理人员层级

一是有效减少部门负责人数量。如江西省抚州市东乡区检察院将分管领导作为"五部"的部长，是"五部"的直接责任人，对所辖部门的人员统一调配、统一管理。二是明确业务部门负责人职责，一般不再审核案件，主要承担行政管理、内部监督、党风廉政建设等职责。如江苏省明确司法管理责任，理顺部门司法管理和行政管理关系，各业务部设主任、副主任各1名。主任原则上由分管院领导兼任；副主任可以由原来的科长担任，也可以通过竞争选拔的方式产生，由

党组讨论，决定任命。副主任的职责是协助主任开展司法管理和行政管理相关工作，并按规定的比例承担司法办案任务。三是尝试配备专门人员负责司法行政事务。如内蒙古赤峰市检察院，专门配备由司法行政人员或辅助人员担任的副部长或部长助理，负责党建、司法行政和院党组部署的共性工作任务，既强化对检察人员的监督管理，又确保检察官把主要精力回归司法办案，突出检察官办案主体地位。

四、检察机关内设机构改革的几点反思

（一）关于内设机构改革的考量因素

一是明确检察机关内设机构的功能定位。在当前以司法责任制为核心的司法体制改革中，要求突出检察官的独立办案主体地位，检察办案组织成为检察权运行的载体，是司法责任制的基础。与此相对应，内设业务机构不应是法律意义上的办案组织，而应定位为"专业平台"和"管理单元"，当前各地改革实践即体现这一定位。

二是内设机构改革应促进法律监督职能的全面履行。检察机关是法律监督机关，行使检察权。检察机关内设机构是检察权分解的结果和组织表现形式。因而检察机关内设机构的设置必须确保宪法法律赋予检察机关的各项检察职权或者说法律监督职能在检察机关内部都有专门的机构去承担。

三是内设机构改革应注重业务机构与非业务机构之间的平衡，应秉持加强业务机构、精简非业务机构原则。检察机关作为法律监督机关，内设机构设置应当突出强化检察业务，对于领导决策机构和综合管理机构应当遏制其扩张，遵循强干弱枝原则，确保检察职权高效行使，检察人员结构合理。

四是内设机构改革应遵循行政管理与业务管理各自的规律，就内设业务机构改革而言，我国法律赋予检察机关的各项职权基本上是诉讼职权，检察机关是各种诉讼活动的主体，其依法对刑事诉讼、民事诉讼和行政诉讼进行法律监督，其内设机构特别是业务办理机构的设置改革必须遵循诉讼规律原则。

五是内设机构改革应考虑检察机关的级别差异、案件管辖和数量差异、地区差异、人员数量差异等，坚持统一分级分类设置。所谓"统一"就是要求检察机关在内部机构的设置上，坚持统一的设置标准、统一的机构名称、统一的机构级别和统一的设置模式。"分级设置"就是区分不同级别的检察院，根据其职责、管辖区域和工作量分别设置数量不同的内设机构。"分类设置"是指对基层检察院内设机构设置改革时应当因地制宜，分类设置。

六是内设机构改革应有利于与外部的对应沟通。检察机关各内设机构往往以检察机关名义与公安、法院、人大、政府等各机关进行沟通，因而各内设机构之间应当分工明确，职责权限界定清晰，不能相互交叉，不同的检察职权由不同的内设业务机构行使，各负其责，杜绝在对内职能履行、对外沟通协调时推诿扯皮。

（二）关于内设机构的名称确定

我们认为，内设机构名称应实现相对统一。一方面，应尽可能统一内设机构名称。各级检察院内设机构的名称不统一，会影响检察活动法律属性的公众认同程度，制约检察活动整体流程中各环节的管理效能，故有必要在深入研究检察活动法律属性的基础上，按照检察活动法律属性的标准设置内设机构并统一各内设机构的命名标准。这种统一性主要表现为：一是内设业务机构的名称应统一。作为检察权分解的结果和组织表现形式的内设业务机构，其设立及名称的拟定应当以反映和体现检察活动的法律属性为逻辑起点，并且其设立以及名称的拟定反过来又能进一步强化检察活动法律属性的公众认同，因而应更多受统一性的要求限制。二是上下级检察院之间应保持一致。我们认为，在内设业务机构的称谓上，无须上下区别，应当保持上下统一，这样既有利于上下级检察院之的对应协调，也有利于通过统一表述强化公众认同。三是内设业务机构名称建议统一为"署"。已有学者提出检察机关内设业务机构的名称应当统一为"署"，如职务犯罪检察署、公诉署、诉讼监督署等。我们赞同这一提议，检察院与法院同为司法机关，其业务机构名称亦应能体现司法机关属性，如法院内设业务机构名称统一为"庭"，已得到公共认同并可以体现司法特性。而纵观目前各检察机关内设机构改革所使用的"部""局""室"等，仍无法体现去行政化要求。我们认为，"署"这个称谓较能体现与行政机关的区别，具有较强的司法性。

另一方面，名称的统一只能是相对的，应允许统一之下的差异存在。这种差异主要体现在：一是内设综合管理机构可不强求统一。可以说，内设综合管理机构具有更多的行政属性，也更多地肩负对外联络的职责，其名称设置应便于外界认同，可参照行政机关同类或相似部门的名称拟定，既不要求上下一致，也不要求彼此一致。如办公室、政治处、行政管理局等之间不要求一致。二是不强求均有"检察"二字。一般认为，检察权是包括批准逮捕权、公诉权、诉讼监督权在内的一项复合性权力。这些检察权能的名称既有其法律依据，也属于约定俗成的习惯叫法，因此无须强求所有内设业务机构的名称都有"检察"二字。

（三）关于内设业务机构的设置标准

关于内设业务机构的设置标准，我们认为，内设业务机构的设置标准并不是单一的，应以检察权的合理分解配置为依托，考虑管理便捷性，兼顾案件专业性，遵循诉讼规律，分级分类设置。具体分析如下：

一是以检察权的分配与配置为基础。理论界存在有三分法、四分法、五分法、六分法和七分法等不同观点。前述这些观点均具有合理性，比较而言，五分法更为科学合理，这种方式既有法律依据，也符合检察权的程序性权力特征。五分法，即将检察权分为五大类职权：检察侦查权、批准和决定逮捕权、公诉权、诉讼监督权、其他职权。

二是考虑管理便捷性。在当前司法体制改革背景之下，内设业务机构不应再作为一级办案组织而存在，其仅应定位为"业务平台"和"管理单元"，具体检察权能的行使可以直接归属于独立检察官或检察官办案组等办案组织，业务机构更多的是履行管理职责，因而，如何更便利地行使行政管理、人员管理、事务管理等职责也应成为业务机构设置的考量因素。将具有相同法律属性、价值目标和运行特征的检察职权归为一类，设定相对应的业务机构行使具有同一法律属性和特征的检察权能。

三是注重专业性。随着信息社会的发展以及科技生活时代的来临，新型犯罪、涉众型犯罪、高科技犯罪日益增多，而且新型犯罪日益向组织化、专业化、企业化、国际化方向发展。检察工作也必须因应这种变化，以专业化为中心，设立承担复合职能的业务机构，针对特定类型案件的指定管辖及特定监督事项的指定监督，在特定的检察院设立专案办事中心或部门。

四是遵循诉讼规律。我国检察机关作为法律监督机构，其职能履行具有诉讼化特点，我国各诉讼法赋予检察机关的职权也主要是诉讼权，因而遵照执行诉讼规律亦应成为设置内设业务机构的标准之一。如果检察机关在内设机构改革中不顾诉讼规律的要求，随意对内设机构进行合并或分立，尽管会取得某一方面的效果，但终会因为违反诉讼规律而带来更大的危害，可能导致此次改革的成果成为下次改革的对象。

五是分级分类设置。目前检察机关分为四级，各级检察机关的职能、任务不尽相同，因而其内设机构数量也应当有所区别。具体来说，在检察业务机构的设置上，各级检察机关可以根据职能多少和业务量的大小，决定业务机构的具体设置，没必要实行严格的上下对应，但应有基本标准，且不能削弱上级院的专业指导。

综合上述标准，我们认为，从检察权分解和管理便捷考虑并遵循诉讼规律，检察机关内设业务机构的一般设置为：职务犯罪检察署、刑事检察署、诉讼监督署、检察业务管理署等五部门；从专业性考量，可以从单独设置未成年人案件检察署，可将诉讼监督署拆分为刑事诉讼监督署、民事诉讼监督署、行政诉讼监督署等四部门；四级检察院中，高检院和省级院可以九部门均独立设置，而市、县级院则可以仅设置前五个部门；特殊情况下，经高检院批准，各级院可以单设其他专业性内设业务机构，专办国家安全、知识产权、金融等犯罪。

（四）关于内设非业务机构的设置

有学者提出，从我国检察制度的特点和检察实践的情况看，分领导决策机构、业务机构和综合管理机构三类设置内设机构比较符合我国的实际，应当在各级检察机关中进行有效的贯彻。我们认可这一点，认为仍然应当坚持三分内设机构的体制。就检察机关内部领导决策机构的改革，主要是对检察委员会的人员组成、议决程序和办事机构的改革，课题组不予赘述。课题组主要讨论内设综合管理机构的设置问题。

内设综合管理机构的设置，主要涉及办公室、政治部门、监察部门、行政装备部门、技术处、法警大队等如何设置的问题。我们认为，由于检察机关内设的综合管理机构是一种行政后勤管理部门，是保障检察机关行政事务正常运转的综合性部门，其与行政机关无异，仅具有行政属性，不具司法属性。同时，检察人员分类管理改革中将检察人员分为检察官、检察辅助人员和司法行政人员，综合管理机构的人员主要是检察辅助人员和司法行政人员。此外，综合管理机构承担诸多与外界行政机构沟通协调之职。综合上述因素，综合管理机构完全可以参照行政机关的大部制改革模式，重新组合设置。

具体而言，在市、县级院，将纪检监察部门与政治部门合并，设置政治监察部，承续原工作职责；将技术部门与司法警察部门合并，设置检务保障部；将财务部门、后勤装备部门与办公室合并，设置检务管理部。在最高院和省级院，对于政治部、办公室、纪检监察部门、计划财务部门、后勤装备部门、直属事业单位等内设非业务机构，可以独立设置。

五、结语

纵观检察机关内设机构的改革进程，可以说，检察机关内设机构改革一直在路上。在中央办公厅、高检院出台新的改革文件的情况下，各试点地区也将根据中央统一部署，待高检院作出顶层设计之后，结合试点实践再行对接，进一步深化内设机构改革，如北京、湖南、内蒙古、吉林、青海、河北、云南等地，均对下一步内设机构改革提出目标方案，部分地区已将机构改革方案提交所在地编办进行审核。而高检院也为解决"下改上不改、上推下不动"的问题，决定首先从自身改起，自上至下铺开，同时提议统一规范机构职能、名称，地方检察机关机构设置理念上与高检院相同，省、市两级院主要业务部门原则上与上级院对应，但不求绝对一致。可见，本轮司法体制改革背景下的检察机关内设机构改革还尚在途中，这也为我们继续开展研究提出要求并提供基础。

北京市企业高管劳动争议解决方案研究

娄 宇*

一、北京市企业高管劳动争议的特征

从司法实践情况来看，北京市企业高管劳动争议呈现出以下四个特征：

（一）争议数量庞大、增速很快

我国现有法律法规未将企业高级管理人员排除在劳动者之外，而高管在很多情况下作为用人单位代表，多扮演管理和控制的角色，因此该人群的劳动纠纷面临着法律适用方面的困难，成为目前劳动争议审理的难点和新点。考虑到我国企业的基数巨大，企业高管的人数众多，因此此类案件发生的概率很大。从中国裁判文书网、北大法宝等案例库搜索的结果显示，北京市企业高管劳动争议的案例最多。因此，本课题组认为以北京市的案例为分析样本，由此可以为北京市企业高管劳动争议裁判提供有针对性的解决方案，也可为我国其他地区相关问题的解决提供基于大样本分析的参考。

（二）判决着眼于个案、没有有意识地贡献教义学素材

虽然北京市某些区人民法院发布了一些典型案例与判决要义，但是这些判决多着眼于个案解决，未在教义学的层面上做进一步的提炼和升华，这给法学实证研究造成了困难。整体而言，北京市各级人民法院将包括销售经理、市场经理、人力资源总监等在内的几乎所有除董事、监事以外的高管都认定成为劳动者，尽管在判决中都在一定程度上意识到了这些职位不同于普通劳动者的特殊性，但是这些特殊性在论证时似乎这些特殊性又没有发挥实质性的作用。当然，亦有少数判决书形成了具有相对普遍适用性条件的教义学素材，值得肯定。这一类判决具有一定的普遍适用性，如果能够进一步提炼企业高管不适用多重劳动关系条款的理由，则更有益，比如企业高管应当基于对资方履行的更高的信义义务而不得建立多重劳动关系等。

---

* 课题主持人：娄宇，中国政法大学副教授。立项编号：BLS（2017）C006。结项等级：合格。

（三）上诉案件多、高管举证能力强

在本课题搜集整理的所有案件中，几乎一半案件都经过了三次程序，历经至少半年的时间，这无疑耗费了大量的司法资源，加重了司法系统的负担。造成这一情况的原因在于，其一，在我国提起劳动争议司法程序的成本较低。其二，高管的举证能力明显强于一般劳动者。其三，企业举证劳动者造成损失的难度较高，具体数额也难以确定也是造成这一状况的重要原因。因此，需要有针对性地设计相关的解决方案。

（四）法院有意识地将人力资源主管与其他高管区分开，判决理由基本统一

一般认为，企业高管包含董事会成员、监事会成员、总经理、副总经理、经理助理，各部门经理等。整体而言，北京市司法实务中恪守了"公司董事、监事不具备劳动者身份，但是由董事聘任或者解聘的公司法上的狭义高管具备劳动者身份"的一般原则，然而在论证的过程中并没有将二者区别对待，考虑到高级技术人员在与资方的博弈中并不处于绝对的弱势地位，因此在涉及劳动者倾斜保护问题时似乎也有必要将这个群体与一般劳动者作区别对待。

二、对解决企业高管劳动争议两种理论的分析

（一）研究对象的界定

从各类著述的分类来看，广义上的企业高管包括公司董事、监事等公司决策或监督机构的成员，狭义上的企业高管仅指公司的经理、副经理、财务负责人以及上市公司董事会秘书和公司章程规定的其他人员。从司法实务来看，高级技术人员，如研发工程师等也被纳入狭义高管范围。广义上的企业高管主要存在于公司法研究领域，对于劳动法研究并无太多实际意义，因为对于劳动法而言，具有特殊意义的是处于资方和劳方"中间地带"的企业高管。公司董事、监事行使的是资方的权利，没有人会认为这类人群可以适用劳动法，他们与企业之间的关系是资方内部的委托代理关系，或称委任关系。在本课题组搜索整理的北京市企业高管劳动争议中有个别案件涉及的是公司的董事，但多为董事（长）兼（总或副）经理。而中间地带的企业高管一方面接受企业资方的指挥权约束，系公司聘用的劳动者；另一方面他们还代表资方行使一定的权利，且与其他劳动者相比，在与资方的博弈能力、维权能力等方面具备明显的优势，再加之劳动法在未签书面劳动合同的双倍工资补偿方面并未设置基数的上限，并且我国劳动争议的诉讼费用并不根据标的额确定且标准太低，因此产生了将企业高管直接认定为劳动者而适用劳动法不合理的困惑。我们将后一种企业高管，即狭义上的企业高管作为重点的研究对象。

（二）两种理论进路的优缺点

概括而言，劳动法学界解决企业高管劳动争议问题有两种基本进路，形成了

相对对立的两种理论，第一种可称为劳动关系主体认定论，主张从根本上区分以业务经理（主管）为代表的劳动合同与委任合同，进而框定争议的性质系民事纠纷抑或劳动纠纷，判断的标准是劳动关系认定中一贯坚持的从属性标准，主要是把握人格从属性与经济从属性的判断，这种理论系从企业高管的不同身份出发，将某一类高管统一归为一种法律关系，由此保障法律的统一适用，克服"同案不同判"的现象；第二种可称为特殊规则构建论，原则上认可狭义上的公司高管具备劳动者身份，可以与企业建立劳动关系，但是在劳动基准、书面劳动合同双倍工资赔偿等问题上应当建立特殊规则，以此实现区别对待企业高管和普通劳动者不同的博弈能力以及分门别类地适用倾斜性保护条款的目的。本课题对这两种理论进路进行了全面的分析，并总结出各自的优缺点。

1. 劳动关系主体认定论

这种观点首先反对将所有类型的企业经理等同视之，把企业经理与企业的关系一概认定为委任关系或者劳动关系（雇佣关系）。认为总经理给付劳务不具有从属性，系基于委任合同的劳务给付，而总经理之外的各类高级经理和低级经理，可以再根据其提供劳务的从属性程度建立不同的指标判断标准，给予差别化的劳动法保护。

（1）论证路径。第一，对"非黑即白"论的批评。劳动关系认定依赖说首先批评了目前司法实践中对企业高管身份"非黑即白"的认定，这种认定方法在本课题组搜集整理的北京市企业高管劳动争议案件中也广泛存在。劳动关系认定二分法"非黑即白"，一方面其适用过于僵化，无法适应实务中纷繁复杂的情况；另一方面法院在个案中也会做出不同的判断，即便是最高院公布的指导性案例也未必能够在司法实务中得到普遍的适用，法律的安定性难以得到保障。劳动关系主体认定论认为，劳动关系的从属性特征在判断企业高管是否具备劳动者身份时被忽略，作为形式判断标准的书面劳动合同取代了实质判断标准的从属性，由此是"捡了芝麻，丢了西瓜"，而且加重了企业高管举证责任，得不偿失，而只有学界与实务界公认的实质判断标准才应当占据重要的地位。事实上，现实中有三种现象不得不引发关注。一是经理的头衔非常普遍，一个小公司里面都有很多部门主管被称为经理，尤其是客户经理，业务联络经理等，经理词已经被泛化，虽然个别经理是资方代表，但是很多经理就是一般劳动者，由此都将其认定为劳动者或者都不认定为劳动者，过于僵化；二是从属性不基于客观事实，而基于主观合意，不采用实质判断标准实质上是把劳动关系的认定交由程序法来认定，劳动法实体法内容被架空；三是历史上的劳动立法片面强调组织从属性，这实际上是把企业组织体内提供的劳务全部认定为劳动，将企业组织成员全部认定为劳动者，由此掩盖了委任合同与劳动合同的差异。

第二，就学说史的考察与概括而言，劳动关系主体认定论以大陆法系立法与学说为论证基础，总结出了德国、日本对待企业高管劳动者身份的共性态度，即从属性是对劳动者受指挥监督的实际劳动状态的概括，具有不以合同名称及当事人意思为转移的客观性。而我国在继受相关内容时，应当将关注点放在从属性的三个标准上，即人格从属性、组织从属性、经济从属性上，以此判断不同经理人的身份。人格从属性系最重要的标准，"劳动者受雇主的指挥和监督"是劳动关系最本质的特征，具体包括三个方面：是否在指挥和监督下给付劳务；是否有权拒绝执行雇主安排的劳务；工作时间和工作地点是否由雇主决定。组织从属性发挥着补充人格从属性的作用，单纯的人格从属性并不能全面囊括所有的情形，组织从属性意味着劳动者应当是企业的一员，给付劳务行为是企业整体经营行为的一部分或者一个环节，劳动者与其他劳动者之间是分工合作的关系，因此是"为雇主而工作"，但是这与经济从属性又有部分的交叉，经济从属性意味着劳动者从事劳动是出于谋生的需要，但是这并不一定代表劳动者的经济状况不如雇主，而是说劳动者是为了雇主的经济利益而给付劳动，具体表现为劳动者不承担企业经营的风险，雇主提供给劳动者生产工具、原材料、工作场所，等等。在现代社会的生产结构中，只有人格从属性才是判断劳动关系是否成立的主要标准，组织从属性和经济从属性只能作为人格从属性标准的辅佐，当采用人格从属性仍然无法判断时，再考虑组织从属性和经济从属性。我国原则上也采人格从属性标准，但是对于其他两种从属性如何发挥辅助作用的认识不一。

第三，论证的应用。在对传统的劳动关系认定方法进行了系统解读以及论证了其在判断企业高管身份方面发挥的重要作用之后，劳动关系认定实质说认为应当从实质和程序两个方面加以考察，实质上考察经理给付劳务是否具有人格从属性和经济从属性，程序上考察经理身份系基于何种法律获得。由于总经理身份系公司董事会基于公司法授予，而部门经理身份则不是公司法授予的结果，而是公司职能划分的结果（如销售经理、客户经理、产品经理等），因此二者存在明显的差别。所以，程序上的考察是比较简单和明确的，可以首先适用之。

一是总经理不是劳动者。总经理是直接与资方发生关系的，系高级劳务给付者。从工作内容来看，不论是过程控制、指示频率还是拘束强度，总经理都明显具有高度独立性，工作时间、地点、考勤、休假等规则都不会适用于总经理，其对公司负责的方式是业绩考核，而非工作的具体流程。

二是根据从属性的程度细化经理合同的类型。在这一个步骤中，劳动关系主体认定论主张借鉴日本劳动基准法研究会发布的参考标准，司法实务可在个案中将此与自由裁量权结合使用。就此判断出某一部门主管究竟属于高级管理人员（高级经理），还是低级管理人员（低级经理）。如工作时间、加班休假等劳动基准法强制性保护措施、结社等集体劳动法不适用于高级经理，因为其享有较高的自主性，雇主的指挥权发挥作用的领域十分有限，也就是对高级经理排除劳动法的一些倾斜性保护条款；如解雇保护、合同期限等也要适用于低级经理，因为其在工作时间、地点、内容方面受到的指挥权约束同样不小，且在劳动力市场上同样存在较高的可替代性，不适用的条款在于集体劳动法的规定，因为低级经理掌握着部分的指挥权，与普通劳动者并不处于同一利益集团，因此很难作为集体谈判的一方，而且由于低级经理薪酬仍高于普通劳动者，所以亦无通过集体协商提高报酬的动力。

三是劳动关系主体认定论还对身兼二职的劳动者进行了个案剖析。事实上，这类案件在司法实践中也非常普遍，很多企业的董事长也兼职总经理或部门经理，如何区分其某一主张系基于委任合同产生还是劳动合同产生？此学说将兼职情况分为两类：第一类是作为"总经理"入职的，自建立劳动关系之日起就是委任合同，所以对这类总经理不存在是否适用劳动法的困惑；第二类是逐渐成长为总经理的，在这个过程当中，其劳动合同的性质逐渐减弱，委任合同的性质逐渐增强，但是二者又始终同时存在于一个人身上，法院却不假思索地无视委任合同，一开始就深囿于劳动关系分析的框架中。对此问题，有两种观点：第一种是单一契约说，主张当事人不可能同时存在两种契约，一旦劳动者被提升为企业高管之后，原劳动关系自然宣告消灭，双方仅存在委任合同；第二种是双重契约说，主张首先依当事人约定，如无约定，则劳动者升职为总经理之后，原劳动合同中止，适用委任合同，如作为企业高管被解聘，则恢复原劳动合同。劳动关系主体认定论赞成双重契约说，认为其在尊重劳资自治的基础上保护了劳动者的权益，肯定了其为公司做出的贡献，也提供给劳动者一个能上能下的通道。

（2）优缺点。整体而言，劳动关系主体认定论抛开现有的立法和司法判决，从学说到学说，依研究者自己所认为的利益平衡方法提出解决问题的对策建议，实质上秉承一种立法研究的思路。

优点：劳动关系主体认定论从劳动关系的从属性出发，采用了传统的研究方法来解决新问题，符合劳动法研究的一贯思路，整体上应该肯定。这种研究思路具备以下优点。

第一，研究范式不偏不倚。从属性的判断符合规范法学的研究进路，这一点恰恰是北京市企业高管劳动争议案件判决中没有体现出来的。

第二，细化了认定流程，更加具备可操作性。该学说对日本劳动基准法研究会发布的"劳动标准法之劳工判断标准"进行了译介，该标准摒弃了经济从属性，认为组织从属性可以被人格从属性的过程控制所吸收，不再具有独立的意义。

第三，引入了双重契约说，让劳动关系主体认定论最终落地。现实中较为复杂的案情一般是公司高管同时兼任总经理或部门经理，委任合同与劳动合同并存，一旦承认了委任关系，劳动关系就被否定，公司高管只能有一种选择，要么做高管，要么离开公司，被剥夺了在原公司作为普通劳动者的权利，这对我国司法实践具有现实意义。

第四，让劳动法适用更具张力。我国劳动法立法以工业社会下大工厂中的产业工人为基础模型，再加之劳动合同制度执行不够规范，因此强制要求书面合同形式，劳动关系主体认定论在公司法和劳动法之间寻找一条过渡的通道，无疑是较为成功的。

缺点：当然，任何学说都不是完美的，劳动关系主体认定论亦存在缺点。具体而言，表现在以下几个方面：

第一，劳动关系主体认定论主张把企业高管分为高级经理和低级经理，但是二分法似乎仍然过于简单。高级或低级并非法律概念，司法机关在判断高级或低级时自由裁量权过大。

第二，日本的学说是对罗马法系的一种不全面的继承，自身也存在问题。日本民法暨劳动法主张现代产业社会中存在大量的有偿委任，因此区分有偿委任和劳动关系就可以了，不需要再另行规定雇佣合同，这实际上是无视现代技术条件，尤其是互联网分享经济和远程工作条件下自雇者和类雇员带来的新挑战。

第三，严格的"二分法"不区分同一当事人的不同请求事项，造成了企业与高管之间的关系紧张。劳动关系主体认定论将企业高管区分为高级经理与低级经理，一旦认定为其中一种就将决定适用何类合同类型。这导致企业与高管之间直接对抗，剑拔弩张。

第四，"双重契约说"似乎只顾及了劳动权益保障，在平衡劳资关系问题上考虑不足。众所周知，企业高管被解职降为一般工作人员之后，在原企业很难处理与其他高管和普通劳动者的关系，企业可能只能采用违法解除劳动合同的方法让其"走人"，也就是要承担双倍的经济补偿金，这对企业而言就是，一旦把某普通职工提升为经理就要考虑承担解除其职务之后高额的用工成本问题。

第五，未区分主要标准与次要标准。人格从属性的三个子标准和经济从属性的三个子标准事实上并不处于同样的地位上，有的可以一锤定音，有的可能只能作为佐证，劳动关系主体认定论显然没有对此都加以区分。总而言之，劳动关系主体认定论在解决企业高管劳动争议问题上具有比较明显的优势，其分析思路值得肯定，但是也存在一些难以克服的弱点，需要通过引入其他学说，取长补短地提供解决问题的方法。

2. 特殊规则构建论

该学说认为劳动者的特征决定了公司董事、监事系资方代表，不适用劳动者的规则，但是由董事会任命的公司法上的企业高管具备劳动身份。然而，由于公司内部的不同雇员在职责与分工上存在较大的差异，所以简单地适用一样的规则是不合时宜的，应当根据企业高管请求的不同性质，如作为劳动基准法的最低工资、工作时间与加班工资，作为劳动合同法的合同订立规则与解雇保护以及作为集体劳动法的结社权和劳动待遇协商权等豁免适用一般性规则或者建立特殊的规则。

（1）论证的前提与基本立场。这种学说同样首先考察了实定法中"高级管理人员"的定义，结论是我国公司法与劳动法中对这个概念的解释是不统一的，公司法强调的是保障公司内部的生产运行秩序，维护股东的利益，减少管理过程中产生的委托代理成本，劳动法中规定企业高级管理人员是为了将竞业限制条款限缩适用于掌握企业商业秘密、核心技术的劳动者，防止用人单位在合同中随意约定离职限制，从而保障劳动者的自主择业权，因此虽然公司法中规定了企业高管，但是两个法律部门的立法目的根本不在同一个层次上，所以公司法上的董事、经理在公司业务经营上的权利义务比较清晰，故把公司法的高管概念直接应用于劳动法是不合理的。

（2）论证的基本内容。在承认了公司高级职员的雇员身份之后，特殊规则构建论同样不否认高级职员与一般劳动者之间存在差别，主要表现在：首先，高级职员的权力大于普通劳动者。传统观点认为高级职员由董事会任命，向董事会负责，因此权利义务关系走向是自上而下的，但是实践却未必如此，董事们也受制于管理层的提名和监督，且也未必独立承担企业的财务职责。如此来看，企业高管一定程度上就是雇主，与普通劳动者之间是劳资关系。其次，高级职员可以获得的薪酬高于普通职员。与普通职员相比，高级职员的工资收入更高，且收入来源更加多元化，股票、期权收入都要高于一般职员，这意味着其投入的工作时间和精力也要高于普通劳动者。因此一方面不能将普通职员的工作时间条款适用于高级职员，另一方面高级职员身份的取得和丧失对其也具有更大的影响。再次，公司高级职员的聘任和解聘具有程序上的法定性，但是不需要出具法律认可的理由。公司高级职员与董事会之间基于相互信任建立法律关系，信任关系的产生和丧失意定性较强，属于公司资方内部的管理行为，法律不能也不便介入。最后，高级职员由于具有较高的博弈能力，因此需要法律介入的程度低。由于公司高管在法律知识、举证能力、诉讼成本承担方面较一般劳动者而言，优势明显，胜诉比例也较高，所以法律对他们的保护程度应当较一般劳动者更低一些，有鉴于诉讼系耗费公共资源的活动，再加上我国劳动争议解决程序依然是以劳动者系弱维权能力当事人为前提的，因此通过法律程序解决上述纠纷实质上是动用公共资源为少数强者维权，于情于理都不妥。

综上，高级职员适用劳动法规则方面不应当与普通劳动者等同，应当针对不同请求权构建不同的规则，具体而言，就是豁免适用劳动法规则和适用特殊规则。

（3）解决方案在完成论证之后，特殊规则构建论主张从两个方面发力，采用类型化解决问题的思路，这两个方面：

第一，劳动基准法规则不适用于高级雇员。该学说认为，高级雇员在公司运行中负责应对各类日常事务和突发事件，与普通劳动者相比，其工作时间长且不固定，因此企业高管的高薪酬中也包含了对加班的补偿，从而雇主不对其另行支付加班费应当作为常态。如果将适用于一般劳动者的标准工时和加班工资不加选择地适用于企业高管，相当于是给其发放了双份工资，于雇主利益保护不利。我国某些地方的立法也把标准工时制度列为企业高管豁免使用的规则，如北京市2003年曾颁布《企业实行综合计算工时工作制和不定时工作制的办法》，企业高级管理人员不需要像一般劳动者那样履行了审批手续，才能适用不定时工作制，而只要企业与高管有约定即可。但是，问题在于，究竟哪些职工属于高管？劳动关系主体认定论将高管按照从属性标准分为高级经理和低级经理，但是界限并不明确。而特殊规则构建论只是提出了这一问题，但是却没有提供比较明确的解决思路。

第二，解雇保护制度。具体而言，企业高管的解雇保护制度可从以下问题展开：

一是解雇事由。特殊规则构建论秉承通说，同样认为董事会解聘公司经理是企业内部经营行为，情况复杂，需要追求效率目标，不便于开展与一般劳动者相同的的正当理由的司法审查。我国《公司法》第46条同样规定，董事决定聘任或者解聘公司经理及其报酬事项。

二是解雇之后的复职。雇主解聘一般劳动者的决定被认定为违法之后，可以要求恢复原劳动关系，无法恢复的再支付经济补偿金；而同样情况下，被解聘的高管却无法复职。被解职的公司高管由于很难处理好与其他职工的关系，因此继续履行原合同也是不便的。

三是救济方式。美国劳动法奉行用工市场化理念，基本上不存在解雇保护制度，雇主解除一般劳动者都不需要法律认可的理由，也不需要支付经济补偿金和赔偿金，这大概与美国国内市场广阔，企业用工需求量巨大有关。德国劳动法奉行国家干预理念，存在较为严格的解雇保护制度，这与我国很类似，前面已经论述了"单一契约说"与"双重契约说"的区别。从实务来看，双重契约说似乎占据了上风，也为我国学者所推崇。应当说，美国和德国的做法都是与所在国劳动力市场状况相吻合的，我国相关领域的处理方案显得较为粗陋，可以有选择地加以借鉴。

第三，合同的订立形式。原则上说，公司经理可以与企业建立劳动关系，按照我国劳动法的现行规定，建立劳动合同必须签订书面劳动合同，否则会产生双倍工资或者建立无固定期限劳动关系的法律后果。特殊规则构建论认为这种规则应当对公司高管豁免使用，理由是：首先，聘任和解聘公司高管是董事会作出，而非作为资方的企业作出，所以董事会的决议就构成了建立劳动关系的形式，再做书面要求实为" 多此一举"；其次，公司高管一般位高权重，有能力凭借自身的地位与企业签订书面劳动合同，如果没有签订，公司高管亦有责任，完全归责于企业是有失公允的；最后，公司高管薪酬较高，如果再规定双倍经济补偿金，于企业而言负担过重。因此，书面劳动合同条款不应当适用于公司高管。

（4）优缺点。整体来看，特殊规则构建说也是一种建立在利益法学方法论基础上的立法研究，规则的设计理念是寻求企业高管和企业之间的利益平衡，能够在一定程度上为我国企业高管劳动争议提供解决方案，且论证较为严密，又有域外立法例的支持，具有名下的优势，但是也存在缺陷。

特殊规则构建论的优点在于：

第一，符合劳动关系领域的力量对比。我国现行劳动法将劳动者是弱势群体、需要法律倾斜保护作为立法的前提假设，将大机器生产中的产业工人作为劳动者的基本模型，将这些理念简单地适用于公司高管是不适宜的。

第二，更具有针对性。与劳动关系主体认定论相比，特殊规则构建论针对的不是当事人，而是争议，这样绕开高级经理和低级经理的复杂区分过程，把关注点集中聚焦，解决问题的效率更高。

当然，特殊规则构建论同样存在着一些难以克服的缺点，集中表现在：

第一，论证路径不符合法律人思维。特殊规则构建论的论证内核是利益平衡，这种论证方法源于美国劳动法，系基于完全市场化的用工机制建立的，不刻意强调对劳动关系的管制以及对劳动者的倾斜保护，这与我国劳动法立法的整体思路未必吻合。

第二，某些规则的适用仍然有区分高级经理与低级经理的必要。司法实践表明，如果不加区分，那么这一项规定的实施效果是无法保证的，最可能出现的结果是对高管身份不加区分，统一认定为低级经理，适用与普通劳动者相同的规则。在这一方面，劳动关系主体认定论显示出了强大的解释力。

第三，美国学说和立法例中一些有益成分没有被吸收进来。尽管美国基于劳动市场的特殊国情没有采用欧陆国家劳动关系管制的立法理念，但是其量化区分企业高级职员与低级职员的做法很值得借鉴，因为其提供了一个可供执行的明确标准，方便司法审判机关认定。然而，特殊规则构建论在此问题上表现出来的问题意识却是"灵光一闪"，随即消逝，没有对该借鉴意义继续深挖下去。

第四，在不签书面劳动合同的双倍工资认定问题上没有细分企业高管职务带来的影响。特殊规则构建论主张由于企业高管与企业博弈能力强，所以双方没有签订书面劳动合同的责任不能全部归于资方，高管也有责任，因此无权要求双倍工资。这种论证未必全面反映了现实情况。首先，并非所有高管都有能力主张书面劳动合同。其次，并非所有高管都有控制公司书面劳动合同的能力，即使人力资源经理也有可能没有这项工作职能。

第五，无法解决原劳动关系之后的双倍经济补偿金问题。特殊规则构建论认为企业高管薪酬较一般劳动者而言已经很高，再主张违法解除劳动合同的双倍经济补偿金对企业而言负担过重。事实上，我国的经济补偿金制度设计呈现出"双扁平化"的特征。《劳动合同法》规定，工资在社会平均工资三倍以上的按照三倍为基数计算，工作满一年支付一个月，最高支付十二个月的经济补偿金，此两个上限的规定已经实现了平衡用人单位和劳动者之间利益的目的，

第六，未能全面贯彻利益平衡法则。特殊规则构建论的论证主张以利益平衡为导向，这是值得肯定的，但是并没有将其全面贯彻在所有争议的解决方案中。这主要表现在两个方面，一方面，对于不签书面劳动合同的双倍工资，法律没有规定基数的上限。鉴于企业高管的高薪酬，可能造成企业的负担过重，但是该学说没有提出解决方案；另一方面，公司高管被解除了资方身份（如总经理）之后，继续恢复普通劳动者的劳动关系往往不太现实。劳动关系主体认定论主张保护劳动者，特殊规则构建论则偏向雇主利益，但是二者都忽略了一个事实，即如果公司高管被解聘之后，由于其一般劳动者的身份也难以恢复，因此导致了这样一个结果：企业解职高管资方身份不需要法定理由，但是却产生了一个需要法定理由的解聘劳动合同的法律后果，这两个法律后果性质本来不相同，但是由于公司高管兼具两种身份，企业的一个本来合法的解职就造成了不合法的后果，这对于企业一方而言不甚公平，特殊规则构建论显然也忽略了这一问题。本课题组经讨论之后认为该学说的聚焦点正确，研究内容合理，利益平衡的价值追求也值得肯定，但是由于存在着研究范式的缺陷，且未能全面贯彻自身提倡的利益平衡理念，应该结合劳动关系主体认定论的研究进路，将两种学说结合起来，以期为企业高管劳动争议提供一个较好的解决方案。

三、"修正性特殊规则构建论"指导下的解决方案

本课题主张将解决方案建立在劳动关系主体认定论主张的从属性标准判断上，发力于适用于不同企业高管的特殊规则上，权可称该理论之为"修正性特殊规则构建论"。

（一）价值取向的选择

事实上，劳动关系主体认定论在价值取向方面是没有独立的价值追求的，其主张价值中立地对待企业高管，而特殊规则构建论的价值取向是将不同级别的企业高管都认定为与企业平等的主体，在不同情况下考虑如何平衡二者的利益。我们主观上将企业高管都不认定为劳动者，中立地对待企业和高管双方，然后再讨论哪些请求权涉及的事项有从属性决定的劳动关系的特征。

（二）方法论的选择

相比起劳动关系主体认定论具有相对主流的方法论，特殊规则构建论几乎没有太成型的方法论，利益平衡也追求权衡和考量，似乎也可以勉强称之为方法论，但是过于流于表面，而且本课题组主张将之视为一种价值取向。

（三）研究内容的选择

从主流的劳动法知识体系来看，劳动者的请求权可以分为劳动基准法请求权、劳动力市场规制法请求权（也称就业促进法律制度）、劳动合同法请求权、集体合同法请求权以及程序法请求权；从目前课题组掌握的北京市企业高管劳动争议案件来看，主要集中在劳动基准法请求权和劳动合同法请求权上，从比例来看，这两种请求权基本上各占一半。有鉴于此，本课题将研究内容也集中在特殊规则构建论挑选的劳动基准法请求、劳动合同形式请求与解雇保护三个方面。

1. 劳动基准法制度

如果承认某些企业高管在某些请求权上具备劳动关系的属性，那么其也享有劳动基准法的请求权。这个领域的请求权包括工资请求权、休假与加班工资请求权、劳动安全卫生条件请求权、工资支付保障请求权四个方面。

（1）工资请求权。劳动基准法上的工资制度主要指最低工资。最低工资的主体适用范围是我国境内的企业、民办非企业单位、有雇工的个体工商户雇佣的劳动者，公司高管自然也属于这个范围之中。本课题组认为，最低工资提供的是基本生存权保障，无论何类劳动者都应当囊括进去，因此应当赋予所有公司高管主张最低工资的权利。

（2）休假与加班工资请求权。标准工时是国家工时基准的基础，但是并非一个普遍并强制适用于普通劳动者的制度。在工时之外的时间是休息时间，劳动者依据法律规定享有，由自己支配、免于履行劳动义务的时间，休息和休假制度保障劳动者的体力和精力得以恢复。但由于工作性质和内容不同，劳动者岗位不同，导致了休息和休假的安排不能千篇一律，具体表现在休息和休假的时间不能在所有的劳动者中统一，未休假的薪酬补偿不能在所有的劳动者中统一。休假制度体现的是劳动者自由支配、免于履行劳动义务的时间，这与劳动者的人格从属性是密切相关的。公司高级经理受到的过程控制较弱、指示频率较低、拘束强度不高，也就是说他可以从容地控制自己的时间，把工作的内容较为自由地分配到一天之中，就此他不得要求按照标准工时休假；相反，公司低级经理受到的控制和约束是较强的，公司章程中所规定的考勤制度也往往适用于这类群体，因此应当将休息和休假制度适用于低级经理。当然，公司经理的高低层级并不是在所有企业中都统一的，还要综合考虑企业规章制度对于考勤的规定以及工作内容的实际开展情况来确定。加班工资请求权和休假与休息密切相关，因为雇主在休假与休息时间安排工作的，与劳动者协商一致之后需要安排补休或者支付加班费。由于企业高管的薪酬标准往往高于一般劳动者，因此公司高管在离职之后主张的加班工资甚至会达到一个天文数字，企业一方不堪重负，故需要按照利益平衡原则来设计特殊的请求权规则。具体而言，可以将公司高管的月薪酬设定一个标准，超过这个标准之后仍然按照这个标准为基数来支付加班费，这样可以在很大程度上平衡企业和企业高管之间的利益。本课题建议可以借鉴确定社会保险缴费基数的办法，达到社会平均工资三倍以上的按照三倍为基数缴费，未来可以制定一个全国参照标准，例如社会平均工资的三倍，授权各地区在这个标准上下浮动，制定因地制宜的地区性标准。年休假和其他休假制度与补偿制度也可以参照这个方法执行，原理相通，这里不再赘述。

（3）工资支付保障请求权。为了避免用人单位任意克扣职工工资，保障职工合法收入不受侵犯，法律赋予了劳动者工资支付保障请求权，主要包括作为实体法的工资支付规则与作为程序法的欠薪支付保障。前者包括工资法定货币支付规则、工资定期支付规则、直接支付规则、足额支付规则。公司高管是否可以如一般劳动者一样提出实体或者程序上的工资支付保障请求权？本课题组主张在实体法方面考量，公司高管的薪酬也是其劳动的对价，自然可以享有要求按时足额支付的权利，包括按照法定货币支付、定期支付等在内的权利。我们掌握的北京市企业高管劳动争议案例中至少有百分之六十属于工资支付事项争议，法院以及仲裁委员会往往都会按照一般劳动者的请求权来对待，这是没有太多争议的。争议主要发生在两个领域：其一，程序法的欠薪保障制度是否能够适用企业高管？尤其是在企业破产时拖欠劳动者的工资列为第一顺序优先于税款和普通破产债务支付，是否也包括企业高管的工资？本课题组仍然认为应当依据利益平衡原则建立特殊的规则，企业高管的薪酬较高，如果列为第一顺序，当企业资产不足以支付所有劳动者工资时，企业高管获得支付可能会耗尽为数不多的破产资产，从而难以保障普通劳动者的支付，显而易见的是，普通劳动者对工资的依赖程度要高于企业高管。我们主张，在企业破产而资产不足以支付所有职工工资之时，应当确定一个企业高管工资的最高限，低于这个限制可以全额支付，高于这个限制只能够部分支付，由此保障更广大劳动者的利益。与社会保险缴费基数相对应的，我们认为将这个社会平均工资的三倍定为上限比较合理。其二，我国目前的劳动争议解决成本偏低，应当建立更加灵活的诉讼费用制度。虽然低诉讼成本方便普通劳动者维权的立法目的已经达到，但是其负面效应亦十分明显。对于公司高管群体，这种负面效应主要表现在，首先，企业高管劳动争议诉讼标的往往较大，不少代理人以"诉讼零成本"为诱惑提出风险代理，变相提高代理费，将当事人诉讼成本中本应当受惠的部分最终转化为代理人的收入；其次，极低的诉讼成本导致高诉讼请求也没有任何风险，一定程度上导致部分当事人提出不符合实际的请求，这极大地提高了企业高管的期望值，给调解造成很大的难度，也浪费了司法资源；再次，由于各种原因，企业高管的胜诉率较高，当事人觉得领取退回的 10 元诉讼费没有必要，长时间不去领取，导致法院一直无法结案；最后，劳动争议案件收费过低导致个别用人单位滥用诉讼程序拖延时间，由于只要缴纳 10 元诉讼费（甚至是免费仲裁）就可以使案件进入法律程序，暂缓支付劳动者报酬，因此诉讼费的惩罚功能丧失。我们建议，未来应当根据企业高管薪酬的水平，设计出一个更加灵活的程序制度，可以考虑将社会平均工资三倍定为上限，三倍以下依然沿用之前的标准，三倍以上的借鉴消费者维权诉讼成本的制度设计，按照比例分段累计缴纳。

2. 合同形式的请求权

法律调整劳动关系的重点是建立和退出劳动关系。劳动合同订立是劳动关系的入口，同样也是公司高管劳动争议的"重灾区"，主要的争议是书面劳动合同和由此引发的双倍工资和经济补偿金问题。根据我国《劳动法》和《劳动合同法》的相关规定，除了非全日制用工之外，所有劳动合同都要采用书面形式。那么按照涵射的法律推理逻辑，只要能够证明双方存在全日制劳动关系，就应当签订书面劳动合同，不论当事人是公司高管抑或普通劳动者，也就是说需要首先审查涉案的公司高管是否与企业建立了劳动关系。由此，劳动关系主体认定论的审查就显得十分重要了，本课题组认为由董事会聘任或者解职的公司高管与企业签订的不是劳动合同，而是委任合同，即使在被任命为高级经理之前与企业建立了劳动关系，那么委任合同成立之后，这种劳动关系也不复存在了。其他经理的书面劳动合同沿用我国某些地方立法中确定的过错责任原则即可，例如《广东省高级人民法院、广东省劳动争议仲裁委员会关于适用〈劳动争议调解仲裁法〉、〈劳动合同法〉若干问题的指导意见》第 21 条第 2 款规定："自用工之日起超过一个月不足一年，用人单位有足够证据证明其与劳动者未能签订书面劳动合同的原因完全在劳动者，且用人单位无过错的，用人单位无须支付两倍工资。但用人单位提出终止劳动关系的，须支付经济补偿金。"也就是说，首先假定企业方聘任的经理具有劳动者身份，而后由企业举证不签书面劳动合同的过错在经理一方才可以免责。而人力资源经理的职责范围不能一概而论，要看企业章程中的具体规定，如果企业无法举证人力资源主管的工作内容包括劳动合同管理的话，此类经理也可以享有双倍工资请求权。企业管理劳动关系的方式是书面劳动合同管理，因为公司高管薪酬较高，产生的双倍工资赔偿于企业难以接受不能作为不签书面合同的理由，这实际上是一种倒因为果的说法。不论从哪一个角度观察，企业都不能因为高管的薪酬高而不签订书面劳动合同。为了解决企业负担过重的问题，本课题组认为由于公司高管与公司都有责任，因此可以考虑由企业负担1.5倍工资。

3. 解雇保护请求权

所谓解雇保护是指法律对用人单位单方解除劳动合同规定的限制条件，用人单位不遵守这些限制条件就被认定为违法解除，劳动者可要求恢复劳动关系或者支付数倍的经济补偿金，彰显了违法解除劳动合同对雇主的惩戒。劳动关系主体认定论采用两分法，认为高级经理不适用一般劳动者的解雇保护条件，理由是高级经理对于雇主的人格从属性特征不强，工作是独立完成的，因此公司方解除其职务系合同双方意思自治的范围，法律不便于介入干预；而低级经理与一般劳动者无异，由于其在工作过程方面受到强度较高的控制，接受指挥的频率较高，且从经济从属性获得报酬额度来看其在普通管理层中处于中下水平。就此，法律规制的方向是对用人单位规章的合法性和合理性的审查，在规章管理之外，法律要保护劳动者的行为自由。这在论证逻辑上是没有问题的，事实上，特殊规则构建说讨论的四个领域的问题：解雇公司高管的理由具备性、董事会解除经理人职务行为构成公司的"解雇"行为的认定、解职后的高管恢复原职的合法性以及被解职高管对普通劳动争议救济程序的准用性，都是建立在劳动关系主体认定论对高级经理的前提假设基础上的。也就是说，在对待高级经理的问题上，两种学说并无本质上的差别，劳动关系主体认定论实质上是对高级经理豁免适用了特殊规则。

本课题组主张引入一个相对可供判断的薪酬标准来判断公司经理的级别。如果公司提供的薪酬明显高于市场标准，也就是"公司高薪聘用经理人并委以重任，自然对其有更高要求"，故从而不能以"严重违反规章制度"、没有"严重失职，营私舞弊，给用人单位造成重大损害的"这样的低标准来要求公司经理，企业应当拥有凭借董事会对经理工作业绩、人际关系等等法律无法确立的标准来考核经理，并依据自己的判断聘任或者解聘经理，而高管较高的薪酬水平也保障了其在被解职之后的基本生活条件，因为高额的经济补偿金也应当允许双方通过约定来豁免适用。事实上，法律早已规定了这个经济补偿金的上限，即月工资在社会平均工资三倍以上的按照三倍为基数来支付，支付的最高年限最高不超过十二年。结合这个标准，我们建议按照社会平均工资的三倍来判断高级经理与低级经理的界限，将从属性判断与薪酬额度判断结合起来，二者都满足才可以认定为高级经理，从而豁免各类解雇保护条款的适用。

另一方面，在被解职会之后的公司高管是否还有继续作为普通职工留用该企业的权利问题上不能一概而论。本课题组认为，应当首先应用劳动关系认定说提出的判断标准，低级经理由于往往不掌控企业的经营管理权，也不掌握企业的经营信息，对其他公司职工发布的指示命令也较少，对企业几乎没有影响力，因此在实质上与一般职工并无二致，被解职之后恢复其一般企业职工的身份于企业以及于个人并不不妥，而高级经理需要进一步做价值平衡的判断。此时应当允许企业与职工在合同中约定解职之后的处理方法，在双方没有约定之时，再综合考虑劳资双方的利益平衡。因此，其一，不能强制双方恢复原劳动合同，实践证明，被解职之后的高级管理人员不便于在本企业以一般劳动者身份继续工作；其二，企业解聘的成本实际上只有经济补偿金，有鉴于我国采用的经济补偿金的双上限设置，企业的成本也不会过高。因此，在我国经济补偿金制度还将长期存在的前提下，应当允许企业在没有法定理由的情况下解聘高级经理。也就是说，法律上不应当存在违法解除高级经理劳动合同的情形，企业解聘企业高管，最高只承担社会平均工资三倍、最长十二个月的经济补偿金。

京津冀协同发展法治保障的问题与对策

尹少成*

自 2014 年 2 月 26 日习近平总书记在北京专题听取京津冀协同发展工作汇报，并就推进京津冀协同发展提出"7 点要求"以来，京津冀协同发展得到了社会各界的广泛关注。事实上，京津冀协同发展并非一个全新概念，早在 20 世纪 70 年代有关部门与地区就已经对此展开了相关研究。在过去近四十年的时间里，与京津冀合作、协调发展和一体化发展有关的概念不断出现，上至中央政府下至各级地方政府都曾作出诸多努力。但多年努力未见成效，京津冀三地的发展呈现出越来越失衡的局面，经济发展水平差距日益加大，矛盾逐渐突出。

随着京津冀协同发展上升至国家战略高度，特别是《京津冀协同发展规划纲要》的审议通过，新的首都经济圈规划呼之欲出。2017 年 4 月，中共中央、国务院决定在河北设立国家级新区——雄安新区，这进一步助推和加速京津冀协同发展的步伐。历经多年的曲折前行，京津冀协同发展再次迎来新的历史契机。作为一项国家战略，需要着力加强顶层设计，推动协同发展，加快市场一体化进程。但是，在当前全面推进依法治国的背景下，无论是高屋建瓴的顶层设计还是细致入微的规则制定，都需要借助法治之手，因而法治就成为京津冀协同发展的必然路径选择。这其中，如何充分发挥法治的保障作用，将对京津冀协同发展产生重要影响。然而，目前关于京津冀协同发展理论研究主要集中在经济学、管理学等领域，法学方面的针对性、系统性研究明显不足，不能满足协同发展实践的需要。本文试图从京津冀协同发展法治保障所面临的问题入手，结合国外及我国区域协同发展的经验和教训，讨论可能的法律应对，以期能对京津冀协同发展实践有所裨益。

一、京津冀协同发展的历史沿革

早在 1985 年，时任中国科学院地理研究所副所长的李文彦首次提出了大渤

---

* 课题主持人：尹少成，首都经济贸易大学副教授。立项编号：BLS（2017）C007。结项等级：合格。

海地区概念，1986 年 "环渤海经济圈" 的概念应运而生。在 1986 年，河北省委、省政府在廊坊召开的环京津经济协作座谈会上提出了 "依托京津、服务京津、共同发展" 的思想。进入 20 世纪 90 年代，环渤海地区以发展成为具有现代化水平的能源原材料重要基地和外向型经济复合基地为总体定位，我国 "八五" 期间，环渤海经济圈作为全国最大的工业密集区被广泛看好。1993 年以来，冀京、冀津分别进行了高层次互访以后，就全面开展经济技术合作问题达成共识，合作得到全面发展。2001 年，两院院士、清华大学吴良镛教授主持的 "京津冀北城乡空间发展规划研究" 项目提出了 "京津冀一体化" 发展的构想，将京津冀区域一体化看作推动环渤海区域一体化发展的重要内容。随后，"京津冀经济一体化" "京津冀经济圈" "京津冀都市圈" "首都经济圈" 等概念和相关课题的研究迅速成为学界热点。

2004 年 2 月，国家发展和改革委员会召集京津冀发展改革委部门负责人在河北省廊坊市召开京津冀区域经济发展战略研讨会，经充分协商，达成旨在推进京津冀地区实质性合作发展的《廊坊共识》，正式确定了 "京津冀经济一体化" 发展思路。同年 11 月，国家发展和改革委员会决定正式启动京津冀都市圈区域规划的编制工作。2010 年 8 月，《京津冀都市圈区域规划》正式上报国务院。此次规划中，京津冀都市圈地跨北京、天津两个直辖市和河北省的石家庄、保定、唐山、秦皇岛、廊坊、沧州、张家口、承德 8 个地级市。2010 年 11 月，北京市、河北省分别披露了加速建设 "首都圈" 的具体规划，"环首都经济圈" （又称 "首都圈"）正式从概念设想阶段进入规划实施阶段，之后又把 "环首都经济圈" 概念修正为 "环首都绿色经济圈" 概念。

2012 年 3 月，首部京津冀蓝皮书《京津冀区域一体化发展报告（2012）》发布。蓝皮书探讨了京津冀三地区域一体化发展的热点事件，展望了 2012 年京津冀三地空间结构、人口、资源等发展趋势，并指出京津冀区域一体化已迈入实质性操作阶段。2014 年 3 月发布的《国家新型城镇化规划（2014—2020 年）》中三次提到了 "京津冀城市群"，可见京津冀城市群的发展潜力巨大，同时也表明京津冀城市群发展的必要性和紧迫性。2014 年 4 月，北京市在全面深化改革领导小组召开第二次全体会议上，根据习近平总书记对北京工作的重要指示和在北京考察时的重要讲话中提出的工作要求，围绕首都发展和管理工作以及京津冀协调发展中的重大问题，设立包括区域协同发展、大气污染治理等专项小组。

二、京津冀协同发展面临的法治困境

京津冀协同发展需要强有力的法律保障，这是世界都市圈发展史上的普遍经验。从世界各国政府调控区域发展的特点来看，主要是以法律为主导，或者说是立法先行，在法治轨道上运用政策，形成系列法律制度。在十八届四中全会提出全面推进依法治国的总目标和重大任务的背景下，京津冀协同发展离不开法治的保驾护航。但是，与京津冀协同发展热火朝天景象形成鲜明对比的是，当前相关法治建设显得捉襟见肘，京津冀协同发展面临诸多法治困境。

（一）区域规划的制定和实施法治化水平不高

区域规划，是对由多个发展利益单元组成的区域空间中经济、社会、资源环境等方面持续协调所做的总体安排与战略部署，然后根据策略方案采取行动以实现规划目标。为了解决日益突出的人口、资源、环境和经济社会发展问题，区域规划开始在世界各国兴起。我国的区域规划是经济与社会不断转型、城市化进程加速的产物，同时对原有的以行政区划为基础的传统行政规划体系提出重大挑战。作为一项兼具准抽象行政行为和准内部行政行为属性的行政管理活动，区域规划虽然不会直接对相对人的权益造成影响，但却可能从根本上影响甚至颠覆相对人的生产生活，因而区域规划的制定与实施应当纳入法治的框架。

然而，在现有法律框架下，我国区域规划明显不能满足现实需要。这都是规划法上需要研究的问题。

（二）区域合作协调机制的法律保障不到位

马克斯·韦伯的科层制自创世以来，凭借着层级管理、责权分明、统一指挥等优势，被世界各国广泛采用。设置区域合作协调机构的理论依据即源于科层组织的"行政区"界限与区域经济活动的开放性之间的矛盾解决。世界各国区域合作理论与实践表明，区域合作协调机构对于区域合作具有非常重要的意义。我国在区域合作实践中，也分别成立了"国务院西部地区开发领导小组"和"国务院振兴东北地区等老工业基地领导小组"，取得了较好效果并积累了一定的实践经验，但也存在许多突出问题：一是行政区划束缚严重，政府绩效评估体系屡屡诱发"非合作博弈"；二是跨区域合作协调机制建设滞后，制度保障特别是法律制度保障缺失。

基于以往的历史经验，为保障京津冀协同发展的有序推进，2014年国务院成立"京津冀协同发展领导小组"以及相应办公室，中共中央政治局常委、国务院副总理张高丽担任该小组组长。这是继2000年"国务院西部地区开发领导小组"、2004年"国务院振兴东北地区等老工业基地领导小组"之后，国务院成立的第三个以特定区域发展为指向的"领导小组"，表明京津冀区域协调发展迈入实质性提速阶段。但是与前两个"领导小组"不同的是，"京津冀协同发展领导小组"以副总理为组长，前两个"领导小组"均以总理为组长，二者在级别上尚存在一定的差距，这将可能在一定程度上影响"京津冀协同发展领导小组"的协调能力。另一方面，相关法律和政策并未就"京津冀协同发展领导小组"的职权、职责、运行程序等重要问题作出规定，而前两个"领导小组"均制定了具体的《工作规则》。换言之,京津冀区域合作的协调机构缺乏具体、明确的法律保障。因此,为了保证协调机制相关工作的开展能够制度化、规范化和法治化,必须在法治的框架下,制定具体的工作规则。

(三) 区域协同发展模式中法律规制手段不均衡

京津冀协同发展中涉及复杂的利益纠葛,相关协调机构以及各方政府应当采取何种手段开展"协同"工作,其本质是奉行政府主导还是市场主导的问题。根据政府权力介入深度和广度的不同,主要有两种模式:一是公法模式。该模式强调政府的强力介入,通过政府的人为设计、出台规则实现区域协同发展中的法制协调;二是私法模式。该模式主要由市场这只"看不见的手"主导,让不同主体间形成一种自发秩序,其中起主要作用的是私法。在我国区域协调发展的实践中,主要采取的是以政府导向为基石的公法模式,这与我国长期以来行政权较为强势的国情较为契合。京津冀协同发展同样遵循着政府主导模式,主要采取行政规划、行政命令、行政处罚等方式,并以行政强制为后盾。因而,相关协调手段体现强烈的行政色彩,甚至是强制色彩。

应当承认,上述模式在区域协同发展初期无疑是必要的甚至是必需的,有利于区域协同发展政策法规的有效落实。但是,此种由行政权主导的刚性手段极易侵害行政相对人的合法权益,而且,政府主导的协同发展是否真正符合市场规律、满足经济效率的要求,还受行政决策是否民主、科学的影响,甚至还在一定程度上受领导人意志的影响。随着区域协同发展的深入推进,此种行政性或强制性色彩过浓手段的运用,可能会越来越背离市场机制的要求,导致区域协同发展难以实现政府与市场关系的良性互动,这是京津冀协同发展过程中必将和必须面对的难题。

(四) 公共服务一体化的法制推动力不足

"一体化"意味着经济实体在生产规划、资源配置、人力统筹、市场开发和利益分享等方面的内部化、制度化和程式化。一体化不是同等化、同质化和一城化,关键是要打破行政区域壁垒,提升区域内效率,进一步提高市场化程度,形成一个有利于经济社会资源合理有效配置的体制环境,实现协调发展。区域公共服务一体化则要求特定区域公民所享有的基本公共服务能突破行政区划的界限,逐步实现对接共享并最终达到统一标准的过程和状态。特别是在医疗、教育、养老、公共交通等方面基本实现对接和均等,如此,不同区域之间可能进行资源共享、优势互补,否则更加可能出现"虹吸效应"。

令人遗憾的是,"虹吸效应"已经成为京津冀协同发展中急需破解的难题。京津冀三地在医疗、教育、养老、交通等公共服务方面存在巨大差异,造成了北京的"空吸现象",制约了三地的协同发展,甚至形成了"环京津贫困带"。北京"空吸现象"造成了河北省"环京津贫困带",河北省"环京津贫困带"又加剧了北京"空吸现象"。因此,如何加快京津冀三地公共服务一体化建设是本次京津冀协同发展的重要内容。但是,落实到具体的制度设计上,仍然离不开法制保障。

近年来,从中央政府到京津冀三地政府,都在努力将北京市在医疗、教育、养老、交通等的优势资源引导至河北,但事实上,单纯依靠行政手段,效果并不明显。作为曾经的"明日之城""中国鹿特丹",曹妃甸以及与其相随的"曹妃甸大学城"正深陷困境。这表明,历史上京津冀三地即资源悬殊,这给三地协同发展带来较大障碍。如何摆脱单纯的政府主导,充分尊重市场规律并运用市场之手,是其中的关键。这需要立法对行政手段的有效规制和市场规律的科学表达。事实上,由于京津冀三地协同立法推进缓慢,现有关于三地医疗、教育、养老、交通等公共服务方面的立法,不但未能有效缓解京津冀三地公共服务方面的差距,反而可能成为三地公共服务水平继续拉大的重要原因。

(五)重大行政决策公开化与民主化的法律约束力有待加强

京津冀协同发展牵涉本区域内公众的重大利益,如何保障重大行政决策过程中的信息公开和公众民主参与权利,避免因封闭垄断决策引发公众质疑和投机心理,影响社会稳定,这是京津冀协同发展决策过程中必须高度关注的问题。最典型的例证是,在"政治副中心"的传闻下,保定楼市骤然升温至沸腾状态,但短暂"繁荣"过后却陷入"沉寂"。而2017年4月1日,党中央、国务院决定在河北设立雄安新区的消息一经发布,又掀起新一波的环雄安新区炒房热潮。因此,如何从制度设计上保障重大行政决策的公开化与民主化,仍然是京津冀协同发展过程中需要重点关注的问题,这离不开立法层面的保障。

就重大行政决策公开化而言,2008年5月1日起施行的《政府信息公开条例》以及后续相关司法解释的出台,极大地加速了我国政府信息公开的进程。但是,在京津冀区域协同发展中,许多重大行政决策涉及京、津、冀三地政府之间的职权行使,相关政府信息应当由谁予以公开尚存在立法上的模糊和实践中的迷茫。至于重要行政决策民主化,其核心在于解决好公众参与重大行政决策的方式和途径,完善公众对决行政决策的民主监督。

三、域外都市圈发展的经验借鉴

他山之石,可以攻玉,纵观域外都市圈的发展经验和历史进程,可以为当下如火如荼建设中的京津冀协同发展提供经验借鉴。

东京都市圈作为世界都市圈建设的范例,以其发达的经济建设、高密度大规模的产业群、庞大的人口和相对健康的城市环境吸引无数人才流入。其发展历程,始终与日本整体的发展命运密不可分。无论是工业化的发展路径,还是产研结合的升级之路都深深嵌套在国家发展图景之内。东京湾区的规划者们能够站在一个长远宏大的角度去思考地区的发展建设，同时在实际工作中注重坚守规划、协调发展，脚踏实地，以此才保证了东京都市圈的稳步发展，协调一致，最终使其成为世界三大湾区之一。

纽约都市圈在复杂的跨州管理背景下具备的长远规划视角，善于运用多方协调统筹的机制、各产业形成的良性循环，这些对于我国现今京津冀等跨地区建设颇具借鉴意义。同时，纽约都市圈采取积极有效的城市规划和功能调控、促使各中心城市功能与主导产业的错位发展也是值得我们学习的地方。

四、破解京津冀协同发展法治困境之应对

通过上述对京津冀协同发展所面临法治困境的分析，结合国内外区域法治建设的有益经验，我们提出以下应对之策。

（一）强化顶层设计的法治化，制定专门区域规划法

研究发现，区域规划开展得较好的国家无一不以完备的法律为保障。它们大多都有对区域规划的基本任务、组织、管理进行界定的基本法作为编制区域规划的依据，并在实施中制定相关具体法律、法令以及政策作为保障。如日本，《国土综合开发法》是国土开发的基本法，此外还包括土地、水资源、交通、环境等方面完备的法律体系。同时还针对一些大城市制定了地区性的区域规划，如《首都圈整备法》《首都圈工业配置控制法》等。通过对国外区域规划立法的借鉴，我国学者对区域规划立法的必要性与重要性已无分歧，但对具体法治化路径选择尚未达成共识。目前学界主要有三种观点：①应制定一部统一的区域发展基本法；②应立足区域特色，为特定区域的区域规划的编制与实施提供法治保障；③制定出台《区域规划编制法》，作为区域规划编制与实施的基本法律，明确规定区域规划的性质、基本任务、遵循的原则、区域规划的内容以及报批程序等。

笔者认为，为弥补当前《城乡规划法》的不足，为京津冀协同发展的整体规划提供法律保障，有近期路径和远期路径两个方案。近期路径是应当进一步加强三地协同立法。明确的区域协作立法机制是跨区域治理或者区域合作得以良好开展的重要保障。我国于2006年就有了正式的区域行政协作立法协议，如辽宁、吉林与黑龙江签订的《东北三省政府立法协作框架协议》，并且形成了紧密型、半紧密型和松散型的协作模式。目前虽然有京津冀三地协同立法，但实施效果并不尽如人意，一个很重要的原因就在于"协同"上出了问题。

从长远来看，京津冀三地应当制定一部单行的《区域规划法》。通过该法对区域规划的主体、编制程序、落实机制、监督措施等进行明确规定，同时应当加强区域规划的公开透明和公众参与，严格限制区域规划的随意修改，厘清区域规划的主管部门、监督部门、实施部门的权限和责任。当然，由于不同区域间可能存在较大的差异性，为了保证区域规划更好地适应特定地区的实际需求，《区域规划法》可以授权省级人大共同制定具体的区域规划实施条例，如《京津冀区域规划实施条例》。通过制定区域规划基本法的方式，为京津冀区域规划提供法律依据，进而为京津冀协同发展的顶层设计提供法治保障。

（二）加强协调机制的实效性，依法设立协调机构和职能

关于区域合作的协调机构，根据世界主要国家区域协调机构的产生缘由及其权限特征，可以将其分为三种类型：地方自发组成的自愿性区域组织、地方约定而成的约束性区域组织以及上级批准设立的区域管理机构。比较而言，笔者认为上级批准设立的区域管理机构模式比较符合我国国情，对我国较具借鉴意义，"京津冀协同发展领导小组"就属于此种模式下的产物。该种模式最典型的是美国"田纳西河流域管理局"（Tennessee Valley Authority，简称 TVA），该局是经国会批准授权成立的对田纳西河流域进行开发和管理的机构，被称为是"美国历史上第一次巧妙地安排一整个流域及其居民命运的有组织尝试"。为了保障该局运行的规范化，美国国会通过了《田纳西河流域管理局法》，明确规定了区域开发机构的设置、开发计划的目标、实施开发计划的进程以及开发的经费预算等。实践证明，通过法律方式将区域合作的目标、协调机构的职权、程序等予以明确规定，对于确保整个区域合作的有序开展意义重大。事实上，即便是我国国务院西部地区开发领导小组亦制定有《国务院西部地区开发领导小组办公室工作规则》。

因此，为保障区域合作的有效落实，首先应成立强有力的中央协调机构，"京津冀协同发展领导小组"已基本符合要求，但从协调工作的实际需求和效果要求考虑，应当进一步成立一个职能更具体、运行更高效的实体管理机构，比如可以在国家层面专门设立"京津冀协同发展管理委员会（局）"。与此同时通过制定《京津冀协同发展委员会（局）工作条例》，明确该机构的管理职权、目标、程序等具体事项，为京津冀协同发展机构相关工作的开展提供明确、充分的法治保障。

（三）创新法律规制模式，保障市场机制积极作用的发挥

毫无疑问，此轮京津冀协同发展又是一次政府推动的国家战略，因而应当充分吸收以往区域一体化过程中的经验教训。在坚持政府主导的同时，积极引导非政府组织、企业、社会公众等的参与，有效平衡区域协调发展中政府与市场的关系，注重发挥市场机制的作用。在充分考察各地区的优势与不足基础上，因地制宜，遵守市场规律，规划各地产业结构布局，缓解首都城市压力。同时，政府在具体的调控过程中，应充分发挥行政指导、行政合同等柔性行政手段的作用，行政命令、行政强制等刚性行政手段的采取必须严格依法进行，并注意控制其使用的比例。因此，京津冀协同发展应当正确处理好政府与市场、刚性手段和柔性手

段之间的关系，并努力实现治理手段的法治化。

同时，由于京津冀协同发展中京、津、冀三地政府将扮演非常重要的作用，三地政府如何在协同发展中实现互利共赢，是关系京津冀协同发展能够真正落实的关键。这其中，三地政府必然将通过各种政府协议的方式来固化各自的利益。为充分保障政府协议的效力，应赋予政府协议以法律效力，并将其作为区域法制协作的重要组成部分。问题在于，应当通过何种立法模式赋予政府协议以法律效力？对此，理论上主要有三种模式：一是制定单行的行政协议法；二是将行政协议与行政合同结合在一个法律中，制定行政协议与行政合同法；三是在行政程序法中增加一章，专门规定行政协议。比较而言，制定单行的行政协议法无疑是一种较为理想的模式，但需要较长时间研究、论证和起草，且可能面临较大的阻力和不确定性。因此，笔者倾向于在行政程序法中增加专章规定行政协议，其优势是在当前行政程序法研究已经比较成熟的背景下，此种立法模式可以节约立法成本、提高立法效率。这就要求，必须进一步加快推进《行政程序法》的立法进程，明确政府协议的法律效力。

（四）打破民生区域壁垒，法律强力介入公共服务领域

实现京津冀协同发展，核心在于打破长期以来的"全国保北京"的陈旧观念。毫无疑问，津、冀两地将成为重要的"分担者"，这首先要求三地逐步缩小医疗、教育、交通等方面的差距，否则三地协同发展将成为纸上谈兵。

落实到具体操作层面，应通过税收优惠、户籍改革、产业转移、基础设施建设等举措多管齐下，将教育、医疗等公共服务职能部分转移至其他地区，疏解北京城市功能，缓解北京在交通、环境、资源等方面面临的巨大压力。同时，将北京的部分产业、资金、人才转移至河北，拉近京津冀三地的经济和社会发展水平，给河北经济发展带来新的引擎，不断提升河北的公共服务水平，增强河北在人才、资金、技术等方面的吸引力。上述目标的实现都离不开法律手段的支持，首先应该修改公共服务相关法律法规，为京津冀三地公共服务均等化提供法治基础；其次，加强京津冀三地的协同立法进程。2015 年由北京市人大常委会、天津市人大常委会、河北省人大常委会联合出台的《关于加强京津冀人大协同立法的若干意见》无疑是一重要进程。但是，协同立法的深入推进绝不是一件容易的事情，涉及各方利益的平衡，离不开一套完善的机制。

因此，可以探索构建京津冀区域立法联席会议制度以及与之相配套的区域立法协调委员会制度。前者可以促使区域立法规范化和法治化，后者则可以有效解决区域立法中出现的各种分歧，保证区域立法的有序推进。2017 年 2 月 14 日、9 月 15 日京津冀三地人大常委会联合召开了河北会议和天津会议，原则上通过了《京津冀人大立法项目协同办法》和《京津冀人大法制工作机构联系办法》，这

为京津冀协同立法奠定了非常重要的基础，并在一定程度上解决了制度构建问题。

（五）广泛调动各方积极性，提高重大行政决策的公开化和民主化水平

京津冀协同发展作为一项国家战略，必然涉及系列重大行政决策。为充分保障社会公众的知情权和参与权，应不断提高重大行政决策的公开化和民主化水平。无论是协调机构还是京津冀三地政府，都应当及时公开行政决策相关信息，保障公众的知情权，并广泛征求社会公众意见。激发公众参与京津冀协同发展的热情，为协同发展贡献人力、物力、财力和智力。

具体而言，首先应当进一步推进行政公开制度，完善行政决策听证制度，该制度对于促进行政决策的民主化、公开化、社会化有非常重要的意义，提升行政决策的科学性和可接受性；其次，实现我国行政决策模式从管理主义到参与式治理转型，这其中的核心在于如何完善行政决策程序中的公众参与制度，包括明确参与主体、参与决策动议权、参与范围、参与方式等，因为公众的有序参与可以有效提高行政决策的实施质量；最后，应当构建行政决策专家咨询制度，构建既能保障专家咨询的独立性和话语权，又能防止和抑制专家角色错位和越位的机制。充分发挥专家的智识，提高京津冀协同发展的质量。实际上，无论是行政决策的公开化还是民主化，最终都需要运用法治手段、在法治框架下运行，即坚持行政决策的法治化，通过法治化手段助推重大行政决策的公开化和民主化进程。

五、结语

法治是国家治理的基本方式。现代法治为国家治理注入良法的基本价值，提供善治的创新机制。京津冀协同发展作为国家治理体系和治理能力现代化背景下，党中央、国务院作出的一项重大战略选择，必须也只能在法治的框架下运行。无论是京津冀协同发展领导小组，还是京津冀三地人大、政府，都应当加强立法、执法等方面的协作，加强在环境保护等问题较为突出、公众关注度高领域的执法协作。总之，京津冀协同发展推进离不开法治的保障作用，随着协同发展中新问题的不断出现，相关理论研究也应跟进，以便及时提出有效应对之策。

总体国家安全观视野下经济安全维护与金融犯罪规制研究

时 方*

一、国家经济安全的法律属性概述

（一）国家安全的法律内涵

"国家安全"一词最早于 1943 年由美国报纸专栏作家李普曼（Lippmann）提出，主要涉及国家的军事、政治和外交斗争。在当时，一国的军事安全如果得不到保障，那么其领土完整、边境安宁、民族生存以及国家主权独立等都将受到威胁，因此军事安全成为传统国家安全的核心。1947 年美国成为世界上第一个制定《国家安全法》的国家，国家安全成为国家生存和发展的基础。随着 20 世纪 80 年代至 20 世纪 90 年代世界政治格局的变化以及经济全球化的迅速发展，国家安全的内涵与外延逐步扩展到非传统安全领域，包括经济安全、信息安全、生态安全，以及反恐怖主义袭击、跨国犯罪等，国家经济安全的地位在国家安全体系中得到不断上升。"国家安全"原本属于政治学语境中的概念，并非法律概念，如何将这一其他学科的专业术语移植到法学体系中并不产生抵触，是需要首先面对且无法回避的一项学理问题。与此同时，实践中"国家安全"一词作为一个法律的专门术语越来越被广泛应用于我国的宪法、法律、行政法规和规章等规范性文件中，而我国以往法律并未对这一法律专门用语作出明确的界定或立法解释，这不仅使得人们对关系到一国生存和发展的国家安全产生理论认知上的歧义，而且在实践中也带来了困惑。①对于国家安全内涵的法律阐释显得尤为必要与迫切。2014 年 4 月习近平总书记主持召开中央国家安全委员会第一次会议时指出：坚持总体国家安全观，走出一条中国特色国家安全道路的全新战略思想，并系统提出包括"11 种安全"在内的总体国家安全观，构建集政治安全、国土安全、军事安全、经济安全、文化安全、社会安全、科技安全、信息安全、生态安全、资源安全、核安全等于一体的国家安全体系。总体国家安全观的战略思想为

---

* 课题主持人：时方，中国社会科学院法学研究所助理研究员。立项编号：BLS（2017）C008。结项等级：合格。

确定我国国家安全的内涵与外延指明了方向，阐明了各重点国家安全领域以及各领域安全之间的关系。2015 年 7 月 1 日颁布并实施的《中华人民共和国国家安全法》（以下简称《国家安全法》）正是在我国积极践行总体国家安全观的背景下制定施行，其中第 2 条规定了"国家安全"的具体含义，是指国家政权、主权、统一和领土完整、人民福祉、经济社会可持续发展和国家其他重大利益相对处于没有危险和不受内外威胁的状态，以及保障持续安全状态的能力。由此，国家安全的具体内涵在法律上予以明确化，实现了总体国家安全观从战略思想到法律制度的时空转换。

（二）经济安全在国家安全体系中的地位与内涵

1. 国家经济安全的体系地位

经济安全在国家安全体系中的重要性不言而喻，如果没有经济安全，一国的政治安全、军事安全、社会安全等其他安全领域也都将无法得到保障。列宁指出："我国的对内和对外政策归根结底是由我国统治阶级的经济利益和经济地位决定的。这个原理是马克思主义整个世界观的基础。"对于经济安全的关注以及经济安全在国家安全体系中地位的不断提升有着深刻的时代背景。在冷战以前，各国之间的竞争主要奉行单一的以意识形态为核心的政治、军事竞争，保护国家的领土和主权不受侵犯成为国家安全的主要内容，政治安全与军事安全成为国家安全的最主要组成部分。随着冷战结束，经济全球化的迅猛发展使得单一的军事竞争逐步向多元化的政治、经济、军事、文化、科技等多领域竞争取代，国家安全由传统的政治、军事、外交等安全领域逐渐扩展到非传统安全领域，包括反恐袭击、经济安全、信息安全、生态安全、核安全，甚至打击走私贩毒、跨国犯罪等。而各国间综合实力的竞争则更主要体现在经济层面，经济安全成为国家安全体系中其他构成要素的物质基础。

2. 国家经济安全的内涵

由于不同国家的国情和战略目标不同，对经济安全的定义与理解存在很大差异。即便是同一个国家在不同历史时期，对于经济安全的内涵界定也并非完全一致。因此，迄今为止世界不同国家并未对经济安全形成统一的看法与认识。有观点指出，经济安全虽然是国家安全战略的重要内容，但它只包括涉外经济，国内经济问题则不属于此列。对国内存在的经济问题，通常不从安全角度考虑，而以发展问题看待。有学者论述到：一国之内不同经济实体间出现的经济利益冲突、经济控制与被控制等问题，并不属于经济安全问题。在这种情况下，一个内部经济实体的"失"意味着另一个内部经济实体的"得"，对于国家而言并没有损失。只有在外生冲击下，一国才会产生经济安全问题。对于国家经济安全范畴的理解，是一种单纯的对外经济主权的维护还是既包括对外安全也包括本国内部经济运行的平稳安全，对其认识既应注意到事物内涵发展在时间维度上的变化，同时也应在总体国家观这一体系下全面理解。从国家安全体系的构成要素发展来看，传统国家安全确实是针对本国之外的其他国产生的诸如军事打击、政治威胁作出的对外抗拒，但随着国家安全体系理论的不断成熟与发展，一方面，国家安全观的内涵不断丰富扩展，即从单纯的政治安全与军事安全着手增加为对经济安全、文化安全、信息安全等多种类别安全的保护，即国家安全观内涵数量上的丰富；另一方面，更重要的在于国家安全思维观念上的转变：传统安全观只是对外方面狭隘国家安全表现，没有涉及内部安全及更广泛的其他传统的和非传统的安全问题，因而是低级形态的安全观；只讲对外安全与国际安全，没有涉及国内安全，在国家安全论域中是一种缺了国内安全的片面性国家安全观。经过数十年的发展，最终形成的总体国家安全观之所以是先进全面而且高级的国家安全体系，就是在于其要求统筹内部安全与外部安全，而且特别强调内部安全的重要性，从而实现了国家安全领域的内外两方面的统一。由对外安全维护转向同时对内安全的维护，即随着时代的发展"把国家安全问题放在国内社会问题论域中阐述，一种非传统的国家安全观正在不断积累成型。"并且，对国家安全的理解应当是一个不断深入扩展的过程，任何时候不应当认为对这一概念的理解已经实现圆满，只有特定历史时期的认识深刻而不可能实现一劳永逸的认识全面。总体国家安全观作为一个动态发展的体系，并非按照现有的内涵与格局故步自封，随着科技迅猛发展、国际交往日益频繁，当国际环境与国内现实状况出现新的问题时，在总体国家安全观这一总指导思路的统领下，国家安全的新要素与新的应对机制将同步纳入总体国家安全体系的框架内，真正实现国家安全体系的与时俱进、不断更新。经济安全作为国家安全概念范畴的下位构成要素，其在具体运用阐述时必须服从于总体国家安全观对于国家安全概念的理解，国家安全所具有的对外与对内两个不同安全面向的要求，使得经济安全的维护只是对于科学全面理解整体国家安全观在经济领域这一特殊具体方面的分析运用，因此经济安全不仅包括对外经济的安全保护问题，同时包括国内经济运行中产生的各种影响经济发展、对社会经济产生危害的行为。

二、经济安全的刑法保护

（一）国家安全维护在刑法中的体现

《中华人民共和国刑法》（以下简称《刑法》）总则第 2 条规定："中华人民共和国刑法的任务，是用刑罚同一切犯罪行为作斗争，以保卫国家安全……"，由此可以看出，刑法天然的具有维护国家安全的职责；刑法与国家安全法中所指向的"国家安全"的含义应当完全一致，都应受到总体国家安全观的统领与指导。同时，在《刑法修正案（八）》对《刑法》总则第 66 条特别累犯制度进一步严密化之后，将"危害国家安全犯罪、恐怖活动犯罪……的犯罪分子，在刑罚执行完毕或者赦免以后，在任何时候再犯上述任一类罪的，都以累犯论处。"《刑法》对于危害国家安全以及通过恐怖活动等极端手段危害国家安全的犯罪，采取从严从重的打击态度。可以认为，国家安全能否真正得以实现、《国家安全法》《中华人民共和国反恐怖主义法》（以下简称《反恐怖主义法》）能否真正得到贯彻落实，在很大程度上需依靠《刑法》的有效实施，《刑法》事实上扮演着维护国家安全的最后也是最强有力的法律保障功能。从现行《刑法》对于国家安全保护的具体法律条文来看，最主要的罪名体现在《刑法》分则第一章"危害国家安全罪"与分则第七章"危害国防利益罪"以及分则第十章"军人违反职责罪"，即针对传统国家安全观中危害国家政权稳定与军事安全的行为予以规制。并且针对上述三种危害国家安全、军事安全的犯罪所规定的刑罚较其他普通刑事犯罪法定刑更为严苛，尤其是在死刑的适用上。对于总体国家安全观体系中的其他新安全类型，在立法之初并没有针对性地予以刻意规定，如对于文化安全、社会安全、科技安全、生态安全等，虽然在个别罪名中能体现对某一社会领域秩序的维护，但立法者制定相关条文之初并非以某一特殊类型国家安全为保护目的，因此现行《刑法》分则划分的各章节具体犯罪罪名无法直接与总体国家安全层面下的各种具体国家安全类型相应，对每一条文的立法意图是否包含对相关具体国家安全类型的保护应进行单独分析。但这也反映了随着国家安全任务的变化，新的国家安全保护法益也在不断形成，《刑法》作为整个法律体系中最后一道防线的保障法，对于国家安全法益的保护同样应作出相应的调整与反应。

（二）新时期经济安全的刑法保护任务

在新时期国家积极构建总体国家安全观的时代背景下，维护经济安全的重要性愈发受到重视，具有国家战略层面的特殊意义。2015 年 7 月 1 日颁布的《国家安全法》正是在我国积极践行总体国家安全观的背景下制定并实施，其中第 19 条、第 20 条针对国家经济安全、金融安全的保护任务作了专门规定，经济安全的维护正式进入法治化轨道。就国家经济安全保护而言，金融安全的运行状况被认为是一国经济平稳运行的"神经中枢"，当前国内外高发的各类经济、金融犯罪无疑对维护我国经济安全的稳定产生巨大的冲击与破坏，如美国纳斯达克董事会前主席伯纳德·麦道夫炮制的高达 500 亿美元的巨型金字塔式庞氏骗局不仅给投资者造成巨大的投资损失，更是加剧了 2008 年美国经济危机的扩散与蔓延，引发了金融恐慌。尤其是《刑法修正案（九）》将"贯彻总体国家安全观、统筹完善刑法的相关规定"作为《刑法》修正的目标和任务，如何站在国家经济安全的战略高度对各类金融犯罪予以有效打击、规制，是《刑法》责无旁贷的任务。尽管金融危机仍未消散，全球经济仍处于低迷时期，就我国经济安全作出的努力与取得的成效而言，李克强总理在 2018 年全国两会期间所作政府工作报告中指出，当前我国政府对于金融监管和国家经济安全维护总体实现"规范金融市场秩序，防范化解重点领域风险，守住了不发生系统性风险的底线，维护了国家经济金融安全。"但对于危及经济安全的具体违法犯罪必须密切关注，李克强总理进而指出"严厉打击非法集资、金融诈骗等违法犯罪活动。加快市场化法治化债转股和企业兼并重组。加强金融机构风险内控。强化金融监管统筹协调，健全对影子银行、互联网金融、金融控股公司等监管，进一步完善金融监管、提升监管效能。"当前各类新型金融犯罪尤其是庞氏骗局在科技与互联网的迅猛发展下花样不断翻新，变种形式眼花缭乱，对于国家经济安全以及社会民众的合法权益造成巨大危害，需要重点关注、严厉打击。

三、经济安全视角下新型庞氏骗局认定与规制

庞氏骗局（Ponzi Scheme）以意大利投机商人查尔斯·庞兹命名，作为一种古老而常见的投资诈骗，是指设局者向投资者许诺给予高额回报先行吸收投资款，通过滚雪球方式不断吸引新的投资者加入以返还报酬，在这一过程中并不存在实际的生产经营也不产生经营性利润与收益，是建立在非实体性经营基础上的单纯资本运作。因此，庞氏骗局的运作原理只是利用新投资者的钱来向老投资者支付利息和短期回报，以制造赚钱的假象进而骗取更多的投资。当后加入者所投入资金不足以满足先前加入者支付的本金及收益时，不可避免将出现资金链断裂并最终导致骗局泡沫破裂。庞氏骗局在中国又称为"拆东墙补西墙""空手套白狼"，设局者的目的就是为获取投资者的投资款，而骗局得以实施的秘诀在于投资者相信会获得高额回报，当庞氏骗局发展到一定规模不仅会使参与其中的投资者遭受巨额的财产损失，更会制造巨大金融危险危及国家经济安全稳定。尤其是当传统庞氏骗局运作机理与日新月异的网络技术相结合，如在 P2P 平台、区块链、比特币、人工智能等新名词包装掩饰下，由此衍生的庞氏骗局新变种更令社会民众眼花缭乱，其潜在危害性更是难以识别。但剥离庞氏骗局表面浮华的外衣，呈现的内核本质仍可归结为非法集资与传销两种典型犯罪类型。

（一）P2P 网络平台成为新型庞氏骗局重灾区

随着互联网技术的兴起和互联网金融的迅速发展，一方面，以网络平台方式进行的投资理财产品日益增多，如支付宝软件推出的余额宝、腾讯官方通过微信软件推出的理财通以及网络上各式品种繁多的金融理财产品，一定程度上拓宽了民众自有资金的投资增值渠道，有利于社会整体经济的发展与提升。另一方面，鱼龙混杂的金融理财产品背后更多的是借 P2P 网络借贷平台之名，行非法集资犯罪之实，对于我国金融市场的平稳运行和广大社会民众的财产安全造成巨大隐患。在 P2P 互联网借贷运作过程中，借款人通过互联网平台发布借款信息，资金的所有者则借助网络平台筛选出合适的借款者进行投资，借贷双方绕开银行等传统金融机构直接形成债权债务法律关系。P2P 网络借贷作为近年来兴起的互联网金融创新借贷模式，促进了资金在商业领域流通的效率与利用率，相比传统金融借贷有其特有的社会价值与功能。互联网 P2P 平台在其中只是对借贷双方信息进行核实、公布，通过相关信息的搜集整理对借款人的还款能力做出信用评级，进而为资金所有者的投资决策提供必要信息参考。因此互联网 P2P 平台在借贷双方之间只是起到信息中介的作用，并非进行信用担保，由此收取一定数额的佣金、服务费、管理费等维持平台的经营运转。但在现实生活中，众多 P2P 平台以投资理财为名自融自保，自设资金池进行融资，违背信息中介的性质，在没有实际投资项目的情况下以高额回报率为诱饵，通过不断吸引新的投资款"拆东墙补西墙"偿还先期投资人的本金及利息。当前不断涌现的诸如钱宝网、e 租宝、善林金融等网络平台非法集资案等，使得借助互联网实施的非法集资案件不论是资金规模、影响范围还是涉案群体数量等都是传统集资犯罪所无法比拟的，P2P 网络平台成为新型庞氏骗局的重灾区。如 2018 年 6 月份以来接连发生的 P2P 平台"爆雷"潮，50 天时间 163 家 P2P 网贷平台出现兑付困难、老板跑路情形。当前 P2P 平台涉及公众投资数万亿元，大规模网贷平台集中性的倒闭、跑路、清盘不仅使得众多投资者个体、家庭血本无归，如此大体量的资金体外运转更是对国家金融监管安全、社会秩序稳定产生巨大冲击。

（二）虚拟货币成为新型庞氏骗局主要形式

作为互联网新生事物的虚拟货币，是指用户使用法定货币按一定比例直接或间接购买，用于兑换发行企业所提供的指定范围、指定时间内的网络游戏服务，其本质属于以法定货币购买的商品服务，仍需要依赖特定的发行平台进行信用担保，其流通范围也仅限于特定领域以及用途，如用于购买游戏装备、升级道具的网络游戏虚拟货币、用于支付会员服务费的 Q 币等，虚拟货币在现实经济生活中只能单向流动，不能逆向兑换实物货币，因此不具备货币所要求的价值尺度和流通手段职能。早期的虚拟货币如腾讯公司开发的 Q 币等，获得国家的监管认可并且与一定现实金额的商品服务相等价，法律在一定程度上认可其虚拟财产属性。随着对虚拟货币的不断炒作，有不法分子以发行虚拟货币为名，行诈骗之实，谎称投资虚拟货币只涨不跌，其中主要括"山寨币""空气币""传销币"等表现形式。例如，近年来具有广泛影响的诸如五行币、亚欧币、维卡币等网络传销案件，不法分子借着虚拟货币、区块链为幌子，进行概念炒作并以高额利益回报为诱饵，以此进行非法集资、传销等违法犯罪活动，成为新型庞氏骗局主要形式。全国首起虚拟货币网络传销"维卡币"案，国内涉及资金 150 亿元人民币，传销人员账号 200 多万个，涉及全国 20 多个省市。该案组织者以加密货币和块链为噱头、以高额回报利诱，要求参加者支付相应等级入会费，通过老会员推荐新会员入会并购买激活码获得加入会员资格，按照投资的金额及先后发展的顺序组成层级，呈现新型网络传销组织特征。此外，包括"五行币""克拉币"等都属于较为典型的利用虚拟货币进行传销活动案件，据不完全统计，公安机关查处的以"虚拟货币"传销案件中，涉及的"币种"就达 100 余种。根据国家互联网金融风险分析技术平台对假虚拟货币平台进行持续监测，截至 2018 年 4 月累计发现假虚拟货币 421 种，其中 60%以上的假虚拟货币网站服务器部署在境外，此类平台难发现、难追踪。当大量投资人入场后，公司通过幕后恶意操纵价格走势、不断套现，导致投资人手中的虚拟货币呈现单边下跌的趋势损失惨重，毫无价值。庄家对虚拟货币价格幕后人为操纵、对投资者"收割韭菜"，较赌场有过之而无不及，充满欺诈与骗局。

（三）数字货币逐渐受到投机客追逐热捧

数字货币（Digital Currency）是运用区块链技术发行、管理和流通的货币，基于特定算法的去中心化、匿名性等特点使得数字货币可以由任何人发行，无须依赖于政府授权并远离政府监管。和自由流通的法定货币一样，以比特币为代表的数字货币能够被用于真实的商品和服务交易，因此逐渐受到投机客的追逐热捧。从比特币诞生之日起其价格不断飙升，这既有人为投机炒作的推动，也与其自身某些属性有关，一方面，比特币基于特定算法的数量有限性以及通过计算机 CPU 算力和消耗的巨额电量成为挖掘比特币的固有成本，决定了获取比特币必须付出实际支付对价；另一方面，由于比特币具有去中心化、匿名性、可兑换性、交易成本低廉性等特点，使得其在网络中具有充当特殊犯罪工具的实际功能，因而存在巨大的市场需求。就表现形式而言，以比特币为代表的数字货币与传统各国中央银行发行的法定货币最大的差别在于无形化：一方面，数字货币其作为一串数字代码保存于计算机账户中，而传统货币以纸质或金属货币的物理形态客观显现；另一方面，基于数字货币去中心化的特征，其没有特定的发行机构，只能存在于网络数据中，而上述数字货币的表现形式直接决定了其交易的隐蔽性（从交易者个人信息保密角度而言具有交易安全性），即任何一台连接互联网的电脑都可以进行点对点数字货币（比特币）转账，资金的流动只要有网络即可无须通过第三方机构如银行等，因此很难受到监管。就信用基础而言，虽然同样可以作为商品交换的等价物，但数字货币与虚拟货币的价值基础并不相同，虚拟货币的价值根基依托于商品服务提供方自身的商业信用，是针对所提商品服务创造的特定等价代币；同样，以比特币为代表的数字货币基于对特定算法的信赖，其交换价值基础与以一国政府信用背书的国家法定货币存在根本区别，是特定群体在理念上自发的技术信任与价值认同。就流通范围而言，虚拟货币只限于商品服务商提供的特定商品，交易方式呈现单向流动性，无法在经济生活中作为一般等价货币进行流通；基于数字货币的信用基础是从少数特定群体中产生，认可群体呈现动态不稳定性，因此其流通范围以及能否实现法定货币一般等价物的功能并不确定，具有随意性、可操控性，而一旦流通群体对于数字货币产生信任，即可以作为一般等价物进行任何商品的交易，充当一般货币的职能。就交换价值而言，以比特币为代表的数字货币与国家发行的法定货币以及特定机构发行的虚拟货币不同，基于特定算法的比特币总量固定控制在 2100 万枚，不存在超发问题。有观点指出，比特币等数字货币去中心化的本质特征，使得其发行量不依赖于任何发行者，比如银行、政府和企业，而仅依赖于其程序设计的算法本身，这就从根本上保证了任何人或机构都不可能操纵比特币的货币总量，人为制造通货膨胀；而以 Q 币为代表的虚拟货币，其发行量完全取决于发行机构——腾讯公司，同样具有发行数量的任意性与不确定性，进而最终影响虚拟货币的市场价值。客观上，数字货币在世界范围内的认可程度与身份属性还处于模糊混沌之中，当前各国对于比特币等数字货币采取截然不同的态度，既有在立法上全面禁止，将交易、使用数字货币视为违法行为的纳米比亚、厄瓜多尔、吉尔吉斯斯坦等国；也有在法律上对数字货币予以合法化认可的德国、加拿大、澳大利亚、日本等国：如 2013 年 8 月，德国是世界上首个承认比特币合法地位的国家，2013 年 12 月，世界上首个比特币 ATM 机在温哥华投入使用，澳大利亚于 2017 年 7 月 1 日把比特币视为货币，并废除了比特币商品与服务税（GST）；2016 年 5 月，日本首次批准数字货币监管法案，并将其定义为财产；2017 年 7 月日本政府签署颁布修正的《支付结算法》（Payment Services Act），规定了比特币在日本某些商店具有支付功能并将其合法化。同时也包括虽然不承认数字货币法定货币属性，但纳入证券监管的美国、瑞士、新加坡等国。此外，基于国家利益与政策的考量，不同国家对于数字货币的态度也在短时期内发生巨大的反转，包括泰国、韩国、俄罗斯从本国税收、资源开发等不同角度出发经历最初的全面禁止到适度开放承认，如泰国是全球首个禁止比特币使用和交易的国家，但 2018 年 3 月泰国通过法案，将数字货币承认为是一种数字资产。俄罗斯将比特币为代表的数字货币称为"数字金融资产"，在经历一系列态度翻转之后，俄罗斯联邦议会于 2018 年 3 月制定了保护加密货币所有人权利的法律草案《数字金融资产法案》，该法案已于 2018 年 5 月 22 日由俄罗斯国家杜马通过并在 2018 年 7 月正式生效。此外，包括一些东欧国家近年来对比特币采取了更为宽松的态度，例如保加利亚、斯洛文尼亚和罗马尼亚等国的税务机关正式承认这类数字货币的货币属性，并对比特币收入设置了税率。虽然基于特定算法的数字货币与虚拟货币在设计原理与运用场景方面存在巨大差异，但相比较传统实物货币、金属货币以及各国政府发行的纸质货币而言，数字货币既无内在实体价值，又缺乏强有力的信用背书，甚至缺乏虚拟货币所具有的特定发行主体的信用支持与使用价值，完全建立在抽象观念层面对算法技术的信赖，过于热衷对虚无缥缈的理念炒作不免对其价值基础产生疑问。因此，针对数字货币去中心化、匿名性、数量稀缺性等概念炒作易造成投机并被不法分子利用，这也导致数字货币价格剧烈震荡且成为非法集资、传销团伙利用的工具进而陷入庞氏骗局漩涡。综上，比特币等数字货币去中心化、匿名性等特征使得交易双方的真实身份得以隐藏，不利于金融监管机构对交易活动进行有效监管，致使比特币或比特币支付系统不仅可能成为洗钱犯罪、外汇犯罪、货币犯罪、走私犯罪等各类经济犯罪的工具或者渠道，而且比特币资产持有者具有成为侵财犯罪（盗窃、普通诈骗等）、金融犯罪（非法集资、金融诈骗、市场操纵等）、网络犯罪被害人的高度风险，甚至比特币及其经济生态本身都长期受困于是否构成庞氏骗局、金字塔骗局等集资诈骗犯罪或者传销犯罪的巨大争议之中。此外，比特币独立的支付系统使其避开传统的支付系统进行交易，进而使税收监管机关无法进行有效税收监管与征收。

（四）其他具备庞氏骗局本质特征的形式

近年来充斥在经济生活领域中的消费返利同样是一种新型网络传销活动，其通过发展平台会员并许诺给予不同等级会员购物返利，鼓励会员在平台消费并推荐发展新会员，此种运营模式实则是通过后加入会员的入会费以及对支付商品金额提成实现先前会员返利，平台本身不以商品交易为主要目的，也无资金来源进行会员返利，平台组织者以收取会费和商品价款提成取得收益。如果后期加入会员较少将导致平台资金无法满足先期会员返利要求，庞氏骗局终将崩塌。2018年5月广州警方摧毁的"云联惠"特大网络传销犯罪团伙，即是以"消费全返"等为幌子，采取拉人头、交纳会费、积分返利等方式引诱人员加入，骗取财物，严重扰乱经济社会秩序，涉嫌组织、领导传销活动犯罪。此外，其他诸如股权投资、金融互助、微信手游等名义实施的消费、投资活动，形式各异、眼花缭乱，但都是通过承诺高额回报进而收取入会费，通过拉人头、发展下线等手段给予提成、返利，以此维持传销、集资活动的资金运作，但不论何种形式的骗局换汤不换药，具备庞氏骗局的本质特征。

（五）新型庞氏骗局的刑法规制

针对当前利用 P2P 网络平台实施的非法集资、利用虚拟货币、数字货币以及消费返利等手段实施的新型庞氏骗局，严重扰乱了我国市场经济秩序，侵害公民个人的财产权益，我国《刑法》对此规制的具体罪名包括第176条非法吸收公众存款罪、第192条集资诈骗罪等涉嫌非法集资类犯罪罪名以及刑法第224条之一的组织、领导传销活动罪等。刑法条文本身对上述新型庞氏骗局引发的集资犯罪、传销犯罪规制严厉，并不存在法律规定的漏洞，刑法能否有效执行的关键在于对社会中存在的形形色色骗局要具有可识别的火眼金睛。此外，在以虚拟货币、数字货币为噱头实施的非法集资和传销活动中，一方面，2013年12月3日央行等五部委发布《关于防范比特币风险的通知》，明确了比特币等数字货币不是由货币当局发行，不具有法偿性与强制性等货币属性。基于我国并未承认比特币等数字货币的法定货币地位，如果伪造比特币数字代码并进行欺诈交易等行为，并未侵犯国家货币信用，不涉及伪造货币罪等货币犯罪罪名。另一方面，2017年9月4日央行等七部委联合发布《关于防范代币发行融资风险的公告》强调，任何组织和个人不得非法从事代币发行融资活动，各银行机构和非银行支付机构，不得开展与代币发行融资交易相关的业务。而比特币在中国市场上的交易价格很大也随着上述国家文件、政策的出台产生剧烈震荡，当前央行尚未发行法定"数字货币"，也未授权任何机构和企业发行法定"数字货币"。如果某些机构和企业推出的所谓"数字货币"或是推广央行发行"数字货币"的行为，均将涉嫌诈骗犯罪或者传销犯罪。

四、经济安全与金融反恐相关法律规范分析

（一）金融反恐的法律规范分析

1. 金融反恐的国家安全定位

《国家安全法》第28条规定："国家反对一切形式的恐怖主义和极端主义，加强防范和处置恐怖主义的能力建设，依法开展情报、调查、防范、处置以及资金监管等工作，依法取缔恐怖活动组织和严厉惩治暴力恐怖活动。"同时，《反恐怖主义法》第4条第1款规定："国家将反恐怖主义纳入国家安全战略，综合施策，标本兼治，加强反恐怖主义的能力建设，运用政治、经济、法律、文化、教育、外交、军事等手段，开展反恐怖主义工作。"上述条款表明随着近年来恐怖活动的愈加频繁，明确的分裂意图以及日益严重的伤亡后果使得传统意义上单纯危害公共安全的暴恐治安事件已上升为危害国家安全、社会稳定的政治事件，迫使恐怖主义活动进入总体国家安全观考察视野，反恐工作成为国家安全战略体系之一。《国家安全法》《反恐怖主义法》除要求开展反恐怖主义日常情报、调查、处置工作之外，旨在强调运用资金监管等经济手段对恐怖主义活动予以规制、打击。

2. 行政监管职责

在实践操作层面，《反恐怖主义法》第24条至第26条具体指出，国务院反洗钱行政主管部门发现涉嫌恐怖主义融资的，可以依法进行调查，采取临时冻结措施。审计、财政、税务等部门发现资金流入流出涉嫌恐怖主义融资的，应当及时通报公安机关。海关在对进出境人员携带现金和无记名有价证券实施监管的过

程中，发现涉嫌恐怖主义融资的，应当立即通报国务院反洗钱行政主管部门和有管辖权的公安机关。当前高效发达的金融系统在使得资金可以无国界自由流通的同时，也使得犯罪和违法所得资金得以在全球范围内迅速转移、掩饰和处置，如果疏于对金融系统的监管、防控，金融机构很可能在无意识中充当了恐怖分子融资交易和洗钱犯罪的工具。加之电子支付系统的日益发展，网上银行、第三方支付平台等电子支付方式进一步促进资金转移的速度，反洗钱和反恐融资的复杂程度和困难程度大为增加。上述法律条文从行政执法角度就相关主管部门对反恐融资监管工作予以规定，为充分发挥金融反恐行政监管、主动调查奠定基础。

3. 金融机构特定义务

鉴于当前恐怖融资与洗钱犯罪面临的实际情况，加大对恐怖主义融资、洗钱的监管与资金堵截力度，相关法律增设了金融机构建立客户身份识别制度、客户资料和交易记录保存制度、大额交易报告和可疑交易报告制度等义务，建立冻结、扣押恐怖分子资金机制，从而为保障国家经济安全、实现金融反恐增加打击砝码。2006 年发布的《中华人民共和国反洗钱法》对金融机构和特定非金融机构反洗钱制度作了全面系统的规定，其中对涉恐资金的监控是我国反洗钱制度的重要组成部分。2014 年《涉及恐怖活动资产冻结管理办法》第 5 条第 1 款规定：金融机构、特定非金融机构发现恐怖活动组织及恐怖活动人员拥有或者控制的资产，应当立即采取冻结措施。第 7 条规定，金融机构、特定非金融机构及其工作人员应当依法协助、配合公安机关和国家安全机关的调查、侦查，提供与恐怖活动组织及恐怖活动人员有关的信息、数据以及相关资产情况。金融机构及其工作人员应当依法协助、配合中国人民银行及其省会（首府）城市中心支行以上分支机构的反洗钱调查，提供涉及恐怖活动组织及恐怖活动人员资产的情况。

4. 国际条约与合作组织

经济一体化和金融全球化使得金融反恐成为全世界共同面临的难题，恐怖主义融资与洗钱对于金融监管秩序将产生严重的冲击与破坏，引发一国金融动荡与危机。为此，一系列国际条约的达成与国际组织的建立都旨在加大对金融领域反恐的打击，如联合国《制止向恐怖主义提供资助的国际公约》（International Convention for the Suppression of the Financing of Terrorism）第 1373 号决议以及第 1390 号决议等都明确了对恐怖组织进行资金拦截、资助的规定。1989 年在巴黎的 G7 峰会上成立的金融行动特别工作组（FATF），其设立之初主要任务即在于反洗钱，随着恐怖主义融资犯罪逐渐受到关注，凭借着反洗钱和金融反恐的密切联系，工作组开始把打击恐怖组织融资犯罪纳入自己的工作内容，并逐渐成为国际间打击洗钱和恐怖组织融资犯罪最主要的力量。此外，国际货币基金组织（IMF）和世界银行（World Bank）也都对开展国际反恐融资起着巨大作用。我国当前反恐怖融资工作面临着与国际标准接轨的挑战，反恐怖融资制度已成为国外监管部门的重要审查内容之一，一旦金融机构因涉嫌恐怖融资活动被有关国家监管机构关注，在国际业务交往中被作为高风险机构而强化受到审查，受牵连金融机构的名誉和业务都将受到很大影响，甚至引发金融动荡。

（二）反恐融资与反洗钱的刑事涉罪分析

金钱是恐怖主义的生命线，恐怖主义活动的次数及其产生的严重结果很大程度上依据恐怖组织所获得的资助多少，即恐怖主义融资（terrorism financing）。从理论上讲，只要采取严格的金融监管法律措施，密切监控恐怖主义资金流向就可以斩断恐怖主义资金来源，很大程度上降低恐怖活动发生概率。洗钱（money laundering）是指通过隐瞒财产的真实状况、非法来源或收入的非法运用，并加以掩饰，使其在经济市场中表面来源合法化的过程和活动。洗钱是严重的经济犯罪，给全球资本市场的资金流动秩序造成严重冲击，对一国的政治稳定、社会安定、经济安全以及国际政治经济体系的安全造成严重威胁。"9·11"事件为全球反洗钱立法的一个重要分水岭，恐怖主义活动越来越成为国际社会所共同面临的威胁。在金融领域，金融反恐成为金融安全的新课题，金融反恐的主要任务是沿着恐怖组织资金的来源及去向，发现和跟踪恐怖组织行踪、打击为恐怖主义活动融资以及恐怖组织的洗钱行为，以切断恐怖组织资金链。当前以美国为代表的西方国家反洗钱战略逐渐转向打击恐怖主义融资。具体而言，金融反恐针对恐怖主义资金来源的有效打主要分为上游融资封堵与下游洗钱的截断两种路径，而恐怖融资与洗钱犯罪为恐怖主义势力得以持续发展提供了循环往复的造血功能。通过加强金融体系的日常监管，获取恐怖主义的融资渠道，对于资金流的来源进行有效围堵，除可以直接切断供恐怖组赖以生存的物质基础，运用较为平缓的手段将恐怖主义势力扼杀在摇篮中，更可以实现对恐怖融资资金流的有效监控、准确定位恐怖分子的行踪，便于采取相应的打击措施。同时，针对金融反恐与下游资金转换的反洗钱关系而言，恐怖活动的实施不仅需要隐瞒、掩饰非法收益的性质和来源，而且需要掩盖、混淆有关资金流向的恐怖主义目的，使之成为貌似合法的资金转移，从而最终为恐怖组织和个人所利用，通过洗钱活动将赃钱转化为"合法"资金历来是恐怖组织循环融资并壮大经济实力的一种主要手段。因此，凡是缺乏有效的反洗钱措施的国家和地区，要么是恐怖资金的主要来源地和中转地，要么自身就存在严重的恐怖活动，而金融反恐从提出之日就沿用了反洗钱制度和相关措施。鉴于我国面临的恐怖主义局势以及世界反恐合作的需要，我国在2001年《刑法修正案（三）》中将恐怖活动犯罪增加为洗钱犯罪的上游犯罪，并在刑法第120条原有基础上增加关于资助、支持恐怖活动的规定，将恐怖融资确定为恐怖活动的表现形式，在我国法律中体现了国际社会以及联合国公约关于制止向恐怖主义提供资助的基本要求。另外，恐怖组织招募、训练恐怖人员、购置暴恐工具和武器装备、维持日常运转等活动都离不开资金的支撑，切断恐怖组织及实施恐怖活动犯罪个人的资金链条，使其在经济上缺乏基本保障，能够达到遏制恐怖组织发展的作用。因此，2015 年《刑法修正案（九）》对资助恐怖活动罪的内容进行扩充，除了将传统意义上的恐怖活动帮助行为正犯化之外，同时将资助恐怖活动培训、为恐怖活动组织、实施恐怖活动或者恐怖活动培训招募、运送人员等行为纳入刑事规制范围，扩大对恐怖主义资助方式与手段的认定。在程序保障方面，2012 年 3 月全国人大修订的《中华人民共和国刑事诉讼法》（以下简称《刑事诉讼法》）针对反恐作出专门规定，其中在第二编第二章专项规定了侦机关在调查恐怖活动等犯罪的技术侦查措施，在第五编第三章增加针对恐怖活动犯罪的违法所得予以追缴的特别规定，刑事诉讼法针对恐怖活动犯罪特殊侦查措施以及资金追缴的规定使得实践中开展金融反恐工作更具程序上的保障性。值得注意的是，随着世界各国对正规金融机构的监管不断增强，恐怖分子已经逐渐把转移资金的活动从地上移到地下，通过非正规金融系统即"地下银行"进行资金转移，以及直接走私贵重金属、携带现金出境等方式转移资金这增大了司法机关的打击难度。加之随着金融工具的创新，诸多形式的虚拟货币例如比特币等在为金融交易提供便利的同时，其跨国界的自由流通性也成为各国政府以及金融体系监控的"灯下黑"，成为当前恐怖主义活动新的资金获取、交易形式。因此，尽管当前国际间以及各国内部针对金融体系采取的一系列监管措施成为打击恐怖主义活动资金来源的主要方式，但加强对非正规金融体系的监控同样成为金融反恐不可或缺的隐蔽战线，只有同时加强对正规金融以及非正规金融的全方位追踪侦查能力，才能更准确确定恐怖主义资金流向，在当前金融发展新形势下彻底铲除恐怖组织资金来源提供坐标。

五、结语

在"总体国家安全观"战略思想指引下，对于危及经济安全的具体违法犯罪必须密切关注。当前各类新型金融犯罪尤其是庞氏骗局在科技与互联网的迅猛发展下花样不断翻新，变种形式眼花缭乱，对于国家经济安全以及社会民众的合法权益造成巨大危害，需要重点关注、严厉打击。因此，区分危害国家经济安全的金融犯罪类型，在刑事打击力度上区别于传统普通经济犯罪类型，典型类型如涉及影子银行、地下钱庄等资金体量巨大、影响国家整体经济稳定的犯罪类型，尤其是结合网络技术如 P2P 网贷平台，利用区块链、虚拟货币实施的庞氏骗局等等。在刑事政策上，当前宽严相济的刑事政策以及近年来刑法修正案对于经济犯罪处罚力度呈现不断轻罪化趋势，没有区分危害国家经济安全的金融犯罪类型，应当从严打击，不能单纯片面实行刑罚轻缓化。此外，总体国家安全观的提出，为打击恐怖主义犯罪编织了更加严密的法网，应通过不同维度的安全侧面对恐怖主义行为予以立体式打击：在内部既通过《国家安全法》《反恐怖主义法》等行政法律法规进行日常工作的预防与规制，同时发挥《刑法》《刑事诉讼法》打击恐怖主义犯罪、保护金融安全的最有力的法律最后一道屏障功能；在外部积极参与制定相关国际条约、协议，加强反恐怖主义犯罪的国际合作与配合，在总体国家安全观的指导下针对恐怖组织融资形成全方位立体式的金融规制措施。

中国语境下新兴权利的理论与实践

刘叶深 *

一、权利优先性的三个困境及其解决

所谓权利优先性是指在实践推理中权利应该优先于总体的社会功利计算，这是一种关于权利在实践推理中地位的理论。德沃金提出的"作为王牌的权利"（rights as trumps）观念是其在法理学中最为著名、也最有争议的表述。当然，这一观念被诸多迥异的自由主义者所广泛分享，主要是自由至上主义者和自由平等主义者。但是这一观念自诞生以来就伴随着各种质疑，而且其中有些质疑似乎具有明显的论辩优势。总结起来，权利优先性理论遭遇到如下三个困境。一是权利相对于社会总体功利计算优先只是表象，因为很多权利得以确立的依据恰恰是社会功利的最大化，让权利在实践推理中具有优先性只是功利最大化的另外一种表现形式。二是即使权利可以建立在非功利主义的依据之上，权利在适用中也不是绝对的，随着社会情境的变迁，权利的具体实现形式也会随之调整，即权利会为重要的社会利益作出让步。三是在日常情况下权利无须作出让步，但权利在紧急状态下必须合理地对巨大的社会危机作出让步，权利优先性在此情形下如何能够成立？这三个困境呈现出一种循序渐进的次序，从权利确立的依据到权利在普通情境下的适用，再到权利在特殊条件下的适用，权利优先性在前一个困境中得到辩护马上就会遭遇下一个困境的围困。我们可以依次称这三个困境为：权利依据之困、权利适用之困与紧急状态之困。

关于权利依据之困，社会功利最大化作为权利的依据却有着致命的缺陷，它不能说明权利所具有的特定性。所谓权利的特定性是指权利及其所对应的义务必然是存在于特定主体之间的。而这种特定关系的存在源于先在的行为或者事件。签约的行为创设了债权——债务关系；生下孩子的行为创设了孩子的权利与父母的抚养义务；某人购得某物、取得其所有权的行为就建立起他与世界上其他人之间的特定的物权关系。至少最为简单的行为功利主义很难说明这种权利的特定

---

* 课题主持人：刘叶深，北方工业大学教授。立项编号：BLS（2017）C009。结项等级：合格。

性。功利主义关注的是社会功利最大化这一社会总体目标,只要该目标能够达成,就没有必要关注由谁来采取行动促成该目标。只要债权人能实现自己的债权,是债务人还的钱,还是对这点钱毫不在乎的比尔·盖茨还的钱,对于功利主义来说,是没有任何区别的。所以,功利主义很难说明为什么在某一债权债务关系中,债务人是唯一适格的偿付债务的主体。

权利的特定性所采取的视角与功利主义有着重要的不同。功利主义的着眼点是社会功利总和的最大化,社会功利在个人之间的分配只具有附属意义,权利主体的视角在这种理论中并没有得到应有的重视。而权利的特定性则要求在特定的主体之间建立起权利义务关系,而且这种权利义务关系并不会因社会总体的功利计算而改变。个人依据其权利就可以给他人甚至整个社会施加义务,以满足其权利请求,无须担心其是否满足社会总体功利最大化;不在特定关系中的人也无须担心会被牵扯到某种负义务的境况之内。因此,无论是对于权利人来说,还是对于特定关系之外的人来说,这都是一种对于个人生活特殊性的尊重——它允许你有序地安排自己的生活。因此权利特定性只能通过个人应该得到尊重而解释,它隐含了与功利主义迥异的一种个人视角。但值得注意的是,这里的个人并不是某些被挑选出来的人,所有适格的人都可以成为权利主体,这体现了一种平等的个人观念。正如德沃金所说,权利背后所隐含的理念是对每个人的平等尊重与关怀——每个人的人生都非常重要,且都同等重要。

关于权利适用之困,我们先区分两种不同的权利观,作为下一步讨论的准备。望文生义的权利观念认为,权利名称的词义可以划定权利适用的具体范围,也就是说,在适用中权利的具体表现形式是由词语的约定俗成用法来决定的。真正的权利观认为语言虽然在权利范围的确定当中有其分量,但更为重要的不是语言用法,而是权利依据当中蕴含的核心价值。

两种权利观哪一种更合理呢?我认为,望文生义的权利观有着明显的缺陷。①在该种权利观下,各种具体权利形式之间并没有共通的价值,仅仅通过词语的用法松散地联系在一起,这与我们的权利实践有着明显的差别。②这种权利观与权利在当代政治社会中获得的尊崇地位是无法相符的。

关于紧急状态之困,紧急状态是主权统治的实效性(effective sovereignty of state)遭到严重威胁、使用普通法律手段已经不能有效实施统治的状态。但在紧急状态下权利作出让步并不能否认权利的优先性:

(1)并非因较大社会利益而让步。在紧急状态下,权利的核心价值确实做出了让步,但这种让步并不等同于权利所保护的利益向较大社会利益的让步。在紧急状态下,考虑权利的让步问题,我们也并不是着眼于(例如)恐怖袭击带来的社会利益损失是否大于犯罪嫌疑人权利遭到侵犯的损失,而是着眼于政权统治的实效是否会被破坏。

（2）紧急状态下保护权利的措施：并不仅仅是平衡。我们还要看到，社会功利最大化原则很难说明紧急状态下采取的一系列权利保护措施，因为它们都不是基于利益的衡量计算的。权利优先性意味着权利能够抵御社会总体的功利计算，在这个意义上，紧急状态下的权利并没有完全丧失其优先性，反而在上述制度细节中体现了权利的珍贵以及人类为维护这种珍贵要付出的代价。

（3）更新权利观念：为更好地保护权利而让步。假如不是让步于更大的社会利益，为了政权统治的实效性而限制权利依据所体现的核心价值到底意味着什么呢？我认为，最合理的解释就是，在现代社会中对于保护权利来说，国家政权是最重要的维护权利机制，紧急状态下，权利不得不做出的让步，其直接目的是保护权利的维护机制，根本目的仍然是保护权利体系本身。在这种权利观的关照下，我们也许可以得出结论，在紧急状态下权利的优先性并没有丧失，权利仅仅是因其自身原因而被调整。

二、论集体权利的存在条件

"三代人权"学说是法理学乃至人权理论中的经典学说。20 世纪 70 年代，法国法学家瓦萨克提出了这一学说。第一代人权为公民个人权利与政治权利，包括生命权、财产权、宗教信仰自由权、言论自由权等。第二代人权为社会经济权利，包括社会保障权、劳动权、受教育权等。第三代人权是集体人权，包括民族自决权、发展权、环境权等。该学说的一个要点是，三代人权的划分不仅仅显示了不同类型人权出现的历史顺序，而且标志着人权理念在代际间的质的突破。第一代人权常常被认为是"消极权利"，即只要国家不干涉这些权利的行使，这些权利就能够得到很好的保障。第二代人权突破了"消极权利"的界线，该类权利的保障不仅需要排除国家的不当干涉，还需要国家的积极作为。例如，劳动权的实现很大程度上依赖于能够提供足够工作岗位的经济大环境，而后者又一定程度上有赖于国家经济政策和就业政策的支持。第三代人权据说也实现了人权理念的一个突破，即将权利主体范围从个人扩展到集体上，把集体利益也纳入以权利保护的范围中来。

但是，对于这种人权的代际划分是有争论的。这种争论特别集中地体现在第三代人权上，即第三代人权是否是一种独特的人权，这种人权的代际划分是否具有逻辑上的严格性和道德上的正当性。争论不仅仅是理论上的，也是实践上的。发展中国家大多看重集体人权，对集体人权的质疑声音大多来自于西方发达国家。因为人权保护不限于国内法，还要涉及国际保护与国际干预，所以围绕集体人权的争论也就演变为国与国之间的政治博弈与较量。

第一，从权利主体的角度讨论集体权利从逻辑上讲是有局限性的。缺陷在于：集体权利是新一代（第三代）权利，它们应该实质性地扩展了上代权利的保护范围，实现了权利类型及其理念的突破，但是假如把集体权利仅仅等同于"集体的权利"，我们就会发现很多"集体的权利"并不具有上述特性，它们属于典型的第一代或者第二代权利。

第二，集体权利的集体性不表现在权利主体上（集体），而应该表现在权利的内容所具有的集体性上。有四种具有集体性的备选权利内容，分别是集合的利益、共同生产的利益、公共物品和分享的利益。"集合的利益"的"集体性"不在于利益本身是"集体的"，而在于保护利益的方式是"集体的"，即共同提出权利主张。很多需要共同生产的利益都可以通过授予个人权利来实现。公共物品的利益所具有"集体性"就在于这种"享用上的非排他性"。利益这种"可独自享用"的性质就提供了一种可能，即个人可以以其为内容主张权利。实践中也正是如此。例如，甲发现回家路上的路灯坏了，他可以主张市政部门维修路灯，假如市政部门怠于维修，他可以提起行政诉讼。在诉讼中，他可以以他拥有的公共物品的利益来主张自己的权利，无须要求所有可能使用路灯的人作为共同原告、作为一个集体来主张权利。共享利益则是无法独享的利益，该种利益只能通过集体的形式共享。友谊、氛围灯就是典型的例子。只有共享的利益才是适格的集体权利的内容，才能将集体权利与个人权利区分开来。

第三，为确保权利的优先性，集体权利的存在条件必须包括"不压制个人权利"。具体来说，这里所说的压制包括内在限制与外在压制两种。①避免内在压制。以集体的共享利益作为权利内容，相对的义务人就可能是该集体的成员，他们就有义务采取行动保护或者不侵害共享的利益。这些利益都有可能压制集体成员的个人权利。较为典型的例子就是集体拥有的所谓文化权利。某民族或种族会主张其传统文化（包括语言、习惯、宗教）十分珍贵，对其民族成员的身份认同是不可或缺的。为了保护这些文化遗产不被社会变化所侵蚀，该民族可能主张文化权利，要求其成员遵守相关文化保护的规定。例如，加拿大魁北克省大多数人是说法语的，他们为了保护法语文化不被英语文化所侵蚀，要求其成员有义务把其适龄学童送入教授法国文化的学校。再如，某民族为了保护其传统的宗教信仰，主张其成员不得改信其他宗教或者放弃宗教信仰。假如上述形式的集体权利可以存在的话，那么就会压制相关集体成员个人的受教育权和宗教信仰自由权。②避免外部压制。某些形式的集体权利可能也会压制群体外的个人的权利。例如，某拥有自治权的少数民族的发展权可能会主张，为其创造更有利的发展空间，它可能要求国家在财政上给予更多的倾斜。这无可厚非，但假如它要求对某一有利可图行业的垄断权则有可能会侵害到该民族之外之公民的择业自由权。再如，该少数民族为保护其传统文化遗产所主张的文化权利，可能要求其他种族的公民不能自由进入其传统的居留地，以防外来文化侵蚀本民族文化。这种权利主张可能会压制该民族之外的其他公民的迁徙自由权。再如，某民族为了保护其对文化遗产的自豪感可能要求其他公民不得对该文化、习惯予以批评，这可能侵害了个人的言论自由权。

三、言论自由权理论中的仇恨言论

所谓仇恨言论是指一些有意去贬抑、威吓少数群体，或煽动一些针对个别群体做出暴力及偏见的言论。而个别群体则是建基于不同的种族、性别、年龄、国籍、道德取向、身体状况、宗教、社会阶层以及性取向等基础的。仇恨言论针对的对象是个人或基于民族、种族、国籍、性别等共同特征而具有识别性的弱势群体。

凡是言论都具有两面性，即可以为善，也可以为恶。仇恨言论的弊端具体包括如下两个方面：第一，仇恨言论使弱势群体生活在恐惧和偏见之中，这也是对弱势群体平等地位的损害。第二，仇恨言论破坏了人人平等的社会环境，营造出不宽容的社会氛围。仇恨言论不仅带有歧视和侮辱性，还带有一定的煽动性，甚至有时不仅是口头性的言论，往往还伴有象征性的言论。

密尔认为，言论自由的重要性主要体现在以下两个方面。第一，言论自由有助于人们增长知识和获取真理。第二，言论自由是人的尊严的体现，是个性发展的催化剂。一个自由人通过自己的理性与良知去选择、搜集信息并表达自己的观点是其个人价值的体现。若其言论自由被限制，则无疑降低了他作为自由人的内在价值，贬抑了他作为一个人应有的尊严。密尔还认为，言论自由能够帮助人们形成自己独特的个性，对于个人才能的发展和自我完善有重要价值。正是因为言论自由，才使得人人都可以认识世界，表达自己的态度，形成各不相同的生活方式，成为一个心智得到发展的独立个人。哪些行为政府可以正当地予以管制甚至制裁呢？密尔有一个最为著名的为言论自由辩护的原则，也就是所谓的"伤害原则"，即当一个人的行为，其利害仅止于自身而不关涉他人时，他们都该完全不受法律和社会的束缚而自由行动；但只要个人行为的任何部分有损于他人利益时，社会对此就有了裁夺的正当权力。

从密尔关于言论自由的理论中，我们可以看出，仇恨言论具有言论自由的核心价值。具体来讲，像普通言论一样，仇恨言论所拥有的价值包括如下两个层面：①揭示或者磨砺关于公共事务真理的价值。最早为论者所强调的言论自由价值即是它有助于我们增进知识与获知真理，它表明，当我们可以自由地认识一切事物，自由地抒发我们对于一切事物的认知，那么真理将在与谬误的斗争中自动显现，为大众的理性所辨明。它还表明，欲作出一个正确合理的决定，应该倾听各种各样的信息和意见，特别是对立方的意见，而且还应把自己的判断置于公众的质疑与挑战之下，进行不断的锤炼与修正。在此过程之中，我们所拥有的真知会越来越丰富。仇恨言论带有人身攻击性和偏见性，对于大多数弱势群体来说这种言论是不可接受的，但是根据仇恨言论的分类，发表仇恨言论的人，并不是一味地否定和打击这些弱势群体，而且这些带有偏激性的意见有可能会促进真理的获取和自我矫正，不是所有的仇恨言论都是荒谬的和无意思的人身攻击和个人情感的宣泄。我们要承认，某些仇恨言论的发表和公布，更能使我们看清这个社会和我们所处的这个环境。不可否认的是，仇恨言论也包含思想，这种言论大多针对公共事务，既然针对公共事务，这些言论多少会让政府感到头疼，这也更能督促政府接受不同的声音从而公正明辨地看待问题，正如美国法官布伦南在法庭意见中写道，"政府不得仅仅因为社会认为某种思想令人厌恶或者不能接受，就禁止人们对于这种思想的表达。"仇恨言论的价值也在于向社会传递了一种思想，至于这种思想是好还是坏我们不再评论，应交给自由思想市场，经过锤炼，它会给出一个答案。②表达个人伦理立场的价值。仇恨言论不仅是一种思想的表达，也不仅仅是正确言论的对立面，还有就是这种言论的表达也是个人对生活的态度的一种表示，从侧面看，能够公开和自由地发表自己的个人看法是对这个人的尊重。每个人都有自由表达自己看法的权利，不能因为此言论带有偏激性和不被众人接受就扼杀，这样不仅给整个自由环境带来紧张感，同时也是对这个个人的思想和看法的一种打击，会让他丧失追求"真理"的积极性和敏感性，缺少创新性的论调，这对于这个国家和社会而言都是不小的损失。

对于仇恨言论的管制，笔者认为可以从仇恨言论的分类出发来进行有针对性的规制。第一，公开发表仇恨言论和私下个人宣泄的发表仇恨言论的管制手段就应不一样。第二，发表者身份的不同，需要管制的形式也不同。第三，带有说理性的言论和缺乏说理性的言论应该区别对待。所谓带有说理性的言论，笔者的理解就是对于某些带有仇恨性的言论事件或者思想，一些学者进行历史上的考察和研究并进行学理上的分析，认为这个带有仇恨性的事件或者残忍的事件是有待进一步确认其真实性的，如果一味地禁止或者一旦触及这个事件政府的态度是打击或者出台法律进行惩罚和禁止。

四、生育权、平等与"单独二孩"政策[1]

"单独二孩"政策适用于一方是独生子女的夫妇。启动实施"单独二孩"政策，是计划生育政策的重大调整完善，是适应人口发展新形势、合乎民意的重大举措。但一个质疑声在社会上反响特别大，就是对"单独二孩"政策平等性的质疑。不少人都认为这一政策侵犯了非独生子女夫妇的生育权，在生育权问题上

---

[1] "全面二孩"政策于2015年10月29日中国共产党第十八届中央委员会第五次全体会议后正式实施，此处仅讨论"单独二孩"政策。

没有平等对待他们。对这一政策平等性的研究，有利于我们深入了解这一影响大、覆盖面广、牵涉普通人根本利益的政策，极具现实意义和理论意义。

讨论问题的前提是起码要有对问题一定的认识水平、一定范围的公共知识和某个不可化约的价值基础，否则永远是鸡同鸭讲。那么，我们在讨论"单独二孩"政策是否平等这个问题之前，要让大家统一承认问题讨论的前提，这个前提就是，我国现阶段人口控制政策有其正当性。只有肯定当前实行的计划生育政策是合理的，单独二孩政策的平等性才成为一个问题。如果认为任何人口控制政策都侵犯基本人权，没有实现对人的平等尊重，那么讨论计划生育政策的某种形式是否平等就成了空穴来风，或者避重就轻。

对单独二孩政策质疑回应的关键在于，生育权是具有个人属性的权利，还是具有家族属性的权利。如果生育权是人格权，属于个人权利，"单独二孩"政策把生育二孩的指标给予独生子女，造成了对非独生子女的区别对待，违反了宪法的规定，是不平等的政策。假若生育权是一种基于婚姻关系产生的具有家庭属性的权利，那么，在与生育权相关的政策制定时势必要考量生育权的这一属性，生育权的平等也从个人之间的平等转为了家庭之间的平等。独生子女家庭响应国家政策的号召，为计划生育做出了贡献。从家族利益来说，独生子女家庭结构是不利于血缘传承、家族延续的，与非独生子女家庭相比是存在一定缺憾的。"单独二孩"政策从形式上看是不平等的，实质上却是国家在为社会成员实现分配平等。这样的合理差别是"以不平等达到平等的"途径，这里所说的平等是社会群体之间的平等，是对公民权利的补充。平等权享有的主体可以是个人，也可以是群体，即平等权具有个人和群体相结合的特点。当平等权的主体是个人时，指的是人与人之间的平等；当平等权的主体是群体时，包括阶级之间的平等、民族之间的平等、种族之间的平等、男女之间的平等诸多的方面。我们在文中讨论的"单独二孩"政策中的平等即是家庭与家庭之间的平等。平等权所追求的平等并非是一种无差别的均等，研究者将平等划分为两个方面：基本权利的完全平等和非基本权利的比例平等。这种基本权利的完全平等，是基于每个人都是独立的生命个体，在做人应有的价值和尊严方面没有高低贵贱之分。而所谓非基本权利，要遵循比例平等，而不能是完全平等，是基于每个人对社会贡献的大小不同而决定的，也就是按照贡献大小来进行比例分配的。独生子女家庭在计划生育上对社会做出了贡献，现在出台的生育政策对独生子女家庭的特殊照顾，即满足了非基本权利的平等。

中国传统生育权受到儒家关系主义的文化预定。古代生育权的价值基础应定位于家族权利本位，即血缘延续的至高无上。儒家关系主义强调"推己及人"，因而形成了一种"尊宗族""讲孝道""三纲五常"的关系秩序。这种关系主义的文化预定形成了多子多福和传宗接代的儒家"孝"文化的生育伦理观念。很多制度都反映出此种生育观。

随着现代化进程的展开，中国社会的经济、文化发生了极大的变化，这也导致生育观的逐步转变，即对生育权从传统的家族式理解转向个人性理解。这可以从如下社会现象反映出来：第一，家庭结构的变化。第二，丁克家庭增多。第三，相关法律的规定体现出现代的生育观。传统的生育观流传到我们现在也已经淡化了，从我们现行的收养法、婚姻法等法律法规可以看出，现代的人们对待婚姻和生育的看法已经发生了改变。我们的婚姻法中所涉及的婚姻关系是夫妻之间的，男女双方可以自愿结婚、离婚，夫妻间的生育也是两个人的事情，婚姻法中并未提及家族与家族的利益。收养法亦是一样，收养人的主体资格并未涉及到家庭。而且，他们的收养初衷也发生了改变，并不是为了让被收养人传承家产，他们只是为了满足生育愿望，满足精神需求。或许这样看来，我们现今的生育权属性可以归为个人的属性了。

但是我们不要忘记了，即使生育权的传统属性发生了改变，但生育在我们的现实生活中依然是不可忽视的。一些先行计划生育条例中规定了一孩半政策等，即某些特殊家庭因只有一个女孩，从而可以生育第二个孩子，这恐怕只能用男子的家族传承来解释了。我们的婚姻基本上已经是爱侣型婚姻，两个人只有在相爱的基础上才会结婚，不会受家庭太多干预。但是，在你同龄人都已结婚，而你还是单身贵族时，你的爸爸妈妈是不是会每天在你耳边叨叨，劝你快点结婚，然后你就会为了你的父母而去找一个人结婚生子。那些立志要做"丁克家庭"的夫妇肯定也多少在受着家中父母的催促。我们的生育目的改变了许多，但却不能根除传宗接代在人们心中的地位，很多人还是希望自己的家庭由后人将血脉延续下去。因此，鉴于对生育认识的复杂现状，我们可以这样认为：我们现今的生育权属性兼具家族性质和个人属性，处于从家族属性到个人属性的一个过渡过程。

五、同性婚姻权、平等与婚姻的性质

围绕同性婚姻合法化有着诸多的争点，这些争论虽然在某些地方彼此交织，但是大体上还是可以被分别独立讨论的。大体上可分为三个争点，即司法权限之争、宪法解释方法之争、平等之争。司法权限之争关注的是同性婚姻合法化这个问题是不是应该由法院来解决。宪法解释方法之争是关于何为正确的宪法解释方法，特别是针对像结婚权这样宪法未写明的权利，对立双方也有着深刻的分歧。这就是宪法解释方法之争。平等之争与司法权限之争、宪法解释方法之争会相互交织在一起。尽管如此，平等问题还是具有独立的意义的。具体表现在以下两个方面：①在司法推理中平等之争能适度独立于一国的司法权配置与法教义学。②平等之争可能独立于司法推理，发生在立法领域。

平等理念是当代社会和各国法律所普遍承认的理念。平等权的本质含义就是

禁止差别对待，强调一视同仁。平等是关于分配的理论，它主要由如下三个因素构成：分配主体、分配对象（分配什么）、分配标准（按照什么进行分配）。平等的三个要素虽然可以通过逻辑单独地提炼出来，但并不意味着它们是完全独立的、毫不相关的。这三个要素有着紧密的联系，在一种平等理论中往往相互影响。其中与我们讨论最为相关的是分配对象与分配标准之间的相互影响，有时分配对象就决定了应该实施什么样的分配标准。例如，选举权是现代民主国家普遍承认的基本人权，但该权利也并非人人同样程度地享有，也是实施差别对待的。差别对待体现在：根据年龄标准（18 周岁）、精神状况标准（精神病人）、犯罪前科标准，选举权要有差异地分配；相同对待主要表现在：民族、种族、性别、职业、社会出身、宗教信仰、教育程度、财产状况、居住期限对于选举权分配来说都是不相干的标准，不得考虑。为什么以上分配标准是合理的呢？这与分配的对象——选举权有着紧密的联系。选举是什么？什么样的人能够有效地实现选举的目的？选举是个人有效参与政治决策过程的重要途径，通过该途径个人的意愿、价值判断可以被有效地代表。这就要求选举人在进行投票的时候能够对自己的意愿有着清晰的表达，在相关公共事务上有着大致清晰的判断，没有这些先决条件，选举的价值将化为泡影。选举权的分配标准都是与这个前提相关的，在相同对待方面，我国宪法明确规定，民族、性别等标准与选举人能否作出明晰的选举判断是不相干的；在差别对待方面，年龄、精神状况往往极具相关性，当然这里也存在个体差异，例如：一个 16 岁的少年可能具有清晰的政治判断力，但作为普遍规则，以 18 岁为限恐怕不会引起太大的争议。

借助上述分析，我们可以进一步确定同性婚姻合法化争议的焦点所在。同性婚姻是否应合法化，其本质在于，从平等的角度看，婚姻这种制度及其带给当事人的利益假如已经分配给异性结合者，那么，是否应该同样分配给同性结合者。可见，同性婚姻合法化平等之争是婚姻权分配问题。由于分配的对象对分配标准有着重要影响，作为分配对象的婚姻缔结权的性质也会影响婚姻分配的标准。综上所述，按照平等原则，衡量同性婚姻和异性婚姻是否应被相同对待的关键是，这里分配的对象——婚姻是什么。婚姻如何被界定决定着同性婚姻能否被包容进婚姻这一概念。如果婚姻的本质要求婚姻只能是异性间的结合，那么婚姻这种正义就无法分配给同性恋者。反之，如果婚姻的本质并没有将同性恋者和异性恋者加以区别，那么同性恋者就应当平等地享有与异性恋者相同的婚姻的权利。

合意性的婚姻观把婚姻看作婚姻主体相互的一种约定，婚姻的起始、权利义务、效力、延续的时间、终结完全可以通过当事人的合意来敲定。在这种婚姻观下，婚姻实质上是一种合同，只不过比普通的民事合同约定范围更广。合意性婚姻观虽然有一些既有的婚姻制度与实践的支持，且能够体现婚姻蕴含的自主性价值理想，但它却无法通过合理性检验标准。具体来说有以下几个方面：第一，合意性婚姻观很难说明婚姻制度实践中的很多规定。第二，合意性婚姻观很难说明为什么爱情如此特殊需要国家保护。第三，合意性婚姻观也很难说明经常与婚姻制度相伴随的赞美态度。

正确的婚姻观欲避免合意性婚姻观以上的诸多缺陷，就要放弃把婚姻单单建立在合意或者具有浓厚合意色彩的爱情基础之上，引入其他要素来帮助界定婚姻本质。这种要素就是婚姻所能够实现的独特的善，这种善不能因当事人的合意而改变，或者说假如该种善在婚姻制度中消失，婚姻就变质为其他制度，难副婚姻其名。接下来笔者将扼要地阐述一种以善为基础的婚姻观。首先阐述婚姻所要实现"首要之善"——组建家庭以抚育后代，这是婚姻作为一种制度所追求的主要价值理想；然后笔者将说明婚姻还具有几个附随之善，它们在发生学上继首要之善而产生，为首要之善服务，但仍具有其独立性。理解首要之善与附随之善间的关系是理解以善为基础婚姻观的关键点。

（1）首要之善：组建家庭以抚育后代。婚姻作为一种制度其主要目的并非保障爱情这种私人性质的情感，而是为了组建家庭，并在家庭模式下抚育后代。引入婚姻的首要之善，合意性婚姻观难以说明的一些现象才能得到更透彻合理的说明。第一，能够说明为什么婚姻法要通过那些强制性规定以建立一种爱情所不需要的紧密关系。第二，能够说明为什么爱情等私人情感并不能全都得到婚姻这种级别的保护。

（2）附随之善：爱情、性、亲密性与忠诚。第一种附随之善是亲密性。亲密性在婚姻中主要表现为爱情以及爱情的一个方面——性。亲密性是如何作为附随之善发挥作用的呢？亲密性对于养育后代具有重要意义，可以想见，假如孩子是真挚成熟爱情的结晶或者象征，那么出于自然情感，这个孩子会得到更多的重视。而且和谐的爱情也能创造和谐的家，这对孩子的成长是一种优质资源。第二种附随之善是忠诚。亲密性之善与忠诚之善有着紧密的关联，但是两者并不等同，因为一个人维系多个亲密关系是可能的，无论是爱情关系还是纯粹的性关系。但是婚姻所指向的善却较为明确：婚姻不但促进关系的亲密性，而且还促进关系的排他性，实现忠诚。

同性婚姻是不是符合以善为基础的婚姻观呢？答案是肯定的，无论是首要之善还是附随之善，同性结合都能够实现，这和人与动物结合、近亲结合在性质很不一样。[1]①同性结合中的首要之善。大多数异性结合通过性行为产生在基因

---

〔1〕 类似的观点，但不同的论证参见 Stephen Macedo，"Homosexuality and the Conservative Mind"，84 *Georgetown Law Journal* 1995，p. 264ff.

上与自己相似的后代，并抚育之，这是对婚姻首要之善最常见的实现方式，因此该种结合需要婚姻制度来保障。虽然同性恋者不能生育，但同性结合可以通过收养的方式来抚育后代，这同样能够实现婚姻的首要之善。毕竟很多异性结合也是通过收养的方式来取得并抚育后代的，而且他们当然地获得了结婚的权利。所以要说大多数异性结合与同性结合在实现婚姻的首要之善方面有差异的话，那么两者的差异在于前者抚育生物学意义上的后代，后者抚育收养的后代。②同性结合中的附随之善。同性婚姻也同样能够实现婚姻的附随之善。首先是爱情所带来的亲密关系。同性婚姻和异性婚姻都是因为双方相爱才结合的，虽然在主体上性别有所差异，但作为情感主体来说，二者没有差别。以爱情为基础，婚姻中的主体彼此作出承诺，这种承诺也具有稳定性；同性恋者也会嫉妒，也要求彼此忠贞，这说明他们也要求自己的结合具有排他性。其次，同性结合并非普通的友谊关系，他们的关系里也包含一般婚姻中的重要因素——性。与异性结合的差异是，性在他们这里没有生殖功能，但其可以很好地实现附随之善，即加强结合的亲密性。考虑到性不仅仅是一种自然欲望，性的加强同性结合亲密性的功能是显而易见的。

首都地区互联网保险市场法律规制研究

董 彪[*]

一、互联网保险市场法律规制的基础理论

（一）互联网保险的概念

1. 经济学视角下的概念界定：以互联网与保险的融合形态为中心

经济学视角下，互联网保险是互联网与保险业融合的产物，它是一种新型的商业模式或金融模式。从互联网保险概念的内涵角度而言，互联网保险是互联网技术渗透、运用于保险业而产生的新型保险业务形态，即互联网保险意味着"互联网"+"保险"。

依据互联网与保险的融合的程度以及形态的不同，可以将"互联网"+"保险"的形态划分为以下类型：第一，互联网作为辅助保险交易活动的信息传递工具。第二，互联网作为保险经营行为（如缔约、理赔、退保）的工具。第三，互联网与保险深度融合形成新型保险产品或服务模式。

2. 法律规范视角下的互联网保险：以行为为中心

（1）互联网保险合同行为。我国《保险法》第2条明确规定了保险的概念。[1]根据该规定，保险是指保险合同主体基于保险合同发生的商业保险行为。通常主体之间通过保险合同从不相关的状态进入到合同关系中，通过缴费和理赔等一系列行为分散或转移风险。由此可见，保险是社会主体通过合同转移或分散风险的方式，它是通过一系列的行为安排实现的。《保险法》调整的是以保险合同行为为核心的商业保险行为。

互联网保险是因互联网技术进步而产生的具体类型的保险。虽然互联网保险合同相对于一般保险合同而言具有特殊性，但是，它们之间也存在共性因素。遵循《保险法》以保险合同为中心界定保险概念的思路，互联网保险的概念亦应

---

* 课题主持人：董彪，北京工商大学法学院副教授。立项编号：BLS（2017）C010。结项等级：合格。

[1] 参见《中华人民共和国保险法》第2条。

当围绕互联网保险合同这一中心展开。互联网保险也是主体基于保险合同分散或转移风险的一系列行为的组合，互联网保险合同行为是互联网保险概念的核心内容。

从现行法律规范的角度看，我们认为互联网保险行为依托互联网技术和平台展开。《互联网保险业务监管暂行办法》第 1 条第 1 款对"互联网保险业务"的概念进行了规定。根据该规定，互联网保险业务被理解为互联网技术革新之下的新型保险业务，该保险业务必须依托互联网技术和平台。

（2）互联网保险经营行为。《互联网保险业务监管暂行办法》是一部明确以"互联网保险""监管"命名的法律规范，主要调整监管机构与互联网保险机构及平台之间的纵向法律关系，其中监管的对象为保险经营行为。该办法开宗明义，将"规范互联网保险经营行为"作为立法目的之一。至于何谓"互联网保险经营行为"，该办法并未予以明确界定。根据该办法第 3 条的规定可以推论，互联网保险经营行为包括但不限于保险机构从事互联网保险业务中的销售、承保、理赔、退保、投诉处理及客户服务等行为。[1]《互联网保险业务监管暂行办法》对互联网保险业务经营行为的管理机构、经营条件与区域、开展互联网保险业务的条件、信息披露、经营规则、法律责任等进行了详细规定。也就是说，互联网保险经营行为就是保险机构从事互联网保险业务过程中的经营行为。

（3）与互联网保险相关的行为。为辅助保险机构与保险消费者缔结和履行互联网保险合同以及保险机构开展互联网保险经营活动，其他类型的保险机构，如从事保险代理、经纪和公估等业务的中介机构[2]也会实施相应的行为，即保险代理、经纪和公估等行为。这些行为围绕互联网保险合同或经营行为展开，是与互联网保险密切相关的行为。

（二）互联网保险的特征

首先，互联网保险技术改变了保险机构与保险消费者之间的业务咨询方式。其次，互联网技术的发展改变了保险合同传统的缔约方式。再次，互联网技术的发展改变了保险合同的履行方式。最后，互联网技术的发展改变了保险机构的组织形式。

（三）互联网保险及法律规制的演变总结

1. 互联网保险的业务模式从平台保险发展到场景保险

以互联网和保险之间的主从关系为依据可以将互联网保险划分为平台保险与场景保险两种类型。

---

[1] 参见《互联网保险业务监管暂行办法》第 3 条第 1 款。
[2] 参见《互联网保险业务监管暂行办法》第 1 条第 2 款。

平台保险是指保险公司以自营平台或第三方销售平台为基础为保险消费者提供咨询、销售及售后服务。场景保险是互联网对社会生活进行持续渗透的结果。互联网改变了人们的生活方式，越来越多的活动经由互联网实现，由线下转移至线上。行为方式的转变并没有弱化主体分散和转嫁风险的需求。相反，特定场景下主体的高频次行为在一定程度上刺激了主体进行风险管理的需要。

平台保险以保险为主，互联网具有工具性特征，处于从属地位，侧重于保险信息咨询与销售；反之，场景保险以互联网为主，保险则处于从属地位，侧重于因互联网技术的应用而使行为处于特定场景下的风险管理。

2. 在创新与秩序之间寻求互联网保险法律制度设计的平衡点

互联网保险法律制度设计的核心在于协调商人自治与市场规制的关系。商人的逐利性特征使得绝对的商人自治会导致无序和混乱。打着创新互联网保险产品或服务的幌子，误导保险消费者、非法集资、不正当竞争的现象出现。互联网保险市场出现市场失灵，需要政府权力干预进行市场规制。

3. 科技、经济与法律的互动

互联网保险及法律规制的历程反映了科技、经济与法律三者之间的互动关系。互联网技术是发展互联网保险经济的基础。互联网技术进步带来了信息传递方式的根本性变革，互联网经济的发展又对互联网技术发展提出了新要求。互联网经济的发展不仅需要互联网技术的持续支持，而且需要相应的法律制度保障。互联网保险法律制度也不是孤立性的存在，它依附于互联网保险经济又依赖于互联网保险技术。（如下图）

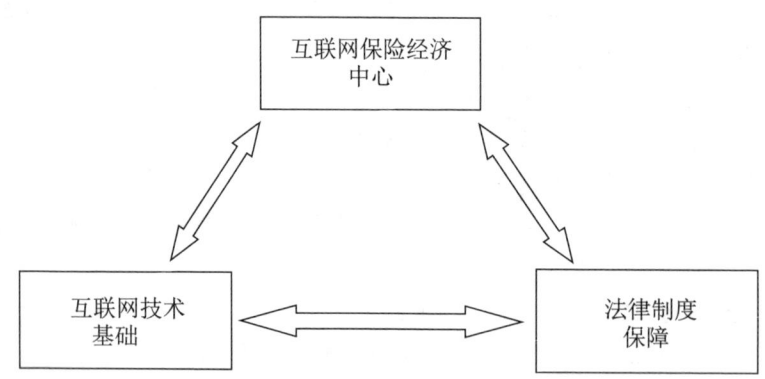

二、首都地区互联网保险市场的法律规制

（一）首都地区互联网保险市场特殊性分析

首先，首都地区作为全国政治中心，对政策调整和潮流趋势的敏感度较高。首都地区的互联网保险市场恰好能借助有利的政治地位以及优势的地理位置对相关政策进行把握和理解，在较为严格的监管体制下落实政策的变化和调整。相比全国其他地区，首都地区互联网保险市场的发展和监管规制都是领先的、有优势的；其次，首都地区作为国家中心城市、超大城市，经济实力强劲，经济活跃。在强大的经济实力和较高的经济活跃度的支持下，首都地区的互联网保险市场表现出较高的市场活力，保费收入较高，交易频繁，市场主体参与度普遍较高；再次，首都地区是全国科技创新中心，科学技术发展迅速，技术先进，为互联网保险的发展提供了技术支持和技术保障。同时，人们对于新鲜事物的接受程度普遍较高，互联网保险市场具有更高的公众参与度和引领性、先进性；最后，首都地区外来人口众多，市场具有高度包容性和复杂性，监管难度大。

（二）首都地区互联网保险市场法律规制存在的问题

1. 法律规制体系不完整，缺乏适应性与协调性

问题导向型的监管模式使互联网保险市场的法律规制体系不完整，缺乏适应性与协调性。首先，没有明确的立法目的和总体框架的约束，难以形成完整的法律规制体系。其次，此种模式下的法律规制缺乏前瞻性，突出了法律滞后性的缺陷，缺乏适应性。

2. 市场准入与退出机制不完善

互联网保险市场的准入与退出机制并不完善，一些领域甚至处于法律空白的状态。《互联网保险业务监管暂行办法》作为目前互联网保险市场具有指导地位的规范性文件，对互联网保险机构的市场准入条件并没有具体的规定。在市场退出制度上，第24条和第25条对互联网保险机构责令整改的情形和第三方网络平台禁止合作清单进行了规定。此外，目前互联网保险市场的法律规定中并没有专门针对互联网保险机构市场准入与退出条件的限制。

《保险法》作为保险领域的基本法，对保险公司设立的条件、审查办法、保险公司退出市场的条件、情形、程序等进行了规定，按照原保监会（现银保监会）确定的"线上线下一直监管"的原则，《保险法》确定的市场准入与退出制度应当适用于互联网保险机构。互联网保险机构虽然没有脱离传统保险机构的根本属性，但是其与互联网技术的紧密衔接使传统保险机构的准入与退出条件无法完全适用。

3. 风险预警与防范机制不成熟

互联网保险依托互联网技术可能产生新的风险，与传统保险相比风险更高，需要特殊的风险预警和防范机制进行规制。互联网保险对互联网技术的依赖性，使它相较于传统保险而言，容易因技术缺陷而引发新的风险。互联网保险市场想要稳定有序发展，必须提前预防和降低风险发生的可能性，建立完善的风险预警和防范机制。但是，就目前的互联网保险市场而言，传统的风险管理制度难以应

对互联网时代高强度、新形式的保险风险，极易导致市场混乱，损害保险消费者的合法权益和社会公共利益。

三、互联网保险合同法律问题研究

(一) 保险消费者权益保护视角

1. 互联网保险中保险消费者的知情权保护

实践中存在互联网保险人或中介机构不合理或不完全履行信息披露义务，利用信息不对称优势，侵害保险消费者权益的现象。保险人进行信息披露是保险消费者切实享有知情权、选择权、给付请求权的基础。需要根据互联网保险产品的特征，以告知义务、免责条款、保险责任等内容为重心，设计符合透明原则以及程序正当性原则的信息披露规则。

2. 互联网保险中保险消费者合理期待利益保护

晦涩难懂的保险条款会对投保人构成阅读障碍，形成误导，或使其滋生厌读情绪。为保障互联网保险消费者的合法利益，应当对保险人设计保险产品以及预先拟定保险合同行为进行限制，进而保护投保人、被保险人一方的合理期待。这种合理期待是基于常人理解的标准产生的，并不要求投保人或被保险人具有超越常人的素质和能力。

3. 互联网保险中保险消费者金融隐私权保护

大数据、云计算等技术的应用涉及对投保人及相关利益主体的信息处理，存在金融消费者信息被泄露或滥用的危险。目前，涉嫌侵犯保险消费者金融隐私权的常见情形有：①对保险消费者动态信息进行收集整理逾越合理限度。在用户不知情的情况下，定时追踪，记录用户网络活动的站点、内容，收集整理相关信息。②未经保险消费者同意建立用户信息资源库。③将用户个人信息资料转让或出卖。

要求互联网保险公司承担保密义务，尊重保险消费者的金融隐私权是各国通例。我国的互联网保险制度设计也应当强化互联网保险公司的保密义务。不能假借营商自由之名肆意侵害保险消费者的金融隐私权。

(二) 风险控制视角

1. 金融风险控制

互联网保险产品创新以不得违反保险法或保险学基本原则为前提。淘宝保险频道推出的"中秋赏月险"[1]"脱光 (单) 险"[2]等类似保险都有伪创新、真噱头的嫌疑，是商家博取投保人眼球、进行炒作的卖点，实质上只是理财计划或

---

[1] 郭聪：《"中秋赏月险"你买吗?》，载网易新闻网，http://news. 163. com/13/0827/00/978B8HQ7000 14Q4P. html，2013 年 8 月 27 日。

[2] 肖娟：《淘宝为脱单的人专推脱光险 噱头保险视需求而定》，载长沙新闻网，http://news. chang-sha. cn/h/188/20131107/1396483. html，2013 年 11 月 7 日。

意外保险的附加保障。保险人设计的保险理财计划或意外保险部分并不违反保险利益原则的要求，但是，单就"中秋赏月险"和"脱光（单）险"主力宣传的部分而言，其明显违反了保险法和保险学基本原理的要求。

保险人因被保险人在特定的时点是否赏月或脱光（单）而决定是否给付保险金的行为具有博彩性质，混淆了保险行为与赌博行为，容易滋生不可控的金融风险。

2. 履约风险控制

2013 年，北京市第一中级人民法院审理了一起号称"中国网销保险第一案"的信息公开行政诉讼案。这是一起因互联网突破地域限制使得保险营销活动复杂化进而引发争议的案件。原保监会（现银保监会）在《互联网保险业务监管暂行办法（征求意见稿）》中要求，除下列险种的互联网保险业务外，不得将经营区域扩展至未设立分公司的省、自治区、直辖市：人身意外伤害保险、定期寿险和普通型终身寿险；投保人或被保险人为个人的家庭财产保险、责任保险、信用保险和保证保险；能够独立、完整地通过互联网实现销售、承保和理赔全流程服务的财产保险业务；以及保监会规定的其他险种。高现金价值的人身保险产品、机动车保险产品不得将经营区域扩展至未设立分公司的省、自治区、直辖市。这一转变体现了监管者对互联网保险人履约风险的担忧，其试图对互联网保险业务活动在一定程度上进行地域限制，以保护保险消费者的合法权益。

（三）信息安全视角

伴随互联网金融的发展，高科技违法犯罪，如非法破坏、删除、盗取客户信息等行为也屡见不鲜。因第三人网络攻击、病毒传播、网络犯罪等导致的损失应当由谁承担成为人们关注的焦点。

互联网保险人需要考虑信息安全因素，对自己的经商活动进行适当限制，避免承担不利法律后果。互联网保险人应当承担异常电子交易的风险警示义务。互联网保险人需要通过技术化手段建立异常交易预警机制，对保险消费者一方异常交易行为要及时通知保险消费者进行确认。如保险消费者仅凭发送电子数据频繁或大额投保或退保，互联网保险人应当将相关信息以电话、短信或邮件等方式及时通知保险消费者，确保互联网保险交易行为的真实性。

（四）公平竞争视角

1. 附加赠送虚拟货币等行为的性质与规制

互联网保险因引入了高科技因素，在开源节流方面较传统保险具有优势。互联网保险公司往往借助其在节约成本和扩大收入来源方面的优势，通过馈赠礼物、返还购物卡等方式吸引保险消费者，增强其在保险市场的占有率。

基于营商自由的价值理念，互联网保险公司有权选择保险产品的营销模式。

通过赠送保险或相关产品和服务等方式进行促销，是互联网保险公司与投保人分享高科技成果的途径之一，并无不可。原则上应当允许互联网保险公司采用这一方式。与此同时，该方式的采用不能过度，不能影响公平市场环境建设，要保障其不作为不正当竞争的工具。这就需要对网络促销行为进行适度监管和规制。一方面，限制赠送保险或相关产品和服务的价值。另一方面，限制保费返还的方式，禁止以现金或同类方式返还保费。

2. 消除或缓和同质化状态，保护互联网保险知识产权

发展互联网保险需要不断创新，要提供满足个性化风险偏好要求的保险产品。但是，"从目前网销保险品种看，主力险种为车险、万能险和短期以外险等标准化产品，同质化较为严重"〔1〕。原因在于互联网保险服务模式以及产品的创新需要投入大量的人力、物力和财力来进行开拓性探索和试验，还需要承担创新失败的风险，这降低了互联网保险公司创新的积极性。因此，当互联网保险市场出现创新型经营模式或保险产品时，其他保险公司会迅速借鉴或效仿，此类现象需要通过完善相关知识产权保护法律规范体系，对互联网保险公司简单复制、模仿他人的产品、服务或运营模式的行为予以限制。

（五）规范互联网保险合同的若干建议

1. 采用最少且必要的监管原则

后金融危机时代，多数国家在电子商务立法领域监管理念从宽松转向严格，强化了对金融消费者权益的保护。一方面，监管权力应当保持克制的态度，强调市场在资源配置中的决定作用，尊重保险主体的自主选择，鼓励互联网保险金融模式创新，坚持底线思维，防止过度监管限制创新，避免过度监管。另一方面，监管权力在防范系统性金融风险以及保障保险消费者权益等方面应当有所作为。应当警惕互联网保险的辐射和放大效应，防范系统性金融风险，防止侵害保险消费者的合法权益。

2. 合理划分第三方网络平台的法律责任

第三方网络平台是互联网保险发展不可或缺的组成部分。鼓励第三方网络平台发展是发展互联网保险的应有之义。但是，伴随互联网保险业务的扩张，第三方网络平台成为投诉重灾区。需要通过制度完善，合理划分第三方网络平台的法律责任，保障第三方网络平台健康发展，促进互联网保险经济繁荣。

为他人提供电子空间的第三方网络平台，通常并不直接参与信息发布，无须对具体内容进行审核或同意，但这不意味第三方网络平台对发布的信息不承担任何义务和责任。网络平台对信息发布者的身份、资质应该进行严格的实质性审

---

〔1〕 肖扬：《互联网保险监管有"放"有"收"》，载《金融时报》2015年7月29日，第9版。

查，予以核实。此外，第三方网络平台通过网页、广告或者其他媒介明示或暗示增强互联网保险商家信用，对保险消费者进行误导所造成的损失，第三方网络平台应当与互联网保险商家承担连带赔偿责任。

3. 强化对互联网保险消费者权益的保障

（1）犹豫期条款部分向法定合同撤销权转变。犹豫期条款发生法律效力以合同双方当事人意思表示一致为基础，效力来源于行业自律和当事人意思自治。这一方式能够综合考量不同类型的互联网保险行为以及个案具体情况，在格式合同中确定是否应当设置犹豫期条款以及犹豫期的期间。但是，作为格式合同提供方的互联网保险人在犹豫期条款的拟定方面起到几乎决定性的作用，单纯依靠行业自律机制往往难以充分保障投保方的合法权益。

应当采用法定合同撤销权与犹豫期条款并存的制度模式。法定合同撤销权为投保人因冲动或其他原因导致的非理性行为提供最基本的补救途径。犹豫期条款则在不与法定合同撤销权抵触的情况下，为互联网投保人提供个性化、差异化的补救。

（2）通过行业自律完善互联网保险信息披露制度。互联网保险需要建立规范化运营的行业自律机制，同时应当确立行业信息披露标准，由行业协会等自治组织对互联网保险信息披露的内容、流程、方式以及时间进行明确。行业自律组织能够利用专业技术方面的优势，从商业判断的角度判定对权利义务产生重大影响以及决定消费者选择的核心内容，从而确定互联网保险人信息披露的范围。

（3）强化互联网保险中保险人的明确说明义务。互联网改变了保险消费者在阅读和磋商方面的传统模式，扩大了信息不对称因素。为充分保障保险消费者的知情权，应当对保险人一方施加较传统保险更为严厉的明确说明义务。互联网保险人可以通过网页、音频、视频等形式向保险消费者进行明确说明。在判断互联网保险人是否履行了法定的明确说明义务时，需要依据保险消费者的阅读习惯和理解能力以及合同条款设置的繁杂度和明晰度等判断其所运用方式的正当性及合理性。

（4）有限度地适用买者自慎规则，培育保险消费理性观念。互联网保险中应当强化对保险消费者的合法权益进行保护的理念。但是，这种保护不应过度，不能让保险消费者滋生不正当转移风险的观念。风险意识的培养是互联网保险金融活动不可或缺的环节。在不存在保险人利用信息或经济方面的优势地位欺诈、误导保险消费者的情况下，保险消费者应当对自己的自主选择进行负责。互联网保险中消费者是具有有限理性的主体，其消费行为尤其是其投资行为应当是基于审慎考虑的结果，应当适用"买者自慎"的交易规则。

（5）强化互联网保险消费者个人信息保护。明确保险消费者对他人保有或转让其个人信息享有同意权。在大数据环境下，保险公司能够对自身收集的客户信息进行资源整合。此外，还可以与医保、公安系统信息资源库进行对接，准确定位保险消费者的偏好。但是，建设信息数据平台并不能无视保险消费者的合法权益。应当区分数据平台的性质和功能、信息的私密度等合理保护保险消费者的利益。除法律法规另有规定外，从事互联网保险业务的公司负有对保险消费者个人信息保密的义务，不得在金融活动范围外擅自使用相对方的商业信息，更不得向第三方泄露相对方的商业秘密。互联网保险人仅在保险消费者授权范围内有权利用保险消费者的个人信息。不得基于商业利益的需要逾越授权范围进行不当利用。更不能在未经保险消费者许可的情况下，向他人传递或转让个人信息。

四、网络互助保险行为法律问题研究

（一）网络互助平台的发展困境

网络互助平台的出现确实为不少家庭提供了帮助，并且为会员提供了一种至少在理论上可行的保障，但是网络互助平台在正常的运行与发展下仍存在不少隐忧。第一，网络互助平台的运行资质问题。网络互助平台并不仅仅是为网络用户提供互助事件展示与沟通的平台，它还涉及资金的收取、持有、使用、转让等一系列涉及会员利益、金融安全的问题，网络互助平台的资质需要进一步明确。第二，互助保障的内容。网络互助平台一开始定位于大病互助，但实际上有向各方面扩张的趋势，哪些损失是应该自己承担的，哪些损失是可以向大众求援的，以及损失达到何种程度是达到互助标准的等问题都未明确。第三，网络互助平台的互助判断标准。现在的网络互助平台对会员所提交的医院证明要求不一，有些甚至对医院无资质证明要求，但对医院资质有一定标准的要求更为符合社会整体利益。第四，资金管理问题。第三方资金管理平台应当具备怎样的条件，最终确定应当经过哪些具体程序都是现在网络互助平台中没有解决的问题。

（二）网络互助保险行为的性质探讨

1. 网络互助保险行为与慈善、公益行为的关系

网络互助行为在救助对象与回报机制上均与慈善、公益行为不同，两者之间不存在同一性。现在网络互助平台对外宣称其为公益性质，是因为没有认识到网络互助行为及慈善、公益行为的本质不同，网络互助平台"我为人人，人人为我"的理念中含有博爱与奉献，但单纯的含有博爱与奉献的理念并不等同于公益或慈善，公益、慈善中还含有不计回报的基本特征，所以网络互助平台的理念并不足以说明网络互助平台是慈善、公益组织。

2. 网络互助行为与众筹行为的关系

有学者认为网络互助行为是一种众筹模式。众筹模式的运行涉及三方参与者，即项目发起人（筹资人）、公众（出资人）和中介机构（众筹平台），与网

络互助行为的受捐人、平台会员和中介结构（网络互助平台）相似，两者的中介机构都承担着平台搭建、项目监督以及维护公众利益的职责，网络互助行为与众筹行为的运行模式表面上一致，但网络互助行为与众筹行为无论是在资金筹集与运用还是在回报方面都存在着不小的差异。

网络互助行为与众筹行为在我国均处于发展阶段，虽然均涉及三方主体，资金筹集流程相似，但两者具有本质的区别。网络互助行为针对的是过去，众筹行为面向的是未来，一个填补损失，一个推动发展。仅仅因为网络互助行为与众筹行为一两点相似性即判定网络互助行为应归属于众筹模式，难以令人信服。

3. 网络互助保险行为与保险行为的关系

保险的本质意图是分摊因保险事故而发生的损失，是一种风险化解、损失分摊的行为，其最终目的是保护投保人或受益人的利益。而保险中的相互保险制度，在早期通过"摊收保费制"进行经营，投保人在保险赔付金额确定后再缴费，而不用预先缴纳费用。网络互助保险行为与保险的本质意图与相互保险的早期经营模式均有相似之处，且"目前的网络互助平台之所以不对互助金统一经营只是耽于触发监管行动而采取的'无为而治'"[1]，所以，网络互助平台所宣称的"互助"并不能掩盖其保险行为的本质。

（三）网络互助保险平台法律规制问题探讨

1. 网络互助保险平台的监管主体

（1）政府监管视角下的监管主体制度设计。银保监会应认识到网络互助行为所具有的保险特征，将网络互助保险行为纳入监管范畴，然后根据网络互助保险行为的发展现状，同时参考《相互保险组织监管试行办法》制定适合该阶段网络互助保险行为的监管制度。

在网络互助保险平台的资质监管方面，需要网络互助平台在注册资金及准备金方面做好后备保障。在人员能力要求方面，网络互助保险平台可根据其本身发展的需要聘请各类专业人士。

（2）行业自律视角下的监管主体制度设计。保险行业协会应根据自身的基本职责及协会章程规范并约束网络互助保险平台的行为。第一，对信息披露的监管。保险行业协会应就网络互助保险平台披露信息进行不定期抽查，必要情况下可要求网络互助保险平台的管理人员做出说明，并确立相应的惩罚机制。第二，明确第三方托管机构的资质。保险行业协会可以就第三方托管机构的资质出具指导意见，以供网络互助保险平台参考。或者要求网络互助保险平台就其选择的第

---

[1] 武长海、涂晟、樊富强主编：《互联网保险的法律规制研究》，中国政法大学出版社 2016 年版，第 32 页。

三方托管机构向保险行业协会进行备案，保险行业协会对第三方托管机构的资质进行事后审查等。

2. 网络互助保险平台的信息披露

（1）网络互助保险平台信息披露的原则。信息披露首先要做到内容真实、准确、完整。其次，披露的信息应满足"有用性"的原则，要能帮助会员作出判断。最后，平台应保证会员可以公平地获取披露信息。某一信息发布时，会员可以无差别地同时获取该信息。

（2）网络互助保险平台信息披露的内容。会员与网络互助保险平台之间唯一的沟通渠道即为网上信息交换，故网络互助保险平台披露的信息应尽可能全面。第一，信息披露应涉及部分财务问题。第二，应当披露第三方托管机构的资质及审计报告，或者向会员提供获取前述信息的途径。第三，披露互助事件的全过程。第四，涉及网络互助保险平台变更规则、修整、解散等重大事项的决议过程。第五，网络互助保险平台的诉讼仲裁问题。

全面披露以上信息并不意味着网络互助保险行为信息披露制度的健全，仍需要建立信息披露的自我约束机制。首先，需要完善网络互助保险平台的内部责任机制，网络互助保险平台的管理者或实际控制人应对信息披露承担责任。其次，需要会计师事务所、律师事务所等中介机构事前把关将要披露的信息，从专业的角度判断信息的真实性、完整性，给出专业指导意见。另外，会员也应提高自身素质，关注网络互助保险平台发布的信息，履行自身监督职责。最后，可建立会员集体维权制度，提高会员监督的积极性。

3. 网络互助保险平台的资金托管

（1）第三方平台管理保费的正当性分析。选择第三方资金托管平台管理互助资金可以降低平台损害会员利益的可能性。而且，第三方资金托管平台本身的服务定位也能够承担起管理资金的责任。第一，在态度上，第三方资金托管平台往往保持中立且独立的态度。而且，第三方资金托管平台自身独立，不受网络互助保险平台或会员任何一方的干预。第二，在程序上，网络互助保险平台、会员及第三方资金托管平台遵守同一套资金管理程序。第三，在技术上，第三方资金托管平台的技术不断提升，正逐步推进托管技术的自动化，手工操作的误差也不断降低。第四，在人才上，有经验的第三方资金托管平台往往培养了一批熟悉和了解资金托管业务的人才，针对网络互助保险平台提出的互助资金托管业务，第三方资金托管平台可以及时组建高效的管理团队，并根据网络互助保险平台的实际需求，调整工作方案，满足网络互助保险平台的需求。

（2）管理保费的第三方平台的选择。网络互助保险平台选择的第三方资金托管机构应达到以下要求：第一，该资金托管机构应有资金托管业务。第二，该资金托管机构应受到权威机构的监管。第三，区分"第三方支付"与"第三方托管"。第四，第三方托管机构"独立性"有保证。

除了考虑以上四点外，网络互助保险平台还应该结合自身实际确定最优的第三方托管机构。

五、首都地区互联网保险市场法律规制完善建议

（一）构建完善的互联网保险市场法律规制体系

首先，明确互联网保险领域的立法目的和基本原则。在立法目的和基本原则的指引下进行系统、全面的立法活动，增强法律规制间的协调性。其次，合理划分立法层次，出台互联网保险法律细则。[1]最后，预判互联网保险发展可能出现的新问题，弥补法律规制的滞后性。

（二）完善互联网保险市场准入与退出机制

1. 严格互联网保险市场的准入制度

严格互联网保险市场的准入标准是维护市场稳定、促进互联网保险和谐发展的前提。首先，提高互联网保险机构的市场准入标准。互联网保险机构进入互联网保险市场时，除了达到资产状况、人员配置、信用状况、规章制度、经营场所等传统的入市标准外，还应当符合市场对于互联网技术能力、技术风险防范和控制能力以及互联网技术人员配置的要求。其次，严格互联网保险从业人员的资格认证。互联网保险从业人员除了应当具备保险从业资格外，还应当具备一定的互联网技术的专业知识。最后，实行互联网保险产品备案制度，及时了解互联网保险市场的产品状况，实现有效监管。[2]

2. 完善互联网保险市场的退出机制

建立统一的互联网保险市场的退出标准，明确市场退出程序和具体实施细则，保障法律制度能够有效地应用于实践。通过严格市场退出机制将互联网保险发展和市场运行过程中出现的不和谐音符予以剔除，维护市场健康有序发展。

（三）构建并完善风险预警机制

坚持鼓励创新与防范风险并重的基本原则，构建互联网保险市场专项风险预警机制。互联网保险经营主体应当在各自内部建立有效的风险控制和风险管理制度，及时收集互联网保险市场运行和发展的信息、数据，进行科学的分析和判断，以此制定合理、恰当的风险管理方案，并严格执行。此外，互联网保险监管机构应当根据市场发展的状况和特点，建立完善风险预警机制，对互联网保险经营和发展过程中可能出现的风险预先进行判断和了解，制定全面系统的监管方案

---

〔1〕 参见梁俊菊：《我国互联网保险法律监管制度研究》，山东大学 2016 年硕士学位论文。
〔2〕 参见贾林青、贾辰歌：《互联网金融与保险监管制度规则的博弈——以保险监管制度的制度创设为视角》，载《社会科学辑刊》2014 年第 4 期。

和监管措施，对互联网保险发展中可能出现的风险进行宏观上的调控和把握。

（四）规范互联网保险合同法律规制

1. 采用最少且必要的监管原则

监管权力应当保持克制的态度，强调市场在资源配置中的决定作用，尊重保险主体的自主选择，鼓励互联网保险金融模式创新，坚持底线思维，防止过度监管限制创新，避免过度监管。但与此同时，监管权力也应当警惕互联网保险的辐射和放大效应，防范系统性金融风险，防止侵害保险消费者的合法权益。

2. 合理划分第三方网络平台的法律责任

网络平台对信息发布者的身份、资质应该进行严格的实质性审查。此外，第三方网络平台通过网页、广告或者其他媒介明示或暗示增强互联网保险商家信用，对保险消费者进行误导所造成的损失，第三方网络平台应当与互联网保险商家承担连带赔偿责任。当前的互联网保险合同监管，需要通过制度完善，合理划分第三方网络平台的法律责任，保障第三方网络平台健康发展，促进互联网保险经济繁荣。

3. 强化对互联网保险消费者权益的保障

第一，促进犹豫期条款部分向法定合同撤销权转变，采用法定合同撤销权与犹豫期条款并存的模式。第二，通过行业自律完善互联网保险信息披露制度。第三，强化互联网保险中保险人的明确说明义务，保障保险消费者的知情权。第四，有限度地适用买者自慎规则，培育保险消费理性观念。第五，强化互联网保险消费者个人信息保护，明确保险消费者对他人保有或转让其个人信息享有同意权。

（五）完善网络互助保险平台的法律规制

1. 银保监会监管与行业自律相结合

银保监会应当认识到网络互助行为的保险特征，将网络互助保险行为纳入监管范围，根据网络互助保险行为的发展现状，同时参考《相互保险组织监管试行办法》制定适合该阶段网络互助保险行为的监管制度。同时，互助计划作为一种保险行为，应受到保险行业协会的自律监管。保险行业协会应根据自身的基本职责及协会章程规范并约束网络互助保险平台的行为。

2. 规范网络互助保险平台的信息披露

首先，信息披露要做到内容真实、准确、完整。其次，网络互助保险平台信息披露的内容要全面，包括财务、第三方资质、审计报告、互助过程以及重大事项决议等内容。最后，要建立信息披露的自我约束机制，完善网络互助保险平台的内部责任机制。

3. 合理选择第三方平台进行资金托管

网络互助保险平台选择的第三方资金托管机构应达到以下要求：第一，该资金托管机构应有资金托管业务。第二，该资金托管机构应受到权威机构的监管。第三，区分"第三方支付"与"第三方托管"，防止网络互助保险平台管理人、实际控制人挪用或占有资金。第四，保证第三方托管机构的"独立性"。除此之外，网络互助保险平台还应该结合自身实际确定最优的第三方托管机构。

（六）明确互联网保险发展营商自由与法律规制的关系

1. 互联网保险应当秉承营商自由的基本价值理念

营商自由是商事活动的基本原则，是意思自治原则在商事制度中的具体体现，是市场经济的必然要求。营商自由价值理念突出市场主体的地位，有利于调动市场主体的主观能动性，激发市场活力。

2. 互联网保险营商自由存在边界和限制

绝对、不受限制的经济自由必然滋生混乱和无序。互联网保险崇尚营商自由价值理念，但并不意味着营商自由可以漫无边际。首先，坚持互联网保险营商自由不能逾越法律的框架，不能违背公序良俗等原则的要求。其次，营商自由不能损害互联网保险消费者的合法权益。最后，营商自由不能导致系统性金融风险的发生。

3. 互联网保险营商自由的边界划定应与社会发展相一致

互联网保险法律规范和政策对营商自由的态度与互联网经济的发展状况之间存在密切联系。营商自由的边界处于动态形成的过程中，在互联网保险发展不同阶段，法律规范和政策对营商自由的态度和边界划分的标准应当有所区别，从而实现不同的政策目标。